SV

Bernard Shaw

Klassische Stücke in neuen Übersetzungen

Suhrkamp

Originaltitel: *Mrs. Warren's Profession*; *Candida*; *Cesar and Cleopatra*; *Major Barbara*; *Pygmalion*; *Saint Joan.*

Siebentes und achtes Tausend 1980

Inhalt

Frau Warrens Beruf

Stück in vier Akten
Deutsch von Martin Walser

Personen:

KITTY WARREN
VIVIE, ihre Tochter
SIR GEORGE CROFTS
PRAED
PASTOR SAMUEL GARDNER
FRANK, sein Sohn

Ort der Handlung: Erster, zweiter und dritter Aufzug – Haslemere in Surrey. *Vierter Aufzug* – London.
Zeit: Gegenwart.

Erster Akt

Sommernachmittag im Garten eines kleinen Landhauses am östlichen Abhang eines Hügels, etwas südlich von Haslemere in Surrey. Das Landhaus liegt, hügelaufwärts gesehen, in der linken Ecke des Gartens, es hat ein Strohdach, einen überdachten Eingang und links von dem Eingang ein großes, vergittertes Fenster. Der Garten ist ganz von einem Zaun eingeschlossen, lediglich rechts führt eine Gartentür herein. Der Weg geht jenseits des Zauns, hügelaufwärts, dem Horizont zu. Einige zusammengelegte, mit Segeltuch bespannte Gartenstühle sind gegen die Bank gelehnt, die neben dem überdachten Eingang steht. Unter dem großen Fenster ist ein Damenfahrrad an die Hauswand gelehnt. Etwas rechts vom Eingang hängt an zwei Pfosten eine Hängematte. Ein großer, in den Boden gesteckter Sonnenschirm schützt die Hängematte vor der Sonne. In der Hängematte liegt eine junge Dame, sie liest, macht Notizen; sie liegt mit den Füßen zur Gartentür hin. Neben der Hängematte ein gewöhnlicher Küchenstuhl, auf ihm ein Stapel von gewichtigen Büchern und ein Stoß Schreibpapier. Auf dem Weg erscheint ein Herr. Er ist kaum über die Mitte seiner Jahre hinaus; er hat etwas von einem Künstler; ist unkonventionell, aber sorgfältig gekleidet; rasiert, bis auf einen Schnurrbart; er hat ein Gesicht, das geradezu darauf wartet, auf Eindrücke sensibel zu reagieren; er verfügt über angenehme, nie der Kontrolle entgleitende Manieren. Er hat seidig schwarzes Haar, untermischt mit grauen und weißen Strähnen. Seine Augenbrauen sind weiß, sein Schnurrbart schwarz. Er findet sich offenbar nicht zurecht. Er schaut über den Zaun, mustert den Platz, sieht die junge Dame.

DER HERR *seinen Hut abnehmend:* Entschuldigen Sie, bitte. Ich suche Hindhead View, das Haus von Frau Alison, könnten Sie mir…

DIE JUNGE DAME *vom Buch aufschauend:* Das ist Frau Alisons Haus. *Sie liest weiter.*

DER HERR Ach. Dann… darf ich fragen… sind Sie vielleicht Fräulein Vivie Warren?

DIE JUNGE DAME *sie stützt sich auf einen Ellbogen; wendet sich dem Herrn zu, um ihn anschauen zu können; streng:* Ja.

DER HERR *eingeschüchtert; vermittelnd:* Ich fürchte, Sie halten mich für aufdringlich. Mein Name ist Praed. *Vivie wirft sofort ihre Bücher auf den Stuhl und verläßt die Hängematte.* Oh, bitte, ich will Sie nicht stören.

VIVIE *geht mit großen Schritten zur Gartentür und öffnet sie für ihn:* Nur herein, Herr Praed. *Er tritt ein.* Nett, Sie zu sehen. *Sie streckt ihm ihre Hand hin und nimmt seine Hand mit einem resoluten und herzlichen Griff. Sie ist eine attraktive Ausgabe der aufgeweckten, klugen, wohlerzogenen englischen Mittelklassen-Frau. 22 Jahre alt. Schlagfertig, energisch, sicher, gelassen. Unauffällig und praktisch gekleidet, aber nicht nachlässig oder altmodisch. An ihrem Gürtel trägt sie eine Uhrkette, an der unter anderem ein Füllfederhalter und ein Papiermesser hängen.*

PRAED Sehr liebenswürdig, Fräulein Warren, wirklich. *Sie wirft die Gartentür ins Schloß. Er geht bis in die Mitte des Gartens, bewegt seine Finger, die durch Vivies Begrüßung noch etwas empfindungslos sind.* Ihre Frau Mutter, ist sie schon angekommen?

VIVIE *schnell, offenbar wittert sie einen Angriff:* Wieso? Kommt sie?

PRAED *überrascht:* Ja, haben Sie uns denn nicht erwartet?

VIVIE Nein.

PRAED Ja, um Gottes willen, hoffentlich hab ich mich nicht im Tag getäuscht. Das würde mir nämlich gleichsehen. Ihre Frau Mutter wollte von London herauskommen, und ich sollte von Horsham herüberkommen, um Ihnen vorgestellt zu werden. So hat sie das geplant.

VIVIE *überhaupt nicht erfreut:* So, hat sie. Ganz schöne Tricks das, nur um mich zu überraschen. Mal sehen, wie ich mich benehme, wenn sie nicht da ist, was? Möglich, ich werde demnächst mal meine Mutter 'n bißchen überraschen, wenn sie mich in ihre Pläne einbaut, ohne mich vorher zu fragen! Sie ist nicht gekommen.

PRAED *verlegen:* Es tut mir wirklich sehr leid.

VIVIE *überwindet ihren Unmut:* Sie können ja nichts dafür, Herr Praed. Ich bin sogar sehr froh, daß Sie gekommen sind. Von allen Freunden meiner Mutter sind Sie der einzige, den ich immer schon mal kennenlernen wollte.

PRAED *erleichtert und erfreut:* Ach, das ist aber wirklich sehr lieb von Ihnen, Fräulein Warren.

VIVIE Wollen Sie reinkommen oder sitzen Sie lieber hier draußen?

PRAED Finden Sie's nicht auch hübscher hier draußen?

VIVIE Dann werde ich Ihnen einen Stuhl holen. *Sie geht zum überdachten Eingang, um einen Gartenstuhl zu holen.*

PRAED *folgt ihr:* Aber nein, nein. Gestatten Sie. *Er ergreift einen Stuhl.*

VIVIE *sie gestattet:* Passen Sie auf Ihre Finger auf. Sind nämlich ganz schön tückisch, diese Stühle. *Sie geht zu dem Stuhl, auf dem die Bücher liegen, wirft die Bücher in die Hängematte und bringt den Stuhl mit einem Schwung nach vorne.*

PRAED *der gerade seinen Stuhl aufgeklappt hat:* Aber bitte, den harten Stuhl müssen Sie mir überlassen. Ich liebe harte Stühle.

VIVIE Ich auch. Setzen Sie sich, Herr Praed. *Diese Einladung versieht sie mit milder Unnachgiebigkeit, weil sie in seiner übermäßigen Bereitschaft, es ihr recht zu machen, offensichtlich den Ausdruck einer Charakterschwäche sieht. Aber er gehorcht nicht sofort.*

PRAED Übrigens, ich weiß nicht, sollten wir nicht zum Bahnhof, Ihre Frau Mutter abzuholen?

VIVIE *kühl:* Warum? Sie kennt den Weg.

PRAED *weiß momentan nicht weiter:* Ja... das ist anzunehmen. *Er setzt sich.*

VIVIE Wissen Sie, daß Sie genauso sind, wie ich Sie mir vorgestellt habe. Ich hoffe, Sie haben Lust, sich mit mir anzufreunden.

PRAED *wieder überglücklich:* Vielen Dank, mein liebes Fräulein Warren, vielen Dank. Mein Gott, ich bin ja so froh, daß Ihre Mutter Sie nicht verdorben hat.

VIVIE Wie bitte?

PRAED Ja, indem sie Sie zu bürgerlich erzogen hätte. Sie müssen wissen, liebes Fräulein Warren, ich bin der geborene Anarchist. Ich hasse Autorität. Autorität verdirbt die Beziehungen zwischen Eltern und Kind: sogar zwischen Mutter und Tochter. Und da hatte ich immer ein wenig Angst, Ihre Mutter würde ihre ganze Autorität einsetzen, um Sie steifbürgerlich zu erziehen. Es ist eine solche Erleichterung für mich, zu sehen, daß sie's nicht getan hat.

VIVIE Habe ich mich etwa unbürgerlich aufgeführt?

PRAED Aber nein, meine Liebe, nein. Zumindest nicht bürgerlich unbürgerlich, Sie verstehen mich. *Sie nickt und setzt sich. Er fährt fort; ein herzlicher Ausbruch.* Ich fand das ja so bezaubernd, als Sie sagten, Sie hätten Lust, sich mit mir anzufreunden. Ihr jungen Damen von heute seid prächtig, einfach prächtig.

VIVIE *unsicher:* He? *Sie beobachtet ihn mit zunehmender Enttäuschung; seine Intelligenz und seinen Charakter betreffend.*

PRAED Als ich so alt war wie Sie, hatten junge Männer und Frauen Angst voreinander: es gab keine Kameradschaft. Überhaupt nichts Wirkliches. Nur Galanterie, imitiert nach Romanen, so vulgär und affektiert als irgend möglich. Mädchenhafte Zurückhaltung! Männliche Ritterlichkeit! Immer wenn man nein sagte, meinte man ja! Die pure Hölle für eine zarte und wahrhaftige Seele.

VIVIE Ja, ich kann mir vorstellen, daß da schrecklich viel Zeit verschwendet wurde. Vor allem die Zeit der Frauen.

PRAED Leben wurde verschwendet, alles wurde verschwendet. Aber das hat sich wirklich geändert. Wissen Sie, daß ich richtiggehend aufgeregt bin, seit ich Sie kennenlernen möchte, und zwar wegen Ihrer großartigen Leistungen in Cambridge: sowas wäre zu meiner Zeit einfach undenkbar gewesen. Es war einfach prächtig, wie Sie plötzlich den Inhaber des dritten Platzes ausdisputierten. Genau der richtige Platz, find ich. Der Primus ist ja immer so ein verträumter, morbider Bursche, bei dem die ganze Sache schon'n bißchen krankhaft wird.

VIVIE Es rentiert sich nicht. Ich würde das nicht noch einmal tun, nicht für d a s Geld.

PRAED *entsetzt:* D a s Geld!

VIVIE Ich tat es für 50 Pfund.

PRAED 50 Pfund!

VIVIE Ja. 50 Pfund. Vielleicht wissen Sie nicht, wie es dazu kam. Frau Latham, meine Lehrerin in Newnham, sagte zu meiner Mutter, daß ich mich in Mathematik – *zitiert* – »auszeichnen« könnte, wenn ich mich ernsthaft dranmachte. Die Zeitungen waren da gerade voll davon, daß Phillippa Summers den Primus schlagen werde. Sie erinnern sich. *Praed schüttelt heftig den Kopf.* Auf jeden Fall, sie schlug ihn. Und nichts anderes wollte meine Mutter von mir. Ich sagte schlicht, daß mir meine Zeit zu schade sei für diese Büffelei, weil ich ja nicht vorhätte, Lehrerin zu werden. Aber ich bot ihr an, mich um den 4. Platz, oder da herum, zu bewerben. Für 50 Pfund. Sie meckerte ein bißchen rum, dann schloß sie ab mit mir, und ich war besser als ich mußte. Aber noch einmal würd ich's nicht tun für das Geld. 200 Pfund, das wäre halbwegs das, was ich hätte kriegen müssen.

PRAED Sie haben aber eine sehr praktische Art, mein Gott.

VIVIE Hätten Sie mich lieber unpraktisch?

PRAED Aber sicher ist es doch auch praktisch, bei solchen Ehren nicht nur die Arbeit zu sehen, die sie machen, sondern auch das Wissen, das man sich dadurch erwirbt.

VIVIE Wissen! Mein lieber Praed: wissen Sie, was der B. A. in Mathe heißt? Büffeln, büffeln, büffeln, sechs bis acht Stunden täglich, Mathematik. Eigentlich sollte ich was von Wissenschaft verstehen; aber ich verstehe nichts; nichts, außer der Mathematik, die dabei vorkommt. Ich kann Berechnungen machen für Ingenieure, Elektrotechniker, Versicherungsgesellschaften usw.; aber ich weiß so gut wie nichts über Maschinen, Elektrizität oder Versicherung. Ich kann nicht einmal gut rechnen. Abgesehen von Mathematik, Tennis, Essen, Schlafen, Radfahren und Spazierengehen, bin ich ein schlimmerer Banause als irgendeine Frau, die den B. A. nicht gemacht hat.

PRAED *empört:* Was für ein scheußliches, böses, gemeines System! Ich wußte es! Ich fühlte gleich, daß es nichts anderes bedeutete als die Zerstörung von allem, was Weiblichkeit schön macht.

VIVIE Das wäre für mich überhaupt kein Grund, dagegen zu sein. Aber ich werde das Beste daraus machen, das kann ich Ihnen sagen.

PRAED Und wie das?

VIVIE Ich werde ein Büro aufmachen in der City für versicherungsstatistische Berechnungen und Abtretungsabwicklungen. Nebenbei etwas Juristerei, und ein Auge stets auf die Börse. Ich bin ja hier, um Juristerei zu studieren, nicht um Ferien zu machen, wie meine Mutter glaubt. Ich hasse Ferien.

PRAED Mir läuft es kalt den Rücken runter. Und Romantik, Schönheit, brauchen Sie das überhaupt nicht?

VIVIE Weder noch. Ehrlich.

PRAED Das kann nicht Ihr Ernst sein.

VIVIE Ist es aber. Ich liebe die Arbeit und das Geld, das man dafür bekommt. Wenn ich mich abgearbeitet habe, brauch ich einen bequemen Sessel, eine Zigarre, ein bißchen Whisky und einen guten Krimi.

PRAED *erhebt sich in einem Rausch der Verweigerung:* Ich glaube Ihnen nicht. Ich bin ein Künstler; ich kann Ihnen nicht glauben: ich weigere mich, Ihnen zu glauben. Sie reden so, weil Sie noch nicht entdeckt haben, was für eine wundervolle Welt die Kunst Ihnen öffnen kann.

VIVIE Oh, ich habe. Letztes Jahr, im Frühling, war ich sechs Wochen in London, bei Honoria Fraser. Mama dachte, wir liefen herum, um alles anzuschauen; in Wirklichkeit war ich jeden Tag in Honorias Büro in der Chancery Lane und arbeitete an Versicherungsstatistiken und half ihr so gut das ein Anfänger eben kann. Abends tranken wir und redeten, und träumten keine Sekunde davon, auszugehen, es sei denn, um uns die Füße zu vertreten. Und ich habe mich mein Leben lang noch nie so wohl gefühlt. Ich kriegte meine ganzen Ausgaben herein, wurde in diesen Job eingeführt, ohne dafür blechen zu müssen.

PRAED Aber um Himmels und der Erde willen, Fräulein Warren, nennen Sie das, die Kunst entdecken?

VIVIE Moment. Das war ja erst später. Zuerst ging ich ja in die Stadt, auf Einladung von solchen Künstlern in der Fitzjohn Avenue, eine davon war in Newnham auf meinem Zimmer. Sie führten mich in die National-Galerie.

PRAED *zustimmend:* Ah! *Er setzt sich sehr erleichtert.*

VIVIE *fährt fort:* In die Oper...

PRAED *noch angenehmer berührt:* Gut!

VIVIE ...und ins Konzert, wo die Band den ganzen Abend lang Beethoven und Wagner und so weiter spielte. Das möchte ich nicht noch einmal durchmachen, nicht um alles in der Welt. Höflichkeitshalber hielt ich aus bis zum dritten Tag, dann platzte ich heraus, daß ich die Nase voll hätte, und ab in die Chancery Lane. Da haben Sie die einfach prächtige junge Dame von heute. Was denken Sie, wie komm ich mit meiner Mutter zurecht?

PRAED *erschreckt:* Nun ja, ich hoffe... hm.

VIVIE Mich interessiert weniger, was Sie hoffen als was Sie denken.

PRAED Nun ja, offen gesagt, ich fürchte, Ihre Mutter wird ein wenig enttäuscht sein. Nicht, wegen irgendeiner Unzulänglichkeit Ihrerseits, verstehen Sie mich bitte recht, aber Sie sind so anders als ihr Ideal.

VIVIE Ihr was?

PRAED Ihr Ideal.

VIVIE Sie meinen ihre Vorstellung von mir?

PRAED Ja.

VIVIE Und die wäre?

PRAED Nun ja, Sie haben sicher schon beobachtet, Fräulein Warren, daß Menschen, die unzufrieden sind mit ihrer eigenen Erziehung, meistens der Meinung sind, man müsse Kinder einfach vollkommen anders erziehen und schon wäre alles in

Ordnung. Und das Leben Ihrer Mutter ist ja, ich vermute, Sie wissen...

VIVIE Vermuten Sie nichts, Herr Praed. Ich kenne meine Mutter fast gar nicht. Seit meiner Kindheit bin ich in England, auf der Schule, im College, oder bei Leuten, die dafür bezahlt werden, daß sie auf mich aufpassen. Ich war immer irgendwo untergebracht. Meine Mutter lebte in Brüssel oder in Wien und ließ mich nie zu sich kommen. Ich sehe sie nur, wenn sie für 'n paar Tage nach England kommt. Ich beklage mich nicht: es war sehr angenehm. Die Leute waren gut zu mir. Es war ja auch immer ne Menge Geld da, um alles 'n bißchen zu verzuckern. Aber bilden Sie sich nicht ein, ich wüßte irgend etwas über meine Mutter. Ich weiß weniger als Sie.

PRAED *unbehaglich:* Tja, wenn das so ist... *Er hält ein, sehr verlegen. Dann ein gewaltsamer Versuch, fröhlich zu scheinen.* Aber was reden wir bloß für Unsinn. Sie und Ihre Mutter werden vorzüglich miteinander auskommen, das ist doch ganz klar. *Er steht auf, sieht sich um.* Einfach zauberhaft, dieses Fleckchen Erde hier!

VIVIE *unbewegt:* Ziemlich abrupt, dieser Themawechsel, Herr Praed. Warum kann man eigentlich über das Leben meiner Mutter nicht sprechen?

PRAED Oh, das dürfen Sie nicht sagen. Es ist doch ganz natürlich, daß ich gewisse Hemmungen habe, mit der Tochter meiner alten Freundin über sie zu sprechen, ohne daß sie dabei ist. Sie werden ja Gelegenheit genug haben, mit ihr selbst darüber zu sprechen.

VIVIE Nein. Sie wird genausowenig darüber sprechen wollen wie Sie. *Sie steht auf.* Bitte, Sie haben sicher gute Gründe, mir nichts zu sagen. Aber das eine wissen Sie, wenn meine Mutter von meinem Chancery-Lane-Projekt hört, das gibt einen Riesenstunk.

PRAED *kläglich:* Das fürchte ich auch.

VIVIE Und ich werde gewinnen, weil ich nichts will als mein Fahrgeld nach London, damit ich morgen anfangen kann, bei Honoria zu schuften und mir mein Geld selber zu verdienen. Und dann, ich habe keine Geheimnisse, Mama scheint welche zu haben. Wenn nötig, werde ich diesen Vorteil nutzen.

PRAED *tief schockiert:* Oh nein! Nein, bitte, sowas würden Sie nie tun.

VIVIE Und warum nicht, wenn ich fragen darf!

PRAED Ich kann nur an Ihr Gefühl appellieren. *Sie lächelt über seine Sentimentalität.* Und wenn Sie zu weit gehen?! Mit Ihrer Mutter ist nicht zu spaßen, wenn sie in Rage kommt.

VIVIE Sie können mich nicht einschüchtern, Herr Praed. In jenem Monat in der Chancery Lane hatte ich Gelegenheit, ein paar Frauen kennenzulernen, die meiner Mutter sehr ähnlich waren. Sie, Herr Praed, könnten mir helfen. Wenn ich, unwissend, wie ich bin, härter zuschlage als nötig, dann erinnern Sie mich bitte, daß Sie es waren, der sich weigerte, mich einzuweihen. Und jetzt Schluß damit. *Sie nimmt ihren Stuhl und stellt ihn, mit dem gleichen Schwung wie vorher, zurück zur Hängematte.*

PRAED *faßt einen verzweifelten Entschluß:* Noch ein Wort, Fräulein Warren. Es ist doch besser, ich sage es Ihnen. Es fällt mir sehr schwer, aber...

Frau Warren und Sir George Crofts treffen an der Gartentür ein. Frau Warren ist zwischen 40 und 50, ehemals hübsch, auffallend gekleidet; ein herrlicher Hut; eine bunte, engsitzende Bluse, dazu sehr modische Ärmel. Ziemlich verblüht, autoritär, unübersehbar gewöhnlich, aber insgesamt, ein freundlicher, ein weiblicher Schuft, der sich sehen lassen kann. Crofts ist ein großer, kräftiger Mann von etwa 50, modisch gekleidet wie ein junger Mann. Seine nasale Stimme ist dünner als man bei seinem Körperbau erwarten würde. Glattrasierte Bulldog-Kinnbacken, große flache Ohren, dicker Hals: eine herrenmäßige Kombination von brutalstem City-Geschäftsmann, Sportsmann und Lebemann.

VIVIE Da sind sie. *Trifft sie, wenn sie den Garten betreten.* Na, Mam, wie geht's? Herr Praed wartet seit einer halben Stunde auf dich.

FRAU WARREN Selber schuld, Praddy. Ich dachte, Sie hätten soviel Grips, zu wissen, daß ich mit dem 3-Uhr-10-Zug komme. Vivie, setz deinen Hut auf, Kind, du wirst mir ja ganz braun. Oh, ich vergaß, dich vorzustellen. Sir George Crofts: meine kleine Vivie. *Crofts tritt in der geziertesten Weise auf Vivie zu. Sie nickt, macht aber keine Bewegung, um ihm die Hand zu reichen.*

CROFTS Darf ich einer jungen Dame die Hand drücken, die ich vom Hörensagen als die Tochter einer meiner ältesten Freundinnen längst kenne?

VIVIE *die ihn scharf gemustert hat:* Wenn Sie meinen. *Sie nimmt seine zart angebotene Hand, drückt sie, daß ihm die Augen aufgehen; dann dreht sie sich weg und sagt zu ihrer Mutter:*

Kommt ihr rein oder soll ich noch 'n paar Stühle holen? *Sie geht zum überdachten Eingang, um Stühle zu holen.*

FRAU WARREN Na, George, was meinst du?

CROFTS *klagend:* Sie hat eine kräftige Hand. Praed, haben Sie ihr mal die Hand gegeben?

PRAED Ja. Es läßt bald nach.

CROFTS Hoffen wir's. *Vivie kommt mit zwei weiteren Stühlen. Er beeilt sich, ihr zu helfen.* Gestatten Sie mir.

FRAU WARREN *gönnerhaft:* Laß dir doch von Sir George helfen, Kind.

VIVIE *sie wirft ihm die Stühle in die Arme:* Bitte. *Sie säubert ihre Hände, wendet sich zu Frau Warren.* Möchtest du vielleicht Tee?

FRAU WARREN *in Praeds Stuhl, sich selber fächelnd:* Ich sterbe vor Durst.

VIVIE Ich mach dir Tee. *Sie geht ins Haus. Sir George hat es inzwischen geschafft, einen Stuhl aufzuklappen, er stellt ihn links neben Frau Warren. Den anderen wirft er ins Gras. Er setzt sich; den Griff von seinem Stock im Mund, sieht er niedergeschlagen aus und ziemlich blöd. Praed, immer noch unbehaglich, geht nervös hin und her.*

FRAU WARREN *zu Praed, mit Blick auf Crofts:* Jetzt schauen Sie sich den an, Praddy: sieht er nicht lustig aus. Seit drei Jahren plagt er mich, daß ich ihm das Kind vorstelle, ich tu's, und er, da hockt er, fassungslos. *Ermunternd.* Komm, aufrecht, George, und nimm den Stock aus dem Mund, ja. *Crofts gehorcht mürrisch.*

PRAED Ich glaube, wir sollten – wenn ich das sagen darf – endlich aufhören, sie für ein kleines Mädchen zu halten. Nach allem, was sie geleistet hat. Und nach allem, was ich jetzt von ihr weiß, bin ich nicht sicher, ob sie nicht erwachsener ist als irgendeiner von uns.

FRAU WARREN *sehr amüsiert:* Jetzt hör dir das an, George! Erwachsener als irgendeiner von uns! Die hat Sie aber ganz schön eingewickelt mit ihrer Bedeutung.

PRAED Junge Menschen sind eben ganz besonders empfindlich gegen diese Art Behandlung.

FRAU WARREN Ja, und man muß jungen Menschen diesen Zahn ziehen! Und nicht bloß den. Unterbrechen Sie mich nicht, Praddy: Ich weiß so gut wie Sie, wie ich mein eignes Kind zu behandeln habe. *Praed geht, bedeutungsschwer den Kopf schüttelnd, den Garten hinauf, seine Hände auf dem Rücken.*

Frau Warren versucht zu lachen, schaut ihm aber sichtlich betroffen nach. Dann flüstert sie Crofts zu. Was ist los mit ihm? Warum nimmt er das so tragisch?

CROFTS *finster:* Du hast Angst vor Praed.

FRAU WARREN Was! Ich! Angst vor unserm alten Praddy. Keine Fliege hätte Angst vor ihm.

CROFTS Du hast Angst vor ihm.

FRAU WARREN *zornig:* Kümmere du dich gefälligst um deine Sachen, anstatt deine schlechte Laune an mir auszulassen. Vor dir hab ich jedenfalls keine Angst. Entweder du nimmst dich jetzt etwas zusammen oder du gehst besser gleich wieder nach Hause. *Sie steht auf, dreht sich weg von ihm und sieht sich Praed gegenüber.* Ach, Praddy, ich weiß doch, es war nur Ihre Feinfühligkeit. Sie fürchten, ich will das Kind tyrannisieren.

PRAED Liebe Kitty, Sie meinen, ich sei beleidigt. Glauben Sie das nicht, bitte. Sie wissen doch, ich bemerke öfter etwas, was Ihnen entgeht. Und obwohl Sie nie meinem Rat folgen, manchmal, hinterher, geben Sie zu, daß Sie es hätten tun sollen.

FRAU WARREN Schön, und was »bemerken« Sie jetzt?

PRAED Lediglich, daß Vivie eine erwachsene Frau ist. Bitte, Kitty, behandeln Sie sie mit allem Respekt.

FRAU WARREN *mit wirklichem Erstaunen:* Respekt! Meine eigene Tochter mit allem Respekt behandeln! Was noch, bitte.

VIVIE *erscheint am Eingang und ruft Frau Warren:* Mutter, kommst du noch in mein Zimmer vorm Tee?

FRAU WARREN Ja, Schatz. *Sie lacht nachsichtig über Praeds Ernst und tätschelt seine Wange, als sie, auf ihrem Weg zum Haus, an ihm vorbeigeht.* Kopf hoch, Praddy! *Sie folgt Vivie ins Haus.*

CROFTS *verstohlen:* He, Praed.

PRAED Ja.

CROFTS Ich möchte Ihnen eine heikle Frage stellen.

PRAED Bitte. *Er nimmt Frau Warrens Stuhl und setzt sich zu Crofts, ganz dicht.*

CROFTS Ja, sonst hören sie uns noch durchs Fenster. Also passen Sie auf: hat Ihnen Kitty je gesagt, wer der Vater des Mädchens ist?

PRAED Nie.

CROFTS Haben Sie einen Verdacht, wer es sein könnte?

PRAED Keinen.

CROFTS *glaubt ihm nicht:* Ich verstehe natürlich, daß Sie sich vielleicht verpflichtet fühlen, nichts zu sagen, wenn sie Ihnen etwas anvertraut hat. Andererseits ist es sehr unangenehm, so etwas nicht zu wissen, wenn wir jetzt das Mädchen täglich unter uns haben. Wir wissen doch einfach nicht so richtig, wie wir uns ihr gegenüber verhalten sollen.

PRAED Das hat doch damit nichts zu tun. Wir nehmen sie, wie sie ist. Egal, wer ihr Vater war.

CROFTS *argwöhnisch:* Sie wissen also, wer es war?

PRAED *etwas heftig:* Ich habe gerade gesagt: nein. Haben Sie das gehört oder nicht?

CROFTS Schauen Sie, Praed. Sie täten mir einen großen Gefallen. Wenn Sie etwas wissen – *eine Protestbewegung Praeds* – ich sage ja nur, wenn Sie etwas wissen, dann könnten Sie mich wenigstens beruhigen. Die Sache ist nämlich die, sie interessiert mich.

PRAED *streng:* Was heißt das?

CROFTS Oh, keine Angst, ein ganz und gar unschuldiges Interesse. Das ist es doch, was mich so verwirrt. Und nach allem, was ich weiß, könnte ich ja tatsächlich ihr Vater sein.

PRAED Sie! Unmöglich!

CROFTS *listig:* Sie wissen also sicher, daß ich es nicht bin?

PRAED Ich sag Ihnen doch, daß ich nichts weiß, kein bißchen mehr als Sie. Aber wirklich, Crofts, ich bitte Sie, das ist überhaupt keine Frage. Nicht die geringste Ähnlichkeit.

CROFTS Na ja, zwischen Mutter und Tochter sehe ich genausowenig Ähnlichkeit. Ich nehme an, Ihre Tochter ist sie nicht, oder?

PRAED *steht entrüstet auf:* Also wirklich, Crofts, ich muß schon sehr bitten!

CROFTS Ist doch keine Beleidigung, Praed. Das wird wohl erlaubt sein zwischen zwei Männern von Welt.

PRAED *faßt sich mit Mühe, spricht freundlich und ernst:* Jetzt hören Sie mal zu, mein lieber Crofts. *Er setzt sich wieder.* Ich habe und hatte mit dieser Seite von Frau Warrens Leben nichts zu tun. Sie hat mit mir nie darüber gesprochen, ebensowenig habe ich mit ihr darüber gesprochen. Das muß Ihnen doch Ihr Feingefühl sagen, daß eine hübsche Frau ein paar Freunde braucht, die nicht... nun ja, die nicht auf dieser Basis mit ihr verkehren. Die Wirkung ihrer eigenen Schönheit würde doch zur Qual werden für sie, wenn sie ihr nicht dann und wann entfliehen könnte. Sie sind doch mit Kitty wahrscheinlich viel... viel vertrauter. Also können Sie diese Frage doch ihr selbst stellen.

CROFTS Das hab ich doch, und oft genug. Aber sie hat es sich in den Kopf gesetzt, das Kind so ganz und gar als das ihre anzusehen, daß sie am liebsten abstreiten würde, daß das Kind überhaupt einen Vater hat. *Er steht auf.* Ich bin wirklich tief beunruhigt, Praed.

PRAED *steht auch auf:* Schön, da Sie auf jeden Fall, dem Alter nach, ihr Vater sein könnten, habe ich nichts dagegen, daß wir beide Fräulein Vivie väterlich begegnen, wir fühlen uns beide verpflichtet, dieses Mädchen zu schützen und ihm zu helfen. Ja?

CROFTS *aggressiv:* Ich bin nicht älter als Sie, wenn Sie das meinen.

PRAED Oh doch, mein Bester: Sie sind alt geboren. Ich bin der geborene Jüngling. Ich habe noch nie in meinem Leben das Selbstvertrauen des erwachsenen Mannes besessen. *Er klappt seinen Stuhl zusammen und trägt ihn zum Haus.*

FRAU WARREN *ruft aus dem Hausinnern:* Prad-dee! George! Tee-ee!

CROFTS *hastig:* Sie ruft uns. *Er rennt hinein.*

Praed schüttelt seinen Kopf, folgt Crofts, wird aber von einem jungen Herrn gerufen, der gerade auf der Straße erscheint und auf die Gartentür zugeht. Er wirkt angenehm, hübsch, flott gekleidet, ein cleverer Taugenichts, nicht viel über 20, einnehmende Stimme, angenehm unhöfliche Manieren. Er hat eine leichte Sportflinte bei sich.

DER JUNGE HERR Hallo! Praed!

PRAED Was, Frank Gardner! *Frank kommt herein, herzlicher Händedruck.* Was, um alles in der Welt, tun Sie hier?

FRANK Bin bei meinem Vater.

PRAED Bei dem römischen Vater?

FRANK Er ist Pfarrherr hier. Ich bleibe diesen Herbst bei der Familie, von wegen Kosten. Ich hatte 'ne Krise im Juli, der Pfarrherr mußte die Schulden bezahlen, jetzt ist er genauso bankrott wie ich. Und Sie, was wollen Sie hier draußen? Bekannte hier?

PRAED Ja. Ich bin heute hier bei einer Frau Warren.

FRANK *begeistert:* Was! Kennen Sie Vivie? Ist das nicht ein klasse Mädchen? Ich zeig ihr, wie man damit schießt. *Nimmt die Flinte herunter.* Das find ich prima, daß sie Sie kennt. Sie sind genau die Sorte Mann, die sie kennen sollte. *Er lächelt und hebt seine einnehmende Stimme fast zum Sington, wenn er ausruft.* Das ist schon unwahrscheinlich lustig, Sie hier draußen zu treffen, Praed.

PRAED Ich bin ein alter Freund von Vivies Mutter. Frau Warren brachte mich her, damit ich ihre Tochter kennenlerne.

FRANK Die Mutter! Ist sie da?

PRAED Ja. Drinnen. Beim Tee.

FRAU WARREN *von innen rufend:* Prad-dee-ee! Der Teekuchen wird kalt!

PRAED *rufend:* Ja, Frau Warren. Augenblick. Ich traf gerade einen Freund hier.

FRAU WARREN Einen was?

PRAED *lauter:* Einen Freu-nd.

FRAU WARREN Herein mit ihm.

PRAED Gerne. *Zu Frank.* Wollen Sie?

FRANK *ungläubig, aber ungeheuer erfreut:* Das ist Vivies Mutter?

PRAED Ja.

FRANK Donnerwetter. Welch eine Lerche. Ob sie mich mag, was meinen Sie?

PRAED Sie werden sich so beliebt machen wie immer, das ist doch klar. *Er geht auf das Haus zu.* Los. Probieren Sie's.

FRANK Eine Sekunde. *Ernst.* Ich muß Ihnen etwas gestehen.

PRAED Bitte nicht. Schon wieder so'ne Bombenbettgeschichte wie mit der an der Bar in Redhill.

FRANK Viel seriöser. Unwahrscheinlich seriös! Sie sagen, Sie haben Vivie gerade zum ersten Mal gesehen?

PRAED Ja.

FRANK *überschwenglich:* Dann können Sie einfach nicht wissen, was für ein Mädchen Vivie ist. Dieser Charakter! Dieser Verstand! Eine solche Klugheit! Mein Gott, Praed, ich kann Ihnen sagen, sowas von klug! Und – wie Sie sich denken können – sie liebt mich.

CROFTS *streckt den Kopf aus dem Fenster:* Praed, also bitte, wo bleiben Sie? Nun kommen Sie schon. *Er verschwindet.*

FRANK Je-i! Auf ner Hundeschau hätte sowas sofort 'n Preis. Wer ist 'n das?

PRAED Sir George Crofts, ein alter Freund von Frau Warren. Ich glaube, wir sollten jetzt.

Auf dem Weg zum Eingang werden sie durch einen Ruf gestört. Sie drehen sich um und sehen einen älteren Priester an der Gartentür stehen.

DER PRIESTER *ruft:* Frank!

FRANK Hallo! *Zu Praed.* Der Pfarrherr. *Zum Priester.* Ja, Chef. Im Augenblick alles o. k. *Zu Praed.* Gehen Sie ruhig rein,

Praed. Ich komm gleich nach.

PRAED Sehr schön. *Er geht ins Haus.*

Der Priester bleibt außerhalb der Gartentür, die Hände auf der Tür. Der Reverend Samuel Gardner, der von einer Pfründe der Staatskriche lebt, ist über 50. Äußerlich wirkt er anmaßend, dröhnend, laut, wichtigtuerisch. In Wirklichkeit ist er jener obsolete gesellschaftliche Fall: Der Tor der Familie, der von seinem Vater an die Kirche abgeschoben wurde, der sich dann lautstark sein Recht verschaffen will, als Pfarrer und als Vater, und dem es weder in der einen, noch in der anderen Rolle gelingt, sich Respekt zu verschaffen.

REV. S. So, mein Herr. Wer sind deine Freunde hier, wenn ich fragen darf?

FRANK Alles o. k., Chef. Komm doch rein.

REV. S. Nein, mein Herr. Nicht bevor ich weiß, wessen Garten ich betrete.

FRANK O. k. Fräulein Warrens Garten.

REV. S. Ich habe sie noch nicht in der Kirche gesehen, seit sie hier ist.

FRANK Natürlich nicht. Sie hat den dritten Platz beim B. A. So unwahrscheinlich intellektuell ist sie! Einen höheren Titel als du hat sie auch, also warum soll sie dich predigen hören?

REV. S. Etwas mehr Respekt, mein Herr.

FRANK Macht doch nichts. Hört ja keiner. Komm rein. *Er öffnet die Gartentür, zieht damit seinen Vater ganz formlos in den Garten.* Ich will dich ihr vorstellen. Hast du vergessen, was du mir im Juli geraten hast, Chef?

REV. S. *streng:* Nein. Ich riet dir, gegen deine Faulheit und deinen Leichtsinn anzugehen, dich in einem ehrbaren Beruf hochzuarbeiten und dann davon und nicht von mir zu leben.

FRANK Nein, das, was du danach sagtest. Du sagtest nämlich, da ich weder Verstand noch Geld hätte, sollte ich mein gutes Aussehen kapitalisieren, indem ich jemanden heirate, der beides hat. Und jetzt schau: Fräulein Warren hat Verstand, das kannst du nicht bestreiten.

REV. S. Verstand ist nicht alles.

FRANK Natürlich nicht. Und sie hat Geld.

REV. S. *ihn hart unterbrechend:* Ich habe nicht Geld gemeint, mein Herr. Ich sprach von höheren Dingen. Gesellschaftliche Stellung, zum Beispiel.

FRANK Die mir schnurz und piepe ist.

REV. S. Aber mir nicht.

FRANK Verlangt ja auch keiner, daß Du sie heiratest. Und diesen hohen Cambridge-Titel hat sie ja nun mal, und Geld scheint sie zu haben, soviel sie will.

REV. S. *mit einem Anflug von Humor:* Ich bezweifle füglich, ob sie so viel hat, wie du willst.

FRANK Komm, komm, so extravagant bin ich auch wieder nicht. Ich lebe unwahrscheinlich zurückhaltend. Ich trink nicht. Ich wette kaum. Und den regelmäßigen Rabatz wie bei dir früher gibt es bei mir auch nicht.

REV. S. *dumpf dröhnend:* Kein Wort mehr, mein Herr.

FRANK Hast du mir nicht selbst gesagt, als ich mich mit der an der Bar in Redhill so unwahrscheinlich blamierte, daß du einer Frau 50 Pfund angeboten hast, falls sie dir die Briefe, die du ihr...

REV. S. *entsetzt:* Sch-sch-sch- Frank, um Gottes willen! *Er sieht sich ängstlich um. Da er in Hörweite niemanden sieht, ermutigt er sich zu erneutem Dröhnen, aber etwas unterdrückter.* Auf die unehrenhafteste Weise schlachtest du etwas aus, was ich dir zu deinem Besten anvertraut habe, um dich vor einem Fehler zu bewahren, den du dein Leben lang bereut haben würdest. Lernen sollst du aus den Fehlern deines Vaters und nicht sie benutzen zur Entschuldigung für deine eigenen.

FRANK Kennst du die Geschichte vom Herzog von Wellington und seinen Briefen?

REV. S. Nein, mein Herr, und ich will sie auch nicht kennenlernen.

FRANK Der alte Eiserne Herzog verschleuderte nicht so einfach 50 Pfund, der nicht. Er schrieb einfach zurück: »Liebe Jenny, laß sie drucken und dich hol der Teufel, herzlich zugetan dein Wellington«. Genau das hättest du auch tun sollen.

REV. S. *kläglich:* Frank, lieber Junge, als ich diese Briefe schrieb, lieferte ich mich einer Frau aus. Als ich dir davon erzählte, lieferte ich mich bis zu einem gewissen Grad – ich bedaure, das sagen zu müssen – dir aus. Sie wies mein Geld zurück, und zwar so, daß ich es nie mehr vergessen werde.
»Wissen ist Macht«, sagte sie, »und Macht verkaufe ich nicht.« Das ist mehr als 20 Jahre her. Und sie hat seitdem nie Gebrauch gemacht von ihrer Macht oder mich auch nur eine Sekunde lang in Verlegenheit gebracht. Du benimmst dich schlechter als sie, Frank.

FRANK Na ja, hast du vielleicht auf sie eingepredigt wie du jeden Tag auf mich einpredigst?

REV. S. *weint fast vor Verletztheit:* Ich gehe jetzt, mein Herr. Du bist unverbesserlich. *Er dreht sich zur Gartentür.*

FRANK *völlig unbewegt:* Und sag zu Hause, daß ich nicht zum Tee komme, Chef, sei 'n guter Kumpel, ja? *Er geht zum Eingang und trifft auf Praed und Vivie, die herauskommen.*

VIVIE *zu Frank:* Ist das Ihr Vater, Frank? Ich möchte ihn doch so gerne kennenlernen.

FRANK Aber bitte. *Ruft hinter seinem Vater her.* Chef. Du wirst gewünscht. *Der Pfarrer dreht sich um, fummelt nervös an seinem Hut. Praed durchquert den Garten, sein strahlendes Gesicht nimmt die Begrüßungshöflichkeiten vorweg.* Mein Vater. Fräulein Warren.

VIVIE *schüttelt dem Pfarrer die Hand:* Ich freue mich, Sie hier zu sehen, Herr Gardner. *Zum Haus hinrufend.* Mutter: komm, du wirst gewünscht. *Frau Warren erscheint auf der Schwelle, sie erkennt den Pfarrer und ist von diesem Zusammentreffen förmlich durchbohrt.*

VIVIE Darf ich vorstellen...

FRAU WARREN *stürzt sich auf Rev. Samuel:* Nicht nötig! Sam Gardner, der zur Kirche ging. Was ich von mir nicht behaupten kann. Wir kennen doch Sam. Das ist George Crofts, so groß wie das Leben und zweimal so natürlich. Erinnern Sie sich nicht an mich?

REV. S. *sehr errötet:* Ich könnte wirklich nicht... eh...

FRAU WARREN Natürlich, Sam. Ich hab ja noch ne ganze Schachtel voller Briefe von Ihnen. Gerade neulich kamen sie mir wieder in die Hände.

REV. S. *schrecklich verwirrt:* Fräulein Vavasour, ich glaube.

FRAU WARREN *verbessert ihn rasch, laut flüsternd:* Ts... Ts... Ts... Quatsch. Frau Warren. Sehen Sie nicht, hier meine Tochter?

Zweiter Akt

Im Innern des Hauses, nach Einbruch der Nacht. Da wir innen in Richtung Osten schauen, statt wie außen, nach Westen, sehen wir jetzt das vergitterte Fenster, mit zugezogenen Vorhängen, in der Mitte der Vorderseite, den Eingang links davon. In der linken Wand führt die Tür in die Küche. Weiter hinten, an derselben Wand, ist ein Buffet, darauf eine Kerze und Streichhölzer; daneben Franks Gewehr, das mit dem Lauf ins Tellerregal ragt. In der Mitte ein Tisch, darauf eine brennende Lampe. Rechts vom Fenster, an der Wand, ein Tisch mit Vivies Büchern und Schreibsachen. An der rechten Wand der Kamin, davor ein Sessel. Kein Feuer. Links und rechts vom Tisch je ein Stuhl. Frau Warren tritt von außen ein; sie hat um die Schultern einen Schal, den sie sich von Vivie geliehen hat. Draußen eine sternklare Nacht. Hinter Frau Warren folgt Frank, der seine Mütze auf die Fensterbank wirft. Frau Warren hat genug vom Spazierengehen und stößt einen Seufzer der Erleichterung aus, wenn sie die Hutnadel herauszieht; die Nadel steckt sie ins Haar, den Hut legt sie auf den Tisch.

FRAU WARREN Gottogott! Ich weiß wirklich nicht, was auf dem Land schlimmer ist, das Spazierengehen oder das Zuhausesitzen und nicht wissen, was tun. Ich könnte jetzt einen Whisky mit Soda brauchen, wenn's hier sowas gäbe.

FRANK Vielleicht hat Vivie sowas.

FRAU WARREN Quatsch. Ein junges Mädchen wie sie und Whisky. Bemühen Sie sich nicht, es geht auch so. Möchte wissen, was sie hier tut die ganze Zeit. Ich wäre wirklich lieber in Wien.

FRANK Ich bringe Sie gerne hin. *Er hilft ihr, den Schal abzunehmen und berührt dabei deutlich ihre Schulter.*

FRAU WARREN Aha. Ganz der Vater.

FRANK Der Apfel fällt nicht weit vom Stamm. *Er hängt den Schal über den nächsten Stuhl und setzt sich.*

FRAU WARREN Was wissen Sie schon! Sie sind noch so jung. *Sie geht zum Kamin, um weiter von der Versuchung zu sein.*

FRANK Dann kommen Sie doch mit nach Wien, mit mir. Das fänd ich schon unwahrscheinlich lustig.

FRAU WARREN Danke nein. Wien ist nichts für Sie. Noch nicht. *Sie nickt ihm zu, um diesen Rat nachhaltiger zu machen. Er macht ein gespielt klägliches Gesicht, das von seinen Augen widerlegt wird. Sie schaut ihn an; dann geht sie zu ihm zurück.* Na, was ist denn, mein Kleiner. *Sie nimmt sein Gesicht in ihre Hände und dreht es zu sich herauf.* Ich kenn Sie durch und durch, von Ihrem Vater her, sogar besser als Sie sich selbst. Kommen Sie bloß nicht auf dumme Gedanken, ja! Hören Sie mich?

FRANK *flirtend:* Was soll ich machen, Frau Warren, das liegt in der Familie. *Sie tut, als gebe sie ihm eine Ohrfeige; dann schaut sie rasch auf das hübsche, lachende, heraufschauende Gesicht, ist in Versuchung. Zuletzt küßt sie ihn, dreht sich sofort weg, sie hat die Geduld mit sich verloren.*

FRAU WARREN Sowas! Das hätt ich nicht tun sollen. Ich bin schlecht. Machen Sie sich nichts draus. Ein mütterlicher Kuß. Basta. Los, ab, küssen Sie Vivie.

FRANK Hab ich schon.

FRAU WARREN *dreht sich zu ihm, sehr beunruhigt:* Wie bitte!

FRANK Vivie und ich sind unwahrscheinlich eng miteinander.

FRAU WARREN Was soll das heißen? Ich will Ihnen etwas sagen: ich dulde es nicht, daß so 'n x-beliebiger junger Schnösel an meinem Kind herumpfuscht. Verstehen Sie. Ich dulde es nicht.

FRANK *völlig unbeeindruckt:* Meine liebe Frau Warren: beruhigen Sie sich. Meine Absichten sind anständig. Unwahrscheinlich anständig. Und Ihr »Kind« weiß sich zu helfen. Um die muß man sich nicht halb so sorgen wie um die Mutter. Sie ist nicht so schön, wissen Sie.

FRAU WARREN *verwirrt:* Sie sind ein ganz schön frecher Hund, durch und durch. Woher Sie das haben, weiß ich nicht. Keinesfalls von Ihrem Vater.

CROFTS *im Garten:* Wahrscheinlich die Zigeuner.

REV. S. *antwortend:* Die Schweinebarone sind noch viel schlimmer.

FRAU WARREN *zu Frank:* Sch – Sch – Also. Ich habe Sie gewarnt. *Crofts und Reverend Samuel kommen herein, der Geistliche fährt fort.*

REV. S. Der Meineid bei der Verhandlung in Winchester ist auf jeden Fall bedauernswert.

FRAU WARREN Ach ihr, wo wart ihr denn die ganze Zeit? Und wo sind Praddy und Vivie?

CROFTS *legt seinen Hut auf den Sessel, lehnt seinen Stock in die Kaminecke:* Sie sind auf den Berg. Wir waren im Dorf. Ich brauchte einen Drink. *Er setzt sich in den Sessel.*

FRAU WARREN Einfach wegzugehen, ohne es mir zu sagen, das kann sie doch nicht. *Zu Frank.* Einen Stuhl für Ihren Vater, Frank. Wo bleiben Ihre Manieren. *Frank springt auf und bietet seinem Vater formvoll seinen Stuhl an. Dann holt er einen Stuhl von der Wand, stellt ihn zwischen Frau Warren und seinen Vater und setzt sich.* George, wo schläfst du? Hier ist ja kein Platz. Und Praddy, was machen wir mit ihm?

CROFTS Gardner nimmt mich auf.

FRAU WARREN Aha, du hast gesorgt für dich. Aber was wird mit Praddy?

CROFTS Keine Ahnung. Vielleicht im Gasthaus.

FRAU WARREN Sie haben keinen Platz mehr, Sam?

REV. S. Tja, als Pfarrherr hier bin ich gehalten... hm... was ist dieser Herr Praed?

FRAU WARREN Mein Gott, sowas von Etepetete. Er ist Architekt.

FRANK Schon gut, Chef. Er hat da drunten in Wales was gebaut für 'n Herzog, Caernarvon Castle heißt es, das weißt du doch. *Er winkt Frau Warren schnell zu, dann schaut er seinen Vater ganz freundlich an.*

REV. S. Na ja, wenn das so ist, dann schätzen wir uns glücklich. Wahrscheinlich kennt er den Herzog persönlich.

FRANK Na ganz unwahrscheinlich persönlich. Wir stecken ihn ins frühere Zimmer von Georgia.

FRAU WARREN Schön. Wenn bloß die zwei kämen, daß wir essen könnten. Das geht wirklich nicht, daß sie noch nicht da sind bei dieser Dunkelheit.

CROFTS *aggressiv:* Na und?

FRAU WARREN Ich mag das nicht.

FRANK Besser wir warten nicht, Frau Warren. Praed wird draußen bleiben so lang als irgend möglich. Er hat ja bis heute nicht gewußt, was das ist, in einer Sommernacht über die Heide zu streifen mit meiner Vivie.

CROFTS *richtet sich auf, einigermaßen bestürzt:* Wie bitte? Was? Hören Sie!

REV. S. *steht auf, aus seinem pfarrherrlichen Gehabe aufgeschreckt, mit wirklicher Überzeugung und tiefem Ernst:* Frank, ein für allemal: das kommt nicht in Frage. Frau Warren wird dir sagen, daß an so etwas überhaupt nicht zu denken ist.

CROFTS Natürlich nicht.

FRANK *mit bezaubernder Sanftheit:* Stimmt das, Frau Warren?

FRAU WARREN *nachdenklich:* Nun ja, Sam, ich weiß nicht. Wenn das Mädchen heiraten will, dann tun wir auch uns keinen Gefallen, wenn wir's ihr verbieten.

REV. S. *erstaunt:* Aber ihn, ihn heiraten! Ihre Tochter meinen Sohn! Bitte bedenken Sie! Es ist unmöglich!

CROFTS Natürlich ist es unmöglich. Du bist ja wahnsinnig, Kitty.

FRAU WARREN *verärgert:* Und warum nicht? Ist meine Tochter nicht gut genug für Ihren Sohn?

REV. S. Aber ja doch, Frau Warren. Sie kennen die Gründe...

FRAU WARREN *herausfordernd:* Ich kenne keine Gründe. Wenn Sie welche kennen, bitte, sagen Sie sie dem Burschen oder dem Mädchen oder Ihrer Gemeinde, bitte.

REV. S. *fällt hilflos auf seinen Stuhl:* Sie wissen so gut wie ich, daß ich die Gründe keinem sagen kann. Aber mein Junge wird mir glauben, wenn ich ihm sage, es gibt Gründe.

FRANK Ganz recht, Vati, er wird. Aber hast du je bemerkt, daß die Entschlüsse deines Jungen beeinflußt wurden durch deine Gründe?

CROFTS Sie können sie nicht heiraten, und basta. *Er steht auf, steht am Kamin, mit dem Rücken zur Feuerstelle, sein Gesicht zeigt finstere Entschlossenheit.*

FRAU WARREN *wendet sich scharf an ihn:* Was, bitte, geht das dich an?

FRANK *in seiner nettesten lyrischen Tonart:* In der mir eigenen liebenswürdigen Art wollte ich gerade genau das auch fragen.

CROFTS *zu Frau Warren:* Willst du das Mädchen vielleicht an einen Mann verheiraten, der jünger ist als sie, der weder einen Beruf, noch auch nur das Kleingeld hat, um sie zu ernähren. Frag Sam, wenn du mir nicht glaubst. *Zum Pfarrer.* Wieviel Geld werden Sie ihm geben?

REV. S. Nicht einen Pfennig mehr. Sein Erbteil hat er gehabt. Den Rest verschleuderte er grade im Juli. *Frau Warrens Gesicht zeigt Enttäuschung.*

CROFTS *beobachtet sie:* Na bitte. Was ich dir sage. *Er setzt sich wieder in den Sessel; für ihn ist die Sache erledigt.*

FRANK *anklagend:* Das ist doch unwahrscheinlich kommerziell. Glauben Sie denn, Fräulein Warren heiratet, um Geld zu machen? Wenn wir uns lieben...

FRAU WARREN Danke. Ihre Liebe ist ein ziemlich billiger Artikel, mein Junge. Sie können eine Frau nicht ernähren, das genügt: Sie kriegen Vivie nicht.

FRANK *sehr amüsiert:* Und was sagst du, Chef?

REV. S. Ich stimme Frau Warren zu.

FRANK Und unser guter alter Crofts hat schon gesagt, was er denkt.

CROFTS *dreht sich zornig zu ihm:* Nur daß Sie's wissen: Ihre Frechheiten können Sie für sich behalten.

FRANK *spitz:* Es tut mir unwahrscheinlich leid, Sie zu überraschen, Crofts, aber Sie nahmen sich gerade die Freiheit heraus, zu mir wie ein Vater zu sprechen. Aber e i n Vater reicht mir.

CROFTS *ein verächtlicher Laut, dann wendet er sich wieder ab.*

FRANK *steht auf:* Frau Warren, ich kann meine Vivie nicht aufgeben, nicht einmal Ihnen zuliebe.

FRAU WARREN *murmelnd:* Junger Schnösel.

FRANK *fährt fort:* Und da Sie zweifellos beabsichtigen, ihr andere Aussichten zu eröffnen, werde ich nicht länger zögern, ihr meinen Fall selbst vorzutragen. *Sie starren ihn an, und er beginnt anmutig aufzusagen.*

Jawohl.
Wer ängstlich starrt in seines Schicksals Rachen
Wer sich des Glücks nicht würdig findt
Der wagt es nicht, die Probe drauf zu machen
Ob er alles verliert oder alles gewinnt.

Während er rezitiert, kommen Praed und Vivie herein. Er bricht ab. Praed legt den Hut aufs Buffet. Sofort bessert sich rundum das Benehmen. Crofts nimmt die Beine vom Sessel und reißt sich zusammen, als Praed zu ihm hinkommt. Frau Warren verliert ihre lockeren Manieren und hilft sich durch Querulieren.

FRAU WARREN Wo warst du bloß, Vivie?

VIVIE *nimmt den Hut ab und wirft ihn achtlos auf den Tisch:* Aufm Berg.

FRAU WARREN Du solltest nicht so weit weggehen, ohne daß ich es weiß. Wie konnte ich wissen, wo du geblieben warst. Und auch noch nachts!

VIVIE *geht zur Küchentür, öffnet sie; sie beachtet ihre Mutter nicht:* Was ist'n mit dem Abendessen? *Alle, außer ihrer Mutter, stehen auf.* Wird ziemlich voll werden hier drin.

FRAU WARREN Hast du gehört, was ich sagte, Vivie.

VIVIE *ruhig:* Ja, Mutter. *Wendet sich wieder dem Essensproblem zu.* Wieviele sind wir? Eins, zwei, drei, vier, fünf, sechs. Dann müssen zwei warten, bis die anderen fertig sind. Frau Alison hat Besteck und Geschirr nur für vier.

PRAED Bitte, mir macht das überhaupt nichts. Ich…

VIVIE Nach diesem Spaziergang müssen Sie hungrig sein, Herr

Praed: Sie werden sofort bedient. Ich warte. Und dazu will ich noch einen. Frank, hungrig?

FRANK Nicht ein bißchen. Total überfüttert.

FRAU WARREN *zu Crofts:* Genau wie du, George. Du kannst warten.

CROFTS Du bist ja... Ich habe nichts gegessen seit dem Tee. Könnte nicht Sam?

FRANK Wollen Sie meinen armen Vater verhungern lassen?

REV. S. *gereizt:* Vielleicht darf ich selber sagen, was ich denke, mein Herr. Ich warte sehr gern.

VIVIE *entschieden:* Nicht nötig. Zwei genügen. *Sie öffnet die Küchentür.* Würden Sie sich meiner Mutter annehmen, Herr Gardner.

Der Pfarrer bietet Frau Warren seinen Arm, sie gehen in die Küche. Praed und Crofts folgen. Alle, außer Praed, sind gegen diese Einteilung, wissen aber nicht, wie sie sich wehren sollen. Vivie schaut von der Küchentür aus zu.

Können Sie sich noch etwas weiter nach hinten zwängen, Herr Praed, in die Ecke. Das geht ja grade noch. Achtung, Ihre Jacke, ja eben, diese Wände. Na sitzen wir nun alle bequem?

PRAED *von innen:* Sehr. Danke.

FRAU WARREN *von innen:* Laß die Tür offen, Kindchen. *Vivie runzelt die Stirn, aber Frank gibt ihr ein Zeichen, geht rasch zur Haustür, die er vorsichtig weit öffnet.* Oh, das zieht aber. Doch besser, du machst sie zu. *Vivie wirft sie zu, dann bemerkt sie mit Widerwillen, daß Schal und Hut ihrer Mutter herumliegen, trägt sie zur Fensterbank, während Frank geräuschlos die Haustür zumacht.*

FRANK *triumphierend:* Je-i. Endlich allein. Na, Viviekind, wie finden Sie meinen Alten?

VIVIE *in Gedanken, ernst:* Ich habe kaum gesprochen mit ihm. Besonders intelligent kommt er mir nicht vor.

FRANK Aber so blöd wie er aussieht, ist er auch nicht, ehrlich. Wissen Sie, man hat ihn eben abgeschoben, in die Kirche, und jetzt versucht er, sich entsprechend zu benehmen, und dadurch blamiert er sich noch mehr als nötig wäre. Ich mag ihn lieber als Sie glauben. Er meint es gut. Glauben Sie, Sie könnten auskommen mit ihm?

VIVIE *ziemlich finster:* Ich glaube nicht, daß ich viel zu tun haben werde mit ihm oder mit irgend einem anderen aus dem Hofstaat meiner Mutter, höchstens mit Praed. *Sie setzt sich in den Sessel.* Was halten Sie von meiner Mutter?

FRANK Wirklich und wahrhaftig?

VIVIE Wirklich und wahrhaftig.

FRANK Na ja, sie ist unwahrscheinlich lustig. Aber sie ist mit Vorsicht zu genießen. Und Crofts! Ach du meine Güte, Crofts. *Er setzt sich neben sie.*

VIVIE Eine schöne Gesellschaft, was.

FRANK Ganz schöner Haufen, das.

VIVIE *mit heftiger Verachtung für diese Gesellschaft:* Wenn ich denke, ich wäre auch so, wenn ich so wenig anzufangen wüßte, herumhängen von einem Essen zum nächsten, keinen Sinn, keine Bestimmung, keinen Mumm, ich würde nicht eine Sekunde zögern, mir die Adern aufzuschneiden und zu verbluten.

FRANK Aber nein, das würden Sie nicht. Warum sollen die sich denn abstrampeln, wenn sie's nicht nötig haben. Ich wünschte, ich könnte mir das leisten. Nein, was ich denen vorwerfe, ist ihre Form, nicht die Sache, die Form, die ist verkommen, ganz unwahrscheinlich verkommen.

VIVIE Glauben Sie, Ihre »Form« wird auch nur ein bißchen besser sein, wenn Sie so alt sind wie Crofts und Sie arbeiten nichts?

FRANK Aber ja. Unwahrscheinlich viel besser. Viviekind, nicht predigen! Der kleine Junge ist unverbesserlich. *Er versucht, ihr Gesicht zärtlich in die Hände zu nehmen.*

VIVIE *schlägt seine Hände scharf weg:* Weg. Viviekind hat keine Lust auf petting heut abend. *Sie steht auf und kommt nach vorne.*

FRANK *folgt ihr:* Wie unfreundlich!

VIVIE *tritt nach ihm:* Machen Sie keine Witze. Mir ist es ernst.

FRANK Schön. Reden wir gelehrt. Fräulein Warren, wissen Sie, daß die größten Denker darin übereinstimmen, daß die Hälfte aller Krankheiten unserer modernen Zivilisation zurückzuführen sind auf einen Mangel an Liebe in der Kindheit. Ich behaupte...

VIVIE *unterbricht ihn:* Sie langweilen mich. *Sie öffnet die Küchentür.* Ist hier noch Platz für Frank? Er klagt über Hunger.

FRAU WARREN *in der Küche:* Vivie, komm doch auch rein. Du mußt doch sterben vor Hunger. *Sie kommt aus der Küche, hinter ihr Crofts, der die Tür für Vivie mit deutlicher Ehrerbietung offenhält. Sie geht vorbei, ohne ihn anzusehen; er schließt die Tür.* Wieso, George, du kannst noch nicht fertig sein, du hast so gut wie nichts gegessen. Fehlt dir was?

CROFTS Oh, ich brauchte lediglich einen Drink. *Er steckt die*

Hände in die Taschen und beginnt hin und her zu gehen, rastlos und düster.

FRAU WARREN Also wirklich, ich esse gern. Aber ein bißchen von diesem kalten Fleisch und Käse und Salat, und es reicht einem für länger. *Mit einem Seufzer des nur Halb-Sattseins setzt sie sich nachlässig in den Sessel.*

CROFTS Wozu willst du diesen jungen Spund ermutigen.

FRAU WARREN *sofort auf der Hut:* Jetzt hör mal, George: was hast du vor mit diesem Mädchen? Ich habe gesehen, wie du sie anschaust. Denk daran, ich kenne dich und weiß, was deine Blicke bedeuten.

CROFTS Ist es verboten, sie anzuschauen?

FRAU WARREN Ich werf dich ziemlich schnell raus und transportier dich zurück nach London, wenn ich sehe, daß du da Quatsch machst, daß das klar ist. Der kleine Finger meines Kindes ist mir wichtiger als du mit Leib und Seele. *Crofts hört das mit höhnischem Grinsen. Frau Warren geniert sich ein bißchen, weil sie den Fehler gemacht hat, ihn nach der Art der theatralisch liebenden Mutter zu beeindrucken; in einer sachlicheren Tonart fügt sie hinzu.* Laß mal, der junge Spund hat nicht mehr Chancen als du.

CROFTS Ein Mann wird sich doch wohl noch für ein Mädchen interessieren dürfen?

FRAU WARREN Nicht ein Mann wie du.

CROFTS Wie alt ist sie?

FRAU WARREN Dich geht das nichts an, wie alt sie ist.

CROFTS Warum hältst du das so geheim?

FRAU WARREN Darum.

CROFTS Schau, ich bin noch keine fünfzig, und mein Besitz ist so gesund wie eh und je...

FRAU WARREN *unterbricht ihn:* Ja, weil du genau so geizig wie lasterhaft bist.

CROFTS *fährt fort:* Und einen Adeligen kriegst du auch nicht jeden Tag. Keiner in meiner Position würde dich als Schwiegermutter in Kauf nehmen. Also warum sollte sie nicht mich heiraten?

FRAU WARREN Duu!!

CROFTS Wir drei könnten doch ganz angenehm zusammen leben. Ich würde vor ihr sterben, und sie wäre eine stramme Witwe mit 'nem Haufen Geld. Warum nicht? Mir ging das die ganze Zeit im Kopf herum, als ich mit diesem Trottel herumgelaufen bin.

FRAU WARREN *empört:* Das ist typisch, daß dir sowas im Kopf herumgeht! Ganz typisch! *Er unterbricht sein Hinundhergehen; die beiden schauen einander an, sie, standhaft; aber ihre Verachtung und ihr Widerwillen sind nicht ganz ohne Furcht; er grinst frivol, seine Augen sind voller Sinnlichkeit und Lust.*

CROFTS *da er an ihr kein Zeichen von Sympathie bemerkt, wird er plötzlich unruhig und heftig:* Kitty, ich bitte dich, du bist doch eine vernünftige Frau, was soll dieses moralische Getue. Schluß mit dem Hin und Her. Ich übertrag ihr den ganzen Besitz, und wenn du willst, hast du am Hochzeitstag für dich einen Scheck, die Summe setzt du selber ein... eine vernünftige Summe, innerhalb des Vorstellbaren, das ist ja klar.

FRAU WARREN Du bist also soweit, George. Genau wie all die anderen abgewetzten alten Figuren.

CROFTS *wild:* Du wirst, verdammt noch mal... *Die Küchentür geht auf, die Stimmen der anderen werden hörbar. Crofts, unfähig sich zu fassen, rennt ins Freie. Der Geistliche kommt aus der Küche.*

REV. S. *sieht sich um:* Wo ist Sir George?

FRAU WARREN Raus. Ne Pfeife rauchen. *Der Geistliche nimmt seinen Hut vom Tisch, geht zu Frau Warren an den Feuerplatz. Inzwischen tritt Vivie ein, hinter ihr Frank, der sich mit dem Ausdruck der Erschöpfung auf den nächsten Stuhl fallen läßt. Frau Warren schaut zu Vivie hinüber; sie forciert den Ausdruck ihrer zärtlichen mütterlichen Fürsorge noch stärker als gewöhnlich.* So, mein Kindchen, hat dir das Essen geschmeckt?

VIVIE Du kennst ja Frau Alisons Küche. *Sie dreht sich zu Frank und berührt ihn zärtlich.* Armes Frankilein! Hat es gar kein Fleisch mehr essen können, hat es bloß Brot essen müssen, Käse essen müssen und Ingwerbier trinken müssen, armes Frankilein! *Ernsthaft, als ob sie genug gescherzt hätte für einen Abend.* Die Butter ist wirklich schlimm. Ich muß welche aus London kommen lassen.

FRANK Tun Sie das. Ich bitte Sie! *Vivie geht an ihren Schreibtisch und macht sich eine Notiz für die Butterbestellung. Praed kommt aus der Küche; er legt sein Taschentuch, das ihm als Serviette diente, zusammen.*

REV. S. Frank, mein Junge, es ist Zeit, ans Heimgehen zu denken. Deine Mutter weiß noch nicht einmal, daß wir Gäste haben.

PRAED Ich fürchte, wir machen Umstände.

FRANK *steht auf:* Aber nein, meine Mutter wird entzückt sein, wenn Sie kommen. Sie ist eine echt intellektuell künstlerisch begabte Frau. Und das ganze Jahr sieht sie keinen Menschen außer unserem Alterchen. Jetzt können Sie sich vorstellen, daß sie ganz schön blöd dran ist. *Zum Vater.* Du bist ja nicht gerade intellektuell oder künstlerisch, werter Vater, nicht wahr? Also, nimm Praed gleich mit; ich bleibe noch, um Frau Warren zu unterhalten. Crofts nehmt ihr auch noch mit. Er paßt ganz prima zu unserer jungen Bulldogge.

PRAED *nimmt seinen Hut vom Buffet und geht dann zu Frank hin:* Kommen Sie mit uns, Frank. Frau Warren hat Vivie so lange nicht gesehen; und wir sind schuld, daß sie bist jetzt noch keine Sekunde allein waren.

FRANK *ganz durchdrungen, und mit einem Ausdruck romantischer Verehrung für Praed:* Natürlich. Das hab ich ganz vergessen, ich bin Ihnen unwahrscheinlich dankbar für diesen Hinweis. Praddy, der vollkommene Gentleman. Immer schon gewesen. Mein großes Vorbild. *Er steht auf, steht einen Augenblick zwischen den zwei älteren Männern, legt seine Hand auf Praeds Schulter.* Ach, warum sind nicht Sie mein Vater, anstatt dieser unwürdige alte Mann. *Er legt seine andere Hand auf die Schulter seines Vaters.*

REV. S. *aufbrausend:* Schluß, Schluß, mein Herr, du wirst ruchlos.

FRAU WARREN *lacht herzlich:* Sie sollten ihn strenger halten, Sam. Gute Nacht. Da, Hut und Stock von George, mit einem Gruß von mir.

REV. S. *nimmt beides:* Gute Nacht. *Händedruck. Auch mit Vivie. Dann kommandiert er dröhnend seinen Sohn.* Vorwärts, mein Herr, und sofort. *Er geht.*

FRAU WARREN Byebye, Praddy.

PRAED Byebye, Kitty. *Zärtlicher Händedruck, dann geht sie mit ihm hinaus, um ihn zum Gartentor zu begleiten.*

FRANK *zu Vivie:* Küßchen?

VIVIE *wild:* Nein. Ich hasse Sie. *Sie nimmt ein paar Bücher und etwas Papier vom Schreibtisch, setzt sich damit an den Tisch in die Mitte, auf der Kaminseite.*

FRANK *das Gesicht verziehend:* Schade. *Er holt Mütze und Gewehr. Frau Warren kommt zurück. Er nimmt Ihre Hand.* Gute Nacht, liebe Frau Warren. *Handkuß. Sie reißt ihm die Hand weg, beißt ihre Lippen und sieht aus, als wolle sie ihm eine Ohrfeige geben. Er lacht boshaft und rennt hinaus; die Tür wirft er zu.*

FRAU WARREN *findet sich damit ab, daß nun ein langweiliger Abend ohne Männer beginnt:* Ich habe in meinem ganzen Leben keinen solchen Schwätzer gesehen. Er ist einfach eine Zumutung, findest du nicht auch? *Sie setzt sich an den Tisch.* Also wenn ich daran denke, Kind, mach ihm bloß keine Hoffnungen. Ich bin ganz sicher, er ist ein regelrechter Taugenichts.

VIVIE *steht auf, um noch Bücher zu holen:* Das fürchte ich auch. Armer Frank. Ich muß ihn loswerden. Aber er tut mir leid. Obwohl er's nicht wert ist. Ich glaube, dieser Crofts da taugt kein bißchen mehr. *Sie wirft die Bücher ziemlich achtlos auf den Tisch.*

FRAU WARREN *gereizt durch ihre Gleichgültigkeit:* Was weißt du schon von Männern, Kind! Und trotzdem redest du so. Mach dir mal klar, daß du Sir George Crofts von jetzt an häufiger sehen wirst, er ist ein alter Freund von mir.

VIVIE *völlig ungerührt:* Wieso? *Setzt sich und schlägt ein Buch auf.* Glaubst du, wir werden viel zusammen sein? Ich meine, du und ich?

FRAU WARREN *starrt sie an:* Natürlich. Bis du verheiratet bist. Du gehst ja nicht mehr ins College.

VIVIE Und du glaubst, meine Art zu leben, würde dir passen? Ich bin da nicht so sicher.

FRAU WARREN Deine Art zu leben. Was soll das heißen?

VIVIE *schneidet mit ihrem Papiermesser eine Seite eines Buches auf:* Dir ist also noch nie eingefallen, daß ich auch eine Art zu leben habe, wie andere Leute auch.

FRAU WARREN Was soll der Unsinn. Willst du mir zeigen, wie unabhängig du jetzt bist, das kleine Mädchen mit dem großen Titel. Sei doch keine solche Gans, mein Kind.

VIVIE *unnachsichtig:* Mehr fällt dir dazu nicht ein, Mutter?

FRAU WARREN *verwirrt, dann ärgerlich:* Hör auf, mir solche Fragen zu stellen, ja! *Leidenschaftlich.* Nimm dich in acht. *Vivie arbeitet weiter, verliert keine Zeit, sagt nichts.* Du und deine Art zu leben, fabelhaft! Was noch? *Sie schaut Vivie an. Keine Antwort.* Deine Art zu leben wird die sein, die mir gefällt. *Pause.* Ich habe diesen Zug an dir bemerkt, seit du diesen B. A. hast, oder wie das heißt. Wenn du glaubst, daß ich mir das bieten lasse, täuschst du dich. Und je eher du das begreifst, desto besser für dich. *Murmelnd.* Mehr fällt dir dazu nicht ein, also wirklich! *Wieder laut und zornig.* Weißt du, mit wem du sprichst, Fräulein?

VIVIE *schaut sie an, ohne den Kopf zu heben:* Nein. Wer bist du?

Was bist du?

FRAU WARREN *steht auf, atemlos:* Du junges Früchtchen, du.

VIVIE Jeder weiß, was ich bin, kennt meine gesellschaftliche Position, den Beruf, den ich ergreifen werde. Ich weiß nichts über dich. Was, bitte, ist das für eine Art zu leben, die ich mit dir und Sir George Crofts teilen soll?

FRAU WARREN Ich sage dir, nimm dich in acht. Ich lasse mich sonst hinreißen, nachher wird es mir leidtun. Und dir auch.

VIVIE *entscheidet kühl, die Bücher wegzulegen:* Gut, lassen wir das, bis du so weit bist, daß man mit dir reden kann darüber. *Schaut ihre Mutter kritisch an.* Du brauchst ein paar tüchtige Spaziergänge und ein bißchen Tennis, das macht dich wieder fit. Es ist wirklich shocking, wie schlecht deine Kondition ist. Du kämst keine 20 Meter den Hügel hinauf, ohne auszuschnaufen. Und diese Fettpolster an deinen Handgelenken. Da schau. *Sie hält ihre Gelenke hin.*

FRAU WARREN *schaut zuerst hilflos, dann beginnt sie zu schluchzen:* Vivie...

VIVIE *springt auf:* Jetzt fang bloß nicht an zu heulen, bitte, ja. Alles, nur das nicht. Ich ertrag das nicht. Ich verlasse den Raum, wenn du nicht aufhörst.

FRAU WARREN *kläglich:* Ach mein Liebling, wie kannst du nur so hart sein zu mir? Hab ich denn gar kein Recht, als deine Mutter?

VIVIE Bist du meine Muter?

FRAU WARREN *erschreckt:* Bin ich deine Mutter! Oh Vivie!

VIVIE Und wo sind dann unsere Verwandten? Mein Vater? Die Freunde unserer Familie? Du beanspruchst die Rechte einer Mutter, das Recht, mich Kind zu nennen und Gans! Mir Sachen zu sagen, die kein Lehrer im College mir zu sagen gewagt hätte; mir eine Lebensart zu diktieren und mich zu zwingen, die Bekanntschaft eines Scheusals zu machen, dem man den Londoner Lebemann auf den ersten Blick ansieht. Bevor ich mir die Mühe mache, mich solchen Ansprüchen zu widersetzen, wüßte ich gerne, ob sie irgend eine reale Grundlage haben.

FRAU WARREN *völlig verzweifelt:* Oh nein, nein. Hör auf. Hör auf. Ich bin deine Mutter. Ich schwöre es. Du glaubst mir, Vivie. Sag, daß du mir glaubst.

VIVIE Wer war mein Vater?

FRAU WARREN Du weißt nicht, was du da fragst. Ich kann es dir nicht sagen.

VIVIE *entschlossen:* Oh doch, du kannst, wenn du willst. Ich habe ein Recht, es zu wissen. Und du weißt genau, daß ich dieses Recht habe. Du kannst dich weigern, es mir zu sagen, bitte. Aber dann hast du mich morgen früh für immer gesehen.

FRAU WARREN Es ist zu schrecklich, dich so reden zu hören. Du willst, du kannst mich nicht verlassen.

VIVIE *mitleidlos:* Oh doch, ohne zu zögern, wenn du weiter solche Scherze machst. *Es schüttelt sie vor Ekel.* Weiß ich denn, ob ich nicht das dreckige Blut dieses Scheusals in meinen Adern habe?

FRAU WARREN Nein, nein. Ich schwör's dir, er ist es nicht, weder er, noch irgend einer, den du je gesehen hast. Das ist das einzige, was ich sicher weiß. *Vivies Augen sind unerbittlich auf ihre Mutter gerichtet, als ihr die Bedeutung dieses Satzes aufgeht.*

VIVIE *langsam:* Das ist das einzige, was du sicher weißt. Aha. *Nachdenklich.* Ich begreife. *Frau Warren verbirgt ihr Gesicht hinter ihren Händen.* Laß das, Mutter. Du weißt, daß du das gar nicht empfindest. *Frau Warren nimmt ihre Hände vom Gesicht und schaut erbärmlich zu Vivie auf. Die zieht ihre Uhr und sagt.* Tja, das reicht für heute nacht. Wann möchtest du frühstücken? Halb neun, ist das zu früh für dich?

FRAU WARREN *wild:* Mein Gott, was für eine Art Frau bist du bloß!

VIVIE *kühl:* Die Art, die am häufigsten vorkommt, möchte ich hoffen. Sonst verstehe ich nicht, wie der Laden überhaupt laufen soll. Komm schon. *Sie packt ihre Mutter am Handgelenk und zieht sie ziemlich resolut hoch.* Nimm dich zusammen. Schon gut.

FRAU WARREN *streitsüchtig:* Du bist sehr roh gegen mich, Vivie.

VIVIE Quatsch. Gehn wir schlafen? Es ist zehn vorbei.

FRAU WARREN *heftig:* Wieso soll ich ins Bett? Glaubst du, ich könnte jetzt schlafen?

VIVIE Und warum nicht? Ich kann.

FRAU WARREN Du! Du hast kein Herz. *Sie verfällt plötzlich vehement in ihre natürliche Ausdrucksweise – die Sprache einer Frau aus dem Volk –, die angenommenen Töne mütterlicher Autorität und bürgerlicher Umgangsformen sind weg; ein überwältigender Ausbruch von Überzeugung und Verachtung.* Nein, das halt ich nicht aus. Diese Ungerechtigkeit. Das mach ich nicht mit. Wie kommst du überhaupt dazu, dich so über mich zu stellen? Du gibst an wunder was du bist, mir gegenüber, die dir die Chance gegeben hat, das zu sein, was du bist. Was für eine Chance hatte ich? Schämen sollst du dich, weil du eine schlechte Tochter bist und ein eingebildetes, scheinheiliges Ding!

VIVIE *setzt sich achselzuckend, nicht mehr selbstsicher, weil ihre Antworten, die ihr bis jetzt vernünftig und stark vorkamen, jetzt eher hölzern und selbstgefällig klingen, verglichen mit dem neuen Ton ihrer Mutter:* Du darfst nicht eine Sekunde lang glauben, daß ich mich über dich stelle. Du hast mich angegriffen mit der normalen Mutter-Autorität. Ich habe mich verteidigt mit der normalen Überlegenheit einer anständigen Frau. Ehrlich, diesen deinen Quatsch, den laß ich mir einfach nicht gefallen. Und wenn du damit aufhörst, wirst du dir auch meinen Quatsch nicht mehr anhören müssen. Ich werde immer dein Recht auf deine eigene Meinung respektieren und deine Art zu leben.

FRAU WARREN Meine eigene Meinung und meine Art zu leben! Das hör sich einer an! Glaubst du vielleicht, mich hätte man aufgezogen wie dich? Glaubst du, ich hätte getan, was ich getan hab, weil es mir paßte, oder weil ich's für das Richtige hielt? Möglich, ich wär ja auch lieber ins College und wär eine Dame gewesen, wenns möglich gewesen wäre!

VIVIE Jeder Mensch hat eine gewisse Wahl, Mutter. Das ärmste Mädchen der Welt kann vielleicht nicht wählen, ob es Königin von England oder Direktorin in Newnham sein will, aber zwischen Teppichknüpfen und Blumenverkaufen kann sie wählen, nach ihrem Geschmack. Immer schieben die Leute die Schuld für das, was sie sind, auf die Verhältnisse. Ich glaube nicht an Verhältnisse. Leute, die vorwärtskommen in dieser Welt, das sind Leute, die aufbrechen, die suchen nach den Verhältnissen, die sie brauchen, und wenn sie die nicht finden, dann schaffen sie sie.

FRAU WARREN Das sagt sich leicht, sehr leicht. Bitte interessiert es dich, mit was für Verhältnissen ich zu tun hatte?

VIVIE Ja. Es ist besser, du sagst es mir. Willst du dich nicht setzen?

FRAU WARREN Oh ja, ich setz mich schon. Keine Angst. *Sie stellt ihren Stuhl weiter nach vorne, mit eiserner Energie, dann setzt sie sich. Vivie ist, gegen ihren Willen, beeindruckt.* Weißt du, was deine Großmutter war?

VIVIE Nein.

FRAU WARREN Eben. Ich weiß es. Sie nannte sich Witwe und hatte einen Bratfisch-Laden drunten beim Münzamt, damit ernährte sie sich und vier Töchter. Zwei von uns waren Schwestern. Liz und ich. Wir waren hübsch und hatten eine Figur. Unser Vater war wahrscheinlich ein stattlicher Mann. Ein Herr, angeblich. Ich weiß es nicht. Die anderen zwei waren nur Halbschwestern. Klein, häßlich, mikrig, immer schuftend, anständige arme Kreaturen. Liz und ich hätten sie halb totgeprügelt, wenn die Mutter nicht uns halb totgeprügelt hätte, um uns daran zu hindern. Sie waren die Anständigen. Und, was hatten sie von ihrer Anständigkeit? Ich will es dir sagen. Eine von ihnen arbeitete für 9 Schilling die Woche, 12 Stunden pro Tag, in einer Bleiweißfabrik, bis sie tot war, Bleivergiftung. Sie glaubte, sie käme mit gelähmten Händen davon, aber sie starb. Die andere wurde uns immer als Vorbild hingestellt, weil sie einen Arbeiter von den Deptforder Markthallen geheiratet hatte und sein Zimmer und drei Kinder ordentlich und sauber hielt, mit 18 Schilling die Woche, bis er anfing zu trinken. Da hat es sich doch gelohnt, anständig zu sein, oder nicht?

VIVIE *jetzt taktvoll aufmerksam:* Habt ihr das geglaubt, du und deine Schwester?

FRAU WARREN Liz nicht, das kann ich dir sagen. Sie hatte mehr Grips. Wir gingen beide in eine Kirchen-Schule – das gehörte bei uns zur damenhaften Aufmachung, damit waren wir den Kindern überlegen, die nichts wußten und nirgends hingingen – und wir gingen da hin, bis Liz eines Nachts abhaute und nicht mehr auftauchte. Die Schulvorsteherin dachte, daß ich nun auch abhauen würde. Der Geistliche hatte mir ja immer schon vorgebetet, Liz würde enden durch einen Sprung von der Waterloo-Brücke. Armer Trottel. Mehr wußte er nicht. Ich hatte mehr Angst vor der Bleiweißfabrik als vorm Themsewasser. Und dir wäre das nicht anders gegangen an meiner Stelle. Der Geistliche verschaffte mir einen Job als Spülmädchen in einem Abstinenzler-Lokal, wo du alles kriegtest, was du wolltest. Dann war ich Bedienung. Dann an der Bar im Waterloo-Bahnhof: 14 Stunden pro Tag Servieren und Gläserwaschen für vier Schillinge die Woche. Und Kost und Logis. Das hielt man für einen gewaltigen Aufstieg. Und dann, in einer kalten scheußlichen Nacht, ich war so erledigt, daß ich mich kaum wachhalten konnte, wer kam und verlangte ein halbes Glas Whisky: Lizzi, in einem langen Pelzmantel, elegant, behaglich, den Geldbeutel voller Gold.

VIVIE *finster:* Meine Tante Lizzie!

FRAU WARREN Jawohl. Und eine gute Tante dazu. Sie wohnte

jetzt drunten in Winchester, dicht bei der Kathedrale, eine der angesehensten Damen der Stadt. Anstandsdame auf Grafschaftsbällen. Jawohl. Kein Themsewasser für Liz, keine Spur. Du erinnerst mich an Liz, ein bißchen. Sie war eine erstklassige Geschäftsfrau. Von Anfang an sparsam. Und genau so undurchschaubar. Nie kopflos. Keine Gelegenheit ließ sie aus. Als sie nun sah, daß ich hübsch geworden war, sagte sie zu mir über die Bar herüber: »Was soll'n das hier, du dumme Gans! Gesundheit und Aussehen kaputtmachen für anderer Leute Profit?« Liz hatte Geld gespart, wollte ein Haus in Brüssel kaufen, zu zweit, dachte sie, könnten wir rascher zu was kommen. Also lieh sie mir was für den Anfang, und ich sparte und sparte, zahlte ihr zuerst das Ihre zurück; dann stieg ich ein ins Geschäft, als ihr Partner. Warum auch nicht? Das Haus in Brüssel war wirklich große Klasse. Ein besserer Platz für eine Frau als die Fabrik, in der Anne Jane vergiftet wurde. Keines unserer Mädchen wurde je so behandelt, wie ich behandelt worden war in der Spülküche des Abstinenzler-Lokals oder in der Waterloo-Bar oder zu Hause. Hätte ich trotzdem dort bleiben sollen, um ein zerschundenes altes Ripp zu werden, bevor ich 40 war?

VIVIE *jetzt sehr interessiert:* Nein. Aber warum gerade diese Branche? Sparsamkeit und gutes Management bringen dich überall vorwärts.

FRAU WARREN Ja, Sparsamkeit. Aber wo kriegst du als Frau in einer anderen Branche das Geld zum Sparen? Willst du was sparen von 4 Schilling die Woche und dich noch anziehen davon? Du nicht. Natürlich wenn du unattraktiv bist und einfach nicht mehr verdienen kannst, oder wenn du was los hast in Musik oder Schauspielerei oder im Journalismus, das ist was anderes. Aber weder bei Liz noch bei mir war da was drin. Wir sahen gut aus. Männer, das war drin bei uns. Hätten wir vielleicht so blöd sein sollen, andere das Geschäft machen zu lassen mit unserem Aussehen! Daß die uns angestellt hätten als Verkäuferin, Barmädchen oder Bedienung, wo wir doch das Geschäft selber machen und anstatt der Hungerlöhne den ganzen Profit kassieren konnten! Na, hätten wir so blöd sein sollen?

VIVIE Vom geschäftlichen Standpunkt aus gesehen, wart ihr gerechtfertigt.

FRAU WARREN Und von jedem anderen auch. Werden denn die anständigen Mädchen zu mehr erzogen als dazu, den Geschmack irgend eines reichen Kerls zu reizen und sich durch Heirat in den Genuß seines Geldes zu bringen? Als ob die Hochzeitsfeier einen Mordsunterschied in die ganze Chose bringen könnte, von wegen Recht oder Unrecht. Diese Heuchelei ist doch wirklich zum Kotzen. Liz und ich mußten arbeiten, sparen, rechnen, genau wie andere auch, sonst wären wir bald so erledigt gewesen wie jedes nichtsnutzige, betrunkene, leichtsinnige Weibsstück, das glaubt, das geht grad immer so weiter. *Mit großer Energie.* Ich verachte solche Leute. Sie haben keinen Charakter. Und wenn ich etwas bei Frauen hasse, dann Charaktermangel.

VIVIE Also bitte, Mutter, ehrlich: gehört es nicht auch zu dem, was du Charakter nennst, daß eine Frau diese Art Geldverdienst einfach widerlich finden müßte?

FRAU WARREN Aber ja, natürlich. Jeder Mensch findet es widerlich, arbeiten zu müssen, Geld verdienen zu müssen. Trotzdem muß jeder. Ich weiß doch, wie oft mir so ein armes Mädchen leid tat, abgearbeitet, schlecht gelaunt, und dann mußte sie versuchen, einem Mann zu gefallen, für den sie nicht soviel – *Fingerschnalzen* – empfand, irgend ein halbbesoffener Trottel, der glaubt, er macht sich beliebt, wenn er eine Frau belästigt und neckt und ärgert! Das ist mit Geld ja schon kaum mehr zu bezahlen, daß man so einen erträgt. Sie aber muß die Unerträglichkeiten ertragen, sie kann sich's nicht aussuchen, so wenig wie die Schwester im Krankenhaus oder sonst jemand. Das ist keine Arbeit, die irgendeine Frau zum Vergnügen tun würde, weiß Gott nicht, aber wenn du die braven Leute reden hörst, dann meinst du, es sei das reine Zuckerschlecken.

VIVIE Trotzdem meinst du, es lohnt sich. Es zahlt sich aus.

FRAU WARREN Natürlich lohnt es sich für ein armes Ding, wenn sie der Versuchung widerstehen kann, gut aussieht, ein Benehmen hat und Vernunft. Was Besseres wird doch so einem armen Ding gar nicht geboten. Ich war immer der Meinung, daß das unmöglich ist!! Vivie, das k a n n doch nicht recht sein, daß für Frauen so wenig drin ist. Ich behaupte immer noch: das ist unmöglich. Aber es ist eben so, und ein Mädchen muß schauen, wo sie bleibt. Natürlich, für eine Dame lohnt es sich nicht. Du wärst ganz schön dumm, wenn du sowas anfangen würdest. Aber ich wäre ganz schön dumm gewesen, wenn ich etwas anderes angefangen hätte als das.

VIVIE *mehr und mehr wirklich betroffen:* Mutter, wenn wir jetzt genauso arm wären wie du damals in dieser fürchterlichen Zeit, bist du ganz sicher, daß du mir nicht doch raten würdest, es in der Waterloo-Bar zu versuchen, einen Arbeiter zu heiraten oder vielleicht sogar zu der Arbeit in der Fabrik?

FRAU WARREN *entrüstet:* Aber nein. Für was für eine Mutter hältst du mich bloß! Schau, in diesem Elend, in dieser Sklaverei, wie willst du dir da ein bißchen Selbstachtung bewahren? Was ist denn da eine Frau wert? Was das Leben? Warum bin ich heute unabhängig und imstande, meiner Tochter eine erstklassige Ausbildung zu geben, während andere Frauen, die dieselben Chancen hatten, in der Gosse gelandet sind? Weil ich meine Selbstachtung und meine Selbstbeherrschung nie verloren habe, nie. Warum ist Liz heute so angesehen in einer Bischofsstadt? Aus genau dem gleichen Grund. Was wäre aus uns geworden, wenn wir den Quatsch dieses Geistlichen ernstgenommen hätten? Bodenschrubben für eineinhalb Schilling pro Tag, und als einzige Aussicht: die Krankenstube im Armenhaus. Laß dir nichts einreden von Leuten, die keine Ahnung haben, mein Kind. Eine Frau hat nur eine Möglichkeit, anständig für sich zu sorgen: sie muß nett sein zu einem Mann, der es sich leisten kann, nett zu ihr zu sein. Steht sie auf seiner Stufe, muß sie ihn hinkriegen, daß er sie heiratet. Steht sie weit unter ihm, dann ist das natürlich nicht drin. Dann wär eine Heirat auch gar nicht in ihrem Interesse. Frag irgendeine Dame der Londoner Gesellschaft, die Töchter hat, sie wird dir dasselbe sagen, höchstens daß ichs dir graderaus sage und sie sagt's dir so von hinten durch die Brust. Das ist der ganze Unterschied.

VIVIE *fasziniert, sie anstarrend:* Meine liebe Mama, du bist eine wunderbare Frau, du steckst ganz England in die Tasche. Aber – ehrlich – bist du nicht doch ein ganz kleines bißchen unsicher oder… oder beschämt?

FRAU WARREN Na ja, Kindchen, klar, das gehört ja zum guten Ton, daß man sich 'n bißchen geniert dafür, von einer Frau wird das einfach erwartet. Frauen müssen ja oft genug so tun, als fühlten sie etwas, was sie nicht fühlen. Liz war oft wütend über mich, wenn ich kein Blatt vorn Mund nahm. Sie sagte immer, jede sieht doch selbst, was los ist in der Welt, warum also noch reden darüber. Liz war ja sowas von einer perfekten Dame! Sie hatte den richtigen Riecher. Während ich immer ein etwas gewöhnlicher Mensch war. Ich hab mich ja immer unheimlich gefreut, wenn deine Photos kamen, und ich sah, du warst ganz wie Liz. Du hast genau ihre vornehme, entschiedene Art. Aber ich mag das einfach nicht, etwas so zu sagen, wenn jeder weiß, ich mein' es anders. Was soll das Getue? Wenn man die Welt schon so organisiert für die Frauen, ist es falsch, so zu tun, als wäre die Welt ganz anders organisiert. Nein: ich habe mich nie geniert, nicht soviel. Nach meiner Meinung durfte ich stolz darauf sein, daß wir das so gut gemanagt haben, daß man uns nichts nachsagen konnte, und daß es die Mädchen gut hatten bei uns. Einige machten sogar Karriere. Eine heiratete einen Botschafter. Jetzt natürlich darf ich über sowas gar nicht mehr reden. Was würden die Leute von uns denken! *Sie gähnt.* Ach ja, mein Kind. Und jetzt bin ich tatsächlich müde. *Sie streckt sich wohlig; sie ist, nachdem alles gesagt ist, wirklich erleichtert und friedlich bereit, schlafen zu gehen.*

VIVIE Ich glaube, jetzt bin ich die, die nicht schlafen kann. *Sie geht zum Buffet und zündet die Kerze an. Dann löscht sie die Tischlampe, der Raum wird um einiges dunkler.* Noch ein bißchen frische Luft, bevor wir zumachen. *Sie öffnet die Haustür, sieht, daß der Mond hell scheint.* Eine wunderbare Nacht! Schau! *Sie zieht die Vorhänge zurück. Man sieht die Landschaft im strahlenden Lichte des Vollmondes, der aufgeht über Blackdown.*

FRAU WARREN *mit einem flüchtigen Blick auf die Szene:* Ja, Kind. Aber paß auf, daß du dir nicht den Tod holst in der kalten Nachtluft.

VIVIE *verächtlich:* Quatsch.

FRAU WARREN *kläglich:* Ach ja, ich kann sagen, was ich will, es ist Quatsch.

VIVIE *dreht sich schnell zu ihr:* Nein, wirklich nicht, Mama. Du hast mich komplett geschlagen heute nacht. Dabei wollte doch ich dich. Komm, laß uns Freunde sein.

FRAU WARREN *schüttelt ihren Kopf ein bißchen wehmütig:* Also doch du mich. Da muß ich wohl nachgeben. Genau wie bei Liz.

VIVIE Also, komm, gute Nacht, liebes altes Muttchen. *Sie umarmt die Mutter.*

FRAU WARREN *innig:* Hab ich gut für dich gesorgt, Liebes?

VIVIE Das hast du.

FRAU WARREN Und du bist dafür lieb zu deiner guten alten Mutter?

VIVIE Ja. *Küßt sie.* Gutnacht.

FRAU WARREN *weihevoll:* Segen für dich, für meinen einzigen allerliebsten Liebling! Der Segen einer Mutter! *Beschützend umarmt sie ihre Tochter und schaut dabei unwillkürlich nach oben, sozusagen um göttliche Billigung nachsuchend.*

Dritter Akt

Am nächsten Morgen im pfarrherrlichen Garten. Vom wolkenlosen Himmel scheint die Sonne. In der Mitte der Gartenmauer ein hölzernes Tor mit fünf Gitterstäben, breit genug für einen Wagen. Neben dem Tor eine Glocke an einer gespannten Feder; die Glocke ist durch einen Zug mit der Außenseite verbunden. Der Fahrweg führt in der Mitte des Gartens herunter, dann biegt er nach links und endet in einem kleinen mit Kies bedeckten Kreis gegenüber der überdachten Tür des Pfarrhauses. Jenseits des Gartentors sieht man die staubige Landstraße; sie führt entlang der Mauer und wird auf der entfernteren Seite durch einen Grasstreifen und durch einen uneingezäunten Kiefernwald begrenzt. Auf dem Rasen zwischen Haus und Fahrweg steht ein gestutzter Eibenbaum, in seinem Schatten eine Gartenbank. Auf der gegenüberliegenden Seite wird der Garten durch eine Buchshecke geschlossen; auf dieser Seite sieht man auch eine Sonnenuhr; daneben ein eiserner Stuhl. Hinter der Sonnenuhr führt ein Pfad durch die Buchshecke hinaus. Frank sitzt auf dem Stuhl neben der Sonnenuhr; auf ihr hat er die Morgenzeitungen abgelegt; er liest den »Standard«. Vom Haus her kommt sein Vater, fröstelnd, mit rot unterlaufenen Augen, Franks Blick macht ihn unsicher.

FRANK *schaut auf seine Uhr:* Halb zwölf. Die richtige Frühstückszeit für einen Pastor.

REV. S. Kein Spott, Frank, bitte nicht. Ich bin ein bißchen... eh... *fröstelt wieder.*

FRANK Groggy.

REV. S. *weist diesen Ausdruck zurück:* Nein, mein Herr, unpäßlich. Wo ist deine Mutter?

FRANK Keine Angst, sie ist nicht da. In die Stadt, mit dem 11-Uhr-13-Zug, mit Bessie. Sie hat mir einiges aufgegeben für dich. Fühlst du dich imstande, das jetzt entgegenzunehmen oder willst du zuerst frühstücken?

REV. S. Ich h a b e gefrühstück, mein Herr. Ich bin sehr überrascht, wir haben Gäste, und deine Mutter geht in die Stadt. Das wird unseren Gästen sehr seltsam vorkommen.

FRANK Vielleicht soll es das. Auf jeden Fall, wenn Crofts bleibt und ihr hockt jede Nacht bis um vier, um euch die Ereignisse eurer feurigen Jugend zurückzurufen, dann ist es doch ganz klar Mamas Pflicht, Pflicht einer vorsorgenden Hausfrau, in die Stadt zu fahren, ein Faß Whisky zu bestellen und einige hundert Sodas.

REV. S. Mir fiel nicht auf, daß Sir George übermäßig viel getrunken hat.

FRANK Das war nicht mehr drin bei dir, Chef.

REV. S. Willst du damit sagen, daß ich...?

FRANK *ruhig:* Ich habe noch nie einen wohlbestallten Geistlichen weniger nüchtern gesehen. Die Histörchen, die du aus deiner Heldenzeit zum besten gabst, waren so hanebüchen, daß Praed sicher noch nachts das Haus verlassen hätte, wenn er sich nicht so glänzend mit Mama verstanden hätte.

REV. S. Unsinn. Sir George Crofts ist mein Gast. Also muß ich ja sprechen mit ihm. Er aber hat nur dieses eine Thema. Wo ist denn Herr Praed?

FRANK Er bringt meine Mutter und Bessie zum Bahnhof.

REV. S. Und Crofts, ist er auf?

FRANK Schon lang. Dem siehst du nichts an. Der ist ganz anders im Training als du, der hat das eben nie aufgehört, verstehst du. Jetzt raucht er irgendwo in der Gegend 'rum. *Frank nimmt die Zeitung wieder auf. Der Pastor geht, trübe, zum Gartentor, dann kommt er, unschlüssig, zurück.*

REV.S. H... Frank.

FRANK Ja.

REV. S. Meinst du, wir müssen jetzt die Warrens einladen, wegen gestern nachmittag.

FRANK Sie sind eingeladen.

REV. S. *entsetzt:* Bitte!

FRANK Crofts teilte uns beim Frühstück mit, du hättest ihn gebeten, Frau Warren und Vivie für heute einzuladen, sie möchten dieses Haus bitte als das ihre betrachten, hättest du gesagt. Darauf fiel Mama ein, daß sie mit dem 11-Uhr-13-Zug in die Stadt müsse.

REV. S. *verzweifelt heftig:* Ich habe nichts dergleichen gesagt. Nicht im Traum hab ich daran gedacht, sie einzuladen.

FRANK *anteilnehmend:* Aber Chef, wie sollst du wissen, was du heute nacht gesagt oder gedacht hast, ich bitte dich.

PRAED *kommt durch die Hecke:* Guten Morgen.

REV. S. Guten Morgen. Entschuldigen Sie, bitte, daß ich nicht zum Frühstück kam, ich fühle mich nicht ganz... nicht...

FRANK Prediger-Halsweh, Praed. Zum Glück, nicht chronisch.

PRAED *wechselt das Thema:* Also wirklich, Ihr Haus, eine reizende Lage hier, wirklich reizend.

REV. S. Ja, doch, zum Glück. Frank kann Sie begleiten, zu einem kleinen Spaziergang, Herr Praed, falls Sie Lust haben. Mich müssen Sie entschuldigen. Solange meine Frau fort ist und Sie ein bißchen lustwandeln, will ich meine Predigt schreiben, wenn es Ihnen recht ist.

PRAED Aber ja. Bitte fühlen Sie sich mir gegenüber nicht im mindesten verpflichtet.

REV. S. Ich danke Ihnen. Ja, dann... dann... *Er stottert zum Haus hin, verschwindet darin.*

PRAED Das muß komisch sein, jede Woche eine Predigt zu schreiben.

FRANK Unwahrscheinlich komisch. Wenn er es täte. Er kauft sie natürlich. Jetzt ist er nur rein, ein Soda trinken.

PRAED Mein lieber Junge, Sie sollten Ihren Vater wirklich etwas mehr respektieren. Sie können so nett sein, wenn Sie wollen.

FRANK Lieber Praddy, ich muß mit ihm leben! Wenn zwei miteinander leben müssen – egal, ob Vater und Sohn, Mann und Frau, Bruder und Schwester – da halten Sie das nicht durch, das höfliche Pi-pa-po. Ja, so mal am Nachmittag zehn Minuten, das ist keine Kunst. Und erst mit unserem Alten, der zwar ein hinreißender Familienboß sein kann, aber daneben hat er auch noch die Unentschlossenheit eines Schafs, die Pampigkeit und Aggressivität eines Eselhengstes und die...

PRAED Nein, bitte, bitte, lieber Frank, denken Sie, er ist Ihr Vater.

FRANK Wem sagen Sie das! *Er steht auf, wirft die Zeitung hin.* Aber bitte, denken Sie nur mal daran, daß er Crofts bittet, die Warrens herzuschaffen. Er muß unwahrscheinlich besoffen gewesen sein. Sie wissen doch, lieber Praddy, meine Mutter würde Frau Warren nicht eine Sekunde ertragen. Bevor sie nicht fort ist, darf auch Vivie nicht kommen.

PRAED Aber Ihre Frau Mutter kennt doch Frau Warren überhaupt nicht. *Er nimmt die Zeitung auf und setzt sich, um zu lesen.*

FRANK Keine Ahnung. Aber warum haut sie jetzt plötzlich ab. Sie ist nicht so bürgerlich, verstehen Sie mich nicht falsch, sie hat sich für 'ne Menge Frauen eingesetzt, die verrutscht waren. Aber das waren alles nette Frauen. Das ist nämlich der Punkt. Frau Warren hat zweifellos ihre Qualitäten, aber sie wird gleich so ordinär, meine Mutter würde das einfach nicht aushalten. Deshalb... Hallo! *Dieser Ausruf wird durch den Geist-*

lichen verursacht, der hastig und entsetzt aus dem Haus kommt.

REV. S. Frank! Frau Warren und ihre Tochter kommen übers Feld, mit Crofts. Vom Arbeitszimmer aus sah ich sie. Und deine Mutter ist nicht da. Was soll ich ihnen sagen?

FRANK Halt dich an deinem Hut fest, geh hin und sage, daß du entzückt bist, sie zu sehen, und daß Frank im Garten sei und daß Mama und Bessie am Krankenbett einer Tante seien und daß sie es ganz unwahrscheinlich bedauerten, nicht da sein zu können, und daß du hoffst, Frau Warren habe gut geschlafen, und – – – sag jeden frommen Quatsch, nur nicht die Wahrheit. Alles andre überlaß dem. *Zeigt zum Himmel.*

REV. S. Aber wie sie loswerden nachher?

FRANK Das hat Zeit. Schnell jetzt. *Er rennt ins Haus.*

REV. S. Immer dieses Ungestüm. Ich weiß nicht, wie das noch werden soll, Herr Praed.

FRANK *kommt zurück mit dem Klerikerhut, den er seinem Vater auf den Kopf klatscht:* Los, ab mit dir. *Er drängt ihn zum Tor hinaus.* Praed und ich warten hier und spielen die Überraschten. *Der Geistliche, verwirrt, aber folgsam, geht schnell hinaus.* Wir müssen die alte Schickse irgendwie nach London kriegen, Praed. Ehrlich, lieber Praddy, die beiden zusammen, das geht nicht.

PRAED Aber warum denn nicht?

FRANK *nervös:* Mich macht die einfach unwahrscheinlich nervös, diese ausgekochte alte Zicke, die ist doch zu allem fähig, das ist wohl klar, und Vivie... Vivie!

PRAED Schscht. Sie kommen. *Man sieht Crofts und den Geistlichen auf der Straße; hinter ihnen, ein Herz und eine Seele, Frau Warren und Vivie.*

FRANK Da sehen Sie, sie hat doch tatsächlich ihren Arm um ihre Mutter gelegt... Ihren rechten. Sie hat also angefangen. Sentimental geworden, wa! Ach du liebes bißchen. Na, Praed, spüren Sie jetzt die Gänsehaut? *Der Geistliche öffnet das Tor, Frau Warren und Vivie treten ein, stehen mitten im Garten und schauen das Haus an. Frank, in Verstellungs-Ekstase, wendet sich an Frau Warren und ruft.* Unwahrscheinlich entzückt, Sie zu sehen, Frau Warren. Dieser stille alte Pfarrgarten steht Ihnen phantastisch.

FRAU WARREN Mir? Aber nein. Hast du das gehört, George? Er sagt, ich mache mich gut in diesem stillen alten Pfarrgarten.

REV. S. *hält immer noch das Tor für Crofts, der jetzt herein-*

schlendert, sichtlich gelangweilt: Sie machen sich überall gut, Frau Warren.

FRANK Gar nicht schlecht, Chef. Und jetzt, was machen wir? Es muß doch noch was geschehen vor dem Essen. Zuerst: Kirchenbesichtigung. Obligatorisch. Echtes 13. Jahrhundert. Mein Alter steht unwahrscheinlich auf sowas. Mit'm Hut in der Hand hat er's Geld zusammengebracht für die Restaurierung, hat alles komplett renoviert. Und Praed wird zeigen, worauf's ankommt.

PRAED *steht auf:* Wenn die Restaurierung noch was übriggelassen hat zum Zeigen, sehr gern.

REV. S. *gastfreundlich und etwas geistesabwesend:* Mir wird es gewiß Freude machen, wenn Sir George und Frau Warren sich wirklich interessieren dafür.

FRAU WARREN Also, vorwärts, bringen wir es hinter uns.

CROFTS *dreht sich zum Tor:* Keine Einwände meinerseits.

REV. S. Nicht hier raus. Wir gehen über die Felder, wenn es Ihnen recht ist. Hier durch. *Crofts geht mit dem Pastor. Praed folgt mit Frau Warren. Vivie rührt sich nicht. Sie beobachtet, wie alle gehen. In ihrem Gesicht prägt sich eine Absicht aus.*

FRANK Und Sie?

VIVIE Nein. Ich warne Sie, Frank. Sie haben sich lustig gemacht über meine Mutter, gerade, mit dieser Bemerkung über den Pfarrgarten. Das hat sich von jetzt an. Bitte, begegnen Sie meiner Mutter mit der gleichen Achtung wie Ihrer eigenen.

FRANK Aber liebe Vivie, da hätte sie überhaupt nichts davon. Zwei so verschiedenen Menschen muß man auch verschieden begegnen. Was ist denn los, Vivie? Gestern abend waren wir noch völlig einer Meinung über Ihre Mutter und ihren Anhang. Heute sehe ich, daß Sie die sentimentalsten Verrenkungen machen, um den Arm um Ihre Mutter zu legen.

VIVIE *errötend:* Verrenkungen!

FRANK So kommt es mir vor. Das erste Mal, daß Sie was Zweitklassiges tun.

VIVIE *beherrscht sich:* Ja, Frank, es hat sich was geändert. Und ich stehe dazu. Gestern war ich nichts als ein Snob.

FRANK Und heute?

VIVIE *zuckt zusammen, dann schaut sie ihn fest an:* Heute kenn ich meine Mutter besser als Sie sie kennen.

FRANK Da sei Gott vor!

VIVIE Wie meinen Sie das?

FRANK Viv, es gibt eine Kumpanei zwischen schlechten Menschen, von der Sie keine Ahnung haben, weil Sie zuviel Charakter haben. Das ist das Band zwischen Ihrer Mutter und mir, deshalb kenn' ich sie besser als Sie sie je kennen werden...

VIVIE Sie täuschen sich. Sie haben keine Ahnung von ihr. Wenn Sie wüßten, in welchen Verhältnissen meine Mutter sich durchsetzen mußte...

FRANK *beendet den Satz geschickt für sie:* Wüßte ich, warum sie ist, wie sie ist. Na und? Verhältnisse hin oder her, Viv, Sie werden Ihre Mutter nicht ertragen.

VIVIE *sehr zornig:* Und warum nicht?

FRANK Weil sie ein altes Scheusal ist, Viv. Sollten Sie je wieder in meiner Gegenwart Ihren Arm um Ihre Mutter legen, werde ich mich sofort erschießen, und zwar aus Protest gegen eine Show, die mich ankotzt.

VIVIE Muß ich wählen zwischen Ihnen und meiner Mutter?

FRANK *liebenswürdig:* Da hätte die alte Dame eine so unwahrscheinlich geringe Chance, nein Viv, der verblendete kleine Junge hängt an seiner Vivie bedingungslos, aber um so mehr fürchtet er, daß sie was falsch machen könnte. Es hilft nichts, Viv, Ihre Mutter ist unmöglich. Vielleicht ist sie ein guter Kerl, aber sie ist ein schlechter Mensch, ein sehr schlechter Mensch.

VIVIE *hitzig:* Frank! *Er hält stand. Sie dreht sich um, setzt sich unter den Eibenbaum, kämpft um Selbstbeherrschung. Dann sagt sie:* Also muß die ganze Welt sie meiden, weil sie das ist, was Sie einen schlechten Menschen nennen? Hat sie also kein Recht zu leben?

FRANK An Gesellschaft wird es ihr nie fehlen, Vivie, da dürfen Sie ganz unbesorgt sein. *Er setzt sich neben sie.*

VIVIE Aber ich soll sie meiden, nicht wahr?

FRANK *im Kinderton, sie einlullend, mit der Stimme zärtelnd:* Viviechen darf bloß nicht leben mit ihr. Immer so Tochter-Mutter-Getapse, was soll'n das, Viv, funkt doch bloß uns dazwischen.

VIVIE *verfällt dem Zauber:* Funkt wo dazwischen?

FRANK Franki und Vivie im tiefen, tiefen Wald. *Er kuschelt sich an sie wie ein schläfriges Kind.* Komm – weit fort – laß uns verschwinden unterm trockenen Laub.

VIVIE *schaukelt ihn wie eine Amme:* Schlaf ein, deine Hand, meine Hand, unter dem Baum.

FRANK Das kluge Mädchen mit ihrem dummen kleinen Bub.

VIVIE Der liebe kleine Bub mit seinem altmodischen kleinen Mädchen.

FRANK Unwahrscheinlich entspannt, endlich ohne den blöden Vater des kleinen Jungen, endlich ohne die zweifelhafte Mutter des kleinen Mädchens...

VIVIE *erstickt das Wort an ihrer Brust:* Sch–Sch–Sch! Das kleine Mädchen will ihre Mutter ganz vergessen. *Sie schweigen ein bißchen, schaukeln ein wenig. Dann wacht Vivie jäh auf und ruft.* Mensch, wir sind ja blöd. Los, auf. Um Gottes willen, Ihre Haare. *Sie bringt sie in Ordnung.* Werden alle Erwachsenen so kindisch, wenn keiner zuschaut? So war ich ja nicht mal als Kind.

FRANK Ich auch nicht. Sie sind mein erster Spielkamerad. *Er nimmt ihre Hand, will sie küssen, sieht sich aber zuerst noch um. Sehr unerwartet taucht Crofts hinter der Buchshecke auf.* Scheibe.

VIVIE Was ist denn?

FRANK *leise:* Sch–sch. Der entsetzliche Crofts. *Er setzt sich weiter weg von ihr und gibt sich unbeteiligt.*

CROFTS Hätten Sie 'ne Sekunde Zeit für mich, Fräulein Vivie? *Zu Frank.* Sie gestatten, Gardner. Man erwartet Sie in der Kirche, wenn's recht ist.

FRANK Ihnen zuliebe geh ich natürlich überall hin, Crofts, nur nicht in die Kirche. Falls Sie mich brauchen, Viviechen, da ist die Glocke. *Er geht gleichmütig und locker dem Haus zu.*

CROFTS *sieht Frank mit listiger Miene nach; mit Vivie spricht er, als habe er größere Rechte auf sie.* Angenehmer Kerl das. Zu schade, daß er kein Geld hat.

VIVIE Meinen Sie.

CROFTS Was soll er machen? Kein Beruf. Kein Vermögen. Was will er tun?

VIVIE Seine Nachteile sind unübersehbar, Sir George.

CROFTS *etwas außer Fassung, weil er sich so genau verstanden sieht:* Verstehen Sie mich, bitte, nicht falsch. Aber da wir in dieser Welt leben, leben wir in dieser Welt. Und Geld ist Geld. *Vivie antwortet nicht.* Schöner Tag heute, nicht wahr?

VIVIE *mit kaum verhüllter Verachtung für diese Konversationsanstrengung:* Sehr schön.

CROFTS *mit rücksichtslos guter Laune, als mache ihm Vivies Festigkeit Spaß:* Ich wollte ja etwas anderes besprechen mit Ihnen. *Er setzt sich neben sie.* Jetzt hören Sie mal, Fräulein Vivie. Es ist mir völlig klar, daß ich nicht das männliche Idol bin für eine junge Dame.

VIVIE Wirklich, Sir George?

CROFTS Wirklich. Und, daß Sie's nur wissen, das wäre das letzte, was ich wollte. Aber wenn ich etwas sage, dann mein' ich es. Wenn ich etwas empfinde, dann empfinde ich etwas. Und was ich schätze, bezahl ich. So bin ich.

VIVIE Das rechnet man Ihnen sicher hoch an.

CROFTS Ich will mich überhaupt nicht selber loben. Ich habe meine Fehler, weiß Gott. Keiner weiß das besser als ich. Ich weiß, daß ich nicht vollkommen bin. Das ist einer der Vorteile eines Mannes in meinen Jahren. Ich bin kein junger Mann, und ich weiß es. Aber mein Wahlspruch ist einfach und, denke ich, nicht schlecht: Ehre von Mann zu Mann. Treue von Mann zu Frau. Und keine Heuchelei, ob diese Religion oder jene, sondern der ehrliche Glaube, daß im großen und ganzen sich alles ganz gut macht.

VIVIE *mit beißender Ironie:* »Nicht wir, eine höhere Macht sorge für Gerechtigkeit«, ja?

CROFTS *nimmt das ernst:* Genau. Nicht wir, so ist es. Sie verstehen, was ich meine. Jetzt also zum Praktischen. Sie haben vielleicht den Eindruck, daß ich mit Geld nur so um mich werfe. Das trügt. Ich bin heute reicher als an dem Tag, da ich mein Erbe antrat. Ich habe mit Hilfe meines Wissens und meiner Erfahrung mein Geld angelegt, daß die anderen bloß so staunten. Und was immer ich sein mag, was das Geld angeht, bin ich ein sicherer Mann.

VIVIE Es ist sehr nett von Ihnen, mir das alles zu erzählen.

CROFTS Jetzt tun Sie nur nicht, als wüßten Sie nicht, worauf ich hinauswill, Fräulein Vivie. Ich möchte mich endlich einrichten, mit einer Lady Crofts. Wenn ich Ihnen vielleicht ein bißchen zu direkt bin, Fräulein Vivie...?

VIVIE Überhaupt nicht. Ich bin froh, daß Sie so deutlich und geschäftsmäßig vorgehen. Ich weiß das Angebot zu schätzen: das Geld, die Stellung, Lady Crofts und so weiter. Aber ich glaube, ich will Nein sagen, wenn es Ihnen recht ist. Ich möchte lieber nicht. *Sie steht auf, geht langsam zur Sonnenuhr hinüber, um von ihm wegzukommen.*

CROFTS *überhaupt nicht entmutigt, auch benutzt er den freigewordenen Platz auf der Bank, um es sich bequem zu machen; als gehörten ein paar anfängliche Abweisungen zur unumgänglichen Routine bei einer Werbung:* Ich hab es nicht eilig. Ich wollte Sie das nur wissen lassen, falls der junge Gardner versuchen sollte, Sie herumzukriegen. Lassen wir die Frage offen.

VIVIE *scharf:* Mein Nein ist endgültig. Da gibt es kein Zurück... *Crofts ist nicht beeindruckt. Er grinst. Stützt seine Ellbogen auf seine Knie, um mit seinem Stock ein unglückliches Insekt ins Gras zu nageln; er schaut sie verschmitzt an. Sie dreht sich ungeduldig weg.*

CROFTS Ich bin um einiges älter als Sie. 25 Jahre: ein Vierteljahrhundert. Ich werde nicht ewig leben. Und ich werde dafür sorgen, daß Sie dann so (!) dastehn.

VIVIE Das sagt mir überhaupt nichts, Sir George. Besser, Sie akzeptieren meine Antwort. Daß sie sich ändert, ist völlig ausgeschlossen.

CROFTS *köpft noch ein Gänseblümchen, steht auf, nähert sich ihr:* Schön, lassen wir's. Ich könnte ihnen zwar 'n paar Kleinigkeiten erzählen, die Ihre Einstellung sofort ändern würden, aber warum! Ich zieh es vor, Sie durch mein ehrliches Gefühl zu überzeugen. Ich war Ihrer Mutter ein guter Freund. Sie können sie fragen. Sie hätte doch nie das Geld gehabt, das Ihre Ausbildung kostete, wenn ich ihr nicht geraten und geholfen hätte. Abgesehen von dem Vorschuß. Das hätte nicht jeder getan. Insgesamt sind es 40000 Pfund, die ich investiert habe.

VIVIE *starrt ihn an:* Sie waren also der Partner meiner Mutter?

CROFTS Ja. Jetzt stellen Sie sich nur mal vor, was wir uns an Schwierigkeiten und Rederei ersparen, wenn alles sozusagen in der Familie bleibt. Fragen Sie Ihre Mutter, ob sie das alles einem völlig Fremden erklären möchte.

VIVIE Ich sehe da keine Schwierigkeit, da doch die Sache erledigt ist, und das Geld ist angelegt.

CROFTS *bleibt stehen, sehr erstaunt:* Erledigt! Ein Geschäft erledigt, das in den schlechtesten Jahren 35 Prozent brachte! Doch wohl nicht! Woher haben Sie das?

VIVIE *bleich:* Wollen Sie sagen, daß es noch immer... *Sie hört abrupt auf, stützt ihre Hand auf die Sonnenuhr, um sich Halt zu verschaffen. Dann setzt sie sich rasch auf den eisernen Stuhl.* Von welchem Geschäft sprechen Sie?

CROFTS Nun ja, es ist tatsächlich nicht das, was man in meinen Kreisen als ein erstklassiges Geschäft bezeichnen würde, in den besseren Kreisen, verstehen Sie, in unseren Kreisen, wenn Sie mein Angebot besser zu würdigen wissen. Nicht daß es sich um eine dunkle Sache handelte. Daß Ihre Mutter beteiligt ist, zeigt Ihnen ja, daß es dabei sauber und ehrlich zugeht. Ich kenne sie lange genug, und ich kann Ihnen sagen, sie würde sich die Hände lieber abhacken, als sie dem Unrecht zu leihen.

Ich erzähl's Ihnen gern, wenn Sie's interessiert. Vielleicht wissen Sie, wie schwer es ist, auf Reisen ein wirklich angenehmes, halbwegs privates Hotel zu finden.

VIVIE *sich vor Widerwillen wegwendend:* Ja. Bitte, weiter.

CROFTS Nun ja, das ist schon alles. Ihre Mutter hat eine echte Begabung, sowas zu managen. Wir haben zwei solche Häuser in Brüssel, eins in Ostende, eins in Wien und zwei in Budapest. Natürlich sind da noch andere beteiligt, aber wir haben die Majorität, und Ihre Mutter ist als Direktorin unersetzlich. Sie haben sicher bemerkt, daß sie ganz schön herumreisen muß. Aber in Gesellschaft dürfen Sie sowas nicht mal erwähnen. Fällt nur das Wort Hotel, gleich sagt jeder, du hast 'ne Kneipe. Möchten Sie, daß die Leute das über Ihre Mutter sagen? Deshalb sind wir so zurückhaltend. Sie werden das übrigens auch für sich behalten, nicht wahr? Es war jetzt so lang ein Geheimnis, bleiben wir dabei.

VIVIE Und in dieses Geschäft soll ich einsteigen?

CROFTS Aber nein. Meine Frau muß sich nicht mit Geschäften abgeben, ich bitte Sie. Sie werden damit nicht mehr zu tun haben als bisher.

VIVIE Als bisher, was heißt das?

CROFTS Nur, daß Sie davon gelebt haben. Ihre Ausbildung, Ihre Kleider wurden davon finanziert. Nicht so die Nase gerümpft übers Geschäft, Fräulein Vivie. Ohne Geschäft kein College, Fräulein Vivie.

VIVIE *steht auf, fast außer sich:* Vorsicht, ja! Ich kenne dieses »Geschäft«.

CROFTS *läuft an, mit einem unterdrückten Fluch:* Woher?

VIVIE Von Ihrem Partner. Von meiner Mutter.

CROFTS *blaß vor Wut:* Diese alte H...

VIVIE Genau das.

Er schluckt das Wort und steht einen Augenblick schändlich fluchend und wütend. Aber er weiß, daß seine Taktik sein muß, sympathisch zu sein. Er flüchtet in nachsichtige Entrüstung.

CROFTS Sie hätte Sie schonen sollen. Ich hätte Ihnen das nie zugemutet.

VIVIE Sie hätten mir's wahrscheinlich nach der Hochzeit gesagt. Eine prima Waffe, mich kleinzukriegen.

CROFTS *ganz ernst:* Das hatte ich nie vor. Ehrenwort. *Vivie wundert sich über ihn. Sie empfindet die Ironie seines Protests, das beruhigt und stärkt sie. Sie antwortet mit verachtungsvol-*

ler Selbstbeherrschung.

VIVIE Geschenkt. Sie verstehen doch wohl, daß unsere Bekanntschaft diesen Tag nicht überlebt.

CROFTS Und warum? Weil ich Ihrer Mutter geholfen habe?

VIVIE Meine Mutter war ein armes Ding, sie hatte keine andere Wahl als zu tun, was sie tat. Sie waren ein reicher Herr, und Sie taten das gleiche für die 35 Prozent. Ich halte Sie für einen ganz gewöhnlichen Lumpen. Das ist meine Meinung von Ihnen.

CROFTS *starrt sie kurz an, überhaupt nicht beleidigt, er fühlt sich auf dieser Basis viel wohler als vorher:* Ha! ha! ha! ha! Nur zu, Frolleinchen, nur zu! Mir tut's nicht weh und Ihnen tut's gut. Warum, verdammt, soll 'n ich mein Geld grade da nicht investieren? Ich nehm die Zinsen wie andere auch. Sie glauben doch nicht, daß ich mir dabei die Hände schmutzig mache, oder? Na was denn, würden Sie vielleicht die Bekanntschaft des Vetters meiner Mutter, des Herzogs von Belgrave, ablehnen, bloß weil von den Zinsen, die er einnimmt, einige auf etwas komische Art verdient werden? Ich nehme sehr an, Sie würden den Erzbischof von Canterbury wohl kaum schneiden, nur weil die Kirchenverwaltung unter ihren Pächtern auch Zöllner und Missetäter hat? Haben Sie Ihr Crofts-Stipendium in Newnham vergessen? Stammt von meinem Bruder, Mitglied des Parlaments. Er kriegt seine 22 Prozent von 'ner Fabrik mit 600 Mädchen, und nicht eine von denen kann von ihrem Lohn leben. Und wie sollen die, bitte, durchkommen, wenn sie keine Familie haben, auf die sie zurückgreifen können? Fragen Sie mal Ihre Mutter. Und ich soll es wohl ablehnen, 35 Prozent einzustreichen, während alle anderen schlau genug sind, einzustreichen, was überhaupt einzustreichen ist. Da müßt ich ja hier sein. *Tippt an die Schläfe.* Wenn Sie Ihre Bekanntschaften nach moralischen Grundsätzen auswählen wollen, dann verschwinden Sie besser gleich ganz aus diesem Land, es sei denn, Sie legen keinen Wert mehr auf Umgang mit besseren Leuten.

VIVIE *mit betroffenem Gewissen:* Ja, fahren Sie nur fort, sagen Sie's doch, ich habe mich nie gefragt, wo kommt das Geld, das ich verbrauche, eigentlich her! Ich glaube, ich bin kein bißchen besser als Sie.

CROFTS *wieder einigermaßen selbstsicher:* Das sind Sie. Und ein gutes Kind dazu. Mein Gott, was ist denn schon dabei? *Zieht sie freundlich auf.* Jetzt halten Sie mich nicht mehr für einen ganz so großen Schurken, nachdem Sie etwas klarer sehen, was?

VIVIE Ich habe mit Ihnen zusammen Profit gemacht. Und jetzt habe ich Sie sogar so weit ins Vertrauen gezogen, Ihnen zu sagen, was ich von Ihnen denke.

CROFTS *ernsthaft freundlich:* Doch-doch, das haben Sie. Aber Sie werden sehen, ich bin kein schlechter Kerl. Ich behaupte ja nicht, ich sei ein superschlauer Intellektueller, aber ich hab 'ne ganze Menge menschlichen Anstand im Leib. Und das alte Crofts-Erbe schlägt auch bei mir durch in einem unwillkürlichen Haß gegen alles Niedrige, ich glaube, in der Hinsicht passen wir gut zusammen. Fräulein Vivie, die Welt ist nicht so miserabel, wie uns gewisse Intellektuelle weismachen wollen. Solange Sie der Gesellschaft nicht geradewegs ins Gesicht schlagen, will die Gesellschaft nichts von Ihnen, aber sie macht natürlich kurzen Prozeß mit denen, die nichts lassen können. Bei uns wird kein Geheimnis so gut bewahrt, wie das, das sowieso jeder errät. Aber keiner, der zu der Klasse gehört, in die ich Sie einführen kann, würde sich selbst so sehr vergessen, daß er auf meine oder Ihrer Mutter Geschäfte zu sprechen käme. Sicherer können Sie's überhaupt nicht kriegen.

VIVIE *beobachtet ihn neugierig:* Sie haben offenbar das Gefühl, Sie kommen prima voran mit mir.

CROFTS Na ja, ich bilde mir ein, Sie denken jetzt ein bißchen besser von mir als vorher.

VIVIE *ruhig:* J e t z t denke ich: Sie sind es nicht einmal wert, daß man über Sie nachdenkt. Wenn ich mir die Gesellschaft vorstelle, die sowas wie Sie duldet, die Gesetze, die sowas wie Sie schützen! wenn ich mir vorstelle, daß von zehn Mädchen neun! Ihnen und meiner Mutter ausgeliefert sind! dieser unsäglichen Frau und ihrem kapitalistischen Zuhälter...

CROFTS *grau im Gesicht:* Verfluchte...

VIVIE Das können Sie sich schenken. Ich gehöre schon zu den Verfluchten. *Sie hebt den Riegel des Tors, um es zu öffnen und hinauszugehen. Er folgt ihr und legt seine Hand schwer auf den obersten Balken, um das Öffnen zu verhindern.*

CROFTS *keuchend vor Zorn:* Sie bilden sich doch wohl nicht ein, daß ich mir das bieten lasse von Ihnen, Sie kleine Bestie, Sie!

VIVIE *ungerührt:* Schweigen Sie. Es wird gleich jemand kommen. *Ohne auch nur einen Schritt zurückzuweichen, schlägt sie mit dem Handrücken an die Glocke. Es klingt schrill; er weicht unwillkürlich zurück. Fast im selben Augenblick tritt*

Frank mit seinem Gewehr aus dem Haus.

FRANK *in heiterer Höflichkeit:* Wollen Sie das Gewehr, oder soll ich?

VIVIE Frank, haben Sie gehorcht?

FRANK *kommt in den Garten:* Nur auf die Glocke, ehrlich. Ich wollte Sie nicht warten lassen. Offenbar habe ich dadurch eine intime Kenntnis Ihres Charakters bewiesen, Crofts.

CROFTS Die Kanone da krieg ich mit der linken Hand und hau sie Ihnen auf Ihrem Schädel kaputt.

FRANK *pirscht vorsichtig um ihn herum:* Bitte nicht. Ich bin so unwahrscheinlich leichtsinnig im Umgang mit Feuerwaffen. Und dann hätten wir den Salat, tödlicher Unfall, strenger Verweis der Untersuchungskommission für meine grobe Fahrlässigkeit.

VIVIE Werfen Sie das Gewehr weg, Frank, wir brauchen es nicht.

FRANK Ganz Ihrer Meinung, Vivie. Ist doch viel sportlicher, ihn lebend zu fangen. *Crofts spürt die Beleidigung und reagiert mit einer Drohgeste.* Crofts! in dem Magazin da sind 15 Patronen, und auf die Entfernung und bei einem Ziel Ihrer Größe bin ich absolut tödlich.

CROFTS Keine Angst, ich tu Ihnen schon nichts.

FRANK Unwahrscheinlich großmütig von Ihnen, in dieser Situation, vielen Dank!

CROFTS Nur noch 'ne Kleinigkeit, bevor ich gehe. Vielleicht nicht uninteressant für euch, da ihr ja so verrückt seid aufeinander. Gestatten Sie, Herr Frank, daß ich Sie Ihrer Halbschwester vorstelle, der ältesten Tochter von Pastor Samuel Gardner. Fräulein Vivie: Ihr Halbbruder. Guten Morgen. *Er geht zum Tor hinaus.*

FRANK *nach kurzer Verblüffung hebt er das Gewehr:* Sie werden vor dem Untersuchungsrichter bezeugen, daß es ein Unfall war. *Er zielt auf die sich entfernende Figur von Crofts. Vivie greift nach der Mündung und zieht sie gegen ihre Brust.*

VIVIE Drücken Sie ab. Sie dürfen.

FRANK *läßt das Gewehr sofort fallen:* Nein! Achtung. *Sie läßt den Lauf los, das Gewehr fällt ins Gras.* Ach, den kleinen Bub so zu erschrecken. Und wenn's losgegangen wäre! Ach. *Er sinkt auf die Gartenbank. Erledigt.*

VIVIE Na und! Eine Erlösung wär das, ein scharfer Schmerz, der durch mich durchrast.

FRANK *überredend:* Nur mit der Ruhe, Vivie. Jetzt sind wir mal ganz unwahrscheinlich ruhig, Viviechen. Bedenken Sie doch, auch wenn der Kerl tatsächlich dank der Flinte zum ersten Mal in seinem Leben die Wahrheit gesagt hätte, das macht uns doch erst recht zu Kindern im tiefen, tiefen Wald. *Er streckt die Arme nach ihr aus.* Komm, verschwinden wir wieder unterm trockenen Laub.

VIVIE *mit einem Schrei des Widerwillens:* Nein, nicht, nicht das. Mich friert.

FRANK Warum, was ist los?

VIVIE Adieu. *Sie geht zum Tor.*

FRANK *springt auf:* Hallo, halt, Viv! Viv! *Sie geht weiter.* Wohin? Viv, wohin?

VIVIE Büro Honoria Fraser, Chancery Lane 67, für immer. *Draußen geht sie nicht in der Richtung, in die Crofts gegangen ist, sondern in die entgegengesetzte.*

FRANK Aber Viv, ich sag doch..., warten Sie... Scheibe. *Er rennt ihr nach.*

Vierter Akt

Büro Honoria Fraser, Chancery Lane. Ein Büro im obersten Stockwerk der New Stone Buildings, Spiegelglas-Scheiben, temperagemalte Wände, elektrisches Licht, Patentofen. Samstagnachmittag. Durchs Fenster sieht man die Schornsteine von Lincoln's Inn und den westlichen Himmel. In der Mitte ein Doppelschreibtisch, Zigarrenschachtel, Aschenbecher; eine Tischleselampe, geradezu eingeschneit von Bergen von Papier und von Büchern. Links und rechts von diesem Schreibtisch je ein Stuhl; der Schreibtisch sieht sehr unaufgeräumt aus; er hat Freiraum für die Knie. Neben einer Tür, die in die Privaträume führt, steht der Buchhalterschreibtisch, geschlossen, sauber aufgeräumt, davor der hohe Stuhl. In der gegenüberliegenden Wand die Tür zum Gang. Die obere Türhälfte ist aus undurchsichtigem Glas, außen dran die schwarze Schrift; Fraser und Warren. Eine mit einem Fries verzierte spanische Wand deckt die Ecke zwischen dieser Tür und dem Fenster. Frank geht auf und ab; er trägt einen modischen, hellen Reiseanzug, Stock, Handschuhe; den weißen Hut hat er in der Hand. Jemand probiert, von außen mit dem Schlüssel aufzuschließen.

FRANK *ruft:* Herein. Es ist nicht abgeschlossen. *Vivie kommt herein, sie trägt Hut und Jackett. Sie stoppt, starrt ihn an.*

VIVIE *streng:* Was tun Sie hier?

FRANK Auf Sie warten. Seit Stunden. Das ist also Ihre Arbeitsmoral. *Legt Hut und Stock auf den Tisch, schwingt sich kühn auf den Buchhalterstuhl; er mustert sie; man sieht ihm seine besonders aufgedrehte, spielerische, übermütige Stimmung an.*

VIVIE Ich war genau zwanzig Minuten weg, für ne Tasse Tee. *Sie nimmt Hut und Jackett ab, hängt beides hinter den Wandschirm.* Wie kamen Sie herein?

FRANK Das Personal war noch da, als ich kam. Er ging dann Cricket spielen, nach Primrose Hill. Warum beschäftigen Sie einen Mann, anstatt Ihrem Geschlecht eine Chance zu geben?

VIVIE Was wollen Sie?

FRANK *springt vom Stuhl und geht dicht zu ihr hin:* Viv, los, wir machen was aus diesem Samstag, wie's Personal. Was halten Sie von Richmond, und dann Varieté und dann ein tolles Essen.

VIVIE Kann ich mir nicht leisten. Ich brauch nochmal sechs Stunden hier, bevor ich ins Bett komme.

FRANK Kann ich mir nicht leisten! Wirklich nicht? Da, bitte. *Er zieht eine Handvoll Goldmünzen aus der Tasche und klimpert damit.* Gold, Viv, Gold.

VIVIE Woher?

FRANK Spielend, Viv. Poker.

VIVIE Das ist noch gemeiner als Stehlen. Nein, danke. *Sie setzt sich mit dem Rücken zur Glastür an den Schreibtisch und fängt an zu arbeiten.*

FRANK *kläglich protestierend:* Aber meine liebe Vivie, ich muß reden mit Ihnen, und zwar ganz unwahrscheinlich ernst.

VIVIE Aber bitte, da, Honorias Stuhl, reden Sie! Nach dem Tee schwätz ich gern zehn Minuten. *Er murmelt.* Stöhnen Sie ruhig, ich bin unerbittlich. *Er setzt sich, untröstlich, auf den Stuhl.* Zigarrenschachtel, bitte.

FRANK *stößt die Schachtel hinüber:* Ne fürchterliche Frauengewohnheit. Die netteren Männer haben's längst aufgehört.

VIVIE Ja, sie haben was gegen den Geruch im Büro, wir mußten wechseln, sehen Sie. *Öffnet die Schachtel, nimmt eine Zigarette heraus, die sie anzündet. Bietet ihm eine an. Er schüttelt den Kopf, angeekelte Grimasse. Sie macht sich's in ihrem Stuhl bequem.* Also, bitte.

FRANK Ja, ich möchte wissen, was Sie unternommen haben, worauf Sie sich eingelassen haben?

VIVIE Zwanzig Minuten nach meinem Eintreffen war alles klar. Honoria hat im letzten Jahr gesehen, daß sie's allein nicht mehr schafft. Sie wollte mir gerade schreiben, eine Partnerschaft vorschlagen, da spazierte ich rein und sagte ihr, daß ich keinen Pfennig Geld hätte. Also richtete ich mich ein und schickte sie für vierzehn Tage in Ferien. Und was tat sich in Haslemere?

FRANK Gar nichts. Ich sagte, Sie seien wegen einer wichtigen Sache nach London.

VIVIE Und?

FRANK Na ja, entweder waren sie so von den Socken, daß sie den Mund nicht mehr aufmachten oder Crofts hatte Ihre Mutter schon präpariert. Auf jeden Fall sagte sie nichts. Crofts sagte auch nichts. Und Praddy machte große Augen. Nach dem Tee standen sie auf, weg waren sie; seitdem hab ich sie nicht mehr gesehen.

VIVIE *nickt milde, sieht mit einem Auge einem Rauchring nach:* Na schön.

FRANK *schaut sich im Raum um, geringschätzig:* Wollen Sie sich vielleicht an so'nem scheußlichen Platz festsetzen?

VIVIE *entschließt sich, den Rauchring wegzublasen, richtet sich auf:* Ja. Diese zwei Tage haben mir meine Kraft und Sicherheit zurückgegeben. Ich werde nie mehr in meinem Leben Ferien machen.

FRANK *verzieht sein Gesicht:* Tschsch. Sie wirken auch sehr glücklich. Und stahlhart.

VIVIE *düster:* Wohl mir, daß ich's bin.

FRANK *steht auf:* Vivie, bitte, wir müssen reden miteinander. Das war doch ein komplettes Mißverständnis, neulich, als wir uns trennten. *Er setzt sich auf den Tisch, nahe zu ihr.*

VIVIE *wirft die Zigarette weg:* Dann klären Sie's auf.

FRANK Was Crofts sagte, wissen Sie noch.

VIVIE Ja.

FRANK Mit dieser Enthüllung wollte er unser Gefühl füreinander ändern. Er machte uns zu Bruder und Schwester.

VIVIE Ja.

FRANK Hatten Sie je einen Bruder?

VIVIE Nein.

FRANK Dann wissen Sie nicht, wie das ist, Bruder und Schwester. Ich hab'ne Menge Schwestern. Brüderliches Gefühl, das ist nichts Neues für mich. Und ich kann Ihnen sagen, mein Gefühl für Sie hat damit überhaupt nichts zu tun. Die Schwestern gehen ihren Weg, ich den meinen, egal, ob wir uns je wieder sehen. Das ist Bruder und Schwester. Aber wenn ich Sie eine Woche nicht sehe, das macht mich einfach krank. Das ist n i c h t Bruder und Schwester. Das ist genau das, was ich empfand eine Stunde bevor Crofts seine Enthüllung machte. Kurz und bündig, Viv, die erste Ahnung von Liebe.

VIVIE *beißend:* Also genau das Gefühl, mit dem Ihr Vater meiner Mutter um den Hals fiel, ja?!

FRANK *so empört, daß er einen Augenblick den Tisch verläßt:* Ich protestiere dagegen, daß meine Gefühle verglichen werden mit dem Innenleben des Pastor Samuel, und noch schärfer protestiere ich gegen jeden Vergleich zwischen Ihnen und Ihrer Mutter. *Setzt sich wieder.* Ganz abgesehen davon, daß ich die ganze Geschichte nicht glaube. Ich habe meinen Vater gestellt, er hat es praktisch dementiert.

VIVIE Was sagt er?

FRANK Er sagt, es müsse sich um einen Irrtum handeln.

VIVIE Glauben Sie ihm?

FRANK Mehr als Crofts.

VIVIE Was ändert das schon? Ich meine, in Ihrem Bewußtsein oder in Ihrem Gewissen? An der Wirklichkeit ändert das ja sowieso nichts.

FRANK *stark zustimmend:* Das find ich ja auch.

VIVIE Ich auch.

FRANK *starrt sie an:* Aber das ist ja eine unwahrscheinliche Überraschung. *Er geht zurück zu seinem Stuhl.* Ich fürchtete, nach dem, was jene Dreckschleuder losgelassen hatte, unsere Beziehungen hätten sich total verändert, in Ihrem »Bewußtsein« und »Gewissen«.

VIVIE Nein, nicht deshalb. Ich glaubte ihm nicht. Obwohl ich möchte.

FRANK He?!

VIVIE Bruder und Schwester, das wär genau das richtige Verhältnis für uns.

FRANK Ist das Ihr Ernst?

VIVIE Ja. Mehr möchte ich nicht, auch wenn mehr möglich wäre. Das ist mein Ernst.

FRANK *hebt seine Augenbrauen wie einer, dem ein Licht aufgeht; steht auf, dann mit überschwenglich ritterlicher Haltung:* Aber liebe Viv, warum sagen Sie das nicht gleich? Ich bedaure ganz unwahrscheinlich, Ihnen lästig geworden zu sein. Jetzt begreife ich natürlich.

VIVIE *verwirrt:* Was?

FRANK Ich bin ja ein Tor, aber nicht im gewöhnlichen Sinn, wohl aber im biblischen, indem ich nämlich alles tue, was der Weise töricht genannt hat, nachdem er es selber ausgiebig getrieben hatte. Mit Viviechens kleinem Jungen, das hat sich also. Keine Bange, ich werde Sie nicht mehr Viviechen nennen, zumindest nicht, bis Sie den Nachfolger satt haben.

VIVIE Nachfolger?

FRANK *mit Nachdruck:* Es muß einen Nachfolger geben. So geht das eben. Genau so.

VIVIE Bei Ihnen, Sie Glücklicher. *Jemand klopft an die Tür.*

FRANK Verflucht sei, wer da kommt!

VIVIE Praed. Er will sich verabschieden, bevor er nach Italien fährt. Ich bat ihn, heute nachmittag vorbeizukommen. Lassen Sie ihn doch rein.

FRANK Wir reden weiter, wenn er weg ist. Ich werde ihn überstehen. *Er öffnet die Tür.* Praddy, wie geht's? Entzückt, Sie zu sehen. Herein. *Praed, für die Reise gekleidet, tritt ein, gut ge-*

launt.

PRAED Wie geht es Ihnen, Fräulein Warren? *Sie drückt ihm seine Hand herzlich, obwohl ihr seine Art Sentimentalität nicht so angenehm ist.* In einer Stunde geht's los. Vom Holborn-Viadukt. Schade, daß ich Sie nicht überreden kann, mitzufahren.

VIVIE Wozu auch?

PRAED Oh, daß Sie sich sättigen könnten an Schönheit, Romantik... *Vivie schüttelt sich und dreht ihren Stuhl zum Schreibtisch, als wäre die Arbeit, die da auf sie wartet, eine Hilfe für sie. Praed sitzt ihr gegenüber. Frank schiebt einen Stuhl neben Vivie, läßt sich nachlässig drauffallen, und sagt ironisch:*

FRANK Praddy, was soll's. Sie ist nun mal spießig, völlig unempfänglich für meine Romantik, total blind für meine Schönheit.

VIVIE Ein für allemal, Herr Praed, Schönheit und Romantik, das ist bei mir nicht drin. Das ist nun mal so. Und danach werd ich mich richten.

PRAED *enthusiastisch:* Kommen Sie mit mir nach Verona und nach Venedig, dann reden Sie anders. Schreien werden Sie vor Begeisterung, in einer so schönen Welt zu leben.

FRANK Sehr beeindruckend, Praddy. Weiter so.

PRAED Ich habe geschrien, wirklich, und ich werde wieder schreien, hoff ich, mit fünfzig! In Ihrem Alter, Fräulein Warren, brauchen Sie nicht mal bis nach Verona zu fahren. Sie gingen schon in die Luft vor Freude, wenn sie bloß Ostende sähen. Hingerissen wären Sie von der Fröhlichkeit, von der Lebendigkeit, von der liebenswürdigen Atmosphäre Brüssels.

VIVIE *springt auf mit einem Laut des Widerwillens:* Aach!

PRAED *steht auf:* Was ist?

FRANK *steht auf:* Aber Viv!

VIVIE *zu Praed, sehr vorwurfsvoll:* Fällt Ihnen kein besseres Beispiel ein für Schönheit und Romantik als Brüssel?

PRAED *verwirrt:* Natürlich ist es ganz anders als Verona. Ich will Ihnen nicht einreden, daß Sie...

VIVIE *bitter:* Romantik und Schönheit, das kommt wahrscheinlich überall auf dasselbe heraus.

PRAED *völlig ernüchtert und einigermaßen betroffen:* Liebes Fräulein Warren, ich... *Schaut fragend zu Frank.* Ist irgendwas?

FRANK Sie hält Ihre Begeisterung für frivol. Sie war ja immer schon so unwahrscheinlich ernst.

VIVIE *scharf:* Hören Sie auf, Frank. Was soll der Quatsch.

FRANK *setzt sich:* Würden Sie das gute Manieren nennen, Praed?

PRAED *besorgt und rücksichtsvoll:* Soll ich ihn mitnehmen, Fräulein Warren? Ich fürchte, wir haben Sie bei der Arbeit gestört.

VIVIE Setzen Sie sich. Ich kann jetzt ohnehin nichts mehr tun. *Praed setzt sich.* Sie halten das wohl für eine Nervensache. Das ist es nicht. Aber da sind zwei Dinge, von denen ich nichts mehr hören möchte, wenn es Ihnen recht ist. Das eine – *zu Frank* – die erste Ahnung von Liebe, und zwar in jedweder Hinsicht; das andere – *zu Praed* – Romantik und Schönheit des Lebens, vor allem was Ostende und die liebenswürdige Atmosphäre Brüssels betrifft. Fühlen Sie sich wohl bei den Illusionen, die Sie darüber haben: ich habe keine. Wenn wir Freunde bleiben wollen, müssen Sie mich nehmen als das, was ich bin: eine berufstätige Frau, – *zu Frank* – alleinstehend, und – *zu Praed* – durchaus unromantisch.

FRANK Ich werde genauso alleinstehend sein, bis Sie sich's anders überlegt haben. Praddy, Themawechsel. Beeindrucken Sie uns mit was anderem.

PRAED *schüchtern:* Ich fürchte, es gibt sonst nichts in der Welt, worüber ich sprechen kann. Das Evangelium der Kunst ist das einzige, das ich predigen kann. Ich weiß, Fräulein Warren ist eine große Anhängerin des Evangeliums der Arbeit. Aber das diskutieren, heißt, Ihnen zu nahezutreten, Frank, da Sie ja entschlossen sind, nicht zu arbeiten.

FRANK Aber bitte, treten Sie ruhig noch näher! Nur heraus mit dem guten Rat, ich find sowas unwahrscheinlich wohltuend. Los, wie macht man einen Karriere-Mann aus mir! ein weiterer Versuch! Man nehme: Tatkraft, Sparsamkeit, Weitblick, Selbstachtung, Charakter. Sie hassen doch Leute ohne Charakter, Viv?

VIVIE *zusammenzuckend:* Hören Sie auf, bitte, mit diesem verlogenen Zeug. Herr Praed, wenn es nur diese zwei Evangelien gibt in der Welt, dann bringen wir uns besser gleich um. Die sind beide gleich faul. Durch und durch.

FRANK *schaut sie prüfend an:* Sie haben heute so'n poetischen Touch, Vivie, der ist mir ganz neu bei Ihnen.

PRAED *ermahnend:* Mein lieber Frank, sind Sie jetzt nicht ein bißchen grob?

VIVIE *unnachsichtig mit sich selbst:* Nein, ich finde das gut. Sonst werd ich bloß zu sentimental.

FRANK *zieht sie auf:* Eben, das ist ja Ihre größte Gefahr, nicht wahr.

VIVIE *fast hysterisch:* Oh ja! Los. Weiter. Keine Rücksicht, bitte. Ich war einmal sentimental in meinem Leben, für einen Augenblick, wunderbar sentimental, mit Mondlicht, und jetzt...

FRANK *schnell:* Achtung, Viv! Verplappern Sie sich nicht.

VIVIE Ach, glauben Sie vielleicht, Herr Praed weiß nicht Bescheid über meine Mutter? *Wendet sich zu Praed.* Es wäre besser gewesen, Sie hätten mir alles gesagt an jenem Vormittag, Herr Praed. Sie mit Ihrem Taktgefühl. Sie sind sehr altmodisch, Herr Praed.

PRAED Sie, Fräulein Warren. Sie mit Ihren Vorurteilen! Ich muß Ihnen sagen, als Künstler, und weil ich meine, daß die wichtigsten menschlichen Bindungen weit jenseits und hoch über dem Bereich der Gesetze existieren, daß ich Ihre Mutter nicht weniger respektiere, weil sie eine unverheiratete Frau ist, sondern um so mehr!

FRANK *munter:* Hört! Hört!

VIVIE *starrt Praed an:* Das ist alles, was Sie wissen?

PRAED Ja, natürlich ist das alles.

VIVIE Dann habt ihr eben beide keine Ahnung. Was ihr wißt, das ist die reine Unschuld, verglichen mit dem wirklichen Sachverhalt.

PRAED *steht auf, verblüfft und unwillig; es kostet ihn Mühe, höflich zu bleiben:* Das will ich nicht hoffen. *Nachdrücklicher.* Das will ich nicht hoffen, Fräulein Warren. *Frank pfeift.*

VIVIE Sie machen es mir nicht leicht, Ihnen mehr zu sagen.

PRAED Wenn es etwas Schlimmes gibt, das heißt, wenn da noch irgendetwas ist, sind Sie sicher, daß es richtig ist, uns einzuweihen?

VIVIE Ich bin sicher, daß ich, falls ich den Mut hätte, von jetzt an nichts anderes mehr tun sollte, als es jedem zu erzählen, es jedem einzubläuen, einzubrennen, bis jeder so deutlich wie ich sähe, welchen Anteil er selber hat an dieser Schande. Am verächtlichsten find ich diese üble Konvention, die diese Schande schützt, indem sie den Frauen verbietet, darüber zu sprechen. Auch ich kann's Ihnen nicht sagen. Die zwei infamen Wörter, die ausdrücken, was meine Mutter ist, klingen mir in den Ohren, kämpfen auf meiner Zunge, aber ich bringe sie nicht heraus, es ist zu scheußlich. *Sie bedeckt ihr Gesicht mit den Händen. Die Männer schauen einander an, dann zu Vivie. Sie hebt den Kopf verzweifelt, nimmt ein Blatt Papier und eine Feder.* Da, ich entwerf Ihnen einen Prospekt.

FRANK Sie spinnt. Viv, hören Sie? Verrückt. Bitte Viv, beherrschen Sie sich.

VIVIE Warten Sie ab. *Sie schreibt.* »Einbezahltes Kapital: mindestens 40000 Pfund, auf den Namen des Hauptaktionärs Sir George Crofts, Baronet, Häuser in Brüssel, Ostende, Wien und Budapest. Management: Frau Warren.« Und jetzt, nicht zu vergessen, ihre Qualifikation: die zwei Wörter. *Sie schreibt die Wörter und schiebt das Blatt hinüber.* Da! Nein. Lesen Sie's nicht! Bitte. *Sie nimmt das Blatt zurück und zerreißt es. Dann verbirgt sie ihr Gesicht. Frank hat ihr beim Schreiben über die Schulter gesehen, er hat die Augen aufgerissen, eine Karte aus der Tasche gezogen und die zwei Wörter draufgeschrieben; schweigend gibt er die Karte an Praed weiter, der liest sie mit Entsetzen und steckt sie schnell in die Tasche.*

FRANK *flüstert zärtlich:* Viv, liebe Viv, beruhigen Sie sich. Ich hab es gelesen. Praddy auch. Wir verstehen. Und Sie können, wie die Dinge jetzt stehen, auf uns zählen, ganz unwahrscheinlich!

PRAED Oh ja, Fräulein Warren. Ich erkläre, Sie sind das großartigste, mutigste Mädchen, dem ich je begegnet bin. *Dieses sentimentale Kompliment stärkt Vivie. Sie schüttelt es ab von sich mit einer ungeduldigen Geste, zwingt sich aufzustehen, wenn auch nicht, ohne sich auf den Tisch zu stützen.*

FRANK Bleiben Sie doch, Viv. Nehmen Sie's nicht so tragisch.

VIVIE Danke. Zwei Dinge brauchen Sie bei mir nie zu befürchten: erstens, daß ich heule; zweitens, daß ich ohnmächtig werde. *Sie geht auf die Tür zu, die zu den Privaträumen führt, hält nahe bei Praed, um zu sagen:* Ich werde viel viel Mut brauchen, um meiner Mutter zu sagen, daß sich unsere Wege jetzt trennen werden. Ich muß rasch nebenan, mich in Ordnung bringen.

PRAED Sollen wir gehen?

VIVIE Nein, ich bin gleich wieder da. *Sie geht, Praed öffnet ihr die Tür.*

PRAED Eine entsetzliche Enthüllung. Das hätte ich Crofts nicht zugetraut, das nicht.

FRANK Ich immer. Ich finde, das paßt perfekt zu ihm. Aber für mich ist es ein Schlag, Praddy. Ich kann sie jetzt nicht mehr heiraten.

PRAED *streng:* Frank! *Die beiden schauen einander an, Frank unbekümmert, Praed tief empört.* Das sage ich Ihnen, Gardner, sie jetzt im Stich zu lassen, das wäre einfach erbärmlich!

FRANK Der gute alte Praddy! Unwahrscheinlich ritterlich! Aber

Sie irren, es ist nicht die moralische Seite der Affäre, sondern die monetäre. Ich bring es jetzt einfach nicht mehr übers Herz, das Geld von der Alten anzurühren.

PRAED Und dieses Geld wollten Sie heiraten?

FRANK Was sonst? Ich habe kein Geld und keine Lust, Geld zu machen. Wenn ich Viv heirate, müßte sie also mich erhalten. Und ich würde sie mehr kosten als ich wert bin.

PRAED Aber so ein heller Junge wie Sie müßte doch auch selber irgendetwas zustande bringen.

FRANK Oh ja, ein bißchen schon. *Zeigt wieder sein Geld.* Das habe ich gestern geschafft, in eineinhalb Stunden. Aber bei einem hochriskanten Geschäft. Nein, nein Praddy, selbst wenn Bessie und Georgine Millionäre heiraten und der Alte stirbt, nachdem er sie enterbt hat, mehr als 400 im Jahr hab ich nicht. Und vor siebzig stirbt der sowieso nicht, dazu ist er einfach nicht originell genug. Also: mickriges Budget die nächsten zwanzig Jahre. Aber kein mickriges Budget für Viv, soweit es von mir abhängt. Ich bin so freundlich und räume das Feld für die goldene Jugend Englands. Das wär's. Ich will sie jetzt nicht damit belästigen. Besser, ich schreib ihr. Sie versteht das schon.

PRAED *ergreift seine Hand:* Guter Junge, Frank, muß das wirklich für immer sein?

FRANK Wieso für immer? Was soll'n der Quatsch. Ich werde sie besuchen, sooft als möglich, werd' ihr ein Bruder sein. Ihr Romantiker müßt immer gleich die absurdesten Folgerungen ziehen aus einer schlichten Umdisponierung. *Es klopft an der Tür.* Wer das bloß ist? Besser Sie öffnen. Wenn's ein Kunde ist? Sie machen mehr Eindruck als ich.

PRAED Zweifellos. *Er öffnet. Frank setzt sich in Vivies Stuhl, um etwas zu schreiben.* Meine liebe Kitty, kommen Sie bitte, treten Sie ein. *Frau Warren kommt herein, sieht sich um, besorgt, wo Vivie sein könnte. Sie hat sich angestrengt, sich ein mütterlich-würdiges Aussehen zu geben. Der auffallende Hut ist durch eine schlichte Mütze ersetzt; über der bunten Bluse trägt sie einen teuren schwarzen Seidenmantel. Sie ist bemitleidenswert ängstlich und verlegen: offenbar total verschreckt.*

FRAU WARREN *zu Frank:* Was! Sie hier!

FRANK *dreht sich im Stuhl, steht nicht auf:* Und entzückt Sie zu sehen. Sie bringen einen Hauch von Frühling mit sich.

FRAU WARREN Hören Sie auf. *Leiser.* Wo ist Vivie? *Frank zeigt lebhaft auf die Tür, sagt aber nichts. Frau Warren setzt sich plötzlich und beginnt fast zu weinen.* Praddy, will sie mich nicht empfangen, was meinen Sie?

PRAED Liebe Kitty, quälen Sie sich doch nicht so. Warum sollte sie Sie denn nicht empfangen?

FRAU WARREN Sie werden das nie begreifen, Sie sind weltfremd. Herr Frank, hat sie Ihnen etwas gesagt?

FRANK *faltet den Brief zusammen, den er gerade geschrieben hat:* Sie muß Sie empfangen, – *sehr ausdrucksvoll* – wenn Sie warten, bis sie hereinkommt.

FRAU WARREN *geängstigt:* Soll ich denn nicht warten? *Frank schaut sie spöttisch an; seinen Brief lehnt er sorgfältig gegen ein Tintenglas, daß Vivie ihn nicht übersehen kann; dann steht er auf und widmet sich ganz Frau Warren.*

FRANK Liebe Frau Warren, angenommen, Sie wären ein Spatz – so ein unwahrscheinlich winziger, lieber Spatz, der auf der Straße herumhüpft –, und dann sähen Sie eine Dampfwalze auf sich zukommen, würden Sie auf die warten?

FRAU WARREN Ach lassen Sie mich mit Ihren Spatzen in Ruhe. Warum ist sie einfach weggerannt in Haslemere?

FRANK Ich fürchte, sie wird es Ihnen sagen, wenn Sie hier tollkühn warten, bis sie kommt.

FRAU WARREN Sie wollen, daß ich gehe?

FRANK Nein, ich will immer, daß Sie bleiben. Aber ich r a t e Ihnen, zu gehen.

FRAU WARREN Um sie nie wiederzusehen.

FRANK Genau.

FRAU WARREN *weint wieder:* Praddy, er ist so grausam zu mir, sagen Sie's ihm. *Sie wischt sich hastig die Tränen weg, reibt ihre Augen.* Sie wird so wütend, wenn sie merkt, daß ich geweint habe.

FRANK *mit einer Spur wirklicher Teilnahme in der leichtfertigen Stimmung:* Sie wissen, Praddy ist die Güte selbst, Frau Warren. Praddy, was sagen Sie? Warten oder gehen?

PRAED *zu Frau Warren:* Ich möchte Sie wirklich nicht unnötig quälen, aber ich glaube, es ist besser, wenn Sie nicht warten. Tatsächlich ist sie... *Man hört Vivie hinter der Tür zu den Privaträumen.*

FRANK Sch–sch–sch. Zu spät. Sie kommt.

FRAU WARREN Nicht sagen, daß ich geweint... *Vivie tritt ein. Als sie Frau Warren sieht, bleibt sie stehen, sehr ernst. Frau Warren grüßt hysterisch munter.* Hallo, Kindchen, da bist du ja endlich.

VIVIE Ich bin froh, daß du gekommen bist. Ich möchte gern

sprechen mit dir. Frank, sagten Sie nicht, Sie wollten gehen?

FRANK Ja. Kommen Sie nicht mit, Frau Warren? Was halten Sie von 'nem Ausflug nach Richmond, und abends ins Theater? Und in Richmond ist todsicher keine Dampfwalze weit und breit.

VIVIE Quatschen Sie nicht, meine Mutter bleibt.

FRAU WARREN *beunruhigt:* Ich weiß nicht. Vielleicht wäre es wirklich besser ich gehe. Wir halten dich von deiner Arbeit ab.

VIVIE *ruhig und entschieden:* Herr Praed, bitte nehmen Sie Frank mit. Nimm Platz, Mama. *Frau Warren gehorcht widerstandslos.*

PRAED Frank, kommen Sie. Adieu, Fräulein Vivie.

VIVIE *gibt ihm die Hand:* Adieu. Und eine gute Reise!

PRAED Danke, danke. Es wird schon werden.

FRANK *zu Frau Warren:* Auf Wiedersehen. Es wäre wirklich unwahrscheinlich viel besser gewesen, auf meinen Rat zu hören. *Gibt ihr die Hand. Dann munter zu Vivie.* Byebye, Viv.

VIVIE Adieu. *Er geht fröhlich hinaus, ohne ihr die Hand zu geben.*

PRAED *traurig:* Adieu, Kitty.

FRAU WARREN *weinerlich:* ...dieu. *Praed geht. Vivie setzt sich in Honorias Stuhl; gefaßt, äußerst ernst; sie wartet darauf, daß ihre Mutter anfängt. Frau Warren fürchtet, daß eine Pause entstehen könnte, fängt also gleich an.*

FRAU WARREN Warum bist du einfach weggelaufen, ohne mir ein Wort zu sagen? Wie konntest du das bloß tun! Und was hast du bloß mit dem armen George gemacht? Ich bat ihn mitzukommen, er dachte nicht daran. Es war gar nicht zu übersehen, er hat Angst vor dir. Und, stell dir vor, er wollte sogar mich abhalten. Als ob ich – *zitternd* – Angst haben müßte vor dir, Kindchen. *Vivie wird immer ernster.* Aber ich sagte ihm natürlich, daß zwischen uns alles klar sei, und erfreulich, und daß wir uns bestens verstünden. *Sie bricht zusammen.* Vivie, was soll das? *Sie zieht ein Geschäftskuvert heraus und kramt mit zitternden Fingern den Inhalt hervor.* Heute morgen krieg ich das von der Bank.

VIVIE Es ist die monatliche Überweisung, ich kriegte sie wie immer, ich ließ sie zurückgehen auf dein Konto und bat, dir die Hinterlegung zu bestätigen. Ich will von jetzt an selber für mich sorgen.

FRAU WARREN *wagt nicht zu verstehen:* Es war zu wenig. Warum hast du nichts gesagt? *Mit einem verschmitzten Au-*

genausdruck. Ich werde den Betrag verdoppeln, das wollte ich ohnehin. Sag doch, wieviel du willst.

VIVIE Du weißt genau, daß es nicht darum geht. Von jetzt an geh ich meinen Weg, in meinem Beruf, mit meinen Freunden. Und du gehst deinen. *Sie steht auf.* Leb wohl.

FRAU WARREN *erhebt sich bestürzt:* Leb wohl?

VIVIE Ja. Leb wohl. Bitte, keine sinnlose Szene. Du verstehst mich ganz genau. Sir George Crofts hat mir alles gesagt über dieses Geschäft.

FRAU WARREN *ärgerlich:* Die blöde alte S... *Sie verschluckt das Wort, wird blaß, weil sie's um ein Haar herausgelassen hätte.*

VIVIE Genau.

FRAU WARREN Die Zunge gehört ihm rausgeschnitten. Aber ich dachte, daß wir das hinter uns hätten. Du sagtest, es macht dir nichts aus.

VIVIE *fest:* Entschuldige, es macht mir was aus.

FRAU WARREN Aber ich habe dir doch ge...

VIVIE ...gesagt, wie es dazu kam. Aber du hast verschwiegen, daß das ja immer noch weitergeht! *Sie setzt sich.*

Frau Warren schweigt, schaut ihre Tochter hilflos an; die wartet, insgeheim hoffend, daß der Kampf vorbei sei. Frau Warrens Gesicht zeigt aufs neue einen listigen Zug, sie beugt sich über den Tisch; schlau und drängend, sagt sie leise:

FRAU WARREN Vivie, weißt du, wie reich ich bin?

VIVIE Zweifellos sehr reich.

FRAU WARREN Aber du weißt nicht, was das heißt, du bist zu jung. Es heißt: jeden Tag ein neues Kleid. Es heißt: jeden Abend Theater und Parties. Es heißt: Europas tollste Männer zu deinen Füßen. Es heißt: ein sympathisches Haus und jede Menge Personal. Es heißt: zum Essen und Trinken nur das Erlesenste. Es heißt: alles, alles, was du willst; alles, was du brauchst; alles, was dir überhaupt einfällt. Und hier, was bist du hier? Sklave, der sich von früh bis spät schindet und abrakkert fürs bloße Dasein und zwei Fetzen von Kleidern pro Jahr. Überleg dir das mal. *Einschmeichelnd.* Du bist schockiert, ich weiß. Ich weiß, wie es aussieht in dir. Ich finde das großartig, Vivie. Aber glaub mir, kein Mensch wird dir das übelnehmen, das kann ich dir versprechen. Ich weiß, wenn du dir's überlegt hast, denkst du anders darüber.

VIVIE So macht man das also. Du mußt das zu 'ner Menge Frauen gesagt haben, daß du das so parat hast.

FRAU WARREN *erregt:* Verlang ich was Schlechtes von dir? *Vivie dreht sich verächtlich weg. Frau Warren fährt verzweifelt fort:* Vivie, bitte, man hat dich völlig falsch erzogen, vorsätzlich, du hast keine Ahnung, wie die Welt ist.

VIVIE *stutzt:* Falsch erzogen, vorsätzlich, was heißt das?

FRAU WARREN Das heißt, daß du deine Chancen kaputtmachst für nichts. Du glaubst, die Leute sind, wie sie sich geben. Du glaubst, was man dir in der Schule und im College erzählt hat, daß man sauber und anständig zu sein hat, das sei auch in Wirklichkeit so. Das ist eben nicht so! Das ist nur ein Vorwand, daß der feige, unterwürfige Durchschnittstyp nicht auf dumme Gedanken kommt. Möchtest du vielleicht auch, wie so viele Frauen, erst mit vierzig draufkommen, wenn du dich kaputtgemacht hast und keine Chance mehr hast! Oder willst du es nicht lieber jetzt einsehen, solang es noch Zeit ist, Kind, und deiner Mutter glauben, die dich liebt und dir schwört, daß es so ist, so und nicht anders. *Drängend.* Vivie, die großen Leute, die klugen Leute, die Leute, die alles in der Hand haben, die wissen es alle. Sie tun, was ich auch tue. Sie denken, wie ich denke. Ich kenn doch genug von denen. Ich kann reden mit ihnen, ich kann dich einführen bei ihnen, sie zu deinen Freunden machen. Ich meine nichts Schlechtes, das verstehst du immer falsch, du hast den Kopf voll falscher Ideen über mich. Was wissen denn die, die dich erzogen haben, vom Leben oder von mir? Haben sie mich je gesehen, mit mir geredet oder irgend jemanden angehört, der über mich sprach? Diese Idioten! Hätten Sie für dich auch nur soviel getan, wenn ich sie nicht bezahlt hätte? Hab ich dir nicht gesagt, daß ich möchte, daß du anständig bist? Hab ich dich nicht genau dazu erziehen lassen? Aber wie willst du denn anständig bleiben, ohne mein Geld, ohne meinen Einfluß und Lizzis Freunde? Daß du dir die Kehle durchschneidest und mir das Herz brichst, wenn du dich so abwendest von mir, das siehst du nicht.

VIVIE Die Croftssche Lebensphilosophie! Genau dasselbe hat er mir auch erzählt.

FRAU WARREN Du meinst, ich möchte dir diesen abgetakelten alten Säufer aufdrängen! Vivie, ich schwör dir, ich denke nicht daran.

VIVIE Von mir aus gern, da ist sowieso nichts drin.

Frau Warren zuckt zusammen, tief verletzt durch Vivies Gleichgültigkeit gegenüber ihrer liebevollen Absicht.

Vivie, die davon nichts bemerkt, noch sich darum kümmert, fährt ruhig fort. Mama, du hast keine Ahnung von mir. Ich habe gegen Crofts nicht mehr als gegen jeden anderen rohen Kerl seiner Klasse. Ich gestehe sogar, daß ich ihn fast bewundere, weil er stark genug ist, sich auf seine Art zu vergnügen und jede Menge Geld zu machen, anstatt seine Zeit mit Jagden, Rennen, Fressen, Mode und Nichtstun totzuschlagen, wie es sonst in seiner Klasse üblich ist. Es ist mir auch völlig klar, daß ich kein bißchen anders geworden wäre als meine Tante Liz, wenn ich in solchen Verhältnissen aufgewachsen wäre. Ich glaube nicht, daß ich engherziger bin als du oder mehr Vorurteile habe. Eher weniger. Auf jeden Fall bin ich nicht so sentimental. Und daß die prima Moral nur ein Unterdrückungsmittel ist, weiß ich auch. Und wenn ich dein Geld nehme und mein Leben damit verbringe, es auf die schickste Art auszugeben, und dann genau so leer und verkommen sein werde, wie die dümmste Kuh es gern sein möchte, dann kann ich das haben, ohne daß einer mich deswegen anquatscht. Aber ich will eben nicht verkommen. Es würde mir einfach keinen Spaß machen, im Park herumzuhumpeln als Reklame für meinen Modesalon, oder mich in der Oper zu langweilen, bloß um eine Schaufensterladung von Schmuck vorzuführen.

FRAU WARREN *irritiert:* Aber...

VIVIE Moment. Noch nicht. Bitte, warum machst du deinen Job weiter, obwohl du's nicht mehr nötig hättest? Deine Schwester, sagst du, hat damit nichts mehr zu tun. Du aber schon.

FRAU WARREN Liz hat es leicht, sie liebt die feine Gesellschaft und hat auch sowas von 'ner Dame. Stell dir mich vor in einer Bischofsstadt! Selbst wenn ich diese Langeweile aushalten würde, die Spatzen auf den Dächern würden merken, daß ich nicht dazugehöre. Ich brauche Arbeit und Aufregung, sonst werde ich verrückt vor Melancholie. Und was kann ich noch tun? Diese Art Leben paßt zu mir, ich passe zu dieser Art Leben und zu sonst nichts. Und wenn ich's nicht tu, tuts ein anderer. Und dann bringt es Geld, und ich mag das: Geld verdienen. Nein, es nützt nichts, ich kann es nicht aufgeben, um nichts in der Welt. Aber was kümmerts dich? Ich werde nie darüber reden. Crofts halt ich dir vom Hals. Ich werde dich selten genug belästigen. Ich bin ja dauernd unterwegs von einer Stadt in die andere. Und wenn ich sterbe, bist du mich sowieso los.

VIVIE Nein, ich bin deine Tochter, ich bin wie du: ich brauche Arbeit. Ich muß mehr Geld verdienen als ich ausgebe. Aber meine Arbeit ist nicht deine Arbeit, und mein Weg ist nicht der deine. Wir müssen uns trennen. Der Unterschied ist nicht groß: anstatt daß wir uns in zwanzig Jahren ein paar Monate sehen, sehen wir uns nicht mehr, das ist alles.

FRAU WARREN *mit tränenerstickter Stimme:* Vivie, ich wollte immer mehr mit dir zusammen sein, wirklich.

VIVIE Was soll's, Mama. Sowas würde auf dich doch genau so wenig Eindruck machen, ein bißchen Gebettel und ein paar kostenlose Tränen.

FRAU WARREN *wild:* Kostenlos nennst du die Tränen einer Mutter.

VIVIE Sie kosten dich doch wirklich nichts. Und ich soll dir dafür den Frieden und die Ruhe meines ganzen Lebens geben. Was hättest du denn von mir? Was haben wir gemeinsam, was uns glücklich machen könnte, wenn wir zusammen wären?

FRAU WARREN *verfällt rücksichtslos in ihre angestammte Sprechweise:* Sind wir Mutter und Tochter oder nicht? Ich möcht meine Tochter. Ich hab ein Recht auf dich. Wer schaut nach mir, später? Genug Mädchen ham sich zu mir wie Töchter benommen und ham geheult, wenn sie gingen. Und ich hab sie alle gehn lassen, weil ich dich hatte als mein Ziel. Ich hab Einsamkeit auf mich genommen wegen dir. Du hast gar kein Recht nicht, mir jetzt so zu kommen und dich grad so zu weigern, deine Pflicht als Tochter zu erfüllen.

VIVIE *unangenehm berührt und gereizt durch das Echo der Slums in der Stimme ihrer Mutter:* Meine Pflicht als Tochter. Ich dachte schon, daß das mal kommen mußte. Ein für allemal, Mama, du willst eine Tochter, und Frank will eine Frau. Ich will keine Mutter und keinen Mann. Ich habe weder Frank noch mich geschont, ich hab ihn abfahren lassen. Glaubst du, ich kann dich schonen?

FRAU WARREN *leidenschaftlich:* Oh ich weiß, was du für eine bist. Kein Gefühl, nicht für dich und nicht für einen andern. Oh ja, ich kenn dich. Das hat mich meine Erfahrung sowieso gelehrt: ich kenn die bigotte, scheinheilige, harte, selbstsüchtige Frau sofort heraus. Bitte, halt dich nur an dich. Ich brauch dich nicht. Aber merk dir eins: weißt du, was ich tun würde mit dir, wenn du nochmal so klein wärst, ha? und zwar so sicher wie der Himmel über uns ist.

VIVIE Erwürgen, wahrscheinlich.

FRAU WARREN Oh nein. Ich würde dich aufziehen, daß du wirklich meine Tochter wärst und nicht das, was du jetzt bist, mit deinem Krakl, deinem Besserwissen und deiner ganzen Ausbildung, die dich mir geklaut hat. Jawohl, geklaut. Streit es ab, wenn du kannst! Was war's denn anders als Diebstahl? In meinem eigenen Haus würd ich dich aufziehen, daß du's weißt.

VIVIE *ruhig:* In einem von deinen Häusern.

FRAU WARREN *weinend:* Hör sich das einer an! Hör sich das einer an, wie sie auf die grauen Haare ihrer Mutter spuckt. Leb du nur, daß einmal deine eigene Tochter auf dir rumtanzt und rumtrampelt wie du auf mir. Und das wird dir passieren, das wird. Von ihrer Mutter verflucht, ist noch keine glücklich geworden.

VIVIE Schade, daß du jetzt solche Töne spuckst. Das macht mich bloß noch härter. Ich bitte dich. Wahrscheinlich bin ich von allen jungen Frauen, die du in der Hand hattest, die einzige, der du was Gutes getan hast. Jetzt mach doch nicht alles kaputt.

FRAU WARREN Ja, weiß Gott, das ist wahr. Und du bist die einzige, die so auf mich losgeht. Sowas von ungerecht! ungerecht! ungerecht! Ich wollte immer eine gute Frau sein. Ich hab es mit ehrlicher Arbeit probiert, geschunden haben sie mich, bis ich den Tag verfluchte, an dem ich zum ersten Mal von ehrlicher Arbeit gehört hatte. Ich war eine gute Mutter. Und weil ich meine Tochter zu einer guten Frau gemacht habe, wirft sie mich hinaus wie eine Aussätzige. Wenn ich bloß noch einmal von vorn anfangen könnte. Diesem verlogenen Schulpfarrer, dem würd ich was erzählen. Von jetzt an will ich, so wahr mir der Himmel in meiner letzten Stunde helfen möge, nur noch Unrecht tun, nichts als Unrecht. Und es wird mir wohlergehen dabei.

VIVIE Ja, es ist sicher besser, du gehst deinen Weg und bekennst dich dazu. Ich an deiner Stelle hätte vielleicht nichts anderes getan als du. Aber sicher hätte ich nicht ein Leben gelebt und an ein anderes geglaubt. Du bist durch und durch bürgerlich. Und deshalb verabschiede ich mich jetzt von dir. Hab ich recht oder nicht?

FRAU WARREN *fassungslos:* Recht, mein ganzes Geld wegzuwerfen!

VIVIE Nein, recht, mich zu trennen von dir. Ich wär ein Idiot, wenn ich's nicht täte. Das ist doch wahr!

FRAU WARREN *düster:* Oh ja, wenn du es so meinst, hast du recht. Aber Gott schütz die Welt, wenn jeder anfängt, das Rechte zu tun. Und jetzt geh ich besser, als irgendwo zu bleiben, wo man mich nicht will. *Sie geht zur Tür.*

VIVIE *freundlich:* Willst du mir nicht noch die Hand geben?

FRAU WARREN *schaut sie wütend an; ist dann einen Augenblick versucht, sie zu schlagen:* Nein, danke. Lebwohl.

VIVIE *sachlich:* Lebwohl.

Frau Warren geht, schlägt die Tür zu. Die Anstrengung in Vivies Gesicht läßt nach. Der ernste Ausdruck wandelt sich zu froher Zufriedenheit. Sie atmet aus, halb Seufzer, halb Lachen, aber Erleichterung. Federnd leicht geht sie zum Schreibtisch, schiebt die elektrische Lampe weg, greift sich ein großes Bündel Papier. Als sie ihre Feder eintauchen will, sieht sie Franks Brief, öffnet ihn unbekümmert, liest ihn rasch, lacht schon mal über irgendeine komische Formulierung. Ja, leb wohl, Frank. *Sie zerreißt den Brief, wirft die Fetzen ohne zu zögern in den Papierkorb. Dann stürzt sie sich in die Arbeit und ist sofort in ihre Zahlen vertieft.*

Candida

Ein Mysterium in drei Akten
Deutsch von Annemarie Böll und
Heinrich Böll

Personen:

PASTOR JAKOB MORELL
CANDIDA, seine Frau
BURGESS, ihr Vater
ALEXANDER (Lexy) MILL, Vikar
PROSERPINE GARNETT, Sekretärin
EUGEN MARCHBANKS, ein junger Dichter

Ort der Handlung: Die Pfarre St. Dominic, Viktoriapark, London E.
Zeit: Oktober 1894

Erster Akt

Ein schöner Oktobermorgen des Jahres 1894 im Nordosten von London, einem riesigen Bezirk, der Meilen entfernt liegt vom Mayfair- und St. James-London; die Slums hier sind aber nicht so eng, schmutzig, stinkend und luftlos. Hier wird ein unmodisches Mittelklasse-Leben geführt: die Straßen sind breit und wimmeln von Menschen, der Bezirk ist wohlbestückt mit häßlichen Eisenpissoirs, radikalen Klubs und Straßenbahnlinien, auf denen sich ein ununterbrochener Strom von gelben Wagen bewegt. Die Hauptstraßen erfreuen sich grasbewachsener »Vorgärten«, die vom Tor zur Haustür außer auf dem Pfad nie von eines Menschen Fuß betreten werden. Der Fluch dieser Straßen ist die gleichmütig ertragene Monotonie endloser Reihen unschöner Ziegelhäuser, schwarzer Eisengitter, steiniger Pflaster und Schieferdächer mit anständig, aber schlecht gekleideten und weniger anständig und noch schlechter gekleideten Menschen, die an die Gegend gewöhnt sind und von denen die meisten sich uninteressiert mit Arbeit für andere Leute herumplagen. Das wenige an Energie und Eifer, das hier gedeiht, zeigt sich in kleinbürgerlicher Begehrlichkeit und Geschäfts»sinn«. Nicht einmal Polizisten und Kirchen sind so selten, daß sie die Monotonie unterbrächen. Die Sonne scheint freundlich, es herrscht kein Nebel, und obgleich der Qualm im Endeffekt verhindert, daß irgend etwas, Gesichter oder Hände, Ziegel oder Mörtel frisch und rein aussehen, hängt er doch nicht schwer genug herab, um einen Londoner zu stören. Diese Wüste der Häßlichkeit hat ihre Oase. Am äußeren Ende der Hackney Road befindet sich ein Park von etwa dreihundert Morgen, der von einem Holzzaun, nicht von einem Gitter eingefriedet wird; der reichlich Bäume und Rasen enthält, einen See zum Baden, Blumenbeete, die einen vielbewunderten Triumph der Londoner Kunst im Anlegen von Blumenteppichen darstellen, und einen Sandkasten, der ursprünglich zum Vergnügen der Kinder mit Seesand gefüllt, aber schnell aufgegeben worden ist, weil er sich bald in ein natürliches Würmerreservoir für die ganze Kleintierfauna von Kingsland, Hackney und Hoxton entwickelt hat. Ein Musikpavillon, ein nicht vorgesehenes Forum für religiöse, antireligiöse und politische Redner, Kricket-Plätze, ein Sportplatz und ein altmodischer Steinkiosk gehören zu den Attraktionen des Parks. Wo die

Aussicht von Bäumen oder ansteigendem Rasen begrenzt wird, ist der Park ein angenehmer Ort, da, wo das Gelände flach an den grauen Holzzaun grenzt, hinter dem man Ziegel und Verputz, Reklameschilder, den Wald von Kaminen und Rauch sieht, läßt diese Aussicht auch den Park trostlos und schmutzig erscheinen.

Die schönste Aussicht auf den Viktoria Park hat man vom vorderen Fenster des Pfarrhauses von St. Dominic, von wo aus man nicht einen einzigen Ziegel sieht. Das Pfarrhaus besteht aus der Hälfte eines Doppelhauses, hat einen Vorgarten und einen überdachten Eingang. Besucher steigen die Stufen zu diesem überdachten Eingang hinauf, Lieferanten und Familienmitglieder gehen durch eine Tür, die sich unter diesen Stufen befindet, ins Souterrain, wo sich vorn ein Frühstücksraum befindet, in dem alle Mahlzeiten eingenommen werden, hinten die Küche. Oben, in einer Ebene mit der Eingangstür, liegt das Wohnzimmer, dessen großes Spiegelglasfenster auf den Park hinausgeht. In diesem, dem einzigen Wohnraum, der vor den Kindern sicher ist und in dem keine Mahlzeiten eingenommen werden, arbeitet der Pfarrer, Hochwürden James Mavor Morell. Er sitzt in einem soliden Drehstuhl mit runder Lehne am Ende eines langen Tisches, der im rechten Winkel zum Fenster steht, so daß er sich mit einem Blick über die linke Schulter am Anblick des Parks erfreuen kann. Am anderen Ende des Tisches, dicht daran, steht ein Tischchen, das nur halb so breit ist wie der große Tisch; darauf eine Schreibmaschine. Die Stenotypistin sitzt, mit dem Rücken zum Fenster, an dieser Maschine. Der große Tisch ist bedeckt mit Flugblättern, Zeitschriften, Briefen, Schubfächern, einem Bürotagebuch, Posttarifen und ähnlichem. Mitten vor dem Tisch, dem Ende desselben zugekehrt, steht ein Stuhl für Besucher, die dienstlich mit dem Pfarrer zu tun haben. In des Pfarrers Reichweite steht ein Karton mit Briefpapier und eine Photographie in einem Rahmen. An der Wand in seinem Rücken sind Büchergestelle angebracht, auf denen das Auge eines Fachmannes einen Eindruck von der theologischen Ausrüstung und der Kasuistik des Pfarrers bekommt, denn hier stehen die Theologischen Essays von Maurice und eine vollständige Ausgabe der Gedichte von Browning; des Pfarrers reformerische Politik wird durch folgende Bücher belegt: »Fortschritt und Armut«, ein Buch mit gelbem Rücken, »Essays über die Fabier«, »Ein Traum« von John Ball, »Das Kapital« von Marx und ein halbes Dutzend anderer literarischer Standardwerke über den Sozialismus. Ihm gegenüber an der anderen Zimmerwand, in der Nähe der Schreibmaschine, ist die Tür. Weiter nach vorn, dem offenen Kamin gegenüber, steht ein Bücherschrank, in dessen unterem Teil sich eine Hausbar befindet, daneben ein Sofa. Im Kamin brennt ein helles Feuer, an der einen Seite steht ein bequemer Sessel und eine in japanischer Manier schwarzlackierte, mit Blumen bemalte Kohlenschütte, auf der anderen ein Kinderstühlchen. Die Umrandung und der Sims über dem Kamin sind aus poliertem Holz, mit hübsch geschwungenen kleinen Regalen und kleinen Spiegelstücken, die in die Täfelung eingelassen sind; auf dem Sims eine Reiseuhr in einem Lederetui (das unvermeidliche Hochzeitsgeschenk). Und an der Wand darüber ein großer Druck, der die Hauptfigur aus Tizians »Himmelfahrt der Jungfrau Maria« zeigt. Das ganze sieht sehr behaglich aus. Alles in allem ist es das Zimmer einer guten Hausfrau, die, was den Schreibtisch betrifft, einem unordentlichen Mann hat weichen müssen, aber sonst Herrin der Lage ist. Die Verzierungen der Möbel verraten den Stil der »Wohnzimmergarnitur«, für die die aufstrebenden vorstädtischen Möbelhändler Reklame machen, aber in dem Zimmer ist nichts Unnützes oder Angeberisches zu finden; das Geld ist im Hause eines Eastend-Pfarrers zu knapp, um für modischen Firlefanz verschwendet zu werden.

Pfarrer James Mavor Morell ist ein christlich-sozialistischer Geistlicher der Anglikanischen Kirche, ein aktives Mitglied der ›Guild of St. Matthew‹ und der Christian Social Union. Er ist ein kräftiger, sympathischer Mann von vierzig, robust und gut aussehend, voller Energie, mit angenehmen, herzlichen, entgegenkommenden Manieren und einer kräftigen, ungekünstelten Stimme, er benutzt sie mit der sauberen, kraftvollen Artikulation des geübten Predigers, mit einer weiten Skala und einer perfekten Beherrschung der Ausdrucksmöglichkeiten. Er ist ein ausgezeichneter Pfarrer, der das, was er sagen will, jedem sagen kann, dem er es sagen will, der ohne Überheblichkeit Menschen belehren, der ihnen gegenüber seine Autorität durchsetzen kann, ohne sie zu demütigen, und der sich gelegentlich auch in ihre Angelegenheiten einmischt, ohne unverschämt zu werden. Die Quelle seines Enthusiasmus und seines Mitgefühls ist noch keinen Augenblick versiegt; er ißt und schläft immer noch so herzhaft, daß er den täglichen Kampf zwischen Erschöpfung und Erholung spielend gewinnt. Im ganzen gesehen ein großes Kind, verzeihlicherweise eingebildet auf seine Kraft und von einer unbewußten Selbstgefälligkeit. Er hat eine gesunde Gesichtsfarbe, eine schöne Stirn mit etwas stumpfen Brauen, die Augen sind klar und lebhaft, der Mund energisch, aber nicht besonders gut geschnitten, die Nase ist kräftig mit den beweglichen, geblähten Nüstern des dramatischen Redners und, wie alle seine Züge, ohne Empfindsamkeit.

Die Sekretärin, Miß Proserpine Garnett, ist eine adrette kleine Person von etwa dreißig aus der unteren Mittelschicht, sauber, aber billig in schwarzen Wollrock und weiße Bluse gekleidet, sie ist keck und schlagfertig, ihre Art ist nicht besonders höflich, aber mitfühlend und herzlich. Sie klappert eifrig auf ihrer Maschine, während Morell den letzten Brief seiner Morgenpost öffnet. Er quittiert dessen Inhalt mit einem Stöhnen komischer Verzweiflung.

PROSERPINE Schon wieder ein Vortrag?

MORELL Ja. Ich soll am Sonntag morgen bei der Hoxtoner Freiheitsgruppe eine Rede halten. *Er legt großen Nachdruck auf das Wort Sonntag, da dies das Unvernünftige an der Sache ist.* Was sind das für Leute?

PROSERPINE Ich glaube, kommunistische Anarchisten.

MORELL Das sieht Anarchisten ähnlich, nicht zu wissen, daß sie sonntags keinen Pfarrer haben können. Schreiben Sie ihnen, sie sollen zur Kirche kommen, wenn sie mich hören wollen. Das wird ihnen nicht schaden. Schreiben Sie, daß ich nur montags und donnerstags kann. Haben Sie den Terminkalender da?

PROSERPINE *holt den Kalender:* Ja.

MORELL Habe ich nächsten Montag einen Vortrag?

PROSERPINE *sieht im Terminkalender nach:* Tower Hamlets, Radikaler Klub.

MORELL Und wie ist es mit Donnerstag?

PROSERPINE Englische Liga für Landschaftsschutz.

MORELL Und danach?

PROSERPINE Am Montag Gilde von St. Matthew. Am Donnerstag Unabhängige Arbeiterpartei, Ortsgruppe Greenwich. Am Montag Sozialdemokratische Vereinigung, Ortsgruppe Mile End. Donnerstag Konfirmandenunterricht. *Ungeduldig:* Oh, am besten schreibe ich ihnen, daß Sie nicht kommen können. Das sind sowieso nur ein halbes Dutzend dummer und eingebildeter Kleinkrämer, die zusammen keine fünf Shilling aufbringen können.

MORELL *amüsiert:* Ach, aber wissen Sie, es sind nahe Verwandte von mir.

PROSERPINE *starrt ihn an:* Verwandte von Ihnen?

MORELL Ja. Wir haben denselben Vater – im Himmel.

PROSERPINE *erleichtert:* Oh, wenns nur das ist!

MORELL *mit einer Traurigkeit, die für einen Mann, dessen Stimme sie so vollendet ausdrückt, einen Leckerbissen bedeutet:* Ach, sie glauben es nicht. Jedermann sagt es, aber niemand glaubt es, niemand. *Munter, wieder zur Sache:* Also gut! Nun, Miß Proserpine, können Sie keinen Termin für die Krämer finden? Wie ist es mit dem 25.? Der war vorgestern noch frei.

PROSERPINE *zieht den Terminkalender zu Rate:* Besetzt! Die Vereinigung der Fabier.

MORELL Die Vereinigung der Fabier kann mir gestohlen bleiben. Ist auch der 28. weg?

PROSERPINE Essen in der Stadt. Sie sind von der Gründergesellschaft zum Essen eingeladen.

MORELL Das wird sich machen lassen; ich gehe statt dessen zur Freiheitsgruppe nach Hoxton. *Sie macht schweigend die Eintragung, die unerbittliche Mißbilligung der Hoxtoner Anarchisten ist in jedem Zug ihres Gesichts zu lesen. Morell reißt das Kreuzband von einer Nummer der Zeitschrift »Kirchenreform«, die mit der Post gekommen ist, und überfliegt darin den Leitartikel von Mr. Stewart Headlam und die Nachrichten der Gilde von St. Matthew. Dieser Vorgang wird bald belebt durch das Erscheinen von Mr. Morells Vikar, Hochwürden Alexander Mill, einem jungen Herrn, den sich Morell aus der nächstliegenden akademischen Sozial-Siedlung geholt hat; dorthin ist er von Oxford gekommen, um das Londoner Eastend von seiner Universitätsbildung profitieren zu lassen. Er ist auf eine hochmütige Weise guten Willens, ein begeisterter, unreifer Neuling, an dem nichts greifbar Unerträgliches ist außer der Gewohnheit, seine Lippen beim Sprechen in den Mundwinkeln einen ganzen Zentimeter sorgfältig geschlossen zu halten, um auf diese Weise eine gekünstelte Artikulation und eine Reihe von Universitätsvokalen zustande zu bringen; das ist bisher sein Hauptmittel gewesen, seine Oxford-Kultiviertheit (so nennt er seine Angewohnheiten) der Londoner Vulgarität entgegenzusetzen. Morell, den er durch eine hündische Verehrung für sich gewonnen hat, schaut nachsichtig von der »Kirchenreform« auf und bemerkt:* Nun, Lexy? Zu spät, wie gewöhnlich.

LEXY Ja leider. Ich wünschte, ich könnte morgens besser aus dem Bett.

MORELL *freut sich seiner eigenen Energie:* Ha, ha! *Schelmisch:* Wachet und betet, Lexy. Wachet und betet!

LEXY Ich weiß. *Bemüht sich seinerseits, witzig zu sein.* Aber wie kann ich wachen und beten, wenn ich schlafe? Ist es nicht so, Miß Prossy? *Er geht auf das Feuer zu, um sich zu wärmen.*

PROSERPINE *scharf:* Miß Garnett, wenn ich bitten darf.

LEXY Ich bitte um Verzeihung. Miß Garnett.

PROSERPINE Sie müssen heute die ganze Arbeit tun.

LEXY *am Feuer:* Und warum?

PROSERPINE Ganz gleich warum. Es wird Ihnen guttun, wenigstens einmal Ihr Abendbrot zu verdienen, bevor Sie's essen, so wie ich das tun muß. Kommen Sie, trödeln Sie nicht. Sie hätten schon vor einer halben Stunde Ihren Rundgang antreten sollen.

LEXY *verblüfft:* Ist das ihr Ernst, Morell?

MORELL *in bester Laune, mit lachenden Augen:* Ja. Denn heute werde i c h trödeln.

LEXY Sie? Das können Sie ja gar nicht.

MORELL *steht auf:* Ha, ha! Das kann ich nicht? Ich werde mir diesen Morgen ganz für mich nehmen. Meine Frau kommt zurück; sie kommt um 11.45 an.

LEXY *überrascht:* Sie kommt schon zurück? Mit den Kindern? Ich dachte, sie bleiben bis Ende des Monats.

MORELL Das tun sie auch. Sie kommt nur für zwei Tage, um ein paar Flanellsachen für Jimmy zu holen und nachzusehen, wie wir ohne sie zurechtkommen.

LEXY *ängstlich:* Aber, mein lieber Morell, wenn das, was Jimmy und Fluffy gehabt haben, Scharlach war, halten Sie es dann für klug –

MORELL Scharlach? Unsinn! Es waren Masern. Ich hab sie selber aus der Schule in der Pycroft Street eingeschleppt. Ein Pfarrer ist wie ein Arzt, mein Junge; er muß sich Ansteckungen aussetzen, wie sich ein Soldat Kugeln aussetzt. *Er gibt Lexy einen männlichen Schlag auf die Schulter.* Holen Sie sich die Masern, wenn Sie können, Lexy; meine Frau wird Sie pflegen: und das wäre doch ein Glücksfall für Sie. Oder nicht?

LEXY *lächelt unsicher:* Es ist so schwer, Sie zu verstehen, wenn Sie von Mrs. Morell sprechen –

MORELL *zärtlich:* Ach, mein Junge, heiraten Sie: heiraten Sie eine gute Frau, dann werden Sie mich verstehen. Es ist ein Vorgeschmack auf das Schönste in jenem Himmelreich, das wir auf Erden zu verwirklichen streben. Es wird Sie vom Trödeln kurieren. Ein guter Mensch fühlt, daß er dem Himmel jede Stunde Glück mit einem gerüttelten Maß an harter, selbstloser Arbeit zum Wohle anderer zurückzahlen muß. Wir haben ebensowenig ein Recht, Glück zu konsumieren, ohne welches zu produzieren, wie wir Güter konsumieren dürfen, ohne welche zu produzieren. Heiraten Sie eine Frau wie Candida, dann werden Sie mit der Bezahlung immer im Rückstand sein. *Er klopft Lexy zärtlich auf den Rücken und schickt sich an, das Zimmer zu verlassen.*

LEXY Oh, warten Sie; ich habe etwas vergessen. *Morell bleibt stehen und wendet sich, die Hand am Türgriff, um.* Ihr Schwiegervater kommt Sie gleich besuchen. *Morell, überrascht und wenig erfreut, schließt die Tür wieder – mit völlig verändertem Benehmen.*

MORELL Mr. Burgess?

LEXY Ich habe ihn im Park überholt, wo er sich gerade mit jemandem stritt. Er bat mich, Ihnen mitzuteilen, daß er kommt.

MORELL *halb ungläubig:* Aber er ist seit drei Jahren nicht mehr hier gewesen. Sind Sie sicher, Lexy? Oder soll das ein Scherz sein?

LEXY Nein, Sir, wirklich nicht.

MORELL *nachdenklich:* Hm, es ist auch Zeit, daß er Candida noch mal besucht, sonst vergißt er ganz, wie sie aussieht. *Er schickt sich in das Unabänderliche und geht hinaus.* Lexy schaut mit glühender Anbetung hinter ihm her. Miß Garnett, die nicht imstande ist, Lexy zu erschüttern, läßt ihre Wut an ihrer Schreibmaschine aus.

LEXY Was für ein guter Mensch! Was für ein durch und durch liebevolles Herz! *Er läßt sich in Morells Stuhl am Schreibtisch nieder, zieht eine Zigarette heraus und macht es sich recht bequem.*

PROSERPINE *reißt ungeduldig den Brief, den sie geschrieben hat, aus der Maschine und faltet ihn.* Oh, ein Mann sollte seine Frau gern haben können, ohne sich ihretwegen lächerlich zu machen.

LEXY *entsetzt:* Aber Miß Prossy!

PROSERPINE *zerrt einen Umschlag aus dem Briefpapierbehälter und steckt während des Sprechens den Brief hinein.* Candida hier und Candida dort, Candida an jedem Ort! *Sie leckt den*

Umschlag. Es ist wirklich zum Aus-der-Haut-Fahren, mit anzuhören, wie eine Frau in dieser lächerlichen Weise angehimmelt wird, nur weil sie hübsches Haar und eine erträgliche Figur hat.

LEXY *mit strengem Vorwurf:* Ich finde sie außerordentlich schön, Miß Garnett. *Er nimmt die Photographie in die Hand und fügt, mit noch größerer Überzeugung hinzu:* Außerordentlich schön. Was für schöne Augen sie hat!

PROSERPINE Ihre Augen sind kein bißchen schöner als meine: oder? *Mill legt die Photographie hin und starrt sie streng an.* Und ich weiß genau, daß Sie mich langweilig und zweitklassig finden.

LEXY *erhebt sich majestätisch:* Der Himmel bewahre mich davor, von irgendeinem Geschöpf Gottes so zu denken! *Er rückt durch das ganze Zimmer hindurch bis an den Bücherschrank steif von ihr ab.*

PROSERPINE *sarkastisch:* Vielen Dank. Das ist sehr nett von Ihnen und sehr tröstlich.

LEXY *niedergeschmettert von solcher Bosheit:* Ich hatte keine Ahnung, daß Sie etwas gegen Mrs. Morell haben.

PROSERPINE *aufgebracht:* Ich habe nichts gegen sie. Sie ist sehr nett und sehr gutherzig: ich habe sie sehr gern und kann ihre wirklichen Qualitäten viel besser beurteilen als irgendein Mann. *Er schüttelt traurig den Kopf. Sie steht auf und kommt angriffslustig auf ihn zu.* Sie glauben mir nicht? Sie halten mich für eifersüchtig? Oh, was wissen Sie schon vom menschlichen Herzen, Mr. Lexy Mill? Wie gut kennen Sie doch die Schwachheit des Weibes, nicht wahr? Es muß doch schön sein, ein Mann zu sein und über einen scharfen, durchdringenden Intellekt zu verfügen und nicht nur über bloße Gefühle wie wir, und zu wissen, daß wir nur darum Ihre verliebten Illusionen nicht teilen, weil wir eifersüchtig aufeinander sind! *Sie läßt ihn mit einem Schulterzucken stehen und geht zum Feuer, um sich die Hände zu wärmen.*

LEXY Ach, Miß Prossy, wenn ihr Frauen doch nur die Kraft des Mannes so gut verstehen könntet, wie ihr seine Schwächen versteht, dann gäbe es keine Frauenfrage.

PROSERPINE *blickt aus gebeugter Haltung über die Schulter, während sie die Hände vor die Flamme hält:* Wann hat Morell das gesagt? Das haben Sie doch nicht selber erfunden; dazu sind Sie nicht klug genug.

LEXY Da haben Sie ganz recht. Ich schäme mich nicht, ihm dieses

Wort zu verdanken, wie ich ihm so viele andere geistliche Wahrheiten verdanke. Er sagte es bei der Jahresversammlung der Liberalen Frauenvereinigung. Lassen Sie mich hinzufügen, daß die Frauen es nicht zu schätzen wußten, während ich, der ich nur ein Mann bin, es verstand. *Er wendet sich dem Bücherschrank zu in der Hoffnung, daß sie jetzt zum Schweigen gebracht ist.*

PROSERPINE *streicht sich vor einem der in der Kaminumrandung eingelassenen Spiegelstücke das Haar glatt:* Wenn Sie mit mir sprechen, teilen Sie mir bitte Ihre eigenen Ideen mit, wie immer die auch sein mögen und nicht seine. Sie machen nie eine so jämmerliche Figur, wie wenn Sie versuchen, ihn zu imitieren.

LEXY *gekränkt:* Ich versuche, seinem Beispiel zu folgen, nicht ihn zu imitieren.

PROSERPINE *tritt auf ihrem Weg zu ihrem Arbeitsplatz wieder zu ihm:* Doch, Sie tun es wohl, Sie imitieren ihn. Warum klemmen Sie ihren Schirm unter den linken Arm, statt ihn wie alle anderen in der Hand zu halten? Warum halten Sie beim Gehen das Kinn vorgestreckt und kommen mit diesem eifrigen Gesichtsausdruck dahergelaufen? Sie, der Sie nie vor halb zehn morgens aufstehn? Warum sagen Sie in der Kirche Wais-hheit, während Sie im privaten Gespräch immer Weißheit sagen? Bah! Glauben Sie, ich weiß es nicht? *Sie geht an ihre Schreibmaschine zurück.* Hier! Kommen Sie und machen Sie sich an die Arbeit; wir haben für heute genug Zeit verschwendet. Hier sind die Termine für heute. *Sie reicht ihm ein Memorandum.*

LEXY *zutiefst beleidigt:* Danke. *Er nimmt das Blatt und liest es, am Tisch stehend, wobei er ihr den Rücken zukehrt. Sie fängt an, ihre Stenonotizen abzutippen, ohne sich um seine Gefühle zu kümmern.*

Die Tür geht auf und Mr. Burgess tritt unangemeldet ein. Er ist ein Sechziger, den die zwangsläufige Selbstsucht des Kleinhandels vergröbert und verdorben hat, und dessen Art sich später durch Überernährung und geschäftlichen Erfolg zu einer schleimigen Großspurigkeit gemildert hat. Ein ordinärer, unwissender, versoffener Kerl, der Leute, deren Arbeitskraft billig ist, mit offener Verachtung, alles was Namen und Geld hat, aber mit Respekt behandelt und beides tut er ganz aufrichtig ohne Bosheit oder Neid. Die Welt hat ihm keine anständig bezahlte Arbeit geboten, bei der er nicht schuften mußte, und das hat ihn etwas gemein gemacht. Er selber hat davon keine Ahnung, sondern betrachtet ganz aufrichtig seinen ge-

schäftlichen Erfolg als den unvermeidlichen und gesellschaftlich gesunden Triumph der Tüchtigkeit, des Fleißes, der Schläue und der geschäftlichen Erfahrung eines Mannes, der im Privatleben gelassen, herzlich und von einer beinahe übertriebenen, humorvollen Jovialität ist. Was sein Äußeres betrifft, so ist er untersetzt, mit aufgestülpter Nase mitten in einem flachen, viereckigen Gesicht, mit einem staubfarbenen Bärtchen unter dem Kinn, in dessen Mitte ein grauer Fleck sitzt, und mit kleinen, wasserblauen Augen, die einen weinerlich sentimentalen Ausdruck haben; dieser Ausdruck teilt sich auch leicht seiner Stimme mit, weil er seine Sätze auf eine pathetische Weise intoniert.

BURGESS *bleibt an der Schwelle stehen und blickt sich um:* Man hat mir gesagt, Mr. Morell sei hier.

PROSERPINE *steht auf:* Ich gehe ihn holen.

BURGESS *starrt sie enttäuscht an:* Sie sind aber nicht die junge Dame, die früher für ihn getippt hat?

PROSERPINE Nein.

BURGESSS *brummt auf dem Weg zum Kaminteppich:* Nein: die war jün - ger. *Miß Garnett starrt ihn an, dann geht sie hinaus und knallt die Tür hinter sich zu.* Sie machen wohl jetzt Ihre Runde, Mr. Mill?

LEXY *faltet seinen Merkzettel und steckt ihn in die Tasche:* Ja, ich muß gleich gehen.

BURGES *mit Nachdruck:* Lassen Sie sich nicht aufhalten, Mr. Mill. Warum ich gekommen bin, das ist was Privates zwischen mir und Mr. Morell.

LEXY *hochnäsig:* Ich habe nicht die Absicht zu stören, bestimmt nicht, Mr. Burgess. Guten Morgen.

BURGESS *gönnerhaft:* Oh, schönen guten Morgen. *Während Lexy auf die Tür zugeht, kommt Morell zurück.*

MORELL *zu Lexy:* An die Arbeit?

LEXY Ja, Sir.

MORELL Legen Sie meinen Seidenschal um den Hals. Der Wind ist scharf. Jetzt aber ab mit Ihnen. *Lexy ist für Burgess Unhöflichkeit reichlich entschädigt. Er geht strahlend davon.*

BURGESS Ich sehe, Sie verwöhnen Ihre Vikare immer noch, James. 'n Morgen. Wenn ich nen Mann bezahle, un der is abhängig von mir, dann sorg ich dafür, daß er weiß, wo er hingehört.

MORELL *etwas kurz angebunden:* Meine Vikare wissen immer, wo sie hingehören, sie sind meine Helfer und Gefährten. Wenn

Sie Ihre Angestellten und Verkäufer so zum Arbeiten bringen wie ich meine Vikare, dann müssen Sie schnell reich werden. Wollen Sie in Ihrem alten Stuhl sitzen? *Er weist mit einer befehlenden Geste auf den Sessel neben dem Feuer, dann holt er sich den Besucherstuhl vom Tisch und setzt sich mit betonter Distanz zu seinem Besucher hin.*

BURGESS *ohne sich zu rühren.* Immer noch der Alte, James.

MORELL Als Sie zum letztenmal zu Besuch kamen – ich glaube, das ist drei Jahre her – haben Sie das gleiche etwas deutlicher gesagt. Ihre genauen Worte damals waren: ›Immer noch der gleiche Narr, James.‹

BURGESS *beschwichtigend:* Na, vielleicht habe ich das gesagt; aber *mit munterer Versöhnlichkeit* ich wollte Sie nicht beleidigen. Ein Pastor darf ruhig ein bißchen närrisch sein, wissen Sie. In seinem Beruf macht sich das ganz gut. Na, jedenfalls bin ich nicht hergekommen, um alten Streit aufzurühren, wir wolln was vergangen is, vergangen sein lassen. *Plötzlich kommt er feierlich auf Morell zu.* James; vor drei Jahren, da ham Se mir 'nen üblen Streich gespielt. Sie ham mir 'n Auftrag vermasselt, un als ich Ihn' in meiner ganz natürlichen Enttäuschung harte Worte gegeben hab, da ham Se meine Tochter gegen mich aufgehetzt. Also, ich bin gekommen, um wie 'n Christ zu handeln. *Er streckt Morell die Hand hin.* Ich vergebe Ihnen, James.

MORELL *fährt hoch:* So eine verflixte Unverschämtheit!

BURGESS *weicht zurück, er bricht über diese Behandlung beinahe in Tränen aus:* Is das 'n Ausdruck für nen Pastor, James. Und Se nehm' es doch sonst so genau.

MORELL *hitzig:* Nein, Sir, das ist kein geziemender Ausdruck für einen Pastor. Ich habe das falsche Wort gebraucht. Ich hätte sagen sollen: eine verdammte Unverschämtheit; das hätte der heilige Paulus zu Ihnen gesagt und jeder andere redliche Priester. Glauben Sie, ich hätte Ihr Angebot vergessen, als es sich um den Auftrag handelte, die Kleidung für das Armenhaus zu liefern?

BURGESS *in einem Aufwallen von Gemeinsinn:* Ich habe im Interesse des Steuerzahlers gehandelt, James. Es war das niedrigste Angebot; das könn Se nicht leugnen.

MORELL Ja, das niedrigste, denn Sie zahlten den Frauen, die die Kleider nähten, schlechtere Löhne als irgend ein anderer Unternehmer – Hungerlöhne – ja, schlimmer als Hungerlöhne. Bei Ihren Löhnen hätten sie auf die Straße gemußt, um am Leben zu bleiben. *Er wird immer wütender.* Diese Frauen waren meine Pfarrkinder. Ich bewies den Wohlfahrtsbehörden, daß es eine Schande wäre, Ihr Angebot anzunehmen. Ich überzeugte die Steuerzahler, daß es eine Schande wäre, es zuzulassen. Allen bewies ich, daß es eine Schande wäre, nur Ihnen nicht. *Er platzt vor Zorn.* Wie können Sie es wagen, Sir, hierher zu kommen und mir Ihre Verzeihung anzubieten, von Ihrer Tochter zu sprechen, und –

BURGESS Sachte. James, sachte, sachte! Regn Se sich nich auf über nix un wiedernix. Ich hab ja zugegeben, daß ich Unrecht hatte.

MORELL Wie? Davon habe ich nichts gehört.

BURGESS Doch, doch. Ich gebs jetzt zu. Kommen Se her, ich bitt Se um Verzeihung wegen des Briefs, den ich Ihnen geschrieben hab.

MORELL *schnippt mit den Fingern:* Das bedeutet gar nichts. Haben Sie die Löhne erhöht?

BURGESS *triumphierend:* Jawoll!

MORELL Was?

BURGESS *salbungsvoll:* Ich bin jetzt 'n Muster von nem Arbeitgeber. Ich stell jetzt keine Frauen mehr ein; die sind alle entlassen, und die Arbeit wird von ner Maschine gemacht. Kein Mann hat weniger als Sixpence die Stunde; un de gelernten kriegen den Tariflohn. *Stolz.* Was sagn Se jetzt?

MORELL *überwältigt:* Ist das möglich? Nun, es ist mehr Freude im Himmel über einen Sünder, der Buße tut! *Er geht mit überströmender Herzlichkeit, die um Verzeihung bittet, auf Burgess zu.* Mein lieber Burgess, wie großartig haben Sie das gemacht. Ich muß Sie herzlich um Verzeihung bitten, weil ich so schlecht von Ihnen gedacht habe. *Er ergreift seine Hand.* Und nun, fühlen Sie sich jetzt nicht wohler? Kommen Sie, gestehen Sie es? Sie sind glücklicher. Sie sehen glücklicher aus.

BURGESS *nachdenklich:* Nun, vielleicht bin ichs wirklich. Ich muß es wohl, weil Sie es feststellen. Auf jeden Fall komm ich jetzt mit den Behörden ins Geschäft. *Wütend.* Die wollten nix mit mir zu tun haben, wenn ich nich anständige Löhne zahle; die verdammten Blödhämmel, die sich in alles einmischen müssen!

MORELL *läßt, völlig entmutigt, die Hand sinken:* Darum also haben Sie die Löhne erhöht! *Er läßt sich nachdenklich auf den Stuhl sinken.*

BURGESS *streng, in immer breiterem, lauteren Ton:* Warum

sonst sollt ich's tun? Wozu führt es denn bei den Arbeitern: nur zum Saufen und zur Verschwendung. *Er läßt sich majestätisch im Sessel nieder.* Es ist alles gut und schön für Sie, James: es bringt Sie in die Zeitungen und macht Sie zu einem großen Mann; aber Sie denken nie an den Schaden, den Sie anrichten, wenn Sie das Geld den Arbeitern in die Tasche spielen, die nicht wissen, was sie damit anfangen sollen; un es den Leuten wegnehmen, die guten Gebrauch davon machen können.

MORELL *mit einem tiefen Seufzer, spricht mit kalter Höflichkeit:* Was wollen Sie also heute morgen von mir? Ich werde nicht so tun, als glaubte ich, Sie wären nur aus Familiensinn hier.

BURGESS *hartnäckig:* Das bin ich aber. Aus Familiensinn und sonst nichts.

MORELL *erschöpft:* Ich glaube Ihnen nicht.

BURGESS *erhebt sich drohend:* Sagen Sie das nicht noch mal zu mir, James Mavor Morell.

MORELL *ungerührt:* Ich sage es so oft, wie es nötig ist, um Sie davon zu überzeugen, daß es stimmt. Ich glaube Ihnen nicht.

BURGESS *überläßt sich ganz seinem verletzten Gefühl:* Also, wenn Sie sich entschlossen haben, unfreundlich zu mir zu sein, dann geh' ich wohl besser. *Er bewegt sich widerwillig auf die Tür zu. Morell rührt sich nicht. Er zögert.* Ich hätt nicht erwartet, Sie so unversöhnlich zu finden, James. *Da Morell immer noch nicht antwortet, macht er noch ein paar zögernde Schritte auf die Tür zu. Dann kommt er zurück, winselnd.* Wir sind doch sonst gut miteinander ausgekommen, trotz unserer verschiedenen Ansichten. Warum sind Sie so anders zu mir? Ich geb Ihn'n mein Wort, ich komm hier aus reiner Freundschaft, ich will micht nicht schlecht stehn mit dem Mann meiner Tochter. Komm Sie James, sein Sie'n Christenmensch, gem Sie mir die Hand. *Er legt seine Hand mit einer sentimentalen Geste auf Morells Schulter.*

MORELL *sieht ihn nachdenklich an:* Hören Sie mal, Burgess. Wollen Sie hier so willkommen sein, wie Sie es vor diesem verlorenen Auftrag waren?

BURGESS Das will ich, James. Bestimmt – ehrlich.

MORELL Warum benehmen Sie sich dann nicht so wie damals?

BURGESS *zieht seine Hand vorsichtig weg:* Wie mein Se das?

MORELL Ich will es Ihnen sagen. Damals hielten Sie mich für einen jungen Narren.

BURGESS *begütigend* Nein, das stimmt nicht, James. Ich –

MORELL *schneidet ihm das Wort ab:* Doch, das haben Sie getan.

Und ich hielt Sie für einen alten Schurken.

BURGESS *wehrt diese Selbstbezichtigung Morells heftig ab:* Nein, das stimmt nicht, James. Jetzt tun Sie sich selbst Unrecht.

MORELL Doch, ich habs getan. Und es hat nicht verhindert, daß wir gut miteinander auskamen. Gott hat Sie zu dem gemacht, was ich einen Schurken nenne, er hat mich zu dem gemacht, was Sie einen Narren nennen.

Diese Bemerkung stößt den Schlußstein aus Burgess' moralischem Gewölbe. Er wird körperlich schwach, und, seine Augen mit einem hilflos starren Blick auf Morell gerichtet, streckt er ängstlich die Hände aus, wie um das Gleichgewicht zu halten, als wäre der Boden unter seinen Füßen plötzlich ins Wanken geraten. Morell fährt im gleichen Ton ruhiger Überzeugung fort.

Es war nicht meine Sache, Gottes Werk zu kritisieren, weder in dem einen noch in dem andern Falle. Solange Sie ehrlich hierher kommen als ein durchtriebener, überzeugter Schurke mit Selbstachtung, der seine Schurkigkeit rechtfertigt und stolz darauf ist, solange sind Sie willkommen. Aber *(und nun wird Morells Ton furchterregend, er steht auf und schlägt, um seinen Worten Nachdruck zu verleihen, auf die Sessellehne).* Ich will nicht, daß Sie hier herumwinseln, Sie wären ein Musterarbeitgeber und hätten sich bekehrt, wo Sie doch nur ein Abtrünniger sind, der wegen eines Auftrages von der Stadtverwaltung das Innere seines Rockes nach außen gekehrt hat.

Er nickt ihm zu, um seine Worte zu bekräftigen: dann tritt er auf den Kaminvorleger, nimmt hier eine bequeme Kommandostellung mit dem Rücken zum Feuer hin ein und fährt fort:

Nein. Ich schätze den Mann, der sich selbst treu ist, sogar in seiner Bosheit. Also: jetzt nehmen Sie entweder Ihren Hut und gehen; oder Sie setzen sich und nennen mir einen guten schurkischen Grund, warum Sie wieder mit mir Freund sein wollen.

Burgess, dessen Gefühle sich soweit beruhigt haben, daß sie sich in einem benommenen Grinsen ausdrücken, fühlt sich durch diesen konkreten Vorschlag erleichtert. Er denkt einen Augenblick darüber nach und setzt sich dann langsam und ganz bescheiden in den Sessel, den Morell eben verlassen hat.

So ist's recht. Also heraus damit.

BURGESS *muß wider Willen kichern:* Na, Sie sin'n komischer Vogel, James, das muß' ich sagen, aber *(beinahe enthusiastisch)* man muß Sie einfach gern ham. Übrigens, wie ich schon sagte, natürlich darf man nich alles, was'n Pastor sagt, ernst nehm, sonst könnt die Welt sich nicht weiter drehen. Ist doch so.

Er setzt sich zu einem ernsthafteren Gespräch in Positur und fährt, den Blick auf Morell gerichtet, mit dumpfer Ernsthaftigkeit fort.

Also, da Sie wollen, daß wir offen miteinander sind, muß ich Ihnen sagen, ich hab Sie wirklich früher für'n bißchen verrückt gehalten; aber jetzt fang' ich an zu glauben, daß ich manchmal einfach nur rückständig war.

MORELL *triumphierend:* Aha! Sie sind also endlich dahintergekommen.

BURGESS *wichtig:* Ja. Die Zeiten ham sich mehr geändert, als ich gedacht hab. Vor fünf Jahren hätt' kein vernünftiger Mensch dran gedacht, Ihre Ideen ernstzunehmen. Ich hab mich immer gewundert, daß man Sie überhaupt predigen ließ. Also, ich kenn doch nen Pastor, den hat der Bischof von London jahrelang ohne Stelle gelassen, und der is kein bißchen frömmer als Sie. Aber heutzutag', wenn einer tausend Pfund mit mir wettete, daß Sie mal Bischof wern, ich nähm die Wette an. *Mit Nachdruck und Feierlichkeit:* Sie und Ihre Mannschaft, ihr bekommt Einfluß: das merke ich. Eines Tages wern se euch was geben müssen, wenn auch nur, um euch das Maul zu stopfen. Sie ham am Ende doch den richtigen Riecher gehabt, James: die Linie, die Sie eingeschlagen haben wird sich auf lange Sicht für einen von Ihrer Sorte bezahlt machen.

MORELL *bietet ihm mit Überzeugung die Hand:* Geben Sie mir die Hand, Burgess. Jetzt sprechen Sie ehrlich. Ich glaube nicht, daß sie mich zum Bischof machen werden: aber wenn das geschieht, dann stelle ich Sie den größten Geschäftemachern vor, die ich zu meinen Parties kriegen kann.

BURGESS *der mit einem blöden Grinsen aufgestanden ist und die freundschaftlich ausgestreckte Hand angenommen hat:* Sie müssen doch immer Spaß machen, James. Also, wir vertragen uns wieder?

EINE FRAUENSTIMME Sag ja, James.

Sie wenden sich überrascht um und sehen Candida, die eben eingetreten ist und sie mit amüsierter mütterlicher Langmut, ihrem charakteristischen Gesichtsausdruck, betrachtet. Sie ist eine Frau von 33, gut gebaut und wohlgenährt, man vermutet, daß sie später etwas matronenhaft werden könnte, aber jetzt ist sie auf der Höhe ihrer Schönheit, mit dem doppelten Reiz der Mutterschaft und der Jugend. Sie benimmt sich wie eine jener Frauen, die erfahren haben, daß sie die Menschen immer lenken können, wenn sie sie gefühlsmäßig an sich binden, und sie tut das instinktiv und ganz offen, ohne die geringsten Skrupel. Bis hierher gleicht sie jeder anderen hübschen Frau, die gerade klug genug ist, ihre sexuelle Anziehungskraft für kleine selbstsüchtige Zwecke einzusetzen: aber Candidas ruhige Stirn, ihre mutigen Augen, der gutgeschnittene Mund und das feste Kinn deuten auf Freiheit des Geistes und Würde des Charakters, die die Gewähr dafür geben, daß die List, mit der sie Gefühle handhabt, nicht unedlen Zwecken dient. Ein Beobachter mit einem weisen Herzen, der sie so sähe, würde sofort erraten, daß derjenige, der das Bild der Himmelfahrt Mariens über ihrem Kaminsims aufhängte, es tat, weil er eine geistige Verwandtschaft zwischen den beiden Frauen feststellte; und weil er gleichzeitig sicher war, daß weder ihr Mann noch sie selbst auf eine solche Idee kämen; noch daß sie überhaupt eine besondere Beziehung zur Kunst Tizians haben.

Candida ist in Haube und Umhang und trägt ein Plaid, durch dessen Lederriemen ein Schirm, eine Handtasche und einige illustrierte Zeitungen gesteckt sind.

MORELL *entsetzt über sein Versäumnis:* Candida! Wieso –

Er schaut auf die Uhr und stellt mit Entsetzen fest, daß es schon so spät ist.

Mein Schatz!

Er eilt auf sie zu und ergreift den Griff der Rolle, dabei gibt er dauernd Bekundungen seines Bedauerns von sich.

Ich wollte Dich doch am Zug abholen. Ich habe die Zeit verpaßt.

Er wirft die Deckenrolle aufs Sofa.

Ich war so in Anspruch genommen von – *(kehrt zu ihr zurück)* – ich vergaß – oh! *Er umarmt sie mit reuiger Innigkeit.*

BURGESS *ein wenig verlegen, unsicher, wie sie ihn aufnehmen wird:* Wie gehts dir, Candy?

Candida, immer noch in Morells Armen, hält ihm ihre Wange hin, die er küßt.

James und ich haben uns geeinigt, 'n ehrenhaftes Übereinkommen. Nicht, James?

MORELL *heftig:* Oh, Sie mit Ihrem Übereinkommen, Sie sind schuld, daß ich Candida verpaßt habe. *Mit zärtlichem Mitleid:* Mein armes Herz, wie bist du denn mit dem Gepäck zurechtgekommen? Wie –

CANDIDA *unterbricht ihn und macht sich frei:* Aber, aber! Ich war ja nicht allein. Eugene war bei uns und wir sind zusammen zurückgekommen.

MORELL *erfreut:* Eugene!

CANDIDA Ja, er quält sich mit meinem Gepäck ab, der arme Junge. Geh sofort nach draußen, Lieber; sonst bezahlt er noch die Droschke, und das will ich nicht.

Morell eilt hinaus. Candida stellt ihre Tasche ab, dann nimmt sie Umhang und Haube ab und legt sie zu der Decke auf das Sofa, dabei plaudert sie.

Also, Papa, wie geht's denn zu Hause?

BURGESS Das Haus ist ganz öde, seit du weg bist, Candy. Ich wollt' du kämst und würdest dem Mädel mal den Kopf waschen. Wer ist dieser Eugene, der mit dir gekommen ist?

CANDIDA Oh, Eugene ist eine von James Entdeckungen. Er hat ihn vergangenen Juni am Themseufer auf einer Bank schlafend gefunden. Hast du schon unser neues Bild bemerkt? *Zeigt auf die Maria.* Das hat er uns geschenkt.

BURGESS *ungläubig:* Quatsch! Du willst mir doch nich weismachen, mir, deinem eigenen Vater – daß Anreißer oder Rumtreiber von der Uferpromenade Bilder wie das da kaufen. *Ernst.* Lüg mich nicht an, Candy; das is'n Hoch-Kirchen-Bild, un James hat es selber ausgesucht.

CANDIDA Du darfst noch einmal raten. Eugene ist kein Rumtreiber.

BURGESS Was ist er dann? *Spöttisch.* Vermutlich 'n Edelmann.

CANDIDA *nickt entzückt:* Ja, sein Onkel ist ein Graf. Ein wirklicher, lebendiger Graf.

BURGESS *wagt nicht, diese gute Nachricht zu glauben:* Nein!

CANDIDA Als James ihn auf der Bank fand, hatte er einen Scheck über 55 Pfund in der Tasche, der auf eine Woche später datiert war. Er dachte, er bekäme erst Geld darauf, wenn diese sieben Tage verstrichen waren, und er war zu schüchtern, um Kredit zu bitten. Oh, er ist ein lieber Junge. Wir haben ihn sehr gern.

BURGESS *versucht so zu tun, als sei ihm die Aristokratie gleichgültig; aber mit glänzenden Augen:* Hm! Hätt nicht gedacht, daß ihr hier in Viktoria Park nen Neffen von nem Grafen zu Besuch habt; wenns nicht 'n Schwachsinniger is. *Sieht sich das Bild noch einmal an.* Natürlich bin ich nicht für das Bild, Candy: aber 's doch'n wertvolles, erstklassges Kunswerk: das seh' ich. Du mußt mich ihm unbeding vorstellen, Candy. *Er schaut nervös auf die Uhr.* Ich kann nur noch zwei Minuten bleiben.

Morell kommt mit Eugene zurück, den Burgess mit vor Begeisterung feuchten Augen betrachtet. Eugene ist ein seltsamer, schüchterner Junge von achtzehn, schmächtig, mädchenhaft, mit einer zarten, kindlichen Stimme, einem gequälten, unruhigen Ausdruck und einem scheuen Benehmen, das die schmerzhafte Empfindlichkeit, das schnell erwachende Mißtrauen junger Menschen zeigt, deren Charakter noch nicht zu seiner vollen Stärke entwickelt ist. In seiner quälenden Unentschlossenheit weiß er nicht, wohin er sich stellen, was er tun soll. Er hat Angst vor Burgess und würde gern in die Einsamkeit fliehen, wagt es aber nicht; aber gerade die Intensität, mit der er eine völlig alltägliche Situation wahrnimmt, kommt aus einer außergewöhnlich großen nervlichen Kraft, und seine Nasenflügel, sein Mund und seine Augen verraten einen heftigen, fordernden Willen, über dessen Tendenz einen seine Stirn, die jetzt schon von Mitgefühl gerunzelt ist, beruhigt. Er ist so ungewöhnlich, daß er beinahe unirdisch wirkt; und für prosaische Menschen liegt in diesem Unirdischen etwas Abstoßendes, ebenso wie sie für poetische Naturen etwas Engelhaftes hat. Seine Kleidung ist anarchisch. Er trägt eine alte blaue Jacke aus Wollstoff, die über einem wollenen Tennishemd offensteht; statt einer Krawatte trägt er ein seidenes Halstuch, zur Jacke passende Hose und braune Segeltuchschuhe. Mit diesen Kleidungsstücken hat er offensichtlich im Heidekraut gelegen und ist durchs Wasser gewatet; und offensichtlich hat er sie niemals gebürstet.

Als er beim Eintreten einen Fremden erblickt, bleibt er stehen, drückt sich dann an der entgegengesetzten Wand entlang.

MORELL *tritt ein:* Kommen Sie. Eine Viertelstunde haben Sie doch sicher für uns übrig. Dies ist mein Schwiegervater, Mr. Burgess – Mr. Marchbanks.

MARCHBANKS *weicht nervös gegen den Bücherschrank zurück:* Erfreut, Sie kennenzulernen, Sir.

BURGESS *geht mit großer Herzlichkeit auf ihn zu, während Morell zu Candida ans Feuer tritt:* Freue mich sehr, Sie kennenzulernen, bestimmt, Mr. Marchbanks. *Zwingt ihn, ihm die Hand zu geben.* Wie gehts Ihn'n bei diesem Wetter? Lassen Sie sich nur von James keine dummen Ideen in den Kopf setzen.

MARCHBANKS Dumme Ideen? Oh, Sie meinen den Sozialismus? Nein.

BURGESS So ist's recht. *Schaut wieder auf die Uhr.* Also, ich muß jetzt gehen; da is nix zu machen. Sie habn wohl nicht den gleichen Weg, Mr. Marchbanks?

MARCHBANKS Welcher Weg wäre das?

BURGESS Bahnhof Viktoria. Um 12.25 fähr ein Stadtzug.

MORELL Unsinn. Ich denke doch, daß Eugene zum Essen bleibt.

MARCHBANKS *entschuldigt sich ängstlich:* Nein–ich–ich–

BURGESS Gut, gut, ich will Sie nicht drängen: kann mir denken, daß Sie lieber mit Candy Mittag essen. Ich hoffe, Sie essen mal abends mit mir in meinem Klub, dem ›Freeman Founders‹ in Norton Folgit. Los, sagen Sie ja!

MARCHBANKS Vielen Dank, Mister Burgess. Wo ist Norton Folgate? Unten in Surrey, nicht wahr?

BURGESS *unsagbar amüsiert, platzt in Lachen aus.*

CANDIDA *kommt zu Hilfe:* Wenn du nicht sofort gehst, verpaßt du deinen Zug, Papa. Komm heute nachmittag zurück und erkläre Mr. Marchbanks, wo er den Klub findet.

BURGESS *brüllt vor Lachen:* Unten in Surrey! Ha, ha! Das is'n Witz! Also, ich hab noch nie nen Menschen getroffen, der nicht wußte, wo Nortn Fulgit ist. *Bemerkt plötzlich, was für einen Lärm er macht.* Auf Wiedersehen, Mr. Marchbanks: ich weiß, Sie sind zu gebildet, um meinen Scherz krumm zu nehmen. *Er streckt ihm wieder die Hand hin.*

MARCHBANKS *schüttelt Burgess' Hand mit einem nervösen Ruck:* Aber gewiß nicht.

BURGESS Tschüs Candy. Ich komm nachher wieder vorbei. Bis später, James.

MORELL Müssen Sie gehen?

BURGESS Lassen Sie sich nicht stören. *Er geht mit ungetrübter Munterkeit hinaus.*

MORELL Oh, ich begleite Sie hinaus. *Er folgt ihm.*

Eugene starrt beunruhigt hinter ihnen her und hält den Atem an, bis Burgess verschwunden ist.

CANDIDA *lachend:* Nun, Eugene?

Er fährt herum und kommt eifrig auf sie zu, bleibt dann, als er ihrem amüsierten Blick begegnet, unentschlossen stehen. Was halten Sie von meinem Vater?

MARCHBANKS Ich – ich kenne ihn ja kaum. Er scheint ein netter alter Herr zu sein.

CANDIDA *mit sanfter Ironie:* Und Sie werden im Freeman Founders Klub mit ihm essen, nicht wahr?

MARCHBANKS *der ihre Worte ernst nimmt, unglücklich:* Ja, wenn Sie es wünschen.

CANDIDA *gerührt:* Wissen Sie, Eugene, Sie sind bei all Ihrer Wunderlichkeit ein sehr netter Junge. Wenn Sie über meinen Vater gelacht hätten, so hätte ich das verstanden: aber daß Sie nett zu ihm sind, gefällt mir viel, viel besser.

MARCHBANKS Hätte ich lachen sollen? Ich merkte, daß er etwas Komisches sagte; aber ich fühle mich Fremden gegenüber so unsicher: und Witze verstehe ich nie. Es tut mir sehr leid. *Er läßt sich mit einem Ausdruck hoffnungslosen Schmerzes auf dem Sofa nieder, die Ellenbogen auf den Knien und die Fäuste gegen die Schläfen gedrückt.*

CANDIDA *stubst ihn gutmütig:* Oh, kommen Sie! Sie großes Kind Sie! Sie sind heute morgen schlimmer als sonst. Warum waren Sie so bedrückt, als wir in der Droschke herfuhren?

MARCHBANKS Oh, das war gar nichts. Ich wußte nur nicht, wieviel ich dem Kutscher geben mußte. Ich weiß, es ist furchtbar blöde, aber Sie glauben nicht, wie schrecklich solche Dinge für mich sind – welche Angst ich davor habe, mit fremden Menschen zu tun zu haben. *Schnell und in beruhigendem Ton.* Aber es ist alles gutgegangen. Als Morell ihm zwei Shilling gab, strahlte er übers ganze Gesicht und hob den Finger an die Mütze. Ich wollte ihm gerade zehn anbieten.
Morell kommt mit ein paar Briefen und Zeitungen, die mit der Mittagspost gekommen sind.

CANDIDA Oh, James, Lieber, er wollte dem Kutscher zehn Shilling geben! Zehn Shilling für eine Fahrt von drei Minuten! Oh, mein Gott!

MORELL *sieht am Tisch die Briefe durch:* Hören Sie nicht auf sie, Marchbanks. Die Neigung, zu viel zu zahlen, ist ein Zeichen von Großmut, besser als die Neigung, zu wenig zu zahlen, und längst nicht so verbreitet.

MARCHBANKS *verfällt in Niedergeschlagenheit:* Nein: es war Feigheit, Inkompetenz. Mrs. Morell hat ganz recht.

CANDIDA Natürlich hat sie recht. *Sie nimmt ihre Handtasche.* Und nun muß ich Sie einen Augenblick James überlassen. Ich vermute, Sie sind zu sehr ein Dichter, um zu wissen, in welchem Zustand eine Frau ihr Haus vorfindet, wenn sie drei Wochen weggewesen ist. Geben Sie mir die Decke.
Eugene nimmt die zusammengerollte Decke von der Couch und reicht sie ihr. Sie nimmt sie in die linke Hand, in der rechten hält sie ihre Handtasche. Jetzt hängen Sie mir den Umhang über den Arm. *Er gehorcht.* Jetzt meinen Hut. *Er gibt ihn ihr in die Hand, die die Handtasche hält.* Jetzt machen Sie mir die

Tür auf. *Er eilt vor ihr her und macht ihr die Tür auf.* Vielen Dank. *Sie geht hinaus, und Marchbanks schließt die Tür.*

MORELL *immer noch am Tisch beschäftigt:* Sie bleiben natürlich zum Mittagessen, Marchbanks.

MARCHBANKS *erschrocken:* Ich darf nicht.

Er wirft Morell einen schnellen Blick zu, schlägt aber gleich die Augen nieder und fügt, mit offensichtlicher Unfähigkeit, sich zu verstellen, hinzu.

Ich wollte sagen, ich kann nicht.

MORELL Sie wollen sagen, Sie wollen nicht.

MARCHBANKS *ernsthaft:* Nein, ich würde wirklich sehr gern. Vielen Dank. Aber – aber –

MORELL Aber – aber – aber – Unsinn! Wenn Sie bleiben möchten, dann bleiben Sie. Wenn Sie zu schüchtern sind, machen Sie eine Runde durch den Park und schreiben ein Gedicht; dann kommen Sie um halb eins wieder und lassen sich's schmecken.

MARCHBANKS Ich danke Ihnen, ich würde das sehr gern tun. Aber ich darf wirklich nicht. Die Wahrheit ist: Mrs. Morell hat es mir verboten. Sie sagte, sie glaube nicht, daß Sie mich bitten würden, zum Essen zu bleiben, aber wenn Sie es täten, müßte ich daran denken, daß Sie mich in Wirklichkeit nicht dabeihaben wollten. *Kläglich.* Sie sagte, ich würde das sicher verstehen; aber ich verstehe es nicht. Bitte sagen Sie ihr nicht, daß ich Ihnen das gesagt habe.

MORELL *in komischem Ton:* Oh, ist das alles? Und würde da mein Vorschlag, einen Spaziergang durch den Park zu machen, die Schwierigkeiten nicht beseitigen?

MARCHBANKS Wie denn?

MORELL *platzt gutmütig heraus:* Aber, Sie Tolpatsch –

Dieser lärmende Ton berührt ihn ebenso wie Eugene unangenehm. Er nimmt sich zusammen.

Nein, ich will es nicht auf diese Weise ausdrücken.

Tritt mit ernsthafter Herzlichkeit auf Eugene zu.

Mein lieber Junge, in einer glücklichen Ehe wie der unseren hat die Rückkehr der Frau in ihr Heim etwas sehr Heiliges.

Marchbanks blickt schnell zu ihm auf, er hat halb erraten, was Morell sagen will.

Ein alter Freund oder eine wahrhaft edle und mitfühlende Seele ist bei solch einer Gelegenheit nicht im Wege, nur ein Zufallsbesucher ist im Wege.

Als Eugene versteht, tritt mit plötzlicher Lebhaftigkeit ein ge-

hetzter und entsetzter Ausdruck in sein Gesicht. Morell, der mit seinen eigenen Gedanken beschäftigt ist, fährt fort, ohne das zu bemerken.

Candida glaubte, ich hätte Sie lieber nicht hier, aber sie hatte unrecht. Ich habe Sie sehr gern, mein Junge; und Sie sollten mit eigenen Augen sehen, was für ein Glück es ist, so verheiratet zu sein, wie ich es bin.

MARCHBANKS Glücklich! Ihre Ehe! Das denken Sie? Das glauben Sie?

MORELL *überschwenglich:* Ich weiß es, mein Junge. Larochefoucauld hat gesagt, daß es bequeme Ehen gibt, aber keine glücklichen. Sie wissen nicht, welchen Genuß es bedeutet, einen verdammten Lügner und elenden Zyniker wie diesen Burschen bis ins Letzte zu durchschauen. Ha! Ha! Jetzt ab mit Ihnen in den Park, und schreiben Sie Ihr Gedicht. Und Punkt halb zwei, hören Sie, wir warten nie mit dem Essen.

MARCHBANKS Nein, hören Sie auf! Das dürfen Sie nicht! Ich werde es ans Licht bringen!

MORELL *verdutzt:* Wie? Was wollen Sie?

MARCHBANKS Ich muß mit Ihnen sprechen. Es gibt etwas, das zwischen uns bereinigt werden muß.

MORELL *Mit einem ironischen Blick auf seine Uhr:* Jetzt?

MARCHBANKS *leidenschaftlich:* Jetzt. Bevor Sie diesen Raum verlassen.

Er weicht ein paar Schritte zurück und bleibt so stehen, als wollte er Morell den Weg zur Tür abschneiden.

MORELL *Ohne sich von der Stelle zu rühren, feierlich, da er endlich verstanden hat, daß es sich um eine ernste Sache handelt:* Ich wollte den Raum gar nicht verlassen, mein lieber Junge, ich dachte, Sie wollten das.

Eugene, verblüfft über den festen Ton, wendet Morell den Rücken zu. Er zittert vor Zorn. Morell tritt zu ihm und legt ihm fest, aber freundlich die Hand auf die Schulter ohne Eugenes Versuch, sie abzuschütteln, zu beachten.

Kommen Sie, Setzen Sie sich und erzählen Sie mir ganz ruhig, was los ist. Und denken Sie daran: wir sind Freunde und wissen, daß wir miteinander nur geduldig und freundschaftlich sprechen werden, was immer wir uns auch zu sagen haben.

MARCHBANKS *macht sich los und dreht sich zu Morell um:* Oh, ich vergesse mich nicht; ich bin nur *bedeckt verzweifelt das Gesicht* voller Entsetzen.

Dann läßt er die Hände sinken, streckt sein Gesicht feindselig

Morell entgegen und fährt drohend fort.
Sie werden noch sehen, ob dies der Augenblick für Geduld und Freundlichkeit ist. *Morell, fest wie ein Fels, blickt ihn mitleidig an.* Schauen Sie mich nicht so selbstgefällig an. Sie halten sich für stärker als mich; aber wenn Sie überhaupt ein Herz in der Brust haben, werde ich Sie zum Wanken bringen.

MORELL *mit kraftvollem Selbstvertrauen:* Bringen Sie mich ins Wanken, mein Junge. Heraus damit.

MARCHBANKS Erstens –

MORELL Erstens?

MARCHBANKS Ich liebe Ihre Frau.

Morell weicht zurück, dann, nachdem er ihn einen Augenblick in äußerster Verwunderung angestarrt hat, bricht er in unaufhaltsames Gelächter aus. Eugene ist verdutzt, aber nicht aus der Fassung gebracht; dann wird er zornig und voller Verachtung.

MORELL *setzt sich, bis sich sein Lachen gelegt hat:* Aber, mein lieber Junge, natürlich lieben Sie sie. Alle tun das. Sie können gar nicht anders. Mir gefällt es. Aber *sieht ihn schelmisch an* hören Sie Eugene, glauben Sie, daß man über Ihren Fall überhaupt sprechen muß? Sie sind unter zwanzig. Sie ist über dreißig. Sieht das nicht etwas nach Kälberliebe aus?

MARCHBANKS *heftig:* So wagen Sie von ihr zu sprechen? So denken Sie von der Liebe, die sie erweckt? Das ist eine Beleidigung für sie!

MORELL *steht schnell auf, in verändertem Ton:* Für sie? Nehmen Sie sich in acht, Eugene! Ich bin geduldig gewesen. Ich hoffe, geduldig zu bleiben. Aber es gibt Dinge, die ich nicht zulassen werde. Zwingen Sie mich nicht, gegen Sie so nachsichtig zu sein, wie ich nur gegen ein Kind sein würde. Seien Sie ein Mann.

MARCHBANKS *mit einer Geste, als fege er etwas hinter sich:* Oh, lassen wir dieses ganze Geschwätz beiseite. Ich bin entsetzt, wenn ich daran denke, wieviel davon sie in all den mühseligen Jahren hat schlucken müssen, während derer Sie sie selbstsüchtig und blind geopfert haben, um Ihrer Selbstzufriedenheit zu frönen: Sie *wendet sich gegen ihn* haben nicht einen Gedanken, ein Gefühl mit ihr gemein.

MORELL *gelassen:* Sie scheint das ganz gut zu ertragen. *Schaut ihm direkt ins Gesicht.* Eugene, mein Junge, Sie machen sich lächerlich; Sie machen sich regelrecht lächerlich, um es ganz einfach und ohne Umschweife zu sagen.

Er bekräftigt diese Lektion in seiner gewohnten Weise mit einem Kopfnicken und stellt sich auf dem Kaminvorleger in Positur, die Hände auf dem Rücken, um sie zu wärmen.

MARCHBANKS Oh, denken Sie, ich wüßte das nicht? Glauben Sie, daß die Dinge, deretwegen Menschen sich lächerlich machen, weniger wahr und wirklich sind als die Dinge, deretwegen sie sich vernünftig benehmen?

Morells Blick wird zum ersten Mal unsicher. Er vergißt, sich die Hände zu wärmen, steht da und hört aufgeschreckt und nachdenklich zu.

Sie sind sogar wahrer, es sind die einzig wahren Dinge. Sie behandeln mich sehr ruhig und vernünftig und gelassen, weil Sie begreifen, daß ich mich Ihrer Frau wegen zum Narren mache; genauso wie der alte Mann, der eben hier war, sich von Ihrem Sozialismus nicht aus der Fassung bringen läßt, weil er weiß, daß S i e sich deswegen zum Narren machen.

Morells Verwirrung steigt sichtlich. Eugene nimmt seinen Vorteil wahr, indem er ihn wild mit seinen Fragen bestürmt.

Beweist das, daß Sie unrecht haben? Beweist Ihre nachgiebige Überlegenheit mir gegenüber, daß ich unrecht habe?

MORELL Marchbanks, irgendein Teufel legt Ihnen diese Worte in den Mund. Es ist leicht – furchtbar leicht – das Selbstvertrauen eines Mannes zu erschüttern. Das auszunutzen, um den Mut eines Mannes zu brechen, ist Teufelswerk. Seien Sie vorsichtig, bedenken Sie, was Sie tun, seien Sie vorsichtig!

MARCHBANKS *unbarmherzig:* Ich weiß. Ich tue es mit Absicht. Ich habe Ihnen gesagt, daß ich Sie ins Wanken bringen werde.

Sie stehen sich einen Augenblick drohend gegenüber. Dann hat Morell seine Haltung zurückgewonnen.

MORELL *mit edelmütiger Zärtlichkeit:* Eugene, hören Sie mich an. Ich hoffe und vertraue darauf, daß Sie eines Tages ein glücklicher Mann sein werden wie ich.

Eugene ist rasend; er kann den Wert dieses Glücks nicht anerkennen. Morell, der tief gekränkt ist, hält sich mit einer Miene edelmütiger Geduld zurück und fährt unbeirrt fort, mit großer rhetorischer Schönheit seine Worte vorzutragen.

Sie werden heiraten, und Sie werden mit all Ihren Kräften und all Ihrem Mut dahin wirken, jeden Fleck auf dieser Erde zu einem ebenso glücklichen Ort zu machen wie Ihr Heim. Sie werden zu den Erbauern des Himmelreiches auf Erden gehören, und – wer weiß – vielleicht werden Sie ein Baumeister sein, da, wo ich nur ein bescheidener Geselle bin; denn, glauben Sie nicht, mein Junge, daß ich nicht in Ihnen, so jung Sie auch sein mögen, das Versprechen höherer Fähigkeiten spüre, als ich mir je werde zusprechen können? Ich weiß wohl, es ist der Dichter, in dem der heilige Geist des Menschen – der Gott in ihm – am gottähnlichsten ist. Es sollte Sie erschauern machen, wenn Sie daran denken – wenn Sie an die schwere Last und die große Gnade denken, die es bedeutet, ein Dichter zu sein, und die Ihnen vielleicht auferlegt ist.

MARCHBANKS *unbeeindruckt und grausam; seine jungenhafte Grobheit des Ausdrucks sticht scharf von Morells Rhetorik ab:* Es macht mich nicht erschauern. Erschauern läßt mich, daß es bei anderen fehlt.

MORELL *aufgestachelt von seinem echten Gefühl und Eugenes Hartnäckigkeit, verdoppelt seine stilistischen Anstrengungen:* Dann helfen Sie, es in anderen zu entzünden – in mir – und nicht es auszulöschen. In der Zukunft, wenn Sie ebenso glücklich sein werden wie ich, will ich Ihr wahrer Bruder im Glauben sein. Ich will Ihnen helfen zu glauben, daß Gott uns eine Welt gegeben hat, die nur unserer eigenen Torheit wegen noch kein Paradies ist. Ich will Ihnen helfen zu glauben, daß jede Arbeit, die Sie tun, Glück sät für die große Ernte, die alle, auch die Geringsten, eines Tages einbringen werden. Und schließlich und glauben Sie mir, nicht als letztes, werde ich Ihnen helfen zu glauben, daß Ihre Frau Sie liebt und in Ihrem Heim glücklich ist. Wir brauchen solche Hilfe, Marchbanks; wir brauchen sie dringend und immer wieder. Es gibt so vieles, das uns zweifeln machen möchte, wenn wir unser Urteil erst trüben lassen. Sogar zu Hause sitzen wir wie in einem Feldlager, das eingeschlossen ist von einer feindlichen Armee von Zweifeln. Wollen Sie der Verräter sein und die Feinde zu mir hereinlassen?

MARCHBANKS *blickt wild um sich:* Muß sie das hier immer ertragen? Eine Frau mit einer großen Seele, die sich nach Wirklichkeit sehnt, nach Wahrheit, nach Freiheit; und sie wird mit Metaphern gefüttert, mit Predigten, mit abgestandenen Deklamationen, mit bloßer Rhetorik. Glauben Sie, die Seele einer Frau könnte von Ihrem Predigertalent leben?

MORELL *getroffen:* Marchbanks, Sie machen es mir schwer, mich zu beherrschen. Sofern mein Talent überhaupt einen Wert hat, ist es das gleiche wie das Ihre. Es ist die Gabe, für die göttliche Wahrheit Worte zu finden.

MARCHBANKS *heftig:* Ihr Talent ist Zungenfertigkeit, nichts mehr und nichts weniger. Was hat Ihre Fähigkeit, schön daherzureden, mit der Wahrheit zu tun? Nicht mehr, als Orgelspielen damit zu tun hat. Ich bin nie in Ihrer Kirche gewesen, aber ich bin bei Ihren politischen Versammlungen gewesen, und ich habe Sie das tun sehen, was man ›die Versammlung zu Begeisterungsstürmen hinreißen‹ nennt; das heißt, Sie stachelten sie auf, bis sie sich wie Betrunkene benahmen. Und ihre Frauen sahen zu und merkten, was für Narren das waren. Oh, es ist eine alte Geschichte, Sie finden sie schon in der Bibel. Ich stelle mir vor, daß der König David in seinen Begeisterungsstürmen Ihnen sehr ähnlich war. *Stößt ihm die Worte wie einen Dolch ins Herz.* ›Aber sein Weib verachtete ihn in ihrem Herzen‹.

MORELL *zornentbrannt:* Verlassen Sie mein Haus. Hören Sie? *Er geht drohend auf ihn zu.*

MARCHBANKS *weicht gegen das Sofa zurück:* Lassen Sie mich in Ruhe. Fassen Sie mich nicht an!

Morell packt ihn fest am Rockaufschlag; Eugene kauert sich auf dem Sofa zusammen und schreit wütend.

Lassen Sie los, Morell! Wenn Sie mich schlagen, bringe ich mich um: ich ertrage es nicht. *Beinahe hysterisch.* Lassen Sie mich los! Nehmen Sie die Hand weg!

MORELL *spricht langsam, mit betonter Verachtung:* Sie kleines winselndes, feiges Hündchen. *Er läßt ihn los.* Gehen Sie, bevor Sie vor Angst einen Anfall bekommen.

MARCHBANKS *auf dem Sofa: er schnappt nach Luft, ist jedoch erleichtert, weil Morell seine Hand weggezogen hat:* Ich habe keine Angst vor Ihnen; Sie, Sie haben Angst vor mir.

MORELL *beugt sich ruhig über ihn:* So sieht es aus, nicht war?

MARCHBANKS *mit weinerlicher Heftigkeit:* Ja, so sieht es aus.

Morell wendet sich mit Verachtung ab. Eugene rappelt sich auf und geht hinter ihm her.

Sie denken, weil ich vor einer brutalen Behandlung zurückschrecke – weil *mit Tränen in der Stimme* ich, wenn ich auf Gewalttätigkeiten stoße, nichts tun kann, als vor Wut schreien – weil ich nicht wie Sie einen schweren Koffer von einem Kutschendach heben kann – weil ich nicht mit Ihnen um Ihre Frau kämpfen kann, wie ein betrunkener Kanalarbeiter das tun würde – all das läßt Sie denken, ich hätte Angst vor Ihnen. Aber Sie täuschen sich. Wenn ich auch das nicht habe, was Sie britischen Mut nennen, so habe ich doch auch keine britische Feigheit: ich habe keine Angst vor den Ideen eines Pastors. Ich

werde gegen Ihre Ideen kämpfen. Ich werde Ihre Frau aus der Versklavung durch diese Ideen befreien. Ich werde meine eigenen Ideen dagegen ins Feld führen. Sie jagen mich aus dem Haus, weil Sie es nicht wagen, sie zwischen Ihren Ideen und den meinen wählen zu lassen. Sie haben Angst davor, daß sie mich wiedersieht.
Morell wendet sich plötzlich wütend zu ihm hin. Marchbanks flieht in unwillkürlichem Schrecken zur Tür. Lassen Sie mich in Ruhe, hören Sie. Ich gehe.

MORELL *mit kalter Verachtung:* Warten Sie einen Augenblick; ich werde Sie nicht anfassen; haben Sie keine Angst. Wenn meine Frau zurückkommt, wird sie wissen wollen, warum Sie gegangen sind. Und wenn sie hört, daß Sie unsere Schwelle nie mehr überschreiten werden, wird sie auch dafür eine Erklärung verlangen. Nun möchte ich sie nicht betrüben, indem ich ihr sage, Sie hätten sich wie ein Schuft benommen.

MARCHBANKS *kommt mit erneuter Wut zurück:* Doch, das sollen Sie. Das müssen Sie. Wenn Sie eine andere Erklärung geben als die wahre, dann sind Sie ein Lügner und ein Feigling. Sagen Sie ihr, was ich gesagt habe; und daß Sie sich stark und männlich benommen und mich gebeutelt haben wie ein Terrier eine Ratte; und wie ich zurückgewichen bin und Angst hatte; und wie Sie mich ein winselndes kleines Hündchen genannt und mich aus dem Haus gejagt haben. Wenn Sie es ihr nicht sagen, werde ich es tun. Ich werde es ihr schreiben.

MORELL *verwirrt:* Warum wollen Sie, daß sie es weiß?

MARCHBANKS *in lyrischer Verzückung:* Weil sie mich verstehen und wissen wird, daß ich sie verstehe. Wenn Sie ihr ein Wort davon verschweigen, – wenn Sie nicht bereit sind, ihr die Wahrheit zu Füßen zu legen, wie ich bereit dazu bin – dann werden Sie bis zum Ende Ihrer Tage wissen, daß sie in Wirklichkeit mir gehört und nicht Ihnen. Auf Wiedersehen! *Geht.*

MORELL *zutiefst beunruhigt:* Bleiben Sie. Ich werde es ihr nicht sagen.

MARCHBANKS *dreht sich an der Tür um:* Wenn ich gehe, müssen Sie ihr entweder die Wahrheit sagen oder eine Lüge.

MORELL *sucht einen Kompromiß:* Marchbanks, manchmal ist es zu rechtfertigen –

MARCHBANKS *fällt ihm ins Wort:* Ich weiß, wenn man lügt. Es wird keinen Zweck haben. Auf Wiedersehen, Herr Pastor.
Während er sich der Tür zuwendet, öffnet sich diese, und Candida tritt in ihrem Hauskleid ein.

CANDIDA Sie gehen, Eugene? *Betrachtet ihn genauer:* Aber, mein Gott, wie sehen Sie denn aus, wollen Sie in diesem Zustand auf die Straße? Sie sind ein Dichter, wirklich! Sieh ihn dir an, James! *Sie packt ihn am Rock und zieht ihn nach vorn, um ihn Morell zu zeigen.* Sieh dir seinen Kragen an, und seine Krawatte, sieh dir sein Haar an! Man sollte denken, jemand hätte Sie erwürgen wollen. *Eugene reckt sich instinktiv, um sich nach Morell umzusehen, aber sie zieht ihn zurück.* He! Bleiben Sie stehen! *Sie knöpft ihm den Kragen zu, bindet sein Halstuch zu einer Schleife und streicht sein Haar glatt.* So! Jetzt sehen Sie so nett aus, daß Sie doch zum Essen bleiben sollten, obwohl ich gesagt habe, Sie dürften es nicht. Es ist in einer halben Stunde fertig. *Sie gibt der Schleife einen letzten Ruck. Er küßt ihr die Hand.* Seien Sie kein Narr.

MARCHBANKS Natürlich würde ich gern bleiben, außer der hochwürdige Herr, Ihr Gatte, hat etwas dagegen.

CANDIDA Darf er bleiben, James, wenn er verspricht, ein guter Junge zu sein und mir beim Tischdecken zu helfen?

MORELL *kurz angebunden:* Oh ja, natürlich darf er das. *Er geht an seinen Tisch und tut so, als beschäftige er sich mit den Papieren darauf.*

MARCHBANKS *bietet Candida den Arm:* Kommen Sie, decken wir den Tisch. *Sie nimmt den Arm. Sie gehen zusammen zur Tür. Während Sie hinausgehen, fügt er hinzu:* Ich bin der glücklichste der Sterblichen.

MORELL Das war ich auch – bis vor einer Stunde.

Zweiter Akt

Am selben Tag, später am Nachmittag. Derselbe Raum. Der Stuhl für den Besucher steht wieder am Tisch. Marchbanks ist allein, und da er nichts zu tun hat, versucht er herauszufinden, wie die Schreibmaschine funktioniert. Als er jemanden an der Tür hört, schleicht er sich schuldbewußt ans Fenster und tut, als wäre er in die Aussicht vertieft. Miß Garnett hält den Notizblock in der Hand, auf dem sie die Briefe stenographiert, die Morell diktiert; sie setzt sich an die Schreibmaschine, um sie abzutippen. Sie ist viel zu beschäftigt, um Eugene zu bemerken. Als sie mit der zweiten Zeile beginnt, setzt sie ab und starrt auf die Maschine. Offenbar stimmt etwas nicht.

PROSERPINE Wie lästig! Sie haben an meiner Schreibmaschine herumgefummelt, Mr. Marchbanks; und es hat gar keinen Zweck, daß Sie so tun, als wären Sie's nicht gewesen.

MARCHBANKS *schüchtern:* Es tut mir sehr leid, Miß Garnett. Ich wollte nur darauf schreiben. Aber sie funktionierte nicht.

PROSERPINE Sie haben den Zeilenabstand verändert.

MARCHBANKS *ernsthaft:* Ich versichere Ihnen, das habe ich nicht getan. Ganz bestimmt nicht. Ich habe nur an einem Rädchen gedreht. Es machte klick.

PROSERPINE Ach, jetzt verstehe ich.
Sie stellt den Zeilenabstand wieder richtig ein, dabei gibt sie die ganze Zeit über einen Schwall von Worten von sich.
Sie haben wohl gedacht, das wäre so 'ne Art von Drehorgel. Man braucht nur den Schwengel zu drehen, und schon schreibt sie Ihnen einen wunderschönen Liebesbrief.

MARCHBANKS *ernsthaft:* Wahrscheinlich könnte man eine Maschine erfinden, die Liebesbriefe schreibt. Sie sind doch immer gleich, nicht wahr?

PROSERPINE *ein wenig unwirsch – eine solche Diskussion verträgt sich nur, wenn sie scherzhaft geführt wird, mit ihren Vorstellungen von gutem Benehmen:* Wie soll ich das wissen? Warum fragen Sie mich?

MARCHBANKS Verzeihen Sie. Ich dachte, kluge Leute, – das heißt Leute, die Geschäfte führen und Briefe schreiben und so etwas – müßten immer eine Liebesaffäre haben, um nicht verrückt zu werden.

PROSERPINE *steht empört auf:* Mr. Marchbanks!

Sie blickt ihn streng an und marschiert dann majestätisch zum Bücherschrank.

MARCHBANKS *nähert sich ihr demütig:* Ich hoffe, ich habe Sie nicht beleidigt. Vielleicht hätte ich nicht auf Ihre Liebesaffären anspielen sollen.

PROSERPINE *reißt ein blaues Buch aus dem Regal und wendet sich ihm heftig zu:* Ich habe keine Affären. Wie können Sie es wagen, so etwas zu sagen? Was für eine Idee!

Sie steckt sich das Buch unter den Arm und stolziert zu ihrer Maschine zurück, als er sie mit erwachendem Interesse und Sympathie anspricht.

MARCHBANKS Wirklich? Oh, dann sind Sie schüchtern, wie ich.

PROSERPINE Ich bin bestimmt nicht schüchtern. Was soll das heißen?

MARCHBANKS *vertraulich:* Sie müssen schüchtern sein. Das ist der Grund, warum es so wenig Liebesaffären auf der Welt gibt. Wir alle gehen herum, und sehnen uns nach Liebe, es ist das erste Verlangen unserer Natur, das erste Gebet unseres Herzens; aber wir wagen nicht, unser Verlangen auszusprechen. Wir sind zu schüchtern. *Sehr ernst.* Oh, Miß Garnett, was würden Sie nicht dafür geben, ohne Furcht zu sein, ohne Scham –

PROSERPINE *empört:* Also, so etwas!

MARCHBANKS *mit verdrießlicher Ungeduld:* Ach, sagen Sie mir doch nicht solch dummes Zeug; es täuscht mich nicht; was soll es für einen Zweck haben? Warum haben Sie Angst, mir Ihr wahres Selbst zu zeigen? Ich bin genau wie Sie.

PROSERPINE Wie ich? Bitte, wollen Sie mir schmeicheln oder schmeicheln Sie sich selbst? Ich bin mir da nicht ganz sicher.

Sie geht wieder an ihre Arbeit.

MARCHBANKS *unterbricht sie in geheimnisvollem Ton:* Still. Ich gehe umher auf der Suche nach Liebe; und ich finde sie in unermeßlicher Menge im Busen anderer Menschen. Aber wenn ich versuche, darum zu bitten, so schnürt mir diese schreckliche Schüchternheit die Kehle zu; und ich stehe stumm da, oder schlimmer als stumm; ich sage sinnlose Sätze, dumme Lügen. Und ich sehe, wie die Zuneigung, nach der ich mich sehne, Hunden und Katzen und Stubenvögeln gegeben wird, weil diese kommen und darum bitten. *Fast flüsternd:* Man muß um Liebe bitten; sie ist wie ein Geist, sie kann nicht sprechen, wenn sie nicht zuvor angesprochen wird. *In seiner gewöhnlichen Stimmlage, aber mit tiefer Melancholie.* Alle Liebe in der

Welt verlangt danach zu sprechen; aber sie wagt es nicht, sie ist scheu! scheu! scheu! Das ist die Tragödie der Welt.

Mit einem tiefen Seufzer setzt er sich auf den Besucherstuhl und vergräbt sein Gesicht in den Händen.

PROSERPINE *erstaunt und bewegt, bewahrt aber ihre Haltung, dies ist für sie eine Ehrensache beim Zusammensein mit fremden jungen Männern:* Böse Menschen überwinden diese Scheu gelegentlich, nicht wahr?

MARCHBANKS *springt beinahe heftig auf:* Böse Menschen, das heißt, Menschen, die keine Liebe haben: darum kennen sie auch keine Scham. Sie haben die Macht, Liebe zu verlangen, weil sie sie nicht brauchen; sie haben die Macht, Liebe anzubieten, weil sie keine zu geben haben. *Er fällt wieder auf seinen Stuhl zurück und fügt traurig hinzu:* Aber wir, die wir Liebe haben und danach verlangen, sie mit der Liebe anderer zu vereinen, wir bringen kein Wort heraus. *Schüchtern:* Das finden Sie doch auch, nicht wahr?

PROSERPINE Hören Sie mal, wenn Sie jetzt nicht aufhören, so zu reden, dann verlasse ich das Zimmer, Mr. Marchbanks; ganz bestimmt. Es gehört sich nicht.

Sie setzt sich wieder an ihre Maschine, öffnet das blaue Buch, um eine Stelle daraus abzuschreiben.

MARCHBANKS *hoffnungslos:* Nichts, was wert ist, gesagt zu werden, ist anständig.

Er steht auf und geht in seiner verlorenen Art im Zimmer herum.

Ich verstehe Sie nicht, Miß Garnett. Worüber soll ich denn sprechen?

PROSERPINE *schnippisch:* Reden Sie über gleichgültige Dinge. Reden Sie vom Wetter.

MARCHBANKS Würden Sie über gleichgültige Dinge reden, wenn ein Kind hier wäre, das vor Hunger bitterlich weint.

PROSERPINE Wahrscheinlich nicht.

MARCHBANKS Nun, ich kann nicht über gleichgültige Dinge reden, weil mein Herz in seinem Hunger bitterlich weint.

PROSERPINE Dann halten Sie den Mund.

MARCHBANKS Ja, darauf läuft es immer hinaus. Wir halten unseren Mund. Aber bringt das den Schrei unseres Herzens zum Schweigen? Denn es schreit, nicht wahr? Wenn Sie ein Herz haben, muß es schreien.

PROSERPINE *Springt plötzlich auf, die Hand auf ihr Herz gedrückt:* Oh, es hat keinen Sinn, daß ich versuche zu arbeiten, wenn Sie so reden.

Sie verläßt ihren kleinen Tisch und setzt sich auf das Sofa. Ihre Gefühle sind aufgewühlt.

Es geht Sie gar nichts an, ob mein Herz schreit oder nicht; aber vielleicht sage ich es Ihnen trotzdem.

MARCHBANKS Das brauchen Sie gar nicht. Ich weiß, daß Ihr Herz nicht anders kann.

PROSERPINE Aber hören Sie! Wenn Sie jemals sagen, ich hätte es gesagt, dann werde ich es ableugnen.

MARCHBANKS *mitfühlend:* Ja, ich weiß. Sie haben also nicht den Mut, es ihm zu sagen.

PROSERPINE *fährt hoch:* Ihm? Wem?

MARCHBANKS Wer immer es ist. Dem Mann, den Sie lieben. Es könnte jeder sein. Vielleicht Mr. Mill, der Vikar?

PROSERPINE *verächtlich:* Mr. Mill. Genau der richtige Mann, um einem das Herz zu brechen! Da hätte ich noch lieber Sie als Mr. Mill.

MARCHBANKS *weicht zurück:* Nein, wirklich! Es tut mir sehr leid, aber daran dürfen Sie nicht denken. Ich –

PROSERPINE *gereizt, geht zum Fenster und bleibt dort, Marchbanks den Rücken zugekehrt, stehen:* Oh, haben Sie keine Angst, Sie sind es nicht. Es ist überhaupt keine bestimmte Person.

MARCHBANKS Ich weiß, Sie fühlen, daß Sie jeden lieben könnten, der Ihnen sein Herz bietet –

PROSERPINE *wendet sich um, sie verliert die Geduld:* Jeden, der mir sein Herz bietet! Nein, bestimmt nicht. Wofür halten Sie mich eigentlich?

MARCHBANKS *mutlos:* Es hat keinen Zweck. Sie wollen mir keine ehrlichen Antworten geben; Sie sagen nur, was jedermann sagt.

Er schlendert zum Sofa und läßt sich mit verzweifeltem Ausdruck fallen.

PROSERPINE *gereizt, weil sie glaubt, daß ihr Benehmen von einem Aristokraten verächtlich gemacht worden ist:* Nun, wenn Sie eine originelle Unterhaltung wünschen, dann reden Sie am besten mit sich selbst.

MARCHBANKS Das tun alle Dichter: sie reden laut mit sich selbst und die Welt hört mit. Aber es ist schrecklich einsam, wenn man nicht manchmal jemand anders reden hört.

PROSERPINE Warten Sie, bis Mr. Morell kommt. Er wird mit Ihnen sprechen. *Marchbanks schaudert.* Oh, Sie brauchen bei seiner Erwähnung kein schiefes Gesicht zu ziehen, er kann besser reden als Sie. *Hitzig.* Der redet Sie in Grund und Boden. *Sie macht sich zornig auf den Weg zu ihrem Platz, als er, plötzlich begreifend, aufspringt und sie anhält.*

MARCHBANKS *Ah, jetzt verstehe ich.*

PROSERPINE *Wird rot:* Was verstehen Sie?

MARCHBANKS Ihr Geheimnis. Sagen Sie mir: ist es wirklich und wahrhaftig möglich, daß eine Frau ihn liebt?

PROSERPINE *als ob das alle Grenzen überschritte:* Aber ich muß doch sehr bitten!

MARCHBANKS *leidenschaftlich:* Nein, antworten Sie mir! Ich will es wissen. Ich muß es wissen. I c h kann es nicht verstehen. Ich sehe in ihm nichts als Worte, fromme Entschlüsse, das, was die Leute Gutsein nennen. Das können Sie doch nicht lieben!

PROSERPINE *versucht, ihn mit einer Miene kühler Wohlanständigkeit abfahren zu lassen:* Ich weiß einfach nicht, wovon Sie reden. Ich verstehe Sie nicht.

MARCHBANKS *heftig:* O doch. Sie lügen.

PROSERPINE Oh!

MARCHBANKS Doch, Sie verstehen. Und Sie wissen. *Entschlossen, Ihr eine Antwort zu entreißen.* Ist es für eine Frau möglich, ihn zu lieben?

PROSERPINE *blickt ihm gerade ins Gesicht:* Ja. *Er bedeckt das Gesicht mit den Händen.* Was ist eigentlich los mit Ihnen? *Er läßt die Hände sinken. Erschrocken über die tragische Maske, die sich ihr darbietet, läuft sie an ihm vorbei und hält dabei den weitestmöglichen Abstand. Sie hält die Augen auf sein Gesicht geheftet, bis er sich abwendet und zu dem Kinderstühlchen neben dem Kamin geht. Dort setzt er sich in tiefster Niedergeschlagenheit nieder. Als Proserpine sich der Tür nähert, geht diese auf und Burgess tritt ein. Als sie ihn erblickt, ruft sie aus.*

Der Himmel sei gepriesen, da ist jemand!

Sie fühlt sich jetzt sicher genug, ihren Platz an dem Schreibtisch einzunehmen. Sie spannt einen frischen Bogen Papier in die Maschine, während Burgess auf Marchbanks zutritt.

BURGESS *erpicht darauf, sich um den hochgestellten Gast zu kümmern:* Also, man überläßt Sie ganz sich selbst, Mr. Marchbanks. Ich bin gekommen, um Ihnen Gesellschaft zu leisten. *Marchbanks blickt fassungslos zu ihm auf, was Burgess aber nicht bemerkt.* James empfängt gerade im Eßzimmer ne Depetation. Candy ist oben un erzieht an ner Näherin rum, für die sie sich interessiert. *Mitfühlend.* Sie müssen sich sehr einsam hier vorkommen; kein Mensch, mit dem Sie reden können, nur die Tippse. *Er zieht den Sessel heran und setzt sich*

PROSERPINE *tief beleidigt:* Jetzt wird's ihm ja besser gehen, wo er den Vorteil Ihrer hochgebildeten Unterhaltung genießt; das ist wenigstens ein Trost. *Sie beginnt hart auf der Maschine loszutrommeln.*

BURGESS *über ihre Frechheit erstaunt:* Ich hab nicht mit Ihnen gesprochen, Frollein, nich, daß ich wüßte.

PROSERPINE Haben Sie schon mal so schlechte Manieren gesehen, Mr. Marchbanks?

BURGESS *mit würdevoller Strenge:* Mr. Marchbanks ist ein Gentleman und weiß, wo er hingehört, was man nicht von allen Leuten sagen kann.

PROSERPINE *gereizt:* Nur gut, daß Sie und ich nicht Lady und Lord sind: wenn Mr. Marchbanks nicht hier wäre, würde ich deutlich mit Ihnen reden. *Sie reißt den Brief so wütend aus der Maschine, daß er zerreißt.* Oh, jetzt habe ich den Brief zerrissen! Der muß noch mal neu geschrieben werden! Oh, ich kann mich nicht mehr beherrschen: Sie blöder alter Fettsack!

BURGESS *steht auf, atemlos vor Empörung:* Ho! Ich bin'n blöder alter Fettsack, wie? Ho tatsächlich! *Er schnappt nach Luft.* Also gut, mein Mädel, also gut! Warten Sie nur, bis ich das Ihrem Arbeitgeber sage. Dann werden Sie ja sehen. Ich werds Ihnen zeigen, da könn Se Gift drauf nehm.

PROSERPINE *wird sich bewußt, daß sie zu weit gegangen ist:* Ich –

BURGESS *Fällt ihr ins Wort:* Nein; jetzt ist's passiert. Kein Zweck mehr, drüber zu reden. Ich wer Ihn zeigen, wer ich bin. *Proserpine schmeißt den Wagen der Maschine mit einem trotzigen Knall zurück und geht verächtlich an ihre Arbeit.* Beachten Sie sie gar nicht, Mr. Marchbanks, Sie verdients nich. *Er setzt sich mit hochmütiger Miene wieder hin.*

MARCHBANKS *ganz elend vor Nervosität und Ratlosigkeit:* Sollten wir nicht lieber von etwas anderem sprechen? Ich – glaube nicht, daß Miß Garnett sich etwas dabei gedacht hat.

PROSERPINE *mit tiefster Überzeugung:* Oh, nicht wahr? Genau das!

BURGESS Ich wär mir zu schade, Notiz von ihr zu nehmen. *Eine elektrische Klingel schellt zweimal.*

PROSERPINE *nimmt Notizblock und Papiere:* Das ist für mich. *Sie eilt hinaus.*

BURGESS *ruft hinter ihr her:* Oh, wir können Sie entbehren. *Erleichtert durch den Triumph, das letzte Wort behalten zu haben, und doch geneigt, diesem letzten Wort noch etwas hinzuzufügen, blickt er ihr einen Augenblick lang nach. Dann läßt er sich wieder in seinen Sessel neben Eugene fallen und wendet sich sehr vertraulich an diesen.* Jetzt, da wir allein sind, Mr. Marchbanks, lassen Sie mich Ihnen nen freundschaftlichen Wink geben, den ich nich jedem geben würd'. Wie lang kenn Sie schon mein Schwiegersohn James?

MARCHBANKS Ich weiß nicht. Ich kann mich nie an Daten erinnern. Ein paar Monate vielleicht.

BURGESS Ham Se je was Komisches an ihm bemerkt?

MARCHBANKS Ich glaube nicht.

BURGESS *eindringlich:* Das würden Sie auch gar nicht. Das ist gerade das Gefährliche. Also: er ist verrückt.

MARCHBANKS Verrückt!

BURGESS Verrückt wie 'n Märzhase. Achten Sie mal drauf, dann wern Sie's merken.

MARCHBANKS *beunruhigt:* Aber das ist doch wohl nur, weil seine Ansichten –

BURGESS *setzt ihm den Zeigefinger aufs Knie und drückt darauf, um seine Aufmerksamkeit zu erzwingen:* Das hab ich auch immer gedacht, Mr. Marchbanks. Ich hab auch lange geglaubt, es wären nur seine Ansichten; aber, hörn Sie, Ansichten können was sehr Gefährliches wern, wenn 'n Mensch anfängt, danach zu handeln, wie er's tut. Aber das hat mich noch nicht drauf gebracht.

Er blickt um sich, um sich zu vergewissern, daß sie allein sind und sagt dann Eugene ins Ohr: Was, glauben Sie, hat er heut morgen zu mir gesagt, in diesem selben Zimmer?

MARCHBANKS Was denn?

BURGESS Er sagt zu mir – so wahr wie wir jetzt hier sitzen – er sagt: ›Ich bin'n Narr‹ sagt er, ›un Sie sin'n Schurke‹. Ich 'n Schurke, hörn Sie! Und dann schüttelt er mir die Hand darauf, als wär das ne Ehre für mich. Wollen Sie mir sagen, daß der Mann bei Verstand ist?

MORELL *draußen, ruft, während er die Tür aufmacht, Proserpine zu:* Schreiben Sie von allen die Namen und Adressen auf, Miß Garnett.

PROSERPINE *in der Ferne:* Ja, Mr. Morell.

Morell kommt herein, die Dokumente der Delegation in der Hand.

BURGESS *beiseite zu Marchbanks:* Da is er. Haltn Se'n im Auge un passense auf. *Steht feierlich auf.* Es tut mir leid, James, aber ich muß mich bei Ihnen beschweren. Ich tu's nicht gern; aber ich finde, daß ich es muß, 's ist mein Recht un meine Pflicht.

MORELL Was ist denn los?

BURGESS Mr. Marchbanks wird es bestätigen. Er war Zeuge. *Sehr feierlich.* Ihr Frollein hier hat sich so weit vergessen, mich 'n blöden alten Fettsack zu nennen.

MORELL *mit äußerster Munterkeit:* Oh, das sieht Prossy mal wieder ähnlich. Sie ist so offen. Sie kann einfach den Mund nicht halten. Arme Prossy! Ha, ha!

BURGESS *zitternd vor Wut:* Und Sie glauben, ich laß mir das von so ner wie der gefallen?

MORELL Pah, Unsinn! Sie brauchen doch gar keine Notiz davon zu nehmen. Machen Sie sich nichts draus. *Er geht zu der Hausbar und tut die Papiere in eine der Schubladen.*

BURGESS Oh, machen tu ich mir nichts draus. Darüber bin ich erhaben. Aber ist es recht? Das möchte ich wissen. Ist es recht?

MORELL Das ist eine Frage an die Kirche, nicht an die Laien. Hat es Ihnen geschadet? Das ist die Frage, die Sie betrifft. Natürlich hat es Ihnen nicht geschadet. Denken Sie doch nicht mehr dran.

Er beendet die Sache, indem er an seinen Tisch geht und sich an seine Korrespondenz macht.

BURGESS *beiseite zu Marchbanks:* Was habe ich Ihnen gesagt? Verrückt wie 'n Hutmacher. *Er tritt mit der mühsamen Höflichkeit eines hungrigen Menschen an den Tisch.* Wann gibt's was zu essen, James?

MORELL Das dauert noch ein paar Stunden.

BURGESS *mit schmerzlicher Resignation:* Dann seien Sie so gut, James, und geben mir etwas Nettes zu lesen.

MORELL Was für eine Art von Buch soll es denn sein? Ein gutes Buch?

BURGESS *beinahe mit einem Schrei des Protestes:* Nee – oh. Etwas Nettes, nur etwas, um die Zeit zu vertreiben.

Morell nimmt eine Illustrierte vom Tisch und bietet sie an. Burgess nimmt sie demütig entgegen. Vielen Dank, James. *Er geht zum Sessel am Feuer zurück, setzt sich bequem zurecht und fängt an zu lesen.*

MORELL *während er schreibt:* Candida kommt gleich und plaudert mit Ihnen. Sie ist ihre Schülerin los. Sie füllt nur gerade die Lampe auf.

MARCHBANKS *fährt in wilder Bestürzung hoch:* Aber sie wird sich die Hände beschmutzen. Ich kann es nicht ertragen, Morell, es ist eine Schande. Ich gehe und fülle die Lampen nach. *Er eilt auf die Tür zu.*

MORELL Lassen Sie das lieber. *Marchbanks bleibt unentschlossen stehen.* Sie würde Ihnen nur auftragen, mir die Stiefel zu wichsen, damit ich es nicht selber morgen früh zu tun brauche.

BURGESS *mit ernsthafter Mißbilligung:* Habt Ihr denn kein Dienstmädchen mehr, James?

MORELL Doch. Aber die ist keine Sklavin; und das Haus sieht aus, als hielte ich drei. Das bedeutet, daß jeder sein Teil tun muß. Es ist kein schlechter Plan: Prossy und ich können die Arbeit planen, während wir nach dem Frühstück abwaschen. Abwaschen ist keine Mühe, wenn man es zu zweien tut.

MARCHBANKS *gequält:* Glauben Sie, jede Frau wäre aus so grobem Holz wie Miß Garnett?

BURGESS *mit Nachdruck:* Da ham Se ganz recht, Mr. Marchbanks, da ham Se ganz recht! Die ist aus grobem Holz.

MORELL *still und mit Bedeutung:* Marchbanks!

MARCHBANKS Ja?

MORELL Wie viele Dienstboten hält Ihr Vater?

MARCHBANKS *verdrießlich:* Oh, das weiß ich nicht.

Er geht zum Sofa, als wollte er sich so weit wie möglich von Morells Frage entfernen, und setzt sich in großen Geistesqualen hin; er denkt an das Petroleum.

MORELL *sehr streng:* So viele, daß Sie es nicht wissen? *Noch aggressiver:* Wenn es irgend etwas Grobes zu tun gibt, dann läuten Sie nur und schieben es auf jemand anderen, wie?

MARCHBANKS Oh, quälen Sie mich nicht so. Sie läuten ja nicht einmal. Aber die schönen Hände Ihrer Frau fassen ins Petroleum, während Sie hier gemütlich sitzen und Predigten darüber halten; immer müssen Sie predigen, predigen! Worte! Worte! Worte!

BURGESS *der diese Abfuhr zutiefst genießt:* Ha, ha! Zum Teufel noch mal. *Strahlend.* Das hat gesessen, James, aber haargenau!

Candida kommt herein, in einer Hausschürze, mit einer geputzten und gefüllten, zum Anzünden bereiten Leselampe. Sie stellt sie zu Morells Gebrauch in dessen Nähe auf den Schreibtisch.

CANDIDA *reibt mit einem leichten Rümpfen der Nase die Fingerspitzen gegeneinander:* Wenn Sie bei uns bleiben, Eugene, wie wärs dann, wenn ich Ihnen die Lampen überließe.

MARCHBANKS Ich werde unter der einen Bedingung bleiben, daß Sie mir alle grobe Arbeit überlassen.

CANDIDA Das ist sehr ritterlich; aber ich glaube, ich sehe mir zuerst einmal an, wie Sie es machen. *Sie wendet sich an Morell.* James, du hast das Haus nicht ordentlich geführt.

MORELL Was habe ich denn getan – oder nicht getan – mein Herz?

CANDIDA *ernstlich verärgert:* Meine Lieblingsscheuerbürste ist zum Ofenschwärzen benutzt worden.

Ein herzbrechender Jammerlaut entfährt Marchbanks. Burgess sieht sich erstaunt um. Candida eilt zum Sofa. Was ist denn? Sind Sie krank, Eugene?

MARCHBANKS Nein, nicht krank. Nur: Entsetzen, Entsetzen! Entsetzen! *Er läßt den Kopf auf die Hände sinken.*

BURGESS *erschrocken:* Was? Sie haben 'n Anfall? Oh, das ist schlimm, in Ihrem Alter! Sie müssen sich ganz langsam entspannen.

CANDIDA *beruhigt:* Unsinn, Papa! Es ist nur ein poetischer Anfall, nicht wahr, Eugene? *Sie tätschelt ihn.*

BURGESS *beschämt:* Oh, ein poetischer Anfall. Verzeihen Sie, ich bitte sehr um Verzeihung. *Er wendet sich wieder dem Feuer zu, beschämt über seine Voreiligkeit.*

CANDIDA Was war es denn, Eugene? Die Scheuerbürste? *Er schaudert.* Aber, aber, vergessen Sie es. *Sie setzt sich neben ihn.* Wie wäre es, wenn Sie mir eine schöne neue Bürste schenkten, mit Elfenbeinrücken und Perlmutterintarsien?

MARCHBANKS *sanft und melodisch, aber traurig und voller Sehnsucht:* Nein, keine Scheuerbürste, sondern ein Boot; eine winzige Schaluppe, in der man davonsegeln könnte, weit weg von dieser Welt, dorthin, wo der Regen die Marmorböden wäscht und die Sonne sie trocknet; wo der Südwind den Staub von den schönen, grünen und purpurnen Teppichen bläst. Oder einen Wagen, der uns in die Lüfte trägt, wo die Lampen Sterne sind und nicht jeden Tag mit Petroleum gefüllt werden müssen.

MORELL *grob:* Und wo man nichts zu tun braucht, als müßig, selbstsüchtig und nutzlos zu sein.

CANDIDA *gereizt:* Oh, James. Wie kannst du alles so verderben.

MARCHBANKS *heftig:* Ja, müßig, selbstsüchtig und nutzlos sein, das heißt, schön, frei und glücklich zu sein; hat das nicht jeder Mann aus ganzer Seele für die Frau, die er liebt, begehrt? Das ist mein Ideal. Was ist Ihr Ideal und das Ideal all der schrecklichen Menschen, die in diesen abstoßenden Häuserreihen wohnen? Predigten und Scheuerbürsten! Das Predigen für Sie und das Scheuern für Ihre Frau.

CANDIDA *weise:* Er wichst die Schuhe, Eugene. Weil Sie das gesagt haben, werden zur Strafe Sie sie morgen wichsen.

MARCHBANKS Oh, sprechen Sie nicht von Schuhen. Wie schön wären Ihre bloßen Füße auf den Bergen!

CANDIDA Auf der Hackney Road wären meine Füße ohne Schuhe nicht schön.

BURGESS *empört:* Komm Candy, sei nicht vulgär. Mr. Marchbanks ist das nicht gewöhnt. Er kriegt sonst wieder'n Anfall. Ich mein, nen poetischen.

Morell schweigt. Offensichtlich ist er mit seinen Briefen beschäftigt; in Wirklichkeit ist er von Zweifeln geplagt wegen der neuen und beunruhigenden Erfahrung, daß Eugene seine moralischen Ausfälle um so schneller und erfolgreicher pariert, je sicherer er selber sich in ihnen fühlt. Die Erfahrung, daß er anfängt, einen Mann zu fürchten, den er nicht achtet, schmerzt ihn tief.

Miß Garnett kommt mit einem Telegramm herein.

PROSPERINE *reicht Morell das Telegramm:* Rückantwort bezahlt. Der Junge wartet.

Während sie wieder an ihre Maschine geht und sich setzt, zu Candida. Maria erwartet Sie in der Küche, Mrs. Morell.

Candida erhebt sich. Die Zwiebeln sind gekommen.

MARCHBANKS *angeekelt:* Zwiebeln!

CANDIDA Ja, Zwiebeln. Und nicht einmal spanische; sondern eklige, kleine rote Zwiebeln. Sie sollen mir helfen, sie zu schneiden. Kommen Sie.

Sie faßt ihn beim Handgelenk und läuft hinaus, dabei zieht sie ihn hinter sich her. Burgess erhebt sich ganz konsterniert, bleibt fassungslos auf dem Kaminvorleger stehen und starrt hinter ihnen her.

BURGESS Candy hätt 'nen Neffen von 'nem Grafen nich so anpacken sollen. Das geht zu weit. Hör mal James, kriegt sie manchmal so komische Touren?

MORELL *kurz angebunden. Liest das Telegramm:* Ich weiß nicht.

BURGESS *sentimental:* Er spricht sehr hübsch. Ich hatt' immer 'ne Schwäche fürn bißchen was Poetisches. Da kommt Candy ganz auf mich. Hab ihr immer Märchen erzählt, da war sie noch 'n kleines Ding, nicht größer als so. *Er deutet eine Größe von etwa 60 cm an.*

MORELL *mit seinen Gedanken beschäftigt:* Ach, wirklich? *Er fährt mit dem Löscher über die ausgefüllte Telegramm-Rückantwort und geht hinaus.*

PROSERPINE Haben Sie denn die Märchen selber erfunden? *Burgess geruht nicht zu antworten, er nimmt auf dem Kaminvorleger eine höchst hochmütige und verächtliche Haltung ein.*

PROSERPINE *ruhig:* Ich hätte nie gedacht, daß sowas in Ihnen steckte. Übrigens, ich möchte Sie warnen, da Sie offenbar solchen Gefallen an Mr. Marchbanks finden. Er ist verrückt.

BURGESS Verrückt? Was? Er auch?

PROSERPINE Verrückt wie 'n Märzhase. Ich kann Ihnen sagen, der hat mir 'nen Schrecken eingejagt, gerade bevor Sie eben hereinkamen. Haben Sie nicht gemerkt, was für sonderbare Sachen der sagt?

BURGESS Das war also mit dem poetischen Anfall gemeint. 's ist mir wirklich ein oder zweimal durch den Kopf gegangen, daß er se nich alle beisammen haben könnte!
Er geht durch das Zimmer auf die Tür zu, während des Gehens hebt er die Stimme. Na, das is mir hier 'n nettes Irrenhaus, und keiner, der auf ihn aufpaßt außer Ihnen!

PROSERPINE *als er an ihr vorbeikommt:* Ja, das wäre schrecklich, wenn I h n e n was passierte!

BURGESS *hochmütig:* Richten Sie keine Bemerkungen an mich. Sagen Sie Ihrem Arbeitgeber, ich wäre in 'n Garten gegangen, weil ich rauchen will.

PROSERPINE *höhnisch:* Oh!
Bevor Burgess ihr eine Antwort geben kann, kommt Morell zurück.

BURGESS *weinerlich:* Ich geh mal in den Garten, James, rauchen.

MORELL *brüsk:* Oh, natürlich, natürlich!
Burgess geht, den müden alten Mann spielend, hinaus. Morell steht am Tisch, wühlt in seinen Papieren und fügt, halb scherzhaft, halb geistesabweisend, an Proserpine gewandt hinzu.
Na, Miß Prossy, warum haben Sie meinen Schwiegervater mit Schimpfnamen belegt?

PROSERPINE *wird feuerrot, schaut schnell zu ihm auf, halb ängstlich, halb vorwurfsvoll:* Ich – *bricht in Tränen aus.*

MORELL *beugt sich mit zärtlicher Heiterkeit über den Tisch zu ihr hin, um sie zu trösten:* Aber, aber, aber. Vergessen Sie's Pross; er ist ein blöder alter Fettsack, nicht wahr?
Mit einem explodierenden Schluchzer stürzt sie auf die Tür zu, verschwindet und knallt sie hinter sich zu. Morell schüttelt re-

signiert den Kopf, seufzt und geht müde zu seinem Stuhl. Er setzt sich und beginnt zu arbeiten; er sieht alt und bekümmert aus.

Candida kommt herein. Sie hat ihre Hausarbeit beendet und die Schürze abgenommen. Sie bemerkt sofort seine Niedergeschlagenheit und stellt sich ruhig hinter den Besucherstuhl. Sie blickt aufmerksam auf ihn herunter, sagt aber nichts.

MORELL *blickt auf, hält aber die Feder in der erhobenen Hand, um mit der Arbeit fortzufahren:* Nun? Und wo ist Eugene?

CANDIDA Er wäscht sich in der Spülküche die Hände an der Wasserleitung. Wenn er seine Angst vor Maria überwinden könnte, würde er noch ein ausgezeichneter Koch.

MORELL *kurz angebunden:* Ha! Zweifelsohne. *Er fängt wieder an zu schreiben.*

CANDIDA *geht näher heran und legt ihre Hand sanft auf seine, um ihn am Schreiben zu hindern:* Komm, Lieber. Laß dich anschauen.

Er legt die Feder hin und überläßt sich ihr. Sie zieht ihn hoch und ein wenig vom Tisch weg, wobei sie ihn die ganze Zeit prüfend betrachtet. Dreh dein Gesicht zum Licht. *Sie dreht sein Gesicht so, daß das Licht vom Fenster darauffällt.* Mein Junge sieht nicht gut aus. Hat er zuviel gearbeitet?

MORELL Nicht mehr als sonst.

CANDIDA Er ist ganz blaß und grau und runzlig und alt.

Seine Melancholie wird immer tiefer, und sie geht ihr mit mutwilliger Fröhlichkeit zu Leibe. Hier. *Sie zieht ihn zum Sessel.* Für heute hast du genug geschrieben. Laß Prossy den Rest machen. Komm und sprich mit mir.

MORELL Aber –

CANDIDA *hartnäckig:* Doch, du mußt mit mir sprechen.

Sie drückt ihn in den Sessel und setzt sich neben seinem Knie auf den Teppich.

So, *sie tätschelt seine Hand:* Jetzt siehst du schon besser aus. Warum mußt du jeden Abend weggehen und Vorträge und Reden halten? Ich habe dich kaum einen Abend in der Woche für mich. Natürlich, was du sagst, ist alles sehr wahr; aber es nützt nichts; sie machen sich kein bißchen aus dem, was du sagst. Sie glauben, deiner Meinung zu sein, aber was nützt es, wenn sie deiner Meinung sind, und in dem Augenblick, wo du den Rücken gedreht hast, hingehen und genau das Gegenteil von dem tun, was du ihnen sagst. Sieh dir deine Gemeinde an. Warum kommen sie jeden Sonntag und hören dich über das

Christentum reden? Weil sie sechs Tage lang so mit Geschäften und Geldverdienen beschäftigt gewesen sind, daß sie am siebenten sich davon ausruhen und alles vergessen wollen; nur damit sie wieder frisch an die Arbeit gehen und noch mehr Geld machen können. In Wirklichkeit hilfst du ihnen dabei, statt sie daran zu hindern.

MORELL *mit kraftvollem Ernst:* Du weißt sehr wohl, Candida, daß ich ihnen deshalb oft tüchtig Bescheid sage. Und wenn sie beim Kirchgang wirklich nur Ruhe und Ablenkung suchen, warum unternehmen sie dann nichts Amüsanteres, etwas, wobei man sich mehr gehenlassen kann? Es muß doch etwas Gutes an der Tatsache sein, daß sie sonntags die Kirche schlimmeren Orten vorziehen.

CANDIDA Oh, die schlimmeren Orte haben nicht geöffnet und selbst, wenn sie geöffnet wären, sie fürchten, daß man sie beim Hineingehen sieht. Übrigens, mein lieber James, du predigst so glänzend, daß es für sie ebenso gut ist wie ins Theater zu gehen. Warum, glaubst du, sind die Frauen so begeistert?

MORELL *schockiert:* Candida!

CANDIDA Ich weiß es. Du törichter Junge: du glaubst, es ist dein Sozialismus und deine Religion: aber wenn es das wäre, so würden sie tun, was du ihnen sagst, statt nur hinzukommen, um dich anzuschauen. Sie leiden alle an Prossys Krankheit.

MORELL Prossys Krankheit? Was meinst du damit, Candida?

CANDIDA Ja, Prossy, und alle Sekretärinnen, die du je gehabt hast. Warum läßt Prossy sich herab, Geschirr abzuwaschen, Kartoffeln zu schälen und sich auf alle mögliche Weise zu erniedrigen, und das für sechs Shilling weniger in der Woche, als sie früher in ihrem Stadtbüro bekam. Sie ist in dich verliebt, James, das ist der Grund. Sie sind alle in dich verliebt. Und du bist ins Predigen verliebt, weil du das so schön kannst. Und du glaubst, es ist alles nur Begeisterung für das Himmelreich auf Erden, und das glauben sie auch. Du liebes Dummchen!

MORELL Candida, was für ein schrecklicher, was für ein seelenzerstörender Zynismus? Machst du nur Spaß? Oder – könnte das sein – bist du eifersüchtig?

CANDIDA *mit einer besonderen Nachdenklichkeit:* Ja, manchmal bin ich ein bißchen eifersüchtig.

MORELL *ungläubig:* Auf Prossy!

CANDIDA *lachend:* Nein, nein, nein, nein. Nicht eifersüchtig auf irgendeinen Menschen. Eifersüchtig für jemanden, der nicht so geliebt wird, wie er es verdient.

MORELL Ich?

CANDIDA Du? Aber du wirst doch verwöhnt mit Liebe und Verehrung, du bekommst mehr davon, als gut für dich ist. Nein, ich meine Eugene.

MORELL *aufgeschreckt:* Eugene?

CANDIDA Es kommt mir unfair vor, daß alle Liebe auf dich fällt und keine auf ihn, obgleich er sie so viel nötiger hat als du. *Gegen seinen Willen durchfährt Morell eine krampfhafte Bewegung.* Was ist? Quäle ich dich?

MORELL *hastig:* Nein, nein. *Blickt sie mit besorgter Intensität an.* Du weißt, Candida, daß ich dir vollkommen vertraue.

CANDIDA Du eitler Kerl. Bist du dir deiner Unwiderstehlichkeit so sicher?

MORELL Candida, du tust mir weh. Ich habe nicht an meine Unwiderstehlichkeit gedacht. Ich habe an deine Güte, an deine Reinheit gedacht. In diese setze ich mein Vertrauen.

CANDIDA Wie eklig, mir so etwas auf die Seele zu binden. Oh, wie sehr du doch Pastor bist, James, durch und durch Pastor.

MORELL *wendet sich tief verletzt von ihr ab:* Das sagt auch Eugene.

CANDIDA *lebhaft interessiert, beugt sich zu ihm und stützt ihre Arme auf sein Knie:* Eugene hat immer recht. Er ist ein wunderbarer Junge: während ich verreist war, habe ich ihn immer lieber gewonnen. Weißt du James, er hat selber nicht die geringste Ahnung davon, aber er steht kurz davor, sich Hals über Kopf in mich zu verlieben.

MORELL *grimmig:* Ach, er hat nicht die geringste Ahnung davon?

CANDIDA Nicht die geringste. *Sie nimmt die Arme von seinem Knie und wendet sich gedankenverloren ab und versinkt, die Hände im Schoß, in eine ruhende Haltung.* Eines Tages wird er es wissen; eines Tages, wenn er so erwachsen und erfahren ist wie du. Und er wird wissen, daß ich es gewußt haben muß. Was wird er dann wohl von mir denken?

MORELL Nichts Schlechtes, Candida. Ich hoffe und vertraue darauf, nichts Schlechtes.

CANDIDA *zweifelnd.* Das wird davon abhängen.

MORELL *verwirrt:* Abhängen?

CANDIDA *sieht ihn an:* Ja, es wird davon abhängen, was ihm widerfährt. *Er sieht sie mit leerem Blick an.* Verstehst du nicht? Es wird davon abhängen, wie er erfährt, was Liebe wirklich ist. Ich meine, es wird von der Art Frau abhängen, die es ihn lehrt.

MORELL *versteht gar nichts:* Ja. Ich weiß nicht, was du meinst.

CANDIDA *erklärend:* Wenn er es von einer guten Frau lernt, dann wird alles gut sein, er wird mir vergeben.

MORELL Vergeben?

CANDIDA Aber wenn er es von einer schlechten Frau lernt, wie so viele Männer, besonders Dichter, die glauben, alle Frauen wären Engel! Wenn er nun den Wert der Liebe erst erkennt, wenn er sie weggeworfen und sich selbst in seiner Unwissenheit erniedrigt hat! Wird er mir dann vergeben? Was glaubst du?

MORELL Was soll er dir vergeben?

CANDIDA *merkt wie dumm er ist; ein wenig enttäuscht, aber doch zärtlich:* Verstehst du nicht? *Er schüttelt den Kopf. Sie wendet sich ihm zu, um es ihm mit zärtlicher Vertraulichkeit zu erklären.* Ich wollte sagen, wird er mir vergeben, daß ich es ihn nicht selber gelehrt habe? Daß ich ihn, um meiner Tugend willen, meiner Reinheit, wie du es nennst, den schlechten Frauen überlassen habe? Ach James, wie wenig verstehst du mich, wenn du von deinem Vertrauen in meine Tugend und meine Reinheit redest! Wenn nichts anderes mich abhielte, ich würde beide dem armen Eugene ebenso willig geben, wie ich mein Umschlagtuch einem Bettler gäbe, der vor Kälte umkommt. Vertraue auf meine Liebe zu dir, James; denn wenn die verginge, würde ich mich wenig um deine Predigten scheren; es sind nur Phrasen, mit denen du dich und andere täglich betrügst. *Sie will aufstehen.*

MORELL Genau seine Worte!

CANDIDA *Unterbricht schnell ihre Bewegung und bleibt sitzen:* Wessen Worte?

MORELL Eugenes.

CANDIDA *entzückt:* Er hat immer recht. Er versteht dich; er versteht mich; er versteht Prossy; und du, mein Schatz, du verstehst nichts.

Sie lacht und küßt ihn, um ihn zu trösten. Er weicht zurück, als habe sie ihn mit einem Dolch durchbohrt und springt auf.

MORELL Wie kannst du so etwas tun, wo du – oh, Candida. *Mit Qual in der Stimme.* Es wäre mir lieber, du hättest mir einen Enterhaken ins Herz gestoßen, als mir diesen Kuß zu geben.

CANDIDA *überrascht:* Mein Lieber, was ist denn nur?

MORELL *scheucht sie mit wilden Gebärden weg:* Rühr mich nicht an.

CANDIDA James!!!

Sie werden von Marchbanks und Burgess unterbrochen, die eintreten und erstarrt an der Tür stehenbleiben.

MARCHBANKS Ist etwas nicht in Ordnung?

MORELL *totenblaß, beherrscht sich mit äußerster Anstrengung:* Es ist nur dies: entweder hatten Sie heute morgen recht, oder Candida ist wahnsinnig geworden.

BURGESS *protestiert laut:* Was! Auch Candida wahnsinnig? Aber hören Sie! Hören Sie mal!

Er geht protestierend durch das Zimmer zum Kamin und klopft am Kamingitter seine Pfeife aus.

Morell setzt sich verzweifelt an seinen Tisch, beugt sich vor, um sein Gesicht zu verbergen, er preßt die gefalteten Finger fest zusammen, damit man ihr Zittern nicht bemerkt.

CANDIDA *zu Morell, lachend und erleichtert:* Oh, du bist nur schockiert! Ist das alles? Wie konventionell ihr unkonventionellen Leute doch alle seid! *Sie setzt sich fröhlich auf die Armlehne des Sessels.*

BURGESS Komm, Candy, benimm dich, was soll Mr. Marchbanks von dir denken!

CANDIDA Das kommt davon, daß James mich gelehrt hat, selber zu denken und niemals aus Angst vor dem, was die anderen von mir denken könnten, zu schweigen. Es geht alles gut, solange ich das gleiche denke wie er. Aber jetzt, wo ich einmal etwas anderes gedacht habe. Seht ihn euch an! Seht ihn euch nur an!

Sie deutet äußerst amüsiert auf Morell. Eugene blickt hin und preßt sofort die Hand aufs Herz, als hätte er dort einen Stich verspürt. Er setzt sich aufs Sofa, wie ein Mann, der Zeuge einer Tragödie wird.

BURGESS *auf dem Kaminvorleger:* Ja, James, Sie sehn wirklich nicht so imponierend aus wie sonst.

MORELL *mit einem Lachen, das halb wie ein Schluchzen klingt:* Wahrscheinlich nicht. Ich bitte euch alle um Verzeihung; es war mir nicht bewußt, daß ich mich anstelle. *Er reißt sich zusammen.* Also weiter, weiter! *Er fängt an, sich wieder mit entschlossener Munterkeit mit seinen Papieren zu beschäftigen.*

CANDIDA *geht zum Sofa und setzt sich neben Marchbanks. Immer noch in Necklaune:* Nun, Eugene, warum sind Sie so traurig? Haben die Zwiebeln Sie zum Weinen gebracht?

MARCHBANKS *beiseite zu ihr:* Es ist Ihre Grausamkeit. Ich hasse Grausamkeit. Es ist schrecklich einen Menschen zu sehen, der einen anderen quält.

CANDIDA *tätschelt ihn auf ironische Weise:* Armer Junge! Bin ich grausam gewesen? Habe ich Sie eklige kleine rote Zwiebeln schneiden lassen?

MARCHBANKS *ernst:* Oh, hören Sie auf, hören Sie auf! Ich meinte nicht mich. Sie haben ihn schrecklich gequält. Ich spüre seinen Schmerz in meinem eigenen Herzen. Ich weiß, es ist nicht Ihre Schuld, es ist etwas, das geschehen muß; aber machen Sie sich nicht dabei lustig. Ich schaudere, wenn Sie ihn quälen und dabei lachen.

CANDIDA *ungläubig:* Ich quäle James? Unsinn, Eugene; wie Sie übertreiben! Wie töricht! *Sie steht auf und geht ein wenig beunruhigt zum Tisch.* Arbeite nicht weiter, mein Lieber. Komm und sprich mit uns.

MORELL *zärtlich, aber verbittert:* Ach nein, sprechen kann ich nicht. Ich kann nur predigen.

CANDIDA *streichelt seine Hand:* Nun, dann komm und predige.

BURGESS *in heftigem Tadel:* Oh, nein Candy! Verdammt noch mal!

Lexy Mill kommt herein, eifrig und wichtigtuerisch.

LEXY *eilt auf Candida zu und reicht ihr die Hand:* Wie gehts Ihnen, Mrs. Morell? Ich freue mich sehr, daß Sie wieder da sind!

CANDIDA Vielen Dank, Lexy. Sie kennen doch Eugene, nicht wahr?

LEXY Oh ja. Wie gehts, Marchbanks?

MARCHBANKS Danke, ganz gut.

LEXY *zu Morell:* Ich komme gerade von der Gilde von St. Matthew. Sie sind ganz bestürzt über Ihr Telegramm.

CANDIDA Was stand denn in dem Telegramm, James.

LEXY *zu Candida:* Er sollte heute abend bei ihnen reden. Sie haben den großen Saal in Morestreet gemietet und viel Geld für Plakate ausgegeben. Morell schickte ein Telegramm, daß er nicht käme. Es schlug wie ein Blitz bei ihnen ein.

CANDIDA *überrascht, der Verdacht steigt in ihr auf, daß etwas nicht stimmt:* Die Zusage einer Rede widerrufen?

BURGESS Ich wette, das war's erste Mal in seinem Leben, is doch so, Candy?

LEXY *zu Morell:* Sie beschlossen, Ihnen ein dringendes Telegramm zu schicken, ob Sie Ihren Entschluß nicht ändern könnten. Haben Sie es bekommen?

MORELL *mit unterdrückter Ungeduld:* Ja, ja. Ich hab's bekommen.

LEXY Es war mit Rückantwort.

MORELL Ja, ich weiß. Ich hab's beantwortet. Ich kann nicht gehen.

CANDIDA Aber warum denn nicht, James?

MORELL *fast wütend:* Weil ich nicht will. Diese Leute vergessen, daß ich ein Mensch bin; sie glauben, ich bin eine Sprechmaschine, die sie jeden Abend zu ihrem Vergnügen aufdrehen können. Darf ich nicht einen Abend zu Hause bleiben bei meiner Frau und meinen Freunden?

Alle sind überrascht von diesem Ausbruch, nur Eugene nicht. Sein Ausdruck bleibt unverändert.

CANDIDA Oh, James, vergiß, was ich darüber gesagt habe. Und wenn du nicht gehst, hast du morgen einen Anfall von Gewissensbissen.

LEXY *schüchtern, aber eindringlich:* Ich weiß natürlich, daß man Sie auf die unbegreiflichste Weise überfordert. Aber Sie haben überallhin telegraphiert, um einen anderen Redner zu finden, und sie können niemanden bekommen, außer dem Präsidenten der Liga der Agnostiker.

MORELL *prompt:* Nun, das ist ein ausgezeichneter Mann. Etwas Besseres können sie sich gar nicht wünschen.

LEXY Aber er besteht immer mit solchem Nachdruck auf der Trennung von Sozialismus und Christentum. Er wird alles, was wir erreicht haben, wieder zerstören. Natürlich, Sie müssen es am besten wissen – aber... *Er zuckt die Schultern, schlendert zum Kamin und stellt sich neben Burgess.*

CANDIDA *schmeichelnd:* O James, geh doch hin. Wir gehen alle mit.

BURGESS *murrend:* Aber hör mal, Candy. Ich meine, wir sollten gemütlich zu Hause am Feuer bleiben. Er bleibt doch nur ein paar Stunden weg.

CANDIDA Bei der Versammlung ist es genauso gemütlich. Wir werden alle auf der Tribüne sitzen und wichtige Leute sein.

EUGENE *erschrocken:* Oh, bitte, nicht auf die Tribüne. Nein, alle werden uns anstarren. Das halte ich nicht aus. Ich setze mich hinten in den Saal.

CANDIDA Haben Sie keine Angst. Man wird zu sehr damit beschäftigt sein, James anzusehen. Man wird Sie gar nicht bemerken.

MORELL Prossys Krankheit, Candida? Wie?

CANDIDA *munter:* Ja: Prossys Krankheit.

BURGESS *versteht nicht:* Prossys Krankheit? Wovon sprechen Sie eigentlich, James?

MORELL *steht, ohne ihn zu beachten, auf und geht zur Tür; er hält sie auf und ruft im Befehlston:* Miß Garnett.

PROSERPINE *entfernt:* Ja, Mr. Morell. Ich komme.

Alle warten, außer Burgess, der sich heimlich an Lexy wendet.

BURGESS Hör'n Sie mal, Mr. Mill. Was ist Prossys Krankheit? Was fehlt ihr denn?

LEXY *vertraulich:* Nun, ich weiß es nicht genau; aber sie sagte mir heute morgen sehr seltsame Sachen. Ich fürchte, sie ist manchmal nicht ganz bei sich.

BURGESS *überwältigt:* Was? Es muß ansteckend sein! Hier im selben Hause.

PROSERPINE *erscheint auf der Schwelle:* Was ist, Mr. Morell?

MORELL Telegraphieren Sie an die Gilde von St. Matthew, daß ich komme.

PROSERPINE *überrascht:* Die erwarten Sie aber doch schon.

MORELL *gebieterisch:* Tun Sie, was ich Ihnen sage.

Proserpine setzt sich erschreckt an ihre Schreibmaschine und gehorcht. Morell geht auf eine überraschend entschlossene und kraftvolle Art auf Burgess zu. Candida beobachtet seine Bewegungen mit wachsender Verwunderung und Beunruhigung.

MORELL Burgess, Sie wollen nicht mitkommen?

BURGESS Oh, so dürfen Sie 's nicht ausdrücken, James. S' ist nur, weil heut Sonntag ist. Sie verstehen doch?

MORELL Das bedaure ich. Ich glaubte, es würde Sie interessieren, dem Vorsitzenden vorgestellt zu werden. Er ist im Komitee für öffentliche Arbeiten bei der Stadtverwaltung und hat einigen Einfluß auf die Vergabe von Aufträgen. *Burgess ist sofort wach.* Sie kommen also mit?

BURGESS *begeistert:* Natürlich komm ich mit, James. Is doch immer 'n Vergnügen, Ihnen zuzuhören.

MORELL *wendet sich an Prossy:* Wenn Sie sonst nichts vorhaben, Miß Garnett, ich hätte gern, wenn Sie bei der Versammlung ein paar Notizen aufnehmen. *Sie nickt, sie hat Angst zu sprechen.* Sie kommen doch auch mit, Lexy?

LEXY Aber gewiß.

CANDIDA Wir kommen alle mit, James.

MORELL Nein, du kommst nicht mit, und Eugene auch nicht. Du bleibst hier und leistest ihm Gesellschaft – zur Feier deiner Heimkehr. *Eugene erhebt sich, atemlos.*

CANDIDA Aber James –

MORELL *mit Autorität:* Ich bestehe darauf. Du hast gar keine Lust, mitzukommen und er auch nicht. *Candida will wider-*

sprechen. Oh, mach dir meinetwegen keine Gedanken. Ich werde auch ohne euch genug Menschen um mich haben; eure Stühle werden für Leute gebraucht, die noch nicht bekehrt sind, die mich noch nie gehört haben.

CANDIDA *besorgt:* Eugene, würden Sie nicht gern mitgehen?

MORELL In Eugenes Gegenwart wäre ich gehemmt. Er ist Predigten gegenüber so kritisch. *Sieht ihn an.* Er weiß, daß ich Angst vor ihm habe, er hat es mir heute morgen gesagt. Nun, ich zeige ihm, wieviel Angst ich vor ihm habe, indem ich ihn hier in deiner Obhut zurücklasse, Candida.

MARCHBANKS *zu sich selbst, mit lebhafter Empfindung:* Das ist tapfer. Das ist edel.

CANDIDA *ängstlich und mißtrauisch:* Aber – aber – ist irgendetwas, James? *Sehr beunruhigt.* Ich verstehe nicht –

MORELL *nimmt sie zärtlich in die Arme und küßt sie auf die Stirn:* Ach, ich dachte, i c h verstände nicht, mein Schatz.

Dritter Akt

Nach zehn Uhr abends. Die Vorhänge sind zugezogen und die Lampen brennen. Die Schreibmaschine ist in ihrer Hülle; der große Tisch ist aufgeräumt; alles deutet darauf hin, daß die Tagesarbeit getan ist.

Candida und Marchbanks sitzen am Feuer. Die Leselampe steht auf dem Kaminsims über Marchbanks, der auf dem Kinderstuhl sitzt und laut vorliest. Ein kleiner Stoß Manuskripte und ein paar Gedichtbände liegen auf dem Teppich neben ihm. Candida sitzt im Lehnstuhl. Den Schürhaken, ein leichtes Messinginstrument, hält sie aufrecht in der Hand. Zurückgelehnt starrt sie auf die Spitze des Schürhakens, sie hat die Füße zum Feuer hin ausgestreckt und befindet sich in einem Wachtraum, meilenweit entfernt von ihrer Umgebung; sie hat Eugene völlig vergessen.

MARCHBANKS *bricht seine Rezitation ab:* Alle Dichter, die je gelebt haben, haben diesen Gedanken in ein Sonett gekleidet. Sie mußten es tun. Sie konnten nicht anders.
Er blickt, Zustimmung fordernd, zu ihr auf und bemerkt, daß sie in die Betrachtung des Schürhakens versunken ist. Haben Sie gar nicht zugehört? *keine Antwort.* Mrs. Morell!

CANDIDA *fährt auf:* Wie?

MARCHBANKS Haben Sie nicht zugehört?

CANDIDA *mit schuldbewußter, übertriebener Höflichkeit:* Oh, doch. Es ist sehr schön. Lesen Sie weiter, Eugene. Ich möchte zu gern hören, was mit dem Engel geschieht.

MARCHBANKS *läßt das Manuskript aus der Hand auf den Boden fallen:* Verzeihen Sie, daß ich Sie gelangweilt habe.

CANDIDA Aber Sie langweilen mich doch nicht, ich versichere Sie. Bitte lesen Sie weiter, Eugene. Bitte!

MARCHBANKS Ich habe das Gedicht mit dem Engel vor einer Viertelstunde beendet. Ich habe danach verschiedene andere Sachen gelesen.

CANDIDA *reuig:* Es tut mir leid, Eugene. Das Schüreisen muß mich hypnotisiert haben. *Sie legt es nieder.*

MARCHBANKS Es hat mich schrecklich nervös gemacht.

CANDIDA Warum haben Sie nichts gesagt. Ich hätte es sofort hingelegt.

MARCHBANKS Ich hatte Angst, Sie auch unsicher zu machen. Es

sah aus, als hielten Sie eine Waffe. Wäre ich einer der Helden der Vorzeit, so hätte ich mein blankes Schwert zwischen uns gelegt. Wäre Morell eben hereingekommen, so hätte er geglaubt, Sie hätten das Schüreisen ergriffen, weil kein Schwert zwischen uns lag.

CANDIDA *nachdenklich:* Was? *Sie wirft ihm einen verwirrten Blick zu.* Ich kann Ihnen nicht ganz folgen. Ihre Sonette haben mich völlig durcheinandergebracht. Warum sollte denn ein Schwert zwischen uns liegen?

MARCHBANKS *ausweichend:* Oh, es ist auch nicht wichtig. *Er bückt sich, um die Manuskripte aufzuheben.*

CANDIDA Legen Sie sie wieder hin, Eugene. Mein Appetit auf Gedichte hat Grenzen, sogar der auf Ihre Gedichte. Sie haben mir jetzt mehr als zwei Stunden vorgelesen. Die ganze Zeit, seit James weggegangen ist. Ich möchte mit Ihnen sprechen.

MARCHBANKS *erhebt sich erschrocken:* Nein, ich darf nicht sprechen. *Er blickt sich auf seine verlorene Weise um, und fügt dann plötzlich hinzu.* Ich glaube, ich mache einen Spaziergang durch den Park. *Er eilt auf die Tür zu.*

CANDIDA Unsinn, der Park ist längst geschlossen. Kommen Sie her und setzen Sie sich auf den Kaminvorleger und reden Sie Unsinn, wie Sie es sonst auch tun. Ich möchte unterhalten werden. Wollen Sie?

MARCHBANKS *halb in Schrecken, halb entzückt:* Ja.

CANDIDA Dann kommen Sie. *Sie verrückt ihren Stuhl ein wenig, um ihm Platz zu machen. Er zögert. Dann streckt er sich schüchtern auf dem Kaminvorleger aus, er legt den Kopf mit nach oben gewandtem Gesicht auf ihre Knie und sieht zu ihr auf.*

MARCHBANKS Oh, ich bin den ganzen Abend so unglücklich gewesen, weil ich recht getan habe. Jetzt tue ich unrecht und bin glücklich.

CANDIDA *auf zärtliche Weise über ihn amüsiert:* Ja, Sie kommen sich bestimmt wie ein großer, erwachsener, böser Verführer vor. Sie sind ganz stolz auf sich, nicht wahr?

MARCHBANKS *hebt schnell die Hand und dreht sich um, um sie anzusehen:* Nehmen Sie sich in acht. Ich bin sehr viel älter als Sie, wenn Sie es nur wüßten. *Er dreht sich ganz um, kniet vor ihr, seine verschränkten Hände und seine Arme sind auf ihren Schoß gestützt, er spricht mit wachsender Heftigkeit, sein Blut beginnt sich zu regen.* Darf ich Ihnen ein paar böse Sachen sagen?

CANDIDA *ohne die geringste Furcht oder Kälte, mit vollkommener Achtung vor seiner Leidenschaft, aber mit einer Spur ihres klugen, mütterlichen Humors:* Nein. Aber Sie dürfen alles sagen, das Sie wirklich und wahrhaftig fühlen. Alles, ganz gleich, was es ist. Ich habe keine Angst, solange es Ihr eigenes Selbst ist, das spricht, und nicht eine bloße Attitüde; eine tapfere Attitüde oder eine böse Attitüde oder auch nur eine künstlerische Attitüde. Das müssen Sie mir auf Ehre und Gewissen versprechen. Und nun sagen Sie, was immer Sie sagen wollen.

MARCHBANKS *der drängende Ausdruck verschwindet ganz von seinen Lippen und Nasenflügeln, während seine Augen in einer rührenden Innerlichkeit aufleuchten:* Oh, nun kann ich überhaupt nichts mehr sagen; alle Worte, die ich kenne, gehören zu einer der Attitüden – alle, nur eins nicht.

CANDIDA Und was für ein Wort ist das?

MARCHBANKS *weich, er verliert sich in der Melodie des Namens:* Candida, Candida, Candida, Candida, Candida. Ich muß es jetzt sagen, Sie haben mich bei meiner Ehre und meinem Gewissen genommen, und ich denke und fühle nie Mrs. Morell, immer nur Candida.

CANDIDA Natürlich. Und was haben Sie Candida zu sagen?

MARCHBANKS Nichts als Ihren Namen tausendmal zu wiederholen. Fühlen Sie nicht, daß es jedesmal ein Gebet ist, das ich an Sie richte?

CANDIDA Macht es Sie nicht glücklich, beten zu können?

MARCHBANKS Ja, sehr glücklich.

CANDIDA Nun, dieses Glücksgefühl ist die Antwort auf Ihr Gebet. Wollen Sie noch mehr?

MARCHBANKS Nein, ich bin in den Himmel gekommen, wo man Mangel nicht kennt.

Morell kommt herein. Er bleibt auf der Schwelle stehen und übersieht die Szene mit einem Blick.

MORELL *feierlich und beherrscht:* Ich hoffe, ich störe euch nicht.

Candida fährt heftig hoch, aber ohne die geringste Verlegenheit, sie lacht still in sich hinein. Eugene wird durch die heftige Bewegung aus dem Gleichgewicht gebracht, fängt sich wieder, ohne aufzustehen, bleibt auf dem Teppich sitzen, die Arme um die angezogenen Beine geschlungen, auch er ist überhaupt nicht verlegen.

CANDIDA Oh, James, du hast mich erschreckt! Ich war so mit Eugene beschäftigt, daß ich den Hausschlüssel gar nicht gehört habe. Wie war denn die Versammlung? Hast du gut gesprochen?

MORELL Ich habe nie im Leben besser gesprochen.

CANDIDA Das ist ausgezeichnet. Wie hoch war die Kollekte?

MORELL Ich habe vergessen, danach zu fragen.

CANDIDA *zu Eugene:* Er muß hinreißend gesprochen haben, sonst hätte er das nicht vergessen. *Zu Morell:* Wo sind die anderen alle?

MORELL Sie sind gegangen, lange bevor ich mich losreißen konnte; ich dachte, ich käme nie weg. Wahrscheinlich essen Sie irgendwo zu Abend.

CANDIDA *in sachlichem Hausfrauenton:* Oh, in dem Fall kann Maria zu Bett gehen. Ich werde es ihr sagen. *Sie geht in die Küche.*

MORELL *blickt streng auf Marchbanks hinab:* Nun?

MARCHBANKS *hockt in grotesker Haltung auf dem Kaminvorleger, er fühlt sich von Morell nicht gestört, er betrachtet ihn sogar mit koboldhaftem Humor:* Nun?

MORELL Haben Sie mir etwas zu sagen?

MARCHBANKS Nur, daß ich mich hier privat lächerlich gemacht habe, während Sie sich öffentlich lächerlich gemacht haben.

MORELL Ich doch wohl kaum in der gleichen Weise.

MARCHBANKS *rappelt sich eifrig wieder hoch:* In der ganz, ganz, ganz gleichen Weise. Ich habe hier den Guten Menschen dargestellt, genau wie Sie. Als Sie mich hier auf so heldenhafte Weise mit Candida allein ließen –

MORELL *unwillkürlich:* Candida!

MARCHBANKS O ja, so weit bin ich gekommen. Aber haben Sie keine Angst. Heldentum ist ansteckend: Sie haben mich mit dieser Krankheit angesteckt. Ich habe mir geschworen, in Ihrer Abwesenheit kein Wort zu sagen, das ich nicht vor einem Monat auch in Ihrer Gegenwart gesagt hätte.

MORELL Und haben Sie Ihren Schwur gehalten?

MARCHBANKS *hockt sich plötzlich auf die Rücklehne des Sessels:* Der Schwur hielt sich bis vor zehn Minuten irgendwie von selbst. Bis zu diesem Augenblick habe ich ihr verzweifelt vorgelesen – meine eigenen Gedichte – anderer Leute Gedichte – um eine Unterhaltung hinauszuschieben. Ich stand vor dem Himmelstor und weigerte mich, hindurchzugehen. Oh, Sie können sich nicht vorstellen, wie heldenhaft das war, und wie ungemütlich! Dann –

MORELL *hält sich im Zaum:* Dann?

MARCHBANKS *wird ganz prosaisch und läßt sich in eine ganz nor-*

male Stellung auf den Sitz des Sessels gleiten: Dann konnte sie das Vorlesen nicht mehr aushalten.

MORELL Und Sie näherten sich endlich dem Himmelstor.

MARCHBANKS Ja.

MORELL Und? *Heftig.* Sprechen Sie, Mensch, haben Sie denn gar kein Gefühl für mich?

MARCHBANKS *weich und musikalisch:* Dann wurde sie ein Engel, und es erschien ein flammendes Schwert, das in alle Richtungen ausschlug, so daß ich nicht hineingehen konnte; denn ich sah, daß dieses Tor in Wirklichkeit das Tor zur Hölle war.

MORELL *triumphierend:* Sie hat Sie abgewiesen!

MARCHBANKS *erhebt sich mit wilder Verachtung:* Nein, Sie Narr, hätte sie das getan, so hätte ich nie bemerkt, daß ich mich schon im Himmel befand. Mich abgewiesen! Sie glauben, das hätte uns gerettet? Tugendhafte Entrüstung! Oh, Sie sind nicht wert, in einer Welt mit ihr zu leben.

Er wendet sich verächtlich zur anderen Zimmerseite.

MORELL *der ihn still beobachtet hat, ohne seinen Platz zu wechseln:* Glauben Sie, daß Sie selbst würdiger werden, indem Sie mich schmähen, Eugene?

MARCHBANKS Hier endet die tausenderste Lektion, Morell, ich halte nicht viel von Ihren Predigten, ich glaube, ich könnte bessere halten. Der Mann, den ich kennenlernen möchte, ist der Mann, den Candida geheiratet hat.

MORELL Der Mann, den – Meinen Sie mich?

MARCHBANKS Ich meine nicht den hochwürdigen James Mavor Morell, Moralisten und Schwätzer. Ich meine den wirklichen Mann, den der hochwürdige James irgendwo in seinem schwarzen Rock verborgen haben muß; den Mann, den Candida geliebt hat. Niemand kann eine Frau wie Candida dazu bringen, ihn zu lieben, nur indem er den Kragen hinten zuknöpft statt vorn.

MORELL *ruhig und selbstbewußt:* Als Candida sich mit mir verlobte, war ich derselbe Moralist und Schwätzer, den Sie jetzt vor sich sehen. Ich trug meinen schwarzen Rock, und mein Kragen war hinten zugeknöpft statt vorn. Glauben Sie, sie hätte mich mehr geliebt, wenn ich meinen Beruf nicht ernstgenommen hätte?

MARCHBANKS *sitzt mit angezogenen Beinen, um die er die Arme geschlungen hat, auf dem Sofa:* Oh, sie hat Ihnen vergeben, genau wie sie mir meine Feigheit und Schwäche vergibt, und daß ich, wie Sie es nennen, ein winselndes kleines Hündchen bin. *Träumerisch.* Eine Frau wie sie hat göttliche Einsichten, sie liebt unsere Seelen und nicht unsere Torheiten und Eitelkeiten und Illusionen, auch nicht unsere Kragen und Röcke oder die anderen Fetzen, in die wir uns einwickeln. *Er denkt einen Augenblick darüber nach; dann wendet er sich mit Intensität an Morell, um ihm eine Frage zu stellen.* Eines möchte ich wissen: wie sind Sie an dem flammenden Schwert vorbeigekommen, das mich zurückhielt?

MORELL Vielleicht, weil ich nicht nach zehn Minuten gestört wurde.

MARCHBANKS *wie vor den Kopf gestoßen:* Was?

MORELL Der Mensch kann zu den höchsten Höhen aufsteigen, aber er kann nicht lange dort verweilen.

MARCHBANKS *springt auf:* Das ist falsch. Er kann für immer dort verweilen, und nur dort. Anderswo kann er keine Ruhe finden, kann die stille Glorie des Lebens nicht spüren. Wo sollte ich meine Augenblicke verbringen, wenn nicht auf den Höhen?

MORELL In der Küche beim Zwiebelschneiden und Lampenputzen.

MARCHBANKS Oder auf der Kanzel beim Scheuern von irdenen Seelen?

MORELL Ja, auch das. Dort habe ich mir meinen goldenen Augenblick verdient, und das Recht, sie in diesem Augenblick um ihre Liebe zu bitten. Ich habe mir diesen Augenblick nicht auf Kredit genommen, ich habe ihn auch nicht benutzt, um das Glück eines anderen Mannes zu stehlen.

MARCHBANKS *trottet angeekelt zum Kamin zurück:* Ich zweifle nicht daran, daß Sie die Transaktion so ehrlich durchgeführt haben, als kauften Sie ein Pfund Käse. *Er bleibt am Rande des Kaminvorlegers stehen und fügt für sich selbst, Morell den Rücken zukehrend, hinzu.* Ich konnte nur als Bettler zu ihr gehen.

MORELL *starrt ihn an:* Ein Bettler, der erfriert! Der um ihr Umschlagtuch bittet!

MARCHBANKS *wendet sich überrascht um:* Danke, daß Sie mein Gedicht verbessern. Ja, wenn Sie so wollen: ein Bettler, der erfriert und um ihr Umschlagtuch bittet.

MORELL *aufgeregt:* Und sie hat es verweigert. Soll ich Ihnen sagen, warum sie es abgelehnt hat? Ich kann es Ihnen sagen, mit ihren Worten sagen. Weil –

MARCHBANKS Sie hat es nicht verweigert.

MORELL Nicht?

MARCHBANKS Sie hat mir alles angeboten, um das ich sie bitten würde: ihr Umschlagtuch, ihre Schwingen, den Sternenkranz um ihr Haupt, die Lilien in ihrer Hand, den Halbmond unter ihren Füßen –

MORELL *packt ihn:* Heraus mit der Wahrheit, Mann: meine Frau ist meine Frau; ich will nichts mehr von Ihren poetischen Frivolitäten hören. Ich weiß wohl, wenn ich ihre Liebe verloren und Sie sie gewonnen haben, dann wird kein Gesetz sie binden.

MARCHBANKS *ruhig, ohne Angst oder Widerstand:* Packen Sie mich nur beim Hemdkragen, Morell, sie wird ihn wieder in Ordnung bringen, wie sie es heute morgen getan hat. *Mit stiller Begeisterung.* Ich werde die Berührung ihrer Hände spüren.

MORELL Sie junger Wicht, wissen Sie, wie gefährlich es ist, mir das zu sagen? Oder – *mit plötzlichem Mißtrauen* – ist etwas geschehen, das Sie tapfer gemacht hat?

MARCHBANKS Ich habe jetzt keine Angst mehr. Früher mochte ich Sie nicht, darum schreckte ich vor Ihrer Berührung zurück. Aber heute habe ich gesehen – als sie Sie quälte – daß Sie sie lieben. Seit diesem Augenblick bin ich Ihr Freund; wenn Sie wollen, können Sie mich erwürgen.

MORELL *läßt ihn los:* Eugene; wenn das keine herzlose Lüge ist – wenn Sie noch einen Funken menschliches Gefühl in sich haben – erzählen Sie mir, was in meiner Abwesenheit geschehen ist.

MARCHBANKS Was geschehen ist? Nun, das Flammenschwert – *Morell stampft vor Ungeduld mit den Füßen* – also, in einfacher Prosa, ich liebte sie auf so erhabene Weise, daß ich nichts anderes wollte, als das Glück, sie so zu lieben. Und bevor ich Zeit hatte, von den höchsten Gipfeln herunterzusteigen, kamen Sie herein.

MORELL *er leidet heftig:* Es ist also noch alles unentschieden. Immer noch die Qual des Zweifels.

MARCHBANKS Qual? Ich bin der glücklichste der Menschen. Ich begehre jetzt nichts mehr als ihr Glück. *In überschwenglichem Gefühl.* Oh Morell, wir wollen sie beide aufgeben. Warum sollte sie sich zwischen einem nervösen Häufchen Elend wie mir und einem schweinsköpfigen Pastor wie Ihnen entscheiden müssen? Wir wollen uns auf eine Pilgerfahrt begeben, Sie gen Osten und ich gen Westen und einen würdigen Liebhaber für sie suchen, einen schönen Erzengel mit purpurnen Schwingen.

MORELL Ach, Quatsch! Oh, wenn sie wahnsinnig genug wäre,

mich um Ihretwillen zu verlassen, wer wird sie dann beschützen? Wer wird ihr beistehen? Wer wird für sie arbeiten? Wer wird ihren Kindern ein Vater sein?

Er läßt sich verzweifelt auf das Sofa fallen, die Ellbogen auf den Knien und den Kopf auf die geballten Fäuste gestützt.

MARCHBANKS *schnippt wie verrückt mit den Fingern:* Sie stellt diese törichten Fragen nicht. Sie ist es, die einen Menschen braucht, den sie beschützen, dem sie helfen, für den sie arbeiten kann; jemanden, dem sie ihre Kinder anvertrauen kann, der ihnen hilft und für sie arbeitet. Einen erwachsenen Mann, der wieder ein kleines Kind geworden ist. Oh, Sie Narr, Sie Narr, Sie dreifacher Narr. Ich bin dieser Mann, Morell, ich bin dieser Mann. *Er tanzt aufgeregt umher und schreit.* Sie verstehen nicht, was eine Frau ist. Rufen Sie sie, Morell, rufen Sie sie, sie soll wählen zwischen

Die Tür öffnet sich und Candida tritt ein – er hält wie versteinert inne.

CANDIDA *bleibt überrascht auf der Schwelle stehen:* Um Himmels willen, was machen Sie da, Eugene?

MARCHBANKS *in seltsamem Ton:* James und ich predigen um die Wette, und James ist drauf und dran zu verlieren.

Candida sieht sich schnell nach Morell um. Sie sieht, daß er unglücklich ist und eilt zu ihm. Sie ist sehr ärgerlich.

CANDIDA Sie haben ihn geärgert. Also, Eugene, ich will das nicht, hören Sie? *Sie legt ihre Hand auf Morells Schulter und vergißt in ihrem Ärger ihren ehelichen Takt.* Mein Junge soll nicht gequält werden. Ich werde ihn beschützen.

MORELL *erhebt sich mit Würde:* Beschützen?

CANDIDA *ohne auf ihn zu achten zu Eugene:* Was haben Sie gesagt?

MARCHBANKS *erschrocken:* Nichts. Ich –

CANDIDA Eugene! Nichts?

MARCHBANKS *kläglich:* Ich wollte sagen – ich – es tut mir leid, Ich will es nicht wieder tun; bestimmt nicht. Ich werde ihn in Ruhe lassen.

MORELL *empört, mit einer aggressiven Bewegung auf Eugene hin.* Mich in Ruhe lassen! Sie junger –

CANDIDA *fällt ihm ins Wort:* Sst – nein! Laß mich mit ihm sprechen, James.

MARCHBANKS Oh, Sie sind doch nicht böse mit mir, nicht wahr?

CANDIDA *streng:* Doch, ich bin böse, sehr böse. Ich hätte Lust, Sie aus dem Haus zu werfen.

MORELL *unangenehm überrascht von Candidas Heftigkeit; er schätzt es ganz und gar nicht, von ihr vor einem anderen Mann verteidigt zu werden:* Langsam, Candida, langsam. Ich kann für mich selbst einstehen.

CANDIDA *tätschelt ihn:* Ja, mein Lieber, natürlich kannst du das. Aber ich lasse nicht zu, daß man dich ärgert und kränkt.

MARCHBANKS *den Tränen nahe, wendet sich zur Tür:* Ich gehe.

CANDIDA Oh, Sie brauchen nicht zu gehen. Ich kann Sie doch nicht zu dieser Nachtzeit auf die Straße setzen. *Heftig.* Schämen Sie sich! Was für eine Schande!

MARCHBANKS *verzweifelt:* Aber was habe ich denn getan?

CANDIDA Was Sie getan haben, weiß ich so genau, als wäre ich die ganze Zeit hier gewesen. Oh, es war unwürdig! Sie sind wie ein Kind: Sie können den Mund nicht halten.

MARCHBANKS Ich würde lieber einen zehnfachen Tod sterben, als Ihnen einen Augenblick lang Kummer bereiten.

CANDIDA *mit unendlicher Verachtung für sein kindisches Verhalten:* Was hätte ich denn davon, wenn Sie stürben?

MORELL Meine liebe Candida, dieses Gezänk ist wohl kaum schicklich. Es ist ein Streit zwischen zwei Männern, und ich bin durchaus in der Lage, ihn zu entscheiden.

CANDIDA Zwei Männer! Nennst du das einen Mann! *Zu Eugene.* Sie unartiger Junge!

MARCHBANKS *Die Schelte gibt ihm auf eine wehmütig zärtliche Weise Mut:* Wenn ich wie ein Junge gescholten werde, muß ich mich auch wie ein Junge verteidigen dürfen. Er hat angefangen. Und er ist größer als ich.

CANDIDA *verliert ein wenig ihre Sicherheit, da sie Morells Würde nicht gefährden möchte:* Das kann nicht wahr sein. *Zu Morell.* Du hast nicht angefangen, James, nicht wahr?

MORELL *verächtlich:* Nein.

MARCHBANKS *empört:* Oh!

MORELL *zu Eugene:* Sie haben angefangen: heute morgen.

Candida bringt dies sofort mit der geheimnisvollen Anspielung in Verbindung, die Morell am Nachmittag gemacht hat; die Anspielung betraf etwas, das Eugene ihm am Morgen gesagt hatte; sie wirft ihm einen schnellen, mißtrauischen Blick zu. Morell fährt im Ton beleidigter Überlegenheit fort.

Aber Ihr zweiter Vorwurf ist wahr. Ich bin gewiß der größere von uns beiden, und ich hoffe, Candida, auch der stärkere. Du überläßt die Sache also besser mir.

CANDIDA *in beruhigendem Ton:* Ja, mein Lieber, aber – *beunru-*

higt – das mit heute morgen verstehe ich nicht.

MORELL *weist sie in sanftem Ton zurecht:* Du brauchst es auch nicht zu verstehen, mein Herz.

CANDIDA Aber James, ich *(die Türklingel schellt)* – Oh, wie dumm! Da kommen sie alle. *Sie geht hinaus, um die Tür zu öffnen.*

MARCHBANKS *eilt auf Morell zu:* Oh Morell, ist das nicht schrecklich? Sie ist böse auf uns. Sie haßt mich. Was soll ich tun?

MORELL *läuft mit komischer Verzweiflung in der Mitte des Zimmers auf und ab:* Eugene, der Kopf schwirrt mir. Ich fange gleich an zu lachen.

MARCHBANKS *läuft ängstlich hinter ihm her:* Nein, nein, sie wird denken, ich hätte Sie zur Verzweiflung getrieben. Lachen Sie nicht.

Lärmende Stimmen und Gelächter kommen näher. Lexy Mill kommt mit funkelnden Augen und in einer Haltung herein, die auf ungewohnte Animiertheit schließen läßt, mit ihm kommt Burgess, fett und selbstzufrieden, aber ein Mensch, der seinen Verstand beisammen hat. Hinter ihm her kommt Miß Garnett in ihrem schicksten Hut und Jackett; ihre Augen sind heller als zuvor, aber sie ist offensichtlich von bösen Ahnungen geplagt. Sie stellt sich mit dem Rücken zu ihrem Schreibmaschinentisch, stützt sich mit einer Hand darauf, um Halt zu finden und fährt sich mit der anderen über die Stirn, als wäre sie ein wenig müde und schwindlig. Marchbanks fällt wieder in seine Schüchternheit zurück und drückt sich in die Ecke neben dem Fenster, wo Morells Bücher stehen.

LEXY *heiter:* Morell, ich muß Ihnen gratulieren. *Ergreift seine Hand.* Was für eine edle, glänzende, geistvolle Ansprache haben Sie gehalten! Sie haben sich selbst übertroffen!

BURGESS Das is wahr, James. Ich bin tatsächlich bis zum letzten Wort wach geblieben. Das stimmt doch, wie Miß Garnett?

PROSERPINE *beunruhigt:* Oh, ich habe nicht auf Sie aufgepaßt, ich habe versucht, mir Notizen zu machen.

Sie zieht ihren Notizblock heraus und betrachtet ihre Stenographienotizen, dabei kommen ihr beinahe die Tränen.

MORELL Habe ich zu schnell gesprochen, Prossy?

PROSERPINE Viel zu schnell. Sie wissen, ich kann nicht mehr als neunzig Wörter in der Minute.

Sie erleichtert ihre Gefühle, indem sie den Block ärgerlich neben die Maschine knallt, griffbereit für den nächsten Morgen.

MORELL *beschwichtigend:* Ach, lassen Sie nur, lassen Sie, es ist schon gut. Habt ihr alle zu Abend gegessen?

LEXY Mr. Burgess war so freundlich und hat uns alle zu einer wirklich köstlichen Mahlzeit im Belgrave eingeladen.

BURGESS *überströmend vor Großmut:* Aber ich bitte sie, Mr. Mill. *Bescheiden.* Es is doch nicht der Rede wert.

PROSERPINE Wir haben Champagner getrunken. Ich hab ihn zum erstenmal probiert. Mir ist ganz schwindlig.

MORELL *überrascht:* Ein Abendessen mit Champagner. Das ist sehr großzügig. War es meine Beredsamkeit, die diese Verschwendungssucht hervorgerufen hat?

LEXY *pathetisch:* Ihre Beredsamkeit und Mr. Burgess' gutes Herz. *Mit einem erneuten Ausbruch von Heiterkeit.* Und was für ein feiner Kerl dieser Vorsitzende ist, Morell. Er ist mit uns essen gegangen.

MORELL *seine Worte bedeutungsvoll dehnend:* Oh–h–h–h, der Vorsitzende. Jetzt verstehe ich.

Burgess verdeckt hinter einem entschuldigenden Hüsteln eine lebhafte Befriedigung über seine eigene diplomatische Klugheit. Lexy lehnt sich, nachdem er beinahe das Gleichgewicht verloren hätte, mit untergeschlagenen Armen und übermütiger Miene gegen die Sofalehne. Candida kommt mit einem Tablett mit Gläsern, Zitronen und einer Kanne heißen Wassers herein.

CANDIDA Wer möchte Limonade? Ihr kennt unsere Regel: totale Abstinenz.

Sie stellt das Tablett auf den Tisch, ergreift die Zitronenpresse und sieht sie der Reihe nach fragend an.

MORELL Es hat keinen Zweck, meine Liebe. Sie haben alle Champagner getrunken. Prossy hat ihr Gelübde gebrochen.

CANDIDA *zu Proserpine:* Sie wollen doch nicht sagen, daß Sie Champagner getrunken haben?

PROSERPINE *eigensinnig:* Doch, das will ich. Ich bin nur eine Bier-Abstinenzlerin, keine Champagner-Abstinenzlerin. Bier mag ich nicht. Sind noch Briefe da, die ich beantworten muß, Mr. Morell?

MORELL Nicht heute abend.

PROSERPINE Sehr gut. Also gute Nacht, allerseits.

LEXY *galant:* Soll ich Sie nicht lieber nach Hause begleiten, Miß Garnett?

PROSERPINE Nein, danke. Ich werde mich heute abend niemandem anvertrauen. Ich wünschte, ich hätte nichts von dem Zeug getrunken.

Sie steuert unsicher auf die Tür zu, stürzt dann darauf zu und entkommt soeben noch ohne Malheur.

BURGESS *empört:* Zeug, sowas! Das Mädel weiß nich, was Champagner is. Pommery un Grieno, zu zwölf un sechs die Flasche. Sie hat zwei Gläser hintereinander weggekippt.

MORELL *besorgt:* Gehen Sie ihr nach und kümmern Sie sich um sie, Lexy.

LEXY *besorgt:* Aber wenn sie wirklich – wenn sie nun auf der Straße anfängt zu singen oder sowas.

MORELL Das ist möglich – trotzdem. Gerade darum sollten Sie sehen, daß sie sicher nach Hause kommt.

CANDIDA Gehen Sie, Lexy, seien Sie lieb.

Sie schüttelt ihm die Hand und schiebt ihn sanft zur Tür.

LEXY Es ist offensichtlich meine Pflicht zu gehen. Hoffentlich ist es unnötig. Gute Nacht, Mrs. Morell. *Zu den übrigen:* Gute Nacht. *Er geht, Candida schließt die Tür.*

BURGESS Der war nach zwei Schlucken selber fast am Singen. Die Menschen können nich mehr trinken wie früher. *Kommt lärmend zum Kamin.* Also James, 's is Zeit, den Laden zu schließen. Mr. Marchbanks, hab ich das Vergnügen, daß Sie 'n Stückchen mit mir gehen?

MARCHBANKS *erschreckt:* Ja. Ich gehe wohl besser. *Er eilt auf die Tür zu, aber Candida stellt sich vor ihn und schneidet ihm den Weg ab.*

CANDIDA *mit ruhiger Autorität:* Sie setzen sich. Sie gehen noch nicht.

MARCHBANKS *eingeschüchtert:* Nein, ich – ich wollte es ja gar nicht.

Er setzt sich niedergeschlagen auf das Sofa.

CANDIDA Mr. Marchbanks bleibt über Nacht bei uns, Papa.

BURGESS Also gut, dann sage ich gute Nacht. Bis bald, James. *Er schüttelt Morell die Hand und tritt dann zu Eugene.* Lassen Sie sich'n Nachtlicht ans Bett stellen, Mr. Marchbanks; das wird Sie trösten, wenn Sie wach werden un es wieder über Sie kommt. Gute Nacht.

MARCHBANKS Vielen Dank, das will ich tun. Gute Nacht, Mr. Burgess.

Sie schütteln sich die Hand, Burgess geht zur Tür.

CANDIDA *tritt Morell in den Weg, der hinter Burgess hergehen will:* Bleib hier, Lieber. Ich helfe Papa schon in den Mantel. *Sie geht mit Burgess hinaus.*

MARCHBANKS *steht auf und schleicht zu Morell hinüber:* Morell, es wird eine schreckliche Szene geben. Haben Sie keine Angst?

MORELL Nicht im geringsten.

MARCHBANKS Ich habe Sie nie zuvor so um Ihren Mut beneidet. *Er legt seine Hand bittend auf Morells Unterarm.* Sie werden mir beistehen, nicht wahr?

MORELL *schüttelt ihn ab:* Jeder für sich selbst, Eugene. Sie muß sich jetzt zwischen uns entscheiden.

Candida kommt zurück. Eugene schleicht wie ein schuldbewußter Schuljunge zum Sofa zurück.

CANDIDA *zwischen ihnen, wendet sich an Eugene:* Tut es Ihnen leid?

MARCHBANKS *ernsthaft:* Ja. Ich bin ganz zerknirscht.

CANDIDA Gut, dann ist Ihnen verziehen. Gehen Sie jetzt brav zu Bett. Ich will mit James über Sie reden.

MARCHBANKS *erhebt sich mit großer Bestürzung:* Oh, das kann ich nicht, Morell. Ich muß hier bleiben. Ich gehe nicht weg. Sagen Sie es ihr.

CANDIDA *deren Verdacht sich bestätigt hat:* Was soll er mir sagen?

Marchbanks Augen weichen ihr aus. Sie wendet sich um und stellt die Fragen stumm an Morell.

MORELL *auf alles gefaßt:* Ich habe ihr nichts zu sagen, außer – *hier senkt sich seine Stimme zu einer maßvollen und traurigen Zärtlichkeit* – außer, daß sie mein größter Schatz auf Erden ist – wenn sie wirklich mein ist.

CANDIDA *kalt, beleidigt, weil er seinem Rednerinstinkt nachgegeben und sie behandelt hat, als wäre sie das Publikum bei einer Gilde-Versammlung:* Wenn das alles ist, glaube ich, daß Eugene nicht weniger zu sagen hat.

MARCHBANKS *mutlos:* Morell, sie lacht über uns.

MORELL *mit aufflammendem Ärger:* Da gibt es nichts zu lachen. Lachst du über uns, Candida?

CANDIDA *mit stiller Wut:* Eugene begreift sehr schnell, James. Ich hoffe, daß ich noch lachen werde, aber vielleicht werde ich auch sehr böse werden.

Sie geht zum Kamin und steht dort, den Arm auf das Sims gelehnt, den Fuß auf dem Kamingitter, während Eugene sich zu Morell schleicht und ihn am Ärmel zupft.

MARCHBANKS *flüsternd:* Hören Sie auf, Morell. Wir wollen gar nichts sagen.

MORELL *stößt Eugene weg, ohne ihn eines Blickes zu würdigen:*

Ich hoffe, das soll keine Drohung sein, Candida.

CANDIDA *mit nachdrücklicher Warnung:* Nimm dich in acht, James. Eugene, ich habe Sie gebeten zu gehen. Werden Sie gehen?

MORELL *eigensinnig:* Er soll nicht gehen. Ich wünsche, daß er bleibt.

MARCHBANKS Ich gehe. Ich werde tun, was immer Sie wünschen. *Er wendet sich zur Tür.*

CANDIDA Bleiben Sie! *Er gehorcht.* Haben Sie nicht gehört: James wünscht, daß Sie bleiben? James ist hier der Herr. Wissen Sie das nicht?

MARCHBANKS *errötet, er ist erfüllt vom Zorn des jungen Dichters gegen die Tyrannei:* Nach welchem Recht ist er Herr?

CANDIDA *ruhig:* Sag es ihm, James.

MORELL *zurückschreckend:* Meine Liebe: ich weiß von keinem Recht, das mich zum Herrn macht. Ich beanspruche kein solches Recht.

CANDIDA *unsagbar vorwurfsvoll:* Du weißt nicht! Oh, James! James! *Nachdenklich zu Eugene.* Verstehen Sie es denn, Eugene? *Er schüttelt hilflos den Kopf, wagt nicht, sie anzusehen.* Nein, Sie sind zu jung. Nun, ich erlaube Ihnen, zu bleiben. Bleiben Sie da und lernen Sie. *Sie verläßt ihren Platz am Kamin und tritt zwischen die beiden.* Nun, James, was ist los? Sag es mir.

MARCHBANKS *flüstert ihm zitternd zu:* Tun Sie's nicht!

CANDIDA Los! Heraus damit!

MORELL *zögernd:* Ich hatte vor, dich sorgfältig vorzubereiten, Candida, damit keine Mißverständnisse entstehen.

CANDIDA Ja, mein Lieber, ich bin sicher, daß du das vorhattest. Aber keine Sorge: ich werde nicht mißverstehen.

MORELL Also – ehm – *Er zögert, unfähig, die lange Erklärung zu finden, von der er glaubte, daß sie ihm auf der Zunge läge.*

CANDIDA Nun?

MORELL *platzt platt damit heraus:* Eugene erklärt, daß du in ihn verliebt bist.

MARCHBANKS *verzweifelt:* Nein, nein, nein, nein, niemals. Das hab ich nicht gesagt, Mrs. Morell, das ist nicht wahr. Ich habe gesagt, ich liebte Sie. Ich habe gesagt, ich verstände Sie und er sei dazu nicht fähig. Und ich habe es nicht nach dem gesagt, was am Feuer zwischen uns vorging, bei meinem Wort, nicht danach. Es war heute morgen.

CANDIDA *versteht:* Heute morgen!

MARCHBANKS Ja. *Er sieht sie an, sie anflehend, sie möge ihm glauben, und fügt dann schlicht hinzu:* Darum war auch das mit meinem Kragen.

CANDIDA Ihr Kragen? *Sie versteht plötzlich, was er meint und wendet sich empört an Morell.* Oh, James, hast du – *sie hält inne.*

MORELL *beschämt:* Du weißt, Candida, daß ich mit meiner heftigen Gemütsart zu kämpfen habe. Und er sagte, *ihn schaudert,* du verachtetest mich in deinem Herzen.

CANDIDA *wendet sich rasch Eugene zu:* Haben Sie das gesagt?

MARCHBANKS *entsetzt:* Nein.

CANDIDA *beinahe wild:* Dann hat James mir gerade eine Lüge gesagt. Wollen Sie das behaupten?

MARCHBANKS Nein, nein: ich – ich – *verzweifelt.* Es war Davids Weib. Und es war nicht zu Hause; es war, als sie ihn vor dem ganzen Volk tanzen sah.

MORELL *nimmt mit der Schlagfertigkeit eines in Debatten geübten Redners das Stichwort auf:* Als er vor dem ganzen Volke tanzte, Candida, und als er glaubte, er rühre ihre Herzen mit seiner Botschaft, während sie doch nur an – Prossys Krankheit litten. *Sie will widersprechen, er hebt die Hand, um sie zum Schweigen zu bringen.* Versuch jetzt nicht, empört auszusehen, Candida.

CANDIDA Versuchen!

MORELL *fährt fort:* Eugene hatte recht. Wie du mir ein paar Stunden später gesagt hast, hat er immer recht. Er hat nichts gesagt, was du nicht selber viel besser gesagt hast. Er ist ein Dichter, der alles sieht; und ich bin der arme Pastor, der nichts versteht.

CANDIDA *reuevoll:* Trifft dich das, was ein törichter Junge sagt, weil ich einmal im Scherz etwas ähnliches gesagt habe?

MORELL Dieser törichte Junge kann mit der Inspiration eines Kindes reden und mit der List einer Schlange. Er hat behauptet, daß du ihm gehörst und nicht mir; und – ob zu recht oder zu unrecht – ich habe begonnen zu fürchten, daß es wahr sein könnte. Ich will nicht von Zweifeln und Verdacht gequält herumgehen. Ich will nicht mit dir leben und ein Geheimnis vor dir haben. Ich will nicht die unerträgliche Erniedrigung der Eifersucht erdulden. Wir sind übereingekommen – er und ich – daß du jetzt zwischen uns wählen sollst. Ich erwarte deine Entscheidung.

CANDIDA *weicht langsam einen Schritt zurück, ihr Herz hat sich bei seinem rhetorischen Pathos, trotz des echten Gefühls, das dahinter steckt, verhärtet:* Oh, ich soll wählen? So ist das also? – Vermutlich ist es also abgemacht, daß ich entweder dem einen oder dem andern gehören muß.

MORELL *mit Festigkeit:* Genau so. Du mußt dich endgültig entscheiden.

MARCHBANKS *eifrig:* Morell: Sie verstehen nicht. Sie will sagen, daß sie sich selbst gehört.

CANDIDA *wendet sich zu ihm:* Das will ich sagen, und noch sehr viel mehr, Herr Eugene, wie Ihr beide gleich hören werdet. Und, bitte, meine Herren und Meister, was habt ihr mir zu bieten. Mir scheint, daß ich hier versteigert werde. Was bietest du, James?

MORELL *vorwurfsvoll:* Cand – *Er bricht zusammen, seine Augen und seine Kehle füllen sich mit Tränen, der Redner wird zu einem verwundeten Tier.* Ich kann nicht sprechen...

CANDIDA *tritt impulsiv zu ihm:* Aber, Liebster –

MARCHBANKS *in wildem Schrecken:* Hören Sie auf, das ist nicht fair. Sie dürfen ihr nicht zeigen, daß Sie leiden, Morell. Auch ich bin auf die Folter gespannt, aber ich schreie nicht.

MORELL *nimmt alle Kraft zusammen:* Ja, Sie haben recht. Ich kämpfe nicht um Mitleid. *Er macht sich von Candida los.*

CANDIDA *zieht sich ernüchtert zurück:* Ich bitte um Verzeihung, James. Ich wollte dich nicht anrühren. Ich warte auf dein Angebot.

MORELL *mit tiefer Demut:* Ich habe dir nichts zu bieten als meine Kraft zu deinem Schutz, meine Ehrlichkeit zu deiner Sicherheit, meine Fähigkeiten und meinen Fleiß zu deinem Unterhalt und meine Autorität und Stellung für deine Würde. Das ist alles, was ein Mann seiner Frau bieten sollte.

CANDIDA *sehr still:* Und Sie, Eugene, was bieten Sie mir.

MARCHBANKS Meine Schwäche. Meine Verlassenheit. Die Armut meines Herzens.

CANDIDA *beeindruckt:* Das ist ein gutes Angebot, Eugene. Jetzt weiß ich, wie ich meine Wahl treffen muß.

Sie schweigt und blickt fragend von einem zum andern. Morell, dessen hochmütige Zuversicht sich bei Eugenes Angebot in herzzerreißende Angst verwandelt hat, kann seine Bedrängnis nicht mehr verbergen. Eugene, bis zum äußersten gespannt, bewegt keinen Muskel.

MORELL *mit halberstickter Stimme, sein Ruf kommt aus der Tiefe seiner Qual:* Candida!

MARCHBANKS *beiseite, in aufflammender Verachtung:* Der Feigling!

CANDIDA *bedeutungsvoll:* Ich gebe mich dem schwächeren der beiden.

Eugene errät sofort, was sie meint: sein Gesicht wird weiß wie Stahl in einem Schmelzofen.

MORELL *neigt den Kopf mit der Ruhe der völligen Verzweiflung:* Ich nehme deinen Spruch an, Candida.

CANDIDA Verstehen Sie, Eugene?

MARCHBANKS Oh, ich fühle, daß ich verloren bin. Er kann die Last nicht tragen.

MORELL *ungläubig, hebt Kopf und Stimme mit komisch wirkender Plötzlichkeit:* Meinst du mich, Candida?

CANDIDA *mit einem leichten Lächeln:* Wir wollen uns setzen und wie drei Freunde ruhig darüber sprechen. *Zu Morell.* Setz dich, Lieber.

Morell holt ganz verwirrt den Stuhl vom Kamin, das Kinderstühlchen.

Bringen Sie mir den Sessel, Eugene.

Sie zeigt auf den Sessel. Eugene holt ihn schweigend, fast mit etwas kalter Strenge, und stellt ihn neben Morell, ein wenig hinter diesen. Candida setzt sich. Er selber holt sich den Besucherstuhl und setzt sich mit unergründlichem Gesicht. Als sie alle sitzen, beginnt sie, sie wirft durch ihren ruhigen, vernünftigen und zärtlichen Ton einen Zauber des Friedens über die beiden.

Sie erinnern sich doch daran, was Sie mir über sich selbst gesagt haben, Eugene; wie niemand Sie, nachdem ihre alte Kinderfrau gestorben war, lieb gehabt hat, wie Ihre klugen und eleganten Schwestern und Ihre erfolgreichen Brüder die Lieblinge Ihrer Eltern waren, wie unglücklich Sie in Eton waren, wie Ihr Vater Sie durch Aushungern dazu zwingen will, nach Oxford zurückzukehren, wie Sie haben leben müssen: ohne Trost oder Herzlichkeit oder einen Zufluchtsort, immer allein, und fast immer unbeliebt und mißverstanden, Sie armer Junge!

MARCHBANKS *im Einklang mit seinem edlen Schicksal:* Ich hatte meine Bücher. Ich hatte die Natur. Und zuletzt habe ich Sie gefunden.

CANDIDA Davon wollen wir im Augenblick nicht sprechen. Ich möchte, daß Sie sich jetzt diesen anderen Jungen hier ansehen: meinen Jungen, verwöhnt von der Wiege an! Alle vierzehn Tage besuchen wir seine Eltern. Sie sollten einmal mitkommen, Eugene, und sich die Bilder des Helden dieses Hauses ansehen. James als Säugling, das herrlichste aller Babies! James mit seinem ersten Schulpreis in der Hand, gewonnen im reifen Alter von acht Jahren! James als Mannschaftsführer seiner Fußballelf! James in seinem ersten Gehrock! James in allen möglichen glorreichen Situationen. Sie wissen, wie stark er ist; ich hoffe, er hat Ihnen nicht weh getan, wie klug er ist; wie glücklich. *Mit wachsendem Ernst.* Fragen Sie James' Mutter und seine drei Schwestern, was es kostet, James davor zu bewahren, irgend etwas anderes zu tun, als stark, klug und glücklich zu sein. Fragen Sie mich, was es kostet, in einer Person James' Mutter, seine drei Schwestern, seine Frau und die Mutter seiner Kinder zu sein. Fragen Sie Prossy und Maria, wie schwierig der Haushalt ist, selbst wenn wir keine Gäste haben, die uns helfen, Zwiebeln zu schneiden. Fragen Sie die Lieferanten, die James belästigen und seine schönen Predigten verderben möchten, wer sie abwehrt. Wenn Geld zum Ausgeben da ist, so gibt er es; wenn Geld verweigert werden muß, so verweigere ich es. Ich baue eine Burg aus Behagen und Nachsicht und Liebe für ihn und stehe ständig Schildwache, um die kleinen, vulgären Sorgen fernzuhalten. Ich mache ihn hier zum Herrn, obwohl er es nicht weiß, und Ihnen vor ein paar Minuten nicht sagen konnte, wie es dazu gekommen ist. *Mit sanfter Ironie.* Und als er glaubte, ich könnte mit Ihnen davongehen, da war seine Sorge – was aus m i r werden sollte! Und um mich zum Bleiben zu verlocken, bot er mir – *sie beugt sich vor und streicht ihm bei jedem Ausdruck liebkosend übers Haar* – seine Kraft zu meinem Schutz! seinen Fleiß für meinen Unterhalt! Seine Würde für meine Stellung! Seine – *gibt es auf* – ach, ich werfe deine schönen Kadenzen durcheinander und verderbe sie dir, nicht wahr, mein Schatz? *Sie legt zärtlich ihre Wange gegen die seine.*

MORELL *kniet ganz überwältigt neben ihrem Sessel nieder und umarmt sie mit kindlicher Offenheit:* Es ist alles wahr, jedes Wort. Was ich bin, dazu hast du mich gemacht, mit der Arbeit deiner Hände und der Liebe deines Herzens. Du bist meine Frau, meine Mutter, meine Schwestern; du bist die Summe aller sorgenden Liebe für mich.

CANDIDA *in seinen Armen, lächelnd zu Eugene:* Bin ich auch für Sie Mutter und Schwester, Eugene?

MARCHBANKS *erhebt sich mit einer wilden Geste des Abscheus:* Nein, niemals! Darum, hinaus mit mir in die Nacht!

CANDIDA *erhebt sich schnell:* Sie werden doch so nicht gehen, Eugene?

MARCHBANKS *in seinen Worten ist der Ton einer Männerstimme, nicht mehr der einer Knabenstimme:* Ich weiß, wann die Stunde schlägt. Ich brenne darauf zu tun, was getan werden muß.

MORELL *der sich auch erhoben hat:* Candida, verhindere, daß er etwas Unüberlegtes tut.

CANDIDA *lächelt Eugene zuversichtlich an:* Oh, da besteht keine Gefahr. Er hat es gelernt, zu leben ohne glücklich zu sein.

MARCHBANKS Ich begehre nicht mehr, glücklich zu sein; das Leben ist edler als Glück. Pastor James, ich gebe Ihnen mein Glück mit beiden Händen, ich liebe Sie, weil Sie das Herz der Frau erfüllen, die ich geliebt habe. Leben Sie wohl. *Er geht auf die Tür zu.*

CANDIDA Ein letztes Wort. *Er bleibt stehen, aber ohne sich ihr zuzuwenden. Sie geht zu ihm.* Wie alt sind Sie, Eugene?

MARCHBANKS So alt wie die Welt. Heute morgen war ich achtzehn.

CANDIDA Achtzehn! Wollen Sie um meinetwillen aus den zwei Sätzen, die ich Ihnen jetzt sagen werde, ein kleines Gedicht machen? Und wollen Sie mir versprechen, es sich aufzusagen, sooft Sie an mich denken?

MARCHBANKS *ohne sich zu rühren:* Sagen Sie die Sätze,

CANDIDA Wenn ich dreißig bin, wird sie fünfundvierzig sein. Wenn ich sechzig bin, wird sie fünfundsiebzig sein.

MARCHBANKS *wendet sich ihr zu:* In hundert Jahren werden wir beide gleich alt sein. Aber ich trage in meinem Herzen ein besseres Geheimnis. Lassen Sie mich jetzt gehen. Die Nacht draußen wird ungeduldig.

CANDIDA Leben Sie wohl. *Sie nimmt sein Gesicht in ihre Hände; er errät ihre Absicht und fällt auf die Knie, sie küßt ihn auf die Stirn. Dann flieht er in die Nacht hinaus. Sie dreht sich zu Morell um und streckt ihm ihre Arme entgegen.* Ach, James! *Sie umarmen sich. Aber das Geheimnis im Herzen des Dichters kennen sie nicht.*

Cäsar und Cleopatra

Historisches Drama
Deutsch von Annemarie Böll
und Heinrich Böll

Personen:

CÄSAR
CLEOPATRA
PTOLEMÄUS, ihr zehnjähriger Bruder
RUFIO, ein römischer Befehlshaber
BRITANNUS, Cäsars Sekretär
POTHINUS, Vormund des Ptolemäus
THEODOTUS, Erzieher des Ptolemäus
ACHILLAS, Heerführer
FTATATEETA, Haushofmeisterin und Amme der Cleopatra
APOLLODORUS, ein Sizilianer
BELZANOR, Befehlshaber der Leibwache der Cleopatra
BEL AFFRIS, ein Tempelwächter
EIN PERSER in der Leibwache der Cleopatra
LUCIUS SEPTIMIUS, Tribun
CHARMIAN } Lieblingssklavinnen der Cleopatra
IRAS }
EINE HARFENSPIELERIN
EIN ALTER MUSIKER
PALASTBEAMTE
PRIESTER
TRÄGER
NUBISCHE, RÖMISCHE UND ÄGYPTISCHE SCHILDWACHEN
GEFOLGE DES PTOLEMÄUS, RÖMISCHE SOLDATEN
SKLAVEN, VOLK

Ort der Handlung: Ägypten
Zeit: 48 und 47 v. Chr.

Prolog

Eingang des Ra-Tempels in Memphis. Tiefe Dämmerung. Im Dunkel des Tempelinnern ist, auf eine geheimnisvolle Weise von innen her leuchtend, eine hoheitsvolle menschliche Gestalt mit dem Kopf eines Falken zu sehen. Sie mustert die zeitgenössische Zuhörerschaft mit großer Verachtung, spricht dann die folgenden Worte:

Ruhe! Schweiget still und hört auf meine Worte, ihr wunderlichen kleinen Inselbewohner. Tut eure Ohren auf, ihr Männer mit den weißen Hemdbrüsten, auf denen nichts geschrieben steht (womit die Unschuld eurer Gesinnung bewiesen werden soll). Hört mir zu, ihr Frauen, die ihr euch verführerisch aufputzt und eure Gedanken vor euren Männern verbergt, sie glauben macht, ihr hieltet sie für wunderbar stark und weise, während ihr sie in Wahrheit in euren Herzen für Kinder ohne Urteilskraft anseht. Betrachtet meinen Falkenkopf und wißt, daß ich es bin, Ra, der einst in Ägypten ein mächtiger Gott war. Niederknien oder euch vor mir hinwerfen könnt ihr nicht, denn ihr seid in Reihen gepackt, ohne Bewegungsfreiheit, und nehmt einander die Sicht. Auch hält es keiner von euch für geziemend zu tun, was getan werden muß, bevor ihr seht, daß auch alle anderen es tun, und so kommt es, daß in Notfällen gewöhnlich nichts getan wird, obwohl jeder dem andern sagt, es müßte etwas getan werden. Nicht Anbetung will ich von euch, sondern Schweigen. Ihr Männer, redet also nicht, und ihr Frauen, hustet nicht, denn ich bin gekommen, euch zweitausend Jahre zurückzuführen. Ihr armseligen Nachgeborenen, glaubt nur nicht, ihr wäret die ersten. Vor euch haben schon andere Narren gesehen, wie die Sonne aufgeht und untergeht, und wie der Mond Gestalt und Stand wechselt. Wie sie waren, seid auch ihr, nur: sie waren größer als ihr, denn die Pyramiden, die mein Volk gebaut hat, stehen bis auf den heutigen Tag, während die Staubhügel, auf denen ihr euch abmüht und die ihr Reiche nennt, vom Wind auseinandergeweht werden, während ihr, damit noch mehr Staub sei, eure toten Söhne darauf häuft.

Hört mir also zu, ihr, die ihr durch Gesetzeszwang gebildet seid, und erfahrt: so wie es ein altes und ein neues England gibt und ihr verwirrt zwischen diesen beiden steht, so gab es zu der Zeit, als ich angebetet wurde, ein altes Rom und ein neues, und die

Menschen standen verwirrt zwischen diesen beiden. Und das alte Rom war arm und klein, es war gierig, wild, und es war in vieler Hinsicht böse. Aber weil sein Geist klein war und was es tat einfach, kannte es seinen eigenen Geist und tat seine eigene Arbeit, und die Götter hatten Mitleid mit ihm, halfen ihm, stärkten und schirmten es, denn die Götter haben Geduld mit den Kleinen. Aber dann – wie ein Bettler, der zu Pferde reitet, pochte das alte Rom auf die Gunst der Götter und sagte sich »Ach, solange wir klein sind, sind wir weder reich noch groß; um reich und groß zu werden, muß man die Armen ausrauben und die Schwachen hinmorden«. Und so raubten sie ihre eigenen Armen aus, bis sie große Meister in dieser Kunst wurden und wußten, welche Gesetze alles angemessen und ehrlich erscheinen lassen. Und als sie ihre eigenen Armen bis auf den letzten Blutstropfen ausgepreßt hatten, plünderten sie die Armen anderer Länder aus, verleibten sich deren Länder ein, und so kam ein neues Rom herauf, reich und riesig. Und ich, Ra, ich lachte, denn während sich ihre Herrschaft über die Erde ausbreitete, behielt der Geist der Römer sein altes Maß.
Nun gebt genau acht, damit ihr versteht, was ihr bald sehen werdet: während die Römer noch zwischen dem alten und dem neuen Rom standen, erhob sich unter ihnen ein mächtiger Soldat: Pompeius der Große. Doch der Weg des Soldaten ist der Weg des Todes und der Weg der Götter ist der Weg des Lebens, und deshalb ist ein Gott am Ende seines Weges klug und ein Soldat am Ende seines Weges ein Narr, und so hielt sich Pompeius ans alte Rom, in dem nur Soldaten groß werden konnten, die Götter aber wandten sich dem neuen Rom zu, in dem jeder Mann, der Verstand genug hatte, werden konnte, was er wollte. Und Cäsar, Pompeius' Freund, war auf der Seite der Götter, weil er sah, daß Rom über die kleinen alten Römer hinausgewachsen war. Dieser Cäsar war ein großer Redner, und er war ein Politiker: er kaufte Menschen mit Worten und mit Gold, genau wie ihr gekauft werdet. Und als Worte und Gold sie nicht mehr befriedigten, und sie außerdem noch nach Kriegsruhm verlangten, wandte Cäsar sich in seinen mittleren Jahren auch diesem Handwerk zu. Und die, die gegen ihn gewesen waren, als er sich um ihr Wohlergehen mühte, beugten sich jetzt vor ihm, da er ein Schlächter und Eroberer wurde – so liegt es in eurer Natur, ihr Sterblichen. Und was Pompeius angeht, so wurden die Götter seiner Triumphe so müde wie seines gottähnlichen Gebarens, denn er sprach von Gesetz und Pflicht und ähnlichen Dingen, die einen bloßen Er-

denwurm gar nichts angehen. Auf Cäsar aber blickten die Götter lächelnd herab, denn er lebte das Leben, das sie ihm gegeben hatten, kühn drauflos, und er dachte nicht daran, uns Götter wegen der unanständigen Art und Weise unserer Schöpfung zu tadeln oder unser Werk zu verstecken, als müßte man sich seiner schämen. Ihr wißt schon, was ich meine, denn es ist auch eurer Sünden eine.

Und so ging es aus zwischen dem alten Rom und dem neuen. Cäsar sagte: »Wenn ich das Gesetz des alten Rom nicht breche, kann ich es nicht so regieren, wie es mir zukommt, und dann wird die Gabe des Regierens, die die Götter mir geschenkt haben, ungenutzt bleiben und keine Frucht tragen«. Pompeius aber sagte: »Zuerst kommt das Gesetz, und wenn du es brichst, sollst du des Todes sterben«. Darauf sagte Cäsar: »Ich breche das Gesetz, töte mich, wer kann«. Und er brach das Gesetz, und Pompeius setzte ihm nach, mit einer, wie ihr sagen würdet, großen Armee, um ihn zu töten und das alte Rom aufrechtzuerhalten. Und Cäsar floh über die Adria, denn die Götter da oben wollten ihm eine Lektion erteilen, genau dieselbe Lektion, die sie euch erteilen werden, wenn die Zeit dazu gekommen ist: wenn ihr fortfahrt, sie zu vergessen und diese Niete unter den Göttern anzubeten: Mammon. Und deshalb waren sie entschlossen, Cäsar, bevor sie ihn zum Herren der Welt machten, in den Staub zu werfen, dem Pompeius vor die Füße, und ihn vor allen Nationen mit Schande zu bedecken. Pompeius aber, seine Gesetze und seinen hochfliegenden Geist, mit dem er die Götter nachäffte, ihn machten sie größer und größer, auf daß sein Sturz um so schrecklicher sei. Pompeius verfolgte Cäsar, er kam über ihn mit der ganzen Macht und Herrlichkeit des alten Rom, er war ihm und der ganzen Welt überlegen – so wie ihr der Welt überlegen seid mit eurer Flotte, die die See dreißig Meilen im Umkreis bedeckt. Und als Cäsar zu einem vollkommenen Nichts geworden war, verzweifelte er nicht, er erhob sich noch einmal, um ehrenvoll zu sterben und sagte sich: »Gegen mich ist Pompeius, das alte Rom, das Gesetz und die Legionen: alle und alles gegen mich, aber über allem sind die Götter, und Pompeius ist ein Narr«. Und die Götter lachten und gaben ihm recht, und in der Schlacht von Pharsalia geschah das Unmögliche. Blut und Eisen, auf die ihr euer ganzes Vertrauen setzt, unterlagen dem Geist des Menschen, denn der Geist des Menschen ist der Wille der Götter, und Pompeius' ganze Macht zerfiel in seiner Hand, so wie die Macht des kaiserlichen Spanien zerfiel, als es gegen eure Väter stand in den Tagen, da

England klein war, und keinen eigenen Willen kannte, noch einen Willen hatte, den es kennen konnte – statt einer großen Anzahl von Zeitungen. Gebt also acht, damit nicht kleine Völker, die ihr zu unterdrücken gewohnt seid, in der Hand Gottes zur Geißel eurer Prahlerei, eurer Ungerechtigkeiten, Lüste und Dummheiten werden.
Also, wollt ihr jetzt wissen, wie Pompeius endete, oder wollt ihr schlafen, während ein Gott zu euch spricht? Merkt euch gut, was ich zu sagen habe: Pompeius ging dorthin, wohin auch ihr gegangen seid, er ging nämlich nach Ägypten, das von den Römern besetzt war, wie es jetzt von den Briten besetzt ist. Cäsar verfolgte Pompeius nach Ägypten: ein Römer auf der Flucht, der andere hinter ihm her: ein Hund hetzt den anderen. Und die Ägypter sagten: »Seht euch das nur an: diese Römer, die unseren Königen Geld geliehen und uns mit Waffengewalt große Abgaben aufgezwungen haben, immer verlangen sie von uns, ihnen treu zu sein und unser eigenes Land an sie zu verraten. Aber es gibt nicht nur ein Rom, sondern zwei: das Rom des Pompeius und Cäsars Rom. Welchem Rom sollen wir nun Treue vorspiegeln, dem einen oder dem anderen?« Da wandten sie sich in ihrer Verwirrung an einen Soldaten, der einst dem Pompeius gedient hatte, der Roms Machenschaften kannte und voll war von seiner Verdorbenheit, und sie sagten zu ihm: »Also: in deinem Land hetzt ein Hund den anderen, und beide Hunde sind unterwegs, uns zu hetzen, welchen Rat wollt Ihr uns geben?« Und dieser Soldat, der Lucius Septimius hieß und den ihr bald leibhaftig sehen werdet, antwortete: »Ihr solltet sorgfältig prüfen, wer von beiden der stärkere Hund ist, und dann solltet ihr diesem Hund zuliebe den anderen töten, um euch den stärkeren gnädig zu stimmen«. Die Ägypter antworteten: »Der Rat ist brauchbar, aber wenn wir einen Menschen ungesetzlicherweise töten, setzen wir uns an die Stelle der Götter, und das wagen wir nicht. Aber Ihr als Römer seid gewohnt an diese Art zu töten, denn Ihr habt ja Herrscherinstinkte. Wollt also Ihr den schwächeren Hund für uns umbringen?« Und er antwortete: »Ja, das will ich, denn ich betrachte Ägypten als meine Heimat, und möchte gern unter euch Achtung und Einfluß gewinnen«. Und sie antworteten: »Wir wissen sehr wohl, Ihr tut es nicht umsonst: Euren Lohn werdet Ihr erhalten«. Da kam nun Pompeius an, allein in einer kleinen Galeere und setzte sein ganzes Vertrauen ins Gesetz und in die Verfassung. Und es war für das ägyptische Volk ganz klar, daß er nur noch ein sehr kleiner Hund war. Und als er seinen Fuß

aufs Land setzte, wurde er von seinem alten Kameraden Lucius Septimius begrüßt, der ihm mit der einen Hand Willkommen bot und ihm mit der anderen Hand den Kopf abschlug. Den bewahrte er auf wie einen eingesalzenen Kohlkopf, um ihn Cäsar zum Geschenk zu machen. Und die Menschheit schauderte, die Götter aber lachten, denn Septimius war nur ein Messer, das Pompeius selbst geschliffen hatte, und als sich dieses Messer ihm selbst an die Kehle setzte, sagten sie, Pompeius hätte besser daran getan, Septimius zu einem Pflüger auszubilden als zu einem so tapferen und geschickten Mörder. Drum bitte ich erneut: hütet euch, ihr da, die ihr alle Pompeiusse wärt, wenn ihr den Mut dazu hättet: der Krieg ist ein Wolf, der eines Tages an eure eigene Tür kommen kann.
Verliert ihr die Geduld mit mir? Wartet ihr gierig auf die Geschichte von der unkeuschen Frau? Hat der Name Cleopatra euch hierher gelockt? Ihr Narren. Cleopatra ist nur ein Kind, das noch von seiner Amme Prügel bekommt. Und was ich euch zum Heil eurer Seelen jetzt zeigen werde, ist – wie Cäsar in Ägypten Pompeius suchte, aber Cleopatra fand, und wie er das Geschenk aufnahm, diesen eingemachten Kohlkopf, der einmal Pompeius' Haupt gewesen war; und ich werde euch zeigen, was zwischen dem alten Cäsar geschah und der Königin, die noch ein Kind war, bevor Cäsar Ägypten verließ, sich seinen Weg nach Rom zurück erkämpfte, um dort ermordet zu werden, wie Pompeius ermordet worden war, ermordet zu werden von Männern, in denen der Geist des Pompeius noch lebte. Das alles werdet ihr sehen, und ihr werdet euch auf eure unwissende Art darüber wundern, daß die Menschen vor zwanzig Jahrhunderten genau so waren, wie ihr seid, daß sie sprachen und lebten, wie ihr sprecht und lebt, nicht schlimmer, nicht besser, nicht klüger, nicht dümmer. Und die zweitausend Jahre, die vergangen sind, sind für mich, den Gott Ra, nur ein Augenblick, und dieser Tag heute unterscheidet sich nicht von dem Tag, an dem Cäsar das Land meines Volkes zum ersten Mal betrat. Und jetzt verlasse ich euch, denn ihr seid eine langweilige Gesellschaft, und es ist Zeitverschwendung, euch etwas beibringen zu wollen; ich hätte nicht so lange zu euch gesprochen, läge es nicht in der Natur eines Gottes, immer wieder mit dem Staub und der Finsternis zu kämpfen und durch die Kraft seiner Sehnsucht nach dem Göttlichen mehr Leben und mehr Licht aus ihnen herauszuholen. Setzt euch jetzt in euren Sitzen zurecht und verhaltet euch still, denn ihr werdet jetzt einen großen Menschen hören, groß nach den Maßstäben, mit de-

nen ihr Größe meßt. Und fürchtet nicht, daß ich noch einmal zu euch sprechen werde: den Rest der Geschichte müßt ihr von denen erfahren, die sie erlebt haben. Lebt wohl und wagt nicht, mir Beifall zu spenden.

Der Tempel verschwindet in vollkommener Dunkelheit.

Alternative zum Prolog

Ein Oktoberabend an der Grenze zwischen Ägypten und Syrien gegen Ende der dreiunddreißigsten Dynastie, im Jahr 706 römischer Zeitrechnung, später nach christlicher Zeitrechnung als das Jahr 48 vor Christi Geburt bezeichnet. Im Osten kommt ein großes silbernes Leuchten herauf, die Dämmerung einer mondhellen Nacht. Die Sterne und der wolkenlose Himmel sind unsere eigenen Zeitgenossen, neunzehn Jahrhunderte und ein halbes jünger als wir sie kennen, doch ihrem Aussehen würde man das nicht anmerken. Unter den Sternen und dem wolkenlosen Himmel zwei deutliche Hindernisse für den Fortschritt: ein Palast und Soldaten. Der Palast, ein altes, niedriges Gebäude syrischen Stils aus gekälktem Lehm, ist nicht so häßlich wie der Buckingham Palast, und die Offiziere im Hof stehen auf einer höheren Kulturstufe als zeitgenössische englische Offiziere: sie graben zum Beispiel nicht die Körper ihrer toten Feinde wieder aus, um sie zu verstümmeln, wie wir Cromwell und den Mahdi ausgruben. Die Offiziere stehen in zwei Gruppen: eine verfolgt aufmerksam das Spiel ihres Hauptmanns Belzanor, eines Kriegers von fünfzig Jahren, der gebückt dahockt, seinen Speer auf dem Boden neben seinen Knien, und mit einem schlau wirkenden persischen Rekruten würfelt. Die andere Gruppe steht um einen Gardisten herum, der gerade einen unanständigen Witz (der immer noch in englischen Kasernen die Runde macht) zu Ende erzählt hat, und über den alle schallend lachen. Es sind ungefähr ein Dutzend Gardisten, alle aus dem ägyptischen Hochadel, ausgestattet mit glänzenden Waffen und Rüstungen, sehr unenglisch, insofern sie sich weder ihrer Berufskleidung schämen noch sich unwohl darin fühlen; im Gegenteil, sie gebaren sich auf eine ziemlich ostentative und arrogante Weise kriegerisch, als wären sie sich ihrer Wichtigkeit als Kriegerkaste durchaus bewußt.

Belzanor ist der typische langgediente Veteran, zäh und starrköpfig, zuverlässig, fähig und geschickt, wenn Roheit und Kraft ausreichen, hilflos und jungenhaft, wenn sie nicht ausreichen: ein tüchtiger Feldwebel, ein unfähiger General, ein beklagenswert schlechter Diktator. In einem modernen europäischen Staat würde er, hätte er einflußreiche Verbindungen, auf Grund seiner großen Fähigkeiten in der erstgenannten Kategorie in den beiden letztgenannten Kategorien beschäftigt.

Wenn man die Tatsache bedenkt, daß Cäsar gerade in diesem Augenblick in Ägypten einmarschiert, müßte man fast Mitleid mit Belzanor haben. Da er das aber nicht weiß, ist er ganz auf das Spiel mit dem Perser konzentriert, den er, als Ausländer, für durchaus fähig hält, ihn zu betrügen. Belzanors Untergebene sind fast alle hübsche junge Burschen, deren Interesse am Würfelspiel und dem Witz mit hinreichender Ausführlichkeit die Lebensinhalte kennzeichnet, die sie kennen. Ihre Speere sind entweder gegen die Mauer gelehnt oder liegen griffbereit auf dem Boden. Die Ecke des Hofes bildet einen Winkel, dessen einen Schenkel die Front des Palastes mit einem Eingang, dessen anderen Schenkel die Mauer mit einem Tor bildet. Die Witzeerzähler stehen am Palast, die Spieler am Tor. Nahe am Tor, dicht an der Mauer, liegt ein Steinquader, so hoch, daß der nubische Posten, der darauf steht, über die Mauer blicken kann. Sobald das Lachen der Witzeerzähler leiser wird, nimmt der Perser, der die Runde gewonnen hat, den Einsatz vom Boden auf.

BELZANOR Beim Apis, Perser, deine Götter sind dir günstig gesonnen.

PERSER Versuchs noch einmal, Hauptmann. Verdoppele oder gib auf.

BELZANOR Nein, ich höre auf. Ich habe heute kein Glück.

DER POSTEN *blickt über die Mauer und hebt seinen Speer:* Halt. Wer da? *Alle blicken auf und horchen. Eine fremde Stimme antwortet von draußen.*

STIMME Einer, der schlimme Nachricht bringt.

BELZANOR *zum Posten:* Laß ihn durch.

DER POSTEN *senkt seinen Speer:* Komm näher, du Überbringer schlimmer Nachrichten.

BELZANOR *steckt die Würfel in die Tasche und nimmt seinen Speer auf:* Wir wollen diesen Mann empfangen, wie es ihm gebührt. Er bringt schlimme Nachricht. *Die Gardisten ergreifen ihre Speere, stellen sich vor dem Tor auf, eine Gasse für den Ankömmling freilassend.*

PERSER *erhebt sich von den Knien:* Sind schlechte Nachrichten denn solcher Ehren wert?

BELZANOR Laß dich belehren, du persischer Barbar. In Ägypten wird einer, der gute Nachrichten überbringt, den Göttern als Dankopfer dargebracht, das Blut eines Unglücksboten aber würde kein Gott annehmen. Wenn wir gute Nachrichten zu überbringen haben, so suchen wir sorgfältig den billigsten Sklaven aus, den wir auftreiben können, und legen sie ihm in den Mund. Schlimme Nachrichten werden von jungen Adligen überbracht, die sich auszuzeichnen wünschen. *Sie stellen sich zu den anderen ans Gatter.*

POSTEN Tritt ein, junger Hauptmann, und neige im Hause der Königin dein Haupt.

STIMME Geh und schmiere deinen Speer mit Schweinefett ein, du schwarzer Mohr. Bevor der Morgen graut, werden die Römer dich zwingen, ihn bis auf den letzten Stummel aufzufressen. *Der Inhaber der Stimme, ein hellhaariger Dandy, anders als die Posten bekleidet, doch nicht weniger prunkvoll, kommt lachend durchs Tor. Er sieht irgendwie nach Feindberührung aus, sein linker Unterarm ist verbunden, der Verband ist unter einem zerfetzten Ärmel zu sehen. In der rechten Hand hält er ein römisches Schwert mit Scheide. Er taumelt in den Hof hinein, der Perser rechts, Belzanor links, die Gardisten hinter ihm.*

BELZANOR Wer seid Ihr, der es wagt, im Hause der Königin Cleopatra zu lachen, mir, dem Hauptmann ihrer Wache, Belzanor, mitten ins Gesicht?

DER NEUANKÖMMLING Ich bin Bel Affris, ein Abkömmling der Götter.

BELZANOR *feierlich:* Heil dir, Vetter.

ALLE *außer dem Perser:* Heil dir, Vetter.

PERSER O Fremder, alle in der Garde der Königin stammen von Göttern ab. Nur ich nicht, ich bin ein Perser, Nachfahre vieler Könige.

BEL AFFRIS *zu den Gardisten:* Heil, Vettern. *Zum Perser, herablassend:* Heil, Sterblicher.

BELZANOR Du hast an der Schlacht teilgenommen, Bel Affris; hier bist du Soldat unter Soldaten, du wirst doch nicht den Hofdamen der Königin vor uns deine Nachricht überbringen.

BEL AFFRIS Ich habe nichts mitzuteilen, nur, daß man uns allen bald die Kehle durchschneiden wird: Frauen, Soldaten und allen übrigen.

PERSER *zu Belzanor:* Ich habs dir ja gesagt.

DER POSTEN *der zugehört hat:* O weh, wir sind verloren.

BEL AFFRIS *ruft ihm zu:* Ruhe, beruhige dich, armer Äthiopier, das Schicksal liegt in der Hand der Götter, die dich schwarz angemalt haben. *Zu Belzanor:* Was hat dieser Sterbliche dir erzählt?

BELZANOR Er sagt, der Römer Julius Cäsar, der mit einer Handvoll Anhängern bei uns gelandet ist, wird sich zum Herrn von Ägypten machen. Er hat Angst vor dem römischen Soldaten. *Die Gardisten lachen geräuschvoll und spöttisch.* Bauernlümmel, die nichts gelernt haben als Krähen zu verscheuchen und hinterm Pflug herzulaufen, Söhne von Schmieden, Müllern und Gerbern, aber wir, wir sind Adlige, wir sind den Waffen geweiht und stammen von Göttern ab.

PERSER Belzanor, die Götter sind nicht immer nett zu ihren armen Verwandten.

BELZANOR *heftig, zum Perser:* Sag's offen, meinst du, wir sind schlechter als Cäsars Sklaven?

BEL AFFRIS *stellt sich zwischen sie:* Ruhig, Vetter. Ungelogen: Verglichen mit den Römern sind wir Ägypter Götter.

DIE GARDISTEN *triumphierend:* Aha!

BEL AFFRIS Aber dieser Cäsar stellt nicht Mann gegen Mann: er wirft eine Legion dorthin, wo du am schwächsten bist; so wie er einen Stein mit dem Katapult schleudert, und diese Legion ist wie ein Mann mit nur einem Kopf, aber tausend Armen und ohne jede Religion. Ich hab gegen sie gekämpft, und ich weiß es.

BELZANOR *höhnisch:* Hast du Angst gehabt, Vetter? *Die Gardisten lachen dröhnend, mit funkelnden Augen, stolz auf die Schlagfertigkeit ihres Hauptmanns.*

BEL AFFRIS Nein, Vetter, Angst hatte ich nicht, aber ich wurde geschlagen. Sie hatten Angst – aber sie bliesen uns auseinander wie Spreu. *Die Gardisten, sehr gedämpft, murren mit verächtlichem Abscheu.*

BELZANOR Konntest du nicht sterben?

BEL AFFRIS Nein, das wäre zu einfach gewesen, und eines Abkömmlings der Götter nicht würdig. Im übrigen hatte ich gar keine Zeit dazu, alles war in einem Augenblick vorüber. Der Angriff erfolgte genau da, wo wir ihn am wenigsten erwartet hatten.

BELZANOR Das beweist, daß die Römer Feiglinge sind.

BEL AFFRIS Diese Römer machen sich nichts daraus, für feige gehalten zu werden. Sie kämpfen, um zu siegen. Kriegerehre und Kriegerstolz bedeuten ihnen nichts.

PERSER Erzähl uns, wie die Schlacht verlief. Wie ging es her?

DIE GARDISTEN *Bel Affris eifrig umringend:* Ja, erzähl uns, wie die Schlacht verlief.

BEL AFFRIS Wißt denn, daß ich ein Neuling bin bei der Tempelwache des Ra in Memphis; ich diene weder Cleopatra noch ihrem Bruder Ptolemäus, sondern nur den hohen Göttern selbst. Wir zogen zu Ptolemäus, um ihn zu fragen, warum er Cleopatra nach Syrien vertrieben hatte, und wie wir Ägypter es mit dem Römer Pompeius halten sollten, der gerade an unsere Küsten gekommen war, nachdem Cäsar ihn bei Pharsalia besiegt hat. Und was denkt ihr, haben wir erfahren? Daß auch Cäsar, seinem Feinde auf dem Fuß folgend, unterwegs ist, daß Ptolemäus Pompeius ermordet hat, sein abgetrenntes Haupt bereithält, es dem Eroberer darzubringen. *Erregung unter den Gardisten.* Nein, schlimmer noch: wir fanden heraus, daß Cäsar schon gelandet war; denn kaum hatten wir die Hälfte des Rückwegs hinter uns, da stießen wir auf Stadtpöbel, der ausgezogen war, sich der Landung zu widersetzen, jetzt aber vor den Legionen floh.

BELZANOR Und ihr, von der Tempelwache – habt ihr nicht den Legionen Widerstand geleistet?

BEL AFFRIS Was menschenmöglich war, haben wir getan. Aber dann kam das Dröhnen einer Trompete, und es klang, wie wenn ein großer schwarzer Berg zu fluchen beginnt, und wir sahen eine ganze Mauer von Schilden auf uns zukommen. Ihr wißt, wie das Herz heiß wird, wenn man eine befestigte Mauer angreift – aber was, wenn die befestigte Mauer dich angreift?

PERSER *triumphierend, weil er recht behalten hat:* Hab ich's euch nicht gesagt?

BEL AFFRIS Und als die Mauer näher kam, verwandelte sie sich in eine Reihe von Soldaten – gewöhnlich genug sahen sie aus, diese Kerle, mit Helmen, Lederkollern und Brustschilden, und jeder einzelne von ihnen schleuderte seinen Speer: der, der auf mich zuflog, durchschlug meinen Schild, als wär's Papier – seht hier – *er zeigt auf den Verband an seinem linken Unterarm* – und hätte ich mich nicht gebückt, er hätte meinen Hals durchbohrt. Dann verdoppelten sie ihren Angriff, und kaum hatten sie ihre Speere geschleudert, da waren sie schon mit ihren kurzen Schwertern über uns. Wenn einer mit einem so kurzen Schwert nahe an dich rankommt, kannst du mit unseren Waffen nichts mehr machen: sie sind alle zu lang.

PERSER Und was hast du gemacht?

BEL AFFRIS Ich ballte die Faust und schlug meinem Römer eins aufs Kinn. Und siehe da, auch er war nur sterblich: betäubt fiel er hin, und ich nahm sein Schwert und erledigte ihn. *Zieht das Schwert.* Seht! ein römisches Schwert mit Römerblut.

DIE GARDISTEN *Beifall spendend:* Gut gemacht! *Sie nehmen das*

Schwert, das von Hand zu Hand geht und neugierig gemustert wird.

PERSER Und deine Leute?

BEL AFFRIS Geflohen. Zerstreut wie Schafe.

BELZANOR *wütend:* Diese feigen Sklaven! Ließen die Abkömmlinge der Götter im Stich, damit man sie abschlachtet.

BEL AFFRIS *kalt und scharf:* Die Abkömmlinge der Götter blieben gar nicht, um sich abschlachten zu lassen, Vetter. Die Schlacht gewannen nicht die Starken, aber das Rennen gewannen die Schnellen. Die Römer, die keine Karren haben, schickten eine ganze Wolke von Reitern hinter uns her und erschlugen ganze Scharen. Da versammelte der Hauptmann unseres Hohen Priesters ein Dutzend Abkömmlinge der Götter um sich und ermahnte sie, kämpfend zu sterben. Ich sagte mir: bestimmt ist es besser, stehen zu bleiben, als atemlos zu rennen und von hinten erstochen zu werden. Ich blieb also stehen und gesellte mich zu unserem Hauptmann. Da behandelten uns die Römer mit Respekt, denn kein Mann greift einen Löwen an, wenn das Feld voller Schafe ist, es sei denn, es ginge um Kriegsruhm und Kriegerehre, aber davon halten die Römer ja nichts. So kamen wir mit dem Leben davon, und ich bin gekommen, euch zu warnen. Ihr müßt Cäsar die Tore öffnen, seine Vorhut ist knapp eine Stunde hinter mir und zwischen euch und seinen Legionen steht nicht ein einziger ägyptischer Krieger.

DER POSTEN O weh, wir sind verloren. *Er wirft seinen Speer hin und flieht in den Palast.*

BELZANOR Rasch, spießt ihn ans Tor. *Die Gardisten rennen mit ihren Speeren hinter ihm her, aber er ist schneller als sie.* Jetzt läuft die Nachricht durch den Palast wie Feuer durch ein Stoppelfeld.

BEL AFFRIS Was sollen wir tun, um die Frauen vor den Römern zu retten?

BELZANOR Warum nicht sie umbringen?

PERSER Dann müssen wir für einige von ihnen Blutgeld zahlen. Laß lieber die Römer sie umbringen: es ist billiger.

BELZANOR *überwältigt von des Persers Schlauheit:* Oh, du Schlauer, du Schlange.

BEL AFFRIS Und eure Königin?

BELZANOR Natürlich: Cleopatra müssen wir wegbringen.

BEL AFFRIS Wollt ihr nicht ihren Befehl abwarten?

BELZANOR Ein sechzehnjähriges Mädchen! Und uns befehlen!

In Memphis haltet ihr sie für eine Königin: hier wissen wir es besser. Ich werde sie auf der Kruppe meines Pferdes mitnehmen, und sobald wir Soldaten sie aus Cäsars Reichweite gebracht haben, können die Priester, die Ammen und alle übrigen wieder so tun, als wäre sie die Königin und ihr Befehle in den Mund legen.

PERSER Hör, Belzanor.

BELZANOR Sprich, du, der du klüger bist als deine Jahre.

PERSER Cleopatra steht im Krieg mit ihrem Bruder Ptolemäus. Wir sollten sie ihm verkaufen.

DIE GARDISTEN Oh, du Schlauer, du Schlange.

BELZANOR Das können wir nicht wagen. Wir sind Abkömmlinge der Götter, aber Cleopatra stammt vom Nil ab, und das Land unserer Väter wird kein Getreide hervorbringen, wenn der Nil nicht über die Ufer steigt. Und ohne das, was unsere Väter uns vermacht haben, werden wir leben wie die Hunde.

PERSER Das stimmt: von ihrem Sold kann die Garde der Königin nicht leben. Aber hört, was ich noch zu sagen habe, ihr aus der Sippschaft des Osiris.

DIE GARDISTEN Sprich, du Schlauer, du. Hört auf ihn, den die Schlange gezeugt hat.

PERSER Habe ich nun die Wahrheit gesagt, als ich euch von Cäsar erzählte, und habt ihr nicht gedacht, ich verspotte euch?

GARDISTEN Er hat recht, er hat recht.

BELZANOR *gibt es zögernd zu:* Bel Affris hat es bestätigt.

PERSER Dann hört also mehr über ihn. Dieser Cäsar ist ein großer Frauenfreund. Er macht sie zu seinen Freundinnen und Beratern.

BELZANOR Pah! Diese Weiberherrschaft wird Ägypten zu Grunde richten.

PERSER Wäre es nicht besser, wenn sie Rom zu Grunde richtete? Cäsar wird langsam alt, er ist über fünfzig, hat viel Mühsal und viele Schlachten hinter sich. Für die jungen Frauen ist er zu alt, und die alten Frauen sind zu klug, ihn zu verehren.

BEL AFFRIS Nimm dich in acht, Perser. Cäsar ist schon fast in Hörweite.

PERSER Cleopatra ist weder ganz eine Frau noch ist sie klug. Aber Männer um ihren Verstand bringen, das kann sie schon.

BELZANOR Natürlich kann sie das, weil sie vom Nil abstammt und von einem schwarzen Jungen der heiligen weißen Katze. Was weiter?

PERSER Warum sie also nicht heimlich an Ptolemäus verkaufen, dann bieten wir uns selbst Cäsar als Freiwillige an, um ihren Bruder zu besiegen und die Ur-Urenkelin des Nil zu befreien?

DIE GARDISTEN O Schlange du!

PERSER Er wird auf uns hören, wenn wir zu ihm kommen und sie ihm in Worten schildern. Er wird ihren Bruder besiegen und töten, wird mit Cleopatra als Königin in Ägypten regieren, und wir werden ihre Leibwache sein.

BEL AFFRIS Er wird hier sein, bevor du mit deinem Gerede zu Ende bist, du Wortgaukler.

BELZANOR Wahrscheinlich. *Er wird durch erschrecktes Geschrei und Getümmel im Innern des Palastes unterbrochen.* Rasch! Die Flucht hat schon begonnen. Bewacht den Eingang. *Sie rennen zum Eingang des Palastes und bilden mit ihren Speeren einen Kordon davor. Dienerinnen und Ammen strömen heraus. Die vordere Reihe schreckt vor den Speeren zurück, schreit den rückwärtigen zu, nicht zu drängen. Belzanors Stimme übertönt die geräuschvolle Verwirrung.* Zurück mit euch. Hinein mit euch, ihr nutzloses Vieh.

DIE WÄCHTER Zurück mit euch, nutzloses Viehzeug.

BELZANOR Schickt uns Ftatateeta heraus, die oberste Amme der Königin.

FRAUEN *rufen ins Innere des Palastes:* Ftatateeta, Ftatateeta. Komm, komm, Belzanor will mit dir sprechen.

EINE FRAU Oh, drängt nicht so. Ihr drückt mich gegen die Speerspitzen.

Eine riesige grimmige Frau erscheint auf der Schwelle; ihr Gesicht ist bedeckt mit einem Flechtwerk feiner Runzeln, ihre Augen sind groß, alt und klug; sie hat sehnige Hände, ist sehr groß und sehr stark, hat einen Mund wie ein Bluthund und Backenknochen wie eine Bulldogge. Sie ist gekleidet wie eine Person, die im Palast einen hohen Rang genießt. Ungnädig stellt sie sich den Gardisten gegenüber.

FTATATEETA Platz da für die oberste Amme der Königin!

BELZANOR *mit würdigem Stolz:* Ftatateeta, ich bin Belzanor, Hauptmann der königlichen Garde und ein Abkömmling der Götter.

FTATATEETA *zahlt seine Arroganz mit Zinsen zurück:* Und ich bin Ftatateeta, Belzanor, die oberste Amme der Königin, und deine göttlichen Vorfahren wären stolz darauf gewesen, in den Pyramiden der Könige, denen meine Väter gedient haben, an die Wand gemalt zu sein. *Die Frauen lachen triumphierend.*

BELZANOR *mit grimmigem Humor:* Ftatateeta, du Tochter eines langzüngigen, schieläugigen Chamäleons, die Römer sind da. *Schreckensschreie von den Frauen: wären die Speere nicht, sie würden fliehen.* Und nicht einmal die Abkömmlinge der Götter können sie noch aufhalten, denn jeder Römer hat sieben Arme und in jedem Arm sieben Speere. Sie haben kein Blut in den Adern, sondern siedendes Quecksilber, ihre Frauen kommen nicht nach neun Monaten, sondern nach drei Stunden nieder, und am Tag darauf werden sie geschlachtet und aufgefressen.

Die Frauen schaudern vor Entsetzen. Ftatateeta bahnt sich, der Soldaten spottend, mit verächtlicher Miene einen Weg durch die Menge, bleibt unbeeindruckt vor den Speeren stehen.

FTATATEETA Dann flieht doch und rettet euch, ihr feigen Abkömmlinge der billigen Lehmgötter, wie man sie an Fischträger verkauft – und laßt uns für uns selber sorgen.

BELZANOR Nicht, bevor du uns unseren Wunsch erfüllt hast, du Schrecken aller Männer. Bring zuerst Cleopatra die Königin heraus – dann gehe, wohin du magst.

FTATATEETA *mit höhnischem Lachen:* Jetzt weiß ich, warum die Götter sie euch entzogen haben. *Die Gardisten werden aufmerksam, blicken einander an.* Wißt also, ihr dummen Soldaten, daß die Königin seit einer Stunde nach Sonnenuntergang verschwunden ist.

BELZANOR *wütend:* Du Hexe du, du hast sie versteckt, um sie Cäsar oder ihrem Bruder zu verkaufen. *Er faßt sie am linken Handgelenk und zerrt sie, von einigen der Gardisten unterstützt, in die Mitte des Hofes; während sie auf die Knie gezwungen wird, zieht er ein mörderisch aussehendes Messer.* Wo ist sie? Sag, wo sie ist, oder? *Er setzt ihr das Messer an die Kehle.*

FTATATEETA *wild:* Wag es nur, mich anzurühren, du Hund, und der Nil wird nicht über die Ufer treten und deine Felder siebenmal sieben Hungerjahre lang nicht bewässern.

BELZANOR *erschrocken, doch mit verzweifeltem Mut:* Ich will ein Opfer bringen, ich will bezahlen. Oder bleiben. *Zum Perser:* Du, du Schlauer, du, deines Vaters Felder liegen weit vom Nil entfernt. Bring du sie um.

PERSER *bedroht sie mit seinem Messer:* Persien hat nur einen Gott und der liebt das Blut alter Frauen. Sag mir, wo Cleopatra ist.

FTATATEETA So wahr Osiris lebt, Perser, ich weiß es nicht. Ich schalt sie, daß sie uns Unheil bringen würde; sie trug die heiligen Katzen der Priester mit sich herum und sprach mit ihnen. Ich sagte ihr, als Strafe für ihren Ungehorsam würde sie allein zurückgelassen werden, wenn die Römer kämen. Und jetzt ist sie weg – weggelaufen, hat sich versteckt. Ich sage die Wahrheit. Ich rufe Osiris zum Zeugen.

DIE FRAUEN *eifrig beipflichtend:* Es ist wahr, was sie sagt, Belzanor.

BELZANOR Du hast das Kind erschreckt und jetzt versteckt es sich. Sucht sie – los – in den Palast, durchstöbert alle Ecken! *Die Gardisten, von Belzanor angeführt, drängen sich durch die fliehende Menge hindurch in den Palast; die Frauen entkommen durch das Hoftor.*

FTATATEETA Schande! Männer in den Gemächern der Königin – Schändung! *Ihre Stimme erstirbt, als der Perser ihr das Messer an die Kehle setzt.*

BEL AFFRIS *legt eine Hand auf Ftatateetas linke Schulter:* Schone sie noch einen Augenblick, Perser. *Zu Ftatateeta, sehr nachdrücklich:* Mutter, deine Götter schlafen oder sind unterwegs auf der Jagd, und das Messer sitzt dir an der Kehle. Bring uns dorthin, wo die Königin ist und du sollst leben.

FTATATEETA *verächtlich:* Wer würde sich dem Schwert in der Hand eines Verrückten widersetzen, wenn die hohen Götter es hineingelegt haben? Hört mich, ihr jungen Männer, die ihr nichts versteht. Cleopatra fürchtet mich, aber die Römer fürchtet sie noch mehr. In ihren Augen ist nur eine Macht größer als der Zorn der Amme der Königin und größer als Cäsars Grausamkeit, und das ist die Macht der Sphinx, die in der Wüste sitzt und den Zugang zur See bewacht. Was die Sphinx wissen soll, das sagt sie den heiligen Katzen ins Ohr, und an ihrem Geburtstag opfert sie der Sphinx und bedeckt sie mit Mohnblüten. Geht also in die Wüste und sucht Cleopatra im Schatten der Sphinx, und bürgt mir mit eurem Kopf dafür, daß ihr nichts geschieht.

BEL AFFRIS *zum Perser:* Sollen wir das glauben, du Schlauer du?

PERSER Welchen Weg kommen die Römer?

BEL AFFRIS Durch die Wüste, von der See her, genau an dieser Sphinx vorüber.

PERSER *zu Ftatateeta:* O du Urgroßmutter aller Arglist! O Giftzunge! Diese Geschichte hast du dir ausgedacht, damit wir in die Wüste gehen und auf den Speeren der Römer verrecken. *Hebt sein Messer.* Schmecke also den Tod!

FTATATEETA Nicht von dir, Säugling. *Sie faßt ihn am Fußgelenk, reißt ihn um und flieht gebückt die Palastmauer entlang, verschwindet in der Dunkelheit, die diese umgibt. Bel Affris brüllt vor Lachen, als der Perser hinfällt. Die Gardisten kommen mit Belzanor aus dem Palast herausgestürzt, inmitten einer Menge von Flüchtigen, von denen die meisten Bündel mit sich schleppen.*

PERSER Habt ihr Cleopatra gefunden?

BELZANOR Sie ist weg. Wir haben jede Ecke durchsucht.

DER NUBISCHE POSTEN *erscheint in der Palasttür:* Weh, wir sind verloren, flieht, flieht!

BELZANOR Was ist denn jetzt schon wieder los?

DER NUBISCHE POSTEN Die heilige weiße Katze ist gestohlen worden.

ALLE Weh, oh weh, wir sind verloren!

Allgemeine Panik. Alle fliehen mit Schreien der Bestürzung. Die Fackel wird heruntergerissen und verlöscht im Durcheinander. Der Lärm der Fliehenden stirbt langsam ab, Dunkelheit und vollkommene Stille.

Erster Akt

Die gleiche Dunkelheit, in der der Ra-Tempel und der syrische Palast sich aufgelöst haben. Die gleiche gespannte Stille. Dann lösen sich Dunkelheit und Stille in weichen silbrigen Nebel, und eine merkwürdige Luftbewegung entsteht, als beginne beim Aufgang des Mondes die Windharfe des Memnon zu spielen. Der Mond geht voll über der Wüste auf, ein weiter Horizont tritt deutlich hervor, er wird durch eine riesige Silhouette unterbrochen, die sich in der ausbreitenden Helligkeit bald als Sphinx auf ihrem Podest im Wüstensand erweist. Das Licht wird noch heller, bis man die erhobenen Augen des Standbildes erkennen kann, die in unendlicher furchtloser Wachsamkeit starr nach vorne und oben gerichtet sind; zwischen den großen Pranken der Sphinx ein Farbklecks, der sich als ein Häufchen Mohnblüten erweist, auf denen ein Mädchen liegt, bewegungslos, ihr seidenes Kleid hebt und senkt sich sanft und regelmäßig im Atmen einer traumlos Schlafenden; in einem Strahl Mondlicht glänzt ihr geflochtenes Haar wie die Schwinge eines Vogels.

Plötzlich hört man aus der Ferne einen auf unbestimmbare Weise furchterregenden Klang (es könnte das durch große Entfernung geschwächte Gebrüll eines Minotaurus sein). Die Windharfe verstummt. Stille, dann ein paar matte, sehr hohe Trompetentöne, wieder Stille, und ein Mann kommt mit behutsamen Schritten aus südlicher Richtung, er ist hingerissen vom Geheimnis dieser Nacht, voll Staunen, bleibt in Betrachtung versunken der linken Pranke der Sphinx gegenüber stehen; deren Brust und die Fracht, die sie trägt, sind durch ihre massive Schulter seinen Blicken verborgen.

DER MANN Heil dir Sphinx: Julius Cäsar grüßt dich. Durch viele Länder bin ich gezogen, ich suchte die verlorenen Gefilde, aus denen ich vertrieben wurde, um in diese Welt geboren zu werden, und ich suchte die Gesellschaft von Geschöpfen meiner Art. Herden habe ich gefunden und Weiden, Menschen und Städte, aber keinen zweiten Cäsar, keine heimatliche Atemluft, keinen Menschen mir verwandt, keinen, der mein Tagwerk tun, die Gedanken meiner Nächte denken könnte. Sphinx, in der kleinen Welt dort hinten ist mein Platz so hoch wie deiner hier in der großen Wüste; nur: ich ziehe umher, und du bleibst auf der Stelle; ich erobere, und du hältst stand; ich wirke und wundere mich, du bist wachsam und wartest; ich blicke auf und bin geblendet, ich blicke nieder und mir wird dunkel vor den Augen, ich sehe mich um und bin verwirrt, während du niemals die Augen bewegst; immer schaust du hinaus – aus der Welt hinaus – in die verlorenen Gefilde – unsere Heimat, aus der wir uns hierher verirrt haben. Sphinx, du und ich, wir sind den Menschen fremd, doch einander sind wir nicht fremd: Habe ich nicht seit meiner Geburt von dir und diesem Ort hier gewußt? Meine Wirklichkeit, das ist Rom: der Traum eines Wahnsinnigen. Die Sterne da oben, deine großen Leuchten, habe ich aus weiter Ferne gesehen, in Gallien und Britannien, in Spanien und Thessalien: an irgendeinen ewigen Wachtposten hienieden, dessen Standort ich nie finden konnte, signalisierten sie große Geheimnisse. Und hier nun habe ich endlich den Wachtposten gefunden – ein Abbild jenes Teils meines Lebens, der bleibt und unsterblich ist, schweigsam, gedankenvoll, allein in der silbernen Wüste. Sphinx, o Sphinx, ich bin nachts auf Berge gestiegen, in der Ferne den leisen Tritt der Winde zu hören, die hier in deinem Sand verbotene Spiele spielen – o Sphinx, unsere unsichtbaren Kinder wispern und lachen. Mein Weg hierher war vom Schicksal bestimmt, denn ich bin der, für dessen Genius du Sinnbild bist: zu gleichen Teilen Tier, Weib und Gott – nichts, gar nichts vom Menschen in mir. Hab ich dein Rätsel gelöst, Sphinx?

DAS MÄDCHEN *ist erwacht und lauert vorsichtig aus seinem Versteck, um zu sehen, wer da spricht:* Du, alter Herr...

CÄSAR *heftig hochfahrend, greift zu seinem Schwert:* Ihr unsterblichen Götter!

DAS MÄDCHEN Lauf nicht weg, alter Herr.

CÄSAR *verblüfft:* »Lauf nicht weg, alter Herr!« Das zu Julius Cäsar!

DAS MÄDCHEN *drängend, lauter:* Du, alter Herr!

CÄSAR Sphinx! Du spottest deiner Jahrhunderte. Ich bin jünger als du, mag deine Stimme auch eines Mädchens Stimme sein.

DAS MÄDCHEN Rasch, klettre hier rauf, sonst kommen die Römer und fressen dich.

CÄSAR *läuft nach vorne, an den Schultern der Sphinx vorüber und sieht das Mädchen:* Ein Kind an ihrer Brust! Ein göttliches Kind!

DAS MÄDCHEN Komm rasch herauf. Du mußt an dieser Seite hochklettern und herumkriechen.

CÄSAR *erstaunt:* Wer bist du?

DAS MÄDCHEN Ich bin Cleopatra, Königin der Ägypter.

CÄSAR Du meinst Königin der Grillen.

CLEOPATRA Du darfst nicht unehrerbietig zu mir sein, sonst läßt die Sphinx dich von den Römern auffressen. Komm rauf, hier ist es ganz gemütlich.

CÄSAR *zu sich selbst:* Welch ein Traum! Welch ein großartiger Traum! Laß mich nur nicht erwachen! Zehn Kontinente will ich erobern, wenn ich diesen Traum zu Ende träumen darf. *Er klettert an der Seite der Sphinx hoch, geht um die rechte Schulter herum und erscheint wieder auf dem Podest.*

CLEOPATRA Vorsichtig. So ist's recht. Jetzt setz dich hin: du kannst ihre andere Pfote für dich haben. *Sie setzt sich bequem auf die linke Pranke der Sphinx.* Sie ist sehr mächtig und wird uns beschützen, aber, weißt du – *sie bebt, elend vor Verlassenheit* – sie beachtet mich nicht und will nicht mit mir sprechen. Ich bin froh, daß du gekommen bist: ich war sehr einsam. Hast du vielleicht einen weißen Kater gesehen?

CÄSAR *setzt sich langsam auf die rechte Pranke, ganz und gar versunken:* Ist dir ein Kater weggelaufen?

CLEOPATRA Ja, der heilige weiße Kater; ist das nicht schrecklich? Ich habe ihn hergebracht, um ihn der Sphinx zu opfern, aber als wir gerade aus der Stadt heraus waren, miaute ihm eine schwarze Katze zu, und er sprang aus meinen Armen und lief mit ihr weg. Meinst du, die schwarze Katze könnte meine Ur-Ur-Urgroßmutter gewesen sein?

CÄSAR *starrt sie an:* Deine Ur-Ur-Urgroßmutter? Warum eigentlich nicht? In dieser Nacht der Nächte würde mich nichts überraschen.

CLEOPATRA Ich meine, sie müßte es gewesen sein. Die Urgroßmutter meiner Urgroßmutter war ein schwarzes Junges von der heiligen weißen Katze, und der Nil hat sie sich als siebte Frau genommen. Deswegen ist mein Haar so wellig. Und ich will immer, daß man mich tun läßt, was ich möchte, gleichgültig, ob es der Wille der Götter ist oder nicht: das kommt davon, daß ich Nilwasser im Blut habe.

CÄSAR Was tust du hier so mitten in der Nacht? Wohnst du hier?

CLEOPATRA Natürlich nicht. Ich bin die Königin, und wenn ich meinen Bruder umgebracht habe, der mich daraus vertrieben hat, werde ich im Palast in Alexandria wohnen. Wenn ich einmal alt genug bin, werde ich einfach tun, was ich will. Ich werde lernen, Sklaven zu vergiften und zuzuschauen, wie sie sich krümmen, und Ftatateeta werde ich sagen, daß sie in den Feuerofen kommt.

CÄSAR Aha. Aber warum bist du nicht zu Hause und liegst im Bett?

CLEOPATRA Weil die Römer kommen und uns alle auffressen. Du bist ja auch nicht zu Hause und liegst auch nicht im Bett.

CÄSAR *mit Überzeugung:* Doch, ich bin zu Hause und liege im Bett. Ich wohne in einem Zelt, und liege jetzt in diesem Zelt, schlafe tief und träume. Glaubst du im Ernst, ich hielte dich für wirklich, du unmögliche kleine Traumhexe?

CLEOPATRA *kichert und beugt sich vertrauensvoll zu ihm:* Du bist ein komischer alter Herr. Ich mag dich.

CÄSAR Nein, das verdirbt mir den Traum. Warum träumst du nicht, daß ich jung bin?

CLEOPATRA Ich wünschte, du wärst jung, obwohl ich glaube, daß ich dann mehr Angst vor dir hätte. Ich mag Männer, besonders junge Männer mit runden, starken Armen, aber ich habe Angst vor ihnen. Du bist alt, ziemlich dünn und sehnig, aber du hast eine freundliche Stimme, und ich habe gern jemand bei mir, mit dem ich sprechen kann, obwohl du mir ein bißchen verrückt vorkommst. Das macht der Vollmond – deshalb sagst du so dumme Sachen zu dir selbst.

CÄSAR Was? Du hast gehört, was ich gesagt habe? Ich habe der großen Sphinx meine Gebete aufgesagt.

CLEOPATRA Aber das ist ja gar nicht die große Sphinx.

CÄSAR *sehr enttäuscht, blickt an dem Standbild hoch:* Ach!

CLEOPATRA Dies hier ist nur ein süßes kleines Sphinxchen. Was glaubst du, die große Sphinx ist so hoch, daß sie einen Tempel zwischen ihren Pranken hat. Das hier ist meine Spiel-Sphinx. Aber sag mir: glaubst du, die Römer haben Zauberer, die uns durch ihre Beschwörungen von der Sphinx wegholen können?

CÄSAR Wieso? Hast du denn Angst vor den Römern?

CLEOPATRA *sehr ernsthaft:* Oh, die würden uns auffressen, wenn sie uns kriegten. Sie sind Barbaren. Ihr Chef heißt Julius Cäsar. Sein Vater war ein Tiger und seine Mutter war ein Flammenberg, und er hat eine Nase wie der Rüssel eines Elefanten. *Cäsar faßt sich unbewußt an die Nase.* Sie haben alle lange Nasen, elfenbeinerne Stoßzähne, kleine Schwänze, und sie haben sieben Arme und in jedem hundert Pfeile, und sie ernähren sich von Menschenfleisch.

CÄSAR Möchtest du, daß ich dir einmal einen richtigen Römer zeige?

CLEOPATRA *entsetzt:* Nein. Du erschreckst mich.

CÄSAR Das macht nichts: es ist ja nur ein Traum...

CLEOPATRA *erregt:* Nein, es ist kein Traum. Es ist kein Traum. Paß auf, hier – *sie nimmt eine Nadel aus ihrem Haar und sticht ihn damit mehrere Male in den Arm.*

CÄSAR Au! Laß das! *Wütend:* Was nimmst du dir heraus?

CLEOPATRA *verlegen, beschämt:* Du meintest doch, du träumst. *Weinerlich:* Ich wollte dir ja nur beweisen, daß...

CÄSAR *freundlich:* Komm, komm: nicht weinen. Eine Königin darf nicht weinen. *Er reibt seinen Arm, erstaunt über die Realität des Schmerzes.* Bin ich denn wirklich wach? *Er berührt mit der Hand die Sphinx, um ihre Stofflichkeit zu prüfen. Sie fühlt sich so wirklich an, daß er anfängt, beunruhigt zu werden, verwirrt sagt er:* Ja, ich bin. *Plötzlich von Schrecken erfaßt:* Nein, das ist unmöglich: Wahnsinn! Wahnsinn! *Verzweifelt:* Ins Lager, ich muß ins Feldlager zurück. *Er steht auf, um vom Podest zu springen.*

CLEOPATRA *klammert sich erschreckt an ihn:* Nein, du sollst mich nicht allein lassen. Nein, nein, und nein: bleib! Ich habe Angst – Angst vor den Römern.

CÄSAR *jetzt wirklich überzeugt, daß er wach ist, nimmt sich zusammen:* Cleopatra, kannst du mein Gesicht deutlich sehen?

CLEOPATRA Ja. Es wirkt im Mondlicht so weiß.

CÄSAR Bist du sicher, es ist das Mondlicht, das mich weißer macht als einen Ägypter? *Grimmig:* Fällt dir nicht auf, daß ich eine ziemlich lange Nase habe?

CLEOPATRA *fährt zurück, von einem schrecklichen Verdacht fast gelähmt:* Nein! Oh!

CÄSAR Es ist die Nase eines Römers, Cleopatra.

CLEOPATRA Uh! *Sie springt mit einem schrillen Schrei hoch, läuft blitzschnell um die Schulter der Sphinx herum, läßt sich in den Sand hinunterfallen, fällt auf die Knie und schreit, aufrichtig bittend und flehend:* Beiß ihn kaputt, Sphinx, beiß ihn kaputt. Ich wollte dir die weiße Katze ja opfern – wirklich. – Ich – *Cäsar, der vom Podest heruntergeschlüpft ist, berührt sie an der Schulter* – huh! *Sie bedeckt ihr Gesicht mit den Armen.*

CÄSAR Cleopatra, soll ich dir sagen, wie du es verhindern kannst, von Cäsar aufgefressen zu werden?

CLEOPATRA *umklammert flehend sein Knie:* O ja, bitte, bitte. Ich werde Ftatateetas Schmuck stehlen und ihn dir schenken. Und ich werde dafür sorgen, daß der Nil zweimal jährlich dein Land bewässert.

CÄSAR Ruhe, mein Kind, Ruhe. Deine Götter haben Angst vor den Römern: siehst du, die Sphinx wagt nicht, mich kaputt zu beißen, und sie wird mich nicht hindern, dich aufzuheben und zu Cäsar zu bringen.

CLEOPATRA *murmelt flehend:* Das wirst du nicht tun, nein. Du hast es mir versprochen.

CÄSAR Übrigens, Frauen ißt Cäsar nie.

CLEOPATRA *springt voller Hoffnung auf:* Wirklich nicht?

CÄSAR *mit Nachdruck:* Aber Mädchen frißt er – *Cleopatra wird wieder ängstlich* – und Katzen. Und du bist ein dummes kleines Mädchen und stammst von dem schwarzen Kätzchen ab. Du bist also beides, ein Mädchen und eine Katze.

CLEOPATRA *zitternd:* Und wird er mich fressen?

CÄSAR Ja, oder du mußt ihm beweisen, daß du eine Frau bist.

CLEOPATRA Oh, dann mußt du mir einen Zauberer holen, der eine Frau aus mir macht. Oder bist du ein Zauberer?

CÄSAR Vielleicht. Aber es wird lange dauern, und noch in dieser Nacht mußt du im Palast deiner Väter Cäsar von Angesicht zu Angesicht gegenüberstehen.

CLEOPATRA Nein, nein – das kann ich nicht.

CÄSAR Und wenn du tief in deinem Inneren Schrecken empfindest und wenn Cäsar fürchterlich zu dir ist – du mußt ihm als tapfere Frau und große Königin gegenübertreten, und du darfst keine Furcht empfinden. Wenn deine Hände zittern oder deine Stimme bebt, dann – Himmel und Hölle! *Cleopatra stöhnt.* Wenn er dich aber würdig findet zu regieren, dann setzt er dich neben sich auf den Thron und macht dich zur wirklichen Königin von Ägypten.

CLEOPATRA *verzweifelt:* Nein, er wird es merken, er wird es merken.

CÄSAR *ziemlich betrübt:* Er läßt sich leicht von Frauen täuschen. Ihre Augen blenden ihn, und dann sieht er sie nicht so, wie sie sind, sondern wie er sie gern haben möchte.

CLEOPATRA *voller Hoffnung:* Oh, dann werden wir ihn täuschen. Ich werde mir Ftatateetas Haarschmuck aufsetzen und er wird mich für eine ziemlich alte Frau halten.

CÄSAR Wenn du das tust, dann wird er dich mit einem Bissen verschlingen.

CLEOPATRA Dann will ich ihm einen Kuchen schenken mit meinem zauberkräftigen Opal darin und sieben Haaren von dem weißen Kater. Und dann...

CÄSAR *kurz:* Ach, du bist eine kleine Närrin. Er wird erst deinen

Kuchen essen und dann dich selbst. *Er wendet sich verächtlich von ihr ab.*

CLEOPATRA *läuft hinter ihm her und hängt sich an ihn:* Bitte, bitte, ich will ja alles tun, was du mir sagst. Ich will ja brav sein, ich will dir wie eine Sklavin gehorchen.

Wieder, jetzt näher, hört man die schrecklichen, bellenden Töne über die Wüste erklingen. Es ist die Bucina, die römische Kriegsposaune.

CÄSAR Horch!

CLEOPATRA *zitternd:* Was war das?

CÄSAR Das war Cäsars Stimme.

CLEOPATRA *zerrt ihn an der Hand:* Komm, wir laufen weg. Komm, o komm!

CÄSAR Bei mir bist du sicher, bis du vor deinem Thron stehst, um Cäsar zu empfangen. Führ mich jetzt dorthin.

CLEOPATRA *die froh ist, wegzukommen:* Ja, ja, das tu ich. *Wieder die Bucina.* Oh, komm, komm, komm: die Götter sind böse. Spürst du, wie die Erde bebt?

CÄSAR Das ist der Marschtritt von Cäsars Legionen.

CLEOPATRA *zieht ihn weg:* Hier entlang, rasch. Und wir wollen sehen, ob wir unterwegs den weißen Kater finden. Er ist es gewesen, der dich in einen Römer verwandelt hat.

CÄSAR Unverbesserlich, unverbesserlich. Fort von hier.

Er folgt Cleopatra; während sie sich durch die Wüste davonschleichen, erklingt die Bucina lauter, der Mondschein wird schwächer: wieder steht der Horizont, nur durch die fantastische Silhouette der Sphinx unterbrochen, schwarz gegen den Himmel; der Himmel löst sich in Dunkelheit auf, zeigt keinerlei Umrisse, bis das Leuchten einer entfernten Fackel auf schwere ägyptische Säulen fällt, die das Dach eines majestätischen Ganges tragen. Am äußersten Ende des Korridors erscheint ein nubischer Sklave, der die Fackel trägt. Cäsar, immer noch an Cleopatras Hand, folgt dem Sklaven. Sie kommen den Gang herunter. Cäsar sieht sich um, betrachtet aufmerksam und neugierig die fremde Architektur; zwischen den Säulenschatten, die vom Licht der vorübergetragenen Fackel geräuschlos und rasch nach rückwärts bewegt werden, erscheinen Menschengestalten, mit Flügeln, Falkenköpfen; riesige schwarze Katzen aus Marmor scheinen wie aus Hinterhalten vor- und zurückzuhuschen. Weiter vorne bildet die Mauer eine Ecke und davor erstreckt sich eine geräumige Halle, in der Cäsar zu seiner Rechten einen Thron sieht; hinter dem Thron eine Türöffnung. Zu beiden Seiten des Thrones eine schlanke Säule mit je einer Lampe.

CÄSAR Wo sind wir hier?

CLEOPATRA Hier sitze ich auf dem Thron, wenn ich meine Krone und die königlichen Gewänder tragen darf. *Der Sklave hält die Fackel so, daß man den Thronsessel sehen kann.*

CÄSAR Befiehl dem Sklaven, die Lampen anzuzünden.

CLEOPATRA *zaghaft:* Meinst du, ich könnte?

CÄSAR Selbstverständlich. Du bist die Königin. *Da sie zögert:* Los!

CLEOPATRA *ängstlich zum Sklaven:* Zünde alle Lampen an.

FTATATEETA *kommt plötzlich hinter dem Thron hervor:* Halt! *Der Sklave hält inne. Ftatateeta wendet sich Cleopatra zu, die verzagt wie ein unartiges Kind dasteht:* Wen hast du da mitgebracht, und wie kannst du dich unterstehen, ohne meine Erlaubnis die Lampen anzünden zu lassen! *Cleopatra ist starr vor Furcht.*

CÄSAR Wer ist das?

CLEOPATRA Ftatateeta.

FTATATEETA *arrogant:* Die oberste Amme der…

CÄSAR *unterbricht sie:* Sei du still. Ich spreche mit der Königin. *Zu Cleopatra:* Wissen deine Diener nicht, wo ihr Platz ist. Schick sie weg, und du – *zum Sklaven* – tust, was die Königin dir geboten hat. *Der Sklave zündet die Lampen an. Zögernd, aus Furcht vor Ftatateeta, steht Cleopatra da.* Du bist die Königin. Schick sie weg.

CLEOPATRA *schmeichelnd:* Liebe Ftatateeta, du mußt jetzt gehen – nur für kurze Zeit.

CÄSAR Du befiehlst ihr ja nicht, wegzugehen, sondern flehst sie an. Du bist keine Königin. Du wirst aufgefressen werden. Leb wohl. *Er wendet sich zum Gehen.*

CLEOPATRA *hält ihn fest:* Nein, nein, nein. Laß mich nicht allein.

CÄSAR Ein Römer hält sich nicht mit Königinnen auf, die sich vor ihren Sklaven fürchten.

CLEOPATRA Ich habe ja keine Angst, wirklich, ich habe keine Angst.

FTATATEETA Wir werden ja sehen, wer hier Angst hat. *Drohend:* Cleopatra…

CÄSAR Auf die Kniee mit dir, Weib: Bin auch ich ein Kind, daß du mit mir deine Scherze treiben kannst? *Er zeigt auf den Boden vor Cleopatras Füßen. Ftatateeta, teils eingeschüchtert, teils wütend, zögert noch.* Sklave! *Der Nubier tritt auf Cäsar zu.* Kannst du einen Kopf abschlagen? *Der Nubier nickt, grinst vor Begeisterung, zeigt alle seine Zähne. Cäsar zieht sein Schwert aus der Scheide, hält dem Nubier das Heft hin, wendet sich noch einmal Ftatateeta zu, weist noch einmal mit dem Finger auf den Boden.* Hast du dich besonnen, Frau?

FTATATEETA *völlig gebrochen, kniet vor Cleopatra hin, die ihren Augen kaum traut. Mit belegter Stimme:* Oh, Königin, gedenke deiner Dienerin in den Tagen deiner Größe.

CLEOPATRA *außer sich vor Erregung:* Geh, verschwinde! Weg mit dir. *Ftatateeta erhebt sich gebeugten Hauptes und bewegt sich rückwärts auf die Tür zu. Cleopatra beobachtet gierig ihre Unterwürfigkeit, sie ist nahe daran, in ihre noch zitternden Hände zu klatschen. Plötzlich schreit sie:* Gib mir etwas, womit ich sie schlagen kann. *Sie greift sich eine Schlangenhaut vom Thron und schlägt, indem sie sie wie eine Peitsche in der Luft schwingt, damit hinter Ftatateeta her. Cäsar springt vor, es gelingt ihm, sie zu ergreifen und festzuhalten, bis Ftatateeta entkommen ist.*

CÄSAR Das kleine Kätzchen fängt an zu kratzen, was?

CLEOPATRA *macht sich von ihm los:* Ich muß jemanden schlagen. Ich werde ihn schlagen. *Sie geht auf den Sklaven los.* Da – und da – und da. *Der Sklave läuft zu Tode erschreckt den Korridor hinauf und verschwindet. Cleopatra wirft die Schlangenhaut hin, springt mit erhobenen Armen auf die Stufen des Thrones und schreit:* Jetzt bin ich eine richtige Königin – wirklich und wahrhaftig eine Königin. Die Königin Cleopatra! *Cäsar schüttelt bekümmert den Kopf; im Hinblick auf das allgemeine Wohlergehen Ägyptens erscheinen ihm die Vorteile dieser Verwandlung noch fraglich. Cleopatra wendet sich ihm zu und blickt ihn triumphierend an, dann springt sie die Stufen hinunter, läuft auf ihn zu, umschlingt ihn heftig mit den Armen und ruft:* Oh, ich liebe dich, weil du eine Königin aus mir gemacht hast!

CÄSAR Aber Königinnen lieben nur Könige.

CLEOPATRA Ich werde alle Männer, die ich liebe, zu Königen machen. Ich werde dich zum König machen. Viele junge Könige werde ich haben mit runden starken Armen, und wenn ich ihrer müde bin, werde ich sie zu Tode peitschen, aber du sollst immer mein König sein: mein netter, freundlicher, kluger, guter alter König.

CÄSAR Oh, meine Runzeln, meine Runzeln – und mein Kinderherz: Du wirst die gefährlichste aller Eroberungen Cäsars sein.

CLEOPATRA *erschreckt:* Ach, Cäsar! Ich hatte Cäsar ganz vergessen. *Ängstlich:* Du wirst ihm sagen, daß ich eine Königin bin, ja? – eine richtige Königin. Weißt du was – *schmeichelnd und listig* – wir wollen weglaufen und uns verstecken, bis Cäsar wieder gegangen ist.

CÄSAR Wenn du dich vor Cäsar fürchtest, bist du keine wahre Königin, und wenn du dich unter einer Pyramide versteckst, er würde genau darauf zugehen, sie mit einer Hand hochheben und dann – *er öffnet den Mund und läßt die Zähne aufeinanderklappen.*

CLEOPATRA *zitternd:* Uh!

CÄSAR Wage also nur nicht, dich zu fürchten! *Wieder hört man den Klang der Bucina. Cleopatra stöhnt vor Furcht. Cäsar ergötzt sich daran, er ruft:* Aha! Cäsar nähert sich dem Throne Cleopatras. Komm, setz dich, wo du hingehörst. *Er nimmt sie an der Hand und führt sie zum Thron; sie ist zu bange, um zu sprechen.* Hallo, du da – Teetatota. Wie ruft ihr eure Sklaven herbei?

CLEOPATRA *mutlos, während sie sich zitternd auf den Thron sinken läßt und dort kauert:* Klatsche in die Hände! *Cäsar klatscht in die Hände. Ftatateeta erscheint wieder.*

CÄSAR Bring die Gewänder der Königin, ihre Krone und rufe ihre Hofdamen. Dann kleide sie an.

CLEOPATRA *eifrig – faßt etwas Mut:* Ja, die Krone, Ftatateeta. Ich werde die Krone tragen.

FTATATEETA Für wen muß die Königin ihren Staat anlegen?

CÄSAR Für einen Bürger Roms. Für den König der Könige, Totateeta.

CLEOPATRA *stampft mit den Füßen auf:* Was geht das dich an? Geh und tu, was dir befohlen worden ist. *Ftatateeta geht mit grimmigem Lächeln ab. Cleopatra wendet sich eifrig Cäsar zu:* Wenn Cäsar meine Krone und meine Gewänder sieht, wird er doch wissen, daß ich eine Königin bin, nicht wahr?

CÄSAR Nein. Wie soll er wissen, daß du nicht eine Sklavin bist, die die königlichen Gewänder angezogen hat?

CLEOPATRA Du mußt es ihm sagen.

CÄSAR Er wird mich nicht danach fragen. Er wird Cleopatra erkennen an ihrem Stolz, an ihrem Mut, ihrer Hoheit und ihrer Schönheit. *Sie sieht ihn zweifelnd an.* Zitterst du etwa?

CLEOPATRA *schaudernd vor Furcht:* Nein, ich – ich. *Mit sehr schwacher Stimme:* Nein.

Ftatateeta und drei Frauen kommen mit den königlichen In-

signien.

FTATATEETA Von allen Hofdamen der Königin sind nur diese drei übriggeblieben. Alle anderen sind geflohen. *Sie beginnen Cleopatra zu schmücken, die die Prozedur blaß und unbewegt über sich ergehen läßt.*

CÄSAR Schön. Drei Frauen, das genügt. Der arme Cäsar muß sich gewöhnlich allein anziehen.

FTATATEETA *verächtlich:* Die Königin von Ägypten ist ja auch kein römischer Barbar. *Zu Cleopatra:* Sei tapfer, mein Kindchen, Kopf hoch vor diesem Fremden.

CÄSAR *blickt Cleopatra bewundernd an und setzt ihr die Krone aufs Haupt:* Ist es süß oder bitter, eine Königin zu sein, Cleopatra?

CLEOPATRA Bitter.

CÄSAR Wirf alle Furcht ab, und du wirst Cäsar erobern. Sind die Römer schon da? Tota?

FTATATEETA Sie sind da, und die Garde ist geflohen.

DIE FRAUEN *unterwürfig jammernd:* Weh uns, weh! *Der Nubier kommt durch die Halle gelaufen.*

NUBIER Die Römer sind im Hof. *Er stürzt durch die Tür davon, die Frauen kreischend hinter ihm her. Ftatateetas Kinnbacken drücken eine wilde Entschlossenheit aus: sie bleibt starr stehen. Cleopatra kann sich kaum zurückhalten, hinter den anderen herzurennen. Cäsar hält sie am Handgelenk fest und hält sie fest im Auge. Sie steht da wie eine Märtyrerin.*

CÄSAR Die Königin muß allein Cäsar gegenübertreten. Antworte: »So sei es!«

CLEOPATRA *blaß:* So sei es.

CÄSAR *läßt sie los:* Gut.

Man hört den Marschtritt und Lärm bewaffneter Männer. Cleopatras Schrecken steigert sich. Man hört die Bucina ganz nah, dann den schreckenerregenden Klang der Posaunen. Das ist zu viel für Cleopatra: sie stößt einen Schrei aus und läuft blitzschnell auf die Tür zu. Ftatateeta hält sie ungerührt fest.

FTATATEETA Ich bin deine Amme. Du hast gesagt: So sei es, und wenn du daran stirbst, das Wort der Königin mußt du halten. *Sie übergibt Cleopatra an Cäsar, der sie, die vor Furcht außer sich ist, zum Thron zurückbringt.*

CÄSAR Du weißt ja, wenn du jammerst –! *Er setzt sich selbst auf den Thron.*

Cleopatra steht auf den Stufen, fast bewußtlos, als erwarte sie den Tod. Die römischen Soldaten marschieren geräuschvoll in den Korridor ein, an ihrer Spitze ihr Feldzeichen mit dem Adler, der Trompeter, ein stämmiger Bursche, der sein Instrument um den Leib gewickelt trägt, der Schalltrichter hat die Form eines heulenden Wolfskopfes. Sobald die Soldaten die Thronhalle erreicht haben, blicken sie erstaunt auf den Thron, stellen sich in Exerzierordnung davor auf, ziehen ihre Schwerter, strecken sie hoch in die Luft und rufen: Heil Cäsar! *Cleopatra wendet sich um, blickt Cäsar verwirrt an; plötzlich wird ihr alles klar, und sie fällt mit einem lauten Seufzer der Erleichterung in seine Arme.*

Zweiter Akt

Alexandria. Eine Halle im ersten Stock des Palastes, die nach hinten in eine Loggia ausläuft, zu der zwei Stufen hinaufführen. Durch die Bogenfenster der Loggia hindurch ist das Mittelmeer zu sehen, strahlend in der Morgensonne. Die glatten hohen Wände sind mit einer Prozession der ägyptischen Theokratie bemalt, flach, stilisiert, die Personen von der Seite gesehen, und da weder muffige Polstermöbel noch Spiegel, keine vorgetäuschten Perspektiven oder Wandteppiche vorhanden sind, wirkt der Raum hübsch, angenehm, einfach und kühl, oder, wie ein reicher englischer Industrieller es ausdrücken würde: ärmlich, nackt, lächerlich und ungemütlich, denn die Kultur der Tottenham Court Road verhält sich zu dieser ägyptischen Kultur wie Glasperlen und Tätowierungen sich zur Tottenham Court Road verhalten.

Der junge König Ptolemäus Dionysos (zehn Jahre alt), von seinem Vormund Pothinus an der Hand geführt, ist auf dem Weg durch die Loggia auf der obersten Stufe angelangt. Der Hof hat sich versammelt, ihn zu empfangen. Er besteht aus Männern und Frauen (einige der Frauen sind Hofdamen) von verschiedenen Hautfarben und Rassen, hauptsächlich Ägyptern, einige verhältnismäßig hellhäutige sind aus Unterägypten, andere, viel dunkler, aus Oberägypten. Außerdem ein paar Griechen und Juden. Hauptperson in einer Gruppe zur Rechten von Ptolemäus ist Theodotus, sein Erzieher, eine andere Gruppe, zu Ptolemäus' Linken, wird von Achillas bestimmt, dem General der ptolemäischen Truppen. Theodotus ist ein kleiner alter Mann, dessen Gesichtszüge so verzerrt und vertrocknet sind wie seine Gliedmaßen, ausgenommen seine hohe, gerade Stirn, die mehr Raum einnimmt als sein übriges Gesicht. Er erweckt den Eindruck von Tiefgründigkeit und elsternhafter Aufmerksamkeit, hört dem, was die anderen sagen, mit sarkastischer Wachsamkeit zu, wie ein Philosoph, der den Übungen seiner Schüler zuhört. Achillas ist ein großer hübscher Mann von fünfunddreißig Jahren, mit einem gepflegten Bart, der wie ein Pudelfell gelockt ist; offensichtlich nicht sehr intelligent, aber vornehm und würdig. Pothinus ist ein lebhafter Fünfziger, Eunuch, leidenschaftlich, energisch und schlagfertig, doch in seinem Charakter und seiner Gesinnung gewöhnlich, außerdem ungeduldig und außerstande, sein Temperament zu zügeln. Er hat feines gelblichbraunes Haar, das wie ein Pelz wirkt. Der König, Ptolemäus, sieht viel älter aus als ein englischer Junge von zehn, wirkt aber wie alle von Höflingen erzogenen Prinzen aller Altersstufen kindisch, verwöhnt, zusammengesetzt aus Schwäche und Rechthaberei und von fremden Händen übermäßig gewaschen, gekämmt und aufgeputzt. Der König wird von allen mit Verbeugungen begrüßt. Er geht die Stufen hinunter auf seinen Thronsessel zu, der, einzige Sitzgelegenheit in der Halle, ein wenig rechts von ihm steht. Während er sich vor den Thronsessel stellt, blickt er, um zu erfahren, was er tun soll, nervös Pothinus an, der sich zu seiner Linken aufstellt.

POTHINUS Der König von Ägypten hat uns eine Mitteilung zu machen.

THEODOTUS *mit quiekender Stimme, die er durch reine Überheblichkeit eindrucksvoll zu machen versteht:* Ruhe für des Königs Wort!

PTOLEMÄUS *spricht ohne jegliche Betonung und Interpunktion, sagt offensichtlich auf, was ihm eingetrichtert worden ist:* Nehmt alle zur Kenntnis, was ich euch zu sagen habe. Ich bin der erstgeborene Sohn des Auletes, des Flötenbläsers, der euer König war. Meine Schwester Berenice hat ihn vom Thron vertrieben, sie hat an seiner Statt regiert, aber – aber – *er stockt –*

POTHINUS *heimlich soufflierend:* – aber die Götter werden es nicht dulden.

PTOLEMÄUS Ja – die Götter werden es nicht dulden. *Er stockt wieder, dann verlegen, mit hängendem Kopf weiter:* Ich habe vergessen, was die Götter nicht dulden werden.

THEODOTUS Pothinus, des Königs Vormund, soll für den König sprechen.

POTHINUS *der seine Ungeduld nur mühsam unterdrücken kann:* Der König wollte sagen, daß die Götter die Ruchlosigkeit seiner Schwester nicht ungestraft lassen konnten.

PTOLEMÄUS *hastig:* Ja, jetzt fällt mir der Rest ein. *Er verfällt wieder in seine monotone Sprechweise.* Und dieserhalb haben die Götter einen Fremden, Mark Anton, einen römischen Reiterhauptmann, durch den Sand der Wüste geschickt, und er hat meinen Vater wieder auf den Thron gesetzt. Und mein Vater hat Berenice, meine Schwester, ergriffen und ihr das Haupt abgeschlagen. Und jetzt, wo mein Vater tot ist, möchte eine andere meiner Schwestern, Cleopatra, mir das Königtum entreißen und an meiner Stelle regieren. Aber die Götter werden es nicht dulden – *Pothinus hustet bedeutungsvoll* – die Götter – die Götter werden nicht dulden...

POTHINUS *soufflierend* – werden nicht zulassen...

PTOLEMÄUS Ach ja – werden solche Bosheit nicht zulassen, und sie werden ihren Kopf wie den ihrer Schwester der Axt überliefern. Doch mit Hilfe der Hexe Ftatateeta hat sie den Römer Julius Cäsar in ihren Bann gezogen, auf daß er ihren erschlichenen Anspruch, Ägypten zu regieren, stütze. Nehmt deshalb alle zur Kenntnis, daß ich es nicht dulden werde – daß ich es nicht dulden werde. *Weinerlich zu Pothinus:* Was ist es denn eigentlich, was ich nicht dulden werde?

POTHINUS *bei dem plötzlich die ganze Kraft und Begeisterung politischer Leidenschaft ausbricht:* Der König wird es nicht dulden, daß ein Ausländer ihm den Thron Ägyptens raubt. *Beifallsrufe.* Achillas, sag dem König, wie viele Soldaten und Reiter hat der Römer?

THEODOTUS Ja, des Königs General soll sprechen.

ACHILLAS Oh, König, er hat nur zwei römische Legionen. Dreitausend Soldaten und knapp tausend Reiter.

Der Hof bricht in höhnisches Gelächter aus, allgemeines Geschwätz und Geschnatter setzt ein, währenddessen Rufio, ein römischer Offizier, in der Loggia erscheint. Es ist ein stämmiger Mann mittleren Alters, mit schwarzem Bart, ist sehr geradeaus, zuverlässig und zäh, hat kleine, klare Augen, dicke Nase, dicke Backen, die aber, wie sein übriger Körper, von eiserner Festigkeit sind.

RUFIO *auf der Treppe stehend:* Ruhe da! *Lachen und Geschnatter verstummen sofort.* Cäsar naht!

THEODOTUS *mit großer Geistesgegenwart:* Der König erlaubt dem römischen Befehlshaber, einzutreten.

Cäsar, der einfach gekleidet ist, aber um seine Kahlheit zu verbergen, einen Kranz aus Eichenlaub trägt, tritt durch die Loggia ein, neben ihm Britannus, sein Sekretär, ein Brite, ungefähr vierzig, hochgewachsen, feierlich, mit schon leicht gelichtetem Haar und einem dicken haselnußbraunen, herabhängenden Schnurrbart, so gestutzt, daß seine Enden einmal zu einem schmucken Backenbart auslaufen. Britannus ist sehr sorgfältig in Blau gekleidet, trägt eine Schreibmappe, am Gürtel ein Horn mit Tinte und eine Schreibfeder aus Rohr. Sein ernsthaftes Aussehen, sein Sinn für die Wichtigkeit des Augenblicks stehen in deutlichem Gegensatz zu Cäsars freundlicher Aufmerksamkeit. Cäsar blickt auf die Szenerie, die für ihn neu ist, mit der offenen Neugier eines Kindes, wendet sich dann dem Thronsessel zu, während Britannus und Rufio sich neben diesem auf der Stufe postieren.

CÄSAR *blickt Pothinus und Ptolemäus an:* Wer von euch ist der König, der Mann oder der Knabe?

POTHINUS Ich bin Pothinus, der Vormund meines Herrn, des Königs.

CÄSAR *klopft Ptolemäus freundlich auf die Schulter:* Dann bist du also der König. Langweilige Sache in deinem Alter, was? *Zu Pothinus:* Dein Diener, Pothinus. *Er wendet sich unbekümmert ab, geht langsam durch die Mitte der Halle, schaut sich die Höflinge zu beiden Seiten an, bis er zu Achillas kommt:* Und wer ist dieser Herr?

THEODOTUS Das ist Achillas, des Königs General.

CÄSAR *sehr freundlich zu Achillas:* Ah, ein General? Ich bin auch ein General. Aber ich habe zu spät damit angefangen. Gesundheit und viele Siege, Achillas!

ACHILLAS Wie die Götter es wollen, Cäsar.

CÄSAR *wendet sich Theodotus zu:* Und Ihr, Herr, seid...?

THEODOTUS Theodotus, des Königs Erzieher.

CÄSAR Du bringst also den Menschen bei, wie man ein König wird. Da bist zu sehr tüchtig. *Wendet sich von Theodotus ab, blickt auf die Götter an den Wänden, geht wieder auf Pothinus zu.* Und dieser Raum?

POTHINUS Das ist der Sitzungssaal der Schatzkanzler des Königs.

CÄSAR Ach, – da fällt mir ein: ich brauche Geld.

POTHINUS Des Königs Schatzkammer ist arm, Cäsar.

C SAR Ja, ich stelle fest, es ist nur ein Sessel drin.

RUFIO *laut rufend:* Einen Sessel her, ihr da, holt einen Sessel für Cäsar.

PTOMLEMÄUS *erhebt sich schüchtern, seinen Sessel anzubieten:* Cäsar...

CÄSAR *freundlich:* Nein, nein, mein Junge. Das ist dein Thronsessel. Setz dich wieder hin.

Er drückt Ptolemäus auf seinen Sessel, während Rufio, der sich umblickt, in der nächsten Nische ein Standbild des Gottes Ra erblickt. Ra ist sitzend mit einem Falkenkopf dargestellt, vor seinem Standbild steht ein bronzener Dreifuß, ungefähr so groß, wie ein dreibeiniger Schemel. Im Dreifuß brennt ein

Räucherstab. Mit dem praktischen Sinn der Römer und deren Gleichgültigkeit gegenüber ausländischem Aberglauben ergreift Rufio sofort den Dreifuß, schüttelt den Räucherstab ab, bläst die Asche herunter, und knallt den Dreifuß hinter Cäsar, ungefähr in der Mitte der Halle, auf den Boden.

RUFIO Setz dich darauf Cäsar.

Ein Schaudern durchläuft die Höflinge, erregt wird das Wort »Sakrileg« geflüstert.

CÄSAR *setzt sich hin:* Und jetzt, Pothinus, zur Sache. Ich brauche dringend Geld.

BRITANNUS *der diese zwanglose Ausdrucksweise mißbilligt:* Was mein Gebieter sagen möchte: auf Grund eines Vertrages, den der abgeschiedene Vater des Königs mit dem Triumvirat geschlossen hat, existiert eine staatsrechtlich verankerte Staatsschuld Ägyptens gegenüber Rom, und es ist Cäsars Pflicht seinem Vaterlande gegenüber, auf sofortiger Zahlung zu bestehen.

CÄSAR *offen:* Ach, daran habe ich nicht einmal gedacht. Ich habe meine Begleiter noch nicht vorgestellt: Pothinus, das ist Britannus, mein Sekretär, er stammt von einer Insel am westlichen Ende der Welt, eine Tagereise von Gallien entfernt – *Britannus verbeugt sich steif* – und dieser Herr ist Rufio, mein Waffengenosse. *Rufio nickt mit dem Kopf.* Pothinus, ich brauche 1600 Talente.

Die Höflinge brechen entsetzt in lautes Gemurmel aus. Theodotus und Achillas wenden sich angesichts einer solch ungeheuerlichen Forderung kopfschüttelnd einander zu.

POTHINUS *entsetzt:* Vierzig Millionen Sesterzen. Unmöglich. Soviel Geld ist nicht in des Königs Schatzkammer.

CÄSAR *begütigend:* Nur sechzehnhundert Talente, Pothinus. Warum in Sesterzen umrechnen! Für eine Sesterze bekommt man nur einen Laib Brot.

POTHINUS Und für ein Talent bekommt man ein Rennpferd. Ich sage: unmöglich. Wir haben hier in Hader gelegen, weil des Königs Schwester Cleopatra fälschlicherweise Anspruch auf den Thron erhebt, und so sind ein Jahr lang die Steuern des Königs nicht eingetrieben worden.

CÄSAR Doch, Pothinus, sie sind eingetrieben worden. Meine Offiziere haben den ganzen Vormittag damit verbracht, sie einzutreiben. *Wieder Geflüster und Erregung unter den Höflingen, auch unterdrücktes Lachen.*

RUFIO *grob:* Ihr müßt bezahlen, Pothinus. Wozu dieses überflüssige Gerede? Ihr kommt billig genug davon.

POTHINUS *beißend:* Ist es denn möglich, daß Cäsar, der Eroberer der Welt, Zeit hat, sich mit etwas so Nebensächlichem wie unseren Steuern abzugeben?

CÄSAR Mein Freund: Steuern sind die Hauptbeschäftigung eines Eroberers der Welt.

POTHINUS Ich warne dich, Cäsar. Heute sollen der Tempelschatz und das Gold aus dem Königsschatz in die Münze gebracht und im Anblick des Volkes geschmolzen werden, um unsere Schuld einzulösen; alle sollen zusehen, wie wir zwischen den nackten Wänden sitzen und aus Holzbechern trinken. Wenn du uns zu diesem Sakrileg zwingst, Cäsar, wird der Zorn des Volkes auf dein Haupt kommen.

CÄSAR Mach dir keine Sorgen, Pothinus, das Volk weiß, wie gut Wein aus Holzbechern schmeckt. Als Dank für eure Großzügigkeit will ich, wenn ihr wollt, eure Thronstreitigkeiten für euch regeln. Was sagst du dazu?

POTHINUS Wird es dich hindern, wenn ich nein sage?

RUFIO *entschieden:* Nein.

CÄSAR Pothinus, du sagst, ihr streitet schon ein Jahr über die Thronfolge. Wollt ihr mir zehn Minuten dafür geben?

POTHINUS Du wirst ohnehin tun, was dir beliebt.

CÄSAR Schön. Aber zunächst müssen wir Cleopatra hier haben.

THEODOTUS Sie ist nicht in Alexandrien, sie ist nach Syrien geflohen.

CÄSAR Ich glaube nicht. *Zu Rufio:* Ruf Totateeta.

RUFIO *ruft:* He da! Teetatota! *Ftatateeta betritt die Loggia, bleibt mit hochmütiger Miene auf der obersten Stufe stehen.*

FTATATEETA Wer hat den Namen von Ftatateeta, der obersten Amme der Königin, ausgesprochen?

CÄSAR Den kann keiner aussprechen, Tota, außer dir selbst. Wo ist deine Herrin? *Cleopatra, die sich hinter Ftatateeta versteckt hat, blickt lachend hinter ihr hervor. Cäsar erhebt sich.*

CÄSAR Wird die Königin die Gnade haben, uns für einen Augenblick mit ihrer Gegenwart zu beehren?

CLEOPATRA *stößt Ftatateeta beiseite, stellt sich hochmütig an den Rand der Treppe:* Muß ich mich wie eine Königin benehmen?

CÄSAR Ja. *Cleopatra geht sofort auf den Thronsessel zu, packt Ptolemäus, zieht ihn von seinem Sitz weg, setzt sich an seine Stelle. Ftatateeta setzt sich auf die Stufen der Loggia und beobachtet die Szene mit undurchdringlicher Aufmerksamkeit.*

PTOLEMÄUS *gekränkt, fast weinend:* So behandelt sie mich immer, Cäsar. Wenn ich der König bin, warum erlaubt man ihr, mir alles wegzunehmen?

CLEOPATRA Du sollst nicht König sein, du kleiner Schreihals. Du wirst von den Römern gefressen werden.

CÄSAR *gerührt von Ptolemäus' Kummer:* Komm her, mein Junge, stell dich neben mich. *Ptolemäus geht zu Cäsar hinüber, der sich wieder auf den Dreifuß setzt und die Hand des Jungen hält, um ihm Mut zu machen. Cleopatra, eifersüchtig und wütend, steht auf und starrt wild zu ihnen herüber.*

CLEOPATRA *mit glühend roten Wangen:* Da hast du deinen Thron, ich will ihn nicht. *Sie rennt von ihrem Sessel weg auf Ptolemäus zu, der vor ihr zurückweicht.* Geh sofort zurück und setz dich auf deinen Platz.

CÄSAR Geh, Ptolemäus. Einen Thron muß man immer annehmen, wenn er einem angeboten wird.

RUFIO Ich hoffe, Cäsar, wenn wir nach Rom zurückkehren, wirst du klug genug sein, deinem eigenen Rat zu folgen. *Ptolemäus geht langsam zum Thron zurück, indem er, offensichtlich aus Angst vor Schlägen, einen weiten Bogen um Cleopatra macht. Cleopatra nimmt seine Stelle neben Cäsar ein.*

CÄSAR Pothinus ...

CLEOPATRA *unterbricht ihn:* Willst du nicht mit mir sprechen?

CÄSAR Sei still. Wenn du noch einmal den Mund öffnest, bevor ich's dir erlaube, wirst du aufgefressen.

CLEOPATRA Ich habe keine Angst. Eine Königin hat keine Angst. Wenn du magst, friß meinen Gemahl da, der hat Angst.

CÄSAR *überrascht:* Deinen Gemahl? Was meinst du damit?

CLEOPATRA *zeigt auf Ptolemäus:* Dieses kleine Etwas da. *Die beiden Römer und der Brite starren einander fassungslos an.*

THEODOTUS Cäsar, du bist fremd hier und nicht mit unseren Gesetzen vertraut. Die Könige und Königinnen von Ägypten dürfen sich nur mit ihrem eigenen königlichen Blut vermählen. Ptolemäus und Cleopatra sind von Geburt Könige und Ehegatten, wie sie von Geburt Bruder und Schwester sind.

BRITANNUS *schockiert:* Cäsar, das gehört sich nicht.

THEODOTUS *beleidigt:* Wie?

CÄSAR *hat sich wieder in der Gewalt:* Vergib ihm, Theodotus. Er ist ein Barbar und hält die Sitten und Gebräuche seines Stammes und seiner Insel für Naturgesetze.

BRITANNUS Das Gegenteil ist der Fall, Cäsar. Diese Ägypter sind Barbaren, und es ist nicht recht von dir, sie darin zu bestärken. Es ist einfach skandalös!

CÄSAR Skandalös oder nicht, mein Freund, es erleichtert die Friedensverhandlungen. *Er wendet sich mit Ernst Pothinus zu:* Pothinus: höre, was ich vorzuschlagen habe.

RUFIO Hört, was Cäsar verkündet.

CÄSAR Ptolemäus und Cleopatra sollen gemeinsam in Ägypten regieren.

ACHILLAS Und was wird aus des Königs jüngerem Bruder und Cleopatras jüngerer Schwester?

RUFIO *erklärt:* Ja, es gibt noch so einen kleinen Ptolemäus, Cäsar, das haben sie mir erzählt.

CÄSAR Nun, dann kann dieser kleine Ptolemäus die kleine Schwester heiraten, und wir schenken den beiden Cypern.

POTHINUS *ungeduldig:* Mit Cypern kann keiner etwas anfangen.

CÄSAR Das macht nichts, um des Friedens willen sollt ihr es haben.

BRITANNUS *der, ohne es zu wissen, einen späteren Staatsmann vorwegnimmt:* Ein ehrenvoller Friede, Pothinus...

POTHINUS *widerspenstig:* Sei ehrlich, Cäsar. Das Geld, das du verlangst, ist der Preis für unsere Freiheit. Nimm es und überlaß es uns, unsere eigenen Angelegenheiten zu regeln.

DIE MUTIGEN HÖFLINGE *durch den Ton, den Pothinus anschlägt, und durch Cäsars Ruhe ermutigt:* Ja, so soll es sein. Ägypten den Ägyptern! *Die Versammlung artet in einen Streit aus, die Ägypter erhitzen sich immer mehr. Cäsar bleibt unerschüttert, Rufio aber wird aufsässiger und verbissener, Britannus auf hochmütige Weise angeekelt.*

RUFIO *verächtlich:* Ägypten den Ägyptern! Ihr vergeßt wohl, daß eine römische Besetzung in eurem Land liegt. Aulus Gabinus hat sie hiergelassen, als er euch den Puppenkönig auf euren Thron gesetzt hat.

ACHILLAS *der sich plötzlich zur Geltung bringen will:* Und diese Besetzungsarmee steht jetzt unter meinem Befehl. Der römische General hier bin ich, Cäsar.

CÄSAR *den die Situation amüsiert:* Du bist aber auch der ägyptische General, wie?

POTHINUS *triumphierend:* So ist es, Cäsar.

CÄSAR *zu Achillas:* Du kannst also im Namen Roms mit den Ägyptern Krieg anfangen, und im Namen Ägyptens mit den Römern – notfalls mit mir?

ACHILLAS So ist es, Cäsar.

CÄSAR Und wenn ich mir anmaßen darf, dich zu fragen, General

– auf welcher Seite stehst du im Augenblick?

ACHILLAS Ich stehe auf der Seite des Rechtes und der Götter.

CÄSAR Nicht schlecht. Wie viele Leute hast du denn?

ACHILLAS Das wird sich auf dem Schlachtfeld zeigen.

RUFIO *grob:* Sind deine Leute Römer? Wenn nicht, spielt ihre Zahl keine Rolle – vorausgesetzt, es sind nicht mehr als fünfhundert zu zehn.

POTHINUS Es ist ganz zwecklos, uns düpieren zu wollen, Rufio. Cäsar ist schon früher besiegt worden, und er kann wieder besiegt werden. Vor ein paar Wochen noch ist Cäsar vor Pompeius geflohen, um sein Leben gerannt, und in ein paar Monaten könnte er vor Cato oder vor Juba von Numidien, dem afrikanischen König, um sein Leben rennen.

ACHILLAS *der mit drohender Miene Pothinus' Worte begleitet hat:* Was könnt ihr schon mit viertausend Mann?

THEODOTUS *der Achillas Worte mit einem heiseren Quieken begleitet hat:* Und was könnt ihr ohne Geld anfangen? Weg mit euch. Macht, daß ihr wegkommt.

ALLE HÖFLINGE *wild schreiend und Cäsar umringend:* Ja, macht, daß ihr wegkommt. Weg mit euch. Ägypten den Ägyptern. Weg mit euch. *Rufio, zu ärgerlich, um zu sprechen, kaut an seinem Schnurrbart. Cäsar sitzt so entspannt, als säße er beim Frühstück und die Katze bettelte miauend um ein Stück Räucherfisch.*

CLEOPATRA Cäsar, warum läßt du zu, daß sie so zu dir sprechen? Hast du Angst?

CÄSAR Nein, meine Liebe. Es stimmt ja, was sie sagen.

CLEOPATRA Aber wenn du weggehst, werde ich nicht Königin.

CÄSAR Ich werde nicht weggehen, bevor du Königin bist.

POTHINUS Achillas, du mußt verückt sein, wenn du das Mädchen nicht gefangennimmst, solange es in deiner Hand ist.

RUFIO *herausfordernd:* Warum nicht Cäsar gleich auch gefangennehmen, Achillas?

POTHINUS *nimmt die Herausforderung interessiert auf:* Gut gesagt, Rufio. Warum eigentlich nicht?

RUFIO Versuchs, Achillas! *Ruft:* Wache!

Die Loggia füllt sich sofort mit Cäsars Soldaten, die, mit gezogenen Schwertern auf der obersten Treppenstufe stehenbleibend, auf den Befehl ihres Hauptmanns warten, der eine Keule in der Hand trägt. Im ersten Augenblick bleiben die Ägypter stolz den Soldaten gegenüber stehen und ziehen sich dann murrend wieder in ihre Ecken zurück.

BRITANNUS Ihr alle seid Cäsars Gefangene, alle.

CÄSAR *gütig:* Oh nein, keineswegs. Die Herrschaften sind Cäsars Gäste.

CLEOPATRA Willst du ihnen nicht die Köpfe abschlagen?

CÄSAR Was? Deinem Bruder den Kopf abschlagen?

CLEOPATRA Warum nicht? Er würde ihn mir abschlagen, wenn er könnte. Nicht wahr, Ptolemäus?

PTOLEMÄUS *bleich und aufsässig:* Ja, das würde ich, und ich werde es auch tun, wenn ich groß bin.

Cleopatra kämpft mit ihrer neu erworbenen Würde als Königin und dem heftigen Verlangen, ihm die Zunge herauszustrecken. In der folgenden Szene mischt sie sich nicht ein, beobachtet sie aber mit Neugierde und Erstaunen, hin und herrutschend wie ein unruhiges Kind; als Cäsar aufsteht, setzt sie sich auf den Dreifuß ...

POTHINUS Cäsar, wenn du es wagst, uns festzuhalten ...

RUFIO Du mußt die klar darüber sein, Ägypter, Cäsar wird siegen. Wir haben den Palast, den Strand und den Osthafen in der Hand. Der Weg nach Rom ist frei, und wenn es Cäsar gefällt, werdet ihr diesen Weg gehen.

CÄSAR *höflich:* Das war das mindeste, was ich tun konnte, um meinen Soldaten den Rückzug zu sichern, Pothinus. Ich bin für eines jeden Leben verantwortlich. Aber ihr könnt euch frei bewegen, alle hier und alle im Palast.

RUFIO *entsetzt über diese Milde:* Was? Die Renegaten und alle?

CÄSAR *seine Formulierung mildernd:* Die römische Besetzungsarmee und alle, Rufio.

POTHINUS *verwirrt:* Aber – du – aber – du

CÄSAR Nun, mein Freund?

POTHINUS Du wirfst uns aus unserem eigenen Palast raus, auf die Straße, und sagst uns mit erhabener Miene, daß wir frei sind, zu gehen, wohin wir wollen. Du bist es, der gehen muß.

CÄSAR Auf der Straße sind eure Freunde, Pothinus. Dort seid ihr sicher.

POTHINUS Das ist ein Trick. Ich bin des Königs Vormund. Ich rühre mich nicht von der Stelle. Ich bestehe auf meinem Recht. Und wo ist dein Recht?

CÄSAR Das Recht steckt in Rufios Scheide, Pothinus. Wenn ihr zu lange zögert, kann ich es vielleicht nicht mehr dort zurückhalten. *Erregung.*

POTHINUS *bitter:* Das also ist Roms Gerechtigkeit!

THEODOTUS Aber ich hoffe, es ist nicht Roms Dankbarkeit!

CÄSAR Dankbarkeit? Bin ich den Herren für irgendwelche Dienste etwas schuldig?

THEODOTUS Schätzt Cäsar sein eigenes Leben so gering? Kann er vergessen, daß wir es gerettet haben?

CÄSAR Mein Leben! Sonst noch was?

THEODOTUS Nicht nur dein Leben! Deinen Ruhm! Deine Zukunft!

POTHINUS Er hat recht. Ich kann einen Zeugen dafür beibringen. Er wird beweisen, daß Cäsar jetzt in der Gewalt des größten Soldaten der Welt, des Befehlshabers der römischen Besatzungsarmee wäre, hätten wir es nicht verhindert. *Er ruft durch die Loggia:* He da – Lucius Septimius. *Cäsar schreckt zusammen, tief bewegt.* Wenn du meine Stimme hören kannst, tritt vor und lege vor Cäsar Zeugnis ab.

CÄSAR *zurückschreckend:* Nein, nein.

THEODOTUS Und ich sage Ja. Der Militärtribun soll seine Aussage machen.

Durch die Loggia tritt Lucius Septimius ein; er ist ein sauber rasierter, schmucker Athlet von ungefähr 40, hat regelmäßige Gesichtszüge, einen energischen Mund, eine hübsche, schmale römische Nase, trägt römische Offiziersuniform; er stellt sich Cäsar gegenüber, der sein Gesicht für einen Augenblick mit der Toga verdeckt. Dann hat Cäsar sich wieder in der Gewalt, läßt die Toga fallen und stellt sich dem Tribun mit Würde.

POTHINUS Lege Zeugnis ab, Lucius Septimius. Cäsar kam hierher in Verfolgung seines Feindes. Haben wir etwa seinem Feind Schutz geboten?

LUCIUS SEPTIMIUS Sobald Pompeius Ägyptens Küste betrat, fiel sein Haupt unter meinem Schwert.

THEODOTUS *mit boshafter Genugtuung:* Und bedenke, Cäsar, vor den Augen seiner Frau und seines Sohnes! Vom Schiff aus, dem er gerade entstiegen war, mußten sie zusehen. Süß und endgültig war die Rache, die wir dir verschafft haben.

CÄSAR *voller Schrecken:* Rache!

POTHINUS Und was war unsere erste Gabe an dich, als deine Galeere in der Reede einlief? Es war das Haupt deines Rivalen im Kampf um die Herrschaft der Welt. Bezeuge, Lucius Septimius, ist es nicht so?

LUCIUS Es ist so. Mit dieser Hand, derselben, mit der ich Pompeius tötete, legte ich sein Haupt Cäsar zu Füßen.

CÄSAR Mörder! Hätte Pompeius bei Pharsalia gesiegt, dann hättest du Cäsar getötet.

LUCIUS Weh den Besiegten, Cäsar. Als ich unter Pompeius kämpfte, tötete ich Männer, die so gut waren wie er. Ich tötete sie, weil er sie besiegte. Zuletzt kam die Reihe an ihn.

THEODOTUS *einschmeichelnd:* Es war nicht deine Tat, Cäsar, sondern unsere – nein, meine; denn ich gab den Rat. Dank uns ist der Ruf deiner Milde unversehrt – und deine Rache hast du doch!

CÄSAR Rache! Immer Rache. Oh, wenn ich mich zur Rache erniedrigen könnte, was würde ich von euch fordern als Preis für das Blut dieses Ermordeten? *Sie schrecken zurück, entsetzt und verwirrt.* Er war mein Schwiegersohn, mein ältester Freund, zwanzig Jahre lang der Herr des großen Rom, dreißig Jahre lang der Sieger in jeder Schlacht. Und hatte ich nicht als Römer teil an seinem Ruhm? Haben wir das Schicksal bestimmt, das uns zwang, um die Herrschaft der Welt zu kämpfen? Bin ich Julius Cäsar, oder bin ich ein Wolf, daß ihr mir das ergraute Haupt eines alten Soldaten vorwerft – das Haupt des ruhmreichen Eroberers, des machtvollen Römers, auf heimtückische Weise abgeschlagen von diesem kaltblütigen Rohling hier, und dann kommt ihr noch und fordert meine Dankbarkeit! *Zu Lucius Septimius:* Mach, daß du wegkommst. Dein Anblick erfüllt mich mit Abscheu.

LUCIUS *kalt und ungerührt:* Ach, hör auf damit. Du hast schon früher abgeschlagene Köpfe gesehen, Cäsar, und ich glaube, auch abgeschlagene rechte Hände; einige tausend, denke ich, in Gallien, nach deinem Sieg über Vercingetorix. Hast du ihn, Vercingetorix, geschont in deiner vielgerühmten Milde? War das keine Rache?

CÄSAR Nein, bei den Göttern, nein! Wäre es doch Rache gewesen! Rache ist wenigstens menschlich. Aber ich sage: nein: diese abgeschnittenen rechten Hände, der tapfere Vercingetorix, auf schändliche Weise in einem Verlies unter dem Kapitol erwürgt, das war – *mit Schauder und Hohn* – es war Klugheit und Strenge, notwendiger Schutz des Gemeinwesens, es war staatsmännische Pflicht – Torheiten und Selbsttäuschung, zehnmal blutrünstiger als ehrliche Rache. Welch ein Narr war ich damals! Sich vorzustellen, daß Menschenleben in der Hand solcher Narren sind! *Demütig:* Verzeih mir, Lucius Septimius: was hat der Mörder des Vercingetorix dem Mörder des Pompeius vorzuwerfen? Du bist frei, geh mit den anderen, wohin du magst. Oder bleib, wenn du willst. Ich werde in meiner Armee ein Kommando für dich finden.

LUCIUS Die Chancen stehen gegen dich, Cäsar. Ich gehe. *Er wendet sich und geht durch die Loggia ab.*

RUFIO *voller Zorn, weil er seine Beute entkommen sieht:* Du weißt, was das bedeutet: er ist ein Republikaner.

LUCIUS *dreht sich auf den Stufen der Loggia herausfordernd zu ihm um:* Und was bist du?

RUFIO Ein Cäsarianer, wie alle Soldaten Cäsars.

CÄSAR *höflich:* Glaub mir, Lucius, Cäsar selbst ist kein Cäsarianer. Wäre Rom wirklich eine Republik, dann wäre Cäsar der erste Republikaner. Aber du hast dich entschieden. Leb wohl.

LUCIUS Leb wohl. Komm, Achillas, solange es noch Zeit ist. *Cäsar, der Schlimmes befürchtet, weil er bemerkt, daß Rufios Temperament durchzugehen droht, legt diesem die Hand auf die Schulter und führt ihn tiefer in die Halle hinein, außerhalb der Gefahrenzone. Britannus begleitet die beiden und stellt sich rechts von Cäsar auf. Diese Bewegung bringt die drei als kleine Gruppe dorthin, wo Achillas steht, der sich hochmütig auf die andere Seite zu Theodotus begibt. Lucius Septimius verläßt an den Soldaten vorbei die Loggia. Pothinus, Theodotus, Achillas und die Höflinge folgen ihm, sehr mißtrauisch den Soldaten gegenüber, die hinter ihnen ihre Reihen schließen und sie ohne viel Federlesens in Bewegung halten. Der König bleibt in seinem Thronsessel allein, ängstlich und trotzig, mit zuckendem Gesicht und zuckenden Händen. Während sich all das abspielt, brummt Rufio laut folgendes vor sich hin.*

RUFIO Glaubst du, er ließe uns gehen, wenn er unser Leben in der Hand hätte?

CÄSAR Ich habe nicht das Recht, anzunehmen, seine Handlungen könnten niedriger sein als meine.

RUFIO Pah!

CÄSAR Rufio, wenn ich mir Lucius Septimius zum Vorbild nähme, genau so würde wie er; wenn ich aufhörte, Cäsar zu sein – würdest du mir dann noch dienen?

BRITANNUS Cäsar, es ist unvernünftig, was du tust. Deine Pflicht Rom gegenüber fordert, den Feind Roms daran zu hindern, daß er weiteres Unheil anrichtet. *Cäsar, dessen Vergnügen an der praktischen und nüchternen Moral seines britischen Sekretärs unerschöpflich ist, lächelt nachsichtig.*

RUFIO Es hat keinen Zweck, mit ihm zu reden, Britannus. Spar deinen Atem, um deinen Porridge zu kühlen. Aber du Cäsar, merke dir eins: Deine Milde ehrt dich, aber was bedeutet sie für deine Soldaten, die vielleicht morgen gegen die Männer kämpfen müssen, die du heute verschont hast? Du magst befehlen, was dir gefällt, aber ich versichere dir, dank deiner Milde wird dein nächster Sieg ein Gemetzel sein. Ich jedenfalls werde keine Gefangenen machen. Ich werde meine Feinde auf dem Schlachtfeld töten und danach kannst du dann soviel Milde predigen, wie du willst. Ich brauche dann jedenfalls nie mehr gegen sie zu kämpfen. Und jetzt, wenn du gestattest, will ich die Herrschaften zur Tür begleiten. *Er wendet sich zum Gehen.*

CÄSAR *der sich umwendet und Ptolemäus erblickt:* Was? Sie haben den Jungen allein gelassen? Schändlich! Schändlich!

RUFIO *nimmt Ptolemäus bei der Hand und zieht ihn hoch:* Komm, Majestät.

PTOLEMÄUS *zu Cäsar, indem er seine Hand Rufio entzieht:* Wird er mich aus dem Palast werfen?

RUFIO *grimmig:* Du bist herzlich eingeladen zu bleiben, wenn du Lust hast.

CÄSAR *freundlich:* Es ist besser, du gehst, mein Junge. Ich werde dir nichts tun, aber draußen, bei deinen Freunden, bist zu sicherer. Hier bist du im Rachen des Löwen.

PTOLEMÄUS *wendet sich zum Gehen:* Nicht den Löwen fürchte ich, sondern – *blickt auf Rufio* – den Schakal. *Er geht durch die Loggia ab.*

CÄSAR *lacht zustimmend:* Tapferer Junge.

CLEOPATRA *eifersüchtig auf Cäsars Lob, ruft Ptolemäus nach:* Du kleiner Dummkopf, du hältst dich wohl für sehr klug.

CÄSAR Britannus, kümmere dich um den König. Übergib ihn diesem Burschen da, diesem Pothinus. *Britannus geht hinter Ptolemäus her.*

RUFIO *zeigt auf Cleopatra:* Und dieses kostbare Stück da? Was soll mit ihr geschehen? Nun, ich denke, die kann ich dir überlassen. *Geht durch die Loggia ab.*

CLEOPATRA *errötet plötzlich und wendet sich Cäsar zu:* Wolltest du, daß ich mit den anderen gehe?

CÄSAR *nicht ganz bei der Sache – geht mit einem Seufzer auf Ptolemäus' Thronsessel zu, während Cleopatra mit glühenden Wangen und geballten Fäusten auf seine Antwort wartet:* Du bist frei und kannst tun, was dir gefällt, Cleopatra.

CLEOPATRA Es ist dir also gleichgültig, ob ich bleibe oder gehe?

CÄSAR *lächelnd:* Natürlich wäre es mir lieber, wenn du bliebst.

CLEOPATRA Viel, viel lieber?

CÄSAR *nickt:* Viel, viel lieber.

CLEOPATRA Dann erkläre ich mich einverstanden zu bleiben – weil ich darum gebeten werde. Aber merke dir, gern tue ich es nicht.

CÄSAR Das wird als selbstverständlich vorausgesetzt. *Ruft:* Totateeta! *Ftatateeta, die immer noch dasitzt, wendet sich ihm mit finsterem Gesicht zu, ohne sich von der Stelle zu rühren.*

CLEOPATRA *kurz auflachend:* Sie heißt nicht Totateeta, sie heißt Ftatateeta. *Ruft:* Ftatateeta! *Ftatateeta steht sofort auf und geht auf Cleopatra zu.*

CÄSAR *über ihren Namen stolpernd:* Tfatafeeta wird der ungeschickten Zunge eines Römers verzeihen. Tota: die Königin wird hier in Alexandrien Hof halten. Sieh dich nach Frauen um, die ihr aufwarten, und kümmere dich um alles Notwendige.

FTATATEETA Ich bin also die Herrin der königlichen Hofhaltung?

CLEOPATRA *scharf:* Nein: die Herrin der königlichen Hofhaltung bin ich. Geh also und tu, was dir befohlen worden ist, oder ich laß dich noch heute abend in den Nil werfen, um die armen Krokodile zu vergiften.

CÄSAR *schockiert:* O nein, nein, nicht so!

CLEOPATRA Doch, doch so. Du bist sehr gefühlvoll, Cäsar, aber du bist klug, und wenn du tust, was ich dir sage, wirst du bald lernen, wie man regiert.

Cäsar, sprachlos über diese Frechheit, dreht sich in seinem Sessel um und starrt sie an.

Ftatateeta zeigt grimmig lächelnd ihre prachtvollen Zähne, geht dann und läßt die beiden allein.

CÄSAR Ich glaube wirklich, Cleopatra, ich muß dich doch noch auffressen.

CLEOPATRA *kniet neben ihn hin und blickt ihn mit einer eifrigen Aufmerksamkeit an, die teils echt, teils Attitüde ist, um ihm zu zeigen, wie klug sie ist:* Du sollst mit mir nicht mehr wie mit einem Kind sprechen.

CÄSAR Ja, du bist gewachsen, seit die Sphinx uns vor ein paar Nächten miteinander bekannt gemacht hat, und jetzt glaubst du schon, du weißt mehr als ich.

CLEOPATRA *gedämpft und bemüht, sich zu rechtfertigen:* Nein, das wäre sehr dumm von mir: ich weiß natürlich, daß es nicht so ist. Aber – *plötzlich:* bist du böse mit mir?

CÄSAR Nein.

CLEOPATRA *glaubt ihm nicht ganz:* Warum bist du denn so

nachdenklich?

CÄSAR *steht auf:* Ich habe zu tun, Cleopatra.

CLEOPATRA *schreckt zurück:* Zu tun? *Beleidigt:* Du bist es nur leid, mit mir zu sprechen, und du brauchst eine Ausrede, um von mir wegzukommen.

CÄSAR *setzt sich wieder, um sie zu beruhigen:* Gut, meinetwegen also noch eine Minute – aber dann: an die Arbeit.

CLEOPATRA Arbeit. So ein Unsinn. Denke daran, daß du jetzt König bist. Ich habe dich dazu gemacht, und Könige arbeiten nicht.

CÄSAR Ach nein, wer hat dir das gesagt, du kleines Kätzchen?

CLEOPATRA Mein Vater war König von Ägypten, und er hat nie gearbeitet, und doch war er ein großer König: er hat meiner Schwester den Kopf abgeschlagen, weil sie sich gegen ihn erhob und ihm den Thron wegnahm.

CÄSAR Nun, und wie hat er seinen Thron zurückbekommen?

CLEOPATRA *eifrig, mit leuchtenden Augen:* Das will ich dir erzählen. Ein schöner junger Mann mit starken runden Armen – er kam durch die Wüste gezogen mit vielen Reitern, und er tötete den Gatten meiner Schwester und gab meinem Vater seinen Thron zurück. *Versonnen:* Ich war damals erst zwölf. Ach, ich wünschte, der junge Mann würde jetzt wiederkommen, wo ich Königin bin. Ich würde ihn zum Gatten nehmen.

CÄSAR Das läßt sich vielleicht machen. Ich war's nämlich, der den jungen Mann hergeschickt hat, um deinem Vater zu helfen.

CLEOPATRA *hingerissen:* Du kennst ihn!

CÄSAR *nickt:* Ja, ich kenne ihn.

CLEOPATRA Ist er mit dir gekommen? *Cäsar schüttelt den Kopf, sie ist enttäuscht.* Oh, ich wünschte, er wäre mit dir gekommen, ich wünschte, er wäre gekommen. Wenn ich nur ein bißchen älter wäre, dann würde er mich nicht für ein kleines Kätzchen halten, wie du es tust. Aber vielleicht tust du das, weil du alt bist. Er ist viel, viel jünger als du, nicht wahr?

CÄSAR *als schlucke er eine bittere Pille:* Ja, er ist ein bißchen jünger.

CLEOPATRA Glaubst du, wenn ich ihn darum bitte, würde er mein Mann?

CÄSAR Sehr wahrscheinlich.

CLEOPATRA Aber eigentlich soll nicht ich ihn fragen; könntest du ihn nicht dazu bringen, daß er mich fragt – ohne, daß er erfährt, wie gerne ich möchte, daß er mich fragt?

CÄSAR *gerührt über ihre Ahnungslosigkeit, was den Charakter des schönen jungen Mannes betrifft:* Mein armes Kind.

CLEOPATRA Warum sagst du das? Es klingt, als hättest du Mitleid mit mir. Liebt er denn eine andere?

CÄSAR Ich fürchte ja.

CLEOPATRA *mit Tränen in den Augen:* Dann werde ich nicht seine erste Liebe sein.

CÄSAR Nein, nicht gerade die erste. Er wird von allen Frauen bewundert.

CLEOPATRA Ich wünschte, ich könnte seine erste Liebe sein. Aber wenn er mich liebt, werde ich dafür sorgen, daß er alle anderen umbringt. Sag mir: ist er immer noch schön? Leuchten seine starken runden Arme immer noch wie Marmor in der Sonne?

CÄSAR Er ist in großartiger Verfassung – wenn man bedenkt, wieviel er ißt und trinkt.

CLEOPATRA Oh, sag nicht so gemeine, irdische Dinge über ihn. Ich liebe ihn nämlich. Er ist ein Gott.

CÄSAR Er ist ein großer Reitergeneral, und kein anderer in Rom ist so flink auf den Beinen wie er.

CLEOPATRA Wie heißt er denn richtig?

CÄSAR *erstaunt:* Wie er richtig heißt?

CLEOPATRA Ja, wie er richtig heißt. Ich nenne ihn immer Horus, weil Horus der schönste unter unseren Göttern ist. Aber ich möchte wissen, wie er wirklich heißt.

CÄSAR Er heißt Mark Anton.

CLEOPATRA *singend:* Mark-Anton, Mark-Anton, Mark-Anton! Welch ein schöner Name. *Sie umschlingt Cäsars Hals mit ihren Armen.* Oh, ich liebe dich, weil du ihn meinem Vater zu Hilfe geschickt hast. Hast du meinen Vater sehr gern gehabt?

CÄSAR Nein, mein Kind. Denn, wie du richtig gesagt hast, dein Vater hat nie gearbeitet, und ich arbeite immer. Und als er seine Krone verlor, mußte er mir 16000 Talente versprechen, damit ich sie für ihn zurückholte.

CLEOPATRA Hat er dich je bezahlt?

CÄSAR Nicht die ganze Summe.

CLEOPATRA Er hat ganz recht gehabt: du warst viel zu teuer. 16000 Talente ist die ganze Welt nicht wert.

CÄSAR Vielleicht hast du recht, Cleopatra. Die Ägypter, die arbeiten, zahlten soviel, wie er aus ihnen herauspressen konnte. Der Rest steht noch aus. Und da ich ihn sehr wahrscheinlich nie bekommen werde, muß ich mich wieder an die Arbeit machen. Und deshalb mußt du mich jetzt ein bißchen allein lassen und mir meinen Sekretär herschicken.

CLEOPATRA *schmeichelnd:* Nein, ich möchte hierbleiben und dir zuhören, wie du über Mark Anton sprichst.

CÄSAR Aber wenn ich jetzt nicht anfange zu arbeiten, werden Pothinus und die anderen uns vom Hafen abschneiden, und der Weg nach Rom ist versperrt.

CLEOPATRA Das macht nichts. Ich will nicht, daß du nach Rom zurückfährst.

CÄSAR Aber du möchtest doch, daß Mark Anton aus Rom herkommt?

CLEOPATRA *aufspringend:* Ja, natürlich, natürlich: das hab ich ja vergessen. Los, rasch an die Arbeit, Cäsar, und halte meinem Mark Anton den Seeweg offen. *Sie läuft durch die Loggia hinaus, wirft Mark Anton über die See hinweg eine Kußhand zu.*

CÄSAR *geht rasch durch die Mitte der Halle auf die Stufen der Loggia zu:* Hallo, Britannus! *Er schreckt zusammen, als plötzlich ein verwundeter römischer Soldat eintritt und auf der obersten Stufe ihm gegenüber stehenbleibt.* Was ist?

SOLDAT *zeigt auf seinen verbundenen Kopf:* Das hier ist, Cäsar – und zwei Kameraden auf dem Marktplatz getötet.

CÄSAR *gefaßt, aber aufmerksam:* Aha, und wie?

SOLDAT Eine Armee ist in Alexandria einmarschiert, sie nennt sich römische Armee.

CÄSAR Die römische Besatzungsarmee, was?

SOLDAT Ihr Anführer ist ein gewisser Achillas.

CÄSAR Und?

SOLDAT Als die Armee in die Stadttore eindrang, erhoben sich die Bürger gegen uns. Als die Nachricht kam, stand ich mit zwei anderen auf dem Marktplatz. Sie umzingelten uns, es gelang mir, durchzukommen, und hier bin ich.

CÄSAR Schön. Ich bin froh, daß du noch lebst. *Rufio betritt hastig die Loggia, geht hinter dem Soldaten her auf eins der Bogenfenster zu, um unten auf den Hafen zu blicken.* Rufio, wir sind belagert.

RUFIO Was? Schon?

CÄSAR Ob heute oder morgen, was macht das? Jedenfalls werden wir belagert sein. *Britannus kommt hereingelaufen.*

BRITANNUS Cäsar...

CÄSAR *nimmt ihm das Wort aus dem Mund:* Ja, ich weiß. *Rufio und Britannus kommen aus der Loggia aus entgegengesetzten Richtungen in die Halle herunter, stellen sich hinter Cäsar, der für einen Augenblick noch an der Treppe stehen bleibt, um zu dem Soldaten zu sprechen:* Kamerad, gib die Parole, zum Strand auszuweichen und die Boote zu halten. Laß deine Wunde verbinden. Geh. *Der Soldat läuft hinaus. Cäsar geht in die Halle hinunter, stellt sich zwischen Rufio und Britannus.* Rufio, wir haben noch ein paar Boote im Westhafen. Laß sie in Brand stecken.

RUFIO In Brand stecken!

CÄSAR Nimm alle Boote, die wir im Osthafen haben, und besetze den Pharus – die Insel mit dem Leuchtfeuer. Laß die Hälfte deiner Leute hier, den Strand zu halten und den Kai vor dem Palast: das ist der Weg nach Hause.

RUFIO *im Ton äußerster Mißbilligung:* Geben wir etwa die Stadt auf?

CÄSAR Wir haben sie noch gar nicht, Rufio. Was wir haben, ist der Palast, und – welches Gebäude ist nebenan?

RUFIO Das Theater.

CÄSAR Das werden wir auch haben: es beherrscht den Strand. Was den Rest betrifft: Ägypten den Ägyptern.

RUFIO Nun, ich nehme an, du weißt, was du tust. Sonst noch was?

CÄSAR Nein, das wär's. Sind diese Schiffe schon verbrannt?

RUFIO Nicht so hastig: ich werde keine Zeit mehr verlieren. *Er läuft hinaus.*

BRITANNUS Cäsar, Pothinus ersucht um ein Gespräch mit dir. Meiner Meinung nach muß ihm eine Lektion erteilt werden. Sein Benehmen ist höchst unverschämt.

CÄSAR Wo ist er?

BRITANNUS Er wartet draußen.

CÄSAR He da! Laßt Pothinus herein. *Pothinus erscheint in der Loggia, kommt in hochmütiger Haltung in die Halle herunter, stellt sich links von Cäsar.*

CÄSAR Nun, Pothinus?

POTHINUS Ich überbringe dir unser Ultimatum, Cäsar.

CÄSAR Ultimatum? Das Tor war offen: du hättest hinausgehen sollen, bevor der Krieg erklärt wurde. Jetzt bist du mein Gefangener. *Er geht auf den Thronsessel zu und löst seine Toga.*

POTHINUS *wütend:* Ich dein Gefangener? Weist du nicht, daß du in Alexandria bist, und daß unser König Ptolemäus die Stadt in der Hand hat – mit seiner Armee, die deiner winzigen Truppe hundert zu eins überlegen ist?

CÄSAR *zieht unbeeindruckt seine Toga aus und wirft sie auf den*

Sessel: Nun, mein Freund, dann geh, wenn du kannst. Und sage deinen Freunden, sie sollen auf dem Marktplatz keinen Römer mehr töten. Sonst werden meine Soldaten, die meine berühmte Milde nicht teilen, dich töten. Britannus: Gib der Wache die Parole und hol meine Rüstung. *Britannus ab, Rufio kommt zurück.* Ja, was gibt's?

RUFIO *zeigt aus der Loggia auf eine Rauchwolke, die über den Hafen hinwegzieht:* Da – sieh! *Pothinus läuft eifrig die Treppe hinauf, um hinauszuschauen.*

CÄSAR Was? Schon in Flammen? Unmöglich!

RUFIO Ja, fünf gute Schiffe, und an jedes eine Barke mit Öl festgehakt. Aber das habe nicht ich getan: die Ägypter haben mir die Mühe erspart. Sie haben den Westhafen eingenommen.

CÄSAR *besorgt:* Und den Osthafen? Und das Leuchtfeuer, Rufio.

RUFIO *kommt plötzlich auf Cäsar zu, stößt einen Strom von Verwünschungen aus:* Kann ich vielleicht in fünf Minuten eine ganze Legion einschiffen? Die erste Kohorte ist schon auf dem Strand. Mehr können wir nicht tun. Wenn du willst, daß es schneller geht, komm und tue es selbst.

CÄSAR *beruhigend:* Gut, gut, Rufio, Geduld, Geduld.

RUFIO Geduld! Wer ist hier ungeduldig, du oder ich? Wäre ich hier, wenn ich nicht vom Balkon aus alles überschauen könnte?

CÄSAR Verzeih, Rufio, und treibe sie zur Eile an, so gut es … *Er wird unterbrochen durch das Geschrei eines alten Mannes, der in äußerster Not zu sein scheint. Das Geschrei nähert sich, Theodotus eilt herein, er rauft sein Haar und stößt Schreie äußersten Jammers aus. Rufio kommt zurück, starrt ihn an, erstaunt über seine vollkommene Fassungslosigkeit. Pothinus dreht sich um und hört zu.*

THEODOTUS *auf den Treppenstufen, mit erhobenen Armen:* Oh, unaussprechlicher Schrecken. O Jammer! Helft! Helft!

RUFIO Was gibt's denn?

CÄSAR *die Stirn runzelnd:* Wer ist getötet worden?

THEODOTUS Getötet! Oh, das ist schlimmer als der Tod von zehntausend Mann. Ein unersetzlicher Verlust für die ganze Menschheit.

RUFIO Was ist geschehen, Mann?

THEODOTUS *rennt die Treppe hinunter, stellt sich zwischen sie:* Das Feuer von euren Schiffen hat sich ausgebreitet. Das erste der sieben Weltwunder geht zugrunde! Die Bibliothek von

Alexandria steht in Flammen!

RUFIO Ach so. *Er geht erleichtert in die Loggia hinauf und beobachtet die Operationen seiner Truppen am Strand.*

CÄSAR Sonst noch was?

THEODOTUS *unfähig, seinen Ohren zu trauen:* Sonst noch was! Cäsar: willst du als barbarischer Landsknecht auf die Nachwelt kommen, als einer, der zu unwissend war, um den Wert von Büchern zu schätzen?

CÄSAR Ich bin selbst Schriftsteller, Theodotus, und ich sage dir, es ist besser für die Ägypter, ihr Leben zu leben, als sich mit Hilfe von Büchern daraus hinwegzuträumen.

THEODOTUS *kniet mit der Leidenschaft des Pedanten, mit der echten Erregung des Büchernarren vor Cäsar:* Cäsar: ein einziges Mal in zehn Generationen wird der Menschheit ein unsterbliches Buch geschenkt.

CÄSAR *ungebeugt:* Und wenn es der Menschheit nicht schmeichelte, würde es öffentlich verbrannt.

THEODOTUS Ohne Geschichtsschreibung wirst du namenlos neben dem gewöhnlichsten deiner Soldaten beerdigt.

CÄSAR Dafür wird der Tod ohnehin sorgen. Ich will gar kein besseres Grab.

THEODOTUS Was dort verbrennt, ist die Erinnerung der Menschheit.

CÄSAR Eine beschämende Erinnerung. Laß sie verbrennen.

THEODOTUS *wild, erregt:* Willst du die Vergangenheit zerstören?

CÄSAR Ja, und auf den Überresten werde ich die Zukunft bauen. *Theodotus schlägt sich vor Verzweiflung mit den Fäusten gegen die Schläfen.* Und hör mir zu, Theodotus, Lehrmeister von Königen, hör mir zu, du, der du den Kopf des Pompeius kaum höher eingeschätzt hast als ein Hirte eine Zwiebel einschätzt; der du jetzt vor mir kniest, mit Tränen in deinen alten Augen, und mich anflehst wegen ein paar Schafshäuten, die mit Irrtümern vollgekritzelt sind. Ich kann weder einen Mann noch einen Eimer Wasser für dich erübrigen, aber du sollst den Palast ungehindert verlassen dürfen. Und jetzt weg mit dir, zu Achillas: er soll dir seine Legionen geben, um das Feuer zu löschen. *Er treibt ihn die Treppe hinauf.*

POTHINUS *bedeutungsvoll:* Damit du es weißt, Theodotus, ich bleibe hier als Gefangener.

THEODOTUS Als Gefangener?

CÄSAR Willst du hier herumstehen und schwätzen, während die

Erinnerung der Menschheit verbrennt? *Ruft durch die Loggia:* He da! Laßt Theodotus durch. *Zu Theodotus:* Mach, daß du wegkommst!

THEODOTUS *zu Pothinus:* Ich muß gehen, um die Bibliothek zu retten. *Er eilt hinaus.*

CÄSAR Begleite ihn bis ans Tor, Pothinus, und bitte ihn, er soll dafür sorgen, daß eure Leute keinen römischen Soldaten mehr töten. Es geht um dein Leben.

POTHINUS Mein Leben würde dich teuer zu stehen kommen, Cäsar. *Er folgt Theodotus.*

Rufio, ganz damit beschäftigt, die Einschiffung zu beobachten, bemerkt den Abgang der beiden Ägypter nicht.

RUFIO *ruft aus der Loggia auf den Strand hinunter:* Fertig da unten?

EIN CENTURIO *von unten:* Fertig. Wir warten auf Cäsar.

CÄSAR Sag ihnen, Cäsar kommt gleich – diese Schurken! *Ruft:* Britannicus! *Es ist einer von Cäsars Scherzen, den Namen seines Sekretärs auf diese gewichtige Weise auszusprechen. In späteren Jahren würde es ganz ernsthaft und offiziell bedeutet haben: Eroberer Britanniens.*

RUFIO *ruft hinunter:* Alle außer dem Langboot ablegen! Cäsars Wache: fertigmachen zum Einschiffen. *Er verläßt den Balkon und kommt in die Halle hinunter.* Wo sind diese Ägypter? Noch mehr Milde? Hast du sie laufen lassen?

CÄSAR *kichernd:* Ich habe Theodotus laufen lassen, um die Bibliothek zu retten. Wir müssen die Literatur respektieren, Rufio.

RUFIO *rasend:* Mögen deine Torheiten über dich kommen. Ich glaube, du brächtest es fertig, alle Toten Spaniens, Galliens und Thessaliens wieder zum Leben zu erwecken, nur damit wir sie alle noch einmal bekämpfen müßten.

CÄSAR Müßten nicht die Götter vielleicht die Welt zerstören, wenn sie an nichts anderes dächten als im nächsten Jahr Frieden zu haben? *Rufio, ohne jede Geduld, wendet sich ärgerlich ab. Cäsar faßt ihn plötzlich am Ärmel und flüstert ihm leise ins Ohr:* Übrigens, mein Freund, bedeutet nicht jeder gefangene Ägypter zwei festgehaltene römische Soldaten, die ihn bewachen. Wie?

RUFIO Oh, ich hätte es wissen müssen: daß sich hinter deinen schönen Worten ein schlauer Trick verbirgt. *Mit einem schlechtgelaunten Schulterzucken geht er von Cäsar weg zum Balkon, blickt noch einmal auf die Operationen am Strand, geht dann ab.*

CÄSAR Schläft Britannus? Ich habe ihn schon vor Stunden nach meiner Rüstung geschickt. *Ruft:* Britannicus, he, britischer Inselbewohner! Britannicus!

Cleopatra kommt durch die Loggia gelaufen, sie trägt Cäsars Helm und sein Schwert, die sie Britannus aus der Hand gerissen hat. Er kommt hinter ihr mit Cäsars Brustpanzer und den Beinschienen. Sie eilen auf Cäsar zu, Cleopatra links, Britannus rechts von ihm.

CLEOPATRA Jetzt werde ich dich anziehen, Cäsar. Setz dich. *Er gehorcht.* Diese römischen Helme sind so kleidsam. *Sie nimmt ihm den Lorbeerkranz ab.* Oh weh! *Sie bricht in Lachen aus.*

CÄSAR Worüber lachst du?

CLEOPATRA Du bist ja kahl. *Sie spricht das K in kahl deutlich – stammelt den Rest.*

CÄSAR *fast ärgerlich:* Cleopatra! *Er steht auf, um Britannus das Anlegen des Brustpanzers zu erleichtern.*

CLEOPATRA Deshalb also trägst du den Lorbeerkranz – um es zu verbergen.

BRITANNUS Sei still, Ägypterin: das sind die Lorbeeren des Eroberers.

CLEOPATRA Sei du still, du Inselbewohner. *Zu Cäsar:* Du solltest deinen Kopf mit starkem Rum einreiben. Dann wächst es wieder.

CÄSAR *mit saurem Gesicht:* Cleopatra, hast du es gern, wenn man dich daran erinnert, wie jung du bist?

CLEOPATRA *schmollend:* Nein.

CÄSAR *setzt sich wieder, streckt sein Bein Britannus hin, der ihm die Beinschienen anlegt:* Und ich werde nicht gern daran erinnert, daß ich – mittleren Alters bin. Soll ich dir zehn von meinen überflüssigen Jahren geben? Dann bist du sechsundzwanzig, und es bleiben für mich nur – ach, egal wieviel. Ist das ein Geschäft?

CLEOPATRA Abgemacht. Stell dir vor, sechsundzwanzig! *Sie setzt ihm den Helm auf.* Oh, wie hübsch. Du siehst darin aus, als wärst du nur um die fünfzig herum.

BRITANNUS *blickt Cleopatra streng an:* So darfst du nicht mit Cäsar sprechen.

CLEOPATRA Stimmt es, daß du am ganzen Körper blau angemalt warst, als Cäsar dich auf dieser Insel da gefangennahm?

BRITANNUS Alle Briten gehobenen Standes tragen Blau. Und im Krieg färben wir unsere Körper blau. Mögen unsere Feinde uns dann auch unserer Kleider und unseres Lebens berauben – unseres Ranges können sie uns nicht berauben. *Er steht auf.*

CLEOPATRA *Cäsars Schwert in der Hand:* Laß mich es dir umhängen. Jetzt siehst du großartig aus. Haben sie in Rom schon Statuen von dir gemacht?

CÄSAR Ja, viele.

CLEOPATRA Du mußt eine herschicken lassen und sie mir schenken.

RUFIO *kommt in die Loggia zurück, ungeduldiger denn je:* Nun, Cäsar, bist du mit Schwätzen fertig? In dem Augenblick, wo du deinen Fuß ins Boot setzt, wird nichts mehr unsere Männer zurückhalten. Es wird ein Rennen zum Leuchtturm geben.

CÄSAR *zieht sein Schwert und prüft die Schneide:* Ist es heute gut geschliffen, Britannus? Bei Pharsalia war es so stumpf wie eine Faßdaube.

BRITANNUS Heute kannst du eines Ägypters Haar damit spalten, Cäsar. Ich selbst habe es geschliffen.

CLEOPATRA *umschlingt in plötzlichem Schrecken Cäsars Hals:* Du gehst doch nicht wirklich in die Schlacht, um dich töten zu lassen?

CÄSAR Nein, Cleopatra. Kein Mann zieht in die Schlacht, um sich töten zu lassen.

CLEOPATRA Aber manche werden getötet. Mein Schwager wurde in der Schlacht getötet. Du darfst nicht gehen. Laß doch ihn gehen. *Sie zeigt auf Rufio. Alle lachen über sie.* Oh, bitte, bitte, geh doch nicht! Was soll denn aus mir werden, wenn du nicht zurückkommst?

CÄSAR *ernsthaft:* Hast du Angst?

CLEOPATRA *zusammenzuckend:* Nein.

CÄSAR *ruhig und bestimmt:* Geh auf den Balkon, dann kannst du zusehen, wie wir den Pharus nehmen. Du mußt es lernen, Schlachten zuzusehen. Geh. *Sie geht niedergeschlagen zum Balkon und blickt hinaus.* So ist's recht, und jetzt, Rufio, los!

CLEOPATRA *klatscht plötzlich in die Hände:* Oh, du kannst gar nicht weggehen.

CÄSAR Warum? Was ist?

CLEOPATRA Sie schöpfen mit Eimern den Hafen leer – eine Unmenge von Soldaten – da – *sie zeigt über die See hinweg nach links hinüber* – sie schöpfen das ganze Wasser aus.

RUFIO *läuft rasch hin und schaut hinaus:* Sie hat recht. Die ganze ägyptische Armee – wie Heuschrecken kriechen sie am Westhafen entlang. *Er kommt in plötzlicher Wut auf Cäsar zuge-*

laufen. Das haben wir von deiner verfluchten Milde, Cäsar. Theodotus hat sie dorthin gebracht.

CÄSAR *entzückt von seiner eigenen Klugheit:* Deswegen habe ich ihn ja laufen lassen, Rufio. Sie sind gekommen, um das Feuer zu löschen. Die Bibliothek wird sie beschäftigen, während wir den Leuchtturm nehmen. Wie findest du das? *Er stürzt strahlend durch die Loggia hinaus, Britannus folgt ihm.*

RUFIO *angeekelt:* Ach, wieder nur ein Trick. *Er läuft rasch hinaus. Unten kündigt ein Heilruf der Soldaten an, daß Cäsar angekommen ist.*

CENTURIO *unten:* Alle Mann an Bord. Platz da! *Wieder ein Heilruf.*

CLEOPATRA *winkt mit ihrem Schal durch das Bogenfenster der Loggia:* Auf Wiedersehen, lieber Cäsar, auf Wiedersehen! Komm gesund zurück. Auf Wiedersehen.

Dritter Akt

An der Rampe der Quais vor dem königlichen Palast. Man blickt in westlicher Richtung (nach rechts?) über den Osthafen Alexandriens hinweg auf die Pharus-Insel, an deren Ende, und mit ihr durch eine schmale Mole verbunden, das berühmte Leuchtfeuer zu sehen ist, ein riesiger viereckiger Turm aus weißem Marmor, der sich nach oben von Stockwerk zu Stockwerk verjüngt, auf seiner Spitze die Pfanne für das Leuchtfeuer. Die Insel ist mit dem Festland durch das Heptastadium verbunden, einen acht Kilometer langen Damm, der den Hafen gegen Süden hin abgrenzt.

Mitten auf dem Quai steht ein römischer Posten auf Wache; den Speer in der Rechten, mit der linken Hand seine Augen abschirmend, blickt er mit gespannter Aufmerksamkeit zum Leuchtturm hin. Der Speer ist ein dicker hölzerner Stab, etwa 1,30–1,40 m lang mit einer ungefähr 90 cm langen eisernen Spitze. Der Posten ist so versunken, daß er eine näherkommende Gruppe von vier ägyptischen Lastträgern nicht bemerkt. Sie tragen Teppichrollen. Ftatateeta und Apollodorus, der Sizilianer, gehen ihnen voran. Apollodorus ist ein flotter junger Mann von 24, hübsch und heiter, er ist mit ausgesuchtem Geschmack in zartestem Purpur und Taubengrau gekleidet, seine Kleider sind mit Schmuck aus Bronze, oxydiertem Silber, mit Jade und Achatsteinen verziert. Sein Schwert ist so reich geschmückt wie ein mittelalterliches Altarkreuz: die blaue Klinge scheint durch eine durchbrochene Scheide aus purpurnem Leder und Filigran. Die Lastträger, von Ftatateeta angeführt, gehen hinter dem Posten her auf die Stufen des Palastes zu, legen ihre Ballen ab und kauern sich am Boden hin. Apollodorus trennt sich von der Gruppe und bleibt stehen, amüsiert über die Unaufmerksamkeit des Postens.

APOLLODORUS *ruft den Posten an:* Hallo, wer kommt denn da?

POSTEN *schreckt heftig hoch, dreht sich mit erhobenem Speer um, entpuppt sich als ein kleiner, drahtiger, gewissenhafter junger Mann mit sandfarbenem Haar und etwas ältlichem Gesicht:* Was soll das? Halt! Wer bist du?

APOLLODORUS Ich bin Apollodorus, der Sizilianer. Was ist denn, Junge, welch schönen Traum träumst du eigentlich? Seitdem ich durch die Postenkette am Theater da unten durch bin, habe ich mit meiner kleinen Karawane drei Posten passiert. Sie starrten alle drei so angestrengt zum Leuchtfeuer hinüber, daß mich keiner anhielt. Ist das römische Disziplin?

POSTEN Wir sind nicht hier, um das Land, sondern um die See zu bewachen. Cäsar ist soeben am Pharus angekommen. *Blickt auf Ftatateeta.* Was hast du denn da bei dir? Wer ist diese ägyptische Tonfigur?

FTATATEETA Weise diesen römischen Hund in seine Schranken, Apollodorus; gebiete ihm, seine Zunge zu zügeln. Er spricht mit Ftatateeta, der Herrin der königlichen Hofhaltung.

APOLLODORUS Du hast es mit einer hohen Dame zu tun, mein Freund. Sie steht bei Cäsar in großem Ansehen.

POSTEN *nicht im geringsten beeindruckt, zeigt auf die Teppichballen:* Und was ist mit diesem Zeug da?

APOLLODORUS Das sind Teppiche zur Ausstattung der königlichen Gemächer. Ich habe sie aus den besten Teppichen der Welt ausgesucht, und aus meiner Auswahl soll sich die Königin den besten auswählen.

POSTEN Dann bist du also ein Teppichhändler.

APOLLODORUS *verletzt:* Ich bin ein Patrizier, mein Freund.

POSTEN Ein netter Patrizier, der Handel treibt anstatt mit der Waffe zu dienen!

APOLLODORUS Ich treibe keinen Handel, ich hüte einen Tempel der schönen Künste. Ich bin ein Verehrer der Schönheit und dazu berufen, für schöne Königinnen schöne Dinge auszuwählen. Mein Motto heißt: l'art pour l'art.

POSTEN Das ist nicht die Parole von heute.

APOLLODORUS Es ist eine Parole, die immer und überall gilt.

POSTEN Ich weiß nichts von Parolen, die immer und überall gelten. Nenne mir also die heutige Parole oder geh in deinen Laden zurück. *Ftatateeta, durch den feindseligen Ton gereizt, schleicht sich auf die Rampe zu und stellt sich hinter den Posten.*

APOLLODORUS Und wenn ich weder das eine noch das andere tue?

POSTEN Dann werde ich dich mit diesem Speer durchbohren.

APOLLODORUS Ich stehe dir zur Verfügung, mein Freund. *Er zieht sein Schwert und nimmt in unbeirrter Anmut Fechtposition ein.*

FTATATEETA *ergreift plötzlich von hinten die Arme des Postens und hält sie fest:* Bohre diesem Hund dein Schwert durch die Kehle, Apollodorus. *Der ritterliche Apollodorus schüttelt la-*

chend den Kopf, weicht zurück auf den Palast zu und senkt sein Schwert.

POSTEN *wehrt sich vergebens:* Verfluchtes Biest. Laß mich los. He, Hilfe!

FTATATEETA *hebt ihn in die Luft:* Stich ihn ab, dieses kleine römische Reptil. Spieß ihn auf mit deinem Schwert.

Einige römische Soldaten, mit einem Hauptmann an der Spitze, kommen vom nördlichen Ende des Quais an der Rampe entlanggelaufen. Sie befreien ihren Kameraden, stoßen Ftatateeta beiseite, die links vom Posten taumelnd nach hinten fliegt.

HAUPTMANN *ein unansehnlicher, kurz angebundener Mann von etwa fünfzig, mit einer Rebholzkeule in der Hand:* Was soll das ganze? Wie?

FTATATEETA *zu Apollodorus:* Warum hast du ihn nicht erstochen? Es war Zeit genug.

APOLLODORUS Hauptmann, ich bin hier auf Befehl der Königin, um...

HAUPTMANN *unterbricht ihn:* Befehl der Königin! Ja, ja. *Zum Posten:* Laß ihn durch. Laß das ganze Marktgesindel mit seinen Waren durch, aber gib mir acht, daß du keinen rausläßt, den du nicht reingelassen hast – und wär's die Königin selbst.

POSTEN Das alte Weib ist gefährlich, sie hat dem Händler gesagt, er soll mich erstechen.

APOLLODORUS Hauptmann, ich bin kein Händler. Ich bin ein Patrizier, ein Kunstexperte.

HAUPTMANN Ist dieses Weib deine Frau?

APOLLODORUS *entsetzt:* Nein, um Gottes willen, nein. *Dann, indem er sich höflich korrigiert:* Ich will nicht sagen, daß sie nicht auf ihre Art eine imponierende Erscheinung wäre, aber – *mit Betonung* – meine Frau ist sie nicht.

FTATATEETA *zum Hauptmann:* Römer, ich bin Ftatateeta, die Herrin der königlichen Hofhaltung.

HAUPTMANN Laßt Eure Finger von meinen Leuten, Madam, oder ich befehle, Euch in den Hafen zu werfen, mögt Ihr auch so stark sein wie zehn Männer. *Zu seinen Leuten:* Los, auf eure Posten zurück. *Er geht mit den Leuten den Weg zurück, den sie gekommen sind.*

FTATATEETA *sieht ihm mit bösem Blick nach:* Wir werden ja sehen, wem Isis den Vorzug gibt: ihrer Dienerin Ftatateeta oder diesem römischen Hund.

POSTEN *zu Apollodorus, indem er mit seinem Speer auf den Palast zeigt:* Geh rein – und bleib mir vom Leibe. *Wendet sich Ftatateeta zu:* Und du, altes Krokodil, wenn du mir auf Armeslänge nahekommst, treib ich dir den hier – *hebt den Speer* – durchs Maul.

CLEOPATRA *ruft aus dem Palast:* Ftatateeta, Ftatateeta!

FTATATEETA *blickt hoch, empört:* Geh vom Fenster weg – weg vom Fenster! Es sind Männer hier unten.

CLEOPATRA Ich komme hinunter.

FTATATEETA *verstört:* Nein, nein! Was hast du im Sinn? Oh, ihr Götter, ihr Götter. Apollodorus, gebiete deinen Männern, ihre Ballen aufzunehmen und dann schnell hinein mit uns!

APOLLODORUS Tut, was die Herrin der königlichen Hofhaltung sagt.

FTATATEETA *ungeduldig, während die Träger sich bücken, um ihre Lasten aufzunehmen:* Rasch, macht voran, sonst kommt sie uns zuvor. *Cleopatra kommt aus dem Palast und läuft über den Quai auf Ftatateeta zu.* Oh, wäre ich doch nie geboren!

CLEOPATRA *eifrig:* Mir ist etwas eingefallen, Ftatateeta – ich brauche ein Boot und sofort.

FTATATEETA Ein Boot? Nein, das geht nicht. Apollodorus, erkläre du es der Königin.

APOLLODORUS *sehr galant:* O schöne Königin: ich bin Apollodorus, der Sizilianer; ich komme vom Markt, um dir meine Dienste anzubieten. Ich habe dir die drei schönsten Perserteppiche der Welt mitgebracht – wähle einen aus!

CLEOPATRA Ich habe heute keine Zeit für Teppiche. Besorge mir ein Boot.

FTATATEETA Was ist das wieder für eine Laune? Du kannst nicht aufs Wasser – nur in der königlichen Galeere.

APOLLODORUS Ftatateeta, nicht ein Schiff ist Träger des Königtums, sondern die Königin. *Zu Cleopatra:* Sobald Ihre Majestät mit ihrem Fuß das Deck des niedrigsten aller Boote betritt, ist es ein königliches Boot. *Er wendet sich dem Hafen zu und ruft übers Wasser.* Ahoi, Bootsmann, komm herüber und leg an den Stufen hier an.

CLEOPATRA Du bist ein vollkommener Ritter, Apollodorus, und ich werde immer meine Teppiche von dir kaufen. *Apollodorus verbeugt sich hocherfreut. Ein Ruder wird über der Kaimauer sichtbar, der Schiffer, ein Bursche mit kugelrundem Kopf, lebhaft, grinsend, von der Sonne fast schwarzgebrannt, kommt rechts vom Posten eine Anlegetreppe herauf, bleibt mit dem Ruder in der Hand wartend oben stehen.* Kannst du rudern,

Apollodorus?

APOLLODORUS Meine Ruder werden die Schwingen ihrer Majestät sein! Wohin soll ich meine Königin rudern?

CLEOPATRA Zum Leuchtturm, komm. *Sie geht auf die Treppe zu.*

POSTEN *stellt sich ihr mit erhobenem Speer entgegen:* Halt! Du darfst nicht durch.

CLEOPATRA *errötet vor Ärger:* Wie kannst du es wagen? Weißt du nicht, daß ich die Königin bin?

POSTEN Ich habe meine Befehle, und du kannst nicht durch.

CLEOPATRA Wenn du mir nicht gehorchst, werde ich dafür sorgen, daß Cäsar dich töten läßt.

POSTEN Wenn ich meinem Vorgesetzten nicht gehorche, wird er noch schlimmer mit mir verfahren. Bleib zurück!

CLEOPATRA Erwürge ihn, Ftatateeta.

POSTEN *aufgeschreckt, blickt besorgt auf Ftatateeta und schwingt seinen Speer:* Bleib mir ja vom Leib!

CLEOPATRA *läuft auf Apollodorus zu:* Apollodorus, deine Sklaven sollen uns helfen.

APOLLODORUS Deren Hilfe brauche ich nicht, Herrin. *Er zieht sein Schwert.* Komm her, Soldat, wähle die Waffe, mit der du dich verteidigen willst. Soll es Schwert gegen Speer sein, oder Schwert gegen Schwert?

POSTEN Nein, verflucht, Römer gegen Sizilianer soll es sein. Da – und da … *Er schleudert seinen Speer auf Apollodorus, der sich geschickt auf sein Knie fallen läßt. Der Speer fliegt zischend über seinen Kopf hinweg und fällt hin, ohne Schaden anzurichten. Apollodorus springt mit einem triumphierenden Schrei auf und greift den Römer an, der sein Schwert zieht, um sich zu verteidigen, er ruft:* He da – Wache – Hilfe!

Cleopatra, teils erschreckt, teils entzückt, zieht sich in die Nähe des Palastes zurück, wo die Lastträger zwischen ihren Ballen hocken. Der Schiffer rennt verstört aus der Gefahrenzone weg, die Treppe hinunter, bleibt aber, um dem Zweikampf zuzusehen, mit dem Kopf über der Kaimauer. Der Posten ist nicht ganz bei der Sache, weil er einen Angriff Ftatateetas aus dem Hinterhalt fürchtet. Seine Fechtkunst, die von recht grober Art ist, wird schwer auf die Probe gestellt, weil er hin und wieder im Schlagwechsel mit Apollodorus in Ftatateetas Richtung stechen muß, um sie zurückzuhalten. Der Hauptmann mit einigen Soldaten kommt zurück. Sobald diese Verstärkung auftritt, springt Apollodorus zurück, auf Cleopatra zu.

HAUPTMANN *stellt sich rechts neben den Posten:* Was ist denn das schon wieder?

POSTEN *keuchend:* Ich wäre schon fertig geworden, wenn dieses alte Weib da nicht wäre. Haltet sie von mir fern: mehr Hilfe brauche ich nicht!

HAUPTMANN Mach deine Meldung, Soldat. Wie hat es sich abgespielt?

FTATATEETA Hauptmann, er hätte die Königin umgebracht.

POSTEN *grob:* Ja, das hätte ich – jedenfalls eher, als sie durchzulassen. Sie wollte ein Boot nehmen und – so sagte sie – zum Leuchtfeuer fahren. Ich hielt sie an, wie mir befohlen war – und sie hetzte mir diesen Burschen auf den Hals. *Er geht, hebt seinen Speer auf und stellt sich wieder hin, wo er gestanden hat.*

HAUPTMANN *wendet sich Cleopatra zu:* Cleopatra, es widerstrebt mir, dich zu kränken, aber ohne Cäsars Befehl dürfen wir dich nicht durch die römischen Linien lassen.

APOLLODORUS Schön, Hauptmann, aber liegt nicht das Leuchtfeuer innerhalb der römischen Linien, seit Cäsar da gelandet ist?

CLEOPATRA Ja, so ist es – was hast du darauf zu sagen?

HAUPTMANN *zu Apollodorus:* Du Apollodorus, solltest den Göttern dankbar sein, daß du nicht mit einem Speer an die Palasttür geheftet worden bist. Was hast du dich hier einzumischen?

APOLLODORUS *gelassen:* Mein kriegerischer Freund, – es ist mir eben nicht bestimmt, durch eine so häßliche Waffe getötet zu werden. Wenn ich sterbe, dann nur – *hält sein Schwert hoch* – durch diese weiße Königin der Waffen, die einzige, die einem Künstler gemäß ist. Und jetzt, wo wir dich überzeugt haben, daß wir nicht hinter die römischen Linien wollen, laß mich deinen Posten erledigen und mit der Königin abfahren.

HAUPTMANN *da der Posten eine drohende Bewegung macht:* Ruhig, du! Cleopatra, ich muß mich an meine Befehle halten, nicht an die Spitzfindigkeiten dieses Sizilianers da. Du mußt dich also in den Palast begeben und dort einen Teppich aussuchen.

CLEOPATRA *schmollend:* Nein, das werde ich nicht tun. So wie du mit mir sprichst, spricht Cäsar nicht mit mir. Haben Cäsars Hauptleute die Manieren seiner Küchenknechte angenommen?

HAUPTMANN *mürrisch:* Ich tu nur meine Pflicht. Das genügt mir.

APOLLODORUS Majestät, wenn ein dummer Mensch etwas tut, dessen er sich schämt, wird er immer erklären, es sei seine

Pflicht.

HAUPTMANN *böse:* Apollodorus…

APOLLODORUS *unterbricht ihn auf aufreizend lässige Art:* Zu gegebener Zeit und am gegebenen Ort werde ich mit meinem Schwert für diese Beleidigung Genugtuung leisten. Wer Kunst sagt, sagt Zweikampf. *Zu Cleopatra:* Hör meinen Rat, o Stern des Orients. Solange nicht Cäsar selbst diesen Soldaten Befehl gibt, bist du ihre Gefangene. Laß mich also mit einer Botschaft von dir zu ihm fahren, und noch bevor die Sonne halb über diese Bucht gesunken ist, bring ich ihnen Cäsars Befehl, dich freizulassen.

HAUPTMANN *höhnisch zu Apollodorus:* Und dieses Geschenk wirst du der Königin sicher teuer verkaufen.

APOLLODORUS Ohne dafür zu bezahlen, als freiwilligen Tribut sizilianischen Geschmacks an ägyptische Schönheit, Hauptmann, soll die Königin sich den wertvollsten dieser Teppiche als Geschenk für Cäsar aussuchen.

CLEOPATRA *triumphierend, zum Hauptmann:* Siehst du jetzt, was für ein dummer und gewöhnlicher Kerl du bist?

HAUPTMANN *trocken:* Nun, schnell verliert ein Narr sein Hab und Gut. *Wendet sich seinen Leuten zu.* Der Posten hier wird auf drei Mann verstärkt, und seht mir zu, daß keiner den Palast verläßt außer diesem Mann hier und seiner Ware, und wenn er noch einmal innerhalb unserer Linien sein Schwert zieht, tötet ihn. Auf eure Posten, marsch! *Er läßt zwei zusätzliche Posten beim ersten und geht zurück.*

APOLLODORUS *höflich und kameradschaftlich:* Meine Freunde, wollen wir nicht in den Palast gehen und unseren Streit bei einem Krug Wein begraben? *Er zieht seinen Geldbeutel, läßt die Münzen klingen.* Die Königin wird euch allen was schenken.

POSTEN *sehr mürrisch:* Du hast unsere Befehle gehört. Mach voran mit deinem Kram.

ERSTER HILFSPOSTEN Ja, du solltest Vernunft annehmen. Mach, daß du wegkommst.

ZWEITER HILFSPOSTEN *blickt sehnsüchtig auf den Geldbeutel – dieser Posten ist hakennasig im Gegensatz zu seinem Kameraden, der ein feistes rundes Gesicht hat:* Führe einen armen Mann nicht in Versuchung.

APOLLODORUS *zu Cleopatra:* Du Perle unter den Königinnen: der Hauptmann ist zu nahe, und wenn ihr Vorgesetzter ihnen zuschaut, sind die römischen Soldaten unbestechlich. Ich muß also Cäsar deine Wünsche überbringen.

CLEOPATRA *die zwischen den Teppichbündeln gestanden und überlegt hat:* Sind diese Teppiche sehr schwer?

APOLLODORUS Wie schwer sie sind, spielt gar keine Rolle, wir haben Träger genug.

CLEOPATRA Und wie werden diese Teppiche in die Boote verladen? Werden sie hineingeworfen?

APOLLODORUS Nicht in kleine Boote, Majestät – die würden untergehen.

CLEOPATRA Also nicht in das Boot dieses Mannes da? *Zeigt auf den Schiffer.*

APOLLODORUS Nein, es ist zu klein.

CLEOPATRA Aber wenn ich Cäsar einen Teppich schicke, kannst du ihn in diesem Boot mitnehmen?

APOLLODORUS Aber sicher.

CLEOPATRA Und du wirst achtgeben, daß er vorsichtig die Treppe hinuntergetragen und sorgsam behandelt wird?

APOLLODORUS Du kannst dich auf mich verlassen.

CLEOPATRA Du wirst sehr, sehr vorsichtig sein?

APOLLODORUS Vorsichtiger, als wenn's um mein Leben ginge.

CLEOPATRA Und du versprichst mir, daß die Träger ihn nicht fallen lassen oder hin und her werfen?

APOLLODORUS Königin, nimm die feinste und zerbrechlichste gläserne Trinkschale, die du im Palast finden kannst und lege sie ins Herz der Teppichrolle, und wenn sie zerbricht, will ich mit meinem Kopf dafür bezahlen.

CLEOPATRA Schön. Komm, Ftatateeta. *Ftatateeta geht zu ihr; Apollodorus erbietet sich, die beiden in den Palast zu begleiten.* Nein, Apollodorus, du darfst nicht mitkommen! Ich allein werde den Teppich aussuchen, du wartest hier. *Sie läuft in den Palast.*

APOLLODORUS *zu den Trägern:* Geht mit der Dame da – *zeigt auf Ftatateeta* – und tut, was sie euch sagt.

Die Träger stehen auf und nehmen ihre Ballen.

FTATATEETA *spricht mit den Trägern, als wären sie Ungeziefer:* Hierher mit euch, und bevor ihr diese Stufen betretet, zieht ja eure Schuhe aus. *Sie geht in den Palast, die Träger mit den Teppichen hinter ihr her, Apollodorus geht zur Rampe und blickt über den Hafen. Die Posten halten ihn mißtrauisch im Auge.*

APOLLODORUS *wendet sich an den Posten:* Mein guter Freund...

POSTEN *grob:* Sei still...

ERSTER HILFSPOSTEN Halt die Schnauze, du...

ZWEITER HILFSPOSTEN *halb flüsternd, indem er gespannt zum Nordende des Quais herüberblickt:* Kannst du nicht etwas warten?

APOLLODORUS Geduld, du ehrenwerter Esel mit drei Köpfen. *Sie schnauben ihn wild an, aber er läßt sich nicht im geringsten einschüchtern.* Sagt mal: seid ihr eigentlich hier, um mich zu bewachen oder die Ägypter?

POSTEN Wir wissen, was unsere Pflicht ist.

APOLLODORUS Warum tut ihr eure Pflicht denn nicht? Da drüben ist doch etwas im Gange. *Er zeigt nach Südwesten auf die Mole.*

POSTEN *mürrisch:* So einer wie du braucht mir nicht zu sagen, was ich zu tun habe.

APOLLODORUS Holzkopf! *Er ruft:* He da, Hauptmann, ahoi!

POSTEN Verflucht, mußt du dich immer einmischen? Ahoi! He! Alarm! Alarm!

ERSTER UND ZWEITER HILFSPOSTEN Alarm! He da! Ahoi! Alarm! *Der Hauptmann kommt mit seinen Leuten herbeigelaufen.*

HAUPTMANN Was ist denn jetzt schon wieder los? Hat das alte Weib dich wieder vorgenommen – *erblickt Apollodorus* –, und du bist immer noch hier?

APOLLODORUS *zeigt wieder südwestlich auf die Mole:* Sieh dir das da drüben an. Die Ägypter sind in Bewegung. Sie wollen den Pharus zurückerobern. Sie wollen von der See und vom Land aus angreifen: vom Land aus über die große Mole und von der See aus über den Westhafen. Setzt euch in Trab, meine kriegerischen Freunde: das Rennen hat begonnen. *Von verschiedenen Stellen des Quais aus erklingen Trompetenstöße.* Aha, ich hab's euch ja gesagt.

HAUPTMANN *hastig:* Die beiden Hilfsposten los, alarmiert die Posten am Südende. Einer bleibt hier. Der Rest mir nach – los rasch! *Die beiden Hilfsposten laufen in südlicher Richtung los, der Hauptmann mit seinen Leuten nach Norden, und kurz darauf hört man die Bucina. Die vier Lastträger kommen aus dem Palast, tragen ein Teppichbündel, hinter ihnen Ftatateeta.*

POSTEN *erhebt drohend seinen Speer:* Du schon wieder? *Die Träger bleiben stehen.*

FTATATEETA Sei ruhig, du römischer Knecht, jetzt bist du allein. Apollodorus: dieser Teppich hier ist Cleopatras Geschenk an Cäsar, eingewickelt in ihn sind zehn kostbare goldverzierte Trinkschalen aus feinstem iberischem Kristall, und außerdem hundert Eier von der heiligen blauen Taube. Bei deiner Ehre:

nicht eins davon darf zerbrechen!

APOLLODORUS Ich stehe mit meinem Kopf dafür ein. *Zu den Trägern:* Tragt ihn vorsichtig ins Boot hinunter. *Die Träger bringen den Teppich bis an die Stufen.*

ERSTER TRÄGER *blickt ins Boot hinunter:* Überlegt Euch gut, was Ihr tut, Herr. Diese Eier, von denen die Dame gesprochen hat, müssen jedes ein Pfund schwer sein. Für eine solche Last ist das Boot zu klein.

SCHIFFER *kommt in großer Erregung die Stufen hinaufgelaufen:* Träger, willst du mich beleidigen, du widernatürlicher Sohn einer Kamelstute. *Zu Apollodorus:* Mein Boot, Herr, hat oft schon fünf Männer getragen, und da soll es für Eure Herrlichkeit und ein Paket Taubeneier zu leicht sein? *Zum Träger:* Du räudiges Dromedar, mögen dich die Götter für deinen Neid und deine Bosheit bestrafen!

ERSTER TRÄGER *unerschütterlich:* Ich kann dieses Bündel hier nicht loslassen, um dir eine reinzuhauen, aber es wird der Tag kommen, wo ich dich zu fassen kriege.

APOLLODORUS *stellt sich zwischen sie:* Ruhe da, und wenn das Boot nur aus einer einzigen Planke bestünde, ich werde schon damit zu Cäsar gelangen.

FTATATEETA *besorgt:* Im Namen der Götter, Apollodorus, keine Experimente mit diesem Ballen!

APOLLODORUS Hab keine Angst, du verehrungswürdiges Scheusal. Ich weiß wohl, wie wertvoll die Ladung ist. *Zu den Trägern:* Runter damit, sage ich, und vorsichtig, oder ihr bekommt zehn Tage lang nur den Stock zu schmecken. *Der Schiffer geht wieder die Stufen hinunter, die Träger mit dem Ballen hinter ihm her; Ftatateeta und Apollodorus blicken von der Rampe aus zu.*

APOLLODORUS Vorsichtig, meine Söhne, vorsichtig, Kinder – *plötzlich erregt:* vorsichtig, sag ich, ihr Hunde! Legt es flach ins Heck... so – gut so.

FTATATEETA *schreit einen der Träger unten an:* Nicht drauftreten – nicht drauftreten, du brutales Vieh!

ERSTER TRÄGER *kommt die Treppe herauf:* Keine Aufregung, Herrin. Nichts zerbrochen!

FTATATEETA *keuchend:* Nichts zerbrochen! Du hast mir das Herz im Leib rumgedreht. *Sie hält sich, nach Luft schnappend, die Seiten. Die vier Träger sind inzwischen alle wieder oben und warten am Kopfende der Treppe auf Entlohnung.*

APOLLODORUS Hier, ihr Gierigen. *Er gibt dem ersten Träger*

Geld, der es in der flachen Hand hält, es den anderen zu zeigen. Sie umringen ihn gierig, um zu sehen, wieviel es ist, nach orientalischer Art schon im Begriff, die Hilfe der Götter gegen den Geiz ihres Herrn anzurufen, aber diese Großzügigkeit überwältigt sie.

ERSTER TRÄGER O freigiebiger Fürst!

ZWEITER TRÄGER Du König der Bazare!

DRITTER TRÄGER Günstling der Götter, du.

VIERTER TRÄGER O Vater aller Lastträger auf allen Märkten.

POSTEN *voller Neid, bedroht sie heftig mit seinem Speer:* Weg von hier, ihr Hunde. Ab! Macht, daß ihr verschwindet! *Sie fliehen vor seinem Speer nordwärts über den Quai.*

APOLLODORUS Leb wohl, Ftatateeta. Ich werde vor den Ägyptern am Pharus sein. *Er steigt die Stufen hinunter.*

FTATATEETA Mögen die Götter dir Flügel verleihen und meinen Pflegling behüten! *Der Posten, der hinter den Trägern hergelaufen ist, kommt zurück, blickt ins Boot hinunter, stellt sich nahe ans Kopfende der Treppe, damit Ftatateeta nicht versuchen kann, zu entkommen.*

APOLLODORUS *von unten, während das Boot ablegt:* Leb wohl, du tapferer Speerwerfer.

POSTEN Leb wohl, Krämer.

APOLLODORUS Ha... ha. Wirf dich in die Riemen, tapferer Schiffersmann, los – a-hoi – a-hoi. *Er fängt an, im Rhythmus der Ruder im Barcarole-Versmaß zu singen:*

Mein Herz, mein Herz, hoch in die Luft,
wirf ab der Liebe schwere Last...
Komm, gib mir die Ruder, du Sohn einer Schnecke.

POSTEN *drohend zu Ftatateeta:* Und jetzt, Madam, zurück in den Hühnerstall. Rein mit dir!

FTATATEETA *fällt auf die Knie, streckt die Arme übers Wasser aus:* Oh, ihr Götter des Meeres, bringt sie unverletzt ans Ziel!

POSTEN Wen sollen die unverletzt ans Ziel bringen? Was meinst du damit?

FTATATEETA *blickt ihn undurchdringlich an:* Oh, ihr Götter Ägyptens, ihr Götter der Rache, möge dieser römische Dummkopf von seinem Hauptmann geprügelt werden wie ein Hund; er hat geduldet, daß sie so übers Wasser gebracht werden muß.

POSTEN Verflucht, du: ist sie denn auch im Boot? *Ruft übers Meer:* Ahoi – Bootsmann – ahoi!

APOLLODORUS *singt in der Ferne:*

Sei froh, mein Herz, sei froh und heil,
nie mehr trifft dich der Liebe Pfeil.

Währenddessen sitzt Rufio nach dem Geplänkel des Morgens auf einem Bündel Reisig vor der Tür des Leuchtturms; der Turm des Pharus erhebt sich links von ihm gigantisch bis in die Wolken. Rufio hat seinen Helm, voller Datteln, zwischen den Knieen, neben sich eine lederne Weinflasche. Der Podest des Leuchtturms ist hinter ihm zur offenen See hin durch ein niedriges steinernes Geländer abgeschirmt; in der Mitte des breiten, gemauerten Geländers ein paar Stufen. Vom Kran des Leuchtturms hängt eine gewaltige Kette mit einem Haken über Rufios Kopf herunter. Reisigbündel, wie das, auf dem er sitzt, liegen als Brennmaterial für das Leuchtfeuer unter dem Haken. Auf den Stufen an der Brustwehr steht Cäsar und blickt besorgt, offensichtich sehr beunruhigt, hinaus. Britannus tritt aus der Tür des Leuchtturms.

RUFIO Nun, britischer Inselbewohner, bist du wirklich bis nach oben gekommen?

BRITANNUS Ja, ich schätze die Höhe auf siebzig Meter.

RUFIO Sind da oben Leute?

BRITANNUS Ein alter Mann aus Tyrus, der den Kran bedient, und außerdem sein Sohn, ein wohlerzogener Junge von vierzehn.

RUFIO *sieht die Kette an:* Was – ein einziger alter Tyrer mit seinem Sohn bedient den Kran – du meinst zwanzig Männer, was?

BRITANNUS Nur zwei, ich versichere es dir. Sie haben Gegengewichte, und außerdem eine Maschine mit kochendem Wasser drin, deren Technik ich nicht verstehe: sie ist nicht britischer Herkunft. Sie dient dazu, Fässer mit Öl und die Reisigbündel hochzuhieven, die auf der Pfanne oben verbrannt werden.

RUFIO Aber...

BRITANNUS Entschuldige, ich bin heruntergestiegen, weil ich Melder von der Insel her über die Mole auf uns zukommen sah. Ich muß sehen, was sie wollen. *Er geht eilig um den Leuchtturm herum ab.*

CÄSAR *kommt vom Geländer herunter, fröstelnd und verdrießlich:* Rufio, das hier war ein Wahnsinnsunternehmen. Sie werden uns schlagen. Ich wünschte, ich wüßte, wie unsere Männer mit der Barrikade an der großen Mole vorankommen.

RUFIO *ärgerlich:* Soll ich etwa vom Essen aufstehen, halbverhungert rübergehen und dir Bericht erstatten?

CÄSAR *besänftigt ihn nervös:* Nein, Rufio, nein, iß, mein Sohn, iß. *Während Rufio weiter Datteln ißt, geht Cäsar auf und ab.* Die Ägypter müßten ja dumm sein, wenn sie nicht die Barrikade, bevor sie fertig ist, erstürmten, und hier über uns herfielen. Es ist das erste Mal, daß ich etwas riskiere, das ich hätte vermeiden können. Ich hätte gar nicht nach Ägypten kommen sollen.

RUFIO Vor einer Stunde warst du noch siegessicher.

CÄSAR *sich verteidigend:* Ja, ich habe mich benommen wie ein Narr – hastig, übereilt, Rufio – jungenhaft –

RUFIO Nein, nicht jungenhaft, kein bißchen jungenhaft. Da, nimm. *Bietet ihm eine Handvoll Datteln an.*

CÄSAR Was tut man damit?

RUFIO Man ißt sie. Das ist es nämlich, was dir fehlt. Ein Mann in deinem Alter ist nicht zu gebrauchen, bevor er seine Mittagsmahlzeit gegessen hat. Iß etwas, trink etwas – und dann laß dir unsere Lage noch einmal durch den Kopf gehen.

CÄSAR *nimmt die Datteln an:* In meinem Alter. *Er schüttelt den Kopf und nimmt eine Dattel in den Mund.* Ja, Rufio, ich bin ein alter Mann – verbraucht – es stimmt, wirklich, es stimmt. *Er überläßt sich melancholischer Betrachtung, ißt noch eine Dattel.* Achillas ist in seinen besten Jahren, Ptolemäus ist ein Kind. *Ißt noch eine Dattel, wird etwas zuversichtlicher.* Nun ja, jeder hat seine Zeit und seine Chance, und ich habe meine gehabt. Ich darf mich nicht beklagen. *Plötzlich heiter:* Diese Datteln schmecken nicht übel, Rufio. *Britannus, sehr erregt, kommt mit einem ledernen Sack zurück. Cäsar hat sich sofort wieder gefaßt.* Was gibt's?

BRITANNUS *triumphierend, siegesfroh:* Unsere tapferen Matrosen aus Rhodos haben einen Schatz erbeutet, hier! *Er wirft den Ledersack vor Cäsar hin.* Damit haben wir alle unsere Feinde in der Hand.

CÄSAR Mit diesem Sack?

BRITANNUS Hör, was ich darüber zu sagen habe, Cäsar: Dieser Sack enthält den gesamten Briefwechsel zwischen Pompeius und der hiesigen Besatzungsarmee.

CÄSAR Ja, und?

BRITANNUS *voller Ungeduld über Cäsars Begriffsstutzigkeit:* Jetzt werden wir endlich wissen, wer wirklich unsere Feinde sind. Eins ist sicher: in diesen Briefen finden wir den Namen jedes einzelnen, der gegen dich intrigiert hat, seitdem du den Rubikon überschritten hast.

CÄSAR Wirf sie ins Feuer.

BRITANNUS Wirf sie... *schnappt nach Luft.*

CÄSAR Ins Feuer, habe ich gesagt. Möchtest du wirklich, daß ich die nächsten drei Jahre meines Lebens damit verbringe, Männer zu ächten und zu verdammen, die meine Freunde sein werden, wenn ich ihnen beweise, daß meine Freundschaft mehr wert ist als die des Pompeius wert war – und die des Cato wert ist? Du unverbesserlicher Brite: bin ich denn eine Bulldogge, die Streit sucht, nur weil sie zeigen möchte, wie stark ihre Kinnbacken sind?

BRITANNUS Aber deine Ehre, Cäsar – die Ehre Roms...

CÄSAR Ich bringe meiner Ehre keine Menschenopfer dar, wie eure Druiden. Und wenn du sie nicht verbrennen willst, dann kann ich sie wohl versenken. *Er hebt den Sack auf und wirft ihn über die Brüstung ins Meer.*

BRITANNUS Cäsar, das ist die reine Überspanntheit. Sollen Verräter um eines Paradoxes willen straflos ausgehen?

RUFIO *steht auf:* Cäsar, sag mir Bescheid, wenn der Inselbewohner da mit seiner Predigt fertig ist. Ich werde mir mal die Maschine mit dem kochenden Wasser anschauen. *Er geht in den Leuchtturm hinein.*

BRITANNUS *in aufrichtiger Verehrung:* O Cäsar, mein großer Lehrmeister, wenn ich dich doch überreden könnte, das Leben ernst zu nehmen, so wie die Männer in meinem Lande es tun.

CÄSAR Tun sie das bei euch wirklich, Britannus?

BRITANNUS Du bist doch dort gewesen und hast sie gesehen. Welcher Brite würde je so sprechen, wie du, wenn du leichtfertig bist? Welcher Brite würde je den Gottesdienst in den heiligen Hainen versäumen? Welcher Brite würde so bunte Kleider tragen wie du – anstatt des einfachen Blaus, wie es alle gesetzten, angesehenen Männer tragen? Bei uns ist das einfach eine Frage der Moral.

CÄSAR Schön, mein Freund, schön, vielleicht werde ich eines Tages solide und seßhaft werden und mir eine blaue Toga zulegen. Bis dahin muß ich sehen, wie ich auf meine frivole römische Art zurechtkomme. *Apollodorus kommt von hinten um den Leuchtturm herum.* Was ist das?

BRITANNUS *wendet sich rasch um und behandelt den Fremden mit amtlichem Hochmut:* Was soll das? Wer bist du? Und wie bist du hergekommen?

APOLLODORUS Beruhige dich, mein Freund: ich werde dich nicht fressen. Ich komme mit einem Boot aus Alexandrien und bringe kostbare Geschenke für Cäsar.

CÄSAR Aus Alexandrien?

BRITANNUS *streng:* Du stehst vor Cäsar, Herr…

RUFIO *erscheint in der Tür zum Leuchtturm:* Was ist denn jetzt schon wieder?

APOLLODORUS Sei gegrüßt, großer Cäsar. Ich bin Apollodorus, der Sizilianer, ein Künstler.

BRITANNUS Ein Künstler! Wer hat denn diesen Landstreicher hier durchgelassen?

CÄSAR Beruhige dich, Britannus. Apollodorus ist ein berühmter Patrizier und Liebhaber der Künste.

BRITANNUS *peinlich berührt:* Ich bitte den Herrn um Verzeihung – *zu Cäsar* – ich glaube verstanden zu haben, er sei Künstler von Beruf. *Ein wenig außer Fassung gibt er Apollodorus den Weg zu Cäsar frei, indem er zurück, an dessen Stelle tritt. Rufio blickt Apollodorus von oben bis unten mit deutlicher Verachtung an und stellt sich auf die andere Seite der Plattform.*

CÄSAR Herzlich willkommen, Apollodoros. Was ist dein Anliegen?

APOLLODORUS Als erstes habe ich dir ein Geschenk von der Königin aller Königinnen zu überbringen.

CÄSAR Und wer ist das?

APOLLODORUS Cleopatra von Ägypten.

CÄSAR *indem er ihn auf seine sehr gewinnende Art gleich zu seinem Vertrauten macht:* Hör, Apollodorus: es ist nicht ganz der richtige Augenblick für Geschenke. Ich bitte dich also, fahr zur Königin zurück und richte ihr aus, wenn alles gut geht, werde ich heute abend wieder im Palast sein.

APOLLODORUS Zurück kann ich nicht, Cäsar. Als ich mich dem Leuchtturm näherte, warf irgendein Narr einen großen ledernen Sack ins Meer und brach damit meinem Schiff die Nase ab. Ich hatte gerade noch Zeit, mich und meine Ladung an Land zu retten – da sank das kleine Schneckenhaus.

CÄSAR Oh, das tut mir leid, Apollodorus. Ich werde diesen Narren zur Rede stellen. Nun – was hast du mir denn mitgebracht? Es würde die Königin kränken, wenn ich es mir nicht wenigstens anschaute.

RUFIO Haben wir wirklich Zeit, uns mit solchem Tand abzugeben? Die Königin ist doch nur ein kleines Mädchen.

CÄSAR Eben, und gerade deswegen dürfen wir sie nicht enttäuschen. Apollodorus, was hast du mir als Geschenk gebracht?

APOLLODORUS Einen Perserteppich, Cäsar – einmalig! Und in

den Teppich gewickelt – wie man mir gesagt hat – Taubeneier, Trinkschalen aus Kristall und andere zerbrechliche Kostbarkeiten. Nicht um mein Leben hätte ich's gewagt, es die enge Stiege vom Damm heraufzutragen.

RUFIO Dann zieh es mit dem Kran hoch. Die Eier bekommt der Koch, aus den Trinkschalen trinken wir unseren Wein und auf dem Teppich kann Cäsar schlafen.

APOLLODORUS Mit dem Kran, Cäsar! Ich habe geschworen, dieses Teppichbündel zu hüten wie meinen Augapfel.

CÄSAR *heiter:* Dann laß dich mit dem Bündel zusammen hochziehen, und wenn die Kette reißt, gehst du mit den Taubeneiern zu Grunde. *Er geht zur Kette hinüber, prüft sie neugierig, indem er an ihr hochblickt.*

APOLODORUS *zu Britannus:* Meint Cäsar das ernst?

BRITANNUS Seine Art ist frivol, weil er ein Italiener ist, aber er meint, was er sagt.

APOLLODORUS Ob im Ernst oder nicht. Was er sagte, war gut gesagt. Gib mir ein paar Soldaten, um den Kran zu bedienen.

BRITANNUS Ich übernehme den Kran. Geh du runter und warte, bis die Kette kommt.

APOLLODORUS Schön. Wir sehen uns bald hier wieder... *Er wendet sich an alle und zeigt mit einer ausdrucksvollen Geste auf den Himmel oberhalb der Brüstung.* Aufgehen wie die Sonne werde ich mit meinem Schatz.

RUFIO *schlecht gelaunt:* Und du, Cäsar, willst hier stehen und auf diesen Unfug warten?

CÄSAR *tritt, da dieser sich in Bewegung zu setzen scheint, vom Kran zurück:* Warum sollte ich nicht?

RUFIO Warum nicht – das werden die Ägypter dir beibringen, wenn sie klug genug sind, vom Ufer der Mole aus anzugreifen, bevor wir unsere Barrikade fertig haben. Und inzwischen stehen wir hier und warten wie Kinder auf einen Teppich mit Taubeneiern.

Die Kette rasselt, wird so hoch gezogen, daß sie über das Geländer schwingen kann, schwenkt dann ab, verschwindet hinter dem Leuchtturm.

CÄSAR Keine Angst, mein Sohn Rufio. Sobald der erste Ägypter die Mole betritt, werden wir das Alarmsignal hören, und wir beide werden die Barrikade von hier aus erreichen, bevor der erste Ägypter sie erreicht hat – wir beide zusammen, Rufio – ich, der alte Mann mit dir, seinem größten Jungen. Und der alte Mann wird der erste sein. Beruhige dich also und gib mir noch ein paar Datteln.

APOLLODORUS *vom Damm unten:* Fer-tig. Hievt – hoch! *Die Kette wird hochgezogen, schwenkt von der Rückseite des Leuchtturms wieder nach vorne, Apollodorus schwebt in der Luft mit dem Teppichbündel am Ende der Kette. Sobald er über der Brüstung heranschwebt, fängt er an zu singen:*
Hinan, hinan, sieh da ein Blau
wie's nie im Frauenaug geschaut
Vorsicht da, halt jetzt. *Er steigt nicht mehr höher.* Noch mehr schwenken. *Die Kette schwenkt oberhalb des Podestes nach vorn.*

RUFIO *ruft nach oben:* Laßt jetzt runter. *Die Kette und ihre Fracht beginnen sich zu senken.*

APOLLODORUS *ruft nach oben:* Vorsicht – langsam – denkt an die Eier.

RUFIO *ruft nach oben:* Aufgepaßt – langsam – langsam.
Apollodorus und das Bündel werden unbeschädigt auf den Fliesen in der Mitte der Plattform abgesetzt. Rufio und Cäsar helfen Apollodorus die Kette vom Bündel zu lösen.

RUFIO Hoch – hievt – hoch!
Mit einem Rasseln erhebt sich die Kette über ihre Köpfe hinweg. Britannus kommt aus dem Leuchtturm und hilft, das Bündel aufzuschnüren.

APOLLODORUS *sobald die Schnüre gelöst sind:* Erhebt euch, meine Freunde: der erste Blick gebührt Cäsar. *Er entrollt den Teppich.*

RUFIO Nur ein Haufen von Tüchern? Wo sind die Taubeneier?

APOLLODORUS Tritt näher, Cäsar, suche nach ihnen zwischen den Tüchern.

RUFIO *zieht sein Schwert:* Verrat! Zurück, Cäsar – ein Tuch hat sich bewegt – etwas Lebendiges ist darin.

BRITANNUS *zieht sein Schwert:* Wahrscheinlich eine Schlange.

APOLLODORUS Wagt Cäsar es, die Hand in den Sack zu stecken, in dem sich die Schlange bewegt?

RUFIO *wendet sich zu ihm:* Verräterischer Hund!

CÄSAR Ruhe. Steckt eure Schwerter weg. Deine Schlange scheint sehr regelmäßig zu atmen, Apollodorus. *Er steckt den Arm in die Tücher und zieht einen nackten Arm heraus.* Das muß eine hübsche kleine Schlange sein.

RUFIO *zieht den zweiten Arm heraus:* Komm, zeig uns, was sonst noch von dir drin ist?
Sie ziehen Cleopatra an den Handgelenken in sitzende Stel-

lung. Britannus steckt mit einem empörten, protestierenden Stoß sein Schwert in die Scheide zurück.

CLEOPATRA *schnappt nach Luft:* Oh, ich bin fast erstickt, Cäsar. Ein Mann hat sich im Boot auf mich gestellt, ein Sack mit irgendwas fiel aus heiterem Himmel auf mich, und das Boot sank, und dann wurde ich hoch in die Luft gehoben und wieder hingeknallt.

CÄSAR *streichelt sie, während sie aufsteht und sich an seine Brust wirft:* Nun, vergiß alles, jetzt bist du ja hier, gesund und unverletzt.

RUFIO Na, und jetzt, wo sie hier ist – was fangen wir mit ihr an?

BRITANNUS Ohne Begleitung einer älteren Dame kann sie hier nicht bleiben, Cäsar.

CLEOPATRA *eifersüchtig, da Cäsar offensichtlich verwirrt ist:* Freust du dich nicht, daß ich hier bin?

CÄSAR Natürlich, ich freue mich, aber Rufio ist sehr böse, und Britannus ist entrüstet.

CLEOPATRA *verächtlich:* Du kannst ihnen ja die Köpfe abschlagen lassen.

CÄSAR Meine kleine Seeschwalbe – mit abgeschlagenen Köpfen sind sie nicht mehr so gut zu gebrauchen wie jetzt.

RUFIO *zu Cleopatra:* Wir müssen nämlich jetzt sofort los und einigen deiner Ägypter die Köpfe abschlagen. Macht es dir Spaß, hier zu bleiben, mit der Aussicht, von deinem lieben Brüderchen geschnappt zu werden – wenn sie uns besiegen?

CLEOPATRA Aber ihr dürft mich nicht allein hierlassen. Cäsar – willst du mich wirklich hier allein lassen?

RUFIO Und wenn die Posaunen erschallen, und unser aller Leben davon abhängt, daß Cäsar sich an der Barrikade zeigt, bevor die Ägypter sie erreicht haben? Was dann?

CLEOPATRA Dann müssen sie eben alle sterben, sie sind ja nur Soldaten.

CÄSAR *sehr ernst:* Wenn diese Posaune ertönt, Cleopatra, müssen wir alle, jeder einzelne von uns, sein Leben in die Hand nehmen und es dem Tod hinhalten. Dein Kopf ist mir dann weniger heilig als eine einzige Hand irgendeines meiner Soldaten, die mir vertraut haben. *Cleopatra ist sehr bewegt, ihre Augen füllen sich mit Tränen.* Apollodorus, du mußt sie in den Palast zurückbringen.

APOLLODORUS Bin ich denn ein Delphin, Cäsar, daß ich mit jungen Damen auf meinem Rücken Meere überqueren kann? Mein Boot ist gesunken, deine sind bei den Barrikaden oder zur Stadt zurückgefahren. Ich will versuchen, eins anzuhalten, mehr kann ich nicht tun. *Er geht auf den Damm zurück.*

CLEOPATRA *mit Tränen kämpfend:* Es macht ja nichts. Ich will gar nicht zurück. Wer kümmert sich schon um mich?

CÄSAR Cleopatra …

CLEOPATRA Du willst ja, daß ich getötet werde.

CÄSAR *noch ernster:* Mein armes Kind: dein Leben kümmert hier kaum jemand außer dir selbst.

Sie bricht völlig zusammen und wirft sich weinend auf die Reisigbündel. Plötzlich hört man entfernt heftigen Lärm, Bucinen und Trompeten übertönen Stimmengewirr, Britannus läuft zur Brüstung und blickt die Mole entlang. Cäsar und Rufio wenden sich einander mit raschem Einverständnis zu.

CÄSAR Komm, Rufio.

CLEOPATRA *erhebt sich eilig auf die Kniee und hängt sich an ihn:* Nein, nein, laß mich nicht allein hier, Cäsar. *Er entreißt seinen Rock ihrer Umklammerung.* Oh!

BRITANNUS *von der Brüstung her:* Cäsar, wir sind abgeschnitten. Die Ägypter sind vom Westhafen aus zwischen uns und der Barrikade gelandet!!

RUFIO *rennt zu ihm, um sich zu überzeugen:* Verflucht. Es stimmt, was er sagt. Wir sind gefangen wie Ratten in der Falle.

CÄSAR *voller Reue:* Rufio, oh, Rufio, jetzt sind meine Männer an der Barrikade zwischen Meer und Strand umzingelt. Ich habe sie gemordet.

RUFIO *kommt von der Brüstung zurück und stellt sich rechts von Cäsar:* Ja – während du mit dem Mädchen hier herumgetändelt hast.

APOLLODORUS *kommt rasch vom Damm herauf:* Wirf einen Blick über die Brüstung, Cäsar.

CÄSAR Das haben wir schon getan, mein Freund. Wir müssen uns hier halten.

APOLLODORUS Ich habe die Leiter ins Meer geworfen, ohne sie können sie nicht rankommen.

RUFIO O ja, und wir können ohne sie nicht raus. Hast du daran auch gedacht?

APOLLODORUS Ihr könnt nicht raus? Wieso nicht? Ihr habt doch noch Schiffe im Osthafen.

BRITANNUS *an der Brüstung, voller Hoffnung:* die Galeeren aus Rhodos halten schon auf uns zu. *Cäsar geht rasch zu Britannus an die Brüstung.*

RUFIO *ungeduldig zu Apollodorus:* Und wie besteigen wir die

Galeeren, kannst du mir das sagen?

APOLLODORUS *in munterer, herausfordernder Pose:* Über den Weg, der überallhin führt – über den strahlenden Pfad, den Sonne und Mond dir bilden. Hast du nie zugesehen, wenn Kinder das Schattenspiel »Die zerbrochene Brücke« spielen? Nur die Enten und Gänse kommen leicht hinüber – wie? Kennst du das? *Er wirft seinen Umhang und seinen Hut ab und bindet sich sein Schwert auf den Rücken.*

RUFIO Was willst du damit sagen?

APOLLODORUS Ich werde es dir zeigen. *Ruft Britannus zu:* Wie weit ist die nächste Galeere von hier entfernt?

BRITANNUS Neunzig Meter.

CÄSAR Nein, nein – sie sind weiter entfernt, als es in dieser klaren Luft erscheint – deine Britenaugen täuschen sich. Fast vierhundert Meter, Apollodorus.

APOLLODORUS Schön, haltet euch hier, bis ich euch ein Boot von der Galeere herüberschicke.

RUFIO Hast du etwa Flügel?

APOLLODORUS Nein, aber Flossen, Herr Soldat. Paß auf! *Er läuft zwischen Cäsar und Britannus durch auf die Brüstung, springt hoch und dann kopfüber ins Meer.*

CÄSAR *wie ein Schuljunge ... ganz hingerissen:* Bravo, bravo. *Er wirft seine Toga ab.* Beim Jupiter, so werde ich's auch machen.

RUFIO *hält ihn fest:* Du bist wahnsinnig. Das wirst du nicht tun.

CÄSAR Warum nicht? Ich kann schwimmen so gut wie er.

RUFIO *frei heraus:* Kann ein alter Narr so gut tauchen und schwimmen wie ein junger? Er ist fünfundzwanzig und du bist fünfzig.

CÄSAR *reißt sich von Rufio los:* Alt! Das werde ich dir zeigen!

BRITANNUS *empört:* Rufio, du weißt nicht mehr, was du tust.

CÄSAR Ich werde um einen Wochensold mit dir um die Wette schwimmen, Väterchen Rufio.

CLEOPATRA Und ich!? Ich – was soll aus mir werden?

CÄSAR Ich werde dich wie ein Delphin auf meinem Rücken zur Galeere bringen. Rufio, sobald du mich auftauchen siehst, wirf sie hinterdrein: ich verbürge mich für sie. Und nach ihr dann hinein mit euch beiden.

CLEOPATRA Nein, nein und nein. Ich werde ertrinken.

BRITANNUS Cäsar, ich bin ein Mann und ein Brite, ich bin kein Fisch. Ich brauche ein Boot. Ich kann nicht schwimmen.

CLEOPATRA Ich auch nicht.

CÄSAR *zu Britannus:* Gut, dann bleibe allein hier, bis ich den

Leuchtturm zurückerobere: ich werde dich nicht vergessen. Aufgepaßt, Rufio.

RUFIO Bist du wirklich zu diesem Wahnsinn entschlossen?

CÄSAR Die Ägypter haben sich für mich entschlossen. Uns bleibt gar nichts anderes übrig, und gib acht, wo du hinspringst – ich will, wenn ich auftauche, nicht deine neunzig Kilo ins Kreuz kriegen. *Er läuft die Stufen hinauf und bleibt auf der Mauerkappe stehen.*

BRITANNUS *besorgt:* Noch eine Bitte, Cäsar: zeige dich bitte nicht in den vornehmen Vierteln Alexandriens, bevor du dich umgezogen hast.

CÄSAR *ruft übers Meer:* Ahoi, Apollodorus. *Er zeigt zum Himmel und zitiert aus der Barcarole:* Das Weiß dort hoch im Himmelblau.

APOLLODORUS *der hinten schwimmt:* Zu Purpur wird's auf Meeresgrün.

CÄSAR *frohlockend:* Hah... *Er springt ins Meer.*

CLEOPATRA *läuft erregt auf die Treppe zu:* Oh, das muß ich sehen. Er wird ertrinken. *Rufio ergreift sie.* Uh – – nein – – uh... hu. *Er wirft die Schreiende ins Wasser. Rufio und Britannus brüllen vor Lachen.*

RUFIO *der hinter ihr herblickt:* Da – er hat sie aufgefischt. *Zu Britannus:* Halt du die Festung, Brite – Cäsar wird dich nicht vergessen. *Er springt hinunter.*

BRITANNUS *läuft zur Treppe und beobachtet die Schwimmenden:* Gut gegangen, Rufio?

RUFIO *schwimmend:* Ja, alles in Ordnung.

CÄSAR *weiter entfernt schwimmend:* Britannus, zieh dich nach oben zurück, ans Leuchtfeuer, versperre die Falltür, häufe das Brennmaterial drauf!

BRITANNUS *ruft ihm zu:* Das werde ich zuerst tun, und dann werde ich mich den Göttern meiner Heimat anvertrauen. *Von der See her Hurrahgeschrei, Britannus ergibt sich ohne jede Hemmung seiner Begeisterung.* Das Boot hat ihn erreicht: Hipp hipp hurrah!

Vierter Akt

Cleopatras Wassersturz fand im Jahr 48 vor Christi Geburt im Osthafen von Alexandria statt. Jetzt, im März 47, verbringt sie den Nachmittag im Boudoir ihres Palastes, inmitten einer Schar von Hofdamen; sie alle hören einer Sklavin zu, die in der Mitte des Raumes Harfe spielt. Der Harfenlehrer ist ein alter Musiker mit runzligem Gesicht, vorstehenden buschigen Augenbrauen, weißem Bart und Schnurrbart; seine Augenbrauen sind an den Enden gedreht und stehen wie Hörner ab; sein Gesichtsausdruck ist bewußt streng, es ist die Miene eines Kenners; er kauert rechts neben der Harfenspielerin am Boden und lauscht ihrer Darbietung. Alle außer der Harfenspielerin sitzen: Cleopatra auf einem Sessel, einer Tür gegenüber, die andern auf dem Boden. Cleopatras Hofdamen sind alle jung, die auffallendsten sind Charmian und Iras, ihre Lieblinge. Charmian ist terrakottafarben, gnomenhaft klein, hat ein scharfgeschnittenes Gesicht, zierliche Hände und Füße, Iras ist rundlich, gutmütig und ziemlich albern, hat wallendes rotes Haar und neigt dazu, beim geringsten Anlaß zu kichern.

CLEOPATRA Kann ich...

FTATATEETA *in überheblichem Ton zur Harfenspielerin:* Hör auf du, die Königin spricht. *Die Harfenspielerin hört auf zu spielen.*

CLEOPATRA *zu dem alten Musiker:* Ich möchte gern selber Harfe spielen lernen. Cäsar liebt Musik. Kannst du's mir beibringen?

MUSIKER Außer mir wäre gewiß niemand dazu fähig, die Königin zu unterweisen. Bin nicht ich es gewesen, der die vergessenen Methoden der alten Ägypter wieder entdeckt hat, die fähig waren, eine Pyramide zum Beben zu bringen, indem sie eine Baßsaite anschlugen? Alle anderen Lehrer sind Scharlatane: das habe ich ihnen schon oft genug nachgewiesen.

CLEOPATRA Schön, du sollst mich also unterweisen. Wie lange werden wir brauchen?

MUSIKER Nicht sehr lange: nur vier Jahre. Ihre Majestät müssen sich erst mit der Philosophie des Pythagoras vertraut machen.

CLEOPATRA Ist sie denn – *zeigt auf die Sklavin* – mit der Philosophie des Pythagoras vertraut?

MUSIKER Nein, sie ist ja nur eine Sklavin, sie lernt, wie ein Hund lernt.

CLEOPATRA Nun, dann will ich auch lernen, wie ein Hund lernt; sie spielt nämlich besser als du. Du wirst mir also vierzehn Tage lang jeden Tag eine Stunde Unterricht geben. *Der Musiker rappelt sich eifrig auf und verbeugt sich bis zum Boden.* Und danach wirst du jedesmal, wenn ich eine falsche Note anschlage, gepeitscht, und wenn ich so oft falsch anschlage, daß man mit Schlägen nicht nachkommt, wirst du den Krokodilen zum Fraß in den Nil geworfen. Gebt dem Mädchen ein Goldstück und schickt die beiden weg.

MUSIKER *sehr erschreckt:* Aber wahre Kunst läßt sich nicht derart erzwingen.

FTATATEETA *stößt ihn zur Tür:* Was? Er wagt es, der Königin zu widersprechen. Weg mit dir. *Unter dem Gelächter der Sklaven und Hofdamen wird er aus dem Raum gestoßen. Die Harfenspielerin geht mit der Harfe hinter ihm her.*

CLEOPATRA Nun, kann denn keiner von euch mir die Zeit vertreiben? Kein Klatsch, nichts Neues?

IRAS Ftatateeta...

CLEOPATRA Ach, Ftatateeta, Ftatateeta, immer Ftatateeta. Immer neuer Klatsch, um mich gegen sie aufzuhetzen.

IRAS Nein – denn diesmal ist Ftatateeta standhaft geblieben. *Die Hofdamen lachen, die Sklaven nicht.* Pothinus hat nämlich versucht, sie zu bestechen, weil er mit dir sprechen will.

CLEOPATRA *zornig:* Ach, das tut ihr alle – laßt euch Audienzen bei mir bezahlen. Als ob ich empfinge, wen ihr wollt und nicht, wen ich will. Ich möchte gern wissen, wieviel von ihrem Goldstück die Harfenspielerin abgeben muß, bevor sie den Palast verlassen darf.

IRAS Das können wir leicht für dich herauskriegen. *Die Hofdamen lachen.*

CLEOPATRA *runzelt die Brauen:* Lacht nur, aber seht euch vor, seht euch nur vor: Eines Tages wird man mir dienen, wie man Cäsar dient. Ich werde es lernen.

CHARMIAN Die alte Hakennase. *Sie lachen wieder.*

CLEOPATRA *empört, angewidert:* Still jetzt. Du bist doch eine kleine dumme ägyptische Närrin, Charmian. Weißt du denn nicht, warum ich dir erlaube, so frech daherzuschwätzen – anstatt mit dir zu tun, was Ftatateeta tun würde, wäre sie die Königin?

CHARMIAN Weil du versuchst, in allem Cäsar nachzuahmen, und er läßt alle offen zu sich sprechen.

CLEOPATRA Nein, nicht deshalb. Ich habe ihn nämlich einmal

gefragt, warum er das duldet, und er sagte: »Laß deine Frauen schwatzen, du wirst etwas von ihnen lernen«. »Und was könnte ich von ihnen lernen«, fragte ich, und wißt ihr, was er sagte? »Du lernst sie kennen«. Und ihr hättet seine Augen sehen sollen, als er das sagte, ihr hättet euch gekrümmt – ihr dummen Dinger. *Sie lachen wieder, Cleopatra wendet sich heftig an Iras:* Über wen lachst du jetzt, über mich oder über Cäsar?

IRAS Über Cäsar.

CLEOPATRA Wenn du nicht so dumm wärst, würdest du über mich lachen, und wenn du nicht so feige wärst, würdest du das auch zugeben. *Ftatateeta kommt zurück.* Ftatateeta, sie sagen, Pothinus hat dich zu bestechen versucht, damit du ihn zu mir läßt.

FTATATEETA *protestiert:* Ich schwöre dir, bei den Göttern meiner Väter ...

CLEOPATRA *schneidet ihr herrisch das Wort ab:* Habe ich dir nicht gesagt, du sollst nicht lügen? Den ganzen Tag lang würdest du die Götter deiner Ahnen zu Zeugen deiner Tugend anrufen – wenn ich dich ließe. Geh, nimm das Bestechungsgeld und bring Pothinus zu mir. *Ftatateeta setzt zu einer Antwort an.* Widersprich mir nicht. Geh!

Ftatateeta ab. Cleopatra steht auf, beginnt in Gedanken versunken zwischen ihrem Sessel und der Tür hin und her zu gehen. Alle erheben sich und bleiben stehen.

IRAS *die sich zögernd erhebt:* Ach, ich wünschte, Cäsar wäre wieder in Rom.

CLEOPATRA *drohend:* Es wird ein böser Tag für euch alle, wenn er wirklich geht! Ich schäme mich nur, ihm zu zeigen, daß ich in meinem Herzen genauso grausam bin wie mein Vater – sonst würde ich dich lehren zu bereuen, was du gesagt hast. Warum wünschst du ihn denn weg?

CHARMIAN Er macht dich so schrecklich nüchtern, so ernsthaft, so gelehrt und so philosophisch. Das ist in deinem Alter schlimmer, als wenn man fromm wird. *Die Hofdamen lachen.*

CLEOPATRA Hört auf mit dem endlosen Geschnatter! Haltet den Mund!

CHARMIAN *in vorgetäuschter Ergebenheit:* Ja, ja, wir wollen versuchen, so zu werden wie Cäsar.

Alle brechen wieder in Lachen aus. Cleopatra geht in verhaltener Wut weiter auf und ab, bis Ftatateeta Pothinus hereinbringt, der auf der Schwelle stehenbleibt.

FTATATEETA *an der Tür:* Pothinus bittet die Königin untertänig, ihm Gehör zu schenken.

CLEOPATRA Ja, ja, es ist gut. Laß ihn herein. *Sie setzt sich wieder in ihren Sessel, auch alle anderen setzen sich wieder, außer Pothinus, der nach vorne bis in die Mitte des Raumes kommt. Ftatateeta setzt sich auf ihren alten Platz.* Nun, Pothinus, was gibt es Neues bei deinen aufständischen Freunden?

POTHINUS *stolz:* Ich stehe nicht auf Seiten des Aufstands, und ein Gefangener erfährt keine Neuigkeiten.

CLEOPATRA Du bist genausowenig ein Gefangener wie ich – oder Cäsar. Sechs Monate lang werden wir jetzt schon in diesem Palast von meinen Untertanen belagert, und es ist dir sogar erlaubt, am Strand zwischen den Soldaten spazieren zu gehen. Kann ich mich etwa weiter weg bewegen oder gar Cäsar?

POTHINUS Du bist noch ein Kind, Cleopatra, und verstehst nicht, worum es geht. *Die Hofdamen lachen. Cleopatra blickt ihn unergründlich an.*

CHARMIAN Ich sehe, Pothinus, daß du das Allerneueste noch gar nicht weißt.

POTHINUS Und das wäre?

CHARMIAN Daß Cleopatra kein Kind mehr ist. Soll ich dir sagen, wie man innerhalb eines Tages viel älter und viel viel klüger werden kann?

POTHINUS Mir wäre es lieber, ich könnte klüger werden, ohne älter zu werden.

CHARMIAN Nun, dann geh auf die Spitze des Leuchtturms und suche dir jemand, der dich beim Schopf faßt und ins Meer wirft. *Die Hofdamen lachen.*

CLEOPATRA Sie hat recht, Pothinus. Wenn du dann wieder an Land kommst, ist viel Hochmut aus dir herausgewaschen. *Die Hofdamen lachen. Cleopatra steht ungeduldig auf.* Geht, weg mit euch. Ich will allein mit Pothinus sprechen. Wirf sie hinaus, Ftatateeta. *Sie laufen lachend hinaus, Ftatateeta schließt hinter ihnen die Tür.* Und worauf wartest du noch?

FTATATEETA Es schickt sich nicht, daß die Königin in einem Raum allein bleibt mit...

CLEOPATRA *unterbricht sie:* Ftatateeta, muß ich dich wirklich den Göttern deiner Väter opfern, um dich zu lehren, daß ich die Königin von Ägypten bin und nicht du?

FTATATEETA *entrüstet:* Du bist genau wie alle anderen, du möchtest gern sein, was diese Römer eine moderne Frau nennen. *Sie geht raus, knallt die Tür hinter sich zu.*

CLEOPATRA *setzt sich wieder:* Nun, Pothinus, warum hast du Ftatateeta bestochen, dich zu mir zu lassen?

POTHINUS *betrachtet sie ernst:* Cleopatra, es ist wahr, was man erzählt: du hast dich verändert.

CLEOPATRA Sprich sechs Monate lang jeden Tag mit Cäsar, dann wirst auch du dich ändern.

POTHINUS Es wird überall erzählt, daß du ganz von diesem alten Mann betört bist!

CLEOPATRA Betört? Was bedeutet das? Daß er mich um den Verstand bringt? Nein, nein, ich wünschte, es wäre so.

POTHINUS Du wünschst, du wärst ohne Verstand! Wie soll ich das verstehen?

CLEOPATRA Als ich noch ohne Verstand war, tat ich, was mir Vergnügen machte, wenn nicht Ftatateeta mich schlug, und selbst dann täuschte ich sie und tat's heimlich. Aber jetzt, wo Cäsar mich weise gemacht hat, ist es gleichgültig, ob mir etwas Vergnügen macht oder nicht: ich tue, was getan werden muß, und habe gar keine Zeit mehr, auf mich selbst zu achten. Das bedeutet nicht Glück, aber Größe. Und wenn Cäsar ginge, ich glaube, ich könnte Ägypten regieren, denn was Cäsar für mich ist, bin ich für die Dummköpfe in meiner Umgebung.

POTHINUS *blickt sie scharf an:* Ob da nicht die Eitelkeit der Jugend aus dir spricht, Cleopatra?

CLEOPATRA Nein, nein, ich meine ja nicht, daß ich so besonders klug bin, nur daß die andern so dumm sind.

POTHINUS *nachdenklich:* Das ist allerdings ein großes Geheimnis.

CLEOPATRA Jetzt erzähl mir aber, was du mir sagen wolltest.

POTHINUS *bestürzt:* Oh, nichts.

CLEOPATRA Nichts?

POTHINUS Nun, eigentlich wollte ich um meine Freilassung bitten, sonst nichts.

CLEOPATRA Darum hättest du ja Cäsar bitten können. Nein, nein Pothinus – du hattest etwas im Sinn, aber die Voraussetzung war, daß Cleopatra ein kleines Mädchen ist, das mit Puppen spielt. Da aber Cleopatra inzwischen eine Königin ist, fällt dein Plan ins Wasser.

POTHINUS *beugt ergeben seinen Kopf:* Ja, so ist es.

CLEOPATRA *triumphierend:* Na, siehst du.

POTHINUS *hebt die Augen wieder und blickt sie forschend an:* Ist Cleopatra denn wirklich eine Königin und nicht mehr Cäsars Gefangene und Sklavin?

CLEOPATRA Wir sind alle Cäsars Sklaven – wir alle hier im Lande Ägypten – ob wir wollen oder nicht. Und die, die klug genug ist, das zu erkennen, wird regieren, wenn Cäsar wegfährt.

POTHINUS Du redest dauernd von Cäsars Abfahrt...

CLEOPATRA Und wenn ich's wirklich täte?

POTHINUS Liebt er dich denn nicht?

CLEOPATRA Mich lieben! Pothinus, Cäsar liebt niemanden. Wen lieben wir denn? Doch nur die, die wir nicht hassen: alle Menschen sind uns fremd und feind außer denen, die wir lieben. Bei Cäsar ist das anders: er ist gar nicht fähig, zu hassen. Er ist gut zu allen. So gut wie zu Hunden und Kindern. Seine Güte ist ein Wunder für mich: nicht mein Vater, nicht meine Mutter, noch meine Amme haben sich je so um mich gesorgt und mir so offen gesagt, was sie denken.

POTHINUS Nun, ist das denn nicht Liebe?

CLEOPATRA Nein, weil er genau dasselbe für das nächstbeste Mädchen tun würde, das er auf dem Rückweg nach Rom trifft. Frage seinen Sklaven Britannus: zu ihm ist er genauso gut gewesen, nein, was sag ich: Du brauchst nur sein Pferd zu fragen. Seine Güte hängt nicht von etwas ab, das in mir sein könnte: sie ist seine Natur.

POTHINUS Aber woher willst du wissen, daß er dich nicht liebt, so wie Männer Frauen lieben?

CLEOPATRA Weil ich ihn nicht eifersüchtig machen kann. Ich habe es versucht.

POTHINUS Hm. Dann hätte ich vielleicht fragen sollen, ob du ihn liebst.

CLEOPATRA Kann man denn einen Gott lieben? Im übrigen liebe ich einen anderen Römer, einen, den ich lange vor Cäsar sah – keinen Gott, sondern einen Mann –, einen, der lieben und hassen kann, dem ich weh tun, der mir weh tun kann.

POTHINUS Und Cäsar weiß das?

CLEOPATRA Ja.

POTHINUS Und er ist nicht böse darüber?

CLEOPATRA Er hat mir versprochen, ihn, wenn es mir Freude macht, nach Ägypten zu schicken.

POTHINUS Ich begreife diesen Menschen nicht.

CLEOPATRA *voller Verachtung:* Du und Cäsar begreifen! *Stolz:* Ich verstehe ihn – instinktiv.

POTHINUS *nachdem er einen Moment nachgedacht hat, untertänig:* Ihre Majestät haben veranlaßt, daß ich heute vorgelassen werde. Hat die Königin mir etwas mitzuteilen?

CLEOPATRA Folgendes: Du glaubst, wenn du meinen Bruder zum König machst, wirst du Ägypten regieren – denn du bist sein Vormund, und er ist ein Dummkopf.

POTHINUS Es gefällt der Königin, es so auszudrücken.

CLEOPATRA Und es gefällt der Königin, außerdem noch folgendes auszudrücken: Daß Cäsar dich verschlingen wird, dich und Achillas und meinen Bruder – so wie eine Katze Mäuse verschlingt, und daß er sich Ägypten anlegen wird, wie ein Hirte sein Gewand anlegt. Und wenn er das alles getan hat, wird er nach Rom zurückkehren und Cleopatra als Vizekönigin zurücklassen.

POTHINUS *bricht zornig aus:* So weit wird es nie kommen. Wir stehen tausend zu zehn gegen ihn, und wir werden ihn mitsamt seinen elenden Legionen ins Meer jagen.

CLEOPATRA *zornig, steht auf, um zu gehen:* Du schimpfst wie irgendein gemeiner Kerl. Gut, dann geh und führe deine Tausende – aber beeil dich, Mithridates von Pergamos ist unterwegs mit Verstärkung für Cäsar. Mit zwei Legionen hat Cäsar euch in Schach gehalten – wir werden ja sehen, was er mit zwanzig Legionen machen wird.

POTHINUS Cleopatra...

CLEOPATRA Schluß jetzt. Cäsar hat mir den Geschmack verdorben, mich mit Schwächlingen wie dir zu unterhalten. *Sie geht hinaus, Pothinus mit wütenden Gesten hinter ihr her, da kommt Ftatateeta zurück und hält ihn fest.*

POTHINUS Laß mich – ich will fort aus diesem verhaßten Raum.

FTATATEETA Was ärgert dich so?

POTHINUS Mögen alle Götter Ägyptens sie verfluchen. Sie hat ihr Land an diesen Römer verkauft, damit sie es mit Küssen wieder von ihm zurückkaufen kann.

FTATATEETA Dummkopf. Hat sie dir nicht gesagt, daß sie Cäsar fortwünscht?

POTHINUS Du hast gelauscht?

FTATATEETA Ich habe dafür gesorgt, daß eine anständige Frau in der Nähe war, während du mit ihr sprachst.

POTHINUS Bei den Göttern, ich...

FTATATEETA Hör auf mit deinen Göttern. Hier herrschen nur Cäsars Götter. Es hat keinen Sinn, daß du zu Cleopatra kommst: du bist ja nur ein Ägypter. Sie hört auf keinen, der zu ihrem Volk gehört: sie behandelt uns wie Kinder.

POTHINUS Möge sie daran zugrunde gehen.

FTATATEETA *unheildrohend:* Und möge deine Zunge an diesen

Worten verdorren. Geh, laß Lucius Septimius kommen, den Mörder des Pompeius. Er ist ein Römer, vielleicht hört sie auf ihn. Geh jetzt.

POTHINUS *bedeutungsvoll:* Zu wem ich gehen muß, das weiß ich jetzt.

FTATATEETA *mißtrauisch:* Zu wem denn?

POTHINUS Zu einem Römer, der größer ist als Lucius. Und merk dir: ehe Cäsar kam, glaubtest du, daß du und die deinen Ägypten im Namen Cleopatras regieren würden. Ich stellte mich dagegen.

FTATATEETA *unterbricht ihn zänkisch:* Ja, damit es durch dich und deine Bande im Namen des Ptolemäus regiert werden sollte.

POTHINUS Besser durch mich oder notfalls durch dich als durch eine Frau mit einem römischen Herzen – denn das ist aus Cleopatra geworden. Solange ich lebe, wird sie nie regieren, also verhalte dich entsprechend. *Er geht ab.*

Inzwischen ist es Zeit zum Abendessen, zu dem auf dem Dach des Palastes der Tisch gedeckt wird; dort hinauf steigt jetzt Rufio, von einem majestätischen Palastbeamten begleitet; dieser hat seinen Zeremonienstab in der Hand, hinter ihm her geht ein Sklave, der einen Schemel mit Einlegearbeiten trägt. Nachdem sie viele Stufen hinaufgestiegen sind, erscheinen sie endlich im Säulengang auf dem Dach. Zwischen den Säulen, gegen Norden und Süden zu, zarte Vorhänge, zugezogen, um das Licht der untergehenden Sonne zu dämpfen. Der Beamte geleitet Rufio in eine schattige Ecke. Zwischen den Säulen hängt eine Schnur, mit der man die Vorhänge auf- und zuziehen kann.

HOFBEAMTER *sich verbeugend:* Möge der römische Befehlshaber geruhen, hier auf Cäsar zu warten. *Der Sklave setzt den Schemel neben die südlichste der Säulen und geht durch den Vorhang ab.*

RUFIO *setzt sich hin, ein wenig außer Atem:* Puh. War das eine Kletterei. Wie hoch sind wir denn hier?

HOFBEAMTER Wir befinden uns auf dem Dach des Palastes, o Günstling der Siegesgötter.

RUFIO Schön, dann braucht also der Günstling der Siegesgötter keine Treppen mehr zu steigen. *Aus der entgegengesetzten Richtung kommt, rückwärts gehend, ein zweiter Beamter herein.*

DER ZWEITE HOFBEAMTE Cäsar naht!

Cäsar kommt herein, frischgebadet, mit einer neuen Tunika aus purpurfarbener Seide bekleidet, strahlend und in festlicher Stimmung; hinter ihm zwei Sklaven, die ein leichtes Ruhebett tragen, das kaum mehr ist als eine reichverzierte Bank. Die Sklaven stellen das Ruhebett neben die nördlichste der beiden verhangenen Säulen und schlüpfen dann durch die Vorhänge hinaus. Die beiden Hofbeamten folgen ihnen mit förmlichen Verbeugungen. Rufio steht auf, um Cäsar zu begrüßen.

CÄSAR *geht auf ihn zu:* Hallo, Rufio. *Begutachtet dessen Kleidung mit Bewunderung und Erstaunen:* Ein neues Wehrgehänge. Und ein neuer Knauf an deinem Schwert. Und das Haar hast du dir schneiden lassen, aber nicht deinen Bart – unmöglich. *Er beschnuppert Rufios Bart.* Doch – beim Jupiter Olympus – Parfüm im Bart!

RUFIO *brummig:* Ja, und – tu ich das etwa mir zuliebe?

CÄSAR *herzlich:* Nein, mein Sohn Rufio, mir zuliebe – zur Feier meines Geburtstages.

RUFIO *verächtlich:* Deine Geburtstage! Du hast immer Geburtstag, wenn du einem hübschen Mädchen schmeicheln willst oder einen Botschafter zu beschwichtigen hast. Im letzten Jahr hattest du innerhalb von zehn Monaten siebenmal Geburtstag.

CÄSAR *zerknirscht:* Du hast recht, Rufio. Nie werde ich mir diese kleinen Schwindeleien abgewöhnen können.

RUFIO Wer wird – außer Cleopatra – noch mit uns essen?

CÄSAR Apollodorus, der Sizilianer.

RUFIO Ach, dieser Geck.

CÄSAR Laß nur, dieser Geck ist ein amüsantes Tierchen – erzählt Geschichten, singt Lieder, und erspart es uns, der Königin Schmeicheleien zu sagen. Was macht sie sich schon aus alten Politikern und rauhen Kriegern wie wir? Nein: Apollodorus ist die richtige Gesellschaft, Rufio, genau die richtige.

RUFIO Na ja, er kann ein bißchen schwimmen und ein bißchen fechten; er ist nicht so übel, wenn er nur den Mund halten könnte.

CÄSAR Mögen die Götter verhüten, daß er das je lernt! Ach, dieses Soldatenleben, dieses mühselige brutale Leben der Tat. Das ist das Schlimmste an uns Römern: wir sind reine Tuer und Schufter, ein Schwarm von Bienen, in Menschen verwandelt. Her mit einem, der gut reden kann – der Witz und Phantasie genug hat, zu leben, ohne ständig etwas zu tun.

RUFIO Oh, sobald das Essen vorüber ist, würde es ihm schlecht bei dir ergehen. Hast du gemerkt, daß ich etwas früher gekommen bin?

CÄSAR Ja, ich dachte mir schon, das hat etwas zu bedeuten. Was ist es denn?

RUFIO Kann man uns hier belauschen?

CÄSAR Unsere Abgeschlossenheit fordert die Lauscher geradezu heraus. Dem kann ich abhelfen. *Er klatscht zweimal in die Hände. Die Vorhänge werden beiseite gezogen und geben den Blick auf den Dachgarten frei, in dessen Mitte der Tisch zu einem Bankett für vier Personen gedeckt ist, je ein Gedeck an den beiden Kopfenden und zwei nebeneinander. Die Cäsar und Rufio zugekehrte Seite steht voller goldner Weinkrüge und Schüsseln. Ein prächtig angezogener Majordomus beaufsichtigt eine Gruppe von Sklaven, die den Tisch decken. Die Säulenreihe führt zu beiden Seiten rund um den Dachgarten herum bis zum äußersten Ende, wo eine Lücke, wie eine große Toreinfahrt, den Blick in den Himmel westlich des Dachendes öffnet. Nur in der Mitte steht ein lebensgroßes Standbild des Ra; falkenköpfig, bekrönt mit der Sonnenscheibe, über die sich eine Natter schlingt, sitzt er auf einem riesigen Sockel. Ein Altar zu seinen Füßen besteht aus einem einzigen weißen Stein.* – So, jetzt kann uns jeder sehen und keinem wird einfallen, uns zu belauschen. *Er setzt sich auf die Bank, die die beiden Sklaven hingestellt haben.*

RUFIO *setzt sich auf seinen Schemel:* Pothinus möchte mit dir sprechen. Ich rate dir, ihn zu empfangen: irgend etwas wird hier von den Weibern ausgeheckt.

CÄSAR Pothinus, wer ist das?

RUFIO Dieser Bursche mit dem Haar wie Eichhornfell – des kleinen Königs Bärenführer, den du gefangenhältst.

CÄSAR *ärgerlich:* Und der ist noch nicht entflohen?

RUFIO Nein.

CÄSAR *erhebt sich gebieterisch:* Und wieso nicht? Du hast also diesen Mann bewachen lassen, anstatt den Feind im Auge zu behalten. Habe ich dir nicht immer wieder gesagt, du sollst Gefangene laufen lassen, wenn nicht ausdrücklich das Gegenteil befohlen ist? Haben wir nicht genug Mäuler zu stopfen?

RUFIO Ich weiß, und wenn du ein bißchen Vernunft besäßest, dürfte ich ihm die Kehle durchschneiden und wir hätten seine Ration gespart. Aber egal – glaub mir: der würde nicht entfliehen. Drei Posten haben ihm schon gesagt, sie würden ihn mit dem Speer durchbohren, wenn er ihnen nochmal vor die

Augen käme. Was kann ich mehr tun? Er will lieber bei uns bleiben und herumspionieren. Das würde ich auch tun, wenn ich's mit Generälen zu tun hätte, die zu Anfällen von Milde neigen.

CÄSAR *findet keine Argumente mehr, setzt sich wieder hin:* So, und jetzt will er also mit mir sprechen.

RUFIO Ja, ich habe ihn mitgebracht. Er wartet da. *Zeigt mit dem Daumen über die Schulter.* Ein Posten ist bei ihm.

CÄSAR Und du möchtest, daß ich mit ihm spreche?

RUFIO *widerspenstig:* Gar nichts möchte ich. Ich nehme an, du tust, was dir gefällt. Also, schieb es nicht mir zu.

CÄSAR *mit einer Geste, als tue er es ausdrücklich auf Rufios Wunsch:* Gut, gut – nehmen wir ihn uns vor.

RUFIO *ruft:* He da. Posten. Laß deinen Mann los und schick ihn rauf. *Winkt mit der Hand:* Komm her. *Pothinus kommt herein, bleibt mißtrauisch zwischen den beiden stehen, blickt von einem zum andern.*

CÄSAR *gnädig:* Ah, Pothinus. Freut mich, dich zu sehen. Und was gibt's heute abend Neues?

POTHINUS Cäsar, ich bin gekommen, dich vor einer Gefahr zu warnen und dir ein Angebot zu machen.

CÄSAR Vergiß die Gefahr und mache mir dein Angebot.

RUFIO Vergiß dein Angebot und sage mir, worin die Gefahr besteht.

POTHINUS Cäsar, du glaubst, Cleopatra ist dir ergeben.

CÄSAR *ernst:* Mein Freund, was ich glaube, das weiß ich schon selbst. Sprich von deinem Angebot.

POTHINUS Ich will ehrlich verhandeln. Ich weiß nicht, welche fremden Götter dich befähigen, einen Palast und ein paar Meter Strand gegen eine ganze Stadt und eine ganze Armee zu halten. Wir haben dich vom See Mareotis abgeschnitten, aber du hast Brunnen in den salzigen Sand des Strandes graben lassen und Eimer voll Süßwasser herausgeholt – seitdem wissen wir, daß eure Götter unwiderstehlich sind, daß du Wunder bewirken kannst. Ich drohe dir also nicht mehr...

RUFIO *sarkastisch:* Das ist wirklich nett von dir, wirklich.

POTHINUS So sei es also: du bist hier der Herr. Unsere Götter haben den Nordwestwind geschickt, um dich in unseren Händen festzuhalten, aber du bist stärker gewesen als sie.

CÄSAR *drängt ihn sanft, zur Sache zu kommen:* Gut, mein Freund, gut – aber nun?

RUFIO Heraus damit, Mann. Was willst du uns mitteilen?

POTHINUS Ich habe mitzuteilen, daß ihr eine Verräterin in eurem Lager habt. Cleopatra...

DER MAJORDOMUS *steht am Tisch, kündigt an:* Die Königin naht. *Cäsar und Rufio stehen auf.*

RUFIO *beiseite zu Pothinus:* Du Dummkopf, du hättest früher damit herausrücken sollen. Jetzt ist es zu spät.

Cleopatra in ihren Staatsgewändern, prachtvoll geschmückt, kommt durch die Lücke zwischen den Säulenreihen, am Standbild des Ra vorbei, hinter dem Tisch her auf Cäsar zu. Ihr Gefolge, von Ftatateeta geführt, stellt sich zu den Dienern am Tisch. Cäsar bietet Cleopatra seine Ruhebank an, sie setzt sich.

CLEOPATRA *die mit raschem Blick Pothinus bemerkt hat:* Was macht der hier?

CÄSAR *setzt sich neben sie, in liebenswürdigster Stimmung:* Er wollte mir gerade etwas über dich erzählen. Du sollst es hören. Fahr fort, Pothinus.

POTHINUS *außer Fassung:* Cäsar... *Er stammelt.*

CÄSAR Nun, raus damit.

POTHINUS Was ich zu sagen habe, ist für deine Ohren bestimmt, nicht für die der Königin.

CLEOPATRA *mit gezügelter Wildheit:* Es gibt Mittel, dich zum Sprechen zu bringen. Nimm dich in acht.

POTHINUS *trotzig:* Cäsar bedient sich solcher Mittel nicht.

CÄSAR Mein Freund, wenn ein Mann auf dieser Erde etwas zu sagen hat, dann besteht die Schwierigkeit nicht darin, ihn zum Sprechen zu bringen, sondern ihn daran zu hindern, daß er zu oft davon spricht. Zur Feier meines Geburtstages lasse ich dich frei. Leb wohl: wir werden uns wohl nie wiedersehen.

CLEOPATRA *ärgerlich:* Cäsar, diese Milde ist töricht.

POTHINUS *zu Cäsar:* Willst du mich nicht unter vier Augen anhören? Auch wenn dein Leben davon abhängt? *Cäsar erhebt sich würdevoll.*

RUFIO *beiseite zu Pothinus:* Du Esel – jetzt wird's wieder eine Vorstellung in Heroismus geben...

CÄSAR *mit rhetorischem Ansatz:* Pothinus...

RUFIO *unterbricht ihn:* Cäsar, wenn du jetzt deine Lieblingspredigt über Leben und Tod hältst, wird unser Abendessen kalt.

CLEOPATRA *betont ehrbar:* Still, Rufio, ich begehre Cäsar zu hören.

RUFIO *grob:* Ihre Majestät haben diese Rede ja schon ein paarmal gehört. Vorige Woche hast du sie ja Apollodorus wiederholt, der sie für deine eigene hielt. *Cäsar kann die würdige Pose nicht länger halten, er setzt sich, sehr amüsiert, wieder hin und blickt Cleopatra, die rasend ist, neckisch an. Rufio ruft wie vorhin:* He da. Posten. Laß den Gefangenen durch. Er ist frei. *Zu Pothinus:* Und jetzt weg mit dir. Du hast deine Chancen verspielt.

POTHINUS *dessen Zorn jetzt stärker ist als seine Klugheit:* Ich will sprechen.

CÄSAR *zu Cleopatra:* Nun siehst du, durch Folter hättest du kein Wort aus ihm herausgekriegt.

POTHINUS Cäsar, du hast Cleopatra die Künste gelehrt, mit denen die Römer die Welt regieren.

CÄSAR Ach – sie können nicht einmal sich selbst regieren. Und weiter?

POTHINUS Und weiter? Bist du denn so trunken von ihrer Schönheit, daß du es nicht merkst – sie verlangt ungeduldig danach, hier allein zu regieren, und ihr Herz sehnt sich danach, daß du abfährst.

CLEOPATRA *springt auf:* Du Lügner.

CÄSAR *schockiert:* Was soll das denn? Du protestierst? Du willst ihn widerlegen?

CLEOPATRA *beschämt, aber von unterdrückter Wut zitternd:* Nein, es ist unter meiner Würde, ihm zu widersprechen. Er soll reden. *Sie setzt sich wieder hin.*

POTHINUS Ich habe es aus ihrem eigenen Munde gehört: Du bist doch nur ihr Werkzeug, du sollst ihrem Bruder die Krone vom Kopf reißen und sie ihr selbst aufsetzen. Nicht nur uns alle, auch dich selbst sollst du ihr ausliefern. Und danach kann Cäsar nach Rom zurückkehren, oder aber er kann durch das Tor des Todes abfahren, das ist näher und sicherer.

CÄSAR *ruhig:* Nun, mein Freund, und ist das nicht sehr natürlich?

POTHINUS *erstaunt:* Natürlich? Verrat kränkt dich also nicht?

CÄSAR Ach, du dummer Ägypter, was alles soll mich kränken? Kränkt mich der Wind, der mich frösteln macht, oder die Nacht, weil ich im Dunkeln stolpere? Kränkt mich Jugend, wenn sie dem Alter den Rücken kehrt, oder Ehrgeiz, wenn er der Ergebenheit überdrüssig wird? Wenn du mir so eine Geschichte erzählst, ist es, als ob du mir erzählst, daß morgen früh die Sonne aufgeht.

CLEOPATRA *die sich nicht mehr zurückhalten kann:* Aber es ist nicht wahr, es ist nicht wahr. Ich schwöre es.

CÄSAR Es ist wahr, und wenn du tausendmal das Gegenteil beschworen und deine eigenen Schwüre geglaubt hast. *Cleopatra verfällt vor Erregung in Zuckungen, und um sie zu schonen, steht Cäsar auf, zieht Pothinus zu Rufio hinüber und sagt:* Komm Rufio, wir wollen sehen, daß er ungehindert den Posten passiert. Ich habe noch ein Wörtchen mit ihm zu reden. *Beiseite zu beiden:* Wir müssen der Königin ein wenig Zeit lassen, sich zu fassen. *Laut:* Kommt! *Er nimmt Pothinus und Rufio mit sich hinaus, spricht mit ihnen:* Du kannst deinen Freunden ausrichten, Pothinus: ich habe nichts dagegen, wenn wir zu einer vernünftigen Vereinbarung in den Angelegenheiten eures Landes kommen, und... *Sie verschwinden aus Hörweite.*

CLEOPATRA *mit unterdrücktem Flüstern:* Ftatateeta, Ftatateeta.

FTATATEETA *eilt vom Tisch her zu ihr und streichelt sie:* Ruhe, Kind, fasse dich...

CLEOPATRA *unterbricht sie:* Können sie uns hören?

FTATATEETA Nein, mein Herz, keiner.

CLEOPATRA Hör mir zu. Wenn er den Palast lebend verläßt, darfst du mir nie mehr unter die Augen kommen.

FTATATEETA Du meinst Po...

CLEOPATRA *streicht ihr über den Mund:* Lösche sein Leben aus wie ich seinen Namen von deinem Mund gelöscht habe. Stoß ihn von der Mauer hinunter, er soll auf dem Pflaster das Genick brechen. Töte, töte, töte ihn.

FTATATEETA *zeigt alle ihre Zähne:* Zugrunde gehen soll der Hund.

CLEOPATRA Und wenn es dir nicht gelingt, brauchst du dich nie, nie mehr vor mir blicken zu lassen.

FTATATEETA *entschlossen:* Gut. Du sollst mein Gesicht nicht sehen, bevor seine Augen erloschen sind. *Cäsar kommt mit Rufio und Apollodorus zurück, der mit äußerstem Geschmack gekleidet ist.*

CLEOPATRA *zu Ftatateeta:* Komm bald zurück – bald. *Ftatateeta blickt ihre Herrin einen Augenblick vielsagend an, geht dann mit grimmigem Gesicht an Ra vorbei hinaus.*

Cleopatra läuft wie eine Gazelle auf Cäsar zu. Oh, du bist zu mir zurückgekommen, Cäsar. *Zärtlich:* Ich dachte, du wärst böse. Apollodorus, schön, daß du kommst. *Sie hält ihm die eine Hand zum Kuß hin, mit dem anderen Arm hält sie Cäsar umfaßt.*

APOLLODORUS Von Woche zu Woche wird Cleopatra schöner und mehr Frau.

CLEOPATRA Ist das wahr, Apollodorus?

APOLLODORUS Es ist weit, sehr weit von der Wahrheit entfernt. Freund Rufio da warf eine Perle in die See, und Cäsar fischte einen Diamanten heraus.

CÄSAR Was Cäsar herausfischte, war ein Anfall von Rheuma, mein Freund. Kommt – wir wollen zu Tisch, zu Tisch. *Sie gehen auf den Tisch zu.*

CLEOPATRA *hüpft wie ein junger Faun:* Ja, wir wollen essen. Für dich habe ich dieses Bankett bestellt, Cäsar.

CÄSAR Oh, und was gibt es?

CLEOPATRA Pfauenhirn.

CÄSAR *als liefe ihm das Wasser im Mund zusammen:* Hörst du, Apollodorus, Pfauenhirn.

APOLLODORUS Für mich bitte nicht. Ich hätte lieber Nachtigallenzungen. *Er setzt sich vor eins der Gedecke, die nebeneinanderliegen.*

CLEOPATRA Gerösteten Eber, Rufio.

RUFIO Gut, gut. *Er setzt sich an das Gedeck links neben Apollodorus.*

CÄSAR *am Ende der Tafel, links von Ra, blickt auf seinen Sitz:* Was ist aus meinem Lederkissen geworden?

CLEOPATRA *ihm gegenüber am anderen Ende der Tafel:* Ich habe neue Kissen für dich besorgt.

MAJORDOMUS Diese Kissen hier, Cäsar, sind aus maltesischem Seidenflor und mit Rosenblättern gefüllt.

CÄSAR Rosenblätter? Bin ich denn eine Raupe? *Er schiebt die Kissen weg und setzt sich auf die Ledermatratze, die darunter liegt.*

CLEOPATRA Oh, wie schade! Meine schönen neuen Kissen.

MAJORDOMUS *steht hinter Cäsar:* Was dürfen wir servieren, um Cäsars Appetit zu wecken?

CÄSAR Was gibt es denn?

MAJORDOMUS Seeigel, schwarze und weiße See-Eicheln, See-Nesseln, Feigenfresser, rote Krebse.

CÄSAR Gibt's auch Austern?

MAJORDOMUS Aber gewiß.

CÄSAR Britische Austern?

MAJORDOMUS *nickt:* Auch britische Austern, Cäsar.

CÄSAR Also Austern für mich. *Bei jeder Bestellung gibt der Majordomus einem Sklaven ein Zeichen, der hinausgeht, um das*

Entsprechende zu holen. Ich bin in Britannien gewesen, diesem Land voller Romantik im Westen – das letzte Stückchen Erde dort hinten am Rande des Ozeans, der rund um die Erde geht. Ich bin dorthin gegangen, um nach den berühmten Perlen zu suchen. Die britische Perle erwies sich als Fabel, aber auf der Suche nach ihr fand ich die britische Auster.

APOLLODORUS Alle Nachgeborenen werden dich dafür segnen. *Zum Majordomus:* Für mich Seeigel.

RUFIO Gibt es auch etwas Handfestes als Vorspeise?

MAJORDOMUS Krammetsvögel mit Spargel und...

CLEOPATRA *unterbricht ihn:* Und Mastgeflügel, nimm Mastgeflügel, Rufio.

RUFIO Ja, das wird's tun.

CLEOPATRA *gierig:* Für mich Krammetsvögel.

MAJORDOMUS Geruht Cäsar, den Wein auszuwählen? Sizilianischen, Lesbos, Chian...

RUFIO *verächtlich:* Das sind ja lauter griechische.

APOLLODORUS Wer würde römischen Wein trinken, wenn er griechischen bekommen kann? Cäsar, versuch den Lesbos...

CÄSAR Nein, bringt mir ein Gersten-Wasser.

RUFIO *mit deutlichem Abscheu:* Puh. Falerner für mich. *Der Falerner wird ihm sofort serviert.*

CLEOPATRA *schmollend:* Es ist Zeitverschwendung, dir ein Bankett zu geben, Cäsar. Meine Küchenmädchen würden nicht anrühren, was du ißt.

CÄSAR *nachgiebig:* Meinetwegen also, versuchen wir den Lesbos. *Der Majordomus füllt Cäsars Trinkschale, danach Cleopatras, dann Apollodorus'.* Aber sobald ich in Rom bin, werde ich Gesetze gegen diese Verschwendung erlassen, und ich werde sogar dafür sorgen, daß sie befolgt werden.

CLEOPATRA *schmeichelnd:* Denk noch nicht daran. Heute sollst du sein wie andere Menschen: müßig, freundlich und den Luxus genießend. *Sie hält ihm über den Tisch hinweg die Hand hin.*

CÄSAR Schön, für dieses eine Mal will ich auf meine Bequemlichkeit verzichten. *Er küßt ihre Hand* – so – *er trinkt einen Schluck Wein.* Bist du jetzt zufrieden?

CLEOPATRA Und du glaubst auch nicht mehr, daß ich deine Abfahrt herbeiwünsche?

CÄSAR Ich glaube gar nichts. Mein Gehirn schläft. Übrigens, wer soll schon wissen, ob ich wirklich nach Rom zurückkehre?

RUFIO *wird aufmerksam:* Wie? Was soll das denn heißen?

CÄSAR Hat Rom mir etwas zu bieten, das ich nicht schon gesehen habe? In Rom ist ein Jahr wie das andere, nur: daß ich älter werde, während der Pöbel in der Via Appia nie altert.

APOLLODORUS Hier in Ägypten ist es nicht besser. Wenn sie lebensüberdrüssig sind, sagen die alten Leute: »Außer den Quellen des Nils habe ich alles gesehen«.

CÄSAR *dessen Phantasie sich entzündet:* Und könnte man die nicht auch sehen? Cleopatra, willst du mit mir kommen, weit in geheimnisvolle Gefilde vordringen, der Spur des Stromes folgen bis dorthin, wo er entspringt? Sollen wir Rom hinter uns lassen ... dieses Rom, das groß geworden ist, nur um zu erfahren, daß Größe Menschenreiche zerstört, die nicht groß sind? Soll ich für dich ein neues Königreich finden und dir im großen Unbekannten eine heilige Stadt bauen?

CLEOPATRA *begierig:* Ja, ja, das sollst du.

RUFIO Ach, jetzt fangen wir noch an, mit zwei Legionen Afrika zu erobern, bevor wir zu unserem gerösteten Eber kommen.

APOLLODORUS Komm, spotte nicht. Das ist ein nobler Einfall: Cäsar nicht nur als Eroberer, sondern als schöpferischer Künstler, als Poet. Wir wollen der heiligen Stadt einen Namen geben und sie mit lesbischem Wein weihen.

CÄSAR Cleopatra selbst soll ihr einen Namen geben.

CLEOPATRA Ihr Name soll sein: Cäsars Geschenk an seine Geliebte.

APOLLODORUS Nein, nein, es muß etwas viel Größeres, viel Gewaltigeres sein, etwas so Großartiges wie das Universum, wie der Sternenhimmel.

CÄSAR *nüchtern:* Warum nicht einfach: Die Wiege des Nil?

CLEOPATRA Nein, das geht nicht, der Nil ist einer meiner Vorfahren und er ist ein Gott. Oh, da fällt mir etwas ein. Der Nil selbst soll der Stadt einen Namen geben. Wir wollen ihn anrufen. *Zum Majordomus:* Laß ihn kommen. *Die drei Männer starren einander erstaunt an, aber der Majordomus geht hinaus, als habe er den alltäglichsten aller Befehle erhalten.* Und ihr – *zum Gefolge* – weg mit euch allen!

Das Gefolge verzieht sich unter Verbeugungen. Ein Priester tritt auf, er trägt eine Miniatursphinx mit einem winzigen Dreifuß davor. Im Dreifuß brennt ein Stückchen Weihrauch. Der Priester tritt an den Tisch und stellt das Abbild mitten auf den Tisch. Der Abendhimmel wechselt so plötzlich auf Magentarot, die Farbe der ägyptischen Sonnenuntergänge, als habe der Gott einen Schatten von merkwürdiger Färbung mit sich gebracht. Die drei Männer, obwohl entschlossen, sich nicht beeindrucken zu lassen, werden gegen ihren Willen neugierig.

CÄSAR Was ist das für ein Hokuspokus?

CLEOPATRA Das wirst du sehen. Und es ist kein Hokuspokus. Um es richtig zu machen, müßten wir eigentlich etwas töten, um ihn günstig zu stimmen, aber vielleicht wird er Cäsar auch so antworten, wenn wir ihm etwas Wein opfern.

APOLLODORUS *wendet den Kopf und blickt über seine Schulter auf Ra:* Warum wenden wir uns nicht an unseren falkenköpfigen Freund hier?

CLEOPATRA *nervös, unruhig:* Pst! Er hört dich und dann wird er böse.

RUFIO *phlegmatisch:* Die Quelle des Nils gehört nicht zu seinem Bezirk, nehme ich an.

CLEOPATRA Nein, keine andere als meine liebe kleine Sphinx soll meine Stadt benennen, denn in ihren Armen schlief ich, als Cäsar mich fand. *Sie sieht Cäsar schmachtend an und wendet sich kurz angebunden an den Priester:* Geh. Ich bin auch eine Priesterin und habe die Macht, deine Pflichten zu übernehmen. *Der Priester verbeugt sich und geht ab.* Und jetzt wollen wir gemeinsam den Nil anrufen. Vielleicht wird er an den Tisch klopfen.

CÄSAR Tischrücken? Herrscht im siebenhundertsiebten Jahr der Republik immer noch solcher Aberglauben?

CLEOPATRA Das ist kein Aberglaube: unsere Priester erfahren viele Dinge von den Tischen, nicht wahr, Apollodorus?

APOLLODORUS Ja, und ich erkläre mich hiermit für bekehrt. Wo Cleopatra Priesterin ist, wird Apollodorus zum Gläubigen. Schlage vor, welche Beschwörungsformel wir sprechen sollen.

CLEOPATRA Ihr müßt alle mit mir sagen: »Laß deine Stimme zu uns sprechen, o Vater Nil!«

ALLE VIER *stoßen vor dem Götzenbild mit ihren Gläsern an:* Laß deine Stimme zu uns sprechen, o Vater Nil!

Die Anrufung wird durch den Schrei eines Mannes in Todesangst und Todeskampf beantwortet. Entsetzt stellen die Männer ihre Gläser ab und lauschen. Stille. Der Purpur im Abendhimmel wird dunkler. Cäsar, der Cleopatra anblickt, ertappt sie, wie sie mit glänzenden Augen, wortlos ihre Dankbarkeit und Verehrung ausdrückend, Wein vor dem Gott ausschüttet. Apollodorus springt auf, läuft an den Rand des Daches, blickt hinunter und lauscht.

CÄSAR *blickt Cleopatra lauernd an:* Was war das?

CLEOPATRA *kläglich:* Nichts. Irgendein Sklave wird geprügelt.

CÄSAR Ist das nichts?

RUFIO Ich würde schwören: das war ein Mann mit einem Messer im Leib.

CÄSAR *steht auf:* Ein Mord!

APOLLODORUS *steht im Hintergrund, bittet mit einer Handbewegung um Ruhe:* Pst. Ruhe. Habt ihr gehört?

CÄSAR Noch ein Schrei?

APOLLODORUS *kommt zum Tisch zurück:* Nein ein Aufprall. Ich glaube, irgendwas ist auf den Strand gefallen.

RUFIO *steht auf, grimmig:* Irgendwas mit Knochen drin, was?

CÄSAR *schaudernd:* Rasch, Rufio, rasch. *Er verläßt den Tisch, geht zur Säulenreihe, Rufio links, Apollodorus rechts hinter ihm.*

CLEOPATRA *die immer noch am Tisch sitzt:* Willst du mich verlassen, Cäsar? Und du Apollodorus, gehst auch?

APOLLODORUS Wahrhaftig, teuerste Königin, der Appetit ist mir vergangen.

CÄSAR Geh du in den Hof hinunter, Apollodorus, und sieh nach, was geschehen ist. *Apollodorus nickt und geht auf die Treppe zu, die Rufio hinaufgekommen ist.*

CLEOPATRA Deine Soldaten haben vielleicht jemanden getötet? Ist das so wichtig? *Vom Strand herauf hört man eine murrende Menge, Cäsar und Rufio blicken einander an.*

CÄSAR Wir müssen uns darum kümmern. *Er will hinter Apollodorus her, aber Rufio hält ihn am Arm fest, da am äußersten Ende des Daches Ftatateeta mit schleppenden Schritten zurückkommt, in ihren Augen und in den Winkeln ihres Bluthundmundes eine schläfrige Befriedigung. Einen Augenblick lang hat Cäsar den Verdacht, daß sie vom Wein betrunken ist, nicht so Rufio, der genau weiß, welcher rote Saft sie trunken gemacht hat.*

RUFIO *sehr leise:* Zwischen den beiden ist irgendeine Teufelei im Gang.

FTATATEETA Die Königin schaut ihrer Dienerin wieder ins Gesicht.

Einen Augenblick lang liegt auf Cleopatras Gesicht der mörderische Ausdruck Ftatateetas als frohlockender Widerschein, dann umschlingt sie sie mit ihren Armen, küßt sie mehrere Male heftig, nimmt ihren Schmuck ab und hängt ihn ihr um. Die beiden Männer wenden sich von diesem Schauspiel ab und blicken einander an. Ftatateeta schleppt sich schläfrig zum Al-

tar, kniet vor Ra hin und bleibt dort im Gebet versunken. Cäsar geht auf Cleopatra zu, während Rufio in der Säulenreihe stehen bleibt.

CÄSAR *forschend und ernst:* Cleopatra, sag mir, was ist geschehen?

CLEOPATRA *in tödlicher Angst, aber mit äußerster Schmeichelei:* Nichts, mein lieber Cäsar. *Mit fast versagender Stimme, unnatürlich sanft:* Nichts. Ich bin unschuldig. *Sie geht herzlich auf ihn zu:* Lieber Cäsar: bist du etwa böse auf mich? Warum siehst du mich so an? Ich bin doch die ganze Zeit über hier bei dir gewesen. Wie kann ich wissen, was geschehen ist.

CÄSAR *überlegt:* Das stimmt.

CLEOPATRA *sehr erleichtert, versucht ihn zu umarmen:* Natürlich stimmt das. *Er reagiert nicht auf ihre Zärtlichkeiten.* Rufio, du weißt doch, daß es stimmt, nicht wahr? *Das Murren außerhalb des Palastes schwillt zum Gebrüll an und wird wieder schwächer.*

RUFIO Bald werde ich alles wissen. *Er geht in kräftigen Marschschritten auf den Altar zu und berührt Ftatateeta an der Schulter.* Jetzt, Madam, habe ich mir dir zu reden. *Er befiehlt ihr durch eine Geste, vor ihm herzugehen.*

FTATATEETA *steht auf und sieht ihn lauernd an:* Ich gehöre dorthin, wo die Königin ist.

CLEOPATRA Sie hat nichts Böses getan, Rufio.

CÄSAR *zu Rufio:* Laß sie hier.

RUFIO *setzt sich auf den Altar:* Schön, dann gehöre auch ich hierhin, und du kannst selbst nachsehen, was da unten los ist. Die Stadt scheint ganz schön in Aufruhr zu sein.

CÄSAR *sehr mißbilligend:* Rufio: Manchmal muß man auch gehorchen.

RUFIO Und manchmal muß man ungehorsam sein. *Er verschränkt verbissen seine Arme.*

CÄSAR *zu Cleopatra:* Schick du sie weg.

CLEOPATRA *in ihrem Eifer, ihn versöhnlich zu stimmen, fast winselnd:* Ja, Cäsar, ich werde sie wegschicken. Ich werde immer alles tun, was du verlangst, Cäsar, denn ich liebe dich. Ftatateeta: geh weg.

FTATATEETA Der Königin Wunsch ist mir Befehl. Ich werde da sein, wenn die Königin mich braucht. *Sie geht an Ra vorbei ab, dorthin, wo sie hergekommen ist.*

RUFIO *geht hinter ihr her:* Denke daran, Cäsar: deine Leibgarde ist auch in Rufweite. *Hinter Ftatateeta ab.*

Cleopatra, die sich Cäsars Schwäche für Rufio zunutze macht, verläßt den Tisch und setzt sich auf die Bank in der Säulenreihe.

CLEOPATRA Warum erlaubst du Rufio, dich so zu behandeln? Du solltest ihn lehren, wo sein Platz ist.

CÄSAR Soll ich ihn lehren, mein Feind zu sein und seine Gedanken vor mir zu verbergen, wie du deine jetzt vor mir verbirgst?

CLEOPATRA *wieder voller Angst:* Warum sagst du das, Cäsar? Wirklich, ich verberge gar nichts, bestimmt nicht. Es ist nicht recht von dir, mich so zu behandeln. *Sie bringt einen Seufzer zustande.* Ich bin doch nur ein Kind, und du verwandelst dich gleich in einen Steinklotz, weil du glaubst, es ist jemand getötet worden. Ich kann das nicht ertragen. *Sie bricht wirkungsvoll zusammen und weint. Cäsar blickt vollkommen ungerührt in tiefer Trauer auf sie hinunter. Sie blickt auf, um zu sehen, wie ihre Vorstellung wirkt. Da sie bemerkt, daß er unberührt davon bleibt, setzt sie sich auf und tut so, als kämpfe sie mit ihren Gefühlen und versuche tapfer, sie zu unterdrücken.* Nun gut, ich weiß, Tränen sind dir verhaßt, ich werde dich damit verschonen. Ich weiß ja, daß du nicht böse, sondern nur traurig bist, aber ich bin ja so dumm, ich kann einfach nicht anders: es tut mir weh, wenn du so kalt mit mir sprichst. Natürlich hast du vollkommen recht: es ist schrecklich, sich vorzustellen, daß irgend jemand getötet oder nur verletzt worden ist, aber ich hoffe, es ist nichts wirklich Ernsthaftes gesche-- *Unter seiner durchdringenden Verachtung stirbt ihre Stimme ab.*

CÄSAR Was hat dich eigentlich so in Schrecken versetzt? Was hast du getan? *Vom Strand unten ein Trompetenstoß.* Aha, das klingt wie die Antwort auf meine Frage.

CLEOPATRA *sinkt zitternd auf der Bank nach hinten und bedeckt ihr Gesicht mit den Händen:* Ich habe dich nicht betrogen, Cäsar, ich schwöre es.

CÄSAR Das weiß ich, denn ich habe dir gar nicht getraut. *Er wendet sich von ihr ab zum Gehen, da kommen Apollodorus und Britannus, die Lucius Septimius zu ihm hinzerren, Rufio hinter ihnen; Cäsar schaudert:* Schon wieder der Mörder des Pompeius!

RUFIO Ich glaube, die Stadt ist außer Rand und Band. Sie wollen den Palast niederreißen und uns ins Meer jagen. Als wir sie aus dem Hof vertrieben, bekamen wir diesen Renegaten zu fassen.

CÄSAR Laßt ihn los. *Sie lassen Lucius' Arme los.* Warum sind die Bürger so erregt, Lucius Septimius?

LUCIUS Hast du denn etwas anderes erwartet, Cäsar? Pothinus war ihr Abgott.

CÄSAR Was ist mit Pothinus geschehen? Hier, auf dieser Stelle, habe ich ihn freigelassen, es ist noch keine halbe Stunde her. Haben sie ihn nicht durchgelassen?

LUCIUS Oh ja – durch den Bogen der Galerie aus zwanzig Meter Höhe und mit zehn Zentimetern Stahl zwischen den Rippen – so haben sie ihn durchgelassen. Er ist so tot wie Pompeius. Was Morden betrifft, sind wir beide jetzt quitt.

CÄSAR *entsetzt:* Ermordet! Unser Gefangener, unser Gast. *Er wendet sich vorwurfsvoll an Rufio:* Rufio!

RUFIO *mit Nachdruck, indem er die Frage vorwegnimmt:* Wer es immer getan hat, er war klug und dein Freund – *Cleopatra faßt wieder neuen Mut* – aber von uns hat keiner die Hände darin. Es ist also nicht angebracht, mich finster anzugucken. *Cäsar wendet sich um und blickt Cleopatra an.*

CLEOPATRA *sehr heftig, indem sie aufsteht:* Er ist ermordet worden auf Befehl der Königin von Ägypten. Ich bin nicht Julius Cäsar, der Träumer, der jedem Sklaven erlaubt, ihn zu beleidigen. Rufio hat gesagt, ich habe recht getan: jetzt sollen auch die anderen über mich richten. *Sie wendet sich den übrigen zu.* Dieser Pothinus hat versucht, sich mit mir gegen Cäsar zu verschwören und ihn an Achillas und Ptolemäus zu verraten. Ich lehnte ab, und er verfluchte mich, ging heimlich zu Cäsar, um mich bei ihm des Verrats anzuklagen, den er hatte begehen wollen. Ich ertappte ihn dabei, und er beleidigte mich, mich die Königin, beleidigte er mitten ins Gesicht. Cäsar rächte mich nicht: er sprach ihn frei, er gab ihm gute Worte und ließ ihn laufen. Hatte ich nicht das Recht, mich selbst zu rächen? Sprich, Lucius.

LUCIUS Ich habe nichts dagegen einzuwenden, aber Cäsar wird dir kaum dafür danken.

CLEOPATRA Sprich du, Apollodorus, tat ich unrecht?

APOLLODORUS Ich habe dir nur eins vorzuwerfen, du Schönste aller Schönen: Du hättest mir, deinem Ritter, die Sache überlassen sollen und ich hätte in fairem Zweikampf den Verleumder getötet.

CLEOPATRA *leidenschaftlich:* Nun, Cäsar, soll dein ergebenster Sklave über mich richten. Sprich du, Britannus, habe ich unrecht getan.

BRITANNUS Wenn Verrat, Falschheit und Untreue unbestraft bleiben, wird die Gesellschaft zu einer Arena voll wilder Tiere, die einander in Stücke reißen. Cäsar hat unrecht.

CÄSAR *ruhig, aber bitter:* So ergeht der Urteilsspruch also gegen mich, wie es scheint.

CLEOPATRA *heftig:* Hör, Cäsar, was ich dir zu sagen habe. Wenn du in ganz Alexandrien einen Menschen findest, der sagt, daß ich unrecht gehandelt habe, dann – ich schwöre es – werde ich mich durch meine eigenen Sklaven an der Palasttür kreuzigen lassen.

CÄSAR Wenn jetzt oder jemals in der ganzen Welt ein Mann gefunden wird, der weiß, daß du unrecht getan hast – der Mensch wird entweder die Welt erobern, wie ich, oder von der Welt gekreuzigt werden. *Der Tumult in den Straßen unten dringt wieder herauf.* Hört ihr das? Die da an eure Tür klopfen, glauben auch an Rache und ans Messer. Ihr habt ihren Anführer ermordet: es ist ihr Recht, euch umzubringen. Und dann soll ich wohl im Namen desselben Rechts – *er betont das Wort mit großem Zorn* – sie umbringen, weil sie die Königin ermordet haben, und dann kommt die Reihe an mich, von ihren Landsleuten umgebracht zu werden, weil ich ihr Vaterland überfallen habe. Mehr kann Rom nicht tun, als diese Mörder zu ermorden, um der Welt zu zeigen, wie es seine Söhne und seine Ehre rächt. Und so wird bis zum Ende der Zeiten Mord Mord gebären, und immer im Namen des Rechts, der Ehre und des Friedens, bis die Götter des Blutvergießens müde sind und eine neue Menschenart hervorbringen, die Verstand hat. *Heftiger Tumult unten. Cleopatra wird blaß vor Schrecken.* Hörst du das, die du nicht beleidigt werden darfst? Geh nah genug heran, damit du verstehen kannst, was sie rufen: du wirst hören, daß ihre Worte bitterer sind als die, die aus Pothinus' Mund kamen. *Erhaben, indem er sich mit undurchdringlicher Würde umgibt.* Nun mag die Königin von Ägypten Befehle geben, wie ihre Rache auszuführen sei, und sie möge auch die notwendigen Verteidigungsmaßnahmen bestimmen – denn sie hat Cäsar abgeschworen. *Er wendet sich zum Gehen.*

CLEOPATRA *entsetzt, läuft zu ihm hin und fällt vor ihm auf die Kniee:* Du darfst mich nicht im Stich lassen, Cäsar. Du mußt den Palast verteidigen.

CÄSAR Die Macht über Leben und Tod hast du übernommen. Ich bin doch nur ein Träumer.

CLEOPATRA Aber sie werden mich töten.

CÄSAR Und warum sollten sie nicht?

CLEOPATRA Wenn du Mitleid…

CÄSAR Mitleid – jetzt kann plötzlich nur noch Mitleid dich retten. Hat Mitleid Pothinus gerettet?

Die Hände verzweifelt ringend, steht Cleopatra wieder auf und geht zu ihrer Bank zurück. Apollodorus drückt seine Anteilnahme für sie aus, indem er sich wortlos hinter sie stellt. Inzwischen ist der Himmel von einem sehr lebhaften Purpurrot, wechselt dann bald in ein glühend blasses Orange, gegen das die Säulen und das Ra-Standbild immer dunkler erscheinen.

RUFIO Cäsar, du hast jetzt lange genug gepredigt. Der Feind steht vor der Tür.

CÄSAR *läßt seinem Zorn freien Lauf und wendet sich Rufio zu:* Ach, und was hat ihn alle die Monate über vor dem Tor zurückgehalten? War es meine Torheit, wie du es nennst, oder deine Klugheit? Wessen Hand hat denn in diesem roten Blutmeer Ägypten eure Köpfe über Wasser gehalten? *Wendet sich Cleopatra zu:* Und doch, wenn Cäsar zu einem sagt »Freund, geh, du bist frei«, dann wagst du, die sich in Angst um ihr nichtiges Leben an mein Schwert klammert, dich heimlich hinauszuschleichen und ihm ein Messer in den Rücken zu stoßen. Und ihr alle, ihr Soldaten und Edelmänner, und ihr ergebenen Diener, ihr vergeßt eure Treue und Ergebenheit und klatscht Beifall zu diesem Mord und sagt »Cäsar ist im Unrecht«. Bei den Göttern, ich hätte Lust, meine Hand wegzuziehen und euch alle in der Flut versinken zu lassen.

CLEOPATRA *die in ihrer Verschlagenheit glaubt, Hoffnung schöpfen zu können:* Aber wenn du das tust, Cäsar, wirst auch du untergehen. *Cäsars Augen beginnen zu funkeln.*

RUFIO *sehr erregt:* Verflucht, beim Jupiter, du dreckige, kleine ägyptische Ratte – genau das mußt du ihm sagen, und er marschiert ganz allein hinaus in die Stadt und läßt uns hier in Stücke schlagen. *Verzweifelt zu Cäsar:* Willst du uns im Stich lassen, weil wir ein Haufen von Dummköpfen sind? Für mich bedeutet Töten nichts Böses, ich tu's, wie ein Hund eine Katze tötet – aus Instinkt. Wir sind doch alle nur Hunde, die hinter deinen Hacken herlaufen, aber wir haben dir ergeben gedient.

CÄSAR *nachgiebiger:* Ach, Rufio, mein Sohn – und wie Hunde werden wir in den Straßen erschlagen werden.

APOLLODORUS *der immer noch hinter Cleopatras Bank steht:* Was du sagst, Cäsar, hat einen olympischen Klang, und deshalb muß es stimmen, denn es ist Literatur. Doch ich bin immer noch auf Cleopatras Seite, und wenn wir sterben müssen, soll es ihr nicht fehlen an der Ergebenheit, die eines Mannes

Herz, und an der Stärke, die eines Mannes Arm ihr bieten kann.

CLEOPATRA *schluchzend:* Aber ich will nicht sterben.

CÄSAR *betrübt:* Oh, wie unwürdig, wie unwürdig.

LUCIUS *tritt vor und stellt sich zwischen Cäsar und Cleopatra:* Hör, was ich zu sagen habe, Cäsar, es mag unwürdig sein, auch ich möchte solange leben, wie es geht.

CÄSAR Nun, mein Freund, du siehst genau so aus, als würdest du Cäsar überleben. Glaubst du denn, es wäre ein Zaubertrick von mir gewesen, der deine Armee und diese ganze Stadt so lange in Schach gehalten hat? Was hätten sie gestern für einen Grund gehabt, ihr Leben gegen mich aufs Spiel zu setzen, aber heute haben wir ihnen ihren Helden hinuntergeworfen, ermordet, und jetzt ist jeder einzelne entschlossen, dieses Mördernest auszuheben – denn Mörder sind wir und nichts sonst. Faß also Mut und schärfe dein Schwert: das Haupt des Pompeius ist gefallen, Cäsars Haupt ist reif.

APOLLODORUS Cäsar verzweifelt?

CÄSAR *mit unendlichem Stolz:* Wer nie gehofft hat, kann nicht verzweifeln. Ob das Glück für oder gegen ihn ist, Cäsar blickt dem Schicksal ins Gesicht.

LUCIUS Dann blick ihm ins Gesicht: es wird dir zulächeln, wie es dir immer zugelächelt hat.

CÄSAR *mit unbewußtem Hochmut:* Willst du mir etwa Mut machen?

LUCIUS Nein. Ich biete dir meine Dienste an. Wenn du mich haben willst, wechsle ich die Front.

CÄSAR *kommt plötzlich wieder auf die Erde zurück, blickt ihn scharf an, er vermutet, daß sich hinter dem Angebot etwas verbirgt:* Was? In diesem Augenblick?

LUCIUS *fest:* Ja, in diesem Augenblick.

RUFIO Hältst du Cäsar für verrückt genug, dir zu trauen?

LUCIUS Vertrauen soll er mir erst, wenn er gesiegt hat. Ich bitte um mein Leben und um ein Kommando in Cäsars Armee. Und da Cäsar ein fairer Partner ist, zahle ich im voraus.

CÄSAR Im voraus zahlen? Womit?

LUCIUS Mit einer guten Nachricht für dich. *Cäsar ahnt sofort, welcher Art die Nachricht ist.*

RUFIO Welche Nachricht?

CÄSAR *in gehobener Stimmung und so strahlend vor Energie, daß Cleopatra sich aufrichtet und ihn anstarrt:* Welche Nachricht? Hast du gesagt, welche Nachricht, Rufio? Unser Entsatz ist angekommen: welche gute Nachricht könnte sonst für uns kommen? Ist es nicht so, Lucius Septimius? Mithridates von Persien ist im Anmarsch.

LUCIUS Er hat Pelusium schon genommen.

CÄSAR *hingerissen:* Von diesem Augenblick an, Lucius Septimius, bist du mein Offizier. Rufio, die Ägypter müssen den letzten Soldaten aus der Stadt geschickt haben, um Mithridates den Übergang über den Nil zu verwehren, und in den Straßen ist also nur – Pöbel – Pöbel.

LUCIUS So ist es. Mithridates rückt über die große Straße auf Memphis zu, um den Nil im Delta zu überqueren. Dort will Achillas ihn stellen.

CÄSAR *wieder ganz Kühnheit:* Cäsar ist es, den Achillas dort stellen wird. Rufio, sieh hier. *Er läuft zum Tisch, reißt eine Serviette herunter, taucht den Finger in Wein und zeichnet einen Plan auf die Serviette; Rufio und Lucius Septimius stellen sich neben ihn, um zuzusehen; alle beugen sich tief über den Plan, denn das Tageslicht ist fast ganz erloschen.* Das hier ist der Palast – *zeigt auf seinen Plan* – hier das Theater, du – *zu Rufio* – nimmst dir zwanzig Mann, tust so, als gingt ihr durch diese Straße – *zeigt darauf* – und während sie euch mit Steinen bewerfen, verlassen unsere Kohorten durch diese und diese Straße die Stadt. Hab ich die Straßen richtig bezeichnet, Lucius?

LUCIUS Ja, das ist der Feigenmarkt, und hier...

CÄSAR *zu erregt, um ihm zuzuhören:* Am Tage unserer Ankunft habe ich mir die Straßen gemerkt. Schön. *Er wirft die Serviette auf den Tisch, kommt wieder zur Säulenhalle.* Los, Britannus, weg mit dir und sag Petronius, innerhalb einer halben Stunde muß die Hälfte meiner Armee eingeschifft und auf den westlichen See zu unterwegs sein. Sattle mein Pferd und bring meine Rüstung. *Britannus läuft hinaus.* Mit dem Rest marschiere ich um den See herum nilaufwärts, um auf Mithridates zu stoßen. Weg, Lucius: gib die nötigen Befehle. *Lucius rennt hinter Britannus her.* Und du, Apollodorus, leihst mir für diese Schlacht dein Schwert und deinen rechten Arm.

APOLLODORUS Ja, und mein Herz und mein Leben dazu.

CÄSAR *ergreift seine Hände:* Ich nehme beide an. *Sie schütteln einander kräftig die Hände.* Bist du bereit zum Werk?

APOLLODORUS Bereit zur Kunst – des Krieges. *Er rennt, Cleopatra vollständig vergessend, hinter Lucius her.*

RUFIO Endlich wieder was zu tun!

CÄSAR *strahlend:* Nicht wahr, du mein einziger Sohn? *Er klatscht in die Hände, die Sklaven kommen an den Tisch gelaufen.* Schluß mit dieser widerwärtigen Schwelgerei, weg mit dem ganzen Zeug, schafft es mir aus den Augen und dann macht, daß ihr rauskommt. *Die Sklaven beginnen, den Tisch abzuräumen. Die Vorhänge werden zugezogen, aus der Säulenreihe wird wieder eine geschlossene Wand.* Du hast das mit den Straßen verstanden, Rufio?

RUFIO Ja, ich denke doch. Ich werde durchkommen, koste es, was es wolle. *Im Hof unten lebhafte Bucinaklänge.*

CÄSAR Gut, gehen wir; wir müssen zu den Leuten sprechen und ihnen Mut machen. Du gehst an den Strand, ich in den Hof. *Er wendet sich zur Treppe.*

CLEOPATRA *steht von ihrer Bank auf, wo sie die ganze Zeit völlig vergessen gesessen hat und streckt ängstlich die Hände nach Cäsar aus:* Cäsar.

CÄSAR *wendet sich zurück:* Ach...

CLEOPATRA Hast du mich vergessen?

CÄSAR *nachsichtig:* Ich habe jetzt zu tun, mein Kind, viel zu tun. Sobald ich zurückkomme, werden deine Angelegenheiten geregelt. Lebwohl: sei brav und habe Geduld. *Er geht ab, gleichgültig, mit seinen Gedanken ganz woanders. Cleopatra bleibt zurück, mit geballten Fäusten, sprachlos vor Wut und Demütigung.*

RUFIO Du hast dein Spiel gespielt und verloren, Cleopatra. Die Frau zieht immer den kürzeren.

CLEOPATRA *hochmütig:* Geh. Dein Herr und Meister wartet auf dich.

RUFIO *flüstert ihr mit rauher Vertraulichkeit ins Ohr:* Vorher habe ich dir noch ein Wörtchen zu sagen. Sag dem, der's für dich getan hat, wenn Pothinus sachgerecht erstochen worden wäre – ich meine in die Kehle – dann hätte er nicht schreien können. Dein Mann war ein Stümper.

CLEOPATRA *zweideutig:* Woher weißt du, daß es ein Mann war?

RUFIO *zuckt zusammen und blickt sie verwirrt an:* Du kannst es doch nicht gewesen sein, du warst doch bei uns, als es geschah. *Sie wendet ihm zornig den Rücken zu. Er schüttelt den Kopf, zieht den Vorhang auf, um hinauszugehen. Es ist eine mondhelle, strahlende Nacht. Der Tisch ist abgeräumt. Im Mond- und Sternenlicht ist Ftatateeta zu sehen, die wieder betend vor dem weißen Steinaltar des Ra kniet. Rufio zuckt zusammen, zieht den Vorhang vorsichtig wieder zu, und sagt leise zu Cleopatra:* Hat sie's getan? Mit eigener Hand?

CLEOPATRA *drohend:* Wer's auch gewesen sein mag, meine Feinde sollen sich vor ihr in acht nehmen. Merk du dir das, Rufio, der es gewagt hat, die Königin von Ägypten vor Cäsar lächerlich zu machen.

RUFIO *blickt sie grimmig an:* Ich werde es mir merken, Cleopatra. *Er bekräftigt sein Versprechen durch ein Nicken, schlüpft durch den Vorhang hinaus, lockert im Gehen sein Schwert in der Scheide.*

RÖMISCHE SOLDATEN *im Hof unten:* Sei gegrüßt, Cäsar, sei gegrüßt, Cäsar. *Cleopatra lauscht. Man hört wieder die Bucina, dann mehrmals hintereinander die Trompeten.*

CLEOPATRA *ringt ihre Hände und ruft:* Ftatateeta. Ftatateeta. Es ist dunkel, und ich bin so allein. Komm zu mir. *Keine Antwort.* Ftatateeta. *Lauter:* Ftatateeta. *Schweigen. In panischer Angst greift sie nach der Schnur und zieht den Vorhang auf. Ftatateeta liegt tot vor dem Altar, mit durchschnittener Kehle. Ihr Blut fließt über die weißen Steine.*

Fünfter Akt

Zwölf Uhr mittags. Sehr festlicher militärischer Aufzug am Ufer vor dem Palast. Längsseits im Osthafen, nahe an der Treppe, die Apollodorus hinunterstieg, als er mit dem Teppich wegfuhr, liegt Cäsars Galeere, so verschwenderisch mit Blumen geschmückt, daß ihre gesamte Bestückung und Takelage aus Blumen zu bestehen scheint. Ein römischer Posten bewacht die Gangway, auf die ein roter Teppich von der Mitte des Strandes aus hinführt; der Teppich läuft weiter nordwärts bis vor den Haupteingang des Palastes, der die Esplanade gegen Süden hin begrenzt. Die breiten Treppen vor dem Palasteingang, auf denen Cleopatras Hofdamen in ihrem festlichsten Schmuck stehen, wirken wie ein Blumengarten. An der Palastfassade entlang steht in Linie angetreten ihre Leibwache, befehligt von denselben Galanen, denen vor sechs Monaten Bel Affris vor dem alten Palast in Syrien das Herannahen Cäsars ankündigte. An der Nordseite stehen in Linie römische Soldaten, hinter ihnen die Stadtbevölkerung auf Zehenspitzen, blickt ihnen über die Schultern auf den geräumten Uferplatz, wo nur die Offiziere plaudernd auf und ab gehen. Unter ihnen Belzanor und der Perser, auch der Hauptmann mit seiner Rebholzkeule in der Hand, mitgenommen vom Kampf, mit plumpen schweren Stiefeln, wird er von den ägyptischen Offizieren sowohl gesellschaftlich wie was die Eleganz betrifft, erheblich ausgestochen. Apollodorus bahnt sich einen Weg durch die Stadtleute und ruft den Offizieren hinter den römischen Linien stehend zu.

APOLLODORUS Hallo, darf ich durch?

HAUPTMANN Laßt Apollodorus den Sizilianer durch! *Die Soldaten lassen ihn durch.*

BELZANOR Ist Cäsar schon fertig?

APOLLODORUS Noch nicht. Er ist noch auf dem Markt. Ich konnte das Gebrüll und Gejohle der Soldaten nicht mehr länger aushalten. Wenn man eine halbe Stunde zwischen begeisterten Soldaten gestanden hat, spürt man das Bedürfnis nach ein bißchen frischer Seeluft.

PERSER Sag uns, was es Neues gibt. Hat er die Priester umgebracht?

APOLLODORUS So etwas tut er doch nicht. Mit Asche auf den Häuptern und ihren Göttern in den Händen kamen sie ihm auf dem Marktplatz entgegen. Ihre Götter legten sie ihm vor die Füße. Der einzige, den anzusehen sich lohnte, war Apis: ein Wunderwerk aus Gold und Elfenbein. Auf meinen Rat hin hat Cäsar dem Oberpriester zwei Talente dafür angeboten.

BELZANOR *entsetzt:* Zwei Talente für Apis, den Allwissenden. Was sagte der Oberpriester dazu?

APOLLODORUS Er rief Apis um Verzeihung an und verlangte fünf Talente.

BELZANOR Jetzt werden Hunger und Unwetter das Land heimsuchen.

PERSER Pah – warum hat denn Apis nicht dafür gesorgt, daß Cäsar von Achillas besiegt wurde? Und die neuesten Meldungen von der Front, Apollodorus?

APOLLODORUS Ptolemäus, der kleine König ist ertrunken.

BELZANOR Ertrunken? Wie ist das geschehen?

APOLLODORUS Mit allen anderen. Cäsar griff sie von drei Seiten gleichzeitig an und fegte sie in den Nil, Ptolemäus' Barke ging unter.

BELZANOR Großartig, dieser Cäsar. Ob er bald kommt, was meinst du?

APOLLODORUS Als ich wegging, war er gerade dabei, die jüdische Frage zu lösen. *Trompetenstöße von Norden her, Bewegung unter den Stadtleuten kündigen an, daß Cäsar naht.*

PERSER Mit dieser Frage ist er aber rasch fertig geworden. Da kommt er ja schon. *Er läuft auf seinen Posten vor die Reihe ägyptischer Soldaten.*

BELZANOR *läuft hinter ihm her:* Aufgepaßt da! Cäsar kommt! *Die Soldaten nehmen Habacht-Stellung ein, richten sich aus. Apollodorus geht zur ägyptischen Mannschaft hinüber.*

HAUPTMANN *läuft rasch zum Posten an der Gangway:* Achtung! Cäsar kommt!

Cäsar, begleitet von Rufio, kommt in Feldherrenkleidung. Hinter ihnen Britannus. Die Soldaten begrüßen Cäsar mit begeisterten Rufen.

CÄSAR Ich sehe, mein Schiff ist abfahrbereit. Die Stunde des Abschieds von Ägypten ist gekommen. Rufio, was muß ich noch erledigen, bevor ich abfahre?

RUFIO *links von Cäsar:* Du hast noch keinen römischen Statthalter für diese Provinz ernannt.

CÄSAR *sieht ihn verschmitzt an, spricht aber mit vollkommenem Ernst:* Was hältst du von Mithridates von Pergamon, dem großen Sohn des Eupator, der mich entsetzt und gerettet hat?

RUFIO Nun, ich denke, den brauchst du noch anderswo. Vergiß nicht, daß du auf dem Heimweg noch drei oder vier Armeen schlagen mußt.

CÄSAR Natürlich, ach ja. Nun, und was hältst du von dir selbst?

RUFIO *traut seinen Ohren nicht:* Statthalter? Das kann doch nicht dein Ernst sein. Du vergißt, daß ich nur der Sohn eines Freigelassenen bin.

CÄSAR *sehr herzlich:* Und hat nicht Cäsar dich seinen Sohn genannt? *Wendet sich an alle Versammelten:* Ruhe jetzt, vernehmt, was ich zu sagen habe.

DIE RÖMISCHEN SOLDATEN Cäsar spricht.

CÄSAR Vernehmt jetzt die Verdienste, die Eigenschaft, den Rang und den Namen des römischen Statthalters. Sein Verdienst: Cäsars Schild, seine Eigenschaft: Cäsars Freund, sein Rang: römischer Soldat. *Die römischen Soldaten brechen in Triumphgeschrei aus.* Sein Name: Rufio! *Wieder Geschrei.*

RUFIO *indem er Cäsar die Hand küßt:* Ja, Cäsars Schild, das bin ich, aber wozu werde ich noch nützen, wenn ich nicht mehr an Cäsars Arm bin. Na, macht ja nichts. *Ihm versagt die Stimme, er wendet sich ab, um sich zu fassen.*

CÄSAR Und wo ist mein britischer Inselbewohner?

BRITANNUS *tritt vor, stellt sich rechts von Cäsar:* Hier, Cäsar.

CÄSAR Wer hieß dich, mit den barbarischen Schreien deines Heimatlandes dich am Delta in die Schlacht zu stürzen, es mit vier Ägyptern gleichzeitig aufzunehmen – und mit was für unfeinen Beiwörtern du sie bedacht hast!

BRITANNUS Cäsar, ich bitte dich, mir die Ausdrücke zu verzeihen, die mir in der Hitze des Gefechts entschlüpften.

CÄSAR Und wie ist es dir, der nicht schwimmen kann, gelungen, den Kanal zu überqueren, als wir das Lager erstürmten?

BRITANNUS Ich habe mich am Schweif deines Pferdes festgehalten, Cäsar.

CÄSAR So handelt nur ein freier Mann, Britannus, kein Sklave.

BRITANNUS Ich bin als Freier geboren, Cäsar.

CÄSAR Du wirst aber Cäsars Sklave genannt.

BRITANNUS Nur als Cäsars Sklave habe ich wirkliche Freiheit gefunden.

CÄSAR *bewegt:* Das hast du gut gesagt. Undankbar, wie ich bin, wollte ich dich gerade freilassen, jetzt aber trenne ich mich nicht um eine Million Talente von dir. *Er klopft ihm freundlich auf die Schulter; Britannus, von Dankbarkeit erfüllt, aber ein bißchen verlegen, nimmt Cäsars Hand und küßt sie unge-*

schickt.

BELZANOR *zum Perser:* Dieser Römer weiß, wie man sich Männer verpflichtet.

PERSER Ach, nur Männer, die zu niedrig sind, um als Rivalen für ihn gefährlich zu werden.

BELZANOR O du Schlauer, Zyniker du.

CÄSAR *der Apollodorus auf der ägyptischen Seite erblickt, ruft zu ihm hinüber:* Apollodorus: Dir gebe ich Ägyptens Kunst in Obhut, und vergiß nicht: Rom liebt die Künste und fördert sie großzügig.

APOLLODORUS Verstanden, Cäsar. Rom selbst wird nie Kunst hervorbringen, aber es wird kaufen oder mitnehmen, was andere Nationen hervorbringen.

CÄSAR Was? Rom bringt keine Kunst hervor? Ist Frieden keine Kunst? Sind Krieg, Verwaltung, Zivilisation keine Künste? Das alles geben wir euch im Tausch für ein paar Schmuckstücke. Ihr macht dabei das bessere Geschäft. *Wendet sich Rufio zu:* So, und was war noch zu erledigen, bevor ich das Schiff besteige? *Versucht, sich zu erinnern:* Da war noch was, das mir jetzt nicht einfällt: was k a n n es bloß sein? Nun gut, es muß unerledigt bleiben, wir müssen diesen günstigen Wind ausnützen. Lebwohl, Rufio.

RUFIO Cäsar: es fällt mir schwer, dich ohne deinen Schild nach Rom fahren zu lassen: es gibt dort zu viele Dolche.

CÄSAR Macht nichts. Mein Lebenswerk werde ich auf dem Rückweg zu Ende bringen, und dann habe ich lange genug gelebt. Übrigens, die Vorstellung, ich müßte im Bett sterben, hat mir nie gefallen. Es wäre mir lieber, ich würde getötet. Lebwohl.

RUFIO *hebt seine Hände und seufzt, gibt Cäsar als unverbesserlich auf:* Lebwohl. *Sie schütteln sich die Hände.*

CÄSAR *winkt Apollodorus zu:* Lebwohl, Apollodorus, und alle meine Freunde hier: Lebt wohl! Und jetzt an Bord.

Die Gangway wird vom Kai aufs Schiff geschoben, während Cäsar darauf zugeht, kommt Cleopatra aus dem Palast und bleibt auf den Stufen der Freitreppe stehen; sie ist raffiniert in Schwarz gekleidet, sie wirkt kalt und tragisch; ohne jeden Schmuck inmitten ihres Gefolges von prächtig gekleideten Hofdamen, jetzt durch diese hindurch nach vorne schreitend, sieht sie hinreißend aus. Cäsar bemerkt sie erst, als sie anfängt zu sprechen.

CLEOPATRA Für Cleopatra hast du keinen Abschiedsgruß?

CÄSAR *dem plötzlich alles einfällt:* Ach, ich wußte doch, da war noch was. *Zu Rufio:* Warum hast du mich nicht an sie erinnert, Rufio? *Er läuft auf sie zu:* Wäre ich abgefahren, ohne dich noch einmal gesehen zu haben – ich hätte es mir nie verziehen. *Er faßt sie an der Hand und führt sie auf die Mitte des Platzes. Mit steinernem Gesicht überläßt sie sich ihm.* Gilt diese Trauer mir?

CLEOPATRA Nein.

CÄSAR *bedauernd:* Ach, wie gedankenlos ich war. Natürlich, du trägst Trauer um deinen Bruder.

CLEOPATRA Nein.

CÄSAR Um wen denn?

CLEOPATRA Frage den römischen Statthalter, den du uns hiergelassen hast.

CÄSAR Rufio?

CLEOPATRA Ja, frag Rufio. *Sie zeigt auf ihn mit tödlichem Haß.* Frag ihn, der hier regieren soll, in Cäsars Namen, auf Cäsars Art und nach den Lebensgesetzen, deren Cäsar sich rühmt.

CÄSAR *unsicher:* Er wird so gut regieren, wie er kann, Cleopatra. Er hat den Auftrag übernommen, und er wird ihn auf seine Weise erfüllen.

CLEOPATRA Also nicht auf deine Weise?

CÄSAR *verwirrt:* Was meinst du damit: meine Weise?

CLEOPATRA Ohne Strafen. Ohne Rache. Ohne Gericht.

CÄSAR *zustimmend:* Ja, das ist der richtige Weg, der große Weg, und letzten Endes der einzig mögliche. *Zu Rufio:* Glaube es mir, Rufio, wenn du kannst.

RUFIO Natürlich glaube ich es, Cäsar. Du hast mich schon lange davon überzeugt. Aber – sieh mal – du fährst heute ab nach Numidien, und sag mir eins: wenn dir dort ein hungriger Löwe begegnet, wirst du ihn nicht bestrafen, weil er dich fressen möchte?

CÄSAR *fragt sich, worauf Rufio hinaus will:* Nein.

RUFIO Und du wirst nicht an ihm das Blut derer rächen, die er schon aufgefressen hat?

CÄSAR Nein.

RUFIO Und seine Schuld nicht richten?

CÄSAR Nein.

RUFIO Schön. Was wirst du also tun, um dein Leben vor ihm zu retten?

CÄSAR *ohne zu zögern:* Ihn töten, Mann, ohne Bosheit, so wie er mich töten würde. Warum erzählst du mir dieses Gleichnis vom Löwen?

RUFIO Darum. Cleopatra hatte eine Tigerin, die tötete Männer auf ihren Befehl, und ich dachte mir, sie könnte ihr eines Tages befehlen, dich zu töten. Nun, wäre ich nicht Cäsars Schüler gewesen, welche frommen Geschichten hätte ich wohl mit der Tigerin angestellt? Vielleicht hätte ich ihr hart zugesetzt, vielleicht hätte ich Pothinus an ihr gerächt.

CÄSAR *einwerfend:* Pothinus!

RUFIO *fährt fort:* Vielleicht hätte ich sie gerichtet, aber alle diese Torheiten habe ich vermieden: ich habe ihr, ohne jede Bosheit, nur die Kehle durchgeschnitten. Deswegen steht Cleopatra in Trauerkleidern vor dir.

CLEOPATRA *heftig:* Er hat das Blut meiner Dienerin Ftatateeta vergossen. Und wenn du ihn dafür nicht bestrafst, komme es auf dein Haupt wie auf seins, Cäsar.

CÄSAR *entschieden:* Es komme also auf mein Haupt, denn es war recht getan. Rufio: hättest du dich selbst in den Richterstuhl gesetzt und mit verabscheuungswürdigen Zeremonien und Anrufungen der Götter diese Frau einem bezahlten Henker überantwortet, der sie im Namen der Gerechtigkeit im Anblick des Volkes hingerichtet hätte – niemals mehr könnte ich deine Hand berühren, ohne zu schaudern. Das aber war Notwehr, es erfüllt mich nicht mit Abscheu. *Rufio nickt Cleopatra einverstanden zu, fordert sie stumm auf, sich diese Worte zu merken.*

CLEOPATRA *launisch und kindisch in ihrer Ohnmacht:* Nein, natürlich nicht, es ist kein Mord, wenn ein Römer eine Ägypterin tötet. Jetzt wird die ganze Welt wissen, wie ungerecht und verworfen Cäsar ist.

CÄSAR *nimmt tröstend ihre Hand:* Komm, sei nicht böse mit mir. Es tut mir leid um die arme Totateeta. *Cleopatra lacht wider Willen.* Aha, jetzt lachst du. Bedeutet das, daß wir versöhnt sind?

CLEOPATRA *des Lachens wegen ärgerlich über sich selbst:* Nein, nein, und ich sage dir: Nein. Aber ich muß einfach lachen, wenn ich höre, daß du sie Totateeta nennst.

CÄSAR Ach, immer noch ein Kind, Cleopatra? Es ist mir also doch nicht gelungen, eine Frau aus dir zu machen?

CLEOPATRA Nein, das große Kind hier bist du; weil du dich nicht ernsthaft benehmen kannst, wirke ich so dumm. Aber du hast mich schlecht behandelt, und das werde ich dir nicht verzeihen.

CÄSAR Sag mir Lebwohl.

CLEOPATRA Nein, das werde ich nicht tun.

CÄSAR *schmeichelnd:* Ich werde dir aus Rom ein schönes Geschenk schicken.

CLEOPATRA *stolz:* Ach, aus Rom etwas Schönes nach Ägypten, wirklich? Was hat Rom mir zu geben, das Ägypten nicht hätte.

APOLLODORUS Das ist wahr, Cäsar. Wenn das Geschenk wirklich schön werden soll, werde ich es für dich in Alexandria besorgen müssen.

CÄSAR Mein Sohn, du vergißt die Schätze, denen Rom seinen größten Ruhm verdankt. Die kannst du nicht in Alexandrien kaufen.

APOLLODORUS Und das wäre, Cäsar?

CÄSAR Seine Söhne. Komm, Cleopatra, verzeih mir und sag mir Lebwohl, und ich werde dir einen Mann schicken, Römer von der Fußsohle bis zum Scheitel, und der edelsten Römer einer. Nicht alt und nicht reif für den Dolch, nicht mit mageren Armen und kaltem Herzen, keinen, der seinen Kahlkopf unterm Lorbeer des Eroberers verbirgt, nicht gebeugt unter dem Gewicht der Welt – nein, lebhaft und frisch, jung und stark, am Morgen voller Hoffnung, am Tage im Kampf, am Abend bereit zu feiern. Wirst du so einen gegen Cäsar eintauschen?

CLEOPATRA *mit klopfendem Herzen:* Wie heißt er, wie heißt er?

CÄSAR Soll er Mark Anton heißen? *Sie wirft sich Cäsar in die Arme.*

RUFIO Du machst ein schlechtes Geschäft, Mädchen, wenn du Cäsar gegen Mark Anton eintauschst.

CÄSAR So, bist du jetzt zufrieden?

CLEOPATRA Du wirst es nicht vergessen?

CÄSAR Ich werde es nicht vergessen. Lebwohl, ich glaube nicht, daß wir uns wiedersehen. *Er küßt sie auf die Stirn. Sie ist sehr bewegt und fängt an, zu schnüffeln. Cäsar besteigt die Galeere.*

DIE RÖMISCHEN SOLDATEN *sobald er die Gangway betritt:* Heil dir, Cäsar! Lebwohl, Cäsar! *Cäsar hat das Schiff bestiegen und erwidert Rufios Winken.*

APOLLODORUS Weine nicht, teuerste Königin: deine Tränen brechen deinem Diener das Herz. Eines Tages kommt er zurück.

CLEOPATRA Ich hoffe, er kommt nie zurück, und doch, ich kann nicht anders: ich muß weinen. *Sie winkt Cäsar mit ihrem Taschentuch, das Schiff beginnt sich zu bewegen.*

DIE RÖMISCHEN SOLDATEN *ziehen ihre Schwerter und heben sie hoch:* Heil dir, Cäsar!

Major Barbara

Komödie in drei Akten
Deutsch von Helene Ritzerfeld

Personen:

ANDREW UNDERSHAFT
LADY BRITOMART UNDERSHAFT, seine Frau
STEPHEN UNDERSHAFT, sein Sohn
BARBARA UNDERSHAFT } seine Töchter
SARAH UNDERSHAFT
CHARLES LOMAX
ADOLPHUS CUSINS
RUMMY MITCHENS
SNOBBY PRICE
JENNY HILL
PETER SHIRLEY
BILL WALKER
MRS. BAINES
BILTON
MORRISON

Ort der Handlung: London und Umgebung
Zeit: 1906

Erster Akt

Ein Januarabend im Jahre 1906; nach dem Abendessen. Die Bibliothek in Lady Britomart Undershafts Haus in Wilton Crescent. In der Mitte des Raumes steht ein breites bequemes Sofa mit dunklem Lederpolster. Wer dort sitzt (gegenwärtig niemand) hat rechts von sich den Schreibtisch von Lady Britomart. Sie sitzt dort und arbeitet. Ein kleinerer Schreibtisch befindet sich links hinter dem Sofa; rechts hinter dem Sofa, auf Lady Britomarts Seite, eine Tür. Direkt links vom Sofa befindet sich ein Fenster mit einer Sitzbank. In der Nähe des Fensters steht ein Sessel.

Lady Britomart ist eine Dame um die Fünfzig. Sie ist gut, aber salopp gekleidet; wohlerzogen, ohne darauf besonders bedacht zu sein. Sie ist höflich, aber auch überaus freimütig, es kümmert sie nicht, was ihre Gesprächspartner von ihr denken. Sie ist liebenswürdig, aber dabei doch hartnäckig, despotisch und äußerst jähzornig. Alles in allem die geschäftige Dame, typisch für die obere Gesellschaftsklasse; selbst als unerzogenes Kind behandelt, bis sie dann zur scheltenden Mutter wurde und sich schließlich mit manch praktischen Fähigkeiten und Erfahrungen in der Welt einrichtete, dabei allerdings auf sonderbare Weise eingeengt durch Familien- und Klassengrenzen, weil für sie das Weltall wie eines jener großen Häuser in Wilton Crescent ist, wobei sie sich ihrer eigenen Ecke darin sehr tatkräftig annimmt und sich, was die Bücher in der Bibliothek, die Gemälde an den Wänden, die Noten im Notenständer anbelangt, recht aufgeklärt und liberal zeigt.

Stephen, ihr Sohn, kommt herein. Er ist ein überaus korrekter junger Mann, noch keine 25 Jahre alt, der sich selbst sehr wichtig nimmt. Vor seiner Mutter zeigt er Respekt, zwar eher aus kindlicher Gewohnheit und jünglinghafter Scheu als aus Charakterschwäche.

STEPHEN Was gibt es?

LADY BRITOMART Gleich, Stephen.

Stephen geht gehorsam zum Sofa, setzt sich und nimmt den Speaker, eine liberale Zeitschrift.

LADY BRITOMART Fang jetzt nicht an zu lesen, Stephen, ich brauche deine ganze Aufmerksamkeit.

STEPHEN Nur solange, bis du...

LADY BRITOMART Keine Ausrede, Stephen. *Er legt den Speaker wieder hin.* So.

Sie ist fertig mit Schreiben, steht auf und kommt zum Sofa. Ich ließ dich nicht lange warten, nicht wahr?

STEPHEN Überhaupt nicht, Mutter.

LADY BRITOMART Bitte, hol mir mein Kissen. *Er bringt das Kissen vom Schreibtischstuhl und rückt es ihr zurecht, während sie sich setzt.* Setz dich. *Er setzt sich und nestelt nervös an seiner Krawatte.* Und zupf nicht an deiner Krawatte herum. Sie ist in Ordnung.

STEPHEN Entschuldige. *Er spielt jetzt mit seiner Uhrkette.*

LADY BRITOMART Schenkst du mir jetzt deine Aufmerksamkeit?

STEPHEN Selbstverständlich, Mutter.

LADY BRITOMART Nein, selbstverständlich ist das nicht. Ich möchte sehr viel mehr als deine selbstverständliche alltägliche Aufmerksamkeit. Ich habe sehr ernst mit dir zu sprechen, Stephen. Könntest du nicht die Uhrkette in Ruhe lassen.

STEPHEN *läßt sie hastig los:* Habe ich dich mit irgendetwas verärgert, Mutter? Wenn, dann wirklich nicht absichtlich.

LADY BRITOMART *verblüfft:* Unsinn. *Mit leichtem Bedauern:* Mein armer Junge, du dachtest, ich sei böse auf dich?

STEPHEN Was ist es dann, Mutter? Ich fühle mich sehr unbehaglich.

LADY BRITOMART *wendet sich ihm ziemlich kampflustig zu:* Stephen, darf ich fragen, wann du dir endlich darüber klar sein wirst, daß du ein erwachsener Mann bist und ich nur eine Frau?

STEPHEN *erstaunt:* Nur eine...

LADY BRITOMART Bitte, wiederhole mich nicht. Das ist eine äußerst irritierende Angewohnheit von dir, Stephen. Du mußt lernen, dich dem Leben zu stellen. Ich kann wirklich nicht die ganze Last unserer Familienangelegenheiten weiter allein tragen. Du mußt mich beraten, du mußt die Verantwortung übernehmen.

STEPHEN Ich!

LADY BRITOMART Ja, du, natürlich. Im Juni vorigen Jahres bist du 24 Jahre geworden. Du warst in Harrow und Cambridge; in Indien und Japan. Du solltest jetzt eine ganze Menge wissen, es sei denn, du hast deine Zeit auf skandalöse Weise vertan. Also, ich bitte dich um deinen Rat.

STEPHEN *verdutzt:* Du weißt, daß ich mich nie in häusliche Dinge eingemischt habe.

LADY BRITOMART Das will ich auch meinen. Ich möchte nicht, daß du Anordnungen für das Dinner triffst.

STEPHEN Ich meine, in unsere Familienangelegenheiten.

LADY BRITOMART Nun, jetzt mußt du dich einmischen, denn sie wachsen mir über den Kopf.

STEPHEN *ängstlich:* Manchmal dachte ich, ich sollte es. Nur, Mutter, ich weiß wirklich so wenig darüber, und was ich weiß, ist so peinlich! Es ist einfach unmöglich, einige Dinge dir gegenüber zu erwähnen – *Er schweigt beschämt.*

LADY BRITOMART Ich nehme an, du meinst deinen Vater.

STEPHEN *fast unhörbar* Ja.

LADY BRITOMART Mein Lieber: wir können nicht unser ganzes Leben lang über ihn schweigen. Natürlich war es ganz in Ordnung, daß du diesen Gegenstand nicht berührt hast, bis ich dich dazu aufgefordert habe. Du bist jetzt aber alt genug, so daß ich dir mein Vertrauen schenken und dich um deine Hilfe bitten kann in meinen Auseinandersetzungen mit ihm über deine Schwestern.

STEPHEN Aber mit meinen Schwestern ist doch alles in Ordnung. Beide sind verlobt.

LADY BRITOMART *selbstgefällig:* Ja, für Sarah habe ich einen passenden Mann gefunden. Charles Lomax wird mit 35 Jahren Millionär sein. Das dauert aber noch zehn Jahre, und bis dahin dürfen ihm die Testamentvollstrecker nach den testamentarischen Bestimmungen seines Vaters nur 800 Pfund im Jahr geben.

STEPHEN Das Testament bestimmt aber auch, daß sie, wenn er sein Einkommen durch eigene Anstrengungen vermehrt, das Zusätzliche verdoppeln können.

LADY BRITOMART Charles Lomax eigene Anstrengungen sind eher dazu angetan, sein Einkommen zu mindern statt es zu mehren. Sarah muß sich nach weiteren 800 Pfund umsehen für die nächsten zehn Jahre, und selbst dann werden sie noch arm sein wie eine Kirchenmaus. Und was ist mit Barbara? Ich war der Meinung, sie würde die beste Karriere von euch allen machen. Und was tut sie? Sie geht zur Heilsarmee, entläßt ihre Zofe, lebt von einem Pfund die Woche und kommt eines Abends mit einem Griechisch-Professor an, den sie auf der Straße aufgelesen hat und der vorgibt, zur Heilsarmee zu gehören und auch tatsächlich öffentlich für sie die große Trommel schlägt, weil er sich bis über beide Ohren in sie verliebt hat.

STEPHEN Ich war ziemlich verblüfft, als ich hörte, daß sie sich verlobt haben. Sicher, Cusins ist ein recht netter Mensch, niemand würde je denken, daß er in Australien zur Welt kam; aber –

LADY BRITOMART O, Adolphus Cusins wird ein sehr guter Ehemann sein. Schließlich kann keiner etwas gegen Griechisch haben: es kennzeichnet einen Mann sofort als gebildeten Menschen. Und meine Familie gehört Gott sei Dank nicht zu den dickköpfigen Tories. Wir gehören zu den Whigs und sind liberal. Laß die Vornehmtuer doch reden, was sie wollen: Barbara wird nicht den Mann heiraten, der ihnen, sondern den, der mir gefällt.

STEPHEN Ich meinte natürlich nur sein Einkommen. Jedenfalls wird er keine übertriebenen Ansprüche stellen.

LADY BRITOMART Da sei lieber vorsichtig, Stephen. Ich kenne diese stillen, einfachen, verfeinerten poetischen Menschen wie Adolphus: zufrieden immer nur mit dem Besten! Sie kosten mehr als jene anspruchsvollen Leute, die immer ebenso knauserig wie zweitrangig sind. Nein: Barbara wird mindestens zweitausend Pfund jährlich brauchen. Du siehst, das bedeutet zwei zusätzliche Haushalte. Außerdem solltest du, mein Lieber, bald heiraten. Ich halte nichts von der gegenwärtigen Mode der poussierenden Junggesellen und des späten Heiratens. Ich bin dabei, etwas für dich zu arrangieren.

STEPHEN Das ist sehr nett von dir, Mutter, aber du läßt mich das wohl besser selbst arrangieren.

LADY BRITOMART Unsinn! Du bist viel zu jung dazu, eine passende Heirat zustande zu bringen. Du ließest dich von einem hübschen kleinen Gänschen einwickeln. Natürlich bedeutet das nicht, daß du nicht gefragt wirst. Das weißt du ebenso gut wie ich. *Stephen preßt die Lippen zusammen und schweigt.* Laß das Schmollen, Stephen.

STEPHEN Ich schmolle nicht, Mutter. Was hat das alles aber mit – mit – mit meinem Vater zu tun?

LADY BRITOMART Mein lieber Stephen: wo soll das Geld herkommen? Du und deine Geschwister, ihr könnt leicht von meinem Geld leben, solange wir einen gemeinsamen Haushalt haben; aber ich kann nicht für vier Familien in vier verschiedenen Haushalten aufkommen. Du weißt, wie arm mein Vater ist. Er hat jetzt nur noch knappe siebentausend Pfund im Jahr. Wirklich, wäre er nicht der Earl of Stevenage, so müßte er sich aus der Gesellschaft zurückziehen. Er kann uns nicht helfen.

Er findet es absurd, und das ist verständlich, daß man von ihm erwartet, für die Kinder eines Mannes aufzukommen, der in Geld schwimmt. Wirklich, Stephen, dein Vater muß sagenhaft reich sein, denn irgendwo findet immer ein Krieg statt.

STEPHEN Es ist überflüssig, mich daran zu erinnern, Mutter. So lange ich lebe, habe ich kaum eine Zeitung geöffnet, ohne unseren Namen darin zu lesen. Das Undershaft-Torpedo! Das Undershaft-Schnellfeuergeschütz! Die Undershaft-Feldhaubitze! Die Undershaft-Wallkanone! Das Undershaft-Unterseeboot! Und jetzt das Undershaft-Luftkampfschiff! In Harrow nannten sie mich Woolwich-Infant. In Cambridge war es nicht anders. In Kings Kollege hat so ein kleines Scheusal, das es immer darauf anlegte, etwas wieder aufleben zu lassen, mir meine Bibel ruiniert – dein erstes Geburtstagsgeschenk –, es schrieb unter meinen Namen »Sohn und Erbe von Undershaft und Lazarus Todes – und Vernichtungsgesellschaft. Anschrift: Christenheit und Judäa«. Schlimmer aber war noch, wie man überall vor mir katzbuckelte, weil mein Vater durch den Verkauf von Kanonen Millionen verdient.

LADY BRITOMART Es sind nicht nur die Kanonen, sondern auch die Kriegsanleihen, die Lazarus unter dem Deckmantel eines Kredits für die Kanonen arrangiert. Wirklich, Stephen, es ist einfach unerhört. Andrew Undershaft und Lazarus, diese zwei Männer, beherrschen tatsächlich Europa. Deshalb kann dein Vater sich auch derart benehmen. Er steht über dem Gesetz. Glaubst du, Bismarck oder Gladstone oder Disraeli hätten ihr Leben lang öffentlich jeder gesellschaftlichen und moralischen Verpflichtung trotzen können, wie dein Vater es tut? Sie hätten es einfach nicht gewagt. Ich bat Gladstone, sich damit zu befassen. Ich bat die »Times«, sich damit zu befassen. Ich bat den Lord Chamberlain, sich damit zu befassen. Ich hätte sie ebensogut bitten können, dem Sultan den Krieg zu erklären. Sie lehnten es ab. Sie sagten, sie reichten an ihn nicht heran. Ich glaube, ihnen fehlte der Mut.

STEPHEN Was könnten sie denn tun? Er verstößt gegen kein Gesetz.

LADY BRITOMART Verstößt gegen kein Gesetz! Er tut es laufend. Er verstieß durch seine Geburt gegen das Gesetz. Seine Eltern waren nicht verheiratet.

STEPHEN Ist das wahr, Mutter?

LADY BRITOMART Natürlich ist es wahr. Deshalb trennten wir uns.

STEPHEN Er hat dich geheiratet, ohne es dir zu sagen?

LADY BRITOMART *ziemlich bestürzt über diese Schlußfolgerung:* Aber nein. Um Andrew gegenüber gerecht zu sein: das wäre nicht seine Art gewesen. Du kennst doch den Wahlspruch der Undershafts: Ohne Scham. Jeder wußte es.

STEPHEN Aber du sagtest doch, daß sei der Grund, weshalb ihr euch getrennt habt.

LADY BRITOMART Ja, weil es ihm nicht genügte, selbst ein Findelkind zu sein, er wollte dich eines anderen Findelkindes wegen enterben. Das ertrug ich nicht.

STEPHEN *beschämt:* Heißt das, daß – daß – daß –

LADY BRITOMART Laß das Stottern, Stephen. Sprich klar und deutlich.

STEPHEN Es ist entsetzlich für mich, Mutter, mit dir über diese Dinge sprechen zu müssen.

LADY BTITOMART Für mich ist es auch kein Vergnügen, vor allem nicht, wenn du dich so kindisch benimmst und durch dein verlegenes Getue alles noch schlimmer machst. Nur Angehörige des Mittelstandes geraten in sprachloses, hilfloses Entsetzen, wenn sie entdecken, daß es schlechte Menschen auf der Welt gibt. In unserer Klasse entscheidet man, was mit diesen schlechten Menschen zu geschehen hat. Nichts darf unsere Selbstbeherrschung erschüttern. Stell jetzt deine Frage, wie es sich gehört.

STEPHEN Mutter, kennst du keine Rücksicht auf mich? Ich bitte dich um alles in der Welt, behandele mich entweder wie ein Kind, wie du es immer tust, und sage mir gar nichts; oder sag mir alles und laß mich, so gut ich kann, damit fertig werden.

LADY BRITOMART Dich wie ein Kind behandeln! Was soll das heißen? Du bist äußerst unfreundlich und undankbar. Du weißt genau, daß ich keinen von euch je wie ein Kind behandelt habe. Ihr wart meine Kameraden und Freunde, und ich ließ euch volle Freiheit zu tun und zu sagen, was ihr wolltet, solange ihr wolltet, was ich billigen konnte.

STEPHEN *verzweifelt:* Ich gebe gern zu, wir waren die sehr unvollkommenen Kinder einer sehr vollkommenen Mutter; aber ich flehe dich an, laß mich dieses eine Mal in Ruhe und erzähle mir diese entsetzliche Angelegenheit, weshalb mein Vater mich wegen eines anderen Sohnes beiseite schieben will.

LADY BRITOMART *erstaunt:* Eines anderen Sohnes wegen! Davon habe ich nichts gesagt. Nicht einmal im Traum. Das kommt davon, daß du mich immer unterbrichst.

STEPHEN Aber du sagtest doch –

LADY BRITOMART *ihn unterbrechend:* Sei jetzt vernünftig, Stephen, und höre mir ruhig zu. Die Undershafts stammen ab von einem Findelkind aus der St. Andrew Undershaft Pfarrei. Das ist lange her, es war unter Jakob I. Dieses Findelkind wurde von einem Büchsenmacher und Waffenschmied adoptiert. Im Laufe der Zeit übernahm das Findelkind das Geschäft; und als ein Zeichen der Dankbarkeit, oder wegen eines Gelübdes oder aus sonst einem Grund, nahm es ebenfalls ein Findelkind an und vermachte ihm später das Geschäft. Dieses Findelkind wiederum handelte ebenso. Und seitdem ist das Kanonengeschäft immer einem adoptierten Findelkind mit dem Namen Andrew Undershaft vermacht worden.

STEPHEN Haben die denn nie geheiratet? Gab es keine legitimen Söhne?

LADY BRITOMART Oh doch, so wie dein Vater heirateten auch sie, und sie waren so reich, daß sie ihren eigenen Kindern Land kaufen und sie gut versorgt zurücklassen konnten. Aber sie haben immer ein Findelkind adoptiert und es als Nachfolger für ihr Geschäft erzogen: natürlich hatten sie deswegen immer heftige Streitereien mit ihren Frauen. Auf diese Art wurde dein Vater adoptiert, und er tut so, als sei er verpflichtet, die Tradition aufrechtzuerhalten und irgend jemand zu adoptieren, um diesem dann sein Geschäft zu hinterlassen. Damit war ich natürlich nicht einverstanden. Es mag Gründe dafür gegeben haben, solange die Untershafts nur Frauen aus ihrem Stand heiraten konnten, deren Söhne nicht geeignet waren, große Besitzungen zu verwalten. Es gibt aber keine Entschuldigung dafür, meinen Sohn zu übergehen.

STEPHEN *unsicher:* Ich fürchte, ich wäre schlecht dafür geeignet, eine Kanonengießerei zu leiten.

LADY BRITOMART Unsinn. Du könntest ohne weiteres einen Direktor finden und ihm ein Gehalt zahlen.

STEPHEN Mein Vater hat offenbar nicht viel von meinen Fähigkeiten gehalten.

LADY BRITOMART Dummes Zeug, mein Junge. Du warst noch ein Säugling; mit deinen Fähigkeiten hatte es nichts zu tun. Andrew tat es aus Prinzip, so wie er jede verrückte und schlechte Sache aus Prinzip tat. Als mein Vater Einwendungen machte, sagte ihm Andrew doch direkt ins Gesicht, daß die Geschichte nur von zwei erfolgreichen Einrichtungen zu berichten weiß: die eine das Undershaft Unternehmen und die andere das Römische Reich unter den Antoniern. Und zwar deshalb, weil alle Antonier ihre Nachfolger adoptiert haben. Welch ein Unsinn. Ich denke, die Stevenages können es mit den Antoniern aufnehmen, und du bist ein Stevenage. Aber das war echt Andrew. Da hast du ihn ganz wie er ist. Immer schlau und nicht zu widerlegen, wenn er Unsinn und Schlechtigkeit verteidigt; immer eklig und mürrisch, wenn es gilt, sich vernünftig und anständig zu benehmen.

STEPHEN Dann bin ich schuld daran, daß deine Ehe in die Brüche ging, Mutter. Das tut mir leid.

LADY BRITOMART Nun, mein Junge, es gab noch andere Schwierigkeiten. Ich kann einfach keinen unmoralischen Mann ertragen. Ich hoffe, ich bin kein Pharisäer; und es hätte mir nichts ausgemacht, wenn er bloß unrecht gehandelt hätte. Keiner von uns ist vollkommen. Aber dein Vater tat nichts direkt Unrechtes; er sagte und dachte es aber; und das war so schrecklich. Er hatte tatsächlich eine Art Religion des Unrechts. Man hat ja nichts dagegen, daß Menschen unmoralisch handeln, solange sie zugeben, daß es ihnen nicht zusteht, Moral zu predigen; ich konnte Andrew einfach nicht verzeihen, daß er Unmoral predigte, während er Moral praktizierte. Ihr wäret ohne alle Prinzipien aufgewachsen, ohne Wissen um Recht und Unrecht, wenn er im Hause gewesen wäre. Und weißt du, mein liebes Kind, dein Vater war in gewisser Hinsicht ein sehr attraktiver Mann. Kinder mochten ihn gern; und er nutzte das aus und setzte ihnen die schlechtesten Gedanken in den Kopf und machte sie ziemlich widerspenstig. Nicht, daß ich ihn nicht mochte, im Gegenteil. Aber unterschiedliche Ansichten über Moral lassen sich nicht überbrücken.

STEPHEN Das alles bestürzt mich ganz einfach, Mutter. Man kann verschiedener Ansicht in Dingen sein; selbst über Religion; aber wie kann man über Recht und Unrecht verschiedener Meinung sein? Recht ist Recht; und Unrecht ist Unrecht. Und wenn einer das nicht auseinanderhalten kann, dann ist er entweder ein Narr oder ein Schuft; sonst nichts.

LADY BRITOMART *gerührt:* Das ist ganz mein Junge. *Sie tätschelt ihm die Wange.* Dein Vater wußte darauf nie eine Antwort. Er pflegte zu lachen und entzog sich dem unter dem Mäntelchen zärtlichen Getues. Welchen Rat gibst du mir jetzt, nachdem du die Situation kennst?

STEPHEN Ja, was könntest du tun?

LADY BRITOMART Irgendwoher muß ich das Geld bekommen.

STEPHEN Von ihm können wir kein Geld annehmen. Lieber würde ich in irgendeiner billigen Gegend wie Bedford Square oder selbst Hampstead wohnen, als auch nur einen Pfennig von ihm anzunehmen.

LADY BRITOMART Aber immerhin, Stephen, unser jetziges Geld kommt von Andrew.

STEPHEN *entsetzt:* Das habe ich nie gewußt.

LADY BRITOMART Du dürftest wohl kaum angenommen haben, daß dein Großvater mir etwas geben konnte. Die Stevenages konnten nicht alles für euch tun. Wir gaben euch gesellschaftlichen Rang. Etwas mußte auch von Andrew kommen. Ich meine, er schnitt recht gut dabei ab.

STEPHEN *bitter:* Wir sind also völlig abhängig von ihm und seinen Kanonen?

LADY BRITOMART Keinesfalls. Die Geldangelegenheit ist geregelt. Aber es kommt von ihm. Weißt du, es geht nicht darum, Geld von ihm anzunehmen oder nicht, es geht einfach darum, wieviel. Ich selbst brauche nicht mehr.

STEPHEN Ich auch nicht.

LADY BRITOMART Aber Sarah und auch Barbara. Das heißt, sie brauchen es für Charles Lomax und Adolphus Cusins. Ich muß also meinen Stolz beiseite schieben und darum bitten. Dazu rätst du mir doch, Stephen, nicht wahr?

STEPHEN Nein.

LADY BRITOMART *scharf:* Stephen!

STEPHEN Natürlich, wenn du fest entschlossen bist...

LADY BRITOMART Ich bin nicht fest entschlossen, ich frage dich um deinen Rat, und warte darauf. Ich lasse mir die Verantwortung nicht alleine aufladen.

STEPHEN *halsstarrig:* Lieber sterbe ich, als auch nur noch einen Pfennig mehr von ihm zu erbitten.

LADY BRITOMART *resigniert:* Das soll heißen, daß ich ihn bitten muß. Nun gut, Stephen, es soll geschehen, wie du willst. Es wird dich freuen zu hören, daß dein Großvater zustimmt. Er meint aber, ich sollte Andrew hierher einladen, damit er seine Töchter wiedersieht. Er sollte immerhin etwas für sie empfinden.

STEPHEN Hierher einladen!!!

LADY BRITOMART Wiederhol nicht meine Worte, Stephen. Wohin sonst sollte ich ihn einladen?

STEPHEN Ich hätte nie erwartet, daß du es überhaupt tust.

LADY BRITOMART Komm, Stephen, laß das jetzt. Du siehst doch

ein, daß sein Besuch hier notwendig ist, nicht wahr?

STEPHEN *widerstrebend:* Es muß wohl sein, wenn meine Schwestern es ohne sein Geld nicht schaffen.

LADY BRITOMART Danke, Stephen, ich wußte, daß du mir den richtigen Rat geben würdest, nachdem du entsprechend unterrichtet worden bist. Ich habe deinen Vater für heute abend eingeladen. *Stephen springt auf.* Ruhig Blut, Stephen; Du machst mich nervös.

STEPHEN *äußerst bestürzt:* Willst du etwa sagen, daß mein Vater heute abend hierher kommt – daß er jeden Augenblick da sein kann?

LADY BRITOMART *sieht auf ihre Uhr:* Ich sagte um neun. *Er starrt sie an. Sie steht auf.* Bitte, läute.

Stephen geht zu dem kleinen Schreibtisch, läutet und setzt sich dort hin, die Ellbogen aufgestützt, das Gesicht in den Händen, überlistet und überwältigt.

Zehn vor neun ist es jetzt. Ich muß deine Schwestern noch vorbereiten. Ich habe Charles Lomax und Adolphus absichtlich zum Dinner eingeladen, damit sie dabei sind. Es ist besser, daß Andrew sie kennenlernt, falls er irgendwelche Illusionen hegen sollte, sie wären in der Lage, für ihre Frauen aufzukommen.

Der Butler tritt ein. Lady Britomart geht hinter das Sofa, um mit ihm zu sprechen.

Morrison, gehen Sie nach oben in das Wohnzimmer und bitten Sie alle, sofort herunterzukommen. *Morrison geht. Lady Britomart wendet sich Stephen zu.* Vergiß nicht, Stephen: ich brauche deine ganze Unterstützung und Autorität. *Er steht auf und bemüht sich, etwas von diesen Eigenschaften zu zeigen.* Bitte, Lieber, bring mir einen Stuhl.

Er schiebt ihr einen Stuhl von der Wand her zu, in die Nähe des kleinen Schreibtisches. Sie setzt sich hin. Er geht zu dem Sessel und wirft sich hinein.

Ich weiß nicht, wie Barbara reagieren wird. Seitdem sie in der Heilsarmee Major wurde, neigt sie dazu, ihren Willen zu haben und den Leuten zu befehlen. Mich entmutigt das. Es schickt sich nicht für eine Dame. Ich weiß wirklich nicht, wo sie das gelernt hat. Wie dem auch sei, Barbara wird mich nicht einschüchtern, trotzdem wäre es gut, wenn dein Vater käme, bevor sie die Möglichkeit hat, es abzulehnen, ihn zu sehen oder Theater zu machen. Sei nicht so nervös, Stephen, das wird Barbara nur ermutigen, Schwierigkeiten zu machen. Ich bin weiß

Gott nervös genug, aber ich zeige es nicht.

Sarah und Barbara kommen mit ihren Freunden, Charles Lomax und Adolphus Cusins, herein. Sarah ist schlank, gelangweilt und mondän. Barbara ist robuster, fröhlicher, viel energischer. Sarah ist modisch gekleidet, Barbara trägt die Uniform der Heilsarmee. Lomax, ein junger Lebemann, unterscheidet sich in nichts von diesen. Er ist mit einem frivolen Sinn für Humor behaftet, der ihn in den ungeeignetsten Augenblicken in Anfälle von schlecht unterdrückten Lachkrämpfen stürzt. Cusins ist ein junger Gelehrter, er trägt Brille, ist schlank, hat schütteres Haar und eine angenehme Stimme; eine kompliziertere Form von Lomax' Veranlagung. Sein Sinn für Humor ist feiner und geistiger und wird durch übermäßige Gereiztheit erschwert. Der ständige Kampf einer gütigen Natur und eines ausgeprägten Gewissens gegen den Trieb zu grausamem Spott und leidenschaftlicher Ungeduld hat eine chronische Anspannung bewirkt, die seine Konstitution sichtlich erschüttert hat. Er ist ein äußerst unerbittlicher, entschlossener, kühner, unduldsamer Mensch, der sich nur durch Charakterstärke bedacht, sanft, erklärend, sogar mild und versöhnlich zeigt – und es tatsächlich ist –, der vielleicht zu einem Mord fähig wäre, aber nicht zu Grausamkeit oder Gemeinheit. Aus einem Instinkt heraus, der nicht barmherzig genug ist, ihn durch die Illusion von Liebe zu blenden, ist er fest entschlossen, Barbara zu heiraten. Lomax mag Sarah und denkt, daß es eine rechte Freude sein muß, sie zu heiraten. Deshalb hat er nicht versucht, sich Lady Britomarts Arrangement in dieser Hinsicht zu widersetzen.

Alle vier machen den Eindruck, daß sie im Salon recht vergnügt beisammen waren. Die Mädchen treten zuerst ein und lassen ihre Freunde draußen. Sarah geht zum Sofa. Barbara tritt nach ihr ein und bleibt bei der Tür stehen.

BARBARA Dürfen Cholly und Dolly hereinkommen?

LADY BRITOMART *eindringlich:* Barbara, ich möchte nicht, daß du Charles Cholly nennst. Das Vulgäre daran macht mich einfach krank.

BARBARA Das ist ganz in Ordnung, Mutter: Cholly ist heutzutage absolut korrekt. Dürfen sie hereinkommen?

LADY BRITOMART Ja, wenn sie sich benehmen werden.

BARBARA *durch die Türe:* Komm herein, Dolly, und benimm dich.

Barbara geht zum Schreibtisch ihrer Mutter. Cusins tritt lä-

chelnd ein und geht auf Lady Britomart zu.

SARAH *ruft:* Komm herein, Cholly.

Lomax tritt ein; er beherrscht seine Miene nur mühsam und begibt sich unsicher zwischen Sarah und Barbara.

LADY BRITOMART *diktatorisch:* Setzt euch alle hin. *Sie setzen sich. Cusins geht zum Fenster und nimmt dort Platz, Lomax holt sich einen Stuhl. Barbara setzt sich an den Schreibtisch und Sarah auf das Sofa.* Ich habe keine Ahnung, worüber Sie lachen, Adolphus. Ich bin erstaunt über Sie. Von Charles Lomax habe ich nichts anderes erwartet.

CUSINS *mit überaus freundlicher Stimme:* Barbara hat versucht, mir den West Ham Marsch der Heilsarmee beizubringen.

LADY BRITOMART Daran finde ich nichts zu lachen. Und auch Sie sollten es nicht, wenn Sie sich wirklich bekehrt haben.

CUSINS *liebenswürdig:* Sie waren nicht dabei. Es war sehr komisch, wirklich.

LOMAX Kolossal.

LADY BRITOMART Schweigen Sie, Charles. Hört jetzt zu, Kinder. Euer Vater kommt heute abend hierher.

Allgemeine Verblüffung. Lomax, Sarah und Barbara stehen auf: Sarah erschreckt, Barbara amüsiert und erwartungsvoll.

LOMAX *protestierend:* Was Sie nicht sagen.

LADY BRITOMART Ihre Meinung ist uninteressant, Charles.

SARAH Ist das dein Ernst, Mutter?

LADY BRITOMART Natürlich ist das mein Ernst. Es geschieht deinetwegen, Sarah, und auch ihretwegen, Charles. *Schweigen. Sarah setzt sich mit einem Achselzucken. Charles macht ein verächtliches Gesicht.* Ich hoffe, du hast nichts dagegen, Barbara.

BARBARA Ich? Warum sollte ich. Wie jeder andere hat auch mein Vater eine Seele, die zu retten ist. Was mich betrifft, so ist er willkommen. *Sie setzt sich auf den Tisch und pfeift leise »Vorwärts, Christi Streiter«.*

LOMAX *weiter protestierend:* Also, nein, wirklich, wissen Sie!

LADY BRITOMART *kühl:* Was möchten Sie damit andeuten, Charles?

LOMAX Nun, Sie müssen doch zugeben, daß das etwas happig ist.

LADY BRITOMART *wendet sich mit unheilvoller Freundlichkeit an Cusins:* Adolphus, Sie sind Professor für Griechisch. Können Sie uns die Bemerkung von Charles Lomax in verständliches Englisch übersetzen?

CUSINS *vorsichtig:* Wenn ich mir erlauben darf, Lady Brit, es zu sagen, so hat Charles Lomax recht gut ausgedrückt, was wir alle fühlen. Homer drückt sich ähnlich aus, wenn Autolycus spricht: Πυκινὸν δόμουἐλθεῖυ bedeutet: etwas happig.

LOMAX *großzügig:* Nicht, daß ich etwas dagegen hätte, wenn Sarah einverstanden ist. *Setzt sich.*

LADY BRITOMART *vernichtend:* Danke. Habe ich Ihre Erlaubnis, Adolphus, meinen eigenen Mann in mein eigenes Haus einzuladen?

CUSINS *galant:* Sie haben in allem, was Sie tun, meine uneingeschränkte Zustimmung.

LADY BRITOMART Pah! Sarah: hast du gar nichts zu sagen?

SARAH Soll das heißen, daß er regelrecht hier wohnen wird?

LADY BRITOMART Natürlich nicht. Das Fremdenzimmer steht ihm zur Verfügung, wenn er ein oder zwei Tage bleiben möchte, um etwas mehr von euch zu haben: aber es gibt Grenzen.

SARAH Er wird uns wohl nicht auffressen. Ich habe nichts dagegen.

LOMAX *kichernd:* Ich bin gespannt, wie der alte Herr es aufnimmt.

LADY BRITOMART Zweifellos genauso wie die alte Dame, Charles.

LOMAX *verlegen:* Ich habe nicht gemeint – wirklich –

LADY BRITOMART Sie denken nicht, Charles. Sie tun es nie; das Ergebnis ist, daß Sie nie etwas meinen. Und jetzt, Kinder, hört mir zu. Euer Vater wird uns ziemlich fremd sein.

LOMAX Er wird Sarah zuletzt gesehen haben, als sie noch eine kleine Göre war.

LADY BRITOMART Zuletzt, als sie noch eine kleine Göre war, Charles, wie Sie es in der Gewähltheit Ihrer Sprache und Ihrem verfeinerten Denken, die sie nie verlassen, ausdrücken. Deshalb, hm *(ungeduldig)* jetzt habe ich den Faden verloren. Das kommt davon, daß Sie mich dazu verleitet haben, sarkastisch zu werden, Charles. Adolphus: würden Sie mir bitte sagen, wovon ich gerade sprach?

CUSINS *liebenswürdig:* Sie sprachen davon, daß Mr. Undershaft seine Kinder zuletzt gesehen hat, als sie noch klein waren, und daher nach ihrem Benehmen heute abend beurteilen wird, wie Sie sie erzogen haben; und daß Sie deshalb möchten, daß wir alle ganz besonders auf unser Benehmen bedacht sind, vor allem Charles.

LADY BRITOMART *mit betonter Zustimmung:* Ja, genau.

LOMAX Aber, Dolly: das hat Lady Brit nicht gesagt.

LADY BRITOMART *heftig:* Doch, Charles. Adolphus' Zusammenfassung ist absolut korrekt. Es ist äußerst wichtig, daß ihr einen guten Eindruck macht; und ich bitte euch nochmals, euch nicht paarweise in entgegengesetzte Ecken zu verziehen und dort zu kichern und zu wispern, während ich mit eurem Vater spreche.

BARBARA In Ordnung, Mutter. Wir werden Ehre für dich einlegen. *Sie geht vom Tisch herunter und setzt sich in damenhafter Haltung auf ihren Stuhl.*

LADY BRITOMART Denken Sie daran, Charles, daß Sarah stolz auf Sie sein möchte, statt sich Ihrer zu schämen.

LOMAX Schon gut, nur gibt es eigentlich nichts, um stolz darauf zu sein.

LADY BRITOMART Nun, so versuchen Sie so zu tun, als ob es etwas gäbe. *Morrison stürzt blaß und verstört herein, offensichtlich verwirrt.*

MORRISON Dürfte ich Sie kurz sprechen, Mylady?

LADY BRITOMART Unsinn. Lassen Sie ihn heraufkommen.

MORRISON Sehr wohl, Mylady. *Geht.*

LOMAX Weiß Morrison, wer es ist?

LADY BRITOMART Selbstverständlich. Morrison ist schon immer bei uns gewesen.

LOMAX Dann muß ihn das doch umwerfen.

LADY BRITOMART Ist das der Moment, Charles, mir mit Ihren abscheulichen Ausdrücken auf die Nerven zu fallen?

LOMAX Aber das ist doch ganz gebräuchlich, wirklich –

MORRISON *bei der Türe:* Der – hm – Mr. Undershaft. *Zieht sich verwirrt zurück.*

Andrew Undershaft kommt herein. Alle stehen auf. Lady Britomart geht ihm zur Mitte des Raumes, bis hinter das Sofa, entgegen. Andrew ist, äußerlich gesehen, ein etwas beleibter, gemütlicher älterer Herr mit freundlich geduldigen Manieren und von einnehmend einfachem Wesen. Aber seine Miene ist wachsam, bedacht, abwartend und aufmerksam; und seine breite Brust und sein länglicher Kopf sprechen von beachtlichen Kraftreserven, körperlichen wie geistigen. Seine Freundlichkeit ist teils die eines starken Mannes, der aus Erfahrung weiß, daß sein natürlicher Griff gewöhnlichen Leuten wehtut, wenn er nicht sehr vorsichtig mit ihnen umgeht, teils die der Milde des Alters und Erfolges. Auch er ist durch seine augenblickliche delikate Situation etwas gehemmt.

LADY BRITOMART Guten Abend, Andrew.

UNDERSHAFT Wie geht es dir, meine Liebe?

LADY BRITOMART Du siehst ein gut Teil älter aus.

UNDERSHAFT *versöhnlich:* Ich bin etwas älter geworden. *Nimmt ihre Hand und mit einem Anflug von Kompliment:* Bei dir ist die Zeit stehengeblieben.

LADY BRITOMART *läßt seine Hand fahren:* Unsinn! Das ist deine Familie.

UNDERSHAFT *überrascht:* So groß ist sie? Ich muß leider gestehen, daß mein Gedächtnis mich in einigen Dingen sehr im Stich läßt. *Er hält Lomax mit väterlicher Freundlichkeit die Hand hin.*

LOMAX *krampfhaft seine Hand schüttelnd:* N'Abend.

UNDERSHAFT Ich sehe, du bist mein Ältester. Ich freue mich sehr, dich wiederzusehen, mein Junge.

LOMAX *protestierend:* Nein, bitte, sehen Sie, ich – *(überwältigt)* Also nein!

LADY BRITOMART *nach momentaner Sprachlosigkeit:* Andrew: willst du etwa sagen, daß du nicht mehr weißt, wie viele Kinder du hast?

UNDERSHAFT Ja, ich fürchte, ich – sie sind so groß geworden – hm. Habe ich einen dummen Fehler begangen? Ich muß gestehen: ich erinnere mich nur an einen Sohn. Aber seitdem ist natürlich so viel geschehen – hm.

LADY BRITOMART *entschieden:* Andrew, du redest Unsinn. Natürlich hast du nur einen Sohn.

UNDERSHAFT Vielleicht bist du so freundlich, meine Liebe, und machst mich bekannt.

LADY BRITOMART Das ist Charles Lomax, der mit Sarah verlobt ist.

UNDERSHAFT Verzeihen Sie, mein Herr.

LOMAX Aber ich bitte Sie. Es freut mich, Sie kennenzulernen.

LADY BRITOMART Das ist Stephen.

UNDERSHAFT *sich verbeugend:* Ich freue mich, Sie kennenzulernen, Mr. Stephen. Dann *(geht auf Cusins zu)* mußt du mein Sohn sein. *Nimmt Cusins Hand in seine.* Wie geht es dir, mein junger Freund?

Zu Lady Britomart. Er gleicht dir sehr, meine Liebe.

CUSINS Sie schmeicheln mir, Mr. Undershaft. Ich heiße Cusins: verlobt mit Barbara *(betont deutlich)*, das heißt Major Barbara Undershaft von der Heilsarmee. Das ist Sarah, ihre andere Tochter. Das ist Stephen Undershaft, Ihr Sohn.

UNDERSHAFT Mein lieber Stephen, bitte, verzeih mir.

STEPHEN Aber ich bitte dich.

UNDERSHAFT Mr. Cusins, ich danke Ihnen sehr für Ihre Aufklärung. *Wendet sich Sarah zu.* Meine liebe Barbara –

SARAH *ihn verbessernd:* Sarah.

UNDERSHAFT Natürlich, Sarah. *Sie geben sich die Hand. Er geht zu Barbara hin.* Barbara – diesmal ist es hoffentlich richtig?

BARBARA Genau richtig. *Sie geben sich die Hand.*

LADY BRITOMART *übernimmt wieder das Kommando:* Setzt euch alle hin. Setz dich, Andrew.

Sie geht nach vorne und setzt sich auf das Sofa. Cusins kommt mit seinem Stuhl links neben sie. Barbara und Stephen nehmen ihre Plätze wieder ein. Lomax überläßt seinen Platz Sarah und holt sich einen Stuhl.

UNDERSHAFT Danke, meine Liebe.

LOMAX *macht Konversation, während er einen Stuhl zwischen Schreibtisch und Sofa stellt und ihn Undershaft anbietet:* Sie müssen sich zuerst etwas zurechtfinden, nicht wahr?

UNDERSHAFT *nimmt den Stuhl an, bleibt aber stehen:* Das ist es nicht, was mich verwirrt, Mr. Lomax. Die Schwierigkeit liegt darin, daß, wenn ich die Rolle des Vaters spiele, ich die Wirkung eines eindringenden Fremdlings erziele, und wenn ich die Rolle des taktvollen Fremden spiele, als ein gefühlloser Vater erscheinen muß.

LADY BRITOMART Du brauchst gar keine Rolle zu spielen, Andrew. Du solltest einfach ungezwungen und natürlich sein.

UNDERSHAFT *ergeben:* Ja, meine Liebe. Es wird das Beste sein. *Er setzt sich bequem hin.* Also da bin ich. Was kann ich für euch alle tun?

LADY BRITOMART Du brauchst gar nichts zu tun, Andrew. Du gehörst zur Familie. Du kannst bei uns sitzen und dich unterhalten.

Peinlich bemerkbare Pause. Barbara schneidet Lomax eine Grimasse, dessen zu lang unterdrückte Heiterkeit sich sogleich in einem gequälten Wiehern Luft macht.

LADY BRITOMART *beleidigt:* Charles Lomax: benehmen Sie sich, wenn Sie es können. Sonst verlassen Sie, bitte, den Raum.

LOMAX Verzeihen Sie, bitte, Lady Brit. Aber wirklich, bei meiner Seele! *Er setzt sich ganz erschlagen auf das Sofa zwischen Lady Britomart und Undershaft.*

BARBARA Charly, warum lachst du nicht, wenn du möchtest. Es ist gut für deine Eingeweide.

LADY BRITOMART Barbara! Du wurdest zur Dame erzogen. Zeige das bitte deinem Vater und sprich nicht wie ein Mädchen von der Straße.

UNDERSHAFT Laß nur, meine Liebe. Ich bin, wie du weißt, kein Gentleman und erhielt nie eine Erziehung.

LOMAX *ermutigend:* Niemand würde das merken, bestimmt nicht. Sie sehen wirklich ganz in Ordnung aus.

CUSINS Mein Rat ist, Mr. Undershaft, daß Sie Griechisch lernen. Leute, die Griechisch können, sind bevorzugte Personen. Wenige von ihnen sprechen Griechisch und keiner von ihnen hat sonstige Kenntnisse. Aber ihre Stellung ist unanfechtbar. Die anderen Sprachen sind die Qualifikationen von Kellnern und Geschäftsreisenden. Griechisch ist für einen Mann von Rang dasselbe wie der Prägestempel beim Silber.

BARBARA Dolly, sei nicht falsch, Cholly, hol deine Ziehharmonika und spiel uns etwas vor.

LOMAX *springt eifrig auf, bezähmt sich aber und bemerkt zweifelnd zu Undershaft:* Vielleicht liegt Ihnen dergleichen nicht, oder?

UNDERSHAFT Ich habe Musik besonders gern.

LOMAX *erfreut:* Wirklich? Dann hole ich sie. *Er geht nach oben, um das Instrument zu holen.*

UNDERSHAFT Spielst du, Barbara?

BARBARA Nur das Tamburin. Aber Cholly bringt mir Ziehharmonika bei.

UNDERSHAFT Ist Cholly auch Mitglied der Heilsarmee?

BARBARA Nein. Er sagt, es gehöre nicht zum guten Ton, Dissident zu sein. Ich gebe Cholly aber nicht auf. Ich habe erreicht, daß er gestern an einer Versammlung bei den Werften teilnahm und in seinen Hut kollektiert hat.

UNDERSHAFT *sieht seine Frau ironisch an.*

LADY BRITOMART Ich kann nichts dafür, Andrew. Barbara ist alt genug, ihren eigenen Weg zu gehen. Sie hat keinen Vater, der ihr rät.

BARBARA Und ob sie den hat! In der Heilsarmee gibt es keine Waisen.

UNDERSHAFT Dein Vater dort hat zahlreiche Kinder und reiche Erfahrungen, wie?

BARBARA *sieht ihn mit plötzlichem Interesse an und nickt:* Ganz recht. Wie kommt es, daß du das verstehst?

Man hört Lomax vor der Tür auf der Ziehharmonika üben.

LADY BRITOMART Kommen Sie herein, Charles. Spielen Sie

schnell etwas für uns.

LOMAX Sofort. *Er setzt sich auf seinen Platz und präludiert.*

UNDERSHAFT Einen Augenblick, Mr. Lomax. Mich interessiert die Heilsarmee. Ihr Motto könnte mein eigenes sein: Blut und Feuer.

LOMAX *entsetzt:* Aber doch wohl nicht Ihre Sorte Blut und Feuer!

UNDERSHAFT Meine Sorte Blut reinigt: meine Sorte Feuer läutert.

BARBARA Wie bei uns. Komm doch morgen zu meinem Quartier – dem West Ham Speicher – und sieh dir an, was wir tun. Wir werden zu einer großen Versammlung in der Assembly Hall in Mile End marschieren. Komm und sieh dir den Speicher an und marschiere dann mit uns: das wird dir sehr gut tun. Spielst du ein Instrument?

UNDERSHAFT In meiner Jugend verdiente ich mir ein paar Pence, gelegentlich sogar einige Schillinge auf der Straße und in den Wirtshäusern durch meine echte Begabung fürs Steppen. Später wurde ich Mitglied der Undershaft-Orchester-Vereinigung und blies ganz passabel die Tenor-Posaune.

LOMAX *entsetzt – legt die Ziehharmonika hin:* Fürwahr!

BARBARA Manch ein Sünder hat sich, dank der Heilsarmee, mit der Posaune in den Himmel geblasen.

LOMAX *zu Barbara, immer noch entsetzt:* Ja, aber du vergißt darüber die Kanonengeschäfte. *Zu Undershaft.* Ihnen liegt nichts daran, in den Himmel zu kommen, wie?

LADY BRITOMART Charles!!!

LOMAX Nun, jedem vernünftig Denkenden leuchtet das ein. Das Kanonengeschäft und das alles mag notwendig sein: ohne Kanonen geht es nicht; aber, es ist dennoch nicht richtig. Andererseits mag es ein gut Teil Geschwätz um die Heilsarmee geben – ich selbst gehöre der Staatskirche an – dennoch läßt sich nicht abstreiten, daß es auch Religion ist; und man kann sich doch nicht gegen die Religion stellen? Oder man muß wirklich völlig ohne jede Moral sein, nicht wahr?

UNDERSHAFT Sie haben wenig Verständnis für meine Position, Mr. Lomax.

LOMAX *hastig:* Ich sage nichts gegen Sie persönlich.

UNDERSHAFT Ganz recht, ganz recht. Aber überlegen Sie einen Augenblick. Hier stehe ich, ein Mann, der aus Verstümmelung und Mord Gewinn zieht. Gerade jetzt bin ich besonders guter Laune, weil wir heute morgen in der Gießerei siebenundzwanzig Stroh-Soldaten mit einem Gewehr zerfetzten, das bisher nur dreizehn schaffte.

LOMAX *nachsichtig:* Nun, je vernichtender der Krieg wird, um so eher wird er abgeschafft, wie?

UNDERSHAFT Keineswegs. Je vernichtender der Krieg wird, umso faszinierender finden wir ihn. Nein, Mr. Lomax, ich danke Ihnen, daß Sie die übliche Entschuldigung für mein Gewerbe fanden: aber ich schäme mich seiner nicht. Ich gehöre nicht zu den Menschen, die ihre Moral und ihr Geschäft in wasserdichten Fächern aufbewahren. Das überschüssige Geld, das meine Konkurrenten für Krankenhäuser, Kirchen und andere beachtliche Dinge spenden zur Beruhigung ihres Gewissens, verwende ich zu Experimenten und zur Erforschung, wie man die Methoden zur Vernichtung von Leben und Eigentum verbessern kann. So habe ich es immer gehalten und werde es auch weiter tun. Deshalb ist diese Weihnachtskarten-Moral von Friede auf Erden und den Menschen guten Willens für mich nicht brauchbar. Euer Christentum, das euch einschärft, euch dem Bösen nicht zu widersetzen und die andere Wange hinzuhalten, würde mich bankrott machen. Meine Moral – meine Religion – muß Platz haben für Kanonen und Torpedos.

STEPHEN *kühl, fast trotzig:* Du redest, als gäbe es ein halbes Dutzend Moralen und Religionen zur Auswahl, statt der einen wahren Moral und der einen wahren Religion.

UNDERSHAFT Für mich gibt es nur eine wahre Moral, aber sie mag nicht die deine sein, weil du keine Luftschiffe herstellt. Für jeden Menschen gibt es nur eine wahre Moral, nur daß sie nicht bei jedem die gleiche ist.

LOMAX *überfordert:* Könnten Sie das wiederholen? Ich kam nicht ganz mit.

CUSINS Es ist ganz einfach. Wie Euripides sagt: Das Fleisch des einen ist des anderen Gift, moralisch sowohl wie physisch.

UNDERSHAFT Genau.

LOMAX Ach so! Ja, ja, ja. Stimmt. Natürlich.

STEPHEN Mit anderen Worten: die einen sind ehrlich, die anderen Schurken.

BARBARA Unsinn. Es gibt keine Schurken.

UNDERSHAFT Wirklich nicht? Gibt es gute Menschen?

BARBARA Nein. Keinen einzigen. Es gibt weder gute Menschen noch Schurken: es gibt nur Kinder des einen Vaters; und je eher sie aufhören, sich zu beschimpfen, desto besser. Du brauchst mir nichts zu sagen: ich kenne sie. Eine ganze Menge von ihnen ging durch meine Hände: Schurken, Kriminelle, Ungläubige, Philanthropen, Missionare, Richter, alle Sorten. Sie sind alle die gleichen Sünder. Und allen steht die gleiche Rettung offen.

UNDERSHAFT Darf ich fragen, ob du je einen Hersteller von Kanonen bekehrt hast?

BARBARA Nein. Darf ich es versuchen?

UNDERSHAFT Gut. Wir werden einen Handel abschließen. Ich besuche dich morgen in deinem Heilsarmee-Quartier und du kommst übermorgen und siehst dir meine Kanonenfabrik an.

BARBARA Sei vorsichtig, du könntest am Ende die Kanonen um der Heilsarmee willen aufgeben.

UNDERSHAFT Bist du sicher, daß es nicht damit endet, daß du um der Kanonen willen die Heilsarmee aufgibst?

BARBARA Ich gehe das Risiko ein.

UNDERSHAFT Und ich meinerseits auch. *Sie geben sich die Hand darauf.* Wo ist dein Quartier?

BARBARA In West Ham. Beim Zeichen des Kreuzes. Jeder in Canning Town kann es dir sagen. Wo ist dein Werk?

UNDERSHAFT In Perivale St. Andrews. Beim Zeichen des Schwertes. Jeder in Europa kann es dir sagen.

LOMAX Soll ich jetzt nicht etwas spielen?

BARBARA Ja. Spiel uns »Vorwärts, Christi Streiter«.

LOMAX Weißt du, das ist ziemlich stark für den Anfang. Soll ich nicht »Du gehst von hinnen, mein Bruder«, spielen? Die Melodie ist ziemlich ähnlich.

BARBARA Das ist zu melancholisch. Du wirst gerettet werden, Cholly, und du wirst von hinnen gehen, mein Bruder, ohne viel Getue darum zu machen.

LADY BRITOMART Barbara, wirklich. Du tust, als sei Religion ein angenehmes Thema. Bitte, hab etwas Gefühl für die Dinge.

UNDERSHAFT Ich finde das Thema nicht unangenehm, meine Liebe. Es ist das einzige, aus dem fähige Menschen sich wirklich etwas machen.

LADY BRITOMART *sieht auf ihre Uhr:* Nun, wenn ihr darauf besteht, so bestehe ich darauf, daß es in passender und respektabler Art geschieht. Charles, bitte läuten Sie zur Andacht. *Allgemeines Erstaunen. Stephen erhebt sich bestürzt.*

LOMAX *steht auf:* Also, wirklich!

UNDERSHAFT *steht auf:* Ich muß leider gehen.

LADY BRITOMART Du kannst jetzt nicht gehen, Andrew. Das wäre sehr unpassend. Setz dich. Was sollen die Dienstboten denken?

UNDERSHAFT Meine Liebe, ich habe Gewissensskrupel. Darf ich einen Kompromiß vorschlagen? Wenn Barbara eine kleine Andacht im Salon hält, mit Mr. Lomax als Organist, will ich gerne teilnehmen. Ich werde sogar mitmachen, wenn eine Posaune zu beschaffen ist.

LADY BRITOMART Laß das Spotten, Andrew.

UNDERSHAFT *empört – zu Barbara:* Du glaubst doch hoffentlich nicht, daß ich spotte, liebes Kind?

BARBARA Nein, natürlich nicht. Und selbst wenn es so wäre: die halbe Armee kam nur zum Spaß zur ersten Versammlung. *Steht auf.* Kommt. *Sie legt ihren Arm um ihren Vater und schiebt ihn hinaus und ruft von der Schwelle her die anderen.* Komm, Dolly. Komm Cholly. *Cusins steht auf.*

LADY BRITOMART Es geht nicht, daß mir keiner gehorcht. Adolphus, setzen Sie sich. *Er bleibt stehen.* Charles: Sie können gehen. Sie eignen sich nicht für eine Andacht. Sie können sich nicht beherrschen.

LOMAX Also nein. *Geht hinaus.*

LADY BRITOMART *fährt fort:* Aber Sie, Adolphus, Sie können sich benehmen, wenn Sie wollen. Ich bestehe darauf, daß Sie bleiben.

CUSINS Bitte, Lady Brit, es gibt Dinge im Familiengebetbuch, die ich aus Ihrem Munde nicht hören könnte.

LADY BRITOMART Was zum Beispiel, bitte?

CUSINS Nun, Sie müßten vor allen Dienstboten sagen, daß wir Dinge getan haben, die wir nicht hätten tun sollen, und Dinge unterließen, die wir hätten tun sollen, und daß wir nicht reinen Herzens sind. Ich kann nicht mit anhören, daß Sie so ungerecht gegen sich sind und so ungerecht Barbara gegenüber. Was mich betrifft: ich lehne es total ab: ich habe mein Bestes getan. Ich würde nicht wagen, Barbara zu heiraten – ich könnte Ihnen nicht in die Augen sehen – wenn es zuträfe. Deshalb muß ich in den Salon gehen.

LADY BRITOMART *verletzt:* Dann gehen Sie. *Er geht zur Türe.* Und merken Sie sich eines, Adolphus: *Er wendet sich ihr zu.* ich habe den größten Verdacht, daß Sie einzig und allein zur Heilsarmee gingen, um Barbara zu verehren. Ich weiß die sehr kluge Art, mit der Sie mich systematisch täuschen, richtig einzuschätzen. Ich habe Sie erkannt. Geben Sie acht, daß Barbara es nicht auch tut. Das wär's.

CUSINS *mit gelassener Liebenswürdigkeit:* Verraten Sie mich nicht. *Er stiehlt sich hinaus.*

LADY BRITOMART Sarah: wenn du gehen möchtest, dann geh. Es hat keinen Sinn, hier zu sitzen, wenn du lieber tausend Meilen weit weg wärst.

SARAH *träge:* Nun gut, Mama. *Sie geht.*

Lady Britomart gibt mit einer plötzlichen Bewegung einem kleinen Tränenausbruch nach.

STEPHEN *geht zu ihr:* Mutter, was ist denn los?

LADY BRITOMART *wischt sich die Tränen mit ihrem Taschentuch ab:* Gar nichts. Unsinn. Du kannst auch mit ihnen gehen, wenn du willst, und mich mit den Dienstboten allein lassen.

STEPHEN Das darfst du nicht denken, Mutter. Ich – ich mag ihn nicht.

LADY BRITOMART Die anderen aber. Das ist das Ungerechte am Los der Frau. Sie muß die Kinder aufziehen; und das bedeutet, sie in Schranken halten, ihnen oft das verweigern, was sie möchten, ihnen Aufgaben stellen, sie strafen, wenn sie Unrecht tun, all die unangenehmen Dinge muß sie tun. Und wenn sie dann das Ihre geleistet hat, kommt der Vater und braucht nichts weiter zu tun, als sie zu liebkosen und zu verwöhnen, um ihr ihre Liebe zu stehlen.

STEPHEN Er hat dir unsere Liebe nicht gestohlen. Es ist nichts als Neugier.

LADY BRITOMART *heftig:* Ich brauche keinen Trost, Stephen. Mir fehlt nichts. *Sie steht auf und geht zur Türe.*

STEPHEN Wohin gehst du, Mutter?

LADY BRITOMART In den Salon natürlich. *Sie geht. Wenn sie die Tür öffnet, hört man »Vorwärts, Christi Streiter«.* Kommst du mit, Stephen?

STEPHEN Nein. Bestimmt nicht. *Sie geht. Er setzt sich auf das Sofa mit zusammengepreßten Lippen und einem Ausdruck heftiger Verachtung.*

Vorhang

Zweiter Akt

Der Hof des West Ham Quartiers der Heilsarmee an einem kalten Januarmorgen. Das Gebäude, ein alter Speicher, ist frisch geweißt. Sein Giebel ragt in die Mitte des Hofes hinein. Es hat zur ebenen Erde eine Tür und eine zweite Tür darüber im Dachgeschoß, ohne Balkon oder Leiter, aber mit einem Flaschenzug, um Säcke hochziehen zu können. Kommt man von diesem mittleren Teil des Gebäudes in den Hof, so hat man links den Torweg, der zur Straße führt, und etwas weiter eine steinerne Pferdetränke; rechterhand unter einem Schutzdach gegen das Wetter einen Tisch. Um den Tisch stehen Bänke. Ein Mann und eine Frau sitzen dort, beide ziemlich heruntergekommen; sie haben gerade ihre Mahlzeit beendet, Brot (jeder eine dicke Scheibe, mit Margarine und Sirup) und verdünnte Milch.

Der Mann, ein Arbeitsloser, ist jung und behende, ein Schwätzer, Wichtigtuer, schlau genug, um zu allem Erdenklichen fähig zu sein, außer zu Ehrlichkeit oder jeglichen uneigennützigen Erwägungen. Die Frau ist eine armselige und abgerackerte Kreatur. Sie sieht aus wie sechzig und ist wahrscheinlich fünfundvierzig. Wären sie reiche Leute mit Handschuhen und Muff und in Mantel und Pelz gehüllt, so würden sie sich sicherlich unbehaglich und elend fühlen, denn es ist ein schneidend kalter, rauher Januartag. Und der Blick über die weißgetünchten Mauern des Hofes auf die abstoßenden Speicher und den bleiernen Himmel würde jeden reichen Müßiggänger direkt ans Mittelmeer vertreiben. Aber die beiden, die weder von den Visionen des Mittelmeers noch des Mondes beunruhigt werden und die gezwungen sind, mehr Kleider ins Pfandhaus zu tragen, als sie im Sommer und Winter anzuziehen haben, bedrückt die Kälte nicht; im Gegenteil, sie stachelt sie eher zu einer Lebhaftigkeit an, der ihre gerade beendete Mahlzeit eine fast heitere Wendung gegeben hat. Der Mann nimmt einen Schluck aus seinem Becher; steht dann auf und wandert, die Hände in den Taschen vergraben, im Hof herum, wobei er hin und wieder zu einem Stepptanz ansetzt.

FRAU Geht's besser nach dem Essen, mein Herr?

MANN Nein. Essen soll das sein! Für Sie vielleicht gut genug, aber nicht für mich, 'nen intelligenten arbeitenden Menschen.

FRAU Arbeitenden Menschen! Was sind Sie?

MANN Anstreicher.

FRAU *mißtrauisch:* Was Se nicht sagen.

MANN Was Se nicht sagen! Weiß schon. Jeder Faulpelz, der zu nichts taugt, nennt sich Anstreicher. Ich bin wirklich einer. Ein ganz perfekter. 38 Schilling die Woche, wenn ich's krieg.

FRAU Warum gehen Sie dann nicht, damit Sie's kriegen?

MANN Werd ich Ihnen sagen: erstens bin ich intelligent – brrr, es ist saukalt hier *(er macht ein paar Tanzschritte)* – jawohl, intelligent, über den Lebensstand hinaus, in den es den Kapitalisten gefallen hat, mich zu berufen; die mögen niemand, der sie durchschaut. Zweitens braucht ein intelligentes Wesen einen angemessenen Teil am Glück. Deshalb trinke ich was Scharfes, wenn sich 'ne Chance bietet. Drittens halte ich zu meiner Klasse und arbeite so wenig wie möglich, damit die andere Hälfte meinen Kameraden bleibt. Viertens bin ich schlau genug, zu wissen, was innerhalb und was außerhalb des Gesetzes ist. Innerhalb mache ich's wie die Kapitalisten: reiß mir unter die Nägel, was ich kann. In einem korrekten Staat bin ich vernünftig, fleißig und ehrlich: in Rom zum Beispiel benehme ich mich ganz wie ein Römer. Die Folge davon? Wenn das Geschäft schlecht steht – und es ist verdammt schlecht zur Zeit – und die Arbeitgeber die Hälfte ihrer Leute entlassen müssen, fangen sie meist bei mir an.

FRAU Wie heißen Sie?

MANN Price. Bronterre O'Brien Price. Gewöhnlich kurz Snobby Price genannt.

FRAU Snobby ist ein Zimmermann, nicht? Sie sagten, Sie wären Anstreicher.

PRICE Nicht die Art Snob, sondern die vornehmere Sorte. Ich bin zu anspruchsvoll, wegen meiner Intelligenz und meinem Vater, der Chartist ist und ein belesener, denkender Mensch, – außerdem Schreibwarenhändler. Ich bin keiner von euren üblichen Holzbauern und Schwindlern; merken Sie sich's. *Er kehrt zu seinem Platz am Tisch zurück und nimmt seinen Becher.* Wie heißen Sie?

FRAU Rummy Mitchens, Herr.

PRICE *trinkt ihr mit dem Rest seiner Milch zu:* Ihr Wohl, Miß Mitchens!

RUMMY *verbessert ihn:* Mrs. Mitchens.

PRICE Was! Oh Rummy, Rummy! Ehrbar verheiratete Dame Rummy, wird von der Heilsarmee gerettet, weil sie so tut, als sei sie eine schlechte Person. Die alte Masche.

RUMMY Was bleibt mir übrig? Verhungern kann ich nicht. Die Heilsarmee-Mädchen sind liebe Dinger. Aber je besser man ist, um so schlimmer, glauben sie, war man, bevor sie einen gerettet haben. Warum soll man ihnen nicht die Freude machen, den armen Dingern. Schuften sich kaputt bei ihrer Arbeit. Und woher kriegten sie Geld, uns zu retten, wenn wir so täten, als seien wir nicht schlechter als andere? Sie wissen ja, wie die Damen und Herren sind.

PRICE Diebische Schweine! Wünsch mir trotzdem, ich hätte ihren Job, Rummy. Woher kommt Rummy? Wohl ein Kosename, wie?

RUMMY Abkürzung von Romola.

PRICE Von was?

RUMMY Romola. Stammt aus einem neuen Buch. Jemand, dem ich nach dem Wunsch meiner Mutter ähnlich werden sollte.

PRICE Da sind wir Schicksalsgefährten. Kriegten beide Namen mit, die kein Mensch aussprechen kann. Deshalb bin ich Snobby und Sie sind Rummy. Bill und Sally waren unseren Eltern nicht gut genug. So geht's im Leben!

RUMMY Wer hat Sie gerettet, Mr. Price. Major Barbara?

PRICE Nein. Ich komme ganz von selbst. Ich werde Bronterre O'Brien Price, der bekehrte Anstreicher sein. Ich weiß, wie sie's wollen. Ich erzähl denen, wie ich gelästert und gespielt und meine arme alte Mutter verprügelt habe –

RUMMY *entsetzt:* Sie haben Ihre Mutter verprügelt?

PRICE Keineswegs. Sie verprügelte mich. Macht nichts: Sie werden den bekehrten Anstreicher sagen hören, daß sie eine fromme Frau war, auf deren Knien er das Beten lernte; und wie ich betrunken nach Hause kam, sie an ihren schneeweißen Haaren aus dem Bett zerrte und mit dem Schüreisen auf sie einschlug.

RUMMY Das ist so gemein uns Frauen gegenüber. Eure Beichten sind ebenso dicke Lügen wie unsere. Sie sagen ebenso wenig wie wir, was Sie wirklich getan haben. Aber ihr Männer, ihr könnt eure Lügen direkt in der Versammlung von euch geben und man macht viel damit her, während wir unsere Beichten einzeln jeder Dame ins Ohr flüstern müssen. Das ist nicht gerecht, trotz all ihrem Mitleid.

PRICE Gerecht! Meinen Sie, die Armee wäre erlaubt, wenn sie hinginge und gerecht wäre? Kaum. Man kämmt uns das Haar und macht saubere nette Bürschlein aus uns, um uns auszubeuten und vorzuzeigen. Aber ich werd das Spiel so gut wie jeder andere mitspielen. Ich werde jemand wie vom Blitz getroffen sehen oder höre eine Stimme sagen, »Snobby Price: wo willst du die Ewigkeit verbringen?« Glauben Sie's mir, ich werde meinen Spaß dabei haben.

RUMMY Sie werden aber das Trinken lassen müssen!

PRICE Dann werde ich mich beim Bibellesen schadlos halten. Ich kann das Trinken lassen, wenn ich auf andere Art meinen Spaß habe.

Jenny Hill, ein blasses, überarbeitetes, hübsches Heilsarmee-Mädchen von 18 Jahren, kommt durch den Torweg herein. Sie führt Peter Shirley, einen ziemlich verkalkten, verbrauchten älteren Mann, der schwach ist vor Hunger.

JENNY *stützt ihn:* Kommen Sie! Mut! Ich hole Ihnen etwas zu essen. Dann geht's wieder besser.

PRICE *steht auf und beeilt sich übereifrig, Jenny den alten Mann abzunehmen:* Der arme alte Mann! Faßt Mut, Bruder! hier werdet Ihr Ruhe, Frieden und Glückseligkeit finden. Schnell etwas zu essen, Miß. Er ist ziemlich am Ende. *Jenny eilt in das Quartier.* Kommt, reißt Euch zusammen, Väterchen. Sie holt Euch eine dicke Scheibe Brot mit Sirup und einen Becher gepanschter Milch. *Läßt ihn sich an der Ecke des Tisches hinsetzen.*

RUMMY *fröhlich:* Kopf hoch, Alterchen! Niemals aufgeben!

SHIRLEY Ich bin kein Alterchen! Ich bin erst sechsundvierzig. Ich bin noch so gut wie eh und je. Den grauen Streifen im Haar hatte ich schon, bevor ich dreißig war. Mir fehlt nichts als ein paar Pence zum Haarfärben. Soll ich dafür rausgeworfen werden und darum verhungern? Himmel noch mal! Seit meinem dreizehnten Lebensjahr arbeite ich zehn bis zwölf Stunden am Tag und hab mich allein durchgeschlagen. Und jetzt soll ich in die Gosse geworfen und meine Arbeit einem jungen Mann gegeben werden, der sie auch nicht besser tun kann, nur weil mein schwarzes Haar frühzeitig weiß wird.

PRICE *aufmunternd:* Jammern nützt nichts. Sie sind nichts als ein getürmter, abgesprungener, aus dem Spital als unheilbar rausgesetzter alter Arbeiter: wer kümmert sich schon um Sie? Nun? Lassen Sie die diebischen Schweine Ihnen eine Mahlzeit geben: die haben Ihnen schon so manch eine gestohlen. Nehmt Euch was von dem, was Euch gehört, zurück. *Jenny kommt mit dem üblichen Essen zurück.* Da kommt sie schon, Bruder. Betet und mampft.

SHIRLEY *sieht gierig darauf, rührt es aber nicht an und weint wie ein Kind:* Ich habe noch nie was angenommen.

JENNY *streichelt ihn:* Schon gut. Schon gut. Gott schickt es Ihnen: Er war nicht zu stolz, Brot von seinen Freunden anzunehmen, warum sollten Sie es da sein. Übrigens können Sie später, wenn wir Arbeit für Sie gefunden haben, ja dafür bezahlen.

SHIRLEY *eifrig:* Ja, richtig. Das ist wahr. Ich kann es später bezahlen; es ist nur geliehen. *Zitternd.* Oh Gott! *Er wendet sich dem Tisch zu und fällt gierig über das Essen her.*

JENNY Nun, Rummy, fühlen Sie sich besser?

RUMMY Gott segne Sie, Liebe. Sie haben meinen Leib genährt und meine Seele gerettet. Stimmt's? *Jenny küßt sie gerührt.* Setzen Sie sich und ruhen Sie sich ein wenig aus. Sie müssen doch am Ende sein.

JENNY Seit heute früh habe ich mir keine Ruhe gegönnt. Es gibt mehr Arbeit, als wir schaffen können. Ich darf keine Pause machen.

RUMMY Versuchen Sie, nur zwei Minuten zu beten. Danach geht es um so besser.

JENNY *ihre Augen leuchten auf:* Ja! Ist es nicht wunderbar, wieviel Kraft uns ein paar Minuten Gebet geben! Ich war ziemlich erschöpft um 12 Uhr und so müde. Da schickte Major Barbara mich fünf Minuten weg, um zu beten. Und dann ging es wieder, als hätte ich eben erst angefangen. *Zu Price.* Hat man Ihnen ein Stück Brot gegeben?

PRICE *salbungsvoll:* Ja, Miß. Aber man gab mir noch etwas, das ich mehr schätze, den Frieden, der alles Begreifen übersteigt.

RUMMY *eifrig:* Gloria! Alleluja!

Bill Walker, ein rauher Geselle, etwa 35 Jahre alt, erscheint im Tor und sieht feindselig zu Jenny hin.

JENNY Wie glücklich mich das macht. Wenn ich das höre, schäme ich mich, daß ich hier herumstehe. Ich muß weitermachen. *Während sie auf das Quartier zueilt, geht der Ankömmling schnell auf die Türe zu und versperrt ihr den Weg. Sein Benehmen ist so drohend, daß sie zurückweicht, als er grob auf sie zukommt und sie in den Hof zurücktreibt.*

BILL Ich erkenn Sie wieder. Sie sind's, die mir mein Mädchen weggenommen, die es gegen mich eingenommen hat. Jetzt hol ich sie mir zurück. Ich mach mir einen Dreck aus ihr und Ihnen. Aber ich werd's ihr zeigen. Und ich werde es Ihnen zeigen. Ich werde ihr beibringen, was es heißt, sich davonzumachen. Jetzt rein mit Ihnen und sagen Sie ihr, daß sie herauskommt, bevor ich reingehe und sie raushole. Sagen Sie ihr, Bill Walker erwarte sie. Sie weiß, was das heißt. Wenn sie mich warten läßt, wird's noch schlimmer werden. Keine Widerworte, sonst fange ich bei Ihnen an, verstanden? Los, rein. Da. *Er ergreift sie am Arm und stößt sie auf den Eingang zu. Sie fällt auf Knie und Hände. Rummy hilft ihr aufstehen.*

PRICE *steht auf und bewegt sich unentschlossen auf Bill zu:* Nu mal langsam, Kamerad. sie hat Euch nichts getan.

BILL Sprecht Ihr mit mir? *Wendet sich ihm drohend zu.* Ihr wollt ihr beistehen, ja? Halt's Maul.

RUMMY *läuft entrüstet auf ihn zu, um ihn auszuschimpfen:* Oh, sie gemeiner Kerl.

Er hebt im gleichen Augenblick seine linke Hand und schlägt sie ihr ins Gesicht. Sie schreit auf und taumelt zur Pferdetränke und setzt sich dort hin, bedeckt ihr brennendes Gesicht mit beiden Händen und wiegt sich stöhnend vor Schmerzen hin und her.

JENNY *geht zu ihr:* Oh! Möge Gott Ihnen vergeben! Wie können Sie eine alte Frau so schlagen!

BILL *packt sie so heftig bei den Haaren, daß sie auch aufschreit, und zieht sie von der alten Frau weg:* Sagen Sie noch einmal Ihr Gott vergeb's und ich gebe Ihnen ein Gott vergeb's vor's Kinn, daß Sie für eine Woche das Beten vergessen werden. *Hält sie fest und wendet sich wütend an Price.* Haben Sie was dagegen?

PRICE *eingeschüchtert:* Nein, Kamerad. Sie hat nichts mit mir zu tun.

BILL Ihr Glück. Ich könnte zwei Mahlzeiten in Sie hineinstopfen und Sie danach noch mit einem Finger umlegen, Sie verhungerter Köter. *Zu Jenny.* Wird's bald, daß Sie Mog Habbijam holen; oder soll ich Ihnen Ihre Visage einschlagen und sie selbst holen?

JENNY *windet sich in seinem Griff:* Oh, bitte, geh doch einer hinein und hole Major Barbara.

Sie schreit wieder auf, als er ihren Kopf nach unten dreht. Price und Rummy flüchten in das Quartier.

BILL Sie möchten wohl gerne hineingehen und es Ihrem Major sagen, wie?

JENNY Oh, bitte, reißen Sie nicht an meinem Haar. Lassen Sie mich los.

BILL Tun Sie's oder tun Sie's nicht? *Sie unterdrückt einen Schrei.*

Ja oder nein?

JENNY Herr, gib mir Kraft –

BILL *schlägt ihr die Faust ins Gesicht:* Geh'n Sie und zeigen Sie ihr das und sagen Sie ihr, wenn sie auch darauf Lust hat, soll sie kommen und sich mit mir anlegen. *Jenny geht vor sich hinweinend in das Gebäude. Er geht zur Bank und wendet sich an den alten Mann.* Los, machen Sie, daß Sie fertigwerden und verschwinden Sie.

SHIRLEY *springt auf und stellt sich ihm mit dem Becher in der Hand wütend entgegen:* Riskieren Sie's mich anzurühren, und ich werde Ihnen ihr Gesicht mit diesem Becher einschlagen und Ihnen die Augen ausstechen. Genügt es Euch nicht, Ihr jungen Hunde, den Alten unter Euch, die Euch aufgezogen und sich für Euch abgerackert haben, das tägliche Brot wegzunehmen? Müßt Ihr Euch noch frech und dreist hier hereindrängen, wo uns das Brot der Barmherzigkeit schwer im Magen liegt?

BILL *verächtlich, aber ein wenig ausweichend:* Zu was taugen Sie denn noch, Sie alter lahmer Bock. Zu was sind Sie noch nütze?

SHIRLEY Ebenso viel wie Sie und noch mehr. Mit der Tagesarbeit nehm ich's gegen Sie und jeden fetten Säufer Ihres Alters auf. Gehn Sie und nehmen sie sich meinen Job bei Horrockses, wo ich zehn Jahre geschuftet habe. Die möchten junge Leute: sie können es sich nicht leisten, Männer über 45 zu halten. Es tut ihnen leid. Geben einem ein Zeugnis und sind gern behilflich, etwas für's Alter Passendes zu finden. Ein zuverlässiger Mensch bleibt nicht lange ohne Arbeit. Sollen sie es doch mit Ihnen versuchen. Die werden den Unterschied schon merken. Was können Sie denn? Nicht einmal benehmen können Sie sich – hauen ihre dreckige Faust einem anständigen Mädchen ins Gesicht!

BILL Fordern Sie mich nicht raus, sie Ihnen reinzuschlagen, verstanden!

SHIRLEY *mit vernichtender Verachtung:* Ja, das paßt zu Ihnen, einen alten Mann zu schlagen, nachdem Sie's bei den Frauen besorgt haben. Hab noch nicht gesehen, daß Sie's bei einem Jungen riskierten.

BILL *gekränkt:* Sie Lügner, Sie alter Almosenempfänger, Sie! Hier war ein junger Mann. Hab ich ihm angeboten, ihm eine reinzuhauen oder nicht?

SHIRLEY War er verhungert oder nicht? War er ein Mann oder

nur ein schieläugiger Dieb und Herumlungerer? Würden Sie es mit dem Bruder meines Schwiegersohns aufnehmen?

BILL Wer ist das?

SHIRLEY Todger Fairmile von Balls Pond. Der die 20 Pfund gegen den japanischen Ringkämpfer im Varieté-Theater gewonnen hat, weil er ihm 17 Minuten und vier Sekunden standhielt.

BILL *mürrisch:* Ich bin kein Varieté-Ringkämpfer. Kann er boxen?

SHIRLEY Er schon, aber Sie nicht.

BILL Wie war das? Ich kann's nicht, war's das, was Sie sagten? *Droht ihm.*

SHIRLEY *gibt keinen Zoll breit nach:* Werden Sie's mit Todger Fairmile aufnehmen? Sie brauchen es nur zu sagen. Nun, wie ist es?

BILL *gibt lässig nach:* Ich stell mich jedem Mann und wenn er zehn Todger Fairmiles ist, aber ich hab nichts davon gesagt, daß ich ein Profi bin.

SHIRLEY *sieht mit abgrundtiefer Verachtung auf ihn:* Sie und boxen. Schlagen eine alte Frau mit dem Handrücken. Sie brachten's nicht mal fertig, sie so zu schlagen, daß ein Richter nichts von dem Hieb sieht. Sie blöder junger Lump und Dummkopf. Einem Mädchen das Maul zerschlagen, daß sie schreit. Hätte Todger Fairmile es getan, könnte sie nicht nach zehn Minuten reingehen, ebenso wenig wie Sie, wenn Sie an ihn geraten. Jawohl! Ich selbst nähm's mit Ihnen auf, wenn ich statt zwei Monate Hungern das Essen von zwei Wochen in mir hätte. *Dreht ihm den Rücken und setzt sich verdrießlich an den Tisch.*

BILL *folgt ihm und beugt sich über ihn, um ihn zu verspotten:* Sie lügen. Sie haben Brot und Sirup im Bauch, die Sie sich hier erbettelt haben.

SHIRLEY *bricht in Tränen aus:* Oh Gott, es stimmt. Ich bin nichts als ein armer Alter auf dem Abfallhaufen. *Wütend.* Aber Sie werden selbst noch dahin kommen; und dann werden Sie kapieren. Bei einem wie Sie, der sich schon am frühen Morgen mit Schnaps vollaufen läßt, wird es schneller so weit sein als bei einem Abstinenzler wie mir.

BILL Ich bin kein Schnapstrinker, Sie alter Lügner. Aber wenn ich meinem Mädchen eine Tracht Prügel geben will, brauch ich etwas von einem Teufel in mir, verstanden. Aber da rede ich mit einem verrotteten alten Kerl wie Sie, statt reinzugehen und sie herauszuholen. *Er geht rachsüchtig auf die Tür zu.*

SHIRLEY Sieht mehr so aus, daß Sie auf einer Bahre ins Polizeirevier kommen. Dort wird man Ihnen, wenn man Sie drinnen hat, Schnaps und Teufel austreiben. Sie überlegen sich das besser: der Major ist die Enkelin vom Earl of Stevenage.

BILL *bezähmt sich:* Verdammt.

SHIRLEY Warten Sie's ab.

BILL *sein Entschluß erlahmt:* Wieso, ich hab ihr nichts getan.

SHIRLEY Angenommen sie sagt, Sie hätten! Wer würde Ihnen glauben?

BILL *schleicht sich sehr unbehaglich in die Ecke unter das Schutzdach zurück:* Herrgott! es gibt keine Gerechtigkeit in diesem Land. Wenn man bedenkt, was die sich herausnehmen können. Ich bin ebensoviel wert wie die.

SHIRLEY Sagen Sie's ihr selbst. Ein Narr wie Sie brächte es fertig. *Barbara kommt munter und geschäftig mit einem Notizbuch aus dem Speicher und wendet sich Shirley zu. Bill setzt sich eingeschüchtert auf die Ecke einer Bank und dreht ihnen den Rücken zu.*

BARBARA Guten Morgen.

SHIRLEY *steht auf und nimmt den Hut ab:* Guten Morgen, Miß.

BARBARA Setzen Sie sich, machen Sie sich's bequem. *Er zögert; sie legt ihm freundlich ihre Hand auf die Schulter, damit er gehorcht.* Also, jetzt, da Sie sich hier zu Hause fühlen, möchten wir alles über Sie wissen. Name, Adresse, Beschäftigung.

SHIRLEY Peter Shirley. Monteur. Vor zwei Monaten entlassen, weil ich zu alt bin.

BARBARA *gar nicht überrascht:* Sieht man Ihnen gar nicht an. Warum haben Sie sich das Haar nicht gefärbt?

SHIRLEY Tat ich. Mein Alter kam bei der Leichenschau meiner Tochter raus.

BARBARA Zuverlässig?

SHIRLEY Abstinenzler. Noch nie arbeitslos gewesen. Guter Arbeiter. Und wie ein alter Gaul in die Abdeckerei geschickt!

BARBARA Macht nichts: wenn Sie Ihr Teil getan haben, wird Gott das seine tun.

SHIRLEY *mit einem Mal widerspenstig:* Meine Religion geht nur mich was an.

BARBARA *rät:* Ich weiß. Freidenker?

SHIRLEY *erregt:* Habe ich versucht, es abzustreiten?

BARBARA Warum sollten Sie? Mein eigener Vater ist, glaube ich, Freidenker. Zu Unserem Vater – Ihrem und meinem – führen viele Wege; und ich wage zu sagen, daß Er wußte, was Er tat, als er Sie zum Freidenker machte. Also, reißen Sie sich zusammen, Peter. Für einen zuverlässigen Mann wie Sie findet sich immer Arbeit. *Shirley, entwaffnet und etwas verwirrt, tippt an seinen Hut. Sie wendet sich von ihm ab und Bill zu.* Wie heißen Sie?

BILL *frech: Was geht Sie das an?*

BARBARA *notiert sich ruhig etwas:* Hat Angst, seinen Namen zu nennen. Irgendeine Beschäftigung?

BILL Wer hat hier Angst, seinen Namen zu nennen? *Störrisch, mit dem Gefühl, in der Person von Lord Stevenage dem House of Lord zu trotzen.* Wenn Sie mich anzeigen wollen, tun Sie's doch. *Sie wartet gelassen.* Ich heiße Bill Walker.

BARBARA *als sei ihr der Name bekannt, überlegt, woher:* Bill Walker? *Erinnert sich.* Oh, ich weiß, Sie sind der Mann, für den Jenny Hill gerade da drinnen gebetet hat. *Sie trägt seinen Namen in ihr Notizbuch ein.*

BILL Wer ist Jenny Hill? Und wieso betet sie für mich?

BARBARA Weiß ich nicht. Vielleicht waren Sie es, der ihr die Lippe aufgeschlagen hat.

BILL *herausfordernd:* Ja, das bin ich gewesen. Ich fürchte mich nicht vor Ihnen.

BARBARA Wie könnten Sie auch, da Sie nicht einmal Gott fürchten. Sie sind ein tapferer Mann, Mr. Walker. Es braucht Mut, unsere Arbeit hier zu tun; aber keiner von uns wagt es, die Hand gegen ein Mädchen zu erheben aus Furcht vor Ihrem Vater im Himmel.

BILL *mürrisch:* Verschonen Sie mich mit Ihrem frommen Getue. Sie denken wohl, ich sei gekommen, um etwas zu erbetteln wie diese verdammte Bande hier. Ich nicht. Ich brauch Ihr Brot und Ihren Sirup und Ihre gepanschte Milch nicht. Ich glaube ebenso wenig an Ihren Gott wie Sie selbst.

BARBARA *heiter, versöhnlich und damenhaft, als stehe sie jetzt auf einem anderen Fuß mit ihm:* Oh, verzeihen Sie, Mr. Walker, daß ich Ihren Namen notierte. Ich wußte das nicht. Ich streiche ihn wieder aus.

BILL *nimmt das als Geringschätzung und ist tief gekränkt:* Sie, lassen Sie meinen Namen in Ruhe. Ist er nicht gut genug für Ihr Notizbuch?

BARBARA *überlegt:* Ja, aber sehen Sie, es hat wenig Zweck, Ihren Namen zu notieren; oder kann ich doch etwas für Sie tun? Was haben Sie für einen Beruf?

BILL *noch immer beleidigt:* Das geht Sie nichts an.

BARBARA Richtig. *Sehr geschäftig.* Ich notiere Ihren Namen *(schreibt)* als den Mann, der – der armen, kleinen Jenny Hill – die Lippe – aufgeschlagen hat.

BILL *erhebt sich drohend:* Sie da. Jetzt reicht es mir aber.

BARBARA *recht heiter und furchtlos:* Weshalb kamen Sie zu uns?

BILL Wegen meines Mädchens, deshalb. Um sie hier rauszuholen und ihr die Kinnlade einzuschlagen.

BARBARA *selbstgefällig:* Sehen Sie, ich hatte recht mit ihrem Beruf. *Bill, der ihr wütend erwidern will, entdeckt beschämt und entsetzt, daß er statt dessen dem Weinen nahe ist. Er setzt sich plötzlich wieder hin.* Wie heißt sie?

BILL *störrisch:* Ihr Name ist Mog Habbijam; so heißt sie.

BARBARA Mog Habbijam. Aber sie ist nach Canning Town gegangen, zu unserer dortigen Unterkunft.

BILL *in seinem Verdruß über Mogs Treulosigkeit bestärkt:* Wirklich? *Rachsüchtig.* Dann werde ich ihr nach Canning Town nachgehen. *Geht auf das Tor zu, zögert, kommt schließlich zu Barbara zurück.* Belügen Sie mich etwa, um mich loszuwerden?

BARBARA Ich will Sie nicht loswerden. Ich möchte Sie hierbehalten und Ihre Seele retten. Sie sollten bleiben. Sonst wird es ein harter Tag für Sie, Bill.

BILL Wer will ihn dazu machen? Sie vielleicht?

BARBARA Jemand, an den Sie nicht glauben. Aber hinterher werden Sie fröhlich sein.

BILL *stiehlt sich davon:* Ich werde nach Canning Town gehen, um Ihrem Geschwätz zu entgehen. *Wendet sich ihr plötzlich mit heftiger Bosheit zu.* Und wenn ich Mog dort nicht vorfinde, werde ich zurückkommen und mir an Ihnen zwei Jahre verdienen oder mich hol der Teufel.

BARBARA *möglichst noch freundlicher:* Es ist zwecklos, Bill. Sie hat einen neuen Freund.

BILL Was!

BARBARA Jemand, den sie selbst bekehrt hat. Er verliebte sich in sie, als er sie mit ihrer geretteten Seele, ihrem sauberen Gesicht und ihren gewaschenen Haaren sah.

BILL *überrascht:* Wozu hat sie es gewaschen, die fuchsige Schlampe. Es ist rot.

BARBARA Es ist jetzt ganz entzückend, dazu der neue Ausdruck in ihren Augen. Ein Jammer, daß Sie zu spät kommen. Der neue Freund hat Sie ausgebootet, Bill.

BILL Ich werde ihn ausbooten. Nicht, daß ich mir das Geringste aus ihr mache, merken Sie sich das. Aber ich werde ihr beibringen, mich fallen zu lassen, als sei ich ein Dreck. Und ihm werde ich beibringen, was es heißt, sich mit meinem Mädchen einzulassen. Wie heißt der Kerl?

BARBARA Sergeant Todger Fairmile.

SHIRLEY *erhebt sich mit grimmiger Freude:* Ich geh mit ihm, Miß. Ich möchte dabei sein, wenn die zwei sich treffen. Wenn's vorbei ist, werde ich ihn gleich ins Spital bringen.

BILL *zu Shirley mit unverhohlener Befürchtung:* Ist das der, von dem Sie sprachen?

SHIRLEY Ja.

BILL Der Ringkämpfer aus dem Varieté-Theater?

SHIRLEY Die Wettkämpfe im Nationalen Sportklub brachten ihm an die hundert Pfund im Jahr. Die hat er jetzt für die Religion aufgegeben. Deshalb hat er Lust auf etwas Training, weil es ihm fehlt. Er wird sich freuen, wenn Sie kommen. Gehn wir.

BILL Was bringt er auf die Waage?

SHIRLEY An die 90 Kilo. *Bills letzte Hoffnung schwindet.*

BARBARA Gehen Sie und sprechen Sie mit ihm, Bill. Er wird Sie umwandeln.

SHIRLEY Er wird Ihren Kopf in Brei umwandeln.

BILL *trotzig:* Ich fürchte ihn nicht. Ich fürchte niemand. Aber er kann mich verprügeln. Sie hat mich fertiggemacht. *Er setzt sich schwermütig auf den Rand der Pferdetränke.*

SHIRLEY Sie gehn nicht. Dachte ich mir's doch. *Setzt sich wieder.*

BARBARA *ruft:* Jenny!

JENNY *erscheint in der Eingangstüre zum Quartier mit einem Pflaster über die eine Ecke des Mundes:* Ja, bitte, Major?

BARBARA Schicken Sie Rummy Mitchens heraus, damit sie hier abräumt.

JENNY Ich glaube, sie hat Angst.

BARBARA *für einen Moment blitzt die Ähnlichkeit mir ihrer Mutter auf:* Unsinn. Sie soll tun, was man ihr sagt.

JENNY *ruft in das Quartier:* Rummy: der Major wünscht Sie. *Jenny geht zu Barbara und benutzt absichtlich die Seite, wo Bill ist, damit er nicht denkt, sie gehe ihm aus dem Weg oder sei ihm böse.*

BARBARA Arme kleine Jenny! Sind Sie müde? *Sieht sich die verletzte Wange an.* Tut es weh?

JENNY Nein, es geht schon wieder. Es ist nicht schlimm.

BARBARA *kritisch:* Er schlug so fest zu, wie er konnte, glaube ich. Armer Bill! Sie sind ihm doch nicht böse?

JENNY Oh nein, nein, nein: wirklich nicht, Major. Der liebe gute Mann! *Barbara küßt sie; Jenny läuft fröhlich in das Quartier.*

BARBARA *geht Rummy entgegen:* Nun, Rummy, tummeln Sie sich. Bringen Sie die Becher und Teller hinein, damit sie gespült werden; und streuen Sie die Krümel den Vögeln hin. *Rummy nimmt die drei Teller und Becher; aber Shirley nimmt ihr seinen Becher wieder ab, weil noch ein Rest Milch drin ist.*

RUMMY Krümel gibt es keine. Das ist nicht die Zeit, gutes Brot an Vögel zu vergeuden.

PRICE *erscheint in der Eingangstür zum Quartier:* Da ist ein Herr, der das Quartier sehen möchte, Major. Sagt er sei Ihr Vater.

BARBARA Stimmt. Ich komme. *Snobby geht wieder in das Quartier zurück, Barbara folgt ihm.*

RUMMY *stiehlt sich zu Bill hinüber und spricht ihn mit unterwürfiger Stimme, aber eindringlicher Überzeugung an:* Ich würde Sie vor den Kadi bringen, Sie plattohriger, schweinsnasiger Angeber. Sie sind kein Gentleman. Einer Dame ins Gesicht schlagen. *Bill beachtet sie nicht, in ihm gehen größere Dinge vor.*

SHIRLEY *folgt ihr:* Los, nichts wie rein mit Ihnen und bringen Sie sich nicht wieder in Schwierigkeiten mit Ihrem Geschwätz.

RUMMY *mit Größe:* Ich kann mich nicht erinnern, das Vergnügen gehabt zu haben, Ihnen vorgestellt worden zu sein. *Geht mit den Tellern hinein.*

SHIRLEY Das ist –

BILL *wütend:* Sparen Sie sich Ihre Worte, verstanden. Lassen Sie mich in Ruhe oder es passiert was. Ich bin kein Haufen Dreck für Sie.

SHIRLEY *ruhig:* Keine Angst. Sie sind keine so glänzende Gesellschaft, daß man sich um Sie reißt. *Er will gerade in den Speicher gehen, als Barbara herauskommt, rechts von ihr ihr Vater.*

BARBARA Ah, da sind Sie ja, Mr. Shirley. *Zwischen beiden.* Das ist mein Vater: Ich sagte Ihnen doch schon, daß er Freidenker ist, nicht wahr? Vielleicht finden Sie Gefallen aneinander.

UNDERSHAFT *überrascht:* Ich Freidenker! Das wäre das letzte: im Gegenteil, ein überzeugter Mystiker.

BARBARA Tut mir wirklich leid. Übrigens, Papa, welche Religion hast du? Für den Fall, daß ich dich wieder vorstellen muß.

UNDERSHAFT Meine Religion? Nun, meine Liebe, ich bin Millionär. Das ist meine Religion.

BARBARA Dann, befürchte ich, werden Mr. Shirley und du keinen Gefallen aneinander finden. Sie sind kein Millionär, nicht wahr, Peter?

SHIRLEY Nein; und ich bin stolz darauf.

UNDERSHAFT *ernst:* Armut, mein Freund, ist keine Sache, auf die man stolz ist.

SHIRLEY *ärgerlich:* Was verschaffte Ihnen Ihre Millionen? Ich und meinesgleichen. Was läßt uns arm? Das, was Sie reich werden läßt. Ich möchte nicht mit Ihrem Gewissen tauschen, nicht für Ihr ganzes Einkommen.

UNDERSHAFT Und ich möchte nicht Ihr Einkommen haben,nicht für Ihr ganzes Gewissen, Mr. Shirley. *Er geht zu der überdachten Sitzecke und setzt sich auf eine der Bänke.*

BARBARA *hält Shirley, der sich zurückziehen will, geschickt zurück:* Nicht wahr, Peter, Sie würden nicht denken, daß er mein Vater ist? Gehen Sie, bitte, in den Speicher und helfen Sie den Mädchen etwas: wir rennen uns die Beine ab.

SHIRLEY *bitter:* Ja: ich stehe in Ihrer Schuld für eine Mahlzeit, stimmt's?

BARBARA Aber nein, nicht weil Sie uns etwas schulden, uns zuliebe, Peter, nur uns zuliebe. *Er begreift das nicht und ist ziemlich empört.* Los, starren Sie mich nicht an. Hinein mit Ihnen; und geben Sie Ihrem Gewissen einen Tag Urlaub. *Deutet ihm an, in das Quartier zu gehen.*

SHIRLEY *während er hineingeht:* Oh, welch ein Jammer, daß Sie nie gelernt haben, Ihren Verstand zu gebrauchen, Miß. Sie wären ein äußerst einnehmender Lehrer fürs Freidenkertum. *Barbara wendet sich ihrem Vater zu.*

UNDERSHAFT Kümmere dich nicht um mich, mein Kind. Geh nur und tue deine Arbeit; ich werde dir eine Weile zusehen.

BARBARA Nun gut.

UNDERSHAFT Was ist zum Beispiel mit dem Typ dort drüben los?

BARBARA *sieht zu Bill hin, dessen Haltung sich nicht geändert und dessen Ausdruck wachsenden Grimms sich verstärkt hat:* Oh, ihn werden wir im Handumdrehen kurieren. Paß auf. *Sie geht zu Bill hin und wartet. Er sieht zu ihr auf und schlägt die Augen wieder nieder, unruhig, aber grimmiger denn je.* Es wäre zu schön, nicht wahr, Bill, Mog Habbijam einfach ins Gesicht zu treten?

BILL *springt bestürzt vom Rand der Tränke auf:* Das ist eine Lüge: das habe ich nie gesagt. *Sie schüttelt den Kopf.* Wer hat Ihnen verraten, was ich denke?

BARBARA Ihr neuer Freund.

BILL Welcher neue Freund?

BARBARA Der Teufel, Bill. Wenn er sich an Leute ran macht, fühlen sie sich so miserabel wie Sie.

BILL *mit einem herzzerreißenden Versuch einer Scher-mich-der-Teufel-Heiterkeit:* Ich fühle mich nicht miserabel. *Setzt sich wieder hin und streckt die Beine von sich und versucht, gleichgültig zu erscheinen.*

BARBARA Nun, wenn Sie glücklich sind, warum zeigen Sie's dann nicht wie wir?

BILL *der seine Beine ungewollt wieder zurückgezogen hat:* Ich bin glücklich, damit Sie's wissen. Warum können Sie mich nicht in Frieden lassen? Was habe ich Ihnen getan? Ihnen habe ich das Gesicht doch nicht zerschlagen?

BARBARA *sanft, um seine Seele werbend:* Ich bin's doch nicht, Bill, der nach Ihnen aus ist.

BILL Wer denn?

BARBARA Jemand, der nicht möchte, daß Sie Frauen das Gesicht einschlagen, denke ich. Jemand der oder etwas, das einen Mann aus Ihnen machen möchte.

BILL *drohend:* Einen Mann aus mir machen? Bin ich etwa kein Mann, he? Wer behauptet, ich sei kein Mann?

BARBARA Irgendwo ist wohl ein Mann in Ihnen. Aber warum ließ er es zu, daß Sie die arme kleine Jenny Hill schlugen? Das war nicht sehr männlich von ihm, nicht wahr?

BILL *gequält:* Hören Sie auf damit, verstanden. Aufhören. Ich habe Ihre Jenny Hill und ihr dummes kleines Gesicht satt.

BARBARA Warum denken Sie dann immer daran? Warum kommt es Ihnen immer wieder hoch? Sie wollen sich doch nicht etwa bekehren?

BILL *mit Überzeugung:* ICH NICHT! Sieht nicht danach aus.

BARBARA Recht so, Bill. Wehren Sie sich. Machen Sie's uns nicht leicht. Todger Fairmile sagte, daß er drei Nächte lang gegen seine Rettung ankämpfte, härter als er je mit dem Japs in der Musikhalle mit sich rang. Gegen den Japs gab er nach, als sein Arm nahe dran war, zu brechen. Aber er gab nicht nach bei seiner Bekehrung, bis sein Herz fast brach. Vielleicht kommen Sie daran vorbei. Sie haben ja kein Herz, nicht wahr?

BILL Was meinen Sie damit? Warum soll ich nicht ein Herz haben wie jeder andere?

BARBARA Ein Mann mit Herz hätte bestimmt nicht die arme kleine Jenny ins Gesicht geschlagen.

BILL *beinahe weinend:* Ach, lassen Sie mich doch in Ruhe. Ich wüßte nicht, daß ich mich mit Ihnen je eingelassen hätte und Ihnen das Recht gab, derart an mir herumzunörgeln und mich zu reizen. *Er windet sich krampfartig von Kopf bis zu den Füßen.*

BARBARA *legt ihre Hand fest und besänftigend auf seinen Arm und spricht mit ruhiger Stimme, die ihn nicht losläßt:* Ihre Seele verursacht Ihnen Schmerzen, Bill, nicht ich. Wir alle haben das durchgemacht. Kommen Sie zu uns, Bill. *Er sieht sich wütend um.* Zu tapferer Männlichkeit auf Erden und ewiger Glorie im Himmel. *Er ist nahe dran, zusammenzubrechen.* Kommen Sie!

Aus dem Quartier ertönt eine Trommel; Bill entweicht keuchend dem Zauber, als Barbara sich plötzlich umwendet. Adolphus kommt mit einer großen Trommel aus dem Quartier. Oh, da bist du, Dolly. Ich möchte dich einem neuen Freund vorstellen, Mr. Bill Walker. Das ist mein Schatz, Bill, Mr. Cusins. *Cusins salutiert mit den Trommelschlegeln.*

BILL Werden Sie ihn heiraten?

BARBARA Ja.

BILL *inbrünstig:* Gott steh ihm bei. Gooooootts steh ihm bei!

BARBARA Wieso? Glauben Sie nicht, daß er glücklich mit mir wird?

BILL Ich brauchte Sie nur eine Minute zu ertragen. Er muß es sein Leben lang.

CUSINS Welch erschreckende Überlegung, Mr. Walker. Aber ich kann mich von ihr nicht losreißen.

BILL Nun, ich kann's. *Zu Barbara.* Jawohl! Wissen Sie, wohin ich jetzt gehe und was ich tun werde?

BARBARA Ja: Sie werden in den Himmel gehen; und ehe die Woche um ist, zurückkommen und es mir sagen.

BILL Sie lügen. Ich gehe nach Canning Town, um Todger Fairmile ins Gesicht zu spucken. Ich zerschlug Jenny Hills Gesicht; und jetzt gehe ich und lasse mir mein Gesicht zerschlagen und komme dann zurück, um es Ihnen zu zeigen. Er wird mich härter treffen als ich sie. Dann sind wir quitt. *Zu Adolphus.* Ist das fair oder nicht? Sie sind ein Gentleman: Sie sollten es wissen.

BARBARA Zwei blaue Augen machen kein weißes, Bill.

BILL Sie sind nicht gefragt. Können Sie nie den Mund halten? Ich hab den Gentleman gefragt.

CUSINS *überlegt:* Ja: ich denke, Sie haben Recht, Mr. Walker. Ja: ich tät's. Es ist merkwürdig: genau das hätte ein alter Grieche getan.

BARBARA Und was kommt dabei heraus?

CUSINS Nun, für Mr. Fairmile ist es Training; und es wird Mr. Walker's Seele befriedigen.

BILL Quatsch! Sowas wie 'ne Seele gibt es überhaupt nicht. Woher wollen Sie wissen, ob ich eine Seele habe oder nicht? Sie haben sie nie gesehen.

BARBARA Ich habe die Qual gesehen, die sie Ihnen bereitet hat, als Sie sich gegen sie wehrten.

BILL *mit geballtem Ärger:* Wären Sie mein Mädchen und würden so mit mir sprechen, kriegten Sie was von mir, das Ihnen Qual bereiten würde, da können Sie sicher sein. *Zu Adolphus.* Hören Sie auf mich, Kamerad. Stopfen Sie ihr den Mund, sonst werden Sie früh ins Gras beißen. *Mit heftigem Ausdruck.* Erledigt werden Sie sein, total erledigt. *Geht durch das Tor fort.*

CUSINS *sieht ihm nach:* Wird sich zeigen!

BARBARA Dolly! *(indigniert in der Art ihrer Mutter).*

CUSINS Ja, Liebes, es ist sehr anstrengend, dich zu lieben. Wenn es so weitergeht, werde ich sicher früh sterben.

BARBARA Hättest du etwas dagegen?

CUSINS Keineswegs. *Er wird plötzlich zärtlich und küßt sie über die Trommel hinweg; offensichtlich nicht zum ersten Mal, denn ohne Übung kann man sich nicht über eine große Trommel hinweg küssen. Undershaft räuspert sich.*

BARBARA Schon gut, Papa: wir haben dich nicht vergessen. Dolly: Führ' Papa herum. Ich habe keine Zeit. *Sie geht geschäftig in den Speicher.*

Undershaft und Adolphus sind jetzt allein im Hof. Undershaft, der mit angespannter Aufmerksamkeit auf einer der Bänke sitzt, sieht Adolphus durchdringend an. Adolphus sieht ihn durchdringend an.

UNDERSHAFT Ich könnte mir denken, daß Sie in etwa erraten haben, was ich denke, Mr. Cusins. *Cusins bewegt geräuschlos die Trommelschlegel, so als schlüge er einen starken Trommelwirbel.* Richtig. Aber angenommen, Barbara kommt dahinter?

CUSINS Hören Sie, ich behaupte nicht, daß ich Barbara hintergehe. Ich bin wirklich echt an den Absichten der Heilsarmee interessiert. Tatsache ist, daß ich so eine Art Sammler von Religionen bin; und das merkwürdige ist, daß ich meine, an sie alle glauben zu können. Übrigens, haben Sie eine Religion?

UNDERSHAFT Ja.

CUSINS Etwas außerhalb des Üblichen?

UNDERSHAFT Nur, daß zwei Dinge zum Heil notwendig sind.

CUSINS *enttäuscht, aber höflich:* Ah, der Katechismus der Staatskirche. Charles Lomax gehört auch der Staatskirche an.

UNDERSHAFT Diese beiden Dinge sind –

CUSINS Taufe und –

UNDERSHAFT Nein. Geld und Schießpulver.

CUSINS *überrascht, aber interessiert:* Das ist die allgemeine Einstellung unserer herrschenden Klassen. Neu ist, daß sich ein Mann dazu bekennt.

UNDERSHAFT Genau.

CUSINS Verzeihen Sie: gibt es in Ihrer Religion Platz für Ehre, Gerechtigkeit, Liebe, Gnade und so weiter?

UNDERSHAFT Ja: es gibt die Gnade und den Luxus eines reichen, starken und gesicherten Lebens.

CUSINS Angenommen, man müßte zwischen diesen und Geld oder Schießpulver wählen?

UNDERSHAFT Wählen Sie Geld und Schießpulver; denn ohne genügend von beiden kann man sich die anderen nicht leisten.

CUSINS Ist das Ihre Religion?

UNDERSHAFT Ja. *Der Tonfall seiner Antwort beendet die Unterhaltung. Cusins macht ein zweifelhaftes Gesicht und betrachtet Undershaft. Undershaft betrachtet ihn.*

CUSINS Barbara wird das nicht dulden. Sie werden zwischen Ihrer Religion und Barbara wählen müssen.

UNDERSHAFT Sie auch, mein Freund. Sie wird entdecken, daß Ihre Trommel hohl ist.

CUSINS Vater Undershaft: Sie irren sich: ich bin ein aufrichtiger Soldat der Heilsarmee. Sie verstehen die Heilsarmee nicht. Es ist die Armee der Freude, der Liebe, des Mutes: sie hat Furcht, Gewissensbisse, Verzweiflung der alten vom Teufel besessenen religösen Sekten verbannt: sie marschiert, um den Teufel mit Posaune und Trommel zu bekämpfen, mit Musik und Tanz, mit Banner und Palme, wie es sich für den Ausfall einer glücklichen Truppe aus dem Himmel gehört. Sie holt den Tunichtgut aus den Wirtshäusern und macht einen Mann aus ihm: sie findet einen Wurm, der sich hinten in der Küche krümmt, und, siehe da, eine Frau! Männer und Frauen von Rang, ebenfalls Söhne und Töchter des Allerhöchsten. Sie holt den armen Griechisch-Professor, die delikateste und meist gehemmte menschliche Kreatur, von seiner Rübenmahlzeit und befreit den Rhapsoden in ihm; enthüllt ihm die wahre Verehrung von Dionysos; schickt ihn in die Straßen und läßt ihn Dithyramben trommeln. *Er schlägt einen donnernden Wirbel.*

UNDERSHAFT Sie werden das Quartier alarmieren.

CUSINS Oh, man ist an diese plötzlichen Ekstasen gewöhnt. Aber, wenn die Trommel Sie stört. *Er steckt die Schlegel ein, hakt die Trommel aus und stellt sie gegenüber der Einfahrt auf den Boden.*

UNDERSHAFT Danke.

CUSINS Erinnern Sie sich daran, was Euripides über Ihr Geld und Schießpulver sagt?

UNDERSHAFT Nein.

CUSINS *deklamiert:*

Zwar an Geld und an Waffengewalt
Schlägt der eine wohl den andern.
Vielgestaltig sind die Wünsche
Wie die Menschen; manche führen
Zum ersehnten Ziel, doch andre
Bleiben unerfüllt.
Aber wem der Dämon gönnte,
Stets des Heute sich zu freuen,
Der bedarf kein andres Glück.
Meine Übersetzung. Wie denken Sie darüber?*

UNDERSHAFT Ich denke, mein Freund, wenn der Dämon Ihnen gönnt, sich des Heute zu freuen, Sie sich zuerst genügend Geld für ein angenehmes Leben und genügend Macht beschaffen müssen, um Ihr eigener Herr zu sein.

CUSINS Sie sind verdammt entmutigend.

Er fährt fort zu deklamieren.

Ist es ein leichtes Opfer doch,
Sich zu beugen der Übermacht
Unerforschlicher Gotteskraft
Und des ewig und von Natur
Geltenden Götterglaubens.
Das ist Triumph und der schönste Lohn,
Den die Gottheit dem Menschen beut,
Wenn wir über der Feinde Haupt
Schreiten hinweg mit mächt'gem Fuß.
Soll Barbara nicht auf immer geliebt werden.

UNDERSHAFT Erwähnt Euripides tatsächlich Barbara?

CUSINS Es ist eine angemessene Übersetzung. Das Wort bedeutet Lieblichkeit.

UNDERSHAFT Darf ich – als Barbaras Vater – fragen, für wieviel

* Übersetzung von H. v. Arnim, nach Shaw abgewandelt.

im Jahr sie auf immer geliebt werden wird?

CUSINS Was Barbaras Vater betrifft, so ist das eher ihre Sache als meine. Ich kann sie durch Unterricht in Griechisch ernähren: das ist alles.

UNDERSHAFT Finden Sie das eine gute Partie für sie?

CUSINS *mit höflicher Hartnäckigkeit:* Mr. Undershaft: ich bin in vieler Hinsicht ein schwacher, scheuer, versagender Mensch: und meine Gesundheit ist alles andere als befriedigend. Aber wann immer ich mir etwas in den Kopf gesetzt habe, das ich haben will, bekomme ich es früher oder später. Und Barbara habe ich mir in den Kopf gesetzt. Ich bin nicht fürs Heiraten: ich habe große Angst davor; und ich weiß nicht, was ich mit Barbara tun werde und was sie mit mir tun wird. Aber ich fühle, daß nur ich und sonst keiner sie heiraten darf. Finden Sie sich, bitte, damit ab. Das bedeutet nicht, daß ich eigenmächtig sein will, aber warum soll ich Ihre Zeit vergeuden, um etwas zu diskutieren, was nicht zu ändern ist.

UNDERSHAFT Das heißt, daß Sie vor nichts zurückschrecken werden: nicht einmal davor, die Heilsarmee zur Anbetung von Dionysos zu bekehren?

CUSINS Aufgabe der Heilsarmee ist es, zu retten, nicht über den Namen des Pfadfinders zu streiten. Dionysos oder ein anderer, was macht das aus?

UNDERSHAFT *steht auf und nähert sich ihm:* Professor Cusins: Sie sind ein junger Mann nach meinem Herzen.

CUSINS Mr. Undershaft: Sie sind, soweit ich das beurteilen kann, ein ganz teuflischer alter Schuft; aber Sie rühren stark an meinen Sinn für spöttischen Humor. *Undershaft reicht ihm stumm die Hand. Sie schütteln sich die Hand.*

UNDERSHAFT *konzentriert sich plötzlich:* Und jetzt zum geschäftlichen Teil.

CUSINS Verzeihung. Wir sprechen über Religion. Warum auf ein so uninteressantes und unwichtiges Thema wie Geschäft zurückkommen?

UNDERSHAFT Religion ist gegenwärtig unser Geschäft, denn nur durch Religion und sonst nichts können wir Barbara gewinnen.

CUSINS Haben Sie sich auch in Barbara verliebt?

UNDERSHAFT Ja, mit väterlicher Liebe.

CUSINS Die Liebe eines Vaters zu einer erwachsenen Tochter ist die gefährlichste aller Verblendungen. Verzeihen Sie, daß ich meine eigene, schwache, bescheidene mißtrauische Vorstellung in einem Atemzug damit nenne.

UNDERSHAFT Bleiben wir bei der Sache. Wir müssen sie gewinnen; und keiner von uns beiden ist Methodist.

CUSINS Das macht nichts. Die Macht, mit der Barbara hier herrscht – die Macht, von der Barbara selbst beherrscht wird – ist weder Calvinismus noch Presbyterianertum oder methodistische Lehre –

UNDERSHAFT Noch griechisches Heidentum, wie?

CUSINS Ich gebe das zu. Barbara ist recht originell in ihrer Religion.

UNDERSHAFT *triumphierend:* Aha! Barbara Undershaft muß es sein. Ihre Inspiration kommt aus ihr selbst.

CUSINS Und wie soll sie in sie hineingekommen sein?

UNDERSHAFT *in heftiger Erregung:* Das ist das Undershaft-Erbe. Ich werde meine Fackel an meine Tochter weitergeben. Sie soll sich zu mir bekehren und mein Evangelium predigen –

CUSINS Was! Geld und Schießpulver!

UNDERSHAFT Ja, Geld und Schießpulver! Freiheit und Macht. Herrschaft über Leben und Tod.

CUSINS *höflich, versucht, ihn auf die Erde zurückzuholen:* Das ist äußerst interessant, Mr. Undershaft. Sie wissen natürlich, daß Sie verrückt sind?

UNDERSHAFT *mit verdoppelter Kraft:* Und Sie?

CUSINS Oh, total verrückt. Mein Geheimnis steht Ihnen offen, nachdem ich Ihres entdeckt habe. Aber ich bin erstaunt. Kann ein Verrückter Kanonen herstellen?

UNDERSHAFT Wer anders als ein Verrückter würde es tun? Und nun *(mit packender Energie)* Frage auf Frage. Kann ein gesunder Mensch Euripides übersetzen?

CUSINS Nein.

UNDERSHAFT *packt ihn bei der Schulter:* Kann eine gesunde Frau aus einem Taugenichts einen Mann oder aus einem Wurm eine Frau machen?

CUSINS *vom Sturm getrieben:* Vater Colossus – Mammut Millionär –

UNDERSHAFT *bedrängt ihn:* Befinden sich heute zwei oder drei Verrückte in diesem Heilsquartier?

CUSINS Sie meinen, Barbara ist ebenso verückt wie wir?

UNDERSHAFT *schiebt ihn leicht beiseite und findet plötzlich seinen Gleichmut wieder:* Pah, Herr Professor! Wir wollen die Dinge bei ihrem Namen nennen. Ich bin Millionär; Sie sind Dichter; Barbara ist Seelenretter. Was haben wir drei mit dem gewöhnlichen Gesindel von Sklaven und Götzendienern zu tun? *Er setzt sich mit einem verächtlichen Schulterzucken für das Gesindel hin.*

CUSINS Sind Sie vorsichtig! Barbara ist in das Gesindel verliebt. Ich auch. Haben Sie nie den Zauber dieser Liebe empfunden?

UNDERSHAFT *kalt und höhnisch:* Waren Sie je in die Armut verliebt wie der heilige Franziskus? Waren Sie je in Schmutz verliebt wie der heilige Simeon? Waren Sie je in Krankheit und Leid verliebt wie unsere Schwestern und Philanthropisten? Solche Leidenschaften sind keine Tugenden, sondern die unnatürlichsten aller Laster. Diese Liebe für das Gesindel mag einer gräflichen Enkelin und einem Universitätsprofessor gefallen; ich aber war ein gewöhnlicher Mensch und ein armer Mann: für mich hat sie keinen Zauber. Überlassen Sie es dem Armen, vorzugeben, daß Armut eine Gnade ist. Überlassen Sie es dem Feigen, aus seiner Feigheit eine Religion zu machen, indem er Demut predigt: wir wissen es besser. Wir drei müssen dem gemeinen Volk gegenüber zusammenhalten: wie sonst könnten wir seinen Kindern helfen, auch emporzukommen? Barbara muß zu uns gehören, nicht zur Heilsarmee.

CUSINS Je nun, dazu kann ich nur sagen, daß Sie Barbara schlecht kennen, wenn Sie glauben, Sie könnten ihr die Heilsarmee ausreden, wenn Sie mit den gleichen Worten zu ihr sprechen, wie jetzt mit mir.

UNDERSHAFT Mein Freund, ich bitte nie um etwas, daß ich mir kaufen kann.

CUSINS *blaß vor Wut:* Wollen Sie damit unterstellen, daß Sie Barbara kaufen können?

UNDERSHAFT Nein: aber ich kann die Heilsarmee kaufen.

CUSINS Völlig unmöglich.

UNDERSHAFT Sie werden es sehen. Alle religiösen Organisationen existieren dadurch, daß sie sich an die Reichen verkaufen.

CUSINS Nicht die Heilsarmee. Sie ist die Kirche der Armen.

UNDERSHAFT Ein Grund mehr, sie zu kaufen.

CUSINS Ich glaube, Sie wissen nicht, was die Heilsarmee für die Armen tut.

UNDERSHAFT Oh doch. Sie zieht ihnen die Zähne: für mich als Geschäftsmann reicht das.

CUSINS Unsinn. Sie macht sie nüchtern –

UNDERSHAFT Ich bevorzuge nüchterne Arbeiter. Der Gewinn ist größer.

CUSINS – ehrlich –

UNDERSHAFT Ehrliche Arbeiter sind die wirtschaftlichsten.

CUSINS – anhänglich an ihr Zuhause –

UNDERSHAFT Um so besser: dann nehmen sie lieber alles in Kauf, als ihre Stelle zu wechseln.

CUSINS – glücklich –

UNDERSHAFT Eine unschätzbare Sicherheit gegen Revolution.

CUSINS – selbstlos –

UNDERSHAFT Gleichgültig gegen ihre eigenen Interessen, das paßt mir genau.

CUSINS – nur an himmlische Dinge denkend –

UNDERSHAFT *erhebt sich:* Und nicht an Gewerkschaften oder Sozialismus. Ausgezeichnet.

CUSINS *empört:* Sie sind wirklich ein teuflischer alter Schuft.

UNDERSHAFT *deutet auf Peter Shirley, der gerade aus dem Quartier kommt und niedergeschlagen an ihnen vorbei in den Hof schlendert:* Und das ist ein ehrlicher Mann!

SHIRLEY Ja: und was habe ich davon? *Er geht verbittert weiter und setzt sich auf eine Bank unter dem Schutzdach.*

Snobby Price, der scheinheilig strahlt, und Jenny Hill kommen mit einem Tamburin voller Kupfermünzen aus dem Schuppen und gehen zu der Trommel, auf der Jenny die Münzen zu zählen beginnt.

UNDERSHAFT *antwortet Shirley:* Oh, Ihre Arbeitgeber zumindest müssen eine Menge Nutzen daraus gezogen haben.

Er setzt sich auf den Tisch, einen Fuß auf der Bank an der Seite, Cusins, überwältigt, setzt sich auf diese Bank, aber näher zum Quartier hin. Barbara kommt aus dem Quartier und geht in die Mitte des Hofes. Sie ist aufgeregt und etwas überanstrengt.

BARBARA Wir hatten gerade eine Versammlung mit einem herrlichen Erlebnis in Cripps Lane. Noch selten habe ich sie so bewegt gesehen wie bei Ihrer Beichte, Mr. Price.

PRICE Ich könnte mich fast über meine vergangene Schlechtigkeit freuen, wenn ich wüßte, daß es helfen würde, Taugenichtse im Zaum zu halten.

BARBARA Das tut es, Snobby. Wieviel, Jenny?

JENNY Vier Schilling und zehn Pence, Major.

BARBARA Oh Snobby, wenn Sie Ihrer armen Mutter nur noch einen Tritt mehr gegeben hätten, wären die fünf Schillinge voll geworden.

PRICE Wenn sie das hörte, täte es ihr leid, daß ich's nicht getan habe. Aber ich bin froh. Oh, wie wird sie sich freuen, wenn sie hört, daß ich gerettet bin!

UNDERSHAFT Soll ich die fehlenden zwei Pence drauflegen, Barbara? Das Scherflein des Millionärs, ja? *Er nimmt ein paar Pence aus seiner Tasche.*

BARBARA Wie hast du die zwei Pence verdient?

UNDERSHAFT Wie immer. Durch den Verkauf von Kanonen, Torpedos, Unterseebooten und durch meine neue patentierte Grand Duke Handgranate.

BARBARA Steck sie wieder ein. Du kannst deine Rettung hier nicht für zwei Pence kaufen: Du mußt sie erarbeiten.

UNDERSHAFT Reichen zwei Pence nicht? Ich kann mir etwas mehr leisten, wenn du mir zusetzt.

BARBARA Zwei Millionen Millionen reichen nicht aus. An deinen Händen klebt schmutziges Blut; und nur reines Blut kann sie säubern. Geld hilft nicht. Nimm es wieder. *Sie wendet sich Cusins zu.* Dolly, du mußt noch einen Brief an die Zeitung für mich schreiben. *Er zieht ein schiefes Gesicht.* Ja, ich weiß, daß du das nicht gerne tust; aber es muß sein. Die Hungersnot in diesem Winter macht uns fertig: alles ist arbeitslos. Der General sagt, daß wir dieses Quartier schließen müssen, wenn wir nicht mehr Geld bekommen. Ich übe soviel Druck aus bei den Kollekten, daß ich mich schäme: nicht wahr, Snobby?

PRICE Es ist ein Genuß, Sie arbeiten zu sehen, Miß. Wie Sie es von den drei Schilling sechs zu vier Schilling zehn brachten mit jener Hymne. Pence für Pence und Strophe für Strophe, das war eine tolle Sache. Kein Straßenhändler in Mile End Waste macht Ihnen das nach.

BARBARA Ja. Aber ich wünschte, wir kämen ohne das aus. Es kommt noch so weit, daß ich mehr an die Kollekten als an die Seelen der Menschen denke. Und was sind schon diese Hüte voll Pence und Halfpence. Wir brauchen Tausende, Zehntausende, Hunderttausende. Ich möchte die Menschen bekehren und nicht ständig nur für die Heilsarmee auf eine Art betteln, wie ich es für mich selbst nie könnte. Eher würde ich sterben.

UNDERSHAFT *mit großer Ironie:* Echte Selbstlosigkeit, meine Liebe, ist zu allem fähig.

BARBARA *arglos, während sie sich umdreht, um das Geld von der Trommel zu nehmen und es in einen Geldbeutel, den sie trägt, zu tun:* Ja, nicht wahr! *Undershaft sieht höhnisch zu Cusins hin.*

CUSINS *beiseite zu Undershaft:* Mephisto! Machiavelli!

BARBARA *der Tränen in die Augen kommen, während sie den Beutel zubindet und einsteckt:* Wie sollen wir sie ernähren?

Ich kann einem Menschen, dem der Hunger aus den Augen blickt, nicht von Religion sprechen. *Bricht fast zusammen.* Es ist schrecklich.

JENNY *läuft zu ihr hin:* Major, liebe –

BARBARA *rafft sich zusammen:* Nein: ich brauche keinen Trost. Es wird schon gehen. Wir werden das Geld bekommen.

UNDERSHAFT Woher?

JENNY Durch unser Gebet, wie sonst. Mrs. Baines sagte mir, daß sie vergangene Nacht darum gebetet hat; und sie hat nie vergebens darum gebetet, nie. *Sie geht zur Toreinfahrt und sieht die Straße herunter.*

BARBARA *die sich die Augen getrocknet und ihr Gleichgewicht wieder gefunden hat:* Übrigens, Paps, Mrs. Baines will heute nachmittag mit uns zu unserem großen Treffen marschieren; und ihr liegt aus irgendeinem Grund sehr viel daran, dich kennenzulernen. Vielleicht wird sie dich bekehren.

JENNY *an der Einfahrt, aufgeregt:* Major! Major! da kommt der Mann zurück.

BARBARA Welcher Mann?

JENNY Der Mann, der mich geschlagen hat. Oh, ich hoffe, er kommt zurück, um sich uns anzuschließen.

Bill Walker, Schnee an seiner Jacke, die Hände in den Taschen vergraben und den Kopf tief gesenkt, kommt wie ein ausgeplünderter Spieler durch das Tor. Er bleibt zwischen Barbara und der Trommel stehen.

BARBARA Nun, Bill, schon wieder zurück?

BILL *knurrt sie an:* Haben die ganze Zeit über nur geschwätzt, wie?

BARBARA So ziemlich. Nun, hat Todger es Ihnen gegeben für das, was Sie der armen Jenny zufügten?

BILL Nein, hat er nicht.

BARBARA Sah so aus, als sei an Ihrer Jacke etwas Schnee.

BILL Jawohl, es ist Schnee. Möchten wohl wissen, wie der dahin kommt, nicht?

BARBARA Ja.

BILL Nun, er stammt vom Boden in Canning Town. Meine Schultern haben ihn abgescheuert, kapiert?

BARBARA Wie schade, daß Sie ihn nicht mit Ihren Knien abgescheuert haben, Bill. Das hätte Ihnen richtig gut getan.

BILL *mit verdrießlichem freudlosen Humor:* Hab die Knie eines anderen Mannes dadurch geschont, der auf mir gekniet hat.

JENNY Wer hat auf Ihnen gekniet?

BILL Todger war's. Er hat für mich gebetet: bequemes Beten mit mir als Teppich. Mog ebenfalls. Und die ganze verdammte Gesellschaft. Sie, Mog, sagte: »Oh, Gott, brich seinen trotzigen Sinn; aber verletze nicht sein liebes Herz.« Das hat sie gesagt »Verletze nicht sein liebes Herz!« Und er, ihr Freund – an die 90 Kilo schwer – kniete mit seinem ganze Gewicht auf mir. Lustig, was?

JENNY O nein, Mr. Walker. Das tut uns so leid.

BARBARA *genießt es offensichtlich:* Unsinn. Natürlich ist das lustig. Geschieht Ihnen recht, Bill! Sie müssen ihn herausgefordert haben.

BILL *störrisch:* Ich tat das, was ich mir vorgenommen hatte. Ich spuckte ihm ins Gesicht. Er blickte auf zum Himmel und sagte »Oh, daß ich für würdig gefunden werde, um des Evangeliums willen angespuckt zu werden!« so sagte er und Mog sagte »Gloria Alleluja!«. Dann nannte er mich Bruder und tat, als sei ich ein Kind und er meine Mutter, die mich am Samstagabend abschrubbt. Ich hatte überhaupt keinen Streit mit ihm. Die halbe Straße betete; und die andere Hälfte lachte sich halbtot. *Zu Barbara.* Nun, sind Sie jetzt zufrieden?

BARBARA *deren Augen funkeln:* Wäre ich doch dabei gewesen, Bill!

BILL Ja. Damit Sie mir auch noch eine Predigt hätten halten können, nicht wahr?

JENNY Es tut mir so leid, Mr. Walker.

BILL *wütend:* Sparen Sie sich Ihr Mitleid. Sie haben nichts zu melden. Ich hab' Ihnen einen Kinnhaken versetzt.

JENNY Nein, es tat nicht weh, wirklich nicht, nur einen Augenblick. Ich war so erschreckt.

BILL Ich pfeif auf Ihr Verzeihen, überhaupt auf jedermanns. Ich zahl für das, was ich getan hab. Ich habe versucht, selbst einen Kinnhaken verpaßt zu kriegen, um Ihnen Genugtuung zu geben –

JENNY *bedrückt:* Oh nein –

BILL *ungeduldig:* Ich hab's getan, können Sie nicht zuhören, was man Ihnen sagt? Alles was dabei herauskam, war, daß man sich öffentlich auf meine Kosten lustig machte. Nun, wenn ich Ihnen auf diese Weise keine Genugtuung geben kann, dann eben auf andere. Hören Sie! Ich hatte mir zwei Pfund gespart für die Kälte, eins davon ist noch da. Ein Kamerad von mir hatte vorige Woche Streit mit seinem Mädchen, das er heiraten will. Er gabs ihr: dafür mußte er 15 Schillinge blechen. Er hatte ein

Recht, sie zu schlagen, weil sie heiraten wollten; ich hatte aber kein Recht, Sie zu schlagen. Legen wir deshalb also noch fünf Schillinge drauf, daß es ein Pfund wird. *Zieht einen Sovereign hervor.* Da ist das Geld. Nehmen Sie's; und Schluß mit Ihrem Verzeihen und Beten und dem Geschwätz Ihres Majors. Was geschehen ist, ist geschehen und ich hab dafür gezahlt; und damit Schluß.

JENNY Oh, ich kann es nicht annehmen, Mr. Walker. Wenn sie aber der armen Rummy Mitchens ein paar Schillinge geben wollen. Sie taten ihr wirklich weh und sie ist schon alt.

BILL *verächtlich:* Kommt nicht in Frage. Sie kriegt noch eine drauf, ehe sie sich's versieht. Soll zum Kadi gehen, wie sie gedroht hat. Sie hat mir nicht vergeben: kaum. Was ich ihr tat – sie – *zeigt auf Barbara* – würde es mein Gewissen nennen – berührt mich so wenig, als hätte ich ein Schwein abgestochen. Das christliche Spiel, das Sie mit mir spielen wollen, gefällt mir nicht: dieses verfluchte Vergeben und Nörgeln und Geschwätz macht einen Mann so verdrießlich, daß ihm sein Leben zur Last wird. Ich will's nicht, merken Sie sich's: nehmen Sie also das Geld und hören Sie auf, mir Ihr blödes verletztes Gesicht zu zeigen.

JENNY Major: darf ich etwas davon für die Heilsarmee nehmen?

BARBARA Nein. Die Heilsarmee ist nicht käuflich. Wir wollen Ihre Seele, Bill; darunter tun wir's nicht.

BILL *bitter:* Ich weiß. Ich und meine paar Schillinge sind nicht gut genug für Sie. Sie sind die Enkelin eines Grafen. Unter hundert Pfund tun Sie's nicht.

UNDERSHAFT Hör mal, Barbara! Du könntest eine Menge Gutes tun mit hundert Pfund. Wenn du diesen Herrn da um sein Pfund erleichterst, gebe ich dir die anderen neunundneunzig dazu. *Bill, von soviel Reichtum verwirrt, tippt instinktiv an seine Mütze.*

BARBARA Oh, du bist zu verschwenderisch, Papa. Bill bietet zwanzig Silberlinge. Du brauchst nichts weiter, als die fehlenden zehn zu bieten. Dann haben wir den üblichen Preis für jeden, der zu kaufen ist. Ich nicht. Und die Heilsarmee auch nicht. *Zu Bill.* Sie werden keine ruhige Minute mehr haben, Bill, bis Sie zu uns kommen. Sie können Ihrer Rettung nicht trotzen.

BILL *trotzig:* Gegen Varieté-Ringkämpfer und gräßliche, scharfzüngige Frauen komme ich nicht an. Ich habe angeboten, zu zahlen. Mehr kann ich nicht tun. Nehmen Sie's oder lassen Sie es bleiben. Da.

Er wirft den Sovereign auf die Trommel und setzt sich auf den Rand der Pferdetränke. Das Geldstück fasziniert Snobby Price, der bei der ersten Gelegenheit seine Mütze darauffallen läßt.

Mrs. Baines kommt aus dem Quartier. Sie trägt die Uniform einer Kommandeurin der Heilsarmee. Sie ist eine ernstaussehende Frau um die vierzig, mit einer schmeichelnden, eindringlichen Stimme und von angenehmer Art.

BARBARA Das ist mein Vater, Mrs. Baines. *Undershaft kommt vom Tisch herunter, zieht seinen Hut mit betonter Höflichkeit.* Sehen Sie zu, was Sie bei ihm erreichen können. Er will nicht auf mich hören, weil er sich daran erinnert, was für Possen ich als kleines Kind getrieben habe. *Sie läßt die beiden allein und spricht mit Jenny.*

MRS. BAINES Hat man Ihnen die Unterkunft gezeigt, Mr. Undershaft? Sie wissen über unsere Arbeit Bescheid?

UNDERSHAFT *betont höflich:* Die ganze Nation weiß darüber Bescheid, Mrs. Baines.

MRS. BAINES Nein, mein Herr: die ganze Nation weiß es eben nicht, sonst wären wir nicht so durch Geldmangel daran gehindert, unsere Arbeit weit und breit im Land zu tun. Glauben Sie mir, ohne uns hätte es in diesem Winter in London Aufruhr gegeben.

UNDERSHAFT Glauben Sie das wirklich?

MRS. BAINES Ich weiß es. Ich erinnere mich an 1886, als die reichen Leute ihre Herzen gegen den Schrei der Armen verhärteten. Damals schlugen sie die Fensterscheiben in den Clubs in Pall Mall ein.

UNDERSHAFT *strahlt vor Zustimmung über diese Methode:* Und der Mansion House Fund stieg am nächsten Tag von dreißigtausend Pfund auf neunundsiebzigtausend! Ich erinnere mich gut daran.

MRS. BAINES Nun, möchten Sie mir nicht helfen, an die Leute heranzukommen? Dann werden sie keine Fensterscheiben mehr einschlagen. Price, kommen Sie her. Ich möchte Sie diesem Herrn zeigen. *Price kommt, um sich inspizieren zu lassen.* Erinnern Sie sich an das Einschlagen der Fenster?

PRICE Mein alter Vater hielt es für die Revolution, Madam.

MRS. BAINES Würden Sie jetzt Fensterscheiben einschlagen?

PRICE Aber nein, Madam. Mir sind die Fenster des Himmels geöffnet worden. Ich weiß, daß der reiche Mann ebenso ein Sünder ist wie ich.

RUMMY *erscheint oben in der Giebeltür:* Snobby Price!

SNOBBY Was ist los?

RUMMY Ihre Mutter sucht Sie beim Cripps Lane Tor. Sie hat von Ihrer Bekehrung gehört. *Price wird blaß.*

MRS. BAINES Gehen Sie, Mr. Price, und beten Sie mit ihr.

JENNY Sie können durch das Quartier gehen, Snobby.

PRICE Ich kann ihr jetzt nicht gegenübertreten, Madam, wo ich noch das ganze Gewicht meiner Sünden spüre. Sagen Sie ihr, sie würde ihren Sohn zu Hause vorfinden, im Gebet auf sie wartend.

Er schleicht durch das Tor hinaus und läßt so nebenher den Sovereign mitgehen, als er seine Mütze von der Trommel nimmt.

MRS. BAINES *mit feuchten Augen:* Da sehen Sie, wie wir Zorn und Bitterkeit gegen Sie aus ihren Herzen nehmen, Mr. Undershaft.

UNDERSHAFT Das ist wirklich sehr angenehm und erfreulich für alle Großunternehmer, Mrs. Baines.

MRS. BAINES Barbara: Jenny: ich habe gute Nachrichten: die allerbesten Nachrichten. *Jenny läuft zu ihr hin.* Mein Gebet ist erhört worden. Habe ich Ihnen das nicht vorausgesagt, Jenny?

JENNY Ja, ja.

BARBARA *rückt näher zur Trommel:* Haben wir genügend Geld bekommen, um das Quartier offenhalten zu können?

MRS. BAINES Ich hoffe, daß wir genügend haben, um alle Quartiere offenhalten zu können. Lord Saxmundham hat uns fünftausend Pfund versprochen –

BARBARA Hurra!

JENNY Gloria!

MRS. BAINES – wenn –

BARBARA »Wenn«! Wenn was?

MRS. BAINES wenn fünf weitere Herren jeder eintausend geben, so daß es zusammen zehntausend sind.

BARBARA Wer ist Lord Saxmundham? Ich habe nie von ihm gehört.

UNDERSHAFT *der seine Ohren gespitzt hat bei der Nennung des Namens und jetzt Barbara neugierig beobachtet:* Eine Neu-Erwerbung, meine Liebe. Hast du von Sir Horace Bodger gehört?

BARBARA Bodger! Meinst du den Branntweinbrenner? Bodger's Whisky?

UNDERSHAFT Der ist es. Er ist einer der größten öffentlichen

Wohltäter. Er hat die Kathedrale von Hakington restaurieren lassen. Dafür machte man ihn zum Baronet. Seiner Partei stiftete er eine halbe Million: dafür machten sie ihn zum Baron.

SHIRLEY Was wird man ihm für die fünftausend geben?

UNDERSHAFT Es bleibt nichts mehr, was man ihm geben könnte. Die fünftausend werden dazu dienen, seine Seele zu retten.

MRS. BAINES Geb's der Himmel! Oh, Mr. Undershaft, Sie haben reiche Freunde. Können Sie uns zu den anderen fünftausend verhelfen? Heute nachmittag haben wir ein großes Treffen in der Assembly Hall in Mile End Road. Wenn ich nur schon sagen könnte, daß ein Herr bereit ist, Lord Saxmundhams Aufforderung zu folgen, dann werden sich weitere finden. Wissen Sie niemand? Könnten Sie nicht? Wollen Sie nicht? *Ihre Augen füllten sich mit Tränen.* Oh, denken Sie an die Armen, Mr. Undershaft: oh denken Sie daran, wieviel es für diese Leute ausmacht und wie wenig für einen großen Mann wie Sie.

UNDERSHAFT *spöttisch, galant:* Mrs. Baines, Sie sind unwiderstehlich. Ich kann sie nicht enttäuschen; und ich kann mir selbst nicht die Genugtuung versagen. Bodger zahlen zu lassen. Sie sollen Ihre fünftausend Pfund haben.

MRS. BAINES Dank sei Gott!

UNDERSHAFT Mir danken Sie nicht?

MRS. BAINES Oh, mein Herr, versuchen Sie nicht, zynisch zu sein: schämen Sie sich nicht, ein guter Mensch zu sein. Der Herr wird es Ihnen reichlich lohnen; und unsere Gebete werden Sie Ihr Leben lang wie eine starke Festung umgeben. *Versucht vorzubeugen.* Sie geben mir doch den Scheck jetzt schon, damit ich ihn auf dem Treffen zeigen kann, nicht wahr? Jenny, holen Sie bitte Feder und Tinte. *Jenny läuft zur Eingangstür des Quartiers.*

UNDERSHAFT Bemühen Sie Miß Hill nicht: ich habe meinen Füllfederhalter.

Jenny hält ein. Er setzt sich an den Tisch und schreibt den Scheck aus. Cusins steht auf, um ihm Platz zu machen. Alle beobachten ihn schweigend.

BILL *zynisch, zu Barbara hin, mit Geringschätzung in Stimme und Ton:* Und was kostet die Rettung jetzt?

BARBARA Halt. *Undershaft hört auf zu schreiben: alle wenden sich ihr überrascht zu.* Mrs. Baines, wollen Sie dieses Geld wirklich annehmen?

MRS. BAINES *erstaunt:* Warum nicht, Liebe?

BARBARA Warum nicht? Wissen Sie, was mein Vater ist? Haben

Sie vergessen, daß Lord Saxmundham Bodger ist, der Whisky Mann? Erinnern Sie sich noch daran, wie wir die Behörden angefleht haben, ihn daran zu hindern, Bodger's Whisky in feurigen Buchstaben an den Himmel zu schreiben, damit die armen, durch das Trinken ruinierten Kreaturen durch dieses verruchte Zeichen nicht an ihren tödlichen Durst erinnert werden, wenn sie auf der Straße aus ihrer Pennerei aufwachen? Wissen Sie, daß das Schlimmste, gegen das ich hier kämpfen muß, nicht der Teufel ist, sondern Bodger, Bodger, Bodger, mit seinem Whisky, seinen Kneipen und Wirtshäusern? Wollen Sie unser Quartier zu einer weiteren Kneipe von Bodger machen und von mir verlangen, daß ich den Schankwirt spiele?

BILL Verflucht schlechter Whisky ist es noch dazu.

MRS. BAINES Liebe Barbara: Wie jeder von uns hat auch Lord Saxmundham eine Seele, die gerettet werden muß. Wenn der Himmel einen Weg für den rechten Gebrauch seines Geldes gefunden hat, sollen wir uns dann der Antwort auf unser Gebet verschließen?

BARBARA Ich weiß, daß er eine Seele hat, die gerettet werden sollte. Lassen Sie ihn hierher kommen: dann werde ich alles tun, um ihm zum Heil zu verhelfen. Er hingegen will uns einen Scheck schicken, um uns damit zu kaufen und dann sein sündhaftes Leben für immer fortzusetzen.

UNDERSHAFT *mit einer Vernunft, deren Ironie nur Cusins erkennt:* Meine liebe Barbara: Alkohol ist ein sehr notwendiger Artikel. Er heilt die Kranken –

BARBARA Nichts derartiges tut er.

UNDERSHAFT Nun, er hilft dem Arzt: das ist vielleicht eine weniger fragwürdige Art, es auszudrücken. Er macht das Leben für Millionen von Menschen erträglich, die ihr Dasein nicht ertrügen, wären sie nüchtern. Er hilft dem Parlament, Dinge um elf Uhr nachts zu tun, die ein klarer Kopf morgens um elf Uhr nicht tun würde. Ist es Bodgers Schuld, daß diese unschätzbare Gabe von weniger als einem Prozent der Armen erbärmlich mißbraucht wird? *Er geht wieder zum Tisch und unterschreibt den Verrechnungsscheck.*

MRS. BAINES Barbara: wird das Trinken weniger oder mehr, wenn all diese armen Seelen, die wir retten, morgen kommen und unsere Quartiere verschlossen finden? Lord Saxmundham gibt uns das Geld, um dem Trinken ein Ende zu setzen – ihm sein eigenes Geschäft zu verderben.

CUSINS *schelmisch:* Tatsächlich ein ganz uneigennütziges Opfer, von Bodger. Der gute Bodger! *Barbara bricht fast zusammen, als Adolphus ihr auch nicht beisteht.*

UNDERSHAFT *reißt den Scheck ab und steckt das Scheckbuch ein, während er aufsteht und an Cusins vorbei zu Mrs. Baines geht.* Auch ich, Mrs. Baines, möchte ein wenig Uneigennützigkeit beanspruchen. Denken Sie an mein Unternehmen! Denken Sie an die Witwen und Waisen! Die Männer und Burschen, die von Schrapnells zerfetzt und durch Lyddit vergiftet werden! *Mrs. Baines zuckt zurück; aber er fährt erbarmungslos fort.* Das Meer von Blut, von dem nicht ein Tropfen in wirklich gerechter Sache vergossen wird; die vernichteten Ernten; die friedlichen Bauern, Frauen und Männer, die gezwungen sind, unter Beschuß von beiden Seiten ihre Felder zu bestellen aus Angst vor Hungersnot. An das schlechte Blut der hitzigen kleinen Feiglinge zu Hause, die andere antreiben, um für den Dank des Vaterlandes zu kämpfen! Das alles bringt mir Geld: nie bin ich reicher, nie habe ich soviel zu tun, als wenn die Zeitungen davon voll sind. Nun, es ist Ihre Aufgabe, Frieden auf Erden zu predigen und den Menschen guten Willen. *Mrs. Baines' Gesicht hellt sich wieder auf.* Jede Bekehrung, die Sie erreichen, ist eine Stimme gegen den Krieg. *Ihre Lippen bewegen sich im Gebet.* Und doch gebe ich Ihnen dieses Geld, um Ihnen zu helfen, meinen eigenen geschäftlichen Ruin zu beschleunigen. *Er gibt ihr den Scheck.*

CUSINS *steigt in einer Ekstase von Bosheit auf die Bank.* Das Jahrtausend wird eingeleitet durch die Selbstlosigkeit von Undershaft und Bodger. Oh freut euch! *Er nimmt die Trommelschlegel aus seiner Tasche und trommelt.*

MRS. BAINES *nimmt den Scheck:* Je länger ich lebe, je mehr beweist sich mir, daß es einen unendlich gütigen Gott gibt, der früher oder später alles zum Heil wendet. Wer hätte gedacht, daß aus Krieg und Trinken etwas Gutes hervorgehen könnte? Und doch wird heute der Nutzen davon der Heilsarmee zu Füßen gelegt, damit sie ihr gesegnetes Werk vollbringt. *Sie ist zu Tränen gerührt.*

JENNY *läuft zu Mrs. Baines und schlingt ihre Arme um sie:* Oh, Liebe, wie gesegnet, wie glorreich das alles ist!

CUSINS *in einem Anfall von Ironie:* Laßt uns diesen unaussprechlichen Augenblick ergreifen. Laßt uns sogleich zu dem großen Treffen marschieren. Entschuldigt mich einen Augenblick. *Er läuft eilig in das Quartier. Jenny nimmt ihr Tamburin von der Trommel.*

MRS. BAINES Mr. Undershaft: haben Sie je gesehen, wie fast Tausend Menschen auf einen Schlag hin auf die Knie fallen und beten? Kommen Sie mit uns zu dem Treffen. Barbara soll ihnen sagen, daß die Armee gerettet ist, gerettet durch Sie.

CUSINS *kommt eilig aus dem Quartier zurück, mit einer Fahne und einer Posaune und geht zwischen Mrs. Baines und Undershaft:* Sie werden die Fahne durch die erste Straße tragen, Mrs. Baines. *Gibt ihr die Fahne.* Mr. Undershaft ist ein begabter Posaunenspieler. Er wird uns eine olympische Weise zum West-Ham-Salvation-Marsch intonieren. *Beiseite zu Undershaft, während er ihm die Posaune aufnötigt.* Blasen Sie, Machiavelli, blasen Sie.

UNDERSHAFT *beiseite zu ihm, während er die Posaune nimmt:* Die Posaune von Zion. *Cusins läuft zur Trommel, die er aufnimmt und umhängt, Undershaft fährt laut fort.* Ich werde mein Bestes tun. Ich könnte einen Baß spielen, wenn ich die Melodie wüßte.

CUSINS Es ist der Hochzeitschor aus einer Donizetti-Oper; aber wir haben ihn umgewandelt, wir wandeln hier alles um zum Guten, einschließlich Bodger. Sie kennen den Chor. »Immenso giubilo – immenso giubilo«. *Mit Trommel obligato.* Rum tum ti tum tum, tum tum ti ta –

BARBARA Dolly: Du brichst mir das Herz.

CUSINS Was bedeutet hier schon ein gebrochenes Herz mehr oder weniger? Dionysos Undershaft ist herabgestiegen. Ich bin besessen.

MRS. BAINES Kommen Sie, Barbara: Mein lieber Major Barbara muß mit mir die Fahne tragen.

JENNY Ja, ja, lieber Major, ja.

CUSINS *nimmt Jenny das Tamburin aus der Hand und reicht es stumm Barbara.*

BARBARA *geht ein paar Schritte nach vorn, während sie das Angebot mit einem Schauder ablehnt. Cusins gibt das Tamburin unbekümmert Jenny zurück und geht zum Tor:* Ich kann nicht mitkommen.

JENNY Nicht mitkommen!

MRS. BAINES *Tränen in den Augen:* Barbara: Ist es unrecht von mir, das Geld anzunehmen?

BARBARA *geht impulsiv zu ihr und küßt sie:* Nein, nein: Gott bewahre, Liebe, Sie müssen es: Sie retten die Heilsarmee. Gehen Sie; und möchte es ein großes Treffen werden.

JENNY Kommen Sie denn nicht mit?

BARBARA Nein. *Sie beginnt die silberne Brosche von ihrem Kragen zu lösen.*

MRS. BAINES Barbara: was tun Sie?

JENNY Warum legen Sie Ihr Abzeichen ab? Sie können uns doch nicht verlassen, Major.

BARBARA *ruhig:* Vater, bitte komm her.

UNDERSHAFT *geht zu ihr hin:* Meine Liebe. *Als er bemerkt, daß sie ihm das Abzeichen an den Kragen stecken will, weicht er beunruhigt ein paar Schritte zum Tisch zurück.*

BARBARA *folgt ihm:* Keine Angst. *Sie steckt ihm das Abzeichen an und tritt ein paar Schritte zurück und zeigt ihn den anderen.* Da! Viel ist es nicht für 5000 Pfund, nicht wahr?

MRS. BAINES Barbara: wenn Sie nicht mitkommen, um mit uns zu beten, versprechen Sie wenigstens, für uns zu beten.

BARBARA Ich kann jetzt nicht beten. Vielleicht werde ich nie wieder beten.

MRS. BAINES Barbara!

JENNY Major!

BARBARA *wie im Fieber:* Ich halte es nicht mehr aus. Los, gehen Sie.

CUSINS *ruft dem Zug auf der Straße zu:* Wir gehen los. Musik. Immenso giubilo.

Er gibt mit der Trommel das Zeichen und die Kapelle beginnt mit dem Marsch, der, während der Zug schnell weiter marschiert, immer entfernter klingt.

MRS. BAINES Liebe, ich muß gehen. Sie sind überarbeitet. Morgen wird alles wieder in Ordnung sein. Wir werden Sie nie hergeben. Kommen Sie, Jenny, gehen wir los mit der alten Fahne. Blut und Feuer! *Sie schreitet mit der Fahne durch das Tor.*

JENNY Gloria! Alleluja! *Schlägt das Tamburin und marschiert.*

UNDERSHAFT *zu Cusins, während er hinter ihm hinausgeht und den Schieber an seiner Posaune lockert:* Meine Dukaten und meine Tochter!

CUSINS *folgt ihm:* Geld und Schießpulver!

BARBARA Trunkenheit und Mord! Mein Gott: warum hast du mich verlassen?

Sie sinkt auf die Bank und vergräbt das Gesicht in ihren Händen. Der Marsch wird immer leiser und hört auf. Bill Walker stiehlt sich zu ihr hinüber.

BILL *höhnisch:* Was kostet das Heil jetzt?

SHIRLEY Schlag sie nicht, wenn sie am Boden liegt.

BILL Sie schlug mich, als ich am Boden war. Warum soll ich ihr's nicht ein wenig zurückzahlen.

BARBARA *hebt den Kopf:* Ich habe Ihr Geld nicht genommen, Bill.

Sie geht über den Hof zum Tor und wendet den beiden Männern den Rücken zu, um ihr Gesicht zu verbergen.

BILL *spöttisch hinterher rufend:* Nein, es war Ihnen nicht genug. *Geht zur Trommel und vermißt das Geld.* He! Wenn Sie's nicht genommen haben, dann sonst jemand. Wo ist es geblieben! Freß 'nen Besen, wenn Jenny Hill es nicht doch zu guter Letzt genommen hat.

RUMMY *schreit ihn von oben her an:* Sie lügen, sie dreckiger Lump! Snobby Price hat es geklaut, als er seine Mütze von der Trommel nahm. Ich war die ganze Zeit hier oben und habe es gesehen.

BILL Was! Hat mein Geld gestohlen! Warum haben Sie nicht haltet den Dieb gerufen, Sie alte Spinatwachtel?

RUMMY Um's Ihnen zu geben, weil Sie mich ins Gesicht geschlagen haben. Kostet Sie ein Pfund, so. *Erhebt ein Triumphgeschrei.* Ich hab's ihm gegeben! Wir sind quitt! Ich hab's ihm zurückgezahlt –

Bill schnappt sich Shirley's Becher und schmeißt ihn nach ihr. Sie knallt die Tür zu und verschwindet. Der Becher zerbricht an der Tür und zerfällt in Scherben.

BILL *beginnt zu kichern:* Sagt mal, liebe Leute, um wieviel Uhr heute morgen ist ein gewisser Snobby Price gerettet worden?

BARBARA *wendet sich ihm wieder gelassener und mit unverhohlener Freundlichkeit zu:* Gegen halb eins, Bill. Nun, Sie können natürlich nicht darauf verzichten. Ich werde es Ihnen schicken.

BILL *dessen Stimme und Ton plötzlich besser werden:* Auf keinen Fall, und wenn ich verhungern müßte. Ich bin nicht zu kaufen.

SHIRLEY Wirklich nicht? Sie würden sich dem Teufel verkaufen für ein Glas Bier; nur ist kein Teufel da, der es Ihnen gibt.

BILL *ohne Scham:* Natürlich tät ich's, Kamerad, und habe es oft getan, mit Freunden. Aber sie kann mich nicht kaufen. *Nähert sich Barbara.* Sie wollten meine Seele, nicht wahr? Aber Sie haben sie nicht gekriegt.

BARBARA Fast hatte ich sie, Bill. Aber wir haben sie Ihnen zurückverkauft für zehntausend Pfund.

SHIRLEY Viel zu teuer!

BARBARA Nein, Peter: sie ist mehr wert als Geld.

BILL *Rettungs-immun:* Nichts zu machen: nichts mehr bei mir zu holen. Ich glaube nicht daran; heute habe ich erkannt, daß ich recht habe. *Geht.* Tschüß, alter Wohlfahrtsesser! Ade, ade, Gräfliche Enkelin-Major! *Dreht sich am Tor um.* Was kostet das Heil jetzt? Snobby Price! Ha! Ha!

BARBARA *reicht ihm die Hand:* Leben Sie wohl, Bill.

BILL *verlegen, zieht halbwegs seine Mütze, schiebt sie dann trotzig wieder zurück:* Weg da! *Barbara läßt ihre Hand fallen, entmutigt. Er hat Gewissensbisse.* Alles in Ordnung, wirklich. Nichts Persönliches. Ohne Groll, Tschüß, Mädchen. *Er geht.*

BARBARA Ohne Groll. Tschüß, Bill.

SHIRLEY *schüttelt den Kopf:* Sie übertreiben in Ihrer Unschuld, Miß.

BARBARA *geht zu ihm hin:* Peter, jetzt geht es mir wie Ihnen. Rausgesetzt und ohne Job.

SHIRLEY Sie haben Ihre Jugend und Hoffnung. Zwei Punkte für Sie.

BARBARA Ich werde Arbeit für Sie finden, Peter. Das ist Ihre Hoffnung: Mir muß die Jugend genügen. *Sie zählt ihr Geld.* Es reicht gerade für zwei Tassen Tee für uns beide, ein Nachtlager für Sie und für mich für die Straßenbahn und den Bus nach Hause. *Er runzelt die Stirn und steht beleidigt auf. Sie nimmt seinen Arm.* Nicht stolz sein, Peter: Freunde teilen. Und versprechen Sie mir, daß Sie mit mir sprechen und mich nicht weinen lassen werden. *Zieht ihn zum Tor.*

SHIRLEY Ja, aber ich bin's nicht gewohnt mit Ihresgleichen zu sprechen.

BARBARA *drängend:* Doch, doch, Sie müssen mit mir sprechen. Erzählen Sie mir von Tom Paines Büchern und Bradlaughs Vorträgen. Kommen Sie.

SHIRLEY Ach, wenn Sie Tom Paine nur im richtigen Geist lesen würden, Miß. *Sie gehen zusammen durch das Tor.*

Vorhang

Dritter Akt

Am nächsten Tag nach dem Lunch. Lady Britomart befindet sich in der Bibliothek in Wilton Crescent und schreibt. Sarah sitzt in dem Sessel beim Fenster und liest. Barbara, modisch gekleidet, sitzt, blaß und bekümmert, auf dem Sofa. Charles Lomax kommt herein. Er stutzt, als er Barbaras modische Kleidung und ihre gedrückte Stimmung bemerkt.

LOMAX Du hast ja deine Uniform ausgezogen. *Barbara schweigt; aber ein schmerzlicher Ausdruck huscht über ihr Gesicht.*

LADY BRITOMART *warnt ihn leise, vorsichtig zu sein:* Charles!

LOMAX *sehr betroffen; geht hinter das Sofa und beugt sich mitfühlend über Barbara:* Tut mir schrecklich leid, Barbara. Du weißt, daß ich dir mit der Ziehharmonika und so weiter so gut ich konnte geholfen habe. *Gewichtig.* Und doch, ich war mir immer klar darüber, daß bei der Heilsarmee ziemlich viel Geschwätz dabei ist. Die Forderungen der Staatskirche jetzt –

LADY BRITOMART Das reicht, Charles. Sprechen Sie über etwas, das Ihrer geistigen Fähigkeit entspricht.

LOMAX Die Staatskirche entspricht gewiß unser aller geistigen Fähigkeit.

BARBARA *drückt seine Hand:* Ich dank dir für dein Mitgefühl, Cholly. Jetzt geh und widme dich Sarah.

LOMAX *zieht sich einen Stuhl vom Schreibtisch herbei und setzt sich verliebt neben Sarah:* Wie geht es meiner Liebsten heute?

SARAH Ich wünschte, Barbara, du würdest Cholly nicht sagen, was er tun soll. Er geht sofort darauf ein und tut es. Cholly: wir gehen heute nachmittag zu dem Werk.

LOMAX Welchem Werk?

SARAH Dem Kanonenwerk.

LOMAX Was? Dem Laden deines Gebieters!

SARAH Ja.

LOMAX Toll.

Cusins kommt in schlechter Verfassung herein. Auch er stutzt offensichtlich, als er Barbara ohne Uniform sieht.

BARBARA Ich habe heute morgen auf dich gewartet, Dolly. Hast du das nicht gespürt?

CUSINS *setzt sich neben sie:* Tut mir leid. Ich habe eben erst gefrühstückt.

SARAH Und wir sind gerade mit dem Lunch fertig.

BARBARA Hattest du eine deiner schlechten Nächte?

CUSINS Nein: Ich hatte eigentlich eine gute Nacht: in der Tat eine der bemerkenswertesten Nächte, die ich je verbrachte.

BARBARA Die Versammlung?

CUSINS Nein: nach der Versammlung.

LADY BRITOMART Sie hätten nach der Versammlung zu Bett gehen sollen. Was haben Sie getan?

CUSINS Getrunken.

LADY BRITOMART Adolphus!

SARAH Dolly!

BARBARA Dolly!

LOMAX Fürwahr!

LADY BRITOMART Darf ich fragen, was Sie getrunken haben?

CUSINS Eine äußerst teuflische Sorte von spanischem Burgunder, garantiert frei von zugesetztem Alkohol: in der Tat ein Burgunder für Temperenzler. Die Fülle seines natürlichen Alkoholgehalts machte jede Beigabe überflüssig.

BARBARA Machst du Spaß, Dolly?

CUSINS *geduldig:* Nein. Ich habe die Nacht mit dem nominellen Herrn dieses Hauses verbracht: das ist alles.

LADY BRITOMART Andrew hat Sie betrunken gemacht!

CUSINS Nein: er stellte nur den Wein. Ich glaube, es war Dionysos, der mich trunken machte. *Zu Barbara:* Ich sagte dir doch, daß ich besessen sei.

LADY BRITOMART Sie sind jetzt noch nicht nüchtern. Gehen Sie sofort nach Hause und ins Bett.

CUSINS Ich habe es bisher nie gewagt, Ihnen Vorwürfe zu machen, Lady Brit; aber wie konnten Sie den Prinzen der Finsternis heiraten?

LADY BRITOMART Ihn zu heiraten, läßt sich weit eher entschuldigen, als sich mit ihm zu betrinken. Das ist übrigens eine neue Errungenschaft von Andrew. Er trank früher nicht.

CUSINS Er tut es auch jetzt nicht. Er saß nur da und vervollständigte den Ruin meiner moralischen Grundlage, die wilde Flucht meiner Überzeugungen, den Kauf meiner Seele. Er mag dich, Barbara. Das macht ihn für mich so gefährlich.

BARBARA Das hat nichts damit zu tun, Dolly. Es gibt größere Lieben und göttlichere Träume als die am Kamin. Das weißt du doch, nicht wahr?

CUSINS Ja: ich weiß, und darin sind wir uns einig. Und es bleibt dabei. Er vermag mich nur für eine Weile zu amüsieren, es sei denn, er kann mich für seine heilige Sache gewinnen, aber er kann nicht fester Fuß fassen, so stark er auch ist.

BARBARA Halte dich daran; dann wird alles gut ausgehen. Jetzt erzähle mir, wie die Versammlung verlief.

CUSINS Es war eine erstaunliche Versammlung. Mrs. Baines starb fast vor Rührung. Jenny Hill stammelte nur noch Unsinn vor lauter Hysterie. Der Prinz der Finsternis spielte die Posaune wie ein Verrückter: deren ehernes Tönen war wie das Gelächter der Verdammten. 117 Bekehrungen allein fanden statt. Sie beteten mit der rührendsten Ergebenheit und Dankbarkeit für Bodger und für den anonymen Spender der fünftausend Pfund. Dein Vater wollte nicht genannt werden.

LOMAX Ich finde das sehr anständig von dem alten Herrn. Den meisten Knaben hätte an der Reklame gelegen.

CUSINS Er sagte, alle Wohlfahrtsinstitutionen würden sich wie Aasgeier auf dem Schlachtfeld auf ihn stürzen, wenn sein Name bekanntgegeben würde.

LADY BRITOMART Das ist echt Andrew. Er tut nie eine schickliche Sache ohne einen unschicklichen Grund anzugeben.

CUSINS Er hat mich davon überzeugt, daß ich mein Leben lang unschickliche Dinge aus schicklichen Gründen getan habe.

LADY BRITOMART Adolphus: nachdem jetzt Barbara die Heilsarmee verlassen hat, sollten Sie das auch tun. Ich möchte nicht, daß Sie diese Trommel in den Straßen schlagen.

CUSINS Ihre Befehle sind bereits ausgeführt, Lady Brit.

BARBARA Dolly: war es dir wirklich ernst damit? Wärst du ihr beigetreten, wenn du mich nie gesehen hättest?

CUSINS *unaufrichtig:* Nun – hm – nun, vielleicht, als Sammler von Religionen –

LOMAX *schlau:* Aber wohl nicht als Trommler, denke ich. Du bist ein sehr scharf denkender schlauer Bursche, Dolly; und es muß dir klar gewesen sein, daß viel Geschwätz dabei ist –

LADY BRITOMART Charles: wenn Sie plaudern müssen, plaudern Sie wie ein erwachsener Mann und nicht wie ein Schuljunge.

LOMAX *aus der Fassung gebracht:* Nun, plaudern ist plaudern, egal wie alt ein Mann ist.

LADY BRITOMART In der guten Gesellschaft, in England, Charles, plaudern die Menschen jeden Alters, indem sie nichtige Redewendungen mit weiser Miene wiederholen. Schuljungen sprechen Slang, wie Sie. Wenn sie dann in Ihrem Alter und Privatsekretär von einem Politiker sind, lassen sie den Slang fallen und nehmen ihre Formulierungen aus dem Spectator oder der

Times. Sie sollten sich lieber an die Times halten. Sie werden feststellen, daß viel über die Times geschwätzt wird, aber ihre Sprache zumindest genießt Ansehen.

LOMAX *überwältigt:* Sie sind so entsetzlich willensstark, Lady Britomart.

LADY BRITOMART Unsinn! *Morrison kommt herein.* Was gibt es?

MORRISON Verzeihung, Mylady. Mr. Undershaft ist gerade vorgefahren.

LADY BRITOMART Gut, lassen Sie ihn herein. *Morrison zögert.* Was haben Sie?

MORRISON Soll ich ihn anmelden, Mylady, oder ist er hier sozusagen zu Hause, Mylady?

LADY BRITOMART Melden Sie ihn an.

MORRISON Danke, Mylady. Sie verzeihen hoffentlich, daß ich fragte. Das Ereignis ist, wenn ich es sagen darf, neu für mich.

LADY BRITOMART Schon gut. Gehen Sie und lassen Sie ihn herein.

MORRISON Danke, Mylady. *Er zieht sich zurück.*

LADY BRITOMART Kinder: geht und macht euch fertig. *Sarah und Barbara gehen nach oben, um ihre Mäntel zu holen.* Charles: gehen Sie und sagen Sie Stephen, er möchte in fünf Minuten herunterkommen: Sie finden ihn im Salon. *Charles geht.* Adolphus: veranlassen Sie, daß der Wagen in etwa fünfzehn Minuten vorfährt. *Adolphus geht.*

MORRISON *bei der Tür:* Mr. Undershaft. *Undershaft kommt herein. Morrison geht hinaus.*

UNDERSHAFT Allein! Welch ein Glück!

LADY BRITOMART *steht auf:* Werde nicht sentimental, Andrew. Setz Dich. *Sie setzt sich auf das Sofa: er setzt sich links neben sie. Sie kommt sogleich, ohne ihm eine Sekunde Zeit zu lassen, zur Sache.* Sarah braucht 800 Pfund im Jahr, bis Charles Lomax sein Vermögen erhält. Barbara braucht sogar noch mehr und wird es immer brauchen, weil Adolphus kein Vermögen hat.

UNDERSHAFT *ergeben:* Ja, meine Liebe: ich kümmere mich darum. Sonst noch etwas? Für dich selbst zum Beispiel?

LADY BRITOMART Ich möchte mit dir über Stephen sprechen.

UNDERSHAFT *ziemlich überdrüssig:* Laß das, meine Liebe. Stephen interessiert mich nicht.

LADY BRITOMART Aber er interessiert mich. Er ist unser Sohn.

UNDERSHAFT Findest du wirklich? Er hat uns verleitet, ihn in die Welt zu setzen: aber er hat sich seine Eltern sehr unpassend ausgesucht, finde ich. Er hat nichts von mir und noch weniger von dir.

LADY BRITOMART Andrew: Stephen ist ein prächtiger Sohn und ein äußerst beständiger, fähiger, hochherziger junger Mann. Du suchst ganz einfach nach einer Entschuldigung, um ihn zu enterben.

UNDERSHAFT Meine liebe Biddy: die Tradition der Undershafts enterbt ihn. Es wäre unredlich von mir, die Kanonengießerei meinem Sohn zu vererben.

LADY BRITOMART Es wäre äußerst unnatürlich und unpassend von dir, sie jemand anderem zu hinterlassen, Andrew. Glaubst du denn, diese verrückte und unmoralische Tradition könnte für ewig aufrechterhalten werden? Willst du behaupten, daß Stephen die Gießerei nicht ebenso weiterführen kann wie all die Söhne der anderen großen Unternehmer?

UNDERSHAFT Nun: Geschäftsroutine könnte er lernen, ohne das Geschäft zu verstehen, wie all die anderen Söhne; und die Firma würde aus eigener Kraft weitergehen, bis ein wirklicher Undershaft – wahrscheinlich ein Italiener oder ein Deutscher – eine neue Methode erfindet und ihn aussticht.

LADY BRITOMART Es gibt nichts, was ein Italiener oder ein Deutscher kann, das nicht Stephen auch tun kann. Und Stephen hat zumindest Herkunft.

UNDERSHAFT Der Sohn eines Findlings! Unsinn!

LADY BRITOMART Mein Sohn, Andrew! Und selbst du könntest, wie du weißt, edles Blut in deinen Adern haben.

UNDERSHAFT Stimmt. Wahrscheinlich hab ich's. Das ist ein weiterer Beweis zugunsten des Findlings.

LADY BRITOMART Andrew: sei nicht so schwierig und sei nicht boshaft. Im Augenblick bist du beides.

UNDERSHAFT Dieses Gespräch gehört zur Tradition der Undershafts, Biddy. Jede Frau eines Undershaft hat es dazu gebracht, solange das Haus besteht. Es ist verlorene Mühe. Wenn die Tradition je gebrochen wird, dann für jemand, der fähiger ist als Stephen.

LADY BRITOMART *schmollend:* Dann geh!

UNDERSHAFT *mißbilligend:* Dann geh!

LADY BRITOMART Ja, geh fort. Wenn du nichts für Stephen tun willst, bist du hier nicht erwünscht. Geh zu deinem Findling, wer es auch ist und kümmere dich um ihn.

UNDERSHAFT Tatsache ist, Biddy –

LADY BRITOMART Nenne mich nicht Biddy. Ich nenne dich auch nicht Andy.

UNDERSHAFT Ich werde meine Frau nicht Britomart nennen: das wäre unvernünftig. Im Ernst, meine Liebe, die Tradition der Undershafts hat mich in Schwierigkeiten gebracht. Ich werde älter; und Lazarus, mein Partner, wehrt sich jetzt und besteht darauf, daß die Nachfolge so oder so geregelt wird; er hat natürlich recht. Weißt du, ich habe noch keinen passenden Nachfolger gefunden.

LADY BRITOMART *hartnäckig:* Da ist Stephen.

UNDERSHAFT Das ist es ja: alle Findlinge, die ich finde, sind genau wie Stephen.

LADY BRITOMART Andrew!

UNDERSHAFT Ich brauche einen Mann ohne Familie und Erziehung: also einen Mann, der überhaupt keine Aussichten hätte, wäre er nicht ein starker Mann. Ich kann ihn nicht finden. Jeder verdammte Findling wird heutzutage schon als Säugling von den Barnardo Heimen oder von den School Board Beamten oder dem Board of Guardians geschnappt. Und wenn er auch nur die geringste Fähigkeit zeigt, wird er von den Schulmeistern nicht mehr losgelassen; trainiert auf das Gewinnen von Stipendien wie ein Rennpferd, vollgepfropft mit zweitrangigen Ideen, zu Fügsamkeit gedrillt und geschult, und zu was man guten Geschmack nennt; und gelähmt für das ganze Leben, so daß er zu nichts anderem mehr taugt als zu unterrichten. Wenn du möchtest, daß die Gießerei in der Familie bleibt, solltest du zusehen, einen passenden Findling zu finden und ihn mit Barbara zu verheiraten.

LADY BRITOMART Aha! Barbara! Dein Liebling! Für Barbara würdest du Stephen opfern.

UNDERSHAFT Mit Freuden. Und du, meine Liebe, würdest Stephen zuliebe Hackfleisch aus Barbara machen.

LADY BRITOMART Andrew: es geht nicht darum, was wir lieben und nicht lieben, es geht um Pflicht. Es ist deine Pflicht, Stephen zu deinem Nachfolger zu machen.

UNDERSHAFT Es ist ebenso deine Pflicht, dich deinem Mann unterzuordnen. Lassen wir das, Biddy. Diese Tricks der herrschenden Klasse wirken nicht bei mir. Ich gehöre selbst zur herrschenden Klasse; und es ist Zeitvergeudung, einem Missionar Traktate zu geben. Ich bin der Stärkere in dieser Sache; und ich lasse mich nicht durch Schwindeleien für deine Zwecke mißbrauchen.

LADY BRITOMART Andrew: Du kannst mich totreden, aber du kannst nicht aus Unrecht Recht machen. Deine Krawatte sitzt übrigens ganz schief. Rück sie zurecht!

UNDERSHAFT *aus der Fassung gebracht:* Sie hält nicht, wenn sie nicht festgesteckt ist. *Er hantiert mit kindischen Grimassen daran.*

Stephen kommt herein.

STEPHEN *bei der Tür:* Verzeihung. *Will sich wieder zurückziehen.*

LADY BRITOMART Nein: komm herein, Stephen. *Stephen geht zum Schreibtisch seiner Mutter.*

UNDERSHAFT *nicht sehr herzlich:* Guten Tag.

STEPHEN *kalt:* Guten Tag.

UNDERSHAFT *zu Lady Britomart:* Ich nehme an, er kennt die Tradition?

LADY BRITOMART Ja. *Zu Stephen:* Was ich dir gestern abend erzählte, Stephen.

UNDERSHAFT *verdrießlich:* Wie ich höre, möchtest du ins Kanonengeschäft kommen.

STEPHEN Ich ins Geschäft! Ganz bestimmt nicht.

UNDERSHAFT *mit großen Augen und im ganzen sehr erleichtert:* Oh, in dem Fall –

LADY BRITOMART Kanonen sind kein Geschäft, Stephen. Sie sind ein Unternehmen.

STEPHEN Ich habe nicht die Absicht, in irgendeiner Weise Geschäftsmann zu werden. Ich habe keine Fähigkeiten zum Geschäftsmann und keinen Geschmack daran. Ich möchte mich der Politik widmen.

UNDERSHAFT *sich erhebend:* Mein lieber Junge: das ist eine ungeheuere Erleichterung für mich. Und ich glaube, es wird sich als ebenso gut für unser Land erweisen. Ich befürchtete, daß du dich mißachtet und beiseite geschoben fühlen könntest. *Er geht auf Stephen zu, als wollte er ihm die Hand geben.*

LADY BRITOMART *erhebt sich und mischt sich ein:* Stephen: ich kann nicht zulassen, daß du ein so großes Vermögen einfach wegwirfst.

STEPHEN *unbeugsam:* Mutter: bitte, einmal muß Schluß damit sein, mich wie ein Kind zu behandeln. *Lady Britomart weicht zurück, tief verletzt durch seinen Ton.* Bis gestern abend nahm ich deine Haltung nicht für ernst, weil ich dachte, daß du es nicht ernst meintest. Aber ich sehe jetzt, daß du mich über Dinge im dunklen gelassen hast, die du mir seit Jahren hättest eröffnen müssen. Ich bin äußerst verletzt und gekränkt. Jede weitere Erörterung meiner Absichten sollte besser zwischen meinem Vater und mir, von Mann zu Mann, erfolgen.

LADY BRITOMART Stephen! *Sie setzt sich wieder hin, ihre Augen füllen sich mit Tränen.*

UNDERSHAFT *mit großem Mitleid:* Du siehst, meine Liebe, nur große Männer kann man wie Kinder behandeln.

STEPHEN Es tut mir leid, Mutter, daß du mich gezwungen hast –

UNDERSHAFT *unterbricht ihn:* Ja, ja, ja, ja. Schon gut, Stephen. Sie wird dir nicht mehr dreinreden. Deine Unabhängigkeit ist gesichert: Du hast deinen Hausschlüssel. Halt ihr das nicht unter die Nase, und vor allem, keine Entschuldigungen. *Er setzt sich wieder hin.* Jetzt zu deiner Zukunft, zwischen uns beiden Männern – Verzeihung, Biddy, zwischen zwei Männern und einer Frau.

LADY BRITOMART *die sich mit all ihrer Kraft wieder gefaßt hat:* Ich verstehe vollkommen, Stephen. Um alles in der Welt, geh deinen eigenen Weg, wenn du dich stark genug fühlst. *Stephen setzt sich gewichtig auf den Stuhl beim Schreibtisch mit einer Miene, die seine Mündigkeit bestätigt.*

UNDERSHAFT Wir sind uns darüber klar, daß du keinen Anspruch erhebst auf Nachfolge im Kanonengeschäft.

STEPHEN Wir sind uns darüber klar, hoffe ich, daß ich das Kanonengeschäft zurückweise.

UNDERSHAFT Nun laß schon! Sei nicht so verdammt trotzig: das ist kindisch. Freiheit muß großzügig sein. Außerdem schulde ich dir einen anständigen Start ins Leben als Ersatz für's Enterben. Du kannst nicht sofort Ministerpräsident werden. Wozu neigst du? Wie ist es mit Literatur, Kunst und so weiter?

STEPHEN Ich bin weder meiner Fähigkeit noch meinem Charakter nach Künstler. Gott sei Dank!

UNDERSHAFT Vielleicht ein Philosoph? Nun?

STEPHEN Ich erhebe keinen so lächerlichen Anspruch.

UNDERSHAFT Ganz recht. Nun, da ist das Heer, die Marine, die Kirche, die Justiz. Justiz stellt Anforderungen. Wie ist es mit der Justiz?

STEPHEN Ich habe nicht Jura studiert. Und ich glaube, ich habe auch nicht das nötige Auftreten – ich glaube, so nennen die Anwälte ihre vulgäre Art –, um Erfolg beim Verteidigen zu haben.

UNDERSHAFT Ein etwas schwieriger Fall, Stephen. Da bleibt kaum noch etwas außer dem Theater, oder? *Stephen macht eine ungeduldige Bewegung.* Nun, komm schon, weißt du etwas, das dir besonders liegt?

STEPHEN *erhebt sich und sieht ihn fest an:* Ich weiß den Unterschied zwischen Recht und Unrecht.

UNDERSHAFT *sehr belustigt:* Was du nicht sagst? Also! keine Begabung fürs Geschäft, keine Kenntnisse in Jura, keine Neigung zu den Künsten, keinen Anspruch auf Philosophie; nur die einfache Kenntnis eines Geheimnisses, das Philosophen beschäftigt hat, das allen Anwälten rätselhaft ist, das alle Geschäftsleute verwirrt und die meisten Künstler ruiniert hat: das Geheimnis von Recht und Unrecht. Mann, du bist ein Genie, ein Meister der Meister, ein Gott! Und das mit 24 Jahren!

STEPHEN *beherrscht sich mühsam:* Es macht dir Spaß, witzig zu sein. Ich behaupte weiter nichts als das, was ein ehrlicher englischer Gentleman als sein Geburtsrecht fordert. *Setzt sich ärgerlich hin.*

UNDERSHAFT Ach so, das ist jedermanns Geburtsrecht. Sieh dir die arme kleine Jenny Hill an, das Heilsarmee-Mädchen! Sie würde denken, du verspottest sie, würdest du ihr vorschlagen, in der Straße zu stehen und Grammatik und Geographie oder Mathematik zu unterrichten oder auch Gesellschaftstanz; aber ihr kommen nie Zweifel, daß sie Moral und Religion lehren kann. Ihr seid euch alle gleich, ihr achtbaren Leute. Ihr könnt mir nicht die Sprengkraft eines Zehn-Zoll-Geschosses nennen, was eine ganz einfache Sache ist; aber ihr glaubt alle, mir die Sprengkraft eines Menschen, der versucht wird, angeben zu können. Ihr wagt nicht mit Sprengstoff umzugehen, aber ihr seid alle bereit, mit Ehre und Wahrheit und Gerechtigkeit und der ganzen Pflicht der Menschheit umzugehen und einander bei diesem Spiel zu töten. Was für ein Land! Was für eine Welt!

LADY BRITOMART *unsicher:* Was meinst du, Andrew, was er tun sollte?

UNDERSHAFT Ach, genau das, was er will. Er weiß nichts und meint alles zu wissen. Das weist deutlich auf eine politische Karriere hin. Verschaff ihm einen Posten als Privatsekretär bei jemandem, der ihm zum Untersekretär verhelfen kann; und dann laß ihn allein machen. Er wird schließlich seinen selbstverständlichen und ihm gemäßen Platz auf der Ministerbank finden.

STEPHEN *springt auf:* Mein Herr, ich bedaure, daß Sie mich zwingen, den Respekt, den ich Ihnen als meinem Vater schulde, zu vergessen. Ich bin Engländer und ich lasse nicht zu, daß die Regierung meines Landes beleidigt wird. *Er steckt die Hände in die Taschen und geht verärgert zum Fenster hinüber.*

UNDERSHAFT *mit einem Anflug von Brutalität:* Die Regierung deines Landes! Ich bin die Regierung deines Landes: Ich und Lazarus. Glaubst du, daß du und ein halbes Dutzend ebensolcher Amateure, die da in einer Reihe in diesem schwatzenden Narrenhaus sitzen, Undershaft und Lazarus regieren können? Nein, mein Freund. Ihr werdet das tun, was uns bezahlt. Ihr werdet Krieg erklären, wenn es uns paßt, und Frieden halten, wenn Krieg uns nicht paßt. Ihr werdet erkennen, daß der Handel gewisse Maßnahmen erfordert, wenn wir uns zu diesen Maßnahmen entschlossen haben. Wenn ich etwas verlange, um meine Dividenden oben zu halten, werdet ihr entdecken, daß mein Verlangen eine nationale Notwendigkeit ist. Wenn andere Leute etwas fordern, was meine Dividende unten hält, werdet ihr nach der Polizei und dem Militär rufen. Als Entgelt erhaltet ihr die Unterstützung und den Beifall meiner Zeitung und die Freude, euch einzubilden, daß ihr bedeutende Staatsmänner seid. Regierung deines Landes! Geh mir weg damit, mein Junge, und spiele mit deinesgleichen und den Leitartikeln und historischen Parteien und den großen Führern und brennenden Fragen und euren sonstigen Spielzeugen. Ich gehe zurück in mein Büro, um die Zeche zu bezahlen und den Ton anzugeben.

STEPHEN *lächelt jetzt und legt seine Hand mit nachsichtiger Gönnerschaft seinem Vater auf die Schulter:* Wirklich, lieber Vater, man kann dir nicht böse sein. Du weißt nicht, wie absurd das alles für mich klingt. Du hast vollkommen recht, stolz darauf zu sein, durch Fleiß zu Geld gekommen zu sein; und es ist ganz dein Verdienst, es zu soviel gebracht zu haben. Aber dadurch bliebst du auf Kreise angewiesen, in denen du wegen deines Geldes geschätzt wirst und den Ton angibst, statt zu den zweifellos sehr altmodischen und hinter der Zeit zurückgebliebenen Schulen und Universitäten zu gehören, in denen ich mir meine Geistesbeschaffenheit formte. Es ist ganz natürlich, daß du glaubst, das Geld regiere England: mir aber mußt du gestatten, anderer Meinung zu sein.

UNDERSHAFT Und was, bitte, regiert England?

STEPHEN Charakter, Vater, Charakter.

UNDERSHAFT Wessen Charakter? Deiner oder meiner?

STEPHEN Weder deiner noch meiner, Vater, aber die besten Elemente des englischen Nationalcharakters.

UNDERSHAFT Stephen: jetzt habe ich den Beruf für dich gefunden. Du bist der geborene Journalist. Ich werde dir einen Start bei einem sehr guten Wochenblatt geben. So.

Bevor Stephen antworten kann, kommen Sarah, Barbara, Lomax und Cusins zum Ausgehen fertig herein. Barbara geht durch das Zimmer zum Fenster und sieht nach draußen. Cusins schlendert freundlich zum Sessel. Lomax bleibt in der Nähe der Tür, während Sarah zu ihrer Mutter geht.

Stephen geht zu dem kleineren Schreibtisch und macht sich dort mit seinen Briefen zu schaffen.

SARAH Komm, mach dich fertig, Mama: der Wagen wartet. *Lady Britomart verläßt das Zimmer.*

UNDERSHAFT *zu Sarah:* Guten Tag, meine Liebe. Guten Tag, Mr. Lomax.

LOMAX *undeutlich:* 'n Tag.

UNDERSHAFT *zu Cusins:* Die Nacht einigermaßen überstanden, Euripides, ja?

CUSINS Wie zu erwarten war.

UNDERSHAFT Das ist recht. *Zu Barbara:* Du kommst also, um dir meine Todes- und Vernichtungsfabrik anzusehen, Barbara?

BARBARA *beim Fenster:* Du hast dir gestern meine Heilsfabrik angesehen. Ich habe dir einen Gegenbesuch versprochen.

LOMAX *kommt hinzu, zwischen Sarah und Undershaft:* Du wirst es kolossal interessant finden. Ich bin durch das Woolwich Arsenal gegangen; das gibt einem ein kolossales Gefühl der Sicherheit. Wirklich, wenn man an die Menge Kerle denkt, die wir töten könnten, wenn es zum Kampf kommt. *Zu Undershaft, mit plötzlicher Feierlichkeit:* Und dennoch, für Sie muß es ein schrecklicher Gedanke sein, vom religiösen Standpunkt aus sozusagen. Wenn man so älter wird, meine ich und all das.

SARAH Du nimmt Cholly hoffentlich seine Dummheit nicht übel, Papa?

LOMAX *sehr verblüfft:* Also, nein!

UNDERSHAFT Mr. Lomax sieht die Sache ganz vernünftig, meine Liebe.

LOMAX Richtig. Nur so meinte ich es, wirklich.

SARAH Kommst du mit, Stephen?

STEPHEN Ja, eigentlich habe ich ziemlich viel zu tun – hm – *Großzügig.* Nun ja, gut. Ich komme mit. Das heißt, wenn Platz für mich ist.

UNDERSHAFT Zwei können mit mir in meinem kleinen Auto fahren, das ich für Geländezwecke ausprobiere. Es stört euch wohl nicht, daß es nicht sehr elegant aussieht. Es ist noch nicht lackiert, dafür ist es aber kugelsicher.

LOMAX *Entsetzt bei der Aussicht, sich in Wilton Crescent in einem unlackierten Wagen zu zeigen:* Hört!

SARAH Für mich den Wagen, bitte. Barbara macht es nichts aus, worin man sie sieht.

LOMAX Hör mal Dolly, alter Knabe: hast du etwas gegen das Auto für dich? Wenn ja, so nehme ich's natürlich. Nur –

CUSINS Ich ziehe es vor.

LOMAX Tausend Dank, alter Knabe. Komm, Liebste. *Er eilt nach draußen, um sich seinen Platz im Wagen zu sichern. Sarah folgt ihm.*

CUSINS *geht verstimmt zu Lady Britomarts Schreibtisch:* Warum gehen wir zwei zu diesem Werk, einer Abteilung der Hölle. Das frage ich mich.

BARBARA Ich habe es mir immer als eine Art Grube vorgestellt, wo verlorene Kreaturen mit geschwärzten Gesichtern in rauchenden Feuern stochern und von meinem Vater angetrieben und gequält werden. Ist es so, Papa?

UNDERSHAFT *empört:* Meine Liebe! Es ist eine makellose, saubere und schöne Stadt am Hügelhang.

CUSINS Mit einer Methodistenkapelle? Kommen Sie, sagen Sie, daß es eine gibt.

UNDERSHAFT Es gibt sogar zwei; und außerdem noch eine Ethische Gesellschaft; aber sie wird nicht sehr gefördert, denn meine Leute sind alle sehr religiös. In den Hallen mit hochexplosivem Sprengstoff lehnen sie die Anwesenheit von Agnostikern als gefährlich ab.

CUSINS Und doch lehnen sie Sie nicht ab!

BARBARA Befolgen sie alle deine Befehle?

UNDERSHAFT Ich gebe keine Befehle. Wenn ich mit einem von ihnen spreche, dann so: »Nun, Jones, geht es dem Baby gut? Und hat Ihre Frau sich wieder erholt? – Prächtig, danke«. Und das ist alles.

CUSINS Aber Jones muß bei der Stange gehalten werden. Wie halten Sie die Disziplin aufrecht unter den Leuten?

UNDERSHAFT Ich tue das nicht. Sie tun's selbst. Sehen Sie, etwas, das Jones nie dulden würde, ist ein Aufbegehren des Mannes unter ihm, oder die Behauptung gesellschaftlicher Gleichstellung der Frau des Mannes, der vier Shillinge weniger die Woche verdient als er, mit seiner Frau. Natürlich begehren sie alle gegen mich auf, theoretisch. Praktisch hält jeder Mann den Mann unter sich auf seinem Platz. Ich mische mich nie ein. Ich tyrannisiere sie nicht. Nicht einmal Lazarus. Ich sage, daß gewisse Dinge zu tun sind: aber ich befehle keinem, sie zu tun. Wohlgemerkt, ich sage nicht, daß es kein Befehlen und Herumschubsen und selbst Tyrannisieren gibt. Die Männer schubsen die Jungens und kommandieren sie herum; die Kutscher weisen die Straßenkehrer zurecht; die Handwerker die ungelernten Arbeiter; die Werkmeister weisen beide, die Arbeiter und die Handwerker zurecht; die Assistenten der Ingenieure haben bei den Werkmeistern etwas auszusetzen; die Chef-Ingenieure geben es den Assistenten; die Abteilungsleiter ärgern die Direktoren; und die Angestellten haben alle Zylinder und Gebetbuch und geben den gesellschaftlichen Ton an und weigern sich, mit irgendeinem auf gleiche Stufe gestellt zu werden. Das Ergebnis ist ein kolossaler Gewinn, der mir zugute kommt.

CUSINS *aufgebracht:* Sie sind wirklich ein – was habe ich doch gestern gesagt?

BARBARA Was hat er gestern gesagt?

UNDERSHAFT Laß nur, meine Liebe. Er denkt, daß ich dich unglücklich gemacht habe. Stimmt es?

BARBARA Glaubst du, daß ich in diesem gewöhnlichen lächerlichen Kleid glücklich sein kann? Ich, die ich die Uniform getragen habe? Begreifst du, was du mir angetan hast? Gestern war die Seele eines Mannes in meiner Hand. Ich habe ihn auf den Weg zum Leben gebracht, das Gesicht dem Heil zugewendet. Aber als wir dein Geld nahmen, wendete er sich wieder der Trunkenheit und dem Spott zu. *Mit voller Überzeugung.* Das werde ich dir nie verzeihen. Wenn ich ein Kind hätte und du würdest es mit deinem Sprengstoff vernichten – wenn du Dolly mit deinen furchtbaren Gewehren mordetest – ich könnte dir vergeben, wenn mein Vergeben dir die Pforten zum Heil öffnete. Aber mir die Seele eines Menschen wegzunehmen und sie in die Seele eines Wolfes zu verwandeln, das ist schlimmer als Mord.

UNDERSHAFT Verzweifelt meine Tochter so leicht? Kann man das Herz eines Menschen anrühren, ohne ein Zeichen zu hinterlassen?

BARBARA *deren Gesicht aufleuchtet:* Oh, du hast recht: er kann jetzt nie mehr ganz verloren sein: wo war mein Glaube?

CUSINS Oh, schlauer, schlauer Teufel!

BARBARA Du magst ein Teufel sein; aber manchmal spricht Gott durch dich. *Sie nimmt die Hände ihres Vaters und küßt sie.* Du hast mir mein Glück zurückgegeben: ich spüre es ganz tief unten, wenn auch mein Herz noch betrübt ist.

UNDERSHAFT Du hast etwas gelernt. Das gibt zuerst immer das Gefühl, etwas verloren zu haben.

BARBARA Gut, bring mich zur Fabrik des Todes; und laß mich noch mehr lernen. Die eine oder andere Wahrheit muß hinter all dieser furchtbaren Ironie stecken. Komm, Dolly. *Sie geht nach draußen.*

CUSINS Mein Schutzengel! *Zu Undershaft:* Hinweg! *Er folgt Barbara.*

STEPHEN *ruhig, vom Schreibtisch her:* Du darfst das Cusins nicht übelnehmen, Vater. Er ist ein recht lieber, guter Kamerad: aber er ist Professor für Griechisch und natürlich etwas exzentrisch.

UNDERSHAFT Ah, richtig. Danke, Stephen. Danke. *Er geht hinaus.*

Stephen lächelt gönnerhaft; er knöpft gewichtig sein Jackett zu und geht durch den Raum zur Tür. Lady Britomart, im Straßenanzug, öffnet die Tür, bevor er dort angelangt ist. Sie sieht sich nach den anderen um, sieht Stephen und dreht sich um und will schweigend gehen.

STEPHEN *verwirrt:* Mutter –

LADY BRITOMART Keine Rechtfertigung, Stephen. Und vergiß nicht, daß du deiner Mutter entwachsen bist. *Sie geht hinaus.*

Perivale St. Andrew in Middlesex liegt zwischen zwei Hügeln und dehnt sich bis zur halben Höhe des nördlichen aus. Es ist eine nahezu rauchlose Stadt mit weißen Wänden, Dächern aus schmalem rohem Schiefer oder roten Ziegeln, hohen Bäumen, Kuppeln, Türmen und schlanken Schornsteinen; die Lage und der Ort selbst sind sehr schön. Den besten Blick hat man vom Gipfel einer Anhöhe, etwa eine halbe Meile nach Osten, wo man sich mit den Sprengstoffen befaßt. Die Gießerei liegt im Tal verborgen; die Schornsteinspitzen ragen in halber Entfernung wie große Kegel hervor. Quer über die Anhöhe läuft ein Betonstreifen mit einem Feuertritt und einem Schutzgeländer, eine Befestigung andeutend, denn eine riesige Kanone, wohl ein Modell der veralteten Woolwich Infant-Kanone, weist darüber hinweg auf die Stadt hin. Die Kanone ist auf eine Versuchslafette montiert: wahrscheinlich das Originalmodell für die Undershaft Wallkanone, auf die Stephen anspielte. Auf dem Feuertritt, der sich zum Hinsetzen eignet, liegen hier und da runde Strohkissen und an einer Stelle gibt es den zusätzlichen Luxus eines Fellteppichs.

Barbara steht auf dem Feuertritt und sieht über die Brüstung hinweg auf die Stadt. Rechts von ihr ist die Kanone; linkerhand befindet sich das Ende einer Halle, die auf Pfeilern steht. Eine Treppe mit drei oder vier Stufen mit einem Holzpodest, in dessen Ecke ein Feuereimer steht, führt zur Türe, die sich nach außen öffnet. Mehrere Strohsoldaten, die mehr oder weniger verstümmelt sind, und aus deren Wunden Stroh quillt, hat man unter das Podest geschoben und aus dem Weg geräumt. Einige weitere lehnen fast aufrecht gegen die Halle und einer ist vornüber gefallen und liegt wie eine groteske Leiche auf dem Betonstreifen. Das Schutzgeländer hört kurz vor der Halle auf und läßt eine Lücke. Dort beginnt ein Pfad, der den Hügel hinab durch die Gießerei zur Stadt führt. In der Nähe dieser Lücke liegt das Fell auf dem Feuertritt. Am Ende des Betonstreifens hinter der Kanone, ist ein Karren, der eine große konische Granate mit einem aufgemalten roten Streifen trägt. Weiter rechts befindet sich die Türe zu einem Büro, das wie die Hallen von möglichst leichter Bauart ist.

Cusins kommt den Pfad aus der Stadt herauf.

BARBARA Nun?

CUSINS Nicht ein Hoffnungsstrahl. Alles perfekt! Wunderbar! Wirklich! Fehlt nur noch eine Kathedrale, um statt einer höllischen eine himmlische Stadt zu sein.

BARBARA Hast du herausbekommen, ob sie etwas für den alten Peter Shirley getan haben?

CUSINS Sie fanden eine Stelle für ihn als Pförtner und Aufseher. Er fühlt sich erschreckend ungemütlich. Er nennt die Zeitkontrollen Hirnarbeit und sagt, daß er nicht daran gewöhnt ist; und seine Pförtnerloge ist so prächtig, daß er sich schämt, den Raum zu benutzen und sich deshalb in der Küche herumtreibt.

BARBARA Armer Peter! *Stephen kommt aus der Stadt. Er trägt einen Feldstecher.*

STEPHEN *begeistert:* Habt ihr euch alles angesehen? Warum seid ihr nicht bei uns geblieben?

CUSINS Ich wollte alles sehen, was ich nicht sehen sollte, und Barbara wollte selbst mit den Leuten sprechen.

STEPHEN Hast du irgend etwas Entehrendes gefunden?

CUSINS Nein. Sie nennen ihn Dandy Andy und sind stolz darauf, daß er ein schlauer alter Fuchs ist; aber alles ist schrecklich, furchtbar, unanständig, unverantwortlich vollkommen.

Sarah kommt.

SARAH Himmel! Was für ein Ort! *Sie geht zu dem Karren hinüber.* Habt ihr das Pflegeheim gesehen? *Sie setzt sich auf die Granate.*

STEPHEN Hast du die Bibliotheken und die Schulen gesehen?

SARAH Hast du den Ballsaal und den Festsaal in der Stadthalle gesehen?

STEPHEN Hast du dich über den Versicherungsfonds, die Pensionskasse, die Baugesellschaft, die verschiedenen Arten der genossenschaftlichen Einrichtungen informiert? *Undershaft kommt mit einem Bündel Telegrammen in der Hand aus dem Büro.*

UNDERSHAFT Nun, habt ihr alles gesehen? Es tut mir leid, daß ich abgerufen wurde. *Zeigt auf die Telegramme.* Gute Nachrichten aus der Mandschurei.

STEPHEN Wieder ein Sieg der Japaner?

UNDERSHAFT Oh, das weiß ich nicht. Uns hier interessiert nicht, welche Seite gewinnt. Nein: die gute Nachricht ist, daß das Luftkampfschiff ein riesengroßer Erfolg ist. Bei dem ersten Einsatz hat es eine Festung mit dreihundert Soldaten vernichtet.

CUSINS *von der Plattform:* Strohsoldaten?

UNDERSHAFT *geht mit großen Schritten zu Stephen hinüber und tritt den auf dem Boden liegenden Strohsoldaten brutal aus dem Weg:* Nein: Wirkliche.

Cusins und Barbara tauschen Blicke aus. Dann setzt sich Cusins auf die Stufe und vergräbt das Gesicht in den Händen. Barbara legt ihre Hand schwer auf seine Schulter. Er sieht in seltsamer Verzweiflung zu ihr auf.

UNDERSHAFT Nun, Stephen, was hältst du von dem Ort?

STEPHEN Oh, er ist prächtig. Ein perfekter Triumph moderner Industrie. Offen gestanden, lieber Vater, ich war ein Narr: ich hatte keine Ahnung, was das alles bedeutet: wunderbare Fürsorge, die Kraft der Organisation, die administrative Kapazität, finanzielles Genie, kolossales Kapital, die darin liegen. Während ich durch die Straßen ging, dachte ich immer wieder »Die Siege des Friedens sind nicht weniger ruhmreich als die des Krieges«. Ich habe dabei nur eine Befürchtung.

UNDERSHAFT Heraus damit.

STEPHEN Nun, ich kann nicht umhin zu denken, daß all diese

Fürsorge für jeden Wunsch deiner Arbeiter deren Unabhängigkeit unterhöhlen könnte und ihren Sinn für Verantwortung schwächen. Und so sehr wir den Tee in dem prächtigen Restaurant genossen – wie man uns den ganzen Luxus, den Kuchen, die Marmelade, die Sahne für drei Pence bieten kann, begreife ich wirklich nicht –, so muß man doch bedenken, daß Restaurants angetan sind, das Familienleben zu zerstören. Denk zum Beispiel an den Kontinent. Bist du sicher, daß soviel Verwöhnen gut ist für den Charakter der Leute?

UNDERSHAFT Ja, weißt du, mein Junge, wenn man Zivilisation will, muß man entscheiden, ob Aufruhr und Unruhe gute Dinge sind oder nicht. Entscheidet man, daß sie es sind, dann nehme ich an, fördert man eben die Zivilisation nicht. Da siehst du es, Aufruhr und Unruhe genügen, um aus uns allen Engel zu machen! Entscheidet man aber anders, muß man damit fertig werden. Aber unsere Leute hier sind sicher, Stephen. Eine ausreichende Dosis Unruhe ist stets dadurch vorhanden, daß wir jeden Augenblick in Fetzen gerissen werden können.

SARAH Übrigens, Papa, wo wird der Sprengstoff hergestellt?

UNDERSHAFT In den einzelnen kleinen Hallen wie diese dort. Wenn eine von ihnen explodiert, sind die Kosten gering; und nur die Leute in nächster Nähe werden getötet.

Stephen, der sich ganz nahe der Halle befindet, blickt ziemlich ängstlich dahin und geht schnell zur Kanone hin. In diesem Augenblick wird die Tür der Halle plötzlich aufgerissen und ein Werkmeister in Overall und Bastschuhen kommt auf das kleine Podest hinaus und hält die Tür auf für Lomax, der in der Türöffnung erscheint.

LOMAX *mit gesuchter Kaltblütigkeit:* Mein lieber Mann: Sie brauchen keinen Nervenschock zu bekommen. Es wird Ihnen nichts passieren, und die Welt würde wohl nicht untergehen, wenn es so wäre. Ein bißchen britischer Schneid, das ist es, was Ihnen fehlt, alter Junge. *Steigt herunter und schlendert zu Sarah hinüber.*

UNDERSHAFT *zu dem Werkmeister:* Etwas nicht in Ordnung, Bilton?

BILTON *mit spöttischer Ruhe:* Der Herr kam in den Halle mit dem hochexplosiven Sprengstoff und zündete sich eine Zigarette an: das ist alles.

UNDERSHAFT Ah, das ist es. *Geht zu Lomax.* Erinnern Sie sich zufällig, was Sie mit dem Streichholz taten?

LOMAX Ich bitte Sie! Ich bin doch kein Narr. Ich war sehr darauf bedacht, es auszublasen, bevor ich es wegwarf.

BILTON Der Kopf davon war innen glühend rot, Herr.

LOMAX Und wenn schon! Ich warf es nicht in eines Ihrer Gemische.

UNDERSHAFT Vergessen wir es, Mr. Lomax. Übrigens, wären Sie so nett, mir Ihre Streichhölzer zu leihen?

LOMAX *bietet seine Schachtel an:* Gewiß.

UNDERSHAFT Danke. *Steckt die Streichhölzer ein.*

LOMAX *die Anwesenden belehrend:* Wißt ihr, diese Sprengstoffe explodieren nicht wie Schießpulver, es sei denn, sie sind in einer Kanone. Wenn sie lose herumgestreut werden, kann man ohne jedes Risiko ein Streichholz daran halten: sie brennen dann ruhig wie ein Stück Papier. *Ereifert sich an dem wissenschaftlichen Interesse für diesen Gegenstand.* Wußten Sie das Undershaft? Haben Sie es einmal probiert?

UNDERSHAFT Nicht im großen Ausmaß, Mr. Lomax. Bilton wird Ihnen etwas Schießbaumwolle mitgeben, wenn sie gehen, wenn sie es ihm sagen. Damit können Sie zu Hause experimentieren. *Bilton blickt verlegen drein.*

SARAH Bilton wird nichts dergleichen tun, Papa. Ich meine, daß es deine Sache ist, Russen und Japaner in die Luft zu sprengen: von Cholly solltest du aber deine Finger lassen. *Bilton gibt auf und zieht sich in die Halle zurück.*

LOMAX Meine Liebste, es ist ungefährlich. *Setzt sich neben sie auf die Granate.*

Lady Britomart kommt mit einem Blumenstrauß aus der Stadt.

LADY BRITOMART *ungestüm:* Andrew! Du hättest mir diesen Platz nicht zeigen sollen.

UNDERSHAFT Warum nicht, meine Liebe?

LADY BRITOMART Das tut nichts zur Sache. Du hättest es ganz einfach nicht tun sollen. Zu denken, daß das alles *(bezeichnet die Stadt)* dir gehört! Und daß du es all die Jahre für dich behalten hast!

UNDERSHAFT Es gehört nicht mir. Ich gehöre ihm. Es ist das Undershaft-Erbe.

LADY BRITOMART Das ist es nicht. Deine lächerlichen Kanonen und diese lärmende, lärmvolle Gießerei mag das Undershaft-Erbe sein; aber all das Porzellan, das Leinenzeug, all die Einrichtungen und die Häuser, die Obst- und Blumengärten gehören uns. Sie gehören mir: sie sind nicht Männersache. Ich gebe sie nicht her. Du mußt von Sinnen sein, das alles wegzuwerfen; und wenn du auf dieser Torheit bestehst, werde ich einen Arzt kommen lassen.

UNDERSHAFT *beugt sich hinunter, um an den Blumen zu riechen:* Woher hast du die Blumen, meine Liebe?

LADY BRITOMART Deine Leute gaben sie mir in deiner William Morris Arbeiter-Kirche.

CUSINS Ach so. Nur das brauchte es. Eine Arbeiter-Kirche. *Er steigt verwirrt auf den Feuertritt, stützt die Ellbogen auf die Brustwehr und wendet den anderen den Rücken zu.*

LADY BRITOMART Ja, mit den Worten von Morris in zehn Fuß großen Mosaik-Buchstaben rund um die Kuppel. KEIN MENSCH IST SO GUT UM DES ANDEREN MEISTER ZU SEIN. Dieser Zynismus!

UNDERSHAFT Anfangs stieß das die Leute wohl ab. Aber jetzt schenken sie dem genauso wenig Beachtung wie den zehn Geboten.

LADY BRITOMART Andrew: Du versuchts, mich von der Erbschaftssache durch profane Scherze abzulenken. Das wird dir nicht gelingen. Ich verlange sie nicht länger für Stephen: er hat zuviel von deiner Eigenwilligkeit geerbt, um dafür geeignet zu sein. Aber Barbara hat ebenso Rechte wie Stephen. Warum sollte nicht Adolphus die Erbfolge antreten? Ich könnte die Stadt für ihn übernehmen; und er kann nach den Kanonen sehen, wenn sie wirklich notwendig sind.

UNDERSHAFT Ich könnte mir nichts Besseres wünschen, wenn Adolphus ein Findelkind wäre. Er ist genau das frische Blut, das der englischen Geschäftswelt fehlt. Aber er ist kein Findelkind; und damit ist es aus damit. *Er geht auf die Bürotür zu.*

CUSINS *dreht sich zu ihnen um:* Nicht ganz.

Alle wenden sich ihm zu und starren ihn an. Ich glaube – wohlgemerkt, ich lege mich in keiner Weise für die Zukunft fest – aber ich glaube, die Schwierigkeit mit dem Findelkind kann überwunden werden.

Er springt herunter auf den Betonstreifen.

UNDERSHAFT *kommt zu ihm zurück:* Was wollen Sie damit sagen?

CUSINS Nun, ich habe etwas zu sagen, das so etwas wie eine Beichte ist.

SARAH
LADY BRITOMART
BARBARA
STEPHEN } Beichte!

LOMAX Wirklich!

CUSINS Ja, eine Beichte. Hört alle zu. Bis ich Barbara traf, hielt ich mich in der Hauptsache für einen ehrenhaften wahrheitsliebenden Menschen, weil mir an der Zustimmung meines Gewissens mehr als an allem anderen liegt. Von dem Augenblick an, in dem ich Barbara traf, lag mir weitaus mehr an ihr als an der Zustimmung meines Gewissens.

LADY BRITOMART Adolphus!

CUSINS Es ist wahr. Sie selbst, Lady Britomart, haben mich beschuldigt, daß ich mich der Heilsarmee nur anschloß, weil ich Barbara verehre; und das stimmt. Sie kaufte meine Seele wie eine Blume an der Straßenecke; aber sie kaufte sie für sich selbst.

UNDERSHAFT Wie! Nicht für Dionysos oder einen anderen?

CUSINS Dionysos und all die anderen sind in ihr selbst. Ich betete das Göttliche in ihr an und war daher ein wahrer Anbeter. Aber ich liebte sie selbst auch. Ich hielt sie für ein Mädchen aus dem Volk und dachte, daß die Heirat mit einem Griechisch-Professor weit über die entferntesten gesellschaftlichen Ambitionen ihrer Klasse ginge.

LADY BRITOMART Adolphus!

LOMAX Also, nein!

CUSINS Als ich die furchtbare Wahrheit erfuhr –

LADY BRITOMART Was, bitte, meinen Sie mit furchtbarer Wahrheit?

CUSINS Daß sie schrecklich reich ist; daß ihr Großvater ein Graf, daß ihr Vater der Prinz der Finsternis ist –

UNDERSHAFT Los, weiter.

CUSINS – und ich nichts weiter war als ein Abenteurer, der versucht, eine reiche Frau zu ergattern, da scheute ich mich nicht, sie über meine Geburt zu täuschen.

BARBARA *erhebt sich:* Dolly!

LADY BRITOMART Ihre Geburt! Also Adolphus wagen Sie ja nicht wegen dieser verfluchten Kanonen eine faule Geschichte zu erfinden. Vergessen Sie nicht, daß ich die Photographien Ihrer Eltern gesehen habe. Und der Generalinspektor für Südwest-Australien kennt sie persönlich und hat mir versichert, daß es höchst ehrbare verheiratete Leute sind.

CUSINS Das sind sie auch in Australien; hier aber sind sie Ausgestoßene. Ihre Heirat ist in Australien legal, aber nicht in England. Meine Mutter ist die Schwester der verstorbenen Frau meines Vaters; deshalb gelte ich hier als Findelkind. *Erstaunen.*

BARBARA Lächerlich! *Sie steigt zu der Kanone hinauf und lehnt sich, während sie zuhört, in den Winkel, den diese mit der Brüstung bildet.*

CUSINS Wäre das ein Ausweg, Machiavelli?

UNDERSHAFT *nachdenklich:* Biddy: das könnte die Lösung der Schwierigkeiten sein.

LADY BRITOMART Dummes Zeug! Ein Mann kann nicht deshalb bessere Kanonen machen, weil er sein eigener Vetter ist und nicht er selbst. *Sie setzt sich mit Wucht, die ihre ganze Verachtung für die Spitzfindigkeit ausdrückt, auf das Fell.*

UNDERSHAFT *zu Cusins:* Sie sind ein gebildeter Mann. Das ist gegen die Tradition.

CUSINS Einmal in zehntausend Fällen kommt es vor, daß der Schüler der geborene Meister für das ist, was man ihn lehren will. Griechisch hat meinem Geist nicht geschadet; es hat ihn genährt. Außerdem habe ich es nicht auf einer englischen Schule gelernt.

UNDERSHAFT Hm! Nun, ich kann es mir nicht leisten, zu wählerisch zu sein: sie haben die Findelkind-Bedingung geschafft. Lassen wir das gelten. Sie stehen zur Wahl, Euripides, Sie stehen zur Wahl!

BARBARA Dolly: als Stephen uns gestern morgen von der Tradition berichtete, wurdest du sehr schweigsam. Dachtest du da an deine Geburt?

CUSINS Wenn der Finger des Schicksals plötzlich mitten beim Frühstück auf einen Menschen zeigt, macht ihn das nachdenklich.

UNDERSHAFT Aha! Sie hatten ein Auge auf das Geschäft geworfen, junger Freund, stimmt's?

CUSINS Seien Sie vorsichtig! Zwischen mir und Ihren verfluchten Luftkampfschiffen liegt ein Abgrund moralischen Abscheus.

UNDERSHAFT Vergessen Sie den Abgrund für den Augenblick. Klären wir die praktischen Einzelheiten und lassen wir die endgültige Entscheidung offen. Sie wissen, daß Sie Ihren Namen wechseln müssen. Haben Sie etwas dagegen?

CUSINS Würde jemand, der Adolphus heißt – den man Dolly nennt – etwas gegen einen anderen Namen haben?

UNDERSHAFT Gut. Jetzt zum Geld. Ich schlage vor, Sie von Anfang an großzügig zu behandeln. Sie sollen mit tausend im Jahr anfangen.

CUSINS *mit plötzlichem Eifer, seine Brille funkelt vor Verachtung:* Tausend! Sie wagen es, dem Schwiegersohn eines Millionärs schäbige Tausend anzubieten! Nein, bei Gott, Machiavelli! Sie werden mich nicht betrügen. Ich komme ohne Sie aus, Sie aber nicht ohne mich. Ich brauche zweitausendfünfhundert pro Jahr in den beiden ersten Jahren. Zeigt es sich, daß ich ein Versager bin, dann gehe ich am Ende dieser Zeit. Wenn ich aber ein Erfolg bin, müssen Sie mir die restlichen fünftausend geben.

UNDERSHAFT Welche restlichen fünftausend?

CUSINS Um es für die zwei Jahre auf fünftausend im Jahr zu bringen. Die zweitausendfünfhundert sind nur die Hälfte des Gehaltes, für den Fall, daß ich mich als Versager erweise. Im dritten Jahr sollte ich zehn Prozent vom Gewinn erhalten.

UNDERSHAFT *verblüfft:* Zehn Prozent! Mann, wissen Sie, wie hoch mein Gewinn ist?

CUSINS Ich hoffe, daß er enorm hoch ist, sonst müßte ich fünfundzwanzig Prozent fordern.

UNDERSHAFT Aber Mr. Cusins, das ist eine ernsthafte geschäftliche Angelegenheit. Sie bringen gar kein Kapital in den Konzern.

CUSINS Wie? Kein Kapital? Ist meine Beherrschung des Griechischen kein Kapital? Ist mein Zugang zu den kunstvollsten Gedanken, der stolzesten Dichtung, die je von der Menschheit geschaffen wurde, kein Kapital? Mein Charakter! Mein Verstand! Mein Leben! Meine Karriere! Was Barbara meine Seele nennt! Ist das alles kein Kapital? Noch ein Wort und ich verdoppele mein Gehalt.

UNDERSHAFT Seien Sie vernünftig –

CUSINS *diktatorisch:* Mr. Undershaft: Sie kennen meine Bedingungen. Nehmen Sie sie an oder lassen Sie es bleiben.

UNDERSHAFT *faßt sich wieder:* Nun gut. Ich nehme Ihre Bedingungen zur Kenntnis und biete Ihnen die Hälfte.

CUSINS *verächtlich:* Die Hälfte.

UNDERSHAFT *fest:* Die Hälfte.

CUSINS Sie halten sich für einen Gentleman; und Sie bieten mir die Hälfte.

UNDERSHAFT Ich halte mich nicht für einen Gentleman; aber ich biete Ihnen die Hälfte.

CUSINS Das Ihrem zukünftigen Partner! Ihrem Nachfolger! Ihrem Schwiegersohn!

BARBARA Du verkaufst deine Seele, Dolly, nicht die meine. Laß mich, bitte, aus dem Handel heraus.

UNDERSHAFT Also gut! Für Barbara gehe ich einen Schritt weiter. Ich werde Ihnen drei Fünftel geben. Aber das ist mein letztes Wort.

CUSINS Einverstanden.

LOMAX Einverstanden! Schwindel! Ich bekomme nur achthundert.

CUSINS Übrigens, Mac. Ich bin Altphilologe, kein Mathematiker. Sind drei Fünftel mehr oder weniger als die Hälfte?

UNDERSHAFT Natürlich mehr.

CUSINS Ich wäre mit zweihundertfünfzig einverstanden gewesen. Wie können Sie im Geschäft Erfolg haben, wenn Sie bereit sind, so viel Geld an einen Universitätsmenschen zu zahlen, der offensichtlich nicht das Gehalt eines Büroangestellten wert ist! – Nun! Was wird Lazarus sagen?

UNDERSHAFT Lazarus ist ein freundlicher, schwärmerischer Jude, dem Streichquartette und Parkettsitze im Theater über alles gehen. Man wird ihm die Schuld an Ihrer Raubgier in geldlichen Dingen zuschieben, der arme Kerl, so wie es bisher meinetwegen geschah. Sie sind ein Gauner ersten Ranges, Euripides. Um so besser für die Firma!

BARBARA Ist der Handel geschlossen, Dolly? Gehört ihm jetzt deine Seele?

CUSINS Nein: der Preis ist bestimmt: das ist alles. Der wirkliche Kampf kommt noch. Wie sieht es mit der moralischen Seite aus?

LADY BRITOMART Es gibt keine moralische Seite in der Sache, Adolphus. Sie müssen einfach Kanonen und Waffen nur an Leute verkaufen, deren Sache wahr und gerecht ist, und sie Fremden und Verbrechern verweigern.

UNDERSHAFT *entschieden:* Nein: nichts dergleichen. Sie müssen sich an den wahren Glauben des Waffenschmieds halten oder Sie bleiben draußen.

CUSINS Was um Himmels willen ist der wahre Glaube des Waffenschmieds?

UNDERSHAFT Allen Menschen, die einen gerechten Preis dafür bieten, Waffen zu geben, ohne Ansehen der Person oder der Grundsätze: den Aristokraten und Republikanern, dem Nihilisten und dem Zar, dem Kapitalisten und Sozialisten, dem Protestanten und dem Katholiken, dem Einbrecher und dem Polizisten, dem Schwarzen und dem Weißen und dem Gelben, allen Gattungen und Ständen, allen Nationalitäten, allen Bekenntnissen, allen törichten Unternehmungen, für alle Anlässe und allen Frevel. Der erste Undershaft schrieb in seiner Werkstatt an die Wand: WENN GOTT DIE HAND GAB SOLL DER MENSCH DAS SCHWERT NICHT ZURÜCKHALTEN. Der zweite schrieb: ALLE HABEN DAS RECHT ZU KÄMPFEN: KEINER HAT DAS RECHT ZU RICHTEN. Der dritte schrieb: DEM MENSCHEN DIE WAFFE: DEM HIMMEL DER SIEG. Der vierte hatte keine literarische Ader, deshalb schrieb er nichts hin; aber er verkaufte unter Georg III. Nase Kanonen an Napoleon. Der fünfte schrieb: DER FRIEDE DARF NUR MIT DEM SCHWERT IN DER HAND DEN SIEG DAVONTRAGEN. Der sechste, mein Meister, war der Beste von allen. Er schrieb: IN DIESER WELT GESCHIEHT NIE ETWAS, BIS DIE MENSCHEN BEREIT SIND, EINANDER ZU TÖTEN, WENN NICHTS GESCHIEHT. Danach blieb dem siebten nichts zu sagen. Deshalb schrieb er nur: OHNE SCHAM.

CUSINS Mein guter Machiavelli, ich werde in jedem Fall etwas an die Wand schreiben: nur werden Sie es nicht lesen können, da ich es in Griechisch schreiben werde. Aber was den Glauben Ihrer Waffenschmiede angeht, so werde ich meinen Hals nicht aus der Schlinge meiner eigenen Moral nehmen, um ihn in Ihre Schlinge zu legen. Ich werde Kanonen verkaufen und verweigern, wie es mir paßt. Basta!

UNDERSHAFT Von dem Augenblick an, in dem Sie Andrew Undershaft sind, werden Sie nie mehr tun, was Ihnen paßt. Kommen Sie mir nicht mit Gelüsten nach Macht, junger Mann.

CUSINS Wäre Macht mein Ziel, so wäre ich nicht hier. Sie haben keine Macht.

UNDERSHAFT Keine eigene, natürlich.

CUSINS Ich habe mehr Macht, mehr Willen als Sie. Sie beherrschen diesen Platz nicht, er beherrscht Sie. Und was beherrscht den Platz?

UNDERSHAFT *rätselhaft:* Ein Wille, von dem ich ein Teil bin.

BARBARA *bestürzt:* Vater! Weißt du, was du sagst; oder stellst du meiner Seele eine Falle?

CUSINS Höre nicht auf seine Metaphysik, Barbara. Der Platz wird von dem schurkischsten Teil der Gesellschaft beherrscht, den Geldjägern, von denen, die auf Vergnügen, von denen, die auf militärische Karriere aus sind; und er ist ihr Sklave.

UNDERSHAFT Nicht unbedingt. Denken Sie an den Glauben der Waffenschmiede. Ich nehme den Auftrag eines guten Mannes so freudig an, wie den eines bösen. Wenn ihr guten Leute es vorzieht zu predigen und euch der Pflicht zu entziehen, meine Waffen zu kaufen, um die Schurken zu bekämpfen, gebt nicht mir die Schuld. Ich kann Kanonen herstellen: ich kann nicht Mut und Überzeugung produzieren. Bah! Sie langweilen mich, Euripides, mit Ihrem Moralitätenhandel. Fragen Sie Barbara: sie versteht mich. *Er streckt plötzlich seine Hand aus und ergreift Barbaras Hände und sieht sie durchdringend an.* Sag ihm, Liebes, was Macht bedeutet.

BARBARA *hypnotisiert:* Bevor ich zur Heilsarmee ging, war ich in meiner eigenen Macht; die Folge davon war, daß ich nie wußte, was ich mit mir anfangen sollte. Als ich ihr beitrat, reichte mir die Zeit nicht, all das zu tun, was ich wollte.

UNDERSHAFT *zustimmend:* Ganz richtig. Und weißt du auch warum?

BARBARA Gestern hätte ich geantwortet, weil ich in der Macht Gottes stand. *Sie gewinnt ihre Selbstbeherrschung zurück und entzieht ihm ihre Hände mit einer Kraft, die der seinen gleich kommt.* Dann kamst du und zeigtest mir, daß ich in der Macht von Bodger und Undershaft war. Heute fühle ich – oh! wie soll ich es ausdrücken? Sarah: erinnerst du dich an das Erdbeben von Cannes, als wir kleine Kinder waren? – wie gering die Überraschung des ersten Stoßes war im Vergleich zu dem Grauen und dem Horror des Wartens auf den zweiten Stoß? So fühle ich mich heute hier. Ich stand auf einem Felsen, den ich für ewig hielt; und ohne jede Vorwarnung rollte und zerbröckelte er unter mir weg. Ich war sicher unter der Obhut der ewigen Weisheit und einer Armee, die mit mir auf das Heil zu marschierte; und mit einem Mal, mit einem Federstrich in deinem Scheckbuch, stand ich allein; und der Himmel war leer. Das war der erste Schock des Erdbebens: jetzt warte ich auf den zweiten.

UNDERSHAFT Sachte, sachte, meine Tochter. Mach nicht soviel daher mit deiner kleinen persönlichen Tragödie. Weißt du, was wir tun, wenn wir Jahre an Arbeit und Gedanken und Tausende von Pfund baren Geldes an eine neue Kanone oder ein Luftkampfschiff gewendet haben, die sich dann um Haaresbreite dennoch als falsch erweisen? Wir verschrotten sie. Verschrotten sie ohne noch eine weitere Stunde oder ein weiteres Pfund daran zu verschwenden. Du hast für dich selbst etwas geschaffen, das du Moral oder Religion oder wie auch immer nennst. Sie entsprechen nicht mehr den Umständen. Deshalb wirf sie über Bord. Wirf sie über Bord und nimm eine andere, die paßt. Genau das ist falsch in der heutigen Welt. Sie verschrottet ihre veralteten Maschinen und Dynamos; aber sie will nicht ihre alten Vorurteile und ihre alte Moral und ihre alten Religionen und ihre alten politischen Strukturen über Bord werfen. Das Ergebnis? Ihre Technik gedeiht, aber in Moral und Religion und Politik arbeitet sie mit einem Verlust, der sie jedes Jahr näher an den Rand des Bankrotts bringt. Besteh' du nicht auf dieser Torheit. Wenn deine alte Religion gestern zusammenbrach, nimm dir eine neue und bessere für morgen.

BARBARA Oh, wie gerne würde ich eine bessere für meine Seele annehmen! Aber du bietest mir eine schlechtere an. *Wendet sich ihm plötzlich mit Vehemenz zu.* Rechtfertige dich: zeig mir ein Licht in der Finsternis dieses schrecklichen Platzes, mit seinen wunderbar sauberen Werkstätten und anständigen Arbeitern und vorbildlichen Heimen.

UNDERSHAFT Sauberkeit und Anständigkeit brauchen keine Rechtfertigung, Barbara, sie rechtfertigen sich selbst. Ich sehe hier keine Finsternis und keine Schrecken. In deinem Heilsarmee-Quartier sah ich Armut, Elend, Hunger und Kälte. Du gabst ihnen Brot und Sirup und himmlische Träume. Ich gebe zwischen dreißig Schilling die Woche bis zu zwölftausend im Jahr. Sie finden ihre eigenen Träume; aber ich kümmere mich um die Dränage.

BARBARA Und ihre Seelen?

UNDERSHAFT Ich rette ihre Seelen, so wie ich deine gerettet habe.

BARBARA *aufgebracht:* Du hast meine Seele gerettet? Was soll das heißen?

UNDERSHAFT Ich nährte dich, ich kleidete dich und ich beherbergte dich. Ich sorgte dafür, daß du genügend Geld hattest, um großzügig zu leben – mehr als genug; so daß du verschwenderisch, sorglos, generös sein konntest. Das bewahrte deine Seele vor den sieben Todsünden.

BARBARA *bestürzt:* Den sieben Todsünden!

UNDERSHAFT Ja, den sieben Todsünden. *An seinen Fingern abzählend.* Nahrung, Kleidung, Feuerung, Miete, Steuern, Anständigkeit und Kinder. Nichts als Geld kann die Menschheit von diesen sieben Mühlsteinen befreien; und der Geist kann sich nicht erheben, bis daß er von den Mühlsteinen befreit ist. Ich befreite deinen Geist von ihnen. Ich machte es möglich, daß Barbara Major Barbara wurde; und ich bewahrte sie vor dem Verbrechen der Armut.

CUSINS Ist für Sie Armut ein Verbrechen?

UNDERSHAFT Das schlimmste aller Verbrechen. Alle anderen Verbrechen sind daneben Tugenden: alle andere Schmach ist im Vergleich dazu Tapferkeit. Armut vernichtet ganze Städte; sie verbreitet furchtbare Pestilenz; tötet die Seelen aller, die sich ihrem Bereich, ihrem Klang oder ihrem Geruch nähern. Was Sie Verbrechen nennen, ist nichts: hier ein Mord, dort ein Diebstahl, hier ein Schlag und dort ein Fluch: was macht das schon! Das sind nur die Zufälle und Krankheiten des Lebens: es gibt keine fünfzig wahre Berufsverbrecher in London. Aber es gibt Millionen Armer, Elender, schmutziger Leute, schlecht ernährter und schlecht gekleideter Leute. Sie vergiften uns moralisch und physisch: sie töten das Glück der Gesellschaft: sie zwingen uns, unsere eigenen Freiheiten abzuschaffen und unnatürliche Grausamkeiten zu organisieren aus Angst, daß sie sich gegen uns erheben und uns in ihren Abgrund ziehen könnten. Nur Narren fürchten das Verbrechen: wir alle fürchten die Armut. Pah. *Wendet sich Barbara zu.* Du sprichst von deinem fast geretteten Raufbold in West Ham: Du gibst mir die Schuld, daß seine Seele wieder in die Verderbnis zurückfiel. Gut, bring ihn mir her; und ich werde für dich seine Seele zurückgewinnen. Nicht durch Wort oder Träume: aber durch achtunddreißig Schilling die Woche, eine gute Wohnung in einer netten Straße und eine dauerhafte Stelle. Innerhalb von drei Wochen wird er ein modisches Jackett tragen; in drei Monaten wird er einen Zylinder und einen Platz in der Kirche haben; bevor das Jahr zu Ende geht, wird er eine Herzogin bei einer Versammlung der Primrose League begrüßen und der Konservativen Partei beitreten.

BARBARA Und wird er deshalb besser sein?

UNDERSHAFT Ja, das weißt du selbst. Sei kein Heuchler, Barbara. Er wird besser ernährt werden, besser wohnen, besser gekleidet sein, besser behandelt; und seine Kinder werden zunehmen und kräftig sein. Das ist besser als eine amerikanische Wachstuchmatratze, als Holzhacken, als Brot und Sirup zu essen und gezwungen zu sein, von Zeit zu Zeit niederzuknien und dem Himmel dafür zu danken: Knie-Drill, glaube ich, nennt man das. Es ist billig, hungernde Menschen, in der einen Hand die Bibel, in der anderen ein Brot, zu bekehren. Ich verpflichte mich, ganz West Ham zu diesen Bedingungen zu bekehren. Versuch du es bei meinen Leuten: ihre Seelen hungern, weil ihre Bäuche voll sind.

BARBARA Und das East End verhungern lassen?

UNDERSHAFT *sein energischer Ton wechselt in bittere und schwer lastende Erinnerung:* Ich war einer aus dem East End. Ich moralisierte und hungerte, bis ich mir eines Tages schwor, daß ich es zu einem gut genährten freien Mann bringen würde, koste es, was es wolle, daß mich nichts dabei aufhalten sollte, außer einer Kugel, weder Vernunft noch Moral noch das Leben anderer Menschen. Ich sagte mir: ›Ihr sollt hungern, bevor ich hungere‹; und mit diesem Ausspruch wurde ich frei und groß. Ich war ein gefährlicher Mensch, bis ich meinen Willen hatte: jetzt bin ich eine nützliche, mildtätige, freundliche Person. Das ist, glaube ich, die Geschichte der meisten Emporkömmlinge, die es zum Millionär gebracht haben. Wenn es die Geschichte eines jeden Engländers sein wird, dann werden wir ein England haben, in dem es sich lohnt zu leben.

LADY BRITOMART Schenk dir deine Reden, Andrew. Das ist nicht der geeignete Ort dafür.

UNDERSHAFT *platzt:* Meine Liebe: eine andere Möglichkeit, meine Gedanken darzulegen, habe ich nicht.

LADY BRITOMART Deine Gedanken sind Unsinn. Du kamst voran, weil du selbstsüchtig und skrupellos warst.

UNDERSHAFT Keineswegs. Ich hatte die größten Skrupel vor Armut und Hunger. Eure Moralisten sind ziemlich skrupellos bei beiden: sie machen Tugenden daraus. Ich wäre lieber ein Dieb als ein Armer. Lieber wäre ich ein Mörder als ein Sklave. Ich möchte beides nicht sein; aber wenn ich wählen müßte, dann, bei Gott, würde ich das tapfere und moralischere wählen. Ich hasse Armut und Sklaverei mehr als alle anderen Verbrechen zusammen. Und laß mich dir eines sagen: Armut und Sklaverei haben sich Jahrhunderte gegen eure Predigten und Leitartikel behauptet: sie werden sich nicht gegen meine Maschinengewehre behaupten. Predigt ihnen nicht: debattiert nicht mit ihnen. Tötet sie.

BARBARA Töten. Ist das dein Heilmittel für alles?

UNDERSHAFT Es ist der letzte Prüfstein für eine Überzeugung, der einzige Hebel, der stark genug ist, ein soziales System zu stürzen, der einzige Weg, ein »Muß« zu sagen. Gibt sechshundertundsiebzig Verrückten die Straße frei; drei Polizisten können sie zerstreuen. Aber steck sie zusammen in ein gewisses Haus in Westminster; und laß sie durch gewisse Zeremonien gehen und sich gewisse Namen geben, bis daß sie schließlich Mut bekommen zu töten; und deine Sechshundertundsiebzig werden eine Regierung. Dein frommes Gesindel füllt

Stimmzettel aus und bildet sich ein, daß es seine Herren regiert; aber der Stimmzettel, der in Wirklichkeit regiert, ist das Papier, in dem eine Kugel eingewickelt ist.

CUSINS Vielleicht ist das der Grund, weshalb ich, wie alle intelligenten Leute, nie wähle.

UNDERSHAFT Wählen! Pah! Wenn man wählt, ändert man nur die Namen im Kabinett. Wenn man schießt, reißt man eine Regierung nieder, leitet eine neue Epoche ein, hebt alte Befehle auf und gibt neue aus. Ist das historisch wahr oder nicht, Herr Gelehrter?

CUSINS Es ist historisch wahr. Ich hasse es, das zuzugeben. Ich lehne Ihre Einstellung ab. Ich verabscheue Ihre Natur. Ich widersetze mich Ihnen in jeder nur möglichen Weise. Dennoch: es ist wahr. Aber es sollte nicht wahr sein.

UNDERSHAFT Sollte! Sollte! Sollte! Sollte! Sollte! Wollen Sie Ihr Leben damit verbringen, sollte zu sagen wie alle eure Moralisten? Machen Sie aus Ihrem »sollte« ein »wird«, Mann. Kommen Sie und stellen Sie mit mir Sprengstoff her. Was Menschen in die Luft sprengen kann, kann die Gesellschaft sprengen. Die Geschichte der Welt ist die Geschichte jener, die Mut genug hatten, diese Wahrheit anzunehmen. Hast du den Mut, Barbara, sie anzunehmen?

LADY BRITOMART Barbara: ich verbiete dir strikt, auf die abscheuliche Bosheit deines Vaters zu hören. Und Sie, Adolphus, könnten Gescheiteres tun, als zu sagen, daß unrechte Dinge wahr sind. Was macht es aus, ob sie wahr sind, wenn sie unrecht sind.

UNDERSHAFT Was macht es aus, ob sie unrecht sind, wenn sie wahr sind?

LADY BRITOMART *erhebt sich:* Kinder: kommt, wir gehen sofort nach Hause. Andrew: ich bedauere es außerordentlich, daß ich dir erlaubt habe, uns zu besuchen. Du bist bösartiger denn je. Kommt sofort.

BARBARA *schüttelt den Kopf:* Es hat keinen Zweck, Mama, vor bösartigen Menschen davonzulaufen.

LADY BRITOMART Es hat Zweck. Es zeigt deine Mißbilligung.

BARBARA Das rettet sie nicht.

LADY BRITOMART Ich sehe, daß du mir nicht gehorchen willst. Sarah: kommst du mit nach Hause oder nicht?

SARAH Ich gebe zu, daß es böse von Papa ist, Kanonen herzustellen; ich glaube aber nicht, daß ich ihn deshalb schneiden werde.

LOMAX *gießt Öl auf die bewegten Wogen:* Tatsache ist, wißt ihr, daß da eine Menge Gerede bei der Vorstellung von Bösartigkeit ist. So geht es nicht. Ihr müßt die Tatsachen sehen. Nicht, daß ich etwas Unrechtem das Wort reden wollte; aber seht ihr, allerlei Leute tun immer allerlei Dinge; und wißt ihr, irgendwie müssen wir sie einreihen. Was ich meine, es geht nicht, daß man alle schneidet; und darauf läuft es hinaus. *Ihre gespannte Aufmerksamkeit auf seine Beredsamkeit macht ihn nervös.* Vielleicht drücke ich mich nicht klar genug aus.

LADY BRITOMART Sie sind die Klarheit selbst, Charles. Weil Andrew erfolgreich ist und Sarah viel Geld geben kann, wollen Sie ihm schmeicheln und ermutigen ihn in seiner Bösartigkeit.

LOMAX *gelassen:* Nun, wo das Aas ist, da sammeln sich die Geier, nicht wahr. *Zu Undershaft:* He! Nun?

UNDERSHAFT Ganz recht. Übrigens, darf ich Charles zu Ihnen sagen?

LOMAX Gerne. Cholly in der Regel.

UNDERSHAFT *zu Lady Britomart:* Biddy –

LADY BRITOMART *heftig:* Wage es nicht, mich Biddy zu nennen. Charles Lomax: Sie sind ein Narr. Adolphus Cusins: Sie sind ein Jesuit. Stephen: Du bist ein Pedant. Barbara: Du bist eine Törin. Andrew: Du bist ein gemeiner Geschäftsmann. Jetzt kennt ihr meine Meinung; und mein Gewissen ist rein. *Sie setzt sich mit Vehemenz hin, die zum Glück durch den kleinen Teppich gemildert wird.*

UNDERSHAFT Meine Liebe: Du bist die Moral in Person. *Sie brummt.* Dein Gewissen ist rein und deine Pflicht ist getan, nachdem du jeden einzelnen beschimpft hast. Los, Euripides, es wird spät; und wir möchten alle nach Hause gehen. Entscheiden Sie sich.

CUSINS Merken Sie sich, Sie alter Dämon –

LADY BRITOMART Adolphus!

UNDERSHAFT Laß ihn in Frieden, Biddy. Fahren Sie fort, Euripides.

CUSINS Sie haben mich in ein schreckliches Dilemma gebracht. Ich will Barbara.

UNDERSHAFT Wie alle jungen Leute übertreiben Sie stark den Unterschied zwischen der einen jungen Frau und einer anderen.

BARBARA Ganz richtig, Dolly.

CUSINS Ich möchte auch vermeiden, ein Schuft zu werden.

UNDERSHAFT *mit schneidender Verachtung:* Sie gelüsten nach

persönlicher Rechtschaffenheit, nach Selbstlob, nach dem, was Sie ein gutes Gewissen nennen, nach dem, was Barbara Heil nennt, nach dem, was ich selbst gönnerhaft Mitleid für Menschen nenne, die nicht so glücklich sind, wie man selbst.

CUSINS Das tue ich nicht: der ganze Poet in mir schreckt davor zurück, ein guter Mensch zu sein. Aber es gibt Dinge in mir, mit denen ich rechnen muß. Mitleid –

UNDERSHAFT Mitleid! Der Straßenkehrer des Elends.

CUSINS Gut, also Liebe.

UNDERSHAFT Ich weiß. Sie lieben die Notleidenden und die Ausgestoßenen, Sie lieben die unterdrückten Rassen, die Neger, den indischen Bauern, alle Unterdrückten. Lieben Sie die Japaner? Lieben Sie die Franzosen? Lieben Sie die Engländer?

CUSINS Nein. Jeder echte Engländer verachtet die Engländer. Wir sind die verruchteste Nation der Welt; und unser Erfolg ist ein moralisches Entsetzen.

UNDERSHAFT Das ist das Ergebnis eures Evangeliums der Liebe, stimmt es?

CUSINS Darf ich nicht einmal meinen Schwiegervater lieben?

UNDERSHAFT Wer fragt nach Ihrer Liebe, Mann? Mit welchem Recht nehmen Sie sich die Freiheit, sie mir anzubieten? Ich verlange Ihre Aufmerksamkeit und Ihren Respekt oder ich werde Sie töten. Aber Ihre Liebe! Zum Teufel mit Ihrer Unverschämtheit.

CUSINS *grinsend:* Ich könnte nicht in der Lage sein, meine Gefühle zu beherrschen, Mac.

UNDERSHAFT Sie verteidigen sich, Euripides. Sie sind geschwächt: Ihr Griff läßt nach. Kommen Sie, versuchen Sie Ihre letzte Waffe. Mitleid und Liebe sind in Ihrer Hand zerbrochen: bleibt noch Vergebung.

CUSINS Nein: Vergebung ist die Zuflucht des Bettlers. Darin stimme ich mit Ihnen überein: wir müssen unsere Schulden bezahlen.

UNDERSHAFT Gut gesagt. Kommen Sie! Sie sind mir recht. Denken Sie an die Worte von Plato.

CUSINS *fährt auf:* Plato! Sie wagen es, mir gegenüber Plato zu zitieren?

UNDERSHAFT Plato, mein Freund, sagt, daß die Gesellschaft nicht gerettet werden kann, bis entweder der Griechisch-Professor sich darauf verlegt, Schießpulver herzustellen, oder aber die Hersteller von Schießpulver Griechisch-Professoren werden.

CUSINS Oh, Versucher, listiger Versucher!

UNDERSHAFT Los, wählen Sie, Mann, wählen Sie.

CUSINS Aber vielleicht wird Barbara mich nicht heiraten, wenn ich die falsche Wahl treffe.

BARBARA Vielleicht.

CUSINS *verzweifelt, verwirrt:* Da hören Sie es!

BARBARA Vater: liebst du niemanden?

UNDERSHAFT Ich liebe meinen besten Freund.

LADY BRITOMART Und wer ist das, bitte?

UNDERSHAFT Mein tapferster Feind. Der Mann, der mich auf der Höhe hält.

CUSINS Wißt ihr, daß dieser Mensch tatsächlich auf seine Art ein Poet ist? Er ist, meine ich, trotz allem ein großer Mann.

UNDERSHAFT Ich meine, Sie hören jetzt auf zu reden und entschließen sich, junger Freund.

CUSINS Aber Sie treiben mich gegen meine Natur. Ich hasse Krieg.

UNDERSHAFT Haß ist die Rache des Feiglings dafür, daß er eingeschüchtert wurde. Wagen Sie Krieg gegen Krieg zu machen? Hier sind die Mittel dazu: mein Freund, Mr. Lomax, sitzt auf ihnen.

LOMAX *springt auf:* Oh, fürwahr! Sie wollen doch nicht sagen, daß dieses Ding geladen ist? Liebste: komm herunter.

SARAH *bleibt gelassen auf der Granate sitzen:* Wenn ich in die Luft gesprengt werden soll, dann je vollständiger je besser. Keine Aufregung, Cholly.

LOMAX *zu Undershaft, stark protestierend:* Ihre eigene Tochter, verstehen Sie!

UNDERSHAFT Das sehe ich selbst. *Zu Cusins:* Nun, mein Freund, darf ich Sie morgen früh um sechs Uhr hier erwarten?

CUSINS *entschieden:* Auf gar keinen Fall. Eher lasse ich das ganze Unternehmen mit seinem eigenen Dynamit in die Luft gehen, als daß ich um fünf Uhr aufstehe. Meine Zeiten sind gesunde, vernünftige: von elf bis fünf.

UNDERSHAFT Kommen Sie, wann Sie wollen: innerhalb von einer Woche kommen Sie um sechs Uhr und bleiben, bis ich Sie Ihrer Gesundheit wegen raussetze. *Ruft.* Bilton! *Er wendet sich Lady Britomart zu, die aufsteht.* Meine Liebe: wir wollen die beiden jungen Leute sich ein wenig selbst überlassen. *Bilton kommt aus der Halle.* Ich werde dir die Halle mit der Schießbaumwolle zeigen.

BILTON *versperrt den Weg:* Sie dürfen nichts Explosives hier hereinbringen, Herr.

LADY BRITOMART Was meinen Sie damit? Spielen Sie auf mich an?

BILTON *unbeweglich:* Nein, Madam. Mr. Undershaft hat die Streichhölzer jenes Herrn in der Tasche.

LADY BRITOMART *abrupt:* Ach so. Verzeihung. *Sie geht hinein.*

UNDERSHAFT Ganz richtig, Bilton, ganz richtig: so, hier. *Er gibt Bilton die Streichholzschachtel.* Komm, Stephen. Kommen Sie, Charles. Bringen Sie Sarah mit. *Geht in die Halle.*

Bilton öffnet die Schachtel und läßt die Streichhölzer bedächtig in den Feuereimer fallen.

LOMAX Oh, fürwahr. *Bilton händigt ihm gleichgültig die leere Schachtel aus.* Verfluchter Unsinn. Reine wissenschaftliche Ignoranz! *Geht hinein.*

SARAH Bei mir alles in Ordnung, Bilton?

BILTON Sie müssen Bastpantoffeln anziehen, Miß; das ist alles. Sie stehen drinnen. *Sie geht hinein.*

STEPHEN *sehr ernst:* Dolly, alter Bursche, überlegen Sie. Überlegen Sie, bevor Sie sich entscheiden. Glauben Sie, daß Sie genügend praktische Fähigkeiten haben? Es ist ein riesengroßes Unternehmen und eine enorme Verantwortung. Dieses riesengroße Unternehmen wird Griechisch für Sie sein.

CUSINS Oh, ich denke, es wird weniger schwierig sein als Griechisch.

STEPHEN Ich möchte Ihnen nur, bevor ich Sie sich selbst überlasse, dieses sagen: Lassen Sie sich durch nichts, das ich über Recht und Unrecht sagte, bei dieser großen Chance Ihres Lebens beeinflussen. Ich habe mich überzeugt, daß das Unternehmen eines mit bestem Ruf ist und zum Ansehen unseres Landes beiträgt. *Bewegt.* Ich bin sehr stolz auf meinen Vater. – *Er ist nicht in der Lage, fortzufahren und drückt Cusins die Hand und geht hastig in die Halle. Bilton folgt ihm.*

Barbara und Cusins, allein gelassen, sehen sich schweigend an.

CUSINS Barbara: ich werde das Angebot annehmen.

BARBARA Ich wußte es.

CUSINS Du verstehst doch, daß ich mich, ohne dich zu fragen, entscheiden mußte. Wenn ich die Last der Entscheidung dir aufgebürdet hätte, hättest du mich früher oder später dafür verachtet.

BARBARA Ja: ebensowenig wie für mich, solltest du deine Seele dieser Erbschaft wegen verkaufen.

CUSINS Nicht der Verkauf meiner Seele bedrückt mich: ich habe sie zu oft verkauft, um mir daraus etwas zu machen. Ich habe sie für die Professur verkauft. Ich habe sie für Einkommen verkauft. Ich habe sie verkauft, um nicht eingesperrt zu werden wegen meiner Weigerung, Steuern für Henkerseile und ungerechte Kriege und Dinge, die ich verabscheue, zu zahlen. Was anderes ist alles menschliche Verhalten als der tägliche und stündliche Verkauf unserer Seele für Lappalien? Wofür ich sie jetzt verkaufe, ist weder Geld noch Stellung, noch Komfort, sondern Wirklichkeit und Macht.

BARBARA Weißt du, daß du keine Macht haben wirst, und daß er keine hat?

CUSINS Ich weiß es. Es geht nicht nur um mich. Ich möchte der Welt Macht geben.

BARBARA Auch ich möchte der Welt Macht geben, aber es muß geistige Macht sein.

CUSINS Ich finde, daß alle Macht eine geistige ist: diese Kanonen gehen nicht von alleine los. Ich habe versucht, die geistige Macht dadurch zu fördern, daß ich Griechisch unterrichtet habe. Aber die Welt kann nie durch eine tote Sprache und eine tote Zivilisation wirklich beeinflußt werden. Das Volk muß Macht haben; und das Volk kann kein Griechisch haben. Aber die Macht, die hier geschaffen wird, kann von allen Menschen genutzt werden.

BARBARA Macht, Häuser von Frauen niederzubrennen und ihre Söhne zu töten und Männer in Fetzen zu reißen.

CUSINS Du kannst keine Macht zum Guten haben, ohne nicht auch gleichzeitig Macht zum Bösen zu haben. Selbst die Muttermilch nährt Mörder und Helden. Diese Macht, die nur menschliche Körper in Stücke zerreißt, ist nie so erschreckend mißbraucht worden, wie die intellektuelle Macht, die erfinderische Macht, die dichterische, die religiöse Macht, welche die Seelen der Menschen unterjochen. Als Professor für Griechisch gab ich dem intellektuellen Menschen Waffen gegen den einfachen Menschen. Jetzt will ich dem einfachen Menschen Waffen geben gegen den intellektuellen Menschen. Ich liebe das einfache Volk. Ich möchte es bewaffnen gegen die Rechtsanwälte, die Doktoren, die Geistlichen, die Literaten, die Professoren, die Künstler, die Politiker, die, wenn sie einmal an der Macht sind, unheilbringender und tyrannischer sind als alle Toren, Schurken und Betrüger. Ich möchte eine Macht, die so einfach ist, daß der einfache Mann sie gebrauchen kann, und doch stark genug, die intellektuelle Oligarchie zu zwingen, ihr Talent zum allgemeinen Wohl zu nützen.

BARBARA Gibt es keine höhere Macht als diese? *Zeigt auf die Granate.*

CUSINS Doch; aber diese Macht kann die höheren Mächte ebenso zerstören wie ein Tiger einen Mann: deshalb muß die Menschheit diese Macht zuerst bewältigen. Ich gab das zu beim letzten türkisch-griechischen Krieg. Mein bester Schüler zog aus, für Hellas zu kämpfen. Mein Abschiedsgeschenk für ihn war nicht ein Exemplar von Platos Staat, sondern ein Revolver und hundert Undershaft-Patronen. Das Blut eines jeden Türken, den er erschoß – falls er es tat –, kommt ebenso über mein wie über Undershafts Haupt. Diese Tat verpflichtet mich diesem Ort für immer. Die Herausforderung deines Vaters hat mich besiegt. Darf ich Krieg gegen Krieg machen? Ich muß. Ich will. Und, ist jetzt alles aus zwischen uns?

BARBARA *gerührt durch die offensichtliche Angst vor ihrer Antwort:* Dummer kleiner Dolly! Wie könnte es!

CUSINS *überglücklich:* Du, dann – Du – Du – Oh, meine Trommel! *Er schlägt eine unsichtbare Trommel.*

BARBARA *ärgerlich über seine Leichtfertigkeit:* Paß auf, Dolly, paß auf. Oh, könnte ich doch nur fort von dir und von Vater, von allem! Hätte ich doch die Flügel einer Taube und könnte mich hinauf in den Himmel schwingen!

CUSINS Und mich hier lassen!

BARBARA Ja, dich und alle die anderen, ungehorsamen, bösen Menschenkinder. Aber ich kann nicht. In der Heilsarmee war ich eine Zeitlang glücklich. Ich floh aus der Welt in ein Paradies der Begeisterung und des Gebets und der Rettung von Seelen: aber in dem Augenblick, als unser Geld ausging, lief wieder alles auf Bodger raus: er war es, der unser Volk rettete, er und der Prinz der Finsternis, mein Papa. Undershaft und Bodger: ihr Arm reicht überall hin: wenn wir unsere hungernden Mitgeschöpfe speisen, ist es mit ihrem Brot, weil es kein anderes Brot gibt; wenn wir uns der Kranken annehmen, geschieht es in den von ihnen gestifteten Krankenhäusern; wenn wir uns von den Kirchen, die sie bauen, abwenden, müssen wir auf den Pflastersteinen der Straßen, die sie gebaut haben, knien. So lange das währt, kommt man nicht von ihnen frei. Bodger und Undershaft den Rücken zu zeigen, heißt dem Leben den Rükken zu zeigen.

CUSINS Ich dachte, du wärst entschlossen, der bösen Seite des Lebens den Rücken zu zeigen.

BARBARA Es gibt keine böse Seite: das Leben ist eine Einheit.

Und ich wollte mich nie vor meinem Teil drücken, welches Übel auch zu ertragen war, ob Sünde oder Leid. Ich wünschte, ich könnte dich von den bürgerlichen Gedanken kurieren, Dolly.

CUSINS *nach Luft schnappend:* Bürgerlichen –! Eine Zurechtweisung! Mir eine soziale Zurechtweisung! Von der Tochter eines Findelkindes!

BARBARA Das ist der Grund, weshalb ich zu keiner Klasse gehöre, Dolly! Ich komme geradewegs aus dem Herzen des ganzen Volkes. Gehörte ich zum Mittelstand, würde ich dem Geschäft meines Vaters den Rücken kehren; und wir beide würden in einem vornehmen Salon leben, du in einer Ecke Zeitschriften lesen, und ich in der anderen am Klavier – Schumann spielen: zwei sehr eingebildete Leute, und keiner von uns beiden zu irgendeinem Nutzen. Dann würde ich doch lieber den Schuppen mit der Schießbaumwolle ausfegen oder eine von Bodgers Kellnerinnen sein. Weißt du, was passiert wäre, wenn du Papas Angebot ausgeschlagen hättest?

CUSINS Was denn?

BARBARA Ich hätte dich aufgegeben und den Mann geheiratet, der es annimmt. Im Grunde hat meine gute alte Mutter mehr Verstand als ihr alle. Mir ging es wie ihr, als ich diesen Platz sah – ich wußte, daß ich ihn haben muß – daß ich ihn nie, nie, nie aufgeben würde. Nur dachte sie an die Häuser und Küchen, die Einrichtungen und das Linnen und das Porzellan, während es in Wirklichkeit um die Seelen geht, die zu retten sind: keine schwachen Seelen in ausgehungerten Körpern, die für ein Stück Brot mit Sirup vor Dankbarkeit schluchzen, sondern wohlgenährte, streitsüchtige, protzige, hochmütige Geschöpfe, die sich alle auf ihre kleinen Rechte und Würden berufen und denken, daß mein Vater ihnen sehr dankbar sein sollte, weil sie ihm soviel Geld einbringen – und er sollte es sein. Genau da bedarf es des Heils. Mein Vater soll mir nicht noch einmal vorwerfen, daß die von mir Bekehrten durch ein Stück Brot bestochen wurden. *Sie verwandelt sich.* Mit Brot bestechen, habe ich hinter mir gelassen. Gottes Werk soll um seiner selbst willen geschehen: das Werk, das zu tun er uns erschaffen mußte, weil es von keinem außer den Menschen, Männern und Frauen, getan werden kann. Wenn ich sterbe, soll er in meiner Schuld sein, nicht ich in seiner; und ich will ihm vergeben, wie es einer Frau meines Standes zukommt.

CUSINS Dann führt der Weg des Lebens durch die Fabrik des

Todes.

BARBARA Ja, durch das Erheben der Hölle zum Himmel und vom Menschen zu Gott, durch das Offenbarwerden eines ewigen Lichtes im Tal des Schattens. *Nimmt seine beiden Hände.* Dachtest du wirklich, mein Mut würde nicht wiederkommen? Dachtest du, ich sei ein Deserteur? Daß ich, die ich in den Straßen stand und mein Volk ans Herz nahm und mit ihm über die heiligsten und größten Dinge sprach, je mich abwenden würde und dann mit eleganten Leuten über Nichtigkeiten in einem Salon plaudern könnte? Niemals, niemals, niemals, niemals: Major Barbara wird mit der Fahne sterben. Oh, und ich habe meinen lieben guten Dolly-Jungen; er hat den Platz für mich und mein Werk gefunden. Gloria Alleluja! *Sie küßt ihn.*

CUSINS Liebste: gib acht auf meine zarte Gesundheit. Ich kann nicht soviel Glück wie du aushalten.

BARBARA Ja, es ist keine leichte Sache, mich zu lieben, nicht wahr? Aber es tut dir gut. *Sie läuft zu der Halle und ruft kindlich.* Mama! Mama! *Bilton kommt aus der Halle, ihm folgt Undershaft.* Wo ist Mama?

UNDERSHAFT Sie zieht sich die Bastpantoffeln aus, Liebes. *Er geht zu Cusins hin.* Nun? Was hat sie gesagt?

CUSINS Sie hat sich in den Himmel emporgeschwungen.

LADY BRITOMART *kommt aus der Halle und bleibt bei den Stufen stehen; Sarah den Weg versperrend, der Lomax folgt. Barbara klammert sich wie ein kleines Kind an den Rock ihrer Mutter:* Barbara: wann wirst du lernen, unabhängig zu sein und selbst zu denken. Ich weiß recht gut, was dieses Mama-, Mama-Rufen bedeutet. Immer zu mir gelaufen kommen!

SARAH *tippt mit ihren Fingerspitzen auf Lady Britomarts Rücken und macht die Hupe eines Fahrrades nach:* Tüt! Tüt!

LADY BRITOMART *sehr ungehalten:* Wie kannst du es wagen, Tüt! Tüt! zu mir zu sagen, Sarah! Ihr seid beide ungezogene Kinder. Was möchtest du, Barbara?

BARBARA Ich möchte ein Haus im Ort für Dolly und mich. *Zerrt an ihrem Rock.* Komm und sage mir, welches ich nehmen soll.

UNDERSHAFT *zu Cusins:* Morgen früh um sechs Uhr, Euripides.

Ende

Pygmalion

Romanze in fünf Akten
Deutsch von Harald Mueller

Personen:

HENRY HIGGINS, Professor der Phonetik
MRS. HIGGINS, seine Mutter
MRS. PEARCE, seine Haushälterin
OBERST PICKERING
ALFRED DOOLITTLE, Müllkutscher
LIZA, seine Tochter, Blumenmädchen
MRS. EYNSFORD HILL
CLARA } ihre Kinder
FREDDY }
EIN MANN
EIN SARKASTISCHER ZUHÖRER
STUBENMÄDCHEN bei Mrs. Higgins

Erster Akt

Covent Garden 23 Uhr 15. Ein schwerer Sommerregen. Laute Pfiffe nach Taxen aus allen Richtungen. Fußgänger suchen eilig Schutz auf dem Markt und unter dem Portal der Sankt-Pauls-Kirche. Dort stehen bereits mehrere Leute, darunter eine Dame und ihre Tochter in Abendkleidern. Alle starren verdrießlich in den Regen, ausgenommen ein Herr, der den anderen den Rücken zukehrt und vollauf beschäftigt scheint, eifrig in ein Notizbuch zu schreiben. Die Kirchenuhr schlägt das erste Viertel.

TOCHTER Langsam friere ich bis auf die Knochen. Was Freddy bloß so lange macht? Schon zwanzig Minuten ist er fort.

MUTTER Nicht ganz. Aber ein Taxi für uns hätte er schon finden können.

MANN Einen Wagen kriegt er nicht vor halb zwölf, meine Dame, wenn die ihre Theaterfahrten hinter sich haben.

MUTTER Aber wir brauchen ihn unbedingt! Bis halb zwölf können wir hier nicht herumstehen. Wirklich zu dumm!

MANN Also ich kann nichts dafür, meine Dame.

TOCHTER Mit ein bißchen Grips hätte Freddy vorm Theater einen bekommen.

MUTTER Wie sollte er das machen, der arme Junge?

TOCHTER Andere Leute haben Taxen. Warum er nicht?

Freddy kommt aus Richtung Southampton Street durch den Regen hereingestürzt und schließt einen triefenden Schirm. Er ist ein junger Mann von zwanzig, im Abendanzug, sehr naß um die Knöchel.

TOCHTER Sag mal, hast du denn kein Taxi?

FREDDY Kein einziges zu kriegen, weder für Geld noch gute Worte.

MUTTER Aber Freddy, es muß eins zu finden sein! Du hast es sicher nicht richtig versucht.

TOCHTER Das ist wirklich allerhand! Sollen wir uns vielleicht selbst eins holen?

FREDDY Wenn ich dir sage, daß alle besetzt sind –! Der Regen kam so plötzlich, niemand hatte damit gerechnet, und jeder brauchte ein Taxi. Ich bin einmal bis Charing Cross und dann fast bis Ludgate Circus: alles besetzt!

MUTTER Hast du's am Trafalgar Square versucht?

FREDDY Auch am Trafalgar Square: nicht eine!

TOCHTER Ob du's versucht hast?

FREDDY Ganz bis Charing Cross Station hab ich's versucht. Du denkst wohl, ich renne bis Hammersmith?

TOCHTER Gar nichts hast du versucht!

MUTTER Freddy, du bist wirklich nicht sehr geschickt. Geh noch mal und komme nicht ohne Wagen wieder.

FREDDY Ich soll einfach patschnaß werden für nichts?

TOCHTER Und wir? Sollen wir hier die ganze Nacht in der Zugluft stehen mit fast nichts an, du selbstsüchtiger Kerl?

FREDDY Gut, ich gehe, ich geh ja schon! *Öffnet seinen Schirm und will weg, stößt jedoch mit einem Blumenmädchen zusammen, das schutzsuchend hereinkommt, und schlägt ihr den Korb aus den Händen. Ein greller Blitz, gefolgt von lautem Donner, begleitet den Zwischenfall.*

BLUMENMÄDCHEN Immer langsam, Freddy, ja? Vorher kieken ist nicht, was?

FREDDY Tut mir leid. *Ab.*

BLUMENMÄDCHEN Also der hatn Benimm! Zwo Veilchensträuße futsch im Dreck. *Legt die verstreuten Blumen wieder in den Korb, setzt sich auf eine Säulenplatte und sortiert sie: eine wenig anziehende Person Anfang Zwanzig, die einen kleinen schwarzen Strohhut trägt, der selten, wenn überhaupt gereinigt wurde; ungewaschenes mausgraues Haar; ein kitschiger schwarzer Mantel, eng um die Taille, reicht ihr kaum bis zum Knie; ein brauner Rock, eine grobe Schürze, kaputte Schuhe. Sie ist ohne Zweifel so sauber, wie sie es sich leisten kann; mit den Damen verglichen wirkt sie jedoch sehr schmutzig; sie ist nicht häßlicher als diese, aber ungepflegt; schlechte Zähne.*

MUTTER Woher wissen Sie, daß mein Sohn Freddy heißt?

BLUMENMÄDCHEN Ihr Söhnchen also! Schöne Mutter, das! Kein blassen Dunst von Kindererziehung. Macht eim die halben Blumen kaputt und geht einfach stiften, ohne zu bleiben. Oder wollen Sie das übernehmen?

TOCHTER Tu's nicht, Mutter! Eine Idee –!

MUTTER Laß mich bitte, Clara! Hast du Kleingeld?

TOCHTER Nein. Ein Sechspencestück nur.

BLUMENMÄDCHEN *hoffnungsvoll:* Ich mach Sie glattn Schilling klein, gnä' Frau.

MUTTER *zu Clara:* Gib her!

Clara tut es widerwllig.

Nun – *Zum Mädchen.* Für Ihre Blumen.

BLUMENMÄDCHEN Schönen Dank auch, gnä' Frau!

TOCHTER Laß dir rausgeben. Die Dinger kosten pro Strauß nur ein Penny.

MUTTER Sei still, Clara! *Zum Mädchen.* Sie können den Rest behalten.

BLUMENMÄDCHEN Oh, danke sehr, gnä' Frau!

MUTTER Nun sagen Sie mir aber auch, woher Sie den Namen des jungen Herrn kennen, ja?

BLUMENMÄDCHEN Ich? Nie gehört!

MUTTER Aber ich hörte, daß Sie ihn Freddy riefen. Machen Sie mir nichts vor.

BLUMENMÄDCHEN *protestiert:* Wer macht Sie hier was vor? Ich rief ihn Freddy oder Charlie. Na und? Heißt bei Sie doch auchn fremder Typ, oder? Ich mein, wo man mal nett sein will, wenn man mit ins Quasseln kommt. *Setzt sich neben ihren Korb.*

TOCHTER Sechs Pence rausgeworfnes Geld. Also, Mama, das hättest du Freddy sparen können. *Zieht sich unwillig hinter eine Säule zurück. Ein besserer Herr, Typ liebenswürdiger älterer Militär, kommt schnell und schließt einen triefenden Schirm. Er trägt einen Abendanzug, einen leichten Übermantel und ist ebenfalls sehr naß um die Knöchel.*

BESSERER HERR Puh!

MUTTER *zum besseren Herrn:* Bitte, mein Herr, ist noch kein Ende abzusehen?

HERR Ich fürchte, nein. Seit rund zwei Minuten regnet es sogar noch stärker. *Stellt seinen Fuß auf eine Säulenplatte neben dem Blumenmädchen und krempelt die Hosenbeine runter.*

MUTTER Ach du lieber Himmel! *Zieht sich enttäuscht zu ihrer Tochter zurück.*

BLUMENMÄDCHEN Wenn's ganz dick kommt, ist das immer der Anfang vons Ende. Auf geht's Herr Rittmeister, und eim armen Luder kurz mal ne Blume abgekauft!

BESSERER HERR Bedaure, kein Kleingeld!

BLUMENMÄDCHEN Rittmeister, hier wird Sie rausgegeben.

BESSERER HERR Ein Goldstück. Kleiner hab ich's nicht.

BLUMENMÄDCHEN Gerede! Auf halbe Krone geb ich raus. Wie wär's mit die hier für zwo Pence?

BESSERER HERR Belästigen Sie mich doch nicht, gutes Kind. *Durchsucht seine Taschen.* Ich habe tatsächlich kein Kleingeld bei mir. – Moment! – Anderthalb Pence. Wenn Ihnen damit geholfen ist – *Zieht sich zurück.*

BLUMENMÄDCHEN Na ja, vielen Dank –

MANN *zum Blumenmädchen:* Passen Sie bloß auf und geben Sie ihm eine Blume dafür. Der Kerl dahinten notiert sich selbst das kleinste Wort von Ihnen.

Alle drehen sich nach dem Notizmacher um.

BLUMENMÄDCHEN *springt entsetzt auf:* Aber ich hab doch nichts verbrochen, daß ich mit dem Herrn geredet hab! Ich habn Recht auf Vertrieb von die Blumen. Ich geh doch hier nicht aufn Strich! *Hysterisch.* Ich bin nicht so eine! Ich hab nichts weiter von ihm gewollt, als daß er mir ne Blume abnimmt!

Allgemeiner Tumult: Man stimmt dem Mädchen zu, mißbilligt jedoch seine Empfindlichkeit. Ausrufe wie: Machen Sie doch nicht son Wind! Wer tut Ihnen denn was? Niemand will etwas von Ihnen! Was soll das Getue? Beruhigen Sie sich. Langsam, langsam! *Etc. Sie kommen von älteren gesetzten Zuschauern, die das Mädchen tröstend tätscheln. Einige weniger geduldige verbieten ihr den Mund oder fragen barsch, was mit ihr los sei. Eine entferntere Gruppe, die nicht weiß, worum es geht, kommt hinzu und verstärkt den Lärm durch Fragen und Antworten:* Was istn? Was hat er getan? Wo ist er? Einer von der Kripo schreibt sie auf. Was? Er? Ja, der da drüben! Hat dem Herrn Geld geklaut. *Etc.*

Das Blumenmädchen drängelt sich zu dem besseren Herrn durch und schreit verzweifelt: Verbieten Sie ihm, mich anzuschwärzen! Sie habn ja kein Schimmer, was das für mich heißt! Die nehm eim glattn guten Ruf und lassen ein inne Gosse landen, wegen Anquatscherei von bessere Herrn! Die –

NOTIZMACHER *kommt nach vorn, die anderen drängen nach:* Na, na, na, na! Wer tut Ihnen hier was, dummes Ding? Wofür halten Sie mich denn?

MANN Klarer Fall: ein besserer Herr! Kurzer Blick auf die Schuhe genügt. *Zum Notizmacher, erklärend.* Die glaubt, Sie sindn Spannemann.

NOTIZMACHER *plötzlich interessiert:* Was ist ein Spannemann?

MANN *erklärt ungeschickt:* Das ist ein – also, das ist ein Spannemann, sozusagen – Wie sagt man denn? Sone Art Denunzierer.

BLUMENMÄDCHEN *immer noch hysterisch:* Ich schwöre Sie bei die Bibel und so: Ich hab rein nichts verlauten lassen!

NOTIZMACHER *barsch, dennoch gutmütig:* Halten Sie doch endlich mal den Mund! Sehe ich aus wie ein Polizist?

BLUMENMÄDCHEN *durchaus nicht beruhigt:* Für was habn Sie michn aufgeschrieben? Ob Sie überhaupt alles richtig haben?

Mal kurz gezeigt, was da von mir steht!

Der Notizmacher öffnet sein Buch und hält es ihr unter die Nase.

Was solln das? Ist das vielleicht ne anständge Schrift? Kann doch kein Schwein lesen, das!

NOTIZMACHER Ich kann's *Liest und gibt ihre Aussprache genau wieder.* Auf geht's, Herr Rittmeister, und eim armen Luder kurz mal ne Blume abgekauft!

BLUMENMÄDCHEN Weil ichn zum Rittmeister gemacht hab, was? Ist doch wirklich nichts dabei! *Zum besseren Herrn.* Lassen Sie mich für son Wörtchen doch nicht gleich vorn Kadi schleppen! Sie –

BESSERER HERR Vorn Kadi? Ich schleppe sie doch nicht vor den Kadi. *Zum Notizmacher.* Sir, sollten Sie tatsächlich ein Detektiv sein, so können Sie sich die Mühe sparen, mich vor Belästigungen junger Frauen zu schützen, ehe ich Sie darum ersuche. Jeder sieht, daß das Mädchen nichts Schlimmes im Schilde führt.

Die Umstehenden, aus Protest gegen Bespitzelung durch Polizei: Aber natürlich nicht! Das geht Sie gar nichts an. Kümmern Sie sich um Ihren eigenen Quark! Soner will nur befördert werden. Aufzuschreiben, was andre sagen –! Hat ja überhaupt gar nichts gesagt! Na, und wenn schon? Nicht mal Schutz vorm Regen kann ein Mädchen heutzutage suchen, ohne beschimpft zu werden! Schöne Schweinerei! *Etc.*

MANN Der und Detektiv? Sone verrückte Betriebsnudel, und sonst nichts! Kurzer Blick auf die Schuhe genügt.

NOTIZMACHER *wendet sich ihm freundlich zu:* Und wie geht's Ihren Leuten zu Hause in Selsey?

MANN *mißtrauisch:* Wer hat Ihnen erzählt, daß die von Selsey sind?

NOTIZMACHER Das tut nichts zur Sache. Sie sind jedenfalls von da. *Zum Mädchen.* Und was hat Sie so weit nach Osten verschlagen? Sie kamen in Lisson Grove zur Welt.

BLUMENMÄDCHEN Na und? Wen juckt's, daß ich dort weggemacht hab? Kein Schwein hält's da aus. Ich und viereinhalb Schilling die Woche blechen? *Weint.* Oh-bu-hu-oh!

NOTIZMACHER Leben Sie, wo Sie wollen, aber lassen Sie das Geschrei!

BESSERER HERR *zum Mädchen:* Kommen Sie! Er kann Ihnen nichts tun. Sie haben das Recht zu leben, wo es Ihnen Spaß macht.

SARKASTISCHER ZUHÖRER *schiebt sich zwischen den Notizmacher und den besseren Herrn:* Zum Beispiel piekfein in Park Lane, was? Ich würde gern mal das Wohnungsproblem mit Ihnen erörtern, wirklich!

BLUMENMÄDCHEN *niedergeschlagen zu sich selbst:* Und ob ichn anständges Mädchen bin! Und ob!

SARKASTISCHER ZUHÖRER *überhört sie:* Wissen Sie auch, wo ich herkomme?

NOTIZMACHER *sofort:* Hoxton! *Gekicher. Man interessiert sich mehr und mehr für den Notizmacher.*

SARKASTISCHER ZUHÖRER *verblüfft:* Hat jemand das Gegenteil behauptet? Also so was! Sie wissen wirklich alles, was?

BLUMENMÄDCHEN *noch betroffen:* Kein Grund, sich einzumischen, weiß Gott!

MANN *zu ihr:* Ganz bestimmt nicht. Lassen Sie sich von dem nichts gefallen. *Zum Notizmacher.* Sie da, was gehn Sie Leute an, wo nichts mit Ihnen zu tun haben wollen? Haben Sie ne Vollmacht oder so? *Mehrere Zuhörer, ermutigt durch den Anschein von Gesetzlichkeit:* Ja, wo ist Ihre Vollmacht?

BLUMENMÄDCHEN Soll er quasseln, wo er auf lustig ist. Ich hab mit so eim nichts mehr zu tun.

MANN Wir sind doch der letzte Dreck für Sie, oder? Ob Sie sich das herausnehmen, bei einem, wo was Beßres ist?

SARKASTISCHER ZUHÖRER Richtig! Sagen Sie dem doch mal, wo er herkommt, falls Sie hier als Hellseher auftreten wollen.

NOTIZMACHER Cheltenham, Harrow, Cambridge und Indien.

BESSERER HERR Stimmt genau. *Großes Gelächter. Äußerungen zugunsten des Notizmachers:* Der weiß aber auch alles! Ins Schwarze getroffen! Mitgekriegt, wie er dem feinen Pinkel sagt, wo der hingehört?

BESSERER HERR Darf ich fragen, Sir, ob Sie mit dieser Nummer im Varieté auftreten?

NOTIZMACHER Daran habe ich auch schon gedacht. Vielleicht werde ich es eines schönen Tages tun. *Es hat aufgehört zu regnen, die Ansammlung beginnt sich zu zerstreuen.*

BLUMENMÄDCHEN *nimmt den Stimmungsumschwung übel:* So was willn feiner Herr sein? Ein feiner Herr, ja! Sich einzumischen bei arme Mädchens!

TOCHTER *am Ende ihrer Geduld, bahnt sich rücksichtslos den Weg nach vorn. Sie schiebt den besseren Herrn zur Seite, er zieht sich höflich zurück.* Was, um alles in der Welt, macht Freddy bloß? Noch länger hier im Zug – und ich hol' mir eine

Lungenentzündung!

NOTIZMACHER *macht rasch eine Notiz über ihre Aussprache. Zu sich selbst:* Hampstead!

TOCHTER *heftig:* Behalten Sie Ihre unverschämten Bemerkungen gefälligst für sich!

NOTIZMACHER Habe ich das laut gesagt? War nicht so gemeint. Entschuldigen Sie bitte. Ihre Mutter ist Epsom. Ganz unverkennbar.

MUTTER *kommt nach vorn:* Nein, wie sonderbar! Ich bin in Largelady Park aufgewachsen, in der Nähe von Epsom.

NOTIZMACHER *ungeheuer belustigt:* Haha! Teufel auch, was für ein Name! Verzeihen Sie. *Zur Tochter.* Sie wollten ein Taxi, nicht wahr?

TOCHTER Unterstehen Sie sich, mit mir zu sprechen!

MUTTER Oh, bitte bitte, Clara! *Die Tochter zuckt die Achseln und zieht sich hochmütig zurück.* Wir wären Ihnen außerordentlich dankbar, Sir, wenn Sie uns eine Taxe besorgen könnten. *Der Notizmacher zieht eine Signalpfeife.* Oh, ich danke Ihnen! *Sie geht zu ihrer Tochter. Der Notizmacher pfeift durchdringend.*

SARKASTISCHER ZUHÖRER Na bitte: ein Detektiv in Zivil!

MANN Eine Polizeipfeife? Niemals! Das ist ne Jagdpfeife und sonst nichts.

BLUMENMÄDCHEN *noch mit ihren verletzten Gefühlen beschäftigt:* Er hat kein Recht, mein Ruf zu ruinieren, den ich wie jede Dame brauch –

NOTIZMACHER Ich weiß nicht, ob Sie es schon bemerkt haben, aber es hat aufgehört zu regnen – bereits vor zwei Minuten.

MANN Tatsache! Hätten Sie ruhig früher sagen können, statt eim die Zeit mit Blödsinn zu stehlen. *Ab.*

SARKASTISCHER ZUHÖRER Übrigens, ich weiß, wo Sie herkommen. Nämlich aus Dommsdorf. Am besten, Sie gehen dorthin zurück.

NOTIZMACHER *hilfsbereit:* Dummsdorf!

SARKASTISCHER ZUHÖRER Danke, Herr Lehrer! Dumm-dumm-dumm! Na denn – *Zieht mit übertriebenem Respekt den Hut und schlendert davon.*

BLUMENMÄDCHEN Eim sone Angst einzujagen, der! Wie ihm selbst das schmecken würde?

MUTTER Ich glaube, wir haben es überstanden, Clara, und können jetzt zum Autobus gehen. Komm! *Rafft ihre Röcke und läuft los.*

TOCHTER Aber das Taxi – *Ihre Mutter ist bereits außer Hörweite.* Oh, wie unangenehm! *Folgt ärgerlich. Alle sind gegangen außer dem Notizmacher, dem besseren Herrn und dem Blumenmädchen, das seinen Korb ordnet und in Selbstmitleid murmelt.*

BLUMENMÄDCHEN Ich armes Luder – Das Leben ist schon hart genug, und dann triezen sie ein' noch und schikanieren –

BESSERER HERR *kommt zum Notizmacher:* Wie machen Sie das eigentlich, wenn ich fragen darf?

NOTIZMACHER Einfach Phonetik. Die Wissenschaft der Aussprache. Mein Beruf und auch mein Hobby. Glücklich der Mann, der von seinem Hobby leben kann. Sie können einen Iren oder einen Schotten an seinem Akzent erkennen. Ich kann jeden auf sechs Meilen genau einordnen. In London selbst sogar auf zwei. Manchmal bis auf zwei Straßen genau.

BLUMENMÄDCHEN Sollt sich in Grund und Boden schämen, der jämmerliche Feigling, der –

BESSERER HERR Aber kann man davon leben?

NOTIZMACHER O ja! Und gar nicht schlecht. Dies ist das Zeitalter der Emporkömmlinge. Sie fangen in Kentish Town mit jährlich achtzig Pfund an und hören auf in Park Lane mit hunderttausend. Sie wollen von Kentish Town nichts mehr hören, doch sobald sie den Mund auftun, verraten sie sich. Nun, ich bringe ihnen bei –

BLUMENMÄDCHEN Soll er sich um sein eigenen Dreck kümmern. Und nicht son armes Kind wie –

NOTIZMACHER *losbrechend:* Schluß jetzt, Weib, mit dem abscheulichen Geplärre, oder du kannst Zuflucht in anderen Heiligtümern suchen!

BLUMENMÄDCHEN *mit schwachem Trotz:* Ich habn Recht zu sein, wo ich will. Genau wie Sie.

NOTIZMACHER Eine Frau, die derart abstoßende und widerwärtige Äußerungen von sich gibt, hat kein Recht, irgendwo zu sein, ja, kein Recht zu leben! Bedenken Sie, daß Sie ein menschliches Wesen sind mit einer Seele und der göttlichen Gabe einer artikulierten Sprache. Ihre Muttersprache ist die Sprache Shakespeares, Miltons und der Bibel. Hocken Sie da nicht so rum und gackern wie ein gekränktes Huhn!

BLUMENMÄDCHEN *blickt bestürzt, halb bittend, halb erstaunt zu ihm auf, wagt aber nicht, den Kopf zu heben:* Ah-ah-ah-au-au-au-uh!

NOTIZMACHER *zieht rasch sein Notizbuch:* Himmel, sind das

Töne! *Schreibt, hält sich das Buch vor Augen und liest, ihre Vokale genau nachahmend.* Ah-ah-ah-au-au-au-uh!

BLUMENMÄDCHEN *muß, belustigt durch seine Darbietung, gegen ihren Willen lachen:* Schöner Quatsch, das –

NOTIZMACHER Hören Sie nur mal dieses Geschöpf mit seinem Gassenjargon, einer Sprache, die sie lebenslänglich in der Gosse festhalten wird. Nun, Sir, nach drei Monaten würde dieses Mädchen auf der Garden-Party eines Botschafters als Herzogin durchgehen. Ich könnte es sogar als Kammerzofe oder Ladenmädchen unterbringen, was eine noch bessere Sprache erfordert. Aber meine Kunden sind millionenschwere Geschäftsleute. Und mit dem Verdienst arbeite ich streng wissenschaftlich in Sachen Phonetik und, na ja, ein wenig auch als Dichter auf den Spuren Miltons –

BESSERER HERR Ich studiere selber die indischen Dialekte, und –

NOTIZMACHER *eifrig:* Ist das wahr? Kennen Sie Oberst Pickering, den Autor von Gesprochenes Sanskrit?

BESSERER HERR Ich bin Oberst Pickering. Wer sind Sie?

NOTIZMACHER Henry Higgins, Verfasser von Higgins Universalalphabet.

PICKERING *begeistert:* Ich bin aus Indien gekommen, um Sie kennenzulernen.

HIGGINS Und ich war drauf und dran, nach Indien zu gehen, um Sie kennenzulernen.

PICKERING Wo wohnen Sie?

HIGGINS Wimpole Street 27 A. Sie müssen mich morgen unbedingt besuchen.

PICKERING Ich bin im Carlton abgestiegen. Kommen Sie gleich mit. Wir werden beim Abendessen ein wenig plaudern.

HIGGINS Ganz ausgezeichnet!

BLUMENMÄDCHEN *als Pickering an ihr vorbeigeht:* Nehmen Sie eine Blume mit, lieber Herr! Ich hab mein Miete noch nicht drin.

PICKERING Bedaure, aber ich habe wirklich kein Kleingeld. *Ab.*

HIGGINS *schockiert durch die Verlogenheit des Mädchens:* Lügnerin! Sie haben behauptet, eine halbe Krone wechseln zu können.

BLUMENMÄDCHEN *erhebt sich verzweifelt:* Man sollte Ihnen da Nägel reinjagen, und zwar jede Menge! *Wirft ihm den Korb vor die Füße.* Da! Den ganzen verdammten Korb für sechs Pence!

Die Kirchenuhr schlägt das zweite Viertel. Higgins hört in ihr die Stimme Gottes, die ihn ob seines pharisäischen Mangels an Nächstenliebe dem armen Mädchen gegenüber rügt.

HIGGINS Eine Mahnung – *Er nimmt feierlich den Hut ab, wirft eine Handvoll Geld in den Korb und folgt Pickering.*

BLUMENMÄDCHEN *hebt eine halbe Krone auf:* Ah-oh-uh! *Hebt mehrere Münzen auf.* Aaah-oh-uh! *Hebt eine Goldmünze auf.* Aaaaaah-oh-uh!

FREDDY *springt aus einem Taxi:* Endlich einen Wagen erwischt! – Hallo! *Zum Mädchen.* Wo sind die beiden Damen, die hier waren?

BLUMENMÄDCHEN Ab zum Bus, wie der Regen aus war.

FREDDY Und ich steh mit einem Taxi da, verdammt!

BLUMENMÄDCHEN *großartig:* Macht nichts, junger Mann! Ich nehme den Wagen für die Heimfahrt. *Sie schwebt zum Taxi, aber der Fahrer hält den Schlag vor ihr zu. Sie versteht durchaus, daß er mißtrauisch ist und zeigt ihm ihre Handvoll Geld.* Acht Pence, Charlie, sind kleine Fische für mich. *Er grinst und öffnet die Tür.* Angel Court, Drury Lane, um die Ecke von Micklejohns schmierigem Laden. Mal sehn, was du fürn Zahn drauf kriegst. *Sie steigt ein und schließt die Tür mit einem Knall, während die Taxe anfährt.*

FREDDY Da biste platt!

Zweiter Akt

Nächster Tag, elf Uhr vormittags. Higgins' Laboratorium in der Wimpole Street. Es ist ein Raum im ersten Stock, als Gesellschaftszimmer gedacht, von dem man auf die Straße sieht. Die Doppeltür ist in der Mitte der hinteren Wand, und eintretende Personen finden in der Ecke zu ihrer Rechten, im rechten Winkel zueinander, zwei große Aktenschränke an der Wand. In dieser Ecke steht ein flacher Schreibtisch, auf ihm: ein Phonograph, ein Kehlkopfspiegel, eine Reihe winziger Orgelpfeifen mit einem Blasebalg, eine Kollektion Lampenzylinder mit Brennern, die eine tönende Flamme erzeugen und durch einen Gummischlauch mit einem Gashahn an der Wand verbunden sind, mehrere Stimmgabeln verschiedener Größe, eine lebensgroße Nachbildung eines halben menschlichen Kopfes, die die Stimmorgane im Querschnitt zeigt, und ein Behälter mit Wachswalzen für den Phonographen.

Weiter hinten im Raum auf derselben Seite befinden sich ein Kamin, seitwärts der Feuerstelle und nahe der Tür ein bequemer lederüberzogener Sessel, ein Kohleneimer, auf der Kamineinfassung eine Uhr, zwischen Kamin und Phonographentisch ein Zeitungsständer.

Auf der anderen Seite der Mitteltür steht zur Linken des Besuchers ein Schränkchen mit flachen Schubladen. Auf ihm Telefon und Telefonbuch. Die jenseitige Ecke und das meiste der Seitenwand werden von einem großen Klavier eingenommen, das mit der Klaviatur am weitesten von der Tür entfernt ist. Vor ihm steht die ganze Länge einer Bank für den Spieler, auf ihm eine Dessertschale, gehäuft mit Früchten und Süßigkeiten, vor allem Pralinen.

Die Mitte des Raumes ist frei. Außer dem Sessel, der Klavierbank und zwei Stühlen am Phonographentisch ist ein Einzelstuhl da. Er steht in der Nähe des Kamins. An den Wänden Stiche, überwiegend Piranesis und Kupferstichporträts. Keine Gemälde.

Pickering sitzt am Tisch, legt einige Karten und eine Stimmgabel, die er benutzt hat, wieder hin. Higgins, in seiner Nähe, schließt zwei oder drei herausgezogene Schubladen mit Akten. Er erscheint im Morgenlicht als ein robuster, vitaler und reizvoller Vierziger, gekleidet in einen berufsmäßig aussehenden schwarzen Gehrock mit weißem Leinenkragen und schwar-

zem Seidenschlips. Er gehört zum Typ des tatkräftigen Wissenschaftlers, ist aufrichtig, auch heftig, interessiert an allem, was wissenschaftlich erforscht werden kann, aber gleichgültig sich selbst, anderen und ihren Gefühlen gegenüber. Trotz seiner Jahre und seiner Größe ist er eigentlich wie ein sehr ungestümes Baby, das eifrig und laut Notiz nimmt, und es braucht meistens genausoviel Wachsamkeit, ihn vor unbeabsichtigtem Schaden zu bewahren. Sein Verhalten wechselt von freundlichem Schikanieren, wenn er gutgelaunt ist, bis zu heftiger Gereiztheit, läuft etwas schief. Aber er ist so sehr aufrichtig und ohne Bosheit, daß er selbst noch in seinen unvernünftigsten Momenten liebenswürdig bleibt.

HIGGINS *schließt die letzte Schublade:* Also ich denke, das wär's.

PICKERING Wirklich erstaunlich. Ich habe nicht die Hälfte davon begriffen.

HIGGINS Möchten Sie irgend etwas nochmals durchgehen?

PICKERING *erhebt sich, geht zum Kamin und stellt sich mit dem Rücken zum Feuer:* Nein, ich danke. Jetzt nicht. Für heute reicht's.

HIGGINS *folgt und steht links von ihm:* Ermüdend, soviel Töne anzuhören?

PICKERING Ja. Es ist furchtbar anstrengend. Ich habe mir einiges darauf eingebildet, vierundzwanzig verschiedene Vokale aussprechen zu können, aber Ihre hundertdreißig schlagen mich. Ich kann nicht den kleinsten Unterschied zwischen den meisten hören.

HIGGINS *geht lachend zum Klavier, um Süßigkeiten zu essen:* Übung macht den Meister. Zuerst ist da kein Unterschied, aber hört man länger hin, findet man sie bald so verschieden wie A und B. *Mrs. Pearce, Higgins Haushälterin, schaut herein.* Was gibt's?

MRS. PEARCE *zögernd, sichtlich verlegen:* Ein junges Frauenzimmer will Sie sprechen.

HIGGINS Ein junges Frauenzimmer? Was will sie?

MRS. PEARCE Sie sagt, wenn Sie wüßten, weshalb sie kommt, würden Sie sie gern empfangen. Sie ist ein ganz gewöhnliches Mädchen, Herr Professor, wirklich sehr gewöhnlich. Ich hätte sie weggeschickt, aber ich dachte, vielleicht wollen Sie sie in Ihre Maschinen sprechen lassen. Hoffentlich habe ich nichts Falsches getan, aber Sie empfangen manchmal wirklich komische Leute – verzeihen Sie. Sicherlich –

HIGGINS Schon gut, Mrs. Pearce. Hat sie einen interessanten Akzent?

MRS. PEARCE Grauenhaft. Wirklich! Ich weiß nicht, wie Sie sich dafür interessieren können.

HIGGINS *zu Pickering:* Lassen wir sie kommen. Holen Sie sie rauf, Mrs. Pearce. *Er läuft zum Arbeitstisch und sucht eine Walze für den Phonographen.*

MRS. PEARCE *kann sich nicht ganz damit abfinden:* Na ja, Herr Professor, Sie müssen es wissen. *Geht hinunter.*

HIGGINS Ein reiner Glücksfall. Ich zeige Ihnen jetzt, wie ich Aufnahmen mache. Wir werden sie sprechen lassen: Ich nehme es erst in Bells sichtbarer Sprache auf, dann im Groß-Romic und schließlich im Phonographen, so daß man sie mit dem geschriebenen Text vor sich nach Belieben anschalten kann.

MRS. PEARCE *kommt zurück:* Hier ist das junge Mädchen, Herr Professor.

Das Blumenmädchen kommt »in Schale«: Sie trägt einen Hut mit drei Straußenfedern (orange, himmelblau und rot), eine fast saubere Schürze, und auch der kitschige Mantel ist ein wenig gesäubert worden. Das Klägliche ihrer Aufmachung rührt Pickering. Der einzige Unterschied, den Higgins zwischen Männern und Frauen macht, ist, daß er Frauen schmeichelt, wie ein Kind dem Kindermädchen schmeichelt, wenn es etwas von ihm haben will.

HIGGINS *brüsk, offen enttäuscht und in kindlichem* Groll: Wie, das Mädchen, das ich gestern Abend schon schriftlich erledigt habe? Sie ist überflüssig. Was ich an Lisson Grove Kauderwelsch brauche, habe ich schon, und ich werde mich hüten, noch eine Walze dafür zu verschwenden. *Zum Mädchen.* Verschwinde. Ich brauche dich nicht.

BLUMENMÄDCHEN Nicht frech werden, ja? Noch kein blassen Dunst, wozu ich komme, und – *Zu Mrs. Pearce, die an der Tür auf Anweisung wartet.* Schon verlauten lassen, daß ich im Taxi angerauscht bin?

MRS. PEARCE Dummes Zeug! Glaubst du, es interessiert einen Gentleman wie Professor Higgins, womit du gekommen bist?

BLUMENMÄDCHEN So was von hochnäsig! Aber Stunden geben, da steht er nicht drüber, der nicht! Von ihm selber gehört. Ich bin nicht gekommen, was gratis zu kriegen. Sind meine Piepen nicht gut genug, mach ich woanders hin.

HIGGINS Gut genug wofür?

BLUMENMÄDCHEN Gut genug für Ihnen. Endlich kapiert, oder–? Daß Sie mich was beibringen, bin ich hier. Und will dafür blechen. Also sehn Sie sich vor!

HIGGINS *verblüfft:* So was –! Was soll ich dazu sagen?

BLUMENMÄDCHEN Als Gentleman: daß ich mir setzen soll. Ich bring Sie ein Klasse Geschäft, wie gesagt.

HIGGINS Pickering, wollen wir das Pack Platz nehmen lassen, oder werfen wir sie aus dem Fenster?

BLUMENMÄDCHEN *läuft erschreckt zum Klavier:* Ahahah-au-au-au-uh! *Wimmernd.* Ich laß mir nicht mit Pack beschimpfen, wo ich als wie ne Dame blechen will. *Die Männer starren sie erstaunt an.*

PICKERING *freundlich:* Was wollen Sie eigentlich, mein Kind?

BLUMENMÄDCHEN Ich steh aufn Job in eim Blumenladen. Statt Straßenverkauf Ecke Tottenham Court. Aber die nehmen ein ja erst, wenn man vornehmer quasseln kann. Er kann mir lernen, hat er gesagt. Hier bin ich nun, will blechen, will gar nichts gratis – und er behandelt mich wie ein Dreck.

MRS. PEARCE Wie kannst du nur so dumm sein und glauben, du könntest es dir leisten, Professor Higgins zu bezahlen?

BLUMENMÄDCHEN Warum nicht? Von wegen Kostenpunkt weiß ich Bescheid. So gut als Sie. Das kriegn wir hin.

HIGGINS Wieviel?

BLUMENMÄDCHEN *triumphierend:* Da wird er aktiv! Schon gedacht, Sie beißen an, wo Sie was wiederkriegen können von die rausgeschmißnen Peseten letzte Nacht. Ganz schön ein intus gehabt, oder?

HIGGINS *bestimmt:* Setzen Sie sich.

BLUMENMÄDCHEN Wenn's gratis läuft: um so besser!

HIGGINS *sie andonnernd:* Setzen Sie sich!

MRS. PEARCE *streng:* Setz dich, Mädel. Tu, was dir gesagt wird. *Stellt den Einzelstuhl zwischen Higgins und Pickering an den Kamin und wartet, daß das Mädchen sich setzt.*

BLUMENMÄDCHEN Ah-ah-ah-au-au-uh! *Bleibt stehen: halb rebellisch, halb verwirrt.*

PICKERING *sehr höflich:* Wollen Sie sich nicht setzen?

BLUMENMÄDCHEN *scheu:* Wenns erlaubt ist – *Setzt sich.*

HIGGINS Wie heißen Sie?

BLUMENMÄDCHEN Liza Doolittle.

HIGGINS *deklamiert feierlich:* Eliza, Elizabeth, Betsy und Bess gingen mal in den Wald und suchten ein Nest.

PICKERING Sie fanden ein Nest mit vier Eiern darin.

HIGGINS Eins nahmen sie raus und ließen drei drin. *Sie lachen herzlich über ihren eigenen Witz.*

BLUMENMÄDCHEN Ganz schön balla.

MRS. PEARCE So darfst du nicht mit Herrn Professor sprechen.

BLUMENMÄDCHEN So? Er quasselt ja auch sooo vernünftig mit mir.

HIGGINS Zurück zum Geschäft. Wieviel wollen Sie mir für die Stunden bezahlen?

LIZA Oh, mit das weiß ich Bescheid! Eine Freundin, wo ich hab, kriegt für achtzehn Pence Französisch. Pro Stunde. Bei eim richtigen Franzosen. So in die vollen gehn Sie nicht, was? Ist doch nur mein Muttersprache. Also mehr als wien Schilling ist nicht drin. Das oder gar nichts.

HIGGINS *klimpert, auf und ab gehend, mit Schlüsseln und Kleingeld in der Tasche:* Wissen Sie, Pickering, betrachtet man einen Schilling nicht einfach als Schilling, sondern als Prozentsatz vom Einkommen dieses Mädchens, so entspricht er sechzig bis siebzig Pfund von einem Millionär.

PICKERING Wieso?

HIGGINS Rechnen Sie nach. Ein Millionär verdient etwa hundertfünfzig Pfund täglich. Sie hat ungefähr eine halbe Krone.

LIZA *hochmütig:* Wer sagtn, daß ich nur –

HIGGINS *fährt fort:* Sie bietet mir zwei Fünftel ihres Tagesverdienstes für eine Stunde. Zwei Fünftel vom Tageseinkommen eines Millionärs wären rund sechzig Pfund. Ganz hübsches Sümmchen. Großer Gott, das ist enorm! Das größte Angebot, das ich jemals bekam.

LIZA *erhebt sich entsetzt:* Sechzig Pfund? Was spinntn der? Nie hab ich sechzig Pfund gesagt! Woher nehmen –

HIGGINS Halt den Mund!

LIZA *weinend:* Aber ich hab keine sechzig Pfund. Oh –

MRS. PEARCE Heul nicht, Dummkopf, setz dich hin! Niemand will dir an dein Geld.

HIGGINS Aber jemand will dir gleich was mit dem Besen, wenn du nicht zu schniefen aufhörst. Setz dich hin!

LIZA *folgt langsam:* Ah-ah-ah-au-au-uh! Macht hier schwer auf Vater, der –

HIGGINS Falls ich Sie jemals unterrichte, werde ich schlimmer als zwei Väter zu Ihnen sein. Da! *Gibt ihr sein seidenes Taschentuch.*

LIZA Und der Zweck der Übung?

HIGGINS Zum Augen abwischen. Für jeden feuchten Fleck in

Ihrem Gesicht. Das ist Ihr Taschentuch, merken Sie sich's, und das ist Ihr Ärmel. Wenn Sie ein Ladenmädchen werden wollen, verwechseln Sie das lieber nicht. *Liza, völlig verwirrt, starrt ihn hilflos an.*

MRS. PEARCE Es ist zwecklos, so mit ihr zu sprechen, Mr. Higgins. Sie versteht Sie nicht. Außerdem irren Sie sich gewaltig: Damit wird Sie es überhaupt bleiben lassen. *Nimmt das Taschentuch an sich.*

LIZA *es an sich reißend:* Moment! Her mitm Lappen, ja? Hat er mich vermacht, nicht Sie!

PICKERING *lachend:* Ich schätze, daß wir es als ihr Eigentum betrachten müssen, Mrs. Pearce.

MRS. PEARCE *gibt auf:* Wie Sie wünschen, Herr Professor,

PICKERING Also Higgins, ich bin dabei. Wie steht's mit der Garden-Party beim Botschafter? Gelingt Ihnen das, sind Sie für mich der größte aller lebenden Lehrer. Ich wette mit Ihnen um die gesamten Kosten des Experiments, daß Sie es nicht schaffen. Und ich bezahle die Stunden.

LIZA Sind schwer in Ordnung, Rittmeister, danke!

HIGGINS *verlockt, betrachtet sie:* Ich werde kaum widerstehen können. Sie ist so herrlich ordinär – so fürchterlich verdreckt –

LIZA *protestiert heftig:* Ah-ah-ah-ah-au-au-uh-uh! Von wegen verdreckt! Schnabel und Pfoten hab ich gewaschen, bevor ich hier angezwitschert bin. Das ist nichts wie die reine Wahrheit!

PICKERING Sie werden ihr nicht grade mit Schmeicheleien den Kopf verdrehen, Higgins.

MRS. PEARCE *besorgt:* Sagen Sie das nicht, Sir. Man kann auf mancherlei Art einem Mädel den Kopf verdrehen. Und niemand besser als Mr. Higgins. Obgleich er es vielleicht nicht immer so meint. Ich hoffe sehr, daß Sie ihn nicht zu Dummheiten ermuntern.

HIGGINS Was ist das Leben anders als eine Kette schöpferischer Dummheiten? Die Schwierigkeit ist nur, die richtigen Gelegenheiten nicht zu verpassen. Nie eine versäumen, sie kommt nicht jeden Tag. Ich werde eine Herzogin aus dieser Gassenschlampe machen.

LIZA *mißbilligt diese Ansicht über sie sehr:* Ah-ah-ah-au-au-uh!

HIGGINS *hingerissen:* Ja, in sechs Monaten – ach was, in dreien – falls sie ein gutes Gehör und eine schnelle Zunge hat – werde ich sie überallhin mitnehmen können, und geb sie aus, für was ich will. Wir fangen noch heute an. Jetzt. Sofort! Nehmen und waschen Sie sie, Mrs. Pearce. Reiben Sie sie mit Schmirgelpapier ab, wenn's nicht anders geht. Brennt in der Küche ein anständiges Feuer?

MRS. PEARCE *protestierend:* Ja, aber –

HIGGINS *überstürzt:* Reißen Sie ihr die Kleider runter und verbrennen Sie sie! Whiteley oder sonst jemand soll neue schikken, rufen Sie an! Wickeln Sie sie vorerst in Packpapier ein!

LIZA Sie sind das Letzte von Gentleman. Das Allerletzte. So zu quatschen! Ich bin ein anständiges Mädchen, ehrlich. Und ich weiß, was fürn Typ Sie sind, und ob!

HIGGINS Ihre Provinzzimperlichkeit können wir hier nicht brauchen, junge Frau. Sie müssen lernen, sich wie eine Herzogin zu benehmen. Fort mit ihr, Frau Pearce! Wenn sie Schwierigkeiten macht, verprügeln Sie sie.

LIZA *sucht Schutz zwischen Pickering und Mrs. Pearce:* Von wegen! Ich rufe die Polente. Jawohl!

MRS. PEARCE Aber wo soll ich sie hinstecken, dann?

HIGGINS In den Mülleimer.

LIZA Ah-ah-ah-au-au-uh!

PICKERING Kommen Sie Higgins, seien Sie vernünftig!

MRS. PEARCE *entschieden:* Sie müssen vernünftig sein, Herr Professor. Wirklich. Sie dürfen nicht jeden auf diese Art überfahren.

HIGGINS *überrascht, liebenswürdig:* Ich überfahre jeden? Meine liebe Mrs. Pearce, mein lieber Pickering, ich hatte niemals auch nur die leiseste Absicht, irgendwen zu überfahren. Ich schlage nur vor, nett zu dem armen Mädchen zu sein. Wir müssen ihr helfen, sich vorzubereiten, sich fit zu machen für ihre neue Stellung im Leben. Sollte ich mich nicht klar genug ausgedrückt haben, so nur, weil ich ihr oder euer Zartgefühl nicht verletzen wollte.

MRS. PEARCE *zu Pickering:* Haben Sie schon mal so was gehört?

PICKERING *herzlich lachend:* Niemals, Mrs. Pearce, niemals!

HIGGINS *geduldig:* Worum geht's?

MRS. PEARCE Es geht darum, Herr Professor, daß man ein Mädchen nicht wie einen Kiesel am Strand auflesen kann.

HIGGINS Warum nicht?

MRS. PEARCE Aber Sie wissen doch gar nichts über sie. Nichts über ihre Eltern. Sie könnte verheiratet sein.

LIZA Quatsch!

HIGGINS Na bitte! Wie das Mädchen sehr richtig sagt: Quatsch! Verheiratet! Wissen Sie nicht, daß eine Frau aus diesen Schichten ein Jahr nach ihrer Hochzeit wie ein abgerackerter Packesel von fünfzig aussieht?

LIZA Wer mir schon heiratet –

HIGGINS Großer Gott, Eliza, die Straßen werden mit Leichen von Männern bedeckt sein, die sich Ihretwegen erschießen, noch bevor ich mit Ihrem Unterricht fertig bin.

MRS. PEARCE Unsinn, das! Sie dürfen nicht so mit ihr reden.

LIZA *erhebt sich entschlossen:* Also ich zisch ab. Der hat sie wirklich nicht alle. Ich will mir nicht von Blödmännern lernen lassen.

HIGGINS *durch ihre Gleichgültigkeit seiner Zungenfertigkeit gegenüber auf den wunden Punkt getroffen:* Ich bin tatsächlich blöde, nicht wahr? Gut, Mrs. Pearce, Sie brauchen die neuen Kleider für sie nicht zu bestellen. Schmeißen Sie sie raus!

LIZA *wimmernd:* Moment –! Sie haben kein Recht, ein anzufassen.

MRS. PEARCE Da siehst du, was Unverschämtheit einbringt. *Zeigt zur Tür.* Hier bitte!

LIZA *fast in Tränen:* Ich bin überhaupt nicht scharf auf Kleider. Verzichte dankend zugunsten andrer. *Wirft das Taschentuch weg.* Ich kauf mich lieber mein Krempel selbst.

HIGGINS *ihr den Weg zur Tür abschneidend:* Sie sind ein böses, undankbares Mädchen. Ist das der Dank dafür, daß ich Sie aus der Gosse holen, Sie erstklassig kleiden und eine Dame aus Ihnen machen wollte?

MRS. PEARCE Halt, Mr. Higgins! Jetzt mach ich nicht mit. Böse sind Sie. Geh zu deinen Eltern heim, mein Kind, und rate ihnen, besser aufzupassen auf dich.

LIZA Eltern –? Bei mir nicht mehr drin. Rausgeschmissen habn sie ein. Daß ich mein Piepen selbst verdien. Wo ich angeblich alt genug bin.

MRS. PEARCE Wo ist deine Mutter?

LIZA Nie gehabt. Meine sechste Stiefmutter war die mitm Rausschmiß. Ich habs auch so geschafft. Ohne die. Und bin ein anständges Mädchen, ehrlich.

HIGGINS Na bitte! Was um alles in der Welt soll das ganze Gerede dann? Niemandem gehört das Mädchen. Außer mir kann sie keiner brauchen. *Beginnt Mrs. Pearce zu beschwatzen.* Adoptieren Sie sie doch, Mrs. Pearce. Eine Tochter! Sicher ein schöner Zeitvertreib für Sie. Also kein Theater! Nehmen Sie sie mit runter und –

MRS. PEARCE Aber was soll aus ihr werden? Soll sie bezahlt werden irgendwie? Seien Sie vernünftig, Herr Professor!

HIGGINS Zahlen Sie ihr, was nötig ist. Tragen Sie's ins Haushaltsbuch ein. *Ungeduldig.* Was zum Teufel soll sie mit Geld? Sie bekommt ihr Essen und ihre Kleidung. Wenn Sie ihr Geld geben, wird sie nur trinken.

LIZA Sie sind mirn ganz brutaler Typ! So was von Lüge! Kein Schwein hat mich jemals ein heben gesehn!

PICKERING *gutmütig protestierend:* Kommt Ihnen nicht der Gedanke, Higgins, das Mädchen könnte auch etwas empfinden?

HIGGINS *betrachtet sie kritisch:* Nein. Ich glaube nicht. Jedenfalls nichts, womit wir uns befassen müßten. *Munter.* Nicht wahr, Eliza?

LIZA Und ob ich wo was empfinden kann! Soviel als wie jeder.

HIGGINS *nachdenklich zu Pickering:* Sehen Sie die große Schwierigkeit?

PICKERING Bitte? Welche Schwierigkeit?

HIGGINS Ihr richtige Grammatik beizubringen. Die Aussprache allein ist leicht genug.

LIZA Ich will nicht als Grammatik quasseln. Ich will als eine Dame quasseln.

MRS. PEARCE Wollen Sie bitte bei der Sache bleiben, Mr. Higgins. Ich möchte wissen, welche Stellung das Mädchen hier einnehmen soll. Soll sie Lohn bekommen? Und was soll nach der Lehrzeit aus ihr werden? Sie müssen auch an die Zukunft denken.

HIGGINS *ungeduldig:* Und wenn ich sie in der Gosse lasse, was soll dann aus ihr werden? Können Sie mir das sagen, Mrs. Pearce?

MRS. PEARCE Das, Mr. Higgins, ist Elizas Sache, nicht Ihre.

HIGGINS Gut, wenn ich mit ihr fertig bin, werfen wir sie wieder auf die Straße. Dann wird es wieder ihre Sache sein. Gar kein Problem.

LIZA Kein Gefühl für so was, der. Nichts von wegen Herz und so. Immer nur an sich intressiert dran. Aus! Hab jetzt die Schnauze voll. Ich hau ab. Sie sollten Ihnen was schämen, ja? Das sollten Sie!

HIGGINS *greift nach den Süßigkeiten auf dem Klavier:* Was Süßes, Eliza?

LIZA *bleibt stehen, in Versuchung:* Möcht nur wissen, was da drin ist. Typen wie Sie geben Mädchen immer was ein, hab ich gehört. *Higgins schneidet die Praline entzwei, steckt eine Hälfte in den Mund, verschlingt sie und bietet ihr die andere an.*

HIGGINS Auf Ehre und Gewissen, Eliza: Ich esse eine Hälfte, Sie die andere. *Liza öffnet zur Antwort den Mund: Er stopft ihr die halbe Praline hinein.* Sie sollen Kartons voll davon haben. Ganze Tonnen. Tag für Tag. Sie werden davon leben. Na?

LIZA *hat die Praline gegessen, nachdem sie fast daran erstickt ist:* Hätt ich sonst nie verdrückt. Nur von wegen »ladylike«. Weil man nichts ausm Mund nehmen soll.

HIGGINS Hören Sie, Eliza: Ich glaube, Sie haben gesagt, daß Sie im Taxi gekommen sind.

LIZA Na und? Und wenn? Ich habn Recht dazu als jeder andre.

HIGGINS Natürlich, Eliza. Und künftig werden Sie so viele Taxis nehmen, wie Sie wünschen. Sie werden im Taxi in der Stadt hin und her fahren und meinetwegen ringsherum. Jeden Tag. Bedenken Sie das, Eliza!

MRS. PEARCE Herr Professor, Sie verführen das Mädchen. Das ist nicht recht. Sie sollte an ihre Zukunft denken.

HIGGINS In Ihrem Alter? Nonsens! Man hat Zeit genug, an die Zukunft zu denken, wenn man keine Zukunft mehr hat. Nein, Eliza, machen Sie es wie diese Dame: Denken Sie an die Zukunft anderer Leute, aber nie an die eigene. Denken Sie an Schokoladenpralinen, an Taxis, Gold und Diamanten.

LIZA Nee! Seit wann bin ich spitz auf Gold und Diamanten? Ich bin ein anständiges Mädchen, ehrlich. *Setzt sich wieder und versucht würdig auszusehen.*

HIGGINS Bleiben Sie es, Eliza: Unter den wachsamen Augen von Mrs. Pearce. Und Sie sollen einen Gardeoffizier mit einem wunderschönen Schnurrbart heiraten, den Sohn eines Marquis, der ihn enterben wird, weil er sie nimmt, sich aber erweichen läßt, sobald er Ihre Schönheit und Güte sieht.

PICKERING Verzeihung, Higgins, aber wirklich: Ich muß mich einmischen. Mrs. Pearce hat recht. Liefert dieses Mädchen sich Ihnen sechs Monate für einen Lehrversuch aus, so muß sie wissen, was sie da tut.

HIGGINS Wie könnte sie? Sie ist unfähig, überhaupt etwas zu wissen. Nebenbei: Weiß einer von uns denn, was wir tun? Wüßten wir's, würden wir's dann noch tun?

PICKERING Sehr geistreich, Higgins, aber nicht sehr vernünftig. *Zu Eliza.* Miss Doolittle –

LIZA *überwältigt:* Ah-ah-au-uh!

HIGGINS Na bitte! Das ist alles, was man aus Eliza herausbringt. Ah-ah-au-uh! Aufklärung ist zwecklos. Als Offizier sollten

Sie es wissen. Befehlen Sie ihr. Das ist es, was sie will. Eliza, Sie werden die nächsten sechs Monate hier leben und wunderschön sprechen lernen wie ein Fräulein in einem Blumengeschäft. Wenn Sie schön artig sind und gehorchen, sollen Sie in einem richtigen Schlafzimmer schlafen, eine Menge zu essen haben und Geld für Schokolade und Taxifahrten. Wenn Sie aber unartig und faul sind, werden Sie in der hintersten Küche schlafen, zwischen den Schaben, und von Mrs. Pearce mit dem Besen verdroschen werden. Am Ende der sechs Monate werden Sie wunderschön angezogen in einer Equipage zum Buckingham-Palast fahren. Wenn der König dabei merkt, daß Sie keine Lady sind, wird Sie die Polizei in den Tower schaffen, wo man Ihnen zur Abschreckung anderer vermessener Blumenmädchen den Kopf abschlagen wird. Wenn Sie jedoch nicht entlarvt werden, sollen Sie eine Belohnung von sieben Schilling und sechs Pence erhalten als Starthilfe in einem Blumengeschäft. Wenn Sie dieses Angebot ablehnen, sind Sie ein schrecklich undankbares und böses Mädchen, und die Engel werden Sie beweinen. *Zu Pickering.* Jetzt zufrieden, Pickering? *Zu Mrs. Pearce.* Kann man es schlichter und ehrlicher sagen, Mrs. Pearce?

MRS. PEARCE *geduldig:* Ich denke, Sie lassen mich lieber mal mit dem Mädchen unter vier Augen sprechen. Ich weiß nicht, ob ich sie betreuen kann – und ob ich überhaupt der ganzen Sache zustimme. Ich weiß, Sie meinen es sicher nicht böse mit ihr, aber wenn Sie das überkommt, was Sie Dem-Volk-aufs-Maul-Schauen nennen, dann denken und kehren Sie sich nie daran, was Ihnen oder anderen dabei passiert. Komm mit, Eliza!

HIGGINS Schon gut. Danke sehr, Mrs. Pearce. Schleppen Sie sie ins Badezimmer.

LIZA *erhebt sich zögernd und mißtrauisch:* Sie sindn ganz Brutaler, Sie! Ich verdufte sofort, wenn ichs satt hab hier. Ich laß mich von keinem vertrimmen hier. Seit wann will ich zum Buckingham-Palast gehn? Und mit der Polente hatt ich nie Scherereien. Ich nicht! Ich bin ein anständiges Mädchen ... –

MRS. PEARCE Nicht widersprechen, Mädel, du verstehst den Herrn nicht. Komm mit! *Geht zur Tür und öffnet sie für Eliza.*

LIZA *während sie abgeht:* Das ist nichts als die reine Wahrheit. Ich bin nicht auf ein König scharf, wo michn Kopf kürzer machen will. Wär ja auch nie vorbeigekommen, wenn ich gewußt hätt, was hier so läuft. Weil ich immer'n anständiges Mädchen bin. Ich hab ihn niemals angequatscht. Und auch nie was von ihm gepumpt. Bin ich nicht intressiert dran. Aber nassauern, das laß ich mich nicht. Und ob ich wo was empfinden kann! Soviel als jeder!

Mrs. Pearce schließt die Tür, und Elizas Klagen verstummen. Pickering kommt vom Kamin zum Stuhl und setzt sich.

PICKERING Verzeihen Sie eine sehr direkte Frage, Higgins: Sind Sie anständig in puncto Frauen?

HIGGINS *verstimmt:* Sind Sie jemals einem anständigen Manne begegnet, in puncto Frauen?

PICKERING Ja. Sehr oft.

HIGGINS Also ich nicht. *Belehrend. Setzt sich auf das Klavier: boiingg!* Ich finde, im Moment, wo ich eine Frau mit mir Freundschaft schließen lasse, wird sie eifersüchtig, anspruchsvoll, argwöhnisch und verteufelt lästig. Ich finde des weiteren, im Moment, wo ich mich mit einer Frau Freundschaft schließen lasse, werde ich selbstsüchtig und tyrannisch. Frauen bringen alles durcheinander. Wenn man sie in sein Leben läßt, merkt man schnell, daß eine Frau eine Sache betreibt und man selbst eine andere.

PICKERING Was, zum Beispiel?

HIGGINS Gott weiß was! Vermutlich will eine Frau ihr Leben führen und ein Mann das seine, und jeder versucht den anderen auf das falsche Gleis zu bringen. Der eine will nach Norden, der andere nach Süden, und schließlich gehen sie beide nach Osten, obgleich sie beide den Ostwind hassen. *Setzt sich auf die Klavierbank.* Da haben Sie den eingefleischten alten Junggesellen! Er wird es vermutlich bleiben.

PICKERING *steht auf und stellt sich gewichtig vor Higgins:* Kommen Sie, Higgins! Sie wissen, was ich meine. Soll ich mitmachen bei der Sache, werde ich mich für das Mädchen verantwortlich fühlen. Ich hoffe, es ist klar, daß ihre Lage nicht ausgenutzt werden darf.

HIGGINS Was? Das Dingelchen? Tabu, ich versichere Sie! *Erhebt sich, um zu erklären.* Sehen Sie, sie ist meine Schülerin. Wenn Schülerinnen nicht tabu wären, wäre kein Unterricht möglich. Ich habe Legionen amerikanischer Millionärinnen Englisch sprechen gelehrt: die schönsten Frauen der Welt. Ich bin abgehärtet. Sie könnten genausogut Holzklötze sein, ich könnte genausogut ein Holzklotz sein. Es ist –

Mrs. Pearce öffnet die Tür. Sie hat Elizas Hut in der Hand. Pickering setzt sich in den Sessel am Kamin.

HIGGINS *eifrig:* Na, Mrs. Pearce, alles in Ordnung?

MRS. PEARCE *an der Tür:* Nur ganz kurz, wenn ich darf, Mr. Higgins.

HIGGINS Ja – sicher! Kommen Sie! *Sie tritt näher.* Verbrennen Sie das nicht, Mrs. Pearce. Ich will ihn aufheben – als Sehenswürdigkeit. *Nimmt den Hut.*

MRS. PEARCE Gehen Sie bitte sorgfältig damit um, Herr Professor. Ich mußte ihr versprechen, ihn nicht zu verbrennen, aber ein Weilchen hätte ich ihn schon in den Ofen stecken sollen.

HIGGINS *legt ihn rasch auf das Klavier:* Ich danke Ihnen. Also was wollen Sie mir sagen?

PICKERING Störe ich?

MRS. PEARCE Nicht im geringsten, Herr Oberst. Mr. Higgins, würden Sie bitte in Ihren Äußerungen dem Mädchen gegenüber sehr vorsichtig sein.

HIGGINS *streng:* Natürlich. Ich bin immer vorsichtig in meinen Äußerungen. Warum sagen Sie mir das?

MRS. PEARCE *gelassen:* Nein, Herr Professor, Sie sind es durchaus nicht, wenn Sie etwas verlegt haben oder ein wenig ungeduldig werden. Aber vor dem Mädel dürfen Sie wirklich nicht fluchen.

HIGGINS *empört:* Ich und fluchen? *Nachdrücklich.* Niemals fluche ich! Ich hasse diese Angewohnheit. Was zum Teufel meinen Sie überhaupt?

MRS. PEARCE Genau das, Herr Professor. Sie fluchen zuviel. Ich persönlich habe nichts gegen Ihr Fluchen und Schimpfen und Ihr was zum Teufel und wo zum Teufel und wer zum Teufel.

HIGGINS Aber Mrs. Pearce, diese Sprache aus Ihrem Munde? Also wirklich –!

MRS. PEARCE *nicht aus dem Konzept zu bringen:* Aber es gibt ein bestimmtes Wort, das ich Sie nicht mehr zu gebrauchen bitte. Das Mädchen hat es selber verwendet, weil das Bad zu heiß war. Sie weiß es nicht besser. Sie hat es auf den Knien ihrer Mutter gelernt. Aber aus Ihrem Munde darf sie es nicht hören.

HIGGINS *hochmütig:* Ich brauche mir nicht vorzuwerfen, es jemals gesagt zu haben. *Sie schaut ihm unverwandt in die Augen.* Ausgenommen vielleicht in einem Moment äußerster und berechtigter Erregung.

MRS. PEARCE Erst heute früh haben Sie es auf Ihr Schleimsüppchen, die Scheibletten und den Scheibenhonig angewandt.

HIGGINS Ach das! Reine Alliteration, Mrs. Pearce. Für einen Dichter ganz natürlich.

MRS. PEARCE Mr. Higgins, wie Sie es auch nennen: Ich bitte Sie jedenfalls, es nicht im Beisein des Mädchens auszusprechen.

HIGGINS Also gut, gut! Ist das alles?

MRS. PEARCE Nein. Wir werden mit dem Mädchen in bezug auf äußere Reinlichkeit sehr genau sein müssen.

HIGGINS Gewiß. Ganz recht. Äußerst wichtig.

MRS. PEARCE Ich meine, nicht nachlässig mit ihrer Kleidung sein oder alles unordentlich herumliegen lassen.

HIGGINS *feierlich auf sie zuschreitend:* Haargenau. Ich wollte Sie grade darauf aufmerksam machen. *Nähert sich Pickering, dem die Unterhaltung großes Vergnügen bereitet.* Es sind die kleinen Dinge, auf die es ankommt, Pickering. Gib acht auf den Pence, die Pfunde werden auf sich selbst achtgeben. Das trifft auf persönliche Gewohnheiten genauso zu wie auf das Geld. *Stellt sich an den Kamin: ein Mann in unanfechtbarer Position.*

MRS. PEARCE Jawohl, Herr Professor. Dürfte ich Sie dann noch bitten, zum Frühstück nicht im Schlafrock zu erscheinen oder ihn – als Serviette zu benutzen, jedenfalls nicht in dem Maße, wie Sie es tun? Und wenn Sie so gut wären, nicht alles von demselben Teller zu essen, und daran dächten, die Porridgepfanne nicht aufs weiße Tischtuch zu stellen, das wäre ein besonders gutes Vorbild für das Mädchen. Wie Sie wissen, sind Sie erst letzte Woche an einer Fischgräte in der Marmelade fast erstickt.

HIGGINS *segelt vom Kamin zum Klavier:* Ich mag das alles manchmal aus Zerstreutheit tun, ganz sicher aber tue ich es nicht ständig. *Ärgerlich.* Übrigens stinkt mein Schlafrock entsetzlich nach Benzin.

MRS. PEARCE Zweifellos, Mr. Higgins. Wischen Sie ruhig weiterhin Ihre Finger an ihm ab.

HIGGINS *gellend:* Sehr gut, sehr gut! Ich werde sie künftig in meinen Haaren abwischen.

MRS. PEARCE Ich hoffe, ich habe Sie nicht gekränkt, Herr Professor.

HIGGINS Durchaus nicht, durchaus nicht! Sie haben vollkommen recht, Mrs. Pearce. Ich werde mich vor dem Mädchen besonders zusammennehmen. Ist das alles?

MRS. PEARCE Nein, Sir. Darf sie ein paar von den japanischen Kleidungsstücken anziehen, die Sie von der Reise mitgebracht haben? Ich kann sie wirklich nicht wieder in ihre alten Sachen stecken.

HIGGINS Gewiß. Was Sie wollen. Ist d a s alles?

MRS. PEARCE Vielen Dank, Sir, das wär's. *Ab.*

HIGGINS Wissen Sie, Pickering, diese Frau macht sich die seltsamsten Vorstellungen von mir. Ich bin ein scheuer, schüchterner Mensch. Ich war nie imstande, mich wirklich erwachsen und groß zu fühlen wie andere Männer. Und doch ist sie fest davon überzeugt, daß ich ein herrischer und launenhafter Tyrann sei. Ich kann mir das nicht erklären.

MRS. PEARCE *kommt zurück:* Entschuldigen Sie nochmals, Herr Professor, aber die Scherereien fangen schon an. Unten steht der Müllkutscher Alfred Doolittle und möchte Sie sprechen: Sie hätten seine Tochter hier.

PICKERING Bong! sag ich nur. *Zieht sich an den Kamin zurück.*

HIGGINS *prompt:* Schicken Sie den Schurken rauf.

MRS. PEARCE Ach so – sehr wohl, Herr Professor. *Ab.*

PICKERING Vielleicht ist er gar kein Schurke, Higgins.

HIGGINS Nonsens! Natürlich ist er einer.

PICKERING Ob er nun einer ist oder nicht: Ich fürchte, er wird uns Schwierigkeiten machen.

HIGGINS O nein! Das glaube ich nicht. Wenn einer von uns Schwierigkeiten kriegt, dann er mit mir, nicht ich mit ihm. Und wir werden ganz sicher etwas Interessantes zu hören bekommen.

PICKERING Über das Mädchen?

HIGGINS Nein. Ich meine seinen Dialekt.

PICKERING Ach so –

MRS. PEARCE *an der Tür:* Doolittle, Herr Professor!

Läßt Doolittle ein und zieht sich zurück. Alfred Doolittle ist ein älterer, aber kräftiger Müllkutscher in der Tracht seines Berufes, einschließlich eines Hutes, dessen Krempe Hals und Schultern bedeckt. Er hat ein markiges und recht interessantes Gesicht und scheint frei von Furcht und Tadel. Er hat eine bemerkenswert ausdrucksvolle Stimme – denn er läßt seinen Gefühlen rückhaltlos freien Lauf. Seine jetzige Haltung ist die verletzter Ehre und finsterer Entschlossenheit.

DOOLITTLE *an der Tür:* Professor Higgins?

HIGGINS Ja? Guten Morgen. Setzen Sie sich.

DOOLITTLE Moin Chef! *Setzt sich »offiziell«.* Ich komme in einer sehr ernsten Sache, Chef.

HIGGINS *zu Pickering:* Schätze, aufgewachsen Hounslow, Mutter Wales. *Doolittle öffnet erstaunt seinen Mund. Higgins fährt fort.* Was wollen Sie, Doolittle?

DOOLITTLE *drohend:* Ich will meine Tochter. Nichts als wie die. Klar?

HIGGINS Selbstverständlich. Sie sind ihr Vater, oder –? Sie werden doch nicht ernsthaft glauben, irgend jemand sonst möchte sie haben, oder? Ich freue mich zu sehen, daß da noch ein Fünkchen Familiensinn in Ihnen ist. Sie ist oben. Nehmen Sie sie gleich mit.

DOOLITTLE *erhebt sich bestürzt:* Wa –?

HIGGINS Nehmen Sie sie mit. Oder bilden Sie sich ein, daß ich an Ihrer Stelle für sie sorgen werde?

DOOLITTLE *protestierend:* Aber, aber, sehen Sie mal, Chef – Istn das tragbar? Istn das reell, ein Mann so übers Ohr zu haun? Das Mädchen gehört mich, und Sie habn sie hier. Wie steh ich da? *Setzt sich wieder.*

HIGGINS Ihre Tochter besaß die Frechheit, mir ins Haus zu fallen und von mir zu verlangen, daß ich sie anständig sprechen lehre, damit sie eine Stellung in einem Blumengeschäft bekommt. Dieser Herr und meine Haushälterin sind die ganze Zeit über dagewesen. *Schüchtert ihn ein.* Wie können Sie es wagen, hierherzukommen und mich zu erpressen? Sie haben sie absichtlich hergeschicht.

DOOLITTLE Nee, Chef!

HIGGINS Müssen Sie aber. Wie könnten Sie sonst überhaupt wissen, daß sie hier ist?

DOOLITTLE Sie können ein Mann nicht so hochnehmen, Chef.

HIGGINS Die Polizei wird Sie hochgehen lassen. Das ist doch eine Falle, ein Komplott, durch Drohungen Geld zu erpressen. Ich werde die Polizei anrufen. *Geht entschlossen zum Telefon und schlägt das Telefonbuch auf.*

DOOLITTLE Hab ich auch nurn Pfifferling von Sie verlangt? Frage an dem Gentleman hier: Hab ichn Wort von Moos gesagt?

HIGGINS *wirft das Buch hin und sich in Pose:* Wozu sind Sie sonst gekommen?

DOOLITTLE Na, ja, für was wirdn ein Mann so kommen? Maln bißchen menschlich, Chef.

HIGGINS *entwaffnet:* Alfred, haste sie angestiftet?

DOOLITTLE Ich bitte Ihnen, Chef, niemals! Ich schwöre Sie bei die Bibel und so: Zwei Monate hab ich die nicht gesehn.

HIGGINS Woher wußten Sie dann, daß sie hier ist?

DOOLITTLE *»Ganz Melodie, ganz Melancholie«* Werd ich Sie gleich erzählen, Chef, wenn ich kurz maln Wort sagen darf.

Ich will Sie erzählen. Ich wünsch, Sie das zu erzählen. Ich wart schon lang, Sie das zu erzählen.

HIGGINS Pickering, der Mann hat ein gewisses Naturtalent für Rhetorik. Beachten Sie den Rhythmus seiner urwüchsigen, ungezähmten Sprachmelodie: Ich will Sie erzählen. Ich wünsch, Sie das zu erzählen. Ich wart schon lang, Sie das zu erzählen. Sein Waliser Erbe: sentimentaler Schwulst – erklärt auch seine Verlogenheit und Unehrlichkeit.

PICKERING Bitte, Higgins: Ich komme aus derselben Gegend. *Zu Doolittle.* Woher wußten Sie also, daß das Mädchen hier ist, wenn Sie sie nicht hergeschickt haben?

DOOLITTLE Also folgendermaßen, Chef: Das Mädchen nahm son Bengel im Taxi mit. Wollt ihm wohl ne Spritztour verpassen. Sohn von ihr Wirtin oder so. Hing dann hier rum für die Rückfahrt, der. Wie sie nun vernahm, sie kann bei Sie landen, hat sie ihn also losgeschickt, daß er sie die Klamotten nachholt. Dieser Bengel kam mich inne Quer Ecke Long Acre/Edell Street.

HIGGINS Eine Kneipe. Ja?

DOOLITTLE Der Klub des armen Mannes, Chef. Warum nicht?

PICKERING Lassen Sie ihn doch seine Geschichte erzählen, Higgins.

DOOLITTLE Er sagte mich, was los ist. Und nun frage ich Ihnen nach meine Gefühle und Vaterpflichten? Ich gleich zu dem Bengel du bringst mich das Gepäck gesagt, sagt ich –

PICKERING Warum haben Sie es nicht selber geholt?

DOOLITTLE Sone Wirtin traut eim nicht, Chef. Die ist diese Art Frau, na, Sie wissen – Dem Bengel mußt ich auch erstn Penny geben, eh er mich glaubte, Drecksferkel, der! Aus reiner Gefälligkeit hab ichs gebracht. Nur Sie ein Gefallen zu tun. Das wärs.

HIGGINS Wieviel Gepäck?

DOOLITTLE Musikinstrument, Chef. Paar Bilder, bißchen Schmuck undn Vogelkäfig. Kleider, sagt sie, braucht sie nicht. Was soll ich mir dabei denken, Chef? Ich frag Ihnen, was man als Vater da denkt.

HIGGINS So sind Sie gekommen, sie vor Schlimmerem als dem Tod zu bewahren, was?

DOOLITTLE Genau, Chef. Stimmt.

PICKERING Aber warum haben Sie ihr Gepäck hergebracht, wenn Sie das Mädchen wieder mitnehmen wollten?

DOOLITTLE Hab ichn was von mitnehmen gesagt? Wann?

HIGGINS *klingelt, bestimmt:* Sie werden sie aber mitnehmen. Im Laufschritt sogar.

DOOLITTLE Aber, Chef, was sagen Sie da? Ich bin nicht so einer, wo seim Mädel im Weg steht. Kann doch hier, sozusagen, Karriere machen, die. Und – *Mrs. Pearce öffnet die Tür und wartet auf Befehle.*

HIGGINS Das ist Elizas Vater, Mrs. Pearce. Er ist gekommen sie mitzunehmen. Geben Sie ihm das Mädchen.

DOOLITTLE Nee! Das istn Mißverständnis. Hören Sie –

MRS. PEARCE Er kann sie nicht mitnehmen, Herr Higgins. Wie? Sie haben mir befohlen, ihre Kleider zu verbrennen.

DOOLITTLE Stimmt. Ich kann sie nicht durch die Gegend schleppen als wie ein nackten Pavian. Ihr Problem!

HIGGINS Und das Ihrige, daß sie Ihre Tochter wollen. Nehmen Sie Ihre Tochter. Wenn sie keine Kleider hat, gehen Sie ihr welche kaufen.

DOOLITTLE *verzweifelt:* Und die, wo sie mit gekommen ist? Hab ich die verbrannt oder Ihre Gnädige hier?

MRS. PEARCE Ich bin die Haushälterin, wenn Sie gestatten. Für Ihr Mädchen habe ich einige Kleider bestellt. Sobald die kommen, können Sie Ihre Tochter mitnehmen. Warten Sie in der Küche. Hier bitte! *Doolittle, sehr beunruhigt, begleitet sie zur Tür, zögert und wendet sich schließlich vertraulich an Higgins.*

DOOLITTLE Hörn Sie mal, Chef: Sie und ich als Leute von Welt, nicht wahr?

HIGGINS Oh! Leute von Welt – wirklich? Besser, Sie gehen, Mrs. Pearce.

MRS. PEARCE Das glaube ich auch, Herr Professor. *Würdevoll ab.*

PICKERING Herr Doolittle, Sie haben das Wort.

DOOLITTLE *zu Pickering:* Danke, Chef! *Zu Higgins, der vor dem professionellen »Müllgeruch« seines Besuchers Zuflucht auf der Klavierbank nimmt.* Also, ehrlich, Chef, Sie gefallen mich; und sind Sie sooo auf das Mädchen scharf –: Ich bin nicht so wild, sie heimzukriegen, daßn Vergleich nicht möglich wär. Rein als Frau betrachtet, ist sie gut gebaut, ein hübsches Ding. Als Tochter rentiert sie sich nicht, offen gesagt. Ich will ja nur mein Recht als Vater, und Sie sind der letzte Mensch von der Welt, mich zuzumuten, ihr umsonst gehn zu lassen. Sie sindn ganz Reeller, Chef, schon gesehn. Was sindn auch fünf Pfund groß für Sie? Aber dagegen Eliza für mich – *Geht zu seinem Stuhl zurück und setzt sich wie vor einem Gericht.*

PICKERING Doolittle, ich denke, Sie sollten zur Kenntnis nehmen, daß Herrn Higgins Absichten völlig ehrenhaft sind.

DOOLITTLE Klar, Chef. Sonst hätt ich fuffzig verlangt.

HIGGINS *empört:* Soll das heißen, Sie abgebrühter Gauner, daß Sie Ihre Tochter für fünfzig Pfund verkaufen würden?

DOOLITTLE Nicht prinzipiell. Aber Sie als Gentleman ein Gefallen zu tun, würd ich schon einiges tun, bombensicher.

PICKERING Mann, haben Sie denn keine Moral?

DOOLITTLE *unverfroren:* Kann ich mich nicht leisten, Chef. Könnten Sie auch nicht, arm wie ich. Nicht daß ich einen schädigen will, wissen Sie. Aber wo Liza was von hat, warum nicht auch ich?

HIGGINS *beunruhigt:* Ich weiß nicht, Pickering, was ich machen soll. Gar keine Frage, daß es in moralischer Hinsicht gradezu ein Verbrechen wäre, diesem Kerl auch nur einen roten Heller zu geben. Und doch spüre ich in seiner Forderung eine Art primitiver Gerechtigkeit.

DOOLITTLE Genau, Chef. Hab ich immer gesagt. Sozusagen das Vaterherz.

PICKERING Gut, das kann ich nachempfinden, aber es scheint tatsächlich kaum richtig –

DOOLITTLE Sagn Sie das nicht, Chef. So darf mans nicht sehn. Was bin ich schon, die Herren? Ich frag Sie, was ich bin? Einer von die untersten Armen. Das ists, was ich bin. Sich mal klargemacht, was das für ein heißt. Nämlich ständige Schwierigkeiten mit die Moral vom Mittelstand. Läuft irgendwas, und ich bin intressiert dran, immer dieselbe Geschichte dann: Du bist einer von die untersten Armen, also für dich ist nichts drin. Dabei brauch ich soviel als die würdigste Witwe, wo von sechs Hilfsstellen Pinke bekam. In einer Woche. Und für ein und denselben toten Mann. Ich brauch soviel als einer von die ganz oben. Sogar noch mehr. Ich bin genau son starker Esser, aber ich trinke allerhand mehr. Und schließlich will ichn bißchen Vergnügen als denkender Mensch. Und Jubel, Trubel, Heiterkeit, gehts mich mal mies. Und die nehmen mich doch genausoviel ab als eim von die oberen Zehntausend. Was heißtn hier Moral vom Mittelstand? Glatte Ausrede, daß eim – nie was zukommt. Ich möcht Ihnen deshalb als Gentleman bitten: Machen Sie nicht solche Mätzchen mit mir. Ich bin auch ganz reell mit Sie. Ich geb nicht groß an, einer von die Oberen zu sein. Ich bin einer von die untersten Armen und werde bei die untersten Armen bleiben. Liegt mir auch, ehrlich! Wolln Sie ein

Mann, weil er so ist, beschubsen? Ihm nichts für sein eigne Tochter vermachen? Wo er erzogen, gefüttert, gekleidet hat im Schweiße seines Angesichts, bis sie so groß geworden ist, daß die Gentlemans intressiert dran sind? Sindn fünf Pfund nicht tragbar? Jetzt sind Sie dran, entscheiden Sie.

HIGGINS *geht zu Pickering:* Wenn wir uns diesen Mann drei Monate vornehmen würden, Pickering, könnte er wählen zwischen einem Sitz im Kabinett und einer der beliebten Kanzeln in Wales.

PICKERING Doolittle, was sagen Sie dazu?

DOOLITTLE Nichts für mich, Chef, danke für Backobst! Hab ich alle schon, wie sie da sind, gehört: Prediger und Ministerpräsidenten – denn als denkender Mensch schätz ich Politik, Sozialreform oder Religion genauso als all die andern Späßchen –, ein Hundeleben, sag ich Sie, wie mans auch sieht. Unterste Armut ist mein Fall. Nehmen Sie ein Stand im Volk nach dem andern, so ist das – ist das – also das ist der, wo was in sich hat, nach mein Geschmack.

HIGGINS Schätze, wir müssen ihm den Fünfer geben.

PICKERING Ich fürchte, er wird schlechten Gebrauch davon machen.

DOOLITTLE Ich? Niemals, Chef! Um Gottes willen! Bloß keine Angst, daß ich ihn ausm Verkehr zieh und ans Faulenzen damit geh. Montag ist da kein Penny mehr. Ich werde arbeiten gehn müssen, als ob da nie was gewesen wär. Das bringt mir nicht am Bettelstab, wetten? Für mein Verhältnis und mich grad ein schöner Abend. Für uns das Vergnügen, für andre Verdienst und für Sie son Gefühl von wegen zufrieden, daß es nicht rausgeschmissen ist. Besser anlegen kann mans nicht.

HIGGINS *mit zwei Geldscheinen:* Das ist unwiderstehlich. Wir geben ihm zehn.

DOOLITTLE Nee, Chef. Zehn zu verplempern hat mein Verhältnis nicht das Herz für. Vielleicht nicht mal ich. Zehn Pfund sindn hübsches Sümmchen. Macht ein Mann ganz schön vernünftig, und dann ists aus und vorbei mit der Seligkeit. Gebn Sie mich nur, was ich haben will, Chef. Kein Penny weniger und kein Penny mehr.

PICKERING Warum heiraten Sie Ihr Verhältnis nicht? Ich möchte diese Art Unsittlichkeit nicht gern unterstützen.

DOOLITTLE So was müssen sie ihr sagn, Chef. Sagen Sies ihr. Ich will. Ich bin der Leidende darunter. Ich hab sie nicht im Griff. Ich muß ja und amen sagen. Immer will sie was geschenkt. Ständig was Sündiges zum Anziehn kaufen. Ich bin der Sklave des Weibes, Chef, grad weil ich sie nicht angetraut bin. Und die weiß das auch. Zwingen Sie ihr, mir zu ehelichen! Ein guter Rat, Chef: Heiraten Sie Eliza bloß, wo die noch jung ist und von nichts was weiß. Sonst werden Sie später ganz schön sauer sein. Tun Sies, wird sie später sauer sein. Aber besser die ist sauer als Sie, weil Sien Mann sind und die nurn Weib mit kein blassen Dunst von Seligkeit und so.

HIGGINS Pickering, wenn wir diesem Menschen noch eine Minute zuhören, gehen auch unsere letzten Überzeugungen flöten. *Zu Doolittle:* Fünf Pfund, glaube ich, haben Sie gesagt.

DOOLITTLE Danke bestens, Chef.

HIGGINS Und Sie nehmen bestimmt nicht zehn?

DOOLITTLE Jetzt nicht, Chef, vielleichtn andermal.

HIGGINS *gibt ihm die Fünfpfundnote:* Bitte!

DOOLITTLE Danke, Chef! Moinmoin! *Läuft zur Tür, bemüht, mit seiner Beute davonzukommen. Als er sie öffnet, sieht er sich einer reizenden und ungemein sauberen jungen Japanerin gegenüber, die einen einfachen blauen Kimono mit kleinen weißen Jasminblüten trägt. Mrs. Pearce ist dabei. Er tritt ehrerbietig zur Seite und entschuldigt sich.*

DOOLITTLE Verzeihung, das Fräulein!

DIE JAPANERIN Blödsinn! Kennste deine eigne Tochter nicht?

GLEICHZEITIG

DOOLITTLE So was! Das ist Eliza!

HIGGINS Nanu! Das ist doch –

PICKERING Donnerwetter! – – –

LIZA Seh ich nicht blöd aus?

HIGGINS Blöd?

MRS. PEARCE Moment, Mr. Higgins! Sagen Sie nichts, was das Mädel eingebildet machen könnte.

HIGGINS *gewissenhaft:* Oh, ganz richtig, Mrs. Pearce. *Zu Eliza:* Ja, verdammt blöd.

MRS. PEARCE Bitte, Herr Professor!

HIGGINS *verbessert sich:* Ich meine, außergewöhnlich blöd.

LIZA Mit mein Hut werd ich wieder klasse aussehn. *Setzt ihren Hut auf und geht mit vornehmem Getue zum Kamin.*

HIGGINS Eine neue Mode, großer Gott! Es sieht scheußlich aus.

DOOLITTLE *mit Vaterstolz:* Hätt ich mich nie träumen lassen, daß die sauber so gut aussieht, Chef. Mit die kann ich mir sehn lassen, was?

LIZA Hier haste leicht sauber sein, sag ich dir. Fließend warm und kalt Wasser habn die, soviel als du scharf bist. Wollene Handtücher jede Menge und son Wäschewärmer, heiß, daß man sich glatt die Flossen verbrennt. Weiche Bürsten, sich selber zu schrubben, und sone Holzschale mit Seife, wo unheimlich dufte nach Primeln riecht. Jetzt weiß ich, was Damen immer piekfein sind. Für die ist Waschen die reinste Wonne. Wüßten die, was es für unserein ist –

HIGGINS Es freut mich, daß das Badezimmer Ihren Beifall gefunden hat.

LIZA Nicht unbedingt. Das heißt: nicht alles. Mir ziemlich piepe, wer das hört. Mrs. Pearce weiß Bescheid.

HIGGINS Was war denn nicht in Ordnung, Mrs. Pearce?

MRS. PEARCE *sanft:* Nichts, Herr Professor. Nicht der Rede wert.

LIZA Am liebsten hätte ich ihn zerdeppert. Wußte nicht mehr, wo hinzusehn. Hab dann ein Handtuch drübergeschmissen, Tatsache!

HIGGINS Über was?

MRS. PEARCE Über den Spiegel, Herr Professor.

HIGGINS Doolittle, Sie haben Ihre Tochter zu streng erzogen.

DOOLITTLE Ich? Erzogen überhaupt nicht. Höchstens paarmal saftig vertrimmt. Nicht mir in die Schuhe schieben, Chef. Sehn Sie, die ist so was einfach nicht gewöhnt. Ihre ungezwungene Art wird sie aber bald intus haben.

LIZA Ich bin ein anständges Mädchen, ehrlich. Und ich will nicht sone Art intus haben.

HIGGINS Wenn Sie noch ein einziges Mal sagen, daß Sie ein anständiges Mädchen sind, Eliza, wird Sie Ihr Vater mit nach Hause nehmen.

LIZA Der? Da kennen Sie mein Ollen schlecht. Ist doch nur hier aufgekreuzt, Sien paar Peseten abzuknöpfen, daß er ein verlöten kann.

DOOLITTLE Für was sonst? Vielleicht im Klingelbeutel zu tun? *Sie streckt ihm die Zunge raus. Er ist so wütend darüber, daß Pickering es für nötig hält, sich zwischen die beiden zu stellen.* Nimm dich nur nicht zuviel heraus! Und auch nicht bei dem Gentleman. Sonst kriegst dus mit mir zu tun. Kapiert?

HIGGINS Haben Sie noch einen Ratschlag für sie, Doolittle, bevor Sie gehen? Ihren väterlichen Segen zum Beispiel.

DOOLITTLE Nee, Chef. Son Trottel bin ich nicht und trichter meine Kinder ein, was ich selbst alles weiß. Auch so schwer genug, sie im Zaum zu halten. Wolln Sie ihrm Geist förderlich sein, bleun Sies ihr mitm Riemen ein. Bis dann, Gentlemans! *Will gehen.*

HIGGINS *nachdrücklich:* Halt! Sie werden regelmäßig kommen und nach Ihrer Tochter sehen. Das ist Ihre Pflicht, verstanden? Mein Bruder ist Geistlicher und könnte Ihnen bei Gesprächen mit Eliza zur Seite stehen.

DOOLITTLE *ausweichend:* Klarer Fall. Ich komme, Chef. Diese Woche grad mal nicht, weil ichn Job woanders hab, aber später könn Sie sich drauf verlassen, Tag, die Herren! Tag, gnä' Frau! *Nimmt den Hut ab vor Mrs. Pearce, die den Gruß verächtlich übersieht und hinausgeht, winkt Higgins zu, den er für einen Leidensgefährten in bezug auf Mrs. Pearces schwierige Art hält, und folgt ihr.*

LIZA Glaubn Sie dem ollen Schwindler kein Wort. Eine Bulldogge auf ihm gehetzt, ist für den als wie son Popen. Den werdn Sie sobald nicht wiedersehn.

HIGGINS Das will ich auch gar nicht, Eliza. Und Sie?

LIZA Überhaupt nicht. Am liebsten nie mehr, wirklich wahr. Ein ausgesprochner Schandfleck für mich. Drecksammler, der. Statt sein richtge Arbeit zu tun.

PICKERING Was ist seine Arbeit, Eliza?

LIZA Moneten aus andre ihre Taschen in seine eigne zu bugsieren. Sein richtger Beruf ist Erdarbeiter. Manchmal macht er das ja auch noch, übungshalber, und verdient ganz schön. Nichts mehr mit Miss Doolittle und so?

PICKERING Verzeihen Sie, Miss Doolittle. Ein kleiner Versprecher.

LIZA Mich doch egal. Hört sich nur unheimlich vornehm an. Am liebsten würd ichn Taxi nehmen bis Ecke Tottenham Court Road, raus dort und ihn warten lassen, nur um die Mädchens da zu zeigen, wo die immer noch hingehörn. Reden würd ich mit sie nicht.

PICKERING Da warten Sie besser noch, bis wir etwas wirklich Elegantes für Sie kaufen.

HIGGINS Außerdem sollten Sie jetzt, da Sie es zu etwas gebracht haben, Ihre alten Freunde nicht schneiden. Wir nennen das Snobismus.

LIZA Sie wolln doch son Gesocks hoffentlich nicht meine Freunde nennen. Habn die mich oft genug abgewöhnt mit ihrm ewigen über ein lachen. Schätze, das geb ich die nu alles zurück. Aber im Falle von klasse Klamotten wart ich noch was. Nämlich auf die bin ich extrascharf. Mrs. Pearce hat da was verlauten lassen, daß Sie mir sone für nachts ins Bett geben wolln, wo anders als wie die täglichen sind. Scheints, die reinste Geldverschwendung, wenn man die letzte Schau kaufen kann. In eiskaltes Zeug kriechen nachts im Winter ist auch nicht grade mein Geschmack.

MRS. PEARCE *kommt zurück:* Jetzt, Eliza! Die neuen Sachen sind zur Anprobe da.

LIZA Ah-au-uh-uuh! *Läuft hinaus.*

MRS. PEARCE *folgt ihr:* Nicht so schnell, Mädchen! *Schließt hinter sich die Tür.*

HIGGINS Da haben wir uns ja was Schönes eingebrockt, Pickering.

PICKERING Ja, Higgins.

Dritter Akt

Besuchstag bei Mrs. Higgins. Es ist noch niemand da. Ihr Salon in einer Wohnung des Chelsea-Kais hat drei Fenster auf den Fluß. Die Decke ist nicht so hoch wie in einem älteren gleich vornehmen Hause. Die Fenster sind geöffnet und führen auf einen Balkon mit Blumentöpfen. Steht man mit dem Gesicht zu den Fenstern, sind der Kamin links und die Tür in der rechten Wand dicht an der Ecke, direkt neben den Fenstern. Mrs. Higgins ist mit Morris und Burne Jones aufgewachsen, und ihr Zimmer, das dem ihres Sohnes in Wimpole Street überhaupt nicht ähnelt, ist keineswegs mit Möbeln, kleinen Tischen und Nippsachen überfüllt. In der Mitte des Raumes steht eine große Ottomane. Sie, der Teppich, die Morris-Tapete, die Morris-Chintz-Fenstervorhänge, die Brokatdecken und die Kissen der Ottomane machen die ganze Zierde aus und sind viel zu schön, um von Krimskrams verdeckt zu werden. Einige gute Ölbilder aus Ausstellungen der Grosvenor-Galerie vor dreißig Jahren (auf der Linie von Burne Jones, nicht von Whistler) hängen an der Wand. Die einzige Landschaft ist ein Cecil Lawson im Ausmaß eines Rubens. Es gibt ein Porträt von Mrs. Higgins aus ihrer Jugend, wie sie, in einem jener wunderbaren Rosettikleider, gegen die damalige Mode verstößt.
In der Ecke, der Tür schräg gegenüber, schreibt Mrs. Higgins an einem eleganten einfachen Schreibtisch, einen Klingelknopf in Reichweite ihrer Hand. Sie ist in den Sechzigern und lange darüber hinaus, sich unmodern zu kleiden. Es stehen ein Chippendale-Stuhl weiter hinten zwischen ihr und dem nächstgelegenen Fenster und ein elisabethanischer Stuhl, ungepolstert und grobgeschnitzt in der Art von Inigo Jones, auf der anderen Seite des Raumes weiter vorn. Die Ecke zwischen Kamin und Fenstern ist ausgefüllt von einem Diwan, gepolstert in Morris-Chintz.
Es ist zwischen vier und fünf Uhr nachmittags. Die Tür wird aufgerissen und Higgins mit dem Hut auf dem Kopf tritt ein.

MRS. HIGGINS *bestürzt:* Henry, was machst du heute hier? Es ist mein Besuchstag. Du hast versprochen, nicht zu kommen. *Als er sich zum Kuß bückt, nimmt sie seinen Hut ab und gibt ihn ihm in die Hand.*

HIGGINS Wie dumm! *Wirft seinen Hut auf den Tisch.*

MRS. HIGGINS Geh sofort heim!

HIGGINS *küßt sie:* Ich weiß, Mutter. Ich bin absichtlich hier.

MRS. HIGGINS Aber du darfst nicht. Es ist mein Ernst, Henry. Du beleidigst alle meine Freunde. Sie kommen nicht mehr, wenn sie dich sehen.

HIGGINS Unsinn! Ich weiß, daß ich keine leichten Gespräche führe. Aber die Leute stört das nicht.

MRS. HIGGINS Wirklich nicht? Leichte Gespräche! Und deine schweren Gespräche, hm? Wirklich, mein Lieber, du darfst nicht bleiben.

HIGGINS Ich muß. Ich habe Arbeit für dich. In Sachen Phonetik.

MRS. HIGGINS Zwecklos, mein Lieber. Tut mir leid, aber mit deinen Vokalen komme ich nicht klar. Ich erhalte gern schöne Postkarten in deiner gesetzlich geschützten Kurzschrift von dir, muß aber immer noch die Abschriften in gewöhnlicher Schrift lesen, die du mir rücksichtsvollerweise mitschickst.

HIGGINS Also gut, es handelt sich nicht um Phonetik.

MRS. HIGGINS Hast du aber gesagt.

HIGGINS Nicht, soweit es dich betrifft. Ich habe ein Mädchen aufgegabelt.

MRS. HIGGINS Soll das heißen, daß ein Mädchen d i c h aufgegabelt hat?

HIGGINS Keineswegs. Ich meine: keine Liebesgeschichte.

MRS. HIGGINS Schade!

HIGGINS Warum?

MRS. HIGGINS Du hast dich noch nie in eine unter fünfundvierzig verliebt. Wann siehst du endlich ein, daß es auch ein paar ziemlich hübsche j u n g e Frauen gibt?

HIGGINS Ich kann mich mit jungen Frauen nicht abgeben. Meine Idealfrau ist möglichst wie du. Niemals werde ich es fertigbringen, junge Frauen ernsthaft zu lieben. Einige Gewohnheiten sind zu eingewurzelt, um sie zu ändern. *Geht herum und klimpert mit Kleingeld und Schlüsseln in der Tasche.* Außerdem sind sie alle dumm.

MRS. HIGGINS Weißt du, was du tun würdest, wenn du mich wirklich liebtest.

HIGGINS Was, zum Teufel? Heiraten vermutlich.

MRS. HIGGINS Nein. Aufhören herumzurennen und die Hände aus den Taschen nehmen. *Er gehorcht mit einer verzweifelten Gebärde und setzt sich wieder.* Ein braver Junge. Und nun erzähl mir von dem Mädchen.

HIGGINS Sie kommt dich besuchen.

MRS. HIGGINS Ich kann mich nicht erinnern, sie eingeladen zu haben.

HIGGINS Du nicht. Aber ich. Wenn du sie kennen würdest, würdest du sie nie einladen.

MRS. HIGGINS Tatsächlich? Warum nicht?

HIGGINS Darum nicht. Sie ist ein einfaches Blumenmädchen. Ich habe sie aus der Gosse geholt.

MRS. HIGGINS Und zu meinem Besuchstag eingeladen.

HIGGINS *geht zu ihr, um ihr gut zuzureden:* Es wird schon gehen. Ich habe ihr beigebracht, anständig zu sprechen, und sie hat genaue Anweisungen für ihr Benehmen. Sie soll sich an zwei Themen halten: das Wetter und die allgemeine Gesundheit – schöner Tag heute, und wie geht's, na du weißt schon – und nicht auf größere Dinge kommen. Dann kann nichts passieren.

MRS. HIGGINS Nichts passieren! Gespräche über unsere Gesundheit! Über unser Inneres! Vielleicht sogar über unser Äußeres. Wie konntest du nur so dumm sein, Henry?

HIGGINS Na ja, über irgendwas muß sie doch sprechen. Sie wird schon alles richtig machen. Reg dich nicht auf. Pickering ist mit von der Partie. Ich habe eine Art Wette abgeschlossen, daß ich sie für eine Herzogin ausgeben kann, in sechs Monaten. Vor etwa einem Monat habe ich angefangen, und sie kommt mit Riesenschritten voran. Ich werde die Wette gewinnen. Sie hat ein gutes Gehör und ist leichter zu unterrichten als meine Schüler aus dem Mittelstand, weil sie eine vollständig neue Sprache lernt. Sie spricht schon Englisch wie du Französisch.

MRS. HIGGINS Also befriedigend jedenfalls.

HIGGINS Ja und nein.

MRS. HIGGINS Was soll das heißen?

HIGGINS Sieh mal, ihre Aussprache habe ich in Ordnung gebracht, aber man darf nicht nur beachten, wie ein Mädchen spricht, sondern auch was es spricht. Und dabei – *Das Stubenmädchen meldet Gäste an.*

STUBENMÄDCHEN Mrs. und Miss Eynsford Hill. *Sie zieht sich zurück.*

HIGGINS O Gott!

Erhebt sich, nimmt seinen Hut und macht sich zur Tür auf, aber bevor er sie erreicht, stellt ihn seine Mutter schon vor. Mrs. und Miss Eynsford Hill sind Mutter und Tochter, die in Covent Garden vor dem Regen Schutz suchten. Die Mutter ist gut er-

zogen, ruhig und hat die übliche Ängstlichkeit beschränkter Verhältnisse. Die Tochter hat eine flotte Art, in der Gesellschaft heimisch zu sein, angenommen: das herausfordernde Benehmen vornehm tuender Armut.

MRS. HILL *zu Mrs. Higgins:* Guten Tag! Wie geht es Ihnen? *Sie schütteln sich die Hände.*

CLARA HILL Guten Tag! Wie geht's? *Händeschütteln.*

MRS. HIGGINS *stellt vor:* Mein Sohn Henry.

MRS. HILL Ihr berühmter Sohn? Ich habe mich so danach gesehnt, Sie kennenzulernen, Professor Higgins.

HIGGINS *mürrisch, ohne eine Bewegung:* Erfreut.

CLARA HILL *zutraulich:* Wie geht's?

HIGGINS *starrt sie an:* Ich habe Sie schon mal irgendwo gesehn. Nicht die geringste Ahnung wo, aber Ihre Stimme kommt mir bekannt vor. Na ja, egal. Setzen Sie sich ruhig hin.

MRS. HIGGINS Ich muß leider sagen, daß mein berühmter Sohn keinerlei Manieren hat. Nehmen Sie es ihm nicht übel.

CLARA HILL *unbekümmert:* Ich nicht. *Setzt sich in den elisabethanischen Stuhl.*

MRS. HILL *etwas verwirrt:* Überhaupt nicht. *Setzt sich auf die Ottomane zwischen ihre Tochter und Mrs. Higgins, die ihren Stuhl vom Schreibtisch weggedreht hat.*

HIGGINS Oh, bin ich unverschämt gewesen? War nicht so gemeint. *Geht zum Mittelfenster und betrachtet mit dem Rücken zu den anderen den Fluß und die Blumen in Battersea Park auf dem anderen Ufer, als ob sie eine eisige Wüste wären. Das Stubenmädchen kündigt an.*

STUBENMÄDCHEN Oberst Pickering. *Zieht sich zurück.*

PICKERING Guten Tag, Mrs. Higgins.

MRS. HIGGINS Ich freue mich, daß Sie gekommen sind. Kennen Sie Mrs. Eynsford Hill? Miss Eynsford Hill. *Verbeugungen. Der Oberst stellt den Chippendale-Stuhl zwischen Mrs. Hill und Mrs. Higgins und setzt sich.*

PICKERING Hat Henry Ihnen gesagt, warum wir gekommen sind?

HIGGINS *über seine Schulter:* Wir wurden unterbrochen, verdammt noch mal!

MRS. HIGGINS Oh, Henry! Henry, also wirklich!

MRS. HILL *erhebt sich halb:* Stören wir?

MRS. HIGGINS *zwingt sie, sich wieder zu setzen:* Nein, nein. Sie könnten nicht günstiger gekommen sein: Wir möchten Ihnen eine unserer Bekannten vorstellen.

HIGGINS *dreht sich um, voller Hoffnung:* Ja, weiß Gott! Wir brauchen zwei oder drei Leute. Sie sind da so gut wie jeder andere. *Das Stubenmädchen kommt wieder und kündigt Freddy an.*

STUBENMÄDCHEN Mr. Eynsford Hill.

HIGGINS *gerade hörbar, unleidlich:* Noch einer von der Sorte, Gott im Himmel!

FREDDY *schüttelt Mrs. Higgins die Hand:* Tag! Wie gehtsn?

MRS. HIGGINS Sehr gut, daß Sie gekommen sind. *Stellt vor.* Oberst Pickering.

FREDDY *verbeugt sich:* Tag! Wie gehtsn?

MRS. HIGGINS Ich glaube, daß Sie meinen Sohn nicht kennen. Professor Higgins.

FREDDY *geht zu Higgins:* Tag! Wie gehtsn?

HIGGINS *betrachtet ihn wie einen Taschendieb:* Ich möchte schwören, ich bin Ihnen schon irgendwo begegnet. Aber wo?

FREDDY Glaub ich nicht.

HIGGINS *resigniert:* Ist nicht so wichtig. Setzen Sie sich. *Schüttelt Freddy die Hand und wirft ihn förmlich auf die Ottomane, bevor er sich selber setzt.* Na, da sind wir jedenfalls. Und über was zum Teufel wollen wir jetzt sprechen, bis Eliza kommt?

MRS. HIGGINS Henry, du bist die Seele der Abende in der Royal Society, aber bei alltäglichen Gelegenheiten tötest du einem ziemlich den Nerv.

HIGGINS Wirklich? Tut mir leid. *Plötzlich strahlend.* Vermutlich stimmt's sogar, weißt du. *Lacht schallend.* Hahaha!

CLARA HILL *die Higgins als möglichen Heiratskandidaten betrachtet:* Ganz Ihrer Meinung. Ich habe für Geplapper auch nichts übrig. Wenn die Leute nur frank und frei sagen würden, was sie wirklich denken.

HIGGINS *wieder verdrießlich:* Gott behüte!

MRS. HILL *nimmt das Stichwort ihrer Tochter auf:* Aber warum?

HIGGINS Was sie denken, denken zu müssen, ist weiß Gott schlimm genug. Aber was sie wirklich denken, würde die ganze Vorstellung platzen lassen. Glauben Sie denn, es wäre angenehm, wenn ich jetzt sagte, was ich wirklich denke?

CLARA HILL *sorglos:* Ist es denn so zynisch?

HIGGINS Zynisch? Wer zum Teufel sagt was von zynisch? Ich glaube, daß es unanständig wäre.

MRS. HILL *ernsthaft:* Oh! Das meinen Sie doch nicht wirklich, Mr. Higgins?

HIGGINS Sehen Sie, mehr oder weniger sind wir alle Wilde. Man hält sich für zivilisiert und gebildet, glaubt alles über Dichtung, Philosophie, Kunst, Wissenschaft und so weiter zu wissen, aber wie viele von uns kennen nicht einmal die Bedeutung dieser Begriffe. *Zu Miss Hill.* Was wissen Sie von Dichtung? *Zu Mrs. Hill.* Was Sie von Wissenschaft? *Zeigt auf Freddy.* Was versteht er von Kunst oder Wissenschaft oder sonst irgendwas? Was zum Teufel glauben Sie, verstehe ich von Philosophie?

MRS. HIGGINS *ermahnend:* Oder von Manieren, Henry.

STUBENMÄDCHEN *öffnet die Tür:* Miss Doolittle. *Zieht sich zurück.*

HIGGINS *steht hastig auf und läuft zu Mrs. Higgins:* Das ist sie, Mutter!

Er steht auf Zehenspitzen und gibt Eliza über den Kopf seiner Mutter hinweg Zeichen, welche der Frauen die Gastgeberin ist. Eliza ist ausgezeichnet gekleidet und macht den Eindruck so bemerkenswerter Vornehmheit und Schönheit, daß sich alle aufgeregt erheben. Geführt von Higgins' Handzeichen, geht sie mit einstudierter Grazie zu Mrs. Higgins.

LIZA *mit pedantisch korrekter Betonung und großem Wohlklang:* Guten Tag, gnädige Frau, wie geht es Ihnen? *Kämpft unmerklich um das H in Higgins.* Mr. Higgins sagte, ich dürfte kommen.

MRS. HIGGINS *herzlich:* Natürlich. Ich freue mich wirklich sehr, Sie zu sehen.

PICKERING Wie geht es Ihnen, Miss Doolittle?

LIZA *schüttelt ihm die Hand:* Oberst Pickering, wenn ich nicht irre.

MRS. HILL Ich habe das sichere Gefühl, daß wir uns schon mal getroffen haben, Miss Doolittle. Ich erinnere mich an Ihre Augen.

LIZA Guten Tag, wie geht es Ihnen? *Nimmt Higgins' Platz auf der Ottomane ein.*

MRS. HILL *vorstellend:* Meine Tochter Clara.

LIZA Guten Tag, wie geht es Ihnen?

FREDDY *nähert sich ihr:* Ich hatte ganz sicher schon das Vergnügen.

MRS. HILL *vorstellend:* Mein Sohn Freddy.

LIZA Guten Tag, wie geht es Ihnen? *Freddy verbeugt sich und nimmt verliebt auf dem elisabethanischen Stuhle Platz.*

HIGGINS *plötzlich:* Mein Gott, ja! Es fällt alles auf mich zurück. *Sie starren ihn an.* Covent Garden! Eine verfluchte Geschichte!

MRS. HIGGINS Henry, please! *Er will sich auf eine Schreibtischecke setzen.* Setz dich nicht auf meinen Schreibtisch. Du wirst ihn zerbrechen.

HIGGINS *mürrisch:* Bedaure.

Stolpert über den Kaminvorsetzer und die Feuereisen, murmelt Verwünschungen und wirft sich so unwillig auf den Diwan, daß er diesen fast zerbricht. Frau Higgins schaut ihn an, beherrscht sich aber und schweigt. Eine lange und peinliche Pause.

MRS. HIGGINS *Konversationston:* Glauben Sie, daß es regnen wird?

LIZA Das schwache Tief im Westen unserer Inseln dürfte sich voraussichtlich in östlicher Richtung bewegen. Es gibt keine Anzeichen für eine größere Veränderung der Barometerlage.

FREDDY Hahaha! Irrsinnig komisch.

LIZA Was ist falsch daran, junger Mann? Ich wette, daß ich das hingekriegt habe.

FREDDY Zum Totlachen!

MRS. HILL Ich hoffe besonders, daß es nicht abkühlt. Die Grippe grassiert. Regelmäßig jedes Frühjahr geht sie in unserer Familie um.

LIZA *dunkel:* Meine Tante, so sagt man, sei an der Grippe verschieden.

MRS. HILL *mitfühlend:* Tje, tje, tje –

LIZA *im selben tragischen Ton:* Aber ich bin überzeugt davon, daß man die alte Frau abgetan hat.

MRS. HILL Abgetan?

LIZA Tjäää, du lieber Gott! Warum sollte grade sie an der Grippe sterben? Ein Jahr davor hatte sie Diphtherie völlig überstanden. Ich habe sie mit eigenen Augen gesehen. War schon ganz blau, die. Alle hielten sie für tot, mein Vater aber ihr Gin in den Hals gelöffelt, bis sie so plötzlich wiederkam, daß sie ihm glatt den Löffel durchbiß.

MRS. HILL *erschreckt:* Du liebes bißchen!

LIZA Warum sollte eine dermaßen kräftige Frau an der Grippe sterben? Was ist aus ihrem neuen Strohhut geworden, den ich bekommen sollte? Jemand hat ihn geklaut. Und ich sage nur: Der wo ihn geklaut hat, hat sie abgetan.

CLARA HILL Was soll das heißen: abgetan?

HIGGINS Das ist neuere Umgangssprache. Jemanden abtun, heißt, ihn töten.

MRS. HILL *entsetzt:* Sie glauben doch nicht im Ernst, daß Ihre Tante getötet worden ist?

LIZA Wirklich nicht? Die, wo sie gelebt hat mit, hätten sie wegen einer Hutnadel kaltgemacht, nicht nur wegen einem Hut.

MRS. HILL Aber es war nicht recht von Ihrem Vater, ihr soviel Alkohol in den Hals zu gießen. Das hätte sie töten können.

LIZA Die nicht. Gin war für sie Muttermilch. Und überhaupt: Er weiß, was gut ist, wo er schon selbst soviel weggekippt hat.

MRS. HILL Sie meinen, er trank?

LIZA Trank? Kann ma wohl sagen! Ganz schön chronisch.

MRS. HILL Wie schrecklich für Sie!

LIZA Nicht im geringsten. Wie ich gesehen habe, konnte er es verkraften. Und dann hat er es auch nicht regelmäßig getan. *Quietschvergnügt.* Anfallsweise, sagen wir mal, von Zeit zu Zeit. Und er war auch immer dufte, wenn er einen intus hatte. Meine Mutter gab ihm immer vier Pence, als er damals arbeitslos war, damit er einen zischen ging und als dufter Typ wiederkam. Jede Menge Frauen machen ihre Männer besoffen, daß man mit ihnen auskommen kann. Sehen Sie, das geht so: Wo ein Mann bißchen Gewissen hat, kommt es über ihn, wenn er nüchtern ist. Und macht ihn fertig. Son Tropfen Stoff bügelt das aus und hilft ihm wieder zu seinem Glück. *Zu Freddy, der unterdrückt lacht.* Was gibt es da zu wiehern?

FREDDY Die neue Art von Plauderei. Sie machen das unheimlich gut.

LIZA Kein Grund zu lachen, wenn ich es richtig hingekriegt habe. *Zu Higgins.* Oder habe ich irgend etwas, was ich nicht sagen sollte, gesagt?

MRS. HIGGINS *dazwischen:* Durchaus nicht, Miss Doolittle.

LIZA Also wieder mal Glück gehabt. *Mitteilsam.* Wie ich immer sage –

HIGGINS *steht auf und blickt auf seine Uhr:* Ahem!

LIZA *versteht den Wink und erhebt sich:* Also ich muß jetzt gehen. *Alle erheben sich, Freddy läuft zur Tür.* Es hat mich gefreut, Sie kennengelernt zu haben. Auf Wiedersehen! *Schüttelt Mrs. Higgins die Hand.*

MRS. HIGGINS Auf Wiedersehen!

LIZA Auf Wiedersehen, Oberst Pickering!

PICKERING Auf Wiedersehen, Miss Doolittle! *Händeschütteln.*

LIZA *nickt den anderen zu:* Auf Wiedersehen, zusammen!

FREDDY *öffnet ihr die Tür:* Gehen Sie durch den Park, Miss Doolittle? Wenn ja –

LIZA Gehen? Ein Scheißdreck werd ich! Ich nehme ein Taxi. *Ab. Pickering schnappt nach Luft und setzt sich. Freddy geht auf den Balkon, um noch einen Blick auf Eliza zu werfen.*

MRS. HILL *unter der Wirkung des Schocks:* Also ich kann mich an die neue Art und Weise nicht gewöhnen.

CLARA HILL *wirft sich mißvergnügt auf den elisabethanischen Stuhl:* Ist doch in Ordnung, Mama, ganz in Ordnung. Man wird glauben, daß wir nirgendwo hingehen und mit niemanden verkehren, wenn du immer so altmodisch bist.

MRS. HILL Allerdings bin ich sehr altmodisch. Aber ich hoffe, daß du dir diesen Ausdruck nicht angewöhnst, Clara. Ich habe mich damit abgefunden, daß du von Männern als Lustmolchen sprichst und alles dreckig und blöde nennst, obgleich ich es schrecklich finde und nicht damenhaft. Aber das jetzt ist wirklich zuviel. Nicht wahr, Oberst Pickering?

PICKERING Mich dürfen Sie nicht fragen. Ich bin viele Jahre in Indien gewesen, und die Umgangsformen haben sich so verändert, daß ich manchmal nicht weiß, ob ich an einer anständigen Mittagstafel sitze oder auf dem Vorderdeck eines Schiffes.

CLARA HILL Das ist alles nur Gewohnheit. Falsch oder richtig gibt es da nicht. Keiner denkt sich was dabei. Und es ist so witzig, und gibt allem so einen drolligen Ton, auch wenn die Dinge selbst gar nicht komisch sind. Ich finde die neue Art Plauderei entzückend und ganz und gar harmlos.

MRS. HILL *erhebt sich.* Jetzt ist wirklich Zeit, daß wir gehen. *Pikkering und Higgins stehen auf.*

CLARA HILL *aufstehend:* Ja, wir müssen noch drei Besuche machen. Auf Wiedersehen, Mrs. Higgins! Auf Wiedersehen, Oberst Pickering! Auf Wiedersehen, Professor Higgins!

HIGGINS *begleitet sie zur Tür, grimmig:* Auf Wiedersehen! Sie werden sicher diesen Plauderton bei den drei Besuchen verwenden. Genieren Sie sich nicht. Legen Sie nur tüchtig los.

CLARA HILL *ganz Lächeln:* Und ob! Auf Wiedersehn! Ein Blödsinn, diese ganz frühe viktorianische Prüderie!

HIGGINS Ein verdammter Blödsinn!

CLARA HILL Ein Scheißblödsinn!

MRS. HILL *Konvulsivisch:* Clara!

CLARA HILL Haha! *Geht strahlend ab und ist sich bewußt, modern zu sein. Noch auf der Treppe hört man ihr silbernes Lachen.*

FREDDY Also wissen möcht ich bloß – *Gibt es auf und geht zu Mrs. Higgins.* Auf Wiedersehen!

MRS. HIGGINS *schüttelt ihm die Hand:* Auf Wiedersehen? Würden Sie Miss Doolittle gern wiedertreffen?

FREDDY *eifrig:* Aber ja! Riesig gern.

MRS. HIGGINS Nun, Sie wissen, wann ich Besuchstag habe.

FREDDY Ja. Riesigen Dank! Auf Wiedersehen! *Ab.*

MRS. HILL Auf Wiedersehen, Mr. Higgins!

HIGGINS Auf Wiedersehen! Auf Wiedersehen!

MRS. HILL *zu Pickering:* Es hat keinen Zweck. Ich werde es niemals über mich bringen, dieses Wort zu gebrauchen.

PICKERING Tun Sie's nicht. Niemand zwingt sie. Sie werden ganz gut ohne es auskommen.

MRS. HILL Nur: Clara hat mich immer auf dem Kieker, wenn ich nicht »stinkvoll« bin mit dem neuesten Slang. Auf Wiedersehen!

PICKERING Auf Wiedersehen! *Händeschütteln.*

MRS. HILL *zu Mrs. Higgins:* Bitte nehmen Sie es Clara nicht übel. Wir sind so arm, und sie bekommt so wenige Gesellschaften mit, das arme Kind. Sie weiß es nicht besser. *Ihre Augen werden naß. Mrs. Higgins nimmt sie beim Arm und bringt sie zur Tür.* Aber der Junge ist nett. Finden Sie nicht?

MRS. HIGGINS Sehr nett. Ich werde immer entzückt sein, ihn zu sehen.

MRS. HILL Danke, meine Liebe! Auf Wiedersehen! *Ab.*

HIGGINS *eifrig:* Na? Ist Eliza gesellschaftsfähig? *Setzt sich mit seiner Mutter auf die Ottomane.*

MRS. HIGGINS Dummkopf! Natürlich ist sie nicht gesellschaftsfähig. Sie ist ein Erfolg deiner Geschicklichkeit und der ihres Schneiders. Aber wenn du auch nur einen Augenblick glaubst, daß sie sich nicht mit jedem Satz verrät, bist du total verrückt, in diesem Punkt zumindest.

PICKERING Aber glauben Sie nicht, daß man da etwas machen könnte? Ich meine etwas, um das Hitzige ihrer Sprache auszumerzen?

MRS. HIGGINS Nicht solange sie in Henrys Händen ist.

HIGGINS *betroffen:* Willst du etwa damit sagen, daß ich mich unschicklich ausdrücke?

MRS. HIGGINS Durchaus nicht, mein Bester! Deine Ausdrucksweise mag sich schicken, sagen wir mal, für einen Schleppkahn im Kanal – aber auf eine Garden-Party kannst du sie nicht damit schicken.

HIGGINS *tief gekränkt:* Also ich muß schon sagen –

PICKERING *unterbricht:* Kommen Sie, Higgins! Sie müssen sich selber mal kennenlernen. Eine Sprache wie Ihre habe ich nicht mehr gehört, seit wir vor zwanzig Jahren in Hyde Park das Freiwilligenkorps gemustert haben.

HIGGINS *eingeschnappt:* Na ja, gut, wenn Sie das meinen, werde ich vermutlich nicht immer wie ein Bischof reden.

MRS. HIGGINS Oberst Pickering, geben Sie mir einen genauen Lagebericht über die Situation in der Wimpole Street.

PICKERING *froh, als ob es ein Themawechsel wäre:* Also ich lebe dort mit Henry. Wir arbeiten gemeinsam an meinen indischen Dialekten und halten es für günstiger –

MRS. HIGGINS Ist es auch. Das weiß ich alles. Eine großartige Idee. Aber wo wohnt dieses Mädchen?

HIGGINS Bei uns natürlich. Wo sonst?

MRS. HIGGINS Und wie nennt sich das Ganze? Ist sie ein Dienstmädchen? Wenn nicht, was dann?

PICKERING *langsam:* Ich glaube, ich weiß, was Sie meinen, Mrs. Higgins.

HIGGINS Ihr könnt mich schlagen: Ich weiß es nicht. Monatelang habe ich jeden Tag an dem Mädchen arbeiten müssen, um sie auf den jetzigen Stand zu bringen. Außerdem ist sie nützlich. Sie weiß, wo meine Sachen liegen, erinnert mich an meine Verabredungen und so weiter –

MRS. HIGGINS Wie kommt deine Haushälterin mit ihr aus?

HIGGINS Mrs. Pearce? Oh, die ist ganz schön froh, wenn man ihr was abnimmt. Bevor Eliza kam, mußte sie nämlich meine Siebensachen zusammensuchen und mich an Verabredungen erinnern. Sie hat schon einen richtigen Fimmel wegen Eliza. Sagt ständig: Sie denken gar nicht, Sir. Nicht wahr, Pickering?

PICKERING Ja, das ist ihre ständige Rede: Sie denken gar nicht, Sir. Der Abschluß von jedem Gespräch über Eliza.

HIGGINS Als ob ich jemals *nicht* an Eliza denken würde. Und an ihre scheußlichen Vokale und Konsonanten. Ich bin restlos kaputt, weil ich laufend an sie denke und ihre Lippen, ihre Zähne und ihre Zunge sehe, von ihrer Seele, die das seltsamste daran ist, ganz zu schweigen.

MRS. HIGGINS Ihr seid mir zwei richtige kleine Kinder, die mit einer lebenden Puppe spielen.

HIGGINS Spielen? Der schwierigste Job, den ich je übernommen habe? Täusch dich nicht, Mutter! Du hast ja keine Ahnung, wie furchtbar interessant es ist, einen Menschen zu nehmen, ihm eine neue Sprache zu geben und ihn damit in einen anderen Menschen zu verwandeln. Es füllt die tiefste Kluft aus, die

Klasse von Klasse und Seele von Seele trennt.

PICKERING *zieht seinen Stuhl näher und wendet sich eifrig Frau Higgins zu:* Ja, es ist ungeheuer interessant. Glauben Sie mir, Frau Higgins, wir nehmen Eliza sehr ernst. Jede Woche – ja, fast jeden Tag – gibt es irgend etwas Neues. *Noch näher.* Wir halten jedes Stadium fest. Dutzende von Grammophonplatten und Fotografien. –

HIGGINS *bestürmt ihr anderes Ohr:* Großer Gott, ja! Es ist das fesselndste Experiment, das ich je unternommen habe. Sie füllt regelrecht unser Leben aus. Nicht wahr, Pickering?

PICKERING Wir sprechen nur noch über Eliza.

HIGGINS Unterrichten Eliza.

PICKERING Ziehen Eliza an.

MRS. HIGGINS Was?

HIGGINS Erfinden neue Elizas.

Gleichzeitig

HIGGINS Weißt du, sie hat ein ungewöhnlich feines Gehör.

PICKERING Ich versichere Ihnen, liebe Frau Higgins, dieses Mädchen –

HIGGINS Wie ein Papagei. Ich habe es bei ihr versucht mit jedem –

PICKERING ist ein Genie. Sie spielt ganz großartig Klavier.

HIGGINS möglichen Laut, den ein menschliches Wesen hervorbringen kann:

PICKERING Wir nahmen sie zu klassischen Konzerten und in die Oper mit.

HIGGINS Kontinentale Dialekte, afrikanische Dialekte, Hottentottisch –

PICKERING Und immer das gleiche: Sie spielt einfach alles.

HIGGINS Dinge mit Pfiff, die ich nach Jahren erst begriff –

PICKERING Wenn sie heimkommt, hat sie noch alles im Ohr, ob es –

HIGGINS kapiert sie blitzschnell, als ob sie damit –

PICKERING Beethoven, Brahms, Lehár oder Lionel Monckton ist;

HIGGINS ihr ganzes Leben zu tun gehabt hätte.

PICKERING obgleich sie vor sechs Monaten noch keine Taste angefaßt hatte –

MRS. HIGGINS *steckt sich die Finger in die Ohren, da sie sich jetzt gegenseitig überschreien:* Scht-scht-scht-scht! *Sie hören auf.*

PICKERING Ich bitte um Verzeihung. *Zieht entschuldigend seinen Stuhl zurück.*

HIGGINS Bedaure. Wenn Pickering zu brüllen beginnt, kann niemand mehr zu Wort kommen.

MRS. HIGGINS Henry, halt den Mund! Ist Ihnen klar, Oberst Pickering, daß noch etwas anderes hineinspaziert ist, als Eliza in Wimpole Street einzog?

PICKERING Ihr Vater. Aber Henry ist ihn bald losgeworden.

MRS. HIGGINS Ihre Mutter wäre zweckmäßiger gewesen. Aber statt ihrer Mutter kam etwas anderes.

PICKERING Aber was?

MRS. HIGGINS Ein Problem.

PICKERING Ich verstehe. Das Problem, wie man sie zu einer Dame macht.

HIGGINS Damit werde ich fertig. Halb bin ich es schon.

MRS. HIGGINS Nein, ihr zwei grenzenlos dummen Männer! Das Problem ist, was danach mit ihr werden soll.

HIGGINS Ich sehe da keine Schwierigkeit. Sie kann ihre eigenen Wege gehen. Mit all dem Nützlichen, was sie dann von mir hat.

MRS. HIGGINS Nützlich für dieses arme Kind, das da grade hier war? Umgangsformen und Gewohnheiten, die eine feine Dame unfähig machen, ihren Unterhalt selber zu verdienen, ohne ihr das Einkommen einer feinen Dame zu geben? Meinst du das?

PICKERING *nachsichtig, weil ziemlich gelangweilt:* Wird schon in Ordnung gehen, Mrs. Higgins. *Erhebt sich, um zu gehen.*

HIGGINS *steht gleichfalls auf:* Wir werden ihr eine leichte Beschäftigung suchen.

PICKERING Sie ist durchaus glücklich. Machen Sie sich keine Sorgen um sie. Auf Wiedersehen! *Schüttelt ihr die Hand, als ob er ein erschrecktes Kind tröstete, und geht zur Tür.*

HIGGINS Jetzt jedenfalls sollte man sich nicht darüber den Kopf zerbrechen. Die Sache ist perfekt. Auf Wiedersehen, Mutter! *Küßt sie und folgt Pickering.*

PICKERING *will sie endgültig trösten:* Es gibt Auswege in Hülle und Fülle. Wir werden schon das Richtige tun. Auf Wiedersehen!

HIGGINS *Während sie gehen, zu Pickering:* Wir werden sie zur Shakespeare-Ausstellung in Earls Court mitnehmen.

PICKERING Natürlich. Ihre Kommentare werden köstlich sein.

HIGGINS Zu Hause wird sie dann alle Leute nachahmen.

PICKERING Zum Platzen!

Man hört sie lachend hinuntergehen. Mrs. Higgins geht zu ihrem Schreibtisch, fegt einen Wust unordentlicher Papiere zur

Seite, nimmt ein Blatt und versucht entschlossen zu schreiben. Mit der dritten Zeile gibt sie es auf, wirft die Feder hin, packt wütend den Tisch und schreit!

MRS. HIGGINS Oh, Männer! Männer! Männer!

Vierter Akt

Das Laboratorium in der Wimpole Street. Mitternacht. Es ist niemand im Raum. Die Uhr auf dem Kaminsims schlägt zwölf. Das Feuer brennt nicht. Es ist eine Sommernacht. Man hört Higgins und Pickering auf der Treppe.

HIGGINS *ruft zu Pickering hinunter:* Hör mal, Pick, du kannst zuschließen, ja? Ich gehe nicht mehr weg.

PICKERING Gut. Kann Mrs. Pearce nicht schlafen gehen? Wir brauchen doch nichts mehr, nicht wahr?

HIGGINS Weiß Gott, nein!

Eliza öffnet die Tür: Man sieht sie auf dem erleuchteten Treppenabsatz in einem Theatermantel über einem großartigen Abendkleid. Sie trägt Diamanten, einen Fächer, Blumen und alles, was dazugehört. Eliza geht zum Kamin und schaltet dort das elektrische Licht an. Sie ist müde. Ihre Blässe hebt sich stark von ihren dunklen Augen und Haaren ab. Ihr Gesichtsausdruck ist beinahe tragisch. Sie zieht den Mantel aus, legt Fächer und Blumen auf das Klavier und setzt sich grübelnd und schweigend auf die Bank. Higgins in Frack, Überzieher und mit Hut tritt ein. Er bringt eine Smokingjacke von unten mit, wirft Überzieher, Hut und Frack nachlässig über den Zeitungsständer, zieht die Smokingjacke an und wirft sich dann selbst in den Sessel am Kamin. Pickering kommt ähnlich gekleidet herein. Auch er nimmt Hut und Überzieher ab, um sie auf Higgins' Sachen zu werfen, zögert jedoch.

PICKERING Mrs. Pearce wird Krach schlagen, wenn wir das Zeug hier im Salon liegenlassen.

HIGGINS Schmeiß es übers Treppengeländer in die Diele. Sie wird es morgen früh da finden und an Ort und Stelle bringen. Sie glaubt dann, daß wir betrunken waren.

PICKERING Leicht angesäuselt sind wir ja. Post da?

HIGGINS Ich habe nicht nachgesehen.

Pickering geht mit den Überziehern und den Hüten nach unten. Higgins beginnt halb singend, halb gähnend eine Arie aus LA FANCIULLA DEL GOLDEN WEST *Plötzlich hört er auf und schreit.* Wo zum Teufel sind meine Pantoffeln?

Eliza sieht ihn düster an, erhebt sich auf einmal und verläßt den Raum. Higgins gähnt und singt wieder. Pickering kommt mit dem Inhalt des Briefkastens in der Hand.

PICKERING Lauter Drucksachen und dieser Liebesbrief mit Adelskrone für dich. *Wirft die Drucksachen in den Kamin.*

HIGGINS *blickt kurz auf den Liebesbrief:* Geldverleiher. *Wirft den Brief den Drucksachen nach. Eliza kehrt mit einem Paar großer ausgetretener Pantoffeln zurück. Sie stellt sie auf den Teppich vor Higgins und setzt sich wieder schweigend hin.*

HIGGINS *erneut gähnend:* Mein Gott, was für ein Abend! Was für eine Bande! Was für eine blödsinnige Albernheit! *Bemerkt die Pantoffeln und schaut sie an, als ob sie von selbst aufgetaucht wären.* Oh, da sind sie ja! Da sind sie!

PICKERING *streckt sich:* Also ich bin etwas müde. War ein langer Tag. Die Garden-Party, das Dinner und die Oper! Fast zuviel des Guten. Aber deine Wette hast du gewonnen, Higgins. Eliza hat das Kunststück fertiggebracht, und wie!

HIGGINS *inbrünstig:* Gott sei Dank, es ist vorbei! *Eliza zuckt heftig zusammen, aber sie nehmen keine Notiz davon. Sie faßt sich wieder und sitzt versteinert wie vorher.*

PICKERING Warst du nervös auf der Garden-Party? Ich schon. Eliza schien es überhaupt nicht zu sein.

HIGGINS Die war nicht nervös. Ich wußte, daß sie es schaffen würde. Nein, den Job all diese Monate durchzuhalten, das hat mich so geschlaucht. Zuerst, in Sachen Phonetik, war es ja interessant genug. Aber dann hatte ich es bis hier. Wenn ich nicht gewettet hätte, hätte ich vor zwei Monaten alles hingeschmissen. Eine blödsinnige Idee! Stinklangweilig war's!

PICKERING Komm, komm! Die Garden-Party war schrecklich aufregend. Mein Herz schlug ganz schön.

HIGGINS Ja, in den ersten drei Minuten. Aber als ich sah, daß wir es mit links schaffen würden, war mir zumute wie einem Bären im Käfig, der da rumhängt und nichts tut. Das Dinner war noch schlimmer: da herumzusitzen, sich vollzustopfen über eine Stunde und niemand zur Unterhaltung als eine verdammt dumme Gans von vornehmer Frau. Ich sag dir, Pickering, niemals wieder! Nie wieder eine künstliche Herzogin. Die ganze Geschichte war einfach die Hölle für mich.

PICKERING Du hast es eigentlich nie zu gesellschaftlicher Routine gebracht. Ich selbst stürze mich gelegentlich ganz gern mal hinein. Man fühlt sich wieder jung. Na ja, jedenfalls war es ein großer Erfolg, ein riesiger Erfolg. Ein- oder zweimal war ich direkt entsetzt, wie großartig Eliza war. Du weißt, einige echte Damen können das alles gar nicht so. Die Dummköpfe denken, Stil sei etwas Angeborenes bei Leuten ihrer Position, und lernen es nie. Da ist immer etwas Professionelles dabei, wenn eine Sache unübertroffen gelingt.

HIGGINS Ja, Das macht mich rasend. Die Blödlinge beherrschen nicht mal ihren eigenen blöden Kram. *Erhebt sich:* Wie dem auch sei: Es ist aus und vorbei. Und nun kann ich wenigstens ins Bett gehen, ohne vor morgen Angst zu haben. *Elizas Schönheit wird mörderisch.*

PICKERING Ich glaube, ich werde mich jetzt auch hinhauen. Es war doch ein großes Ereignis. Ein Triumph für dich. Gute Nacht! *Ab.*

HIGGINS *folgt ihm:* Gute Nacht! *An der Tür, über seine Schulter.* Machen Sie das Licht aus, Eliza, und sagen Sie Mrs. Pearce, sie soll morgen früh keinen Kaffee für mich machen. Ich trinke Tee. *Ab.*

Eliza versucht sich zu beherrschen und gleichgültig zu sein, als sie aufsteht und zum Kamin geht, um das Licht auszumachen. Sie möchte schreien, setzt sich in Higgins' Sessel und krallt sich in die Armlehnen. Endlich läßt sie sich freien Lauf, wirft sich wild auf den Boden und tobt.

HIGGINS *draußen in verzweifelter Wut:* Wo zum Teufel hab ich meine Pantoffeln gelassen? *Er erscheint in der Tür.*

LIZA *greift sich die Pantoffeln und wirft sie nach ihm mit ganzer Kraft:* Da sind Ihre Pantoffeln! Und da! Nehmen Sie Ihre Pantoffeln, Sie sollen nicht einen Tag glücklich damit sein!

HIGGINS *verblüfft:* Was um alles in der Welt–? *Geht zu ihr.* Was ist denn los? Stehen Sie auf. *Zieht sie hoch.* Stimmt irgendwas nicht?

LIZA *atemlos:* Alles stimmt – mit Ihnen. Ich habe für Sie eine Wette gewonnen, nicht wahr? Das genügt Ihnen. Ich bin unwichtig, vermute ich.

HIGGINS Sie haben meine Wette gewonnen? Sie? Frecher Giftzwerg. Ich habe sie gewonnen! Warum haben Sie mit den Pantoffeln nach mir geworfen?

LIZA Weil ich Ihr Gesicht kaputtschlagen wollte. Ich möchte Sie töten, Sie brutaler Egoist. Warum haben Sie mich nicht gelassen, wo Sie mich aufgelesen haben: in der Gosse? Sie danken Gott, daß alles vorbei ist und Sie mich wieder zurückstoßen können dorthin, nicht wahr? *Ballt wütend die Fäuste.*

HIGGINS *betrachtet sie mit kühlem Erstaunen:* Nach all dem ist unser Tierchen nervös.

LIZA *Stößt einen unterdrückten Wutschrei aus und fährt ihm instinktiv mit den Nägeln ins Gesicht.*

HIGGINS *packt ihre Handgelenke:* Ah! Wirst du –! Die Krallen eingezogen, du Katze! Wie können Sie es wagen, Ihre Launen an mir auszulassen! Setzen Sie sich und halten Sie den Mund. *Wirft sie roh in den Sessel.*

LIZA *Gebändigt durch soviel überlegene Kraft und Autorität:* Was soll aus mir werden? Was soll aus mir werden?

HIGGINS Wie zum Teufel soll ich wissen, was aus Ihnen werden soll? Ist es so wichtig, was aus Ihnen wird?

LIZA Sie interessiert es nicht. Ich weiß, daß es Sie nicht interessiert. Nicht einmal mein Tod würde Sie interessieren. Ich bin nichts für Sie. Nicht so viel als die Pantoffeln.

HIGGINS *donnernd:* Wie die Pantoffeln!

LIZA *mit bitterer Unterwürfigkeit:* Wie die Pantoffeln. Ich hielt es jetzt nicht mehr für so wichtig.

Pause. Eliza ohne Hoffnung und zerbrochen. Higgins etwas unsicher.

HIGGINS *hochmütig:* Warum haben Sie sich derartig gehenlassen? Darf ich fragen, ob Sie sich über die Behandlung hier zu beklagen haben?

LIZA Nein.

HIGGINS Hat sich irgend jemand Ihnen gegenüber schlecht benommen? Oberst Pickering? Mrs. Pearce? Einer von den Dienstboten?

LIZA Nein.

HIGGINS Ich darf voraussetzen, daß Sie nicht so tun, als ob ich Sie schlecht behandelt hätte.

LIZA Nein.

HIGGINS Das freut mich. *In milderem Ton:* Vielleicht sind Sie müde nach dem anstrengenden Tag. Wollen Sie ein Glas Champagner? *Will zur Tür.*

LIZA Nein. *Besinnt sich auf ihre guten Manieren.* Danke vielmals.

HIGGINS *wieder gut gelaunt:* Das hat sich schon seit Tagen in Ihnen aufgestaut. Es war sicher ganz natürlich für Sie, vor der Garden-Party Angst zu haben. Aber nun ist doch alles vorbei. *Klopft ihr freundlich auf die Schulter: Sie entzieht sich ihm.* Kein Grund mehr, sich aufzuregen.

LIZA Nein. Für Sie nicht. *Sie steht plötzlich auf, geht zur Klavierbank, setzt sich und versteckt ihr Gesicht.* O Gott, ich wünsche, ich wäre tot!

HIGGINS *starrt sie an, ernsthaft überrascht:* Warum? Um Gottes willen warum? *Geht zu ihr, vernünftig.* Hören Sie mal zu,

Eliza. Das ist alles eine rein subjektive Überreizung.

LIZA Das verstehe ich nicht. Ich bin zu ungebildet.

HIGGINS Alles nur Einbildung. Schlechte Stimmung und sonst nichts. Niemand tut Ihnen was. Es ist alles in Ordnung. Unser gutes Mädchen geht jetzt ins Bett und überschläft es erstmal. Weint ein bißchen und spricht ein Gebet. Dann fühlt man sich wieder wohl.

LIZA Ihr Stoßgebet habe ich gehört: Gott sei Dank, es ist alles vorbei!

HIGGINS *ungeduldig:* Na ja, danken Sie Gott etwa nicht, daß alles vorbei ist? Sie sind jetzt frei und können tun, was Sie wollen.

LIZA *krümmt sich verzweifelt zusammen:* Wozu tauge ich jetzt noch? Was haben Sie mir denn noch gelassen? Wohin soll ich gehen? Was soll ich tun? Was soll aus mir werden?

HIGGINS *verstehend, aber unbeeindruckt:* Ach so! Also das quält Sie? *Er steckt die Hände in die Taschen und geht, wie üblich mit dem Tascheninhalt klimpernd, herum, als ob er sich aus reiner Freundlichkeit mit einer banalen Sache befaßte.* Darüber würde ich mir an Ihrer Stelle nicht den Kopf zerbrechen. Ich glaube, daß Sie leicht da oder dort unterkommen werden, obgleich ich es noch gar nicht ganz fassen kann, daß Sie uns verlassen.

Sie wirft ihm einen kurzen Blick zu, aber er schaut sie nicht an und holt sich einen Apfel aus der Dessertschale. Wissen Sie, Sie könnten eigentlich heiraten. *Beißt ein großes Stück Apfel ab und kaut es laut schmatzend.* Sehen Sie, Eliza, nicht alle Männer sind so überzeugte alte Junggesellen wie ich und der Oberst. Die meisten Männer heiraten. Arme Teufel! Und Sie sehen gar nicht so übel aus. Es ist ein wahres Vergnügen, Sie anzusehen – manchmal. Jetzt, wo Sie heulen und wie der Leibhaftige aussehen, natürlich nicht. Aber wenn Sie in Form sind und ganz Sie selbst, sind Sie das, was ich attraktiv nennen möchte. Das gilt, wohlverstanden, nur für Heiratskandidaten. Gehen Sie jetzt zu Bett und ruhen Sie sich hübsch aus. Dann stehen Sie auf, blicken in den Spiegel, und Sie werden sich nicht mehr so elend fühlen. *Eliza schaut ihn wieder sprachlos an und rührt sich nicht: ein verlorener Blick.*

Er aber ißt seinen Apfel, verträumt und glücklich, weil er so gut schmeckt. Dann kommt ihm nachträglich ein genialer Gedanke: Ich glaube sogar, daß meine Mutter den einen oder anderen netten Kerl finden könnte, der sich gut dazu eignet.

LIZA Ecke Tottenham Court Road ließen wir uns auf so etwas nicht ein.

HIGGINS *wird wach:* Was wollen Sie damit sagen?

LIZA Ich habe Blumen verkauft. Nicht mich. Nun haben Sie eine Dame aus mir gemacht, und ich kann nichts anderes mehr verkaufen. Hätten Sie mich nur da gelassen, wo Sie mich gefunden haben.

HIGGINS *wirft den Apfelrest entschlossen in den Kamin:* Quatsch, Eliza! Setzen Sie doch durch dieses Gerede über Kaufen und Verkaufen rein menschliche Beziehungen nicht herab. Sie brauchen keinen Burschen zu heiraten, den Sie nicht mögen.

LIZA Was sollte ich sonst tun?

HIGGINS Die verschiedensten Dinge. Was macht Ihr alter Plan mit dem Blumenladen? Pickering könnte Ihnen einen einrichten. Er hat eine Menge Geld. *Gluckst.* Er wird die ganze Kluft bezahlen müssen, die Sie heute angehabt haben. Das und die Leihgebühr für die Juwelen wird von zweihundert Pfund nicht viel übriglassen. Also vor sechs Monaten noch hätten Sie einen eigenen Blumenladen für den Himmel auf Erden gehalten. Kommen Sie, das geht alles klar! Ich muß jetzt ins Bett, bin verteufelt müde. Übrigens wollte ich doch was holen. Was war es noch gleich?

LIZA Ihre Pantoffeln.

HIGGINS Ach ja, natürlich! Sie haben damit nach mir geschmissen. *Er hebt sie auf und will gehen, als sie sich erhebt und ihn anspricht:*

LIZA Bevor Sie gehen, Sir –

HIGGINS *läßt vor Erstaunen, daß sie ihn »Sir« nennt, die Pantoffeln fallen:* Was?

LIZA Gehören meine Kleider mir oder Oberst Pickering?

HIGGINS Was zum Teufel sollte Pickering damit anfangen?

LIZA Er könnte sie für das nächste Mädchen brauchen, das Sie sich für Ihre Experimente ranholen.

HIGGINS *schockiert und verletzt:* Mit solchen Gefühlen begegnen Sie uns?

LIZA Ich will darüber nichts mehr hören. Ich möchte einzig und allein wissen, ob irgend etwas mir gehört. Meine eigenen Kleider wurden verbrannt.

HIGGINS Na und? Was regen Sie sich mitten in der Nacht darüber auf?

LIZA Ich möchte nur wissen, was ich mitnehmen darf. Ich

möchte nicht des Diebstahls bezichtigt werden.

HIGGINS *nun tief verletzt:* Diebstahl? Eliza, das hätten Sie nicht sagen sollen. Das beweist einen Mangel an Feingefühl.

LIZA Tut mir leid. Ich als einfaches, dummes Mädchen muß in meiner Lage vorsichtig sein. Zwischen Ihresgleichen und meinesgleichen kann von Gefühlen keine Rede sein. Würden Sie mir bitte sagen, was mir gehört und was nicht?

HIGGINS *sehr mürrisch:* Sie können das ganze verdammte Hausvoll mitnehmen, wenn Sie wollen. Ausgenommen die Juwelen. Die sind geliehen. Zufrieden? *Macht auf dem Absatz kehrt und will, vor Wut kochend, gehen.*

LIZA *genießt seine Emotion wie Nektar und keift ihn an, um ihn noch mehr zu erregen.* Halt, bitte! *Sie nimmt ihre Juwelen ab.* Würden Sie das mit in Ihr Zimmer nehmen und sicher aufbewahren? Ich möchte nicht Gefahr laufen, daß man es vermißt.

HIGGINS *wütend:* Geben Sie her! *Sie gibt sie ihm in die Hand.* Wenn das mir gehörte, und nicht dem Juwelier – ich würde es in Ihren undankbaren Hals stopfen. *Stopft sich die Sachen nachlässig in die Taschen, ohne zu bemerken, daß er sich mit den heraushängenden Enden der Ketten schmückt.*

LIZA *nimmt einen Ring ab:* Dieser Ring gehört nicht dem Juwelier. Den haben Sie mir in Brighton gekauft. Ich will ihn jetzt nicht mehr.

Higgins schleudert den Ring in den Kamin und wendet sich ihr so drohend zu, daß sie sich mit den Händen vor dem Gesicht über das Klavier beugt und schreit: Nicht schlagen!

HIGGINS Sie schlagen? Sie infames Geschöpf, wie können Sie es wagen, mir so etwas zu unterstellen? Sie haben mich geschlagen. Sie haben mich bis ins Mark verletzt.

LIZA *entzückt vor heimlicher Freude:* Das freut mich. Da habe ich Ihnen immerhin etwas zurückgegeben.

HIGGINS *würdevoll und professoral:* Sie sind schuld, daß ich die Geduld verlor. Das ist mir kaum jemals passiert. Ich ziehe es vor, heute nacht nichts mehr zu sagen. Ich gehe zu Bett.

LIZA *gewagt:* Sie sollten Mrs. Pearce lieber eine Nachricht wegen des Kaffees hinterlassen. Ich werde es ihr nicht sagen.

HIGGINS *förmlich:* Zum Teufel mit Mrs. Pearce! Und zum Teufel mit dem Kaffee! Und zum Teufel mit Ihnen! Und zum Teufel mit meiner eigenen Dummheit, daß ich meine schwer erworbenen Kenntnisse und so Unschätzbares wie Teilnahme und Vertrauen an eine herzlose Gassenschlampe verschwendet habe!

Geht in eindrucksvoller Haltung ab und verdirbt alles, indem er wütend die Tür zuknallt. Eliza lächelt jetzt zum erstenmal, ahmt dann triumphierend in einer wilden Pantomime Higgins' Abgang nach, geht schließlich in die Knie und sucht im Kamin nach ihrem Ring.

Fünfter Akt

Der Salon von Mrs. Higgins. Sie sitzt wieder an ihrem Schreibtisch. Das Stubenmädchen tritt ein.

STUBENMÄDCHEN Mr. Henry und Oberst Pickering sind unten, gnä' Frau.

MRS. HIGGINS Schön, führen Sie sie herauf.

STUBENMÄDCHEN Sie telefonieren gerade, gnä' Frau. Ich glaube, mit der Polizei.

MRS. HIGGINS Was?

STUBENMÄDCHEN *leise:* Mr. Henry ist ganz aus dem Häuschen, gnä' Frau. Ich dachte, ich sag es Ihnen lieber.

MRS. HIGGINS Hätten Sie mir gesagt, daß Mr. Henry nicht aus dem Häuschen wäre, hätte es mich mehr überrascht. Schicken Sie sie herauf, wenn sie mit der Polizei fertig sind. Vermutlich ist ihm etwas verlorengegangen.

STUBENMÄDCHEN Ja, gnä' Frau.

MRS. HIGGINS Gehen Sie rauf und sagen Sie Miss Doolittle, daß Mr. Henry und der Oberst hier sind. Bitten Sie sie, nicht herunterzukommen, ehe ich nach ihr schicke.

STUBENMÄDCHEN Ja, gnä' Frau.

Ab. Higgins stürzt herein. Er ist, wie vom Stubenmädchen angekündigt, »ganz aus dem Häuschen«.

HIGGINS Also Mutter, mir ist ein schreckliches Ding passiert.

MRS. HIGGINS Ja, mein Lieber. Guten Morgen! *Er beherrscht seine Ungeduld und küßt sie, während das Stubenmädchen hinausgeht.* Worum handelt es sich?

HIGGINS Eliza ist durchgegangen.

MRS. HIGGINS *schreibt ruhig weiter:* Wahrscheinlich aus Angst vor dir.

HIGGINS Angst? Nonsens! Wie immer blieb sie als letzte auf, heute nacht; sie sollte das Licht ausmachen, und so weiter. Aber statt ins Bett zu gehen, zog sie sich um und verschwand. Ihr Bett ist unberührt. Heute morgen vor sieben kam sie in einem Taxi und holte ihre Sachen ab. Und diese Idiotin von Mrs. Pearce hat sie ihr gegeben, ohne mir ein Wort zu sagen. Was soll ich bloß tun?

MRS. HIGGINS Ohne sie auskommen, fürchte ich, Henry. Das Mädchen hat jedes Recht wegzugehen, wenn sie Lust hat.

HIGGINS *geht verwirrt im Zimmer umher:* Aber ich finde meine

Siebensachen nicht mehr. Ich weiß nicht, mit wem ich verabredet bin. Ich bin einfach – *Pickering kommt herein. Mrs. Higgins legt die Feder weg und gibt ihm die Hand.*

PICKERING Guten Morgen, Mrs. Higgins! Hat Henry schon erzählt? *Setzt sich auf die Ottomane.*

HIGGINS Was sagt der Esel von Polizeiinspektor? Hast du eine Belohnung ausgesetzt?

MRS. HIGGINS *erhebt sich empört und erstaunt:* Du willst doch nicht etwa behaupten, daß du die Polizei auf Eliza angesetzt hast?

HIGGINS Selbstverständlich. Wozu ist die Polizei da? Was können wir sonst tun? *Er setzt sich auf den elisabethanischen Stuhl.*

PICKERING Der Inspektor hat große Schwierigkeiten gemacht. Ich glaube wirklich, er verdächtigt uns dunkler Machenschaften.

MRS. HIGGINS Natürlich tut er das. Mit welchem Recht geht ihr zur Polizei und zeigt das Mädchen an, als ob sie eine Diebin, ein verlorener Regenschirm oder sonstwas wäre? Also wirklich! *Setzt sich wieder, sehr verärgert.*

HIGGINS Aber wir müssen sie doch finden.

PICKERING Wissen Sie, Mrs. Higgins, wir können sie nicht einfach so gehen lassen. Was sollten wir machen?

MRS. HIGGINS Ihr habt nicht mehr Verstand, und zwar beide, als zwei Kinder. Warum – *Das Stubenmädchen unterbricht.*

STUBENMÄDCHEN Mr. Higgins, ein Herr möchte Sie dringend sprechen. Man hat ihn aus der Wimpole Street hergeschickt.

HIGGINS Zum Teufel, ich kann jetzt niemand gebrauchen! Wer ist es?

STUBENMÄDCHEN Ein Mr. Doolittle.

PICKERING Doolittle? Sie meinen den Müllkutscher?

STUBENMÄDCHEN Müllkutscher? Aber nein, ein beßrer Herr.

HIGGINS *aufgeregt:* Mein Gott, Pick, ein Verwandter von ihr, bei dem sie jetzt ist. Jemand, den wir noch nicht kennen. *Zum Stubenmädchen.* Schicken Sie ihn herauf. Schnell.

STUBENMÄDCHEN Jawohl, Mr. Higgins. *Ab.*

HIGGINS *Geht zu seiner Mutter, eifrig:* Vornehme Verwandtschaft! Nun werden wir was zu hören bekommen. *Er setzt sich auf den Chippendale-Stuhl.*

MRS. HIGGINS Kennt ihr jemand aus ihrer Familie?

PICKERING Nur ihren Vater, den Burschen, über den wir grade sprachen.

STUBENMÄDCHEN *meldet an:* Mr. Doolittle. *Sie zieht sich zurück. Doolittle tritt ein. Er ist großartig angezogen mit einem ganz modernen Gehrock, weißer Weste und grauen Hosen. Eine Blume im Knopfloch, ein glänzender Zylinder und Lackschuhe vervollständigen den Eindruck. Er ist vom Zweck seines Besuches so sehr erfüllt, daß er Mrs. Higgins gar nicht bemerkt. Er geht geradeswegs zu Higgins und redet ihn mit heftigem Vorwurf an.*

DOOLITTLE *deutet auf sich selbst:* Da, sehn Sie! Sehn Sie sich das an! Ihr Werk!

HIGGINS Was denn, Mann?

DOOLITTLE Das da, sag ich. Augen auf! Sehn Sie den Hut? Sehn Sie den Mantel?

HIGGINS Hat Eliza Ihnen etwas zum Anziehen gekauft?

DOOLITTLE Eliza? Die nicht. Von wegen! Was soll die mich Klamotten kaufen?

MRS. HIGGINS Guten Morgen, Mr. Doolittle! Wollen Sie sich nicht setzen?

DOOLITTLE *bestürzt, da er die Gastgeberin übersehen hat:* Tschuldigung, Gnädigste! *Schüttelt ihre Hand.* Danke vielmals! *Setzt sich neben Pickering auf die Ottomane.* Mich ist da son dicker Hund passiert, daß ich gar nicht mehr richtig schalten kann.

HIGGINS Was zum Teufel ist mit Ihnen geschehen?

DOOLITTLE Das was passiert ist, ist halb so wild. Vieles passiert viele Leute, und keiner außer Gott, sozusagen, kann da was für. Aber dieses ist mich von Sie passiert. Ja, von Sie, Henry Higgins!

HIGGINS Haben Sie Eliza gefunden? Das ist das Problem.

DOOLITTLE Ist sie verschütt?

HIGGINS Ja.

DOOLITTLE Schwein gehabt. Und wie! Ich hab sie nicht gefunden. Aber wo mich das passiert ist von Sie, wird die mich finden im Handumdrehn.

MRS. HIGGINS Was hat denn mein Sohn Ihnen getan, Mr. Doolittle?

DOOLITTLE Mich getan? Mir ruiniert. Mein ganzes Glück kaputtgemacht. Mir gefesselt und ausgeliefert an die Moral vom Mittelstand.

HIGGINS *springt ungeduldig auf und stellt sich vor Doolittle:* Sie phantasieren! Sie sind betrunken! Sie sind ja verrückt! Ich habe Ihnen fünf Pfund gegeben, mich dann noch zweimal mit Ihnen unterhalten – für eine halbe Krone pro Stunde – und Sie seitdem nie wieder gesehen.

DOOLITTLE Was? Ich besoffen? Ich verrückt? Verraten Sie mich mal folgendens: Habn Sie ein Brief verfaßt oder nicht an son ollen amerikanischen Knülch, der für runde fünf Millionen Sittlichkeitsreformvereine hat aufmachen lassen überall auf der Welt und eine Weltsprache haben wollte, wo Sie ihm erfinden sollten?

HIGGINS Was? Ezra D. Wannafeller! Er ist tot.

DOOLITTLE Ja. Der ist tot, und ich bin geliefert. Habn Sie nun den Brief verbrochen oder nicht, wo Sie ihm verlauten lassen, daß jetzt in England, soweit Sie bekannt, der originalste Prediger von Moral der Müllkutscher Alfred Doolittle ist?

HIGGINS Ja, ich weiß: Nach Ihrem letzten Besuch habe ich irgend so einen dummen Scherz gemacht.

DOOLITTLE Aha! Ein dummer Scherz für Sie. Hat mich ganz schön reingerissen. Geben Sie ihm die Chance, wo er braucht, zum Beweis, daß ihr Amis anders seid als wie wir: Daß sie Verdienste in jedem und auch dem niedrigsten Stande anerkennen und respektieren. Wörtlich in seim blöden Testament, wo er – dank ihrm dummen Scherz, Henry Higgins – mirn Anteil in seim Trust für vorverdauten Käse vermacht. Volle dreitausend Pfund pro Jahr. Nämlich daß ich Vorträge halte bis zu sechsmal jährlich bei Bedarf in seim Wannafeller-Universalsittlichkeitsreformverein.

HIGGINS Teufel auch! Wie? Das istn Witz!

PICKERING Eine sichere Sache für Sie, Doolittle. So was wird einem nicht zweimal geboten.

DOOLITTLE Das Schlimme ist nicht Vorträge halten. Mach ich, bis die schwarz werden, wirklich. Ohne mit der Wimper zu zucken. Aber daß ich zum Gentleman werd, nehm ich krumm. Hat ihm keiner drum gebeten. Ich war glücklich. Ich war frei. Hab notfalls fast jeden um Geld angepumpt, so wie Ihnen, Henry Higgins. Nun bin ich dran. Lahmgelegt. Restlos. Und jedes Schwein haut mich jetzt an. Prima für Sie, sagt mich mein Anwalt. So? sag ich, Sie meinen, prima für S i e. Als Armer braucht ich nämlichn Anwalt, wie man ein Penner in meim Müllwagen fand. Der hat mich losgeeist, um mich loszuwerden, und im Handumdrehn wurd ich ihm los. Genau als die Dokters, wo mich immer schon ausm Krankenhaus schmissen, kaum daß ich auf die Beine war: hatt ja nichts zu blechen. Mit einmal aber bin ich nicht mehr gesund und nur noch lebensfähig bei zwei Untersuchungen täglich. Zu Hause darf ich selber kein Handschlag tun: Ein andrer machts und nimmt mich ganz schön aus. Vorges Jahr hatt ich niemand Verwandtes. Nirgendwo auf der weiten Welt. Nur zwei oder drei, wo nicht mit mir sprachen. Jetzt hab ich fuffzig, und keiner von sie hat ein reellen Wochenlohn. Ich leb nur noch für andre und nicht für mich selbst: die typische Art vom Mittelstand. Daß Eliza verschütt ging, sagen Sie. Nur keine Angst: Die liegt schon, wetten, vor meiner Tür. Die, wo mitm Blumenverkauf so gut längskam, bevor ich was war. Und als nächster nehmen Sie mir aus, Henry Higgins. Weil ich statt vernünftig zu sprechen Mittelstandskauderwelsch lernen muß. Da machen Sien Bombengeschäft. Möchte sagen, Sie habens so eingefädelt.

MRS. HIGGINS Aber mein lieber Mr. Doolittle, Sie brauchen das alles nicht auf sich zu nehmen, wenn Sie es wirklich ernst meinen. Niemand kann Sie zwingen, diese Erbschaft anzunehmen. Sie können sie zurückweisen. Nicht wahr, Oberst Pickering?

PICKERING Ich glaube schon.

DOOLITTLE *mäßigt seine Manieren aus Rücksicht auf ihr Geschlecht:* Das ist ja das Tragische dran, gnä' Frau. Wegschmeißen ist leicht gesagt. Aber ich hab nichtn Nerv dazu. Wer hatn denn schon? Wir habn alle Schiß. Schiß, gnä' Frau, das habn wir. Was bleibt mich denn noch, schmeiß ich das weg, außer dem Armenhaus im Alter. Mein Haar muß ich doch jetzt schon färben, daß ich den Müllkutscherjob behalt. Als einer von die beßren Armen hätt ichn bißchen was weggelegt und könnt drauf verzichten. Die Frage wär dann nur warum, wo die schon fast Millionäre sind, von wegen das ganze Glück, was die haben. So viel Schwein wissen die gar nicht zu schätzen. Aber als ein von die untersten Armen ist nichts zwischen mich und dem Bettelkleid als kleine dreitausend Dreckspfündchen jährlich, wo mich stoßen in Mittelstand. Verzeihen Sie vielmals den Ausdruck, gnä' Frau. Aber auch Sie würden das sagen, wenn man Sie so auf die Palme bringt. Wie man sich dreht: Die schaffen einen. Die freie Auswahl hab ich nur von Fischsuppe im Armenhaus und Forelle blau im Mittelstand. Undn Nerv fürs Armenhaus hab ich nicht. Schiß, das hab ich. Fertig bin ich. Restlos kaputt. Andre Männer, wo glücklicher sind, werden nun die Müllabfuhr kriegen und mir mein Schuttplatz abspenstig machen. Und ich muß hilflos und neidisch zusehn. So weit hat mich jetzt Ihr Söhnchen gebracht.

Wird von seinen Gefühlen übermannt.

MRS. HIGGINS Schön, Mr. Doolittle, es freut mich sehr, daß Sie keine Dummheiten machen werden. Dann ist ja auch das Problem von Elizas Zukunft gelöst. Jetzt können Sie für sie sorgen.

DOOLITTLE *resigniert und melancholisch:* Ja, gnä' Frau, jeder denkt, daß ich jetzt für ihn sorge. Mit ganze dreitausend Pfündchen pro Jahr.

HIGGINS Nonsens! Er kann nicht für sie sorgen. Soll er auch nicht. Sie gehört ihm nicht. Ich habe fünf Pfund für sie gezahlt. Entweder sind Sie ein Ehrenmann, Doolittle, oder ein Bandit?

DOOLITTLE Von beides was, Henry. Wie jeder von uns von beides was hat.

HIGGINS Also Sie haben das Geld für das Mädchen genommen und kein Recht mehr, sie selbst zu verlangen.

MRS. HIGGINS Werd nicht albern, Henry. Willst du wissen, wo Eliza ist? Oben.

HIGGINS *verblüfft:* Oben? Dann werde ich sie aber schleunigst runterholen. *Entschlossen zur Tür.*

MRS. HIGGINS *folgt ihm:* Sei still, Henry, und setz dich.

HIGGINS Ich –

MRS. HIGGINS Setz dich, mein Lieber, und hör mich an.

HIGGINS Also gut, gut, gut! *Wirft sich auf die Ottomane und dreht den anderen unfreundlich den Rücken zu.* Aber ich finde, du hättest uns das schon vor einer halben Stunde sagen können.

MRS. HIGGINS Eliza kam heute morgen zu mir. Sie hat die Nacht teilweise damit verbracht, wütend herumzulaufen, teilweise mit dem Versuch, sich in den Fluß zu stürzen und Angst davor zu haben, und teilweise im Charlton-Hotel. Sie hat mir erzählt, wie brutal ihr beide sie behandelt habt.

HIGGINS *springt wieder auf:* Was?

PICKERING *erhebt sich ebenfalls:* Meine liebe Mrs. Higgins, sie hat Ihnen Märchen erzählt. Wir haben sie nie brutal behandelt. Wir haben kaum mit ihr gesprochen und trennten uns in besonders gutem Einvernehmen. Higgins, hast du sie etwa gepiesackt, als ich schon im Bett war?

HIGGINS Im Gegenteil. Sie warf mir meine Pantoffeln ins Gesicht. Sie hat sich gradezu empörend benommen. Ich gab ihr auch nicht den kleinsten Anlaß. Die Pantoffeln knallten mir wumm! ins Gesicht, gleich, als ich ins Zimmer kam. Ich hatte noch kein Wort gesprochen. Worte hat sie gebraucht: ausgesprochen scheußlich.

PICKERING *erstaunt:* Aber warum? Was haben wir ihr bloß getan?

MRS. HIGGINS Ich glaube sehr gut zu wissen, was ihr getan habt. Vermutlich ist das Mädchen ziemlich weichherzig. Nicht wahr, Mr. Doolittle?

DOOLITTLE Sehr zartbesaitet, gnä' Frau. Kommt ganz nach mir.

MRS. HIGGINS Das ist es. Sie hängt an euch beiden. Sie hat sehr schwer gearbeitet, für dich Henry! Ich glaube, du machst es dir nicht ganz klar, was jede Art Kopfarbeit für ein solches Mädchen bedeutet. Und als nun der große Tag der Prüfung kam und sie sich wunderbar für dich eingesetzt hat, ohne den geringsten Fehler, da habt ihr offensichtlich dagesessen und nichts zu ihr gesagt, nur euch gegenseitig geklagt, wie froh ihr wäret, daß alles vorbei ist, und wie sehr euch die ganze Geschichte gelangweilt hat. Und da wunderst du dich, daß sie dir die Pantoffeln an den Kopf geworfen hat? Ich hätte die Feuereisen geworfen.

HIGGINS Wir haben nur gesagt, daß wir müde wären und zu Bett gehen wollten. Stimmt doch, Pick?

PICKERING *zuckt mit den Achseln:* Das war alles.

MRS. HIGGINS *ironisch:* Seid ihr sicher?

PICKERING Absolut. Das war wirklich alles.

MRS. HIGGINS Ihr habt euch nicht bei ihr bedankt, habt sie nicht ein bißchen gehätschelt, sie nicht bewundert oder ihr gesagt, wie großartig sie gewesen sei?

HIGGINS Aber das hat sie doch alles gewußt. Wir haben keine großen Sprüche gemacht, wenn du das meinst.

PICKERING *schuldbewußt:* Vielleicht waren wir auch etwas rücksichtslos. Ist sie sehr böse?

MRS. HIGGINS *setzt sich wieder an den Schreibtisch:* Na ja, ich fürchte, sie wird nicht in die Wimpole Street zurück wollen, besonders jetzt, wo Mr. Doolittle imstande ist, ihr die Position, in die ihr sie gedrängt habt, zu sichern.
Aber sie sagt, sie sei bereit, freundschaftlich mit euch zu verkehren und Vergangenes vergangen sein zu lassen.

HIGGINS *wütend:* Wirklich? Donnerwetter, nein!

MRS. HIGGINS Wenn du mir versprichst, dich zu benehmen, Henry, bitte ich sie, herunterzukommen. Wenn nicht, kannst du nach Hause gehen. Du hast mich nämlich schon genug Zeit gekostet.

HIGGINS Natürlich. Sehr gut. Pick, benimm dich! Legen wir für dies Ding, das wir aus dem Dreck gezogen haben, unsere besten Sonntagsmanieren an. *Wirft sich »eingeschnappt« auf den elisabethanischen Stuhl.*

DOOLITTLE *protestiert:* Aber, aber, Henry Higgins! Etwas Rücksicht mit meine Gefühle alsn Mann ausm Mittelstand.

MRS. HIGGINS Denk an dein Versprechen, Henry. *Drückt auf den Klingelknopf am Schreibtisch.* Mr. Doolittle, würden Sie so gut sein und einen Augenblick auf den Balkon gehen? Ich möchte nicht, daß Eliza von Ihren Neuigkeiten überrascht wird, ehe sie mit diesen beiden Herren ins reine gekommen ist. Macht es Ihnen etwas aus?

DOOLITTLE Wie Sie wünschen, gnädige Frau. Alles für Henry, daß er sie mir vom Leibe hält. *Er verschwindet durchs Fenster. Das Stubenmädchen kommt auf das Klingelzeichen.*

MRS. HIGGINS Bitten Sie Miss Doolittle herunterzukommen, bitte.

STUBENMÄDCHEN Ja, gnä' Frau. *Ab.*

MRS. HIGGINS Henry, sei jetzt artig.

HIGGINS Ich benehme mich absolut perfekt.

PICKERING Mrs. Higgins, er tut, was er kann.

Pause. Higgins wirft seinen Kopf zurück, streckt seine Beine aus und beginnt zu pfeifen.

MRS. HIGGINS Liebster Henry, in dieser Haltung siehst du aber gar nicht nett aus.

HIGGINS *reißt sich zusammen:* Ich habe nicht versucht, nett auszusehen, Mutter.

MRS. HIGGINS Macht nichts, mein Lieber. Ich wollte dich nur zum Sprechen bringen.

HIGGINS Warum?

MRS. HIGGINS Weil du nicht gleichzeitig sprechen und pfeifen kannst. *Higgins stöhnt. Noch eine unangenehme Pause.*

HIGGINS *Verliert die Geduld und springt auf:* Wo zum Teufel bleibt das Mädchen? Sollen wir denn den ganzen Tag hier warten?

Eliza tritt ein und zeigt, strahlend und selbstbewußt, ein verblüffend ungezwungenes Benehmen. Sie trägt ein kleines Arbeitskörbchen und fühlt sich sehr zu Hause. Pickering ist zu verdutzt, um sich zu erheben.

LIZA Wie geht es Ihnen, Professor Higgins? Fühlen Sie sich wohl?

HIGGINS *würgt hervor:* Ich fühle – *Kann nicht weiter.*

LIZA Natürlich fühlen Sie sich wohl. Sie leiden ja nie. Ich freue mich, Sie wiederzusehen, Oberst Pickering. *Er steht hastig auf, und sie geben sich die Hand.* Ziemlich kühl heute morgen, finden Sie nicht? *Setzt sich links von ihm.*

HIGGINS Kommen Sie mir nicht mit solchen Fisimatenten. Ich habe sie Ihnen beigebracht. Mit mir nicht. Aufgestanden und nach Hause. Kein Theater! *Eliza nimmt ihre Handarbeit aus dem Korb und beginnt zu nähen, ohne die geringste Notiz von seinem Ausbruch zu nehmen.*

MRS. HIGGINS Wirklich sehr nett gesagt, Henry. Keine Frau kann einer solchen Einladung widerstehen.

HIGGINS Misch dich nicht ein, Mutter. Sie soll selbst für sich sprechen. Du wirst sehr schnell sehen, ob sie einen Gedanken hat, den ich ihr nicht eingetrichtert, oder auch nur ein Wort weiß, das ich ihr nicht in den Mund gelegt habe. Ich sage dir, ich habe dies Ding aufgebaut aus dem vergammelten Abfall des Gemüsemarktes. Und vor mir will sie jetzt die feine Dame spielen.

MRS. HIGGINS *seelenruhig:* Ja, mein Lieber. Aber du wolltest dich setzen, nicht wahr? *Higgins setzt sich wieder wütend hin.*

LIZA *zu Pickering. Sie nimmt von Higgins offenbar keine Notiz und arbeitet geschickt weiter:* Wollen Sie mich jetzt nach Abschluß des Experiments auch fallenlassen, Oberst Pickering?

PICKERING Aber bitte! Sie müssen es nicht als Experiment betrachten. Das finde ich irgendwie empörend.

LIZA So? Wo ich doch nur vergammelter Abfall bin –

PICKERING *impulsiv:* Nein!

LIZA *spricht ruhig weiter:* Aber ich verdanke Ihnen so viel, daß ich sehr unglücklich wäre, wenn Sie mich vergessen würden.

PICKERING Sehr freundlich von Ihnen, mir das zu sagen, Miss Doolittle.

LIZA Nicht etwa, daß Sie meine Kleidung bezahlt haben. Ich weiß, in Geldangelegenheiten sind Sie großzügig zu jedermann. Aber von Ihnen habe ich wirklich gute Umgangsformen gelernt. Und das ist es doch, was einen zur Dame macht, nicht wahr? Sehen Sie, das schlechte Beispiel Professor Higgins' immer vor Augen, war es äußerst schwierig für mich. Ich wurde erzogen, wie er zu sein, unfähig, mich zu beherrschen, und schon beim kleinsten Anlaß schlimme Dinge zu sagen. Und ich hätte nie erfahren, daß Damen und Herren sich anders benehmen, wenn Sie nicht dagewesen wären.

HIGGINS So was!

PICKERING Das ist nur seine Eigenart, wissen Sie. Er meint es nicht so.

LIZA Ich habe es auch nicht so gemeint, als ich ein Blumenmädchen war. Es war nur meine Eigenart. Aber sehen Sie, getan habe ich es doch. Und darauf kommt es ja schließlich an.

PICKERING Zweifellos. Dennoch: Er hat Ihnen sprechen beigebracht. Das hätte ich nicht gekonnt, wie Sie wissen.

LIZA *geringschätzig:* Sicher. Es ist ja sein Beruf.

HIGGINS Verdammt!

LIZA *fährt fort:* Es war genauso, als hätte ich die Modetänze gelernt. Weiter nichts. Aber wissen Sie, wann meine richtige Erziehung begann?

PICKERING Wann?

LIZA *unterbricht für einen Moment ihre Arbeit:* An dem Tag, als ich zum erstenmal in die Wimpole Street kam und Sie mich Miss Doolittle nannten. Damals begann ich mich selbst zu achten. *Nimmt ihre Arbeit wieder auf.* Und dann gab es Hunderte von Kleinigkeiten, die Sie selbst nie bemerkt haben, da sie für Sie selbstverständlich sind. Ihre Art aufzustehen, den Hut zu ziehen und einem die Tür zu öffnen –

PICKERING Nicht der Rede wert.

LIZA O doch! Lauter Dinge, die mir zeigten, daß Sie mich für etwas Besseres als ein Küchenmädchen hielten. Obgleich ich sicher weiß, daß Sie sich zu einem Küchenmädchen, hätte man es in den Salon gebracht, genauso benommen hätten. *Sie* haben sich, wenn ich dabei war, im Eßzimmer niemals die Schuhe ausgezogen.

PICKERING Machen Sie sich nichts draus. Higgins zieht sich überall die Schuhe aus.

LIZA Ich weiß. Ich will ihm keine Vorwürfe machen. Es ist eben nur seine Eigenart, nicht wahr? Aber es machte mir sehr viel aus, daß Sie es nicht tun. Wissen Sie, abgesehen davon, was jeder sich aneignen kann – Kleidung, einwandfreie Aussprache und so weiter –, ist der Unterschied zwischen einer Dame und einem Blumenmädchen wirklich und wahrhaftig nicht, wie sie sich benimmt, sondern wie man sie behandelt. Für Professor Higgins werde ich immer das Blumenmädchen sein, weil er mich immer so behandelt hat und behandeln wird. Aber ich weiß, daß ich für Sie eine Dame sein kann, weil Sie mich immer wie eine Dame behandelt haben und behandeln werden.

MRS. HIGGINS Bitte nicht mit den Zähnen knirschen, Henry!

PICKERING Nun, das ist wirklich sehr freundlich von Ihnen, Miss Doolittle.

LIZA Sie können mich jetzt gern Eliza nennen, wenn Sie wollen.

PICKERING Danke. Natürlich, Eliza.

LIZA Und Professor Higgins kann mich jetzt Miss Doolittle nennen.

HIGGINS Und Sie können mich auch mal –

MRS. HIGGINS Henry! Henry!

PICKERING *lacht:* Geben Sie es ihm doch zurück! Lassen Sie sich nichts gefallen. Für den wäre das mal ganz gut.

LIZA Ich kann nicht. Früher wäre es mir möglich gewesen, aber nun kann ich nicht mehr zurück. Als ich letzte Nacht herumzog, sprach mich ein Mädchen an, und ich versuchte es mit ihr auf die alte Art und Weise. Aber es ging nicht. Wissen Sie, Sie erzählten mir mal, daß ein Kind, in ein fremdes Land gebracht, in wenigen Wochen die Sprache dort lernt und die eigene vergißt. Nun, ich bin solch ein Kind in euerm Land. Ich habe meine eigene Sprache vergessen und kann nur noch Ihre sprechen. Jetzt erst habe ich wirklich Schluß gemacht mit der Gegend um Tottenham Court Road: als ich Wimpole Street verließ.

PICKERING *sehr beunruhigt:* Aber kommen Sie nicht in die Wimpole Street zurück? Sie werden Higgins doch vergeben?

HIGGINS *springt auf:* Vergeben wird sie! Donnerwetter! Laß sie laufen. Laß sie sehen, wie sie ohne uns klarkommt. Bin ich nicht in ihrer Nähe, wird sie innerhalb von drei Wochen wieder in der Gosse landen.

Doolittle erscheint im Mittelfenster. Mit einem vorwurfsvollen Blick auf Higgins nähert er sich langsam und schweigend seiner Tochter, die ihn nicht bemerkt, da sie mit dem Rücken zum Fenster sitzt.

PICKERING Er ist unverbesserlich, Eliza. Sie werden nicht rückfällig werden, oder?

LIZA Nein. Jetzt nicht mehr. Nie wieder. Das soll mir eine Lehre sein. Ich glaube nicht, daß ich noch einen meiner alten Töne herausbrächte, selbst wenn ich wollte. *Doolittle berührt ihre linke Schulter. Sie läßt ihre Arbeit fallen und verliert beim Anblick ihres Vaters jegliche Selbstbeherrschung.* A-a-a-a-ah-au-uuh!

HIGGINS *triumphierend:* Aha! Genau. A–a–a–a–ah–au–uuh! A–a–a–ah–au–uuh! Gewonnen! Gewonnen! *Er wirft sich auf den Diwan, verschränkt die Arme und räkelt sich arrogant.*

DOOLITTLE Kann man dem Mädchen nicht ankreiden, das. Glotz mir nicht so an, Eliza. Da kann ich nichts für. Bin zu paar Peseten gekommen.

LIZA Diesmal mußt du an einen Millionär geraten sein, Paps.

DOOLITTLE Bin ich auch. Aber heut hab ich auch was Spezielles an. Kurz mal inne Kirche gehen. Sankt George. Hannover Square. Nämlich dein Stiefmutter ehelicht mich.

LIZA *ärgerlich:* Du willst dich herablassen, dieses ungebildete, ordinäre Weib zu heiraten?

PICKERING Er sollte es ruhig tun, Eliza. *Zu Doolittle.* Warum hat sie sich anders besonnen?

DOOLITTLE Schiß, Chef. Einfach Schiß. Die Moral vom Mittelstand fordert ihr Opfer. Setz dein Hut auf, Liza, und komm mit sehn, wie man mich die Luft abdreht.

LIZA Wenn der Oberst meint, daß ich muß, werde ich es tun. *Fast schluchzend.* Ich werde mich erniedrigen. Zum Dank wird man mich wahrscheinlich beschimpfen.

DOOLITTLE Keine Angst. Die krakeelt jetzt mit keinem mehr rum, die Ärmste. Wo die jetzt was ist, ist ihr Geist erledigt.

PICKERING *nimmt Eliza beim Arm:* Seien Sie nett zu ihnen, Eliza. Machen Sie das Beste daraus.

LIZA *zwingt sich zu lächeln:* Na schön. Nur um zu zeigen, daß ich nicht nachtragend bin. Ich komme gleich wieder. *Ab.*

DOOLITTLE *setzt sich neben Pickering:* Sone Feierlichkeit, Oberst, macht mir immer nervlich fertig. Können Sie nicht kommen und mich Hilfestellung geben?

PICKERING Aber das haben Sie doch schon mal durchgemacht, Mann! Sie waren doch verheiratet mit Elizas Mutter.

DOOLITTLE Wer sagtn das, Oberst?

PICKERING Niemand. Aber ich dachte – natürlich –

DOOLITTLE Ach nee! Wieso istn das so natürlich, Oberst? Das ist nichts als die Art vom Mittelstand. Meine Art war immer die von die Kleinen. Aber nichts zu Eliza verlauten lassen. Die hat kein blassen Dunst. Mein Zartgefühl hat mich immer verboten, sie was zu sagen.

PICKERING Ganz richtig. Wir wollen es dabei lassen, wenn es Ihnen recht ist.

DOOLITTLE Aber mitkommen tun Sie, Oberst, zur Kirche, daß Sie mich über die Runden bringen?

PICKERING Mit Vergnügen. Soweit es ein Junggeselle kann.

MRS. HIGGINS Darf ich auch kommen, Mr. Doolittle? Es würde mir sehr leid tun, Ihre Hochzeit zu versäumen.

DOOLITTLE Ich fühl mir schwer geehrt, gnä' Frau, daß Sie sich mit mich befassen. – Tatsache! Und für meine Olle, die Ärmste, ist das auchn dolles Ding. Die ist aufm Tiefstand angelangt, denkt sie an die glücklichen Tage, wo für uns vergangen sind.

MRS. HIGGINS *steht auf:* Ich werde nach dem Wagen schicken und mich fertig machen. *Alle Männer außer Higgins erheben sich.* Es dauert nur fünfzehn Minuten.
Als sie zur Tür geht, kommt Eliza herein. Sie hat den Hut auf und knöpft ihre Handschuhe zu. Ich gehe zur Kirche, Eliza, um die Trauung Ihres Vaters zu sehen. Sie können in meinem Wagen mitfahren. Oberst Pickering begleitet den Bräutigam.
Ab. Eliza kommt in die Mitte des Zimmers. Pickering begleitet sie.

DOOLITTLE Bräutigam! Das istn Wort! Macht eim seine Stellung ganz schön klar, irgendwie. *Nimmt seinen Hut und geht zur Tür.*

PICKERING Bevor ich gehe, Eliza: Vergeben Sie ihm und kommen Sie zu uns zurück.

LIZA Ich glaube, Papa erlaubt es nicht. Was, Paps?

DOOLITTLE *traurig, aber großzügig:* Habn dir ziemlich eingewickelt, Eliza, Schlauköpfe, die. Ein solo hättste festgenagelt. Aber offensichtlich warens zwei. Und einer dem andern sein Anstandswauwau, sozusagen. *Zu Pickering.* Ganz schön gerissen, Oberst. Aber ich bin Sie nicht sauer. Hätts doch auch getan. Eine Frau nach die andre war ich der Leidende darunter. Mein Leben lang. Ich gönn Sie Eliza und halt mich da raus. Wird langsam Zeit, Oberst. Also, Henry –! Bis gleich in die Kirche, Eliza. *Ab.*

PICKERING Bleiben Sie bei uns, Eliza. *Folgt Doolittle. Eliza geht auf den Balkon, Higgins folgt ihr. Sie kommt zurück und will zur Tür, aber er verstellt ihr den Weg.*

HIGGINS Na, haben Sie mir nun was zurückzugeben, wie Sie es nennen? Auch genug? Werden Sie nun vernünftig sein? Oder soll das so weitergehen?

LIZA Sie wollen mich doch nur wiederhaben, damit ich Ihnen Ihre Pantoffeln bringe, Ihre Launen ertrage und Ihr Handlanger bin.

HIGGINS Ich habe gar nicht gesagt, daß ich Sie wiederhaben will.

LIZA Tatsächlich? Worüber reden wir dann überhaupt?

HIGGINS Über Sie, nicht über mich. Wenn Sie zurückkommen, werde ich Sie genauso behandeln, wie ich Sie immer behandelt habe. Ich kann nicht aus meiner Haut. Und ich denke nicht daran, meine Gewohnheiten zu ändern. Ich habe genau die gleichen Umgangsformen wie Oberst Pickering.

LIZA Das ist nicht wahr. Er behandelt ein Blumenmädchen, als ob sie eine Herzogin wäre.

HIGGINS Und ich behandle eine Herzogin, als ob sie ein Blumenmädchen wäre.

LIZA Ich weiß. Jeden gleich.

HIGGINS Genau.

LIZA Wie Vater.

HIGGINS *lächelnd:* Ohne den Vergleich in allen Punkten zu akzeptieren, stimmt es, Eliza, daß Ihr Vater ebenfalls kein Snob ist und sich in jeder Lebenslage zurechtfinden wird, in die sein ungewöhnliches Schicksal ihn bringt. *Ernst.* Das ganze Geheimnis, Eliza, sind nicht schlechte oder gute oder sonst irgendwelche Umgangsformen, sondern daß man für jede Menschenseele die gleichen hat; kurz gesagt, daß man sich wie im Himmel benimmt, wo es keine Wagen dritter Klasse gibt und eine Seele so gut wie die andere ist.

LIZA Amen. Sie sind der geborene Prediger.

HIGGINS *verärgert:* Es dreht sich nicht darum, ob ich Sie unsanft behandle, sondern ob Sie jemals gehört haben, daß ich irgendwen besser behandelt hätte.

LIZA *plötzlich sehr aufrichtig:* Es stört mich nicht, wie Sie mich behandeln. Es macht mir nichts aus, daß Sie mich beschimpfen. Selbst ein blaues Auge nehme ich hin. Es wäre nicht das erstemal. Aber – *steht auf und sieht ihm ins Gesicht* – ich möchte nicht überfahren werden.

HIGGINS Dann gehen Sie mir doch aus dem Weg. Ich werde Ihretwegen nicht halten. Sie reden, als wäre ich ein Autobus.

LIZA Natürlich sind Sie ein Autobus. Einfach drauflos und keine Rücksicht auf irgendwen. Aber ich kann ohne Sie fertig werden. Glauben Sie ja nicht, daß ich das nicht kann.

HIGGINS Ich weiß. Ich habe es Ihnen selbst gesagt.

LIZA *verletzt wendet sie sich von ihm ab:* Ja, das haben Sie Scheusal getan. Nämlich als Sie mich loswerden wollten.

HIGGINS Lügnerin.

LIZA Vielen Dank. *Setzt sich würdevoll.*

HIGGINS Sie haben sich vermutlich nie gefragt, ob ich ohne Sie auskommen kann.

LIZA *ernsthaft:* Versuchen Sie nicht, mich herumzukriegen. Sie werden ohne mich auskommen müssen.

HIGGINS *arrogant:* Ich brauche niemanden. Ich habe meine eigene Seele, meinen eigenen Funken göttlichen Feuers. Aber *plötzlich bescheiden:* Sie werden mir fehlen, Eliza. *Setzt sich neben sie auf die Ottomane.* Ich habe einiges von Ihren blödsinnigen Ideen gelernt. Ich gestehe das bescheiden und dankbar. Und ich habe mich an Ihre Stimme und an Ihre Erscheinung gewöhnt. Ich liebe beides – ziemlich –

LIZA Gut, Sie haben beides im Grammophon und im Fotoalbum. Wenn Sie sich nach mir sehnen, brauchen Sie nur die Maschine laufen zu lassen. Sie hat keine Gefühle, die man verletzen könnte.

HIGGINS Ich kann Ihre Seele nicht laufen lassen. Lassen Sie mir Ihre Gefühle, und nehmen Sie Ihre Stimme und Ihr Gesicht ruhig mit. Die sind nicht Sie.

LIZA Oh, Sie sind der reinste Teufel! Sie können einem Mädchen so leicht den Kopf verdrehen, wie ein andrer ihr die Arme verdreht, um ihr weh zu tun. Mrs. Pearce hat mich gewarnt. Immer wieder wollte sie von Ihnen weg, und immer haben Sie sie in letzter Minute herumgekriegt. Dabei kümmern Sie sich überhaupt nicht um sie. Und Sie kümmern sich auch überhaupt nicht um mich.

HIGGINS Ich kümmere mich um das Leben. Um Humanität. Und Sie sind ein Teil davon. Sie haben meinen Weg gekreuzt und gehören zu meiner Welt. Was können Sie oder sonst jemand mehr verlangen?

LIZA Ich kann mich nicht um jemanden kümmern, dem an mir nichts liegt.

HIGGINS Geschäftsprinzipien, Eliza. Wie – *In ihrem Covent-Garden-Tonfall.* Nehm sie eim dochn Veilchen ab. Nicht wahr?

LIZA Spotten Sie nicht. Es ist gemein, mich zu verspotten.

HIGGINS Nie im Leben habe ich gespottet. Spott steht dem Menschen nicht gut zu Gesicht und bekommt auch keineswegs seiner Seele. Ich wollte Ihnen nur meine gerechte Verachtung für Ihren Krämergeist zeigen. Ich werde nie und nimmer mit Gefühlen handeln. Sie schimpfen mich Scheusal, weil Ihnen das Pantoffelholen und Brillefinden kein Recht auf mich gab. Sie waren ein Dummkopf. Ich denke, eine Frau, die einem Manne die Pantoffeln holt, ist ein widerlicher Anblick. Habe ich jemals Ihre Pantoffeln geholt? Ich halte viel mehr von Ihnen, seit Sie mir die Dinger ins Gesicht geworfen haben. Es ist zwecklos, erst den Sklaven für mich zu spielen und mir hinterher zu sagen, daß ich mich um Sie kümmern soll. Wer kümmert sich um einen Sklaven? Wenn Sie zurückkommen, dann nur als guter Kamerad. Etwas anderes kommt nicht in Frage. Sie haben von mir tausendmal mehr bekommen als ich von Ihnen. Und wenn Sie es wagen, Ihre kleinen Hundekunststückchen wie das Apportieren von Pantoffeln gegen meinen Aufbau der Herzogin Eliza zu setzen, werde ich Ihnen die Tür vor Ihrer blöden Nase zuschlagen.

LIZA Warum haben Sie es getan, wenn Ihnen nichts an mir lag?

HIGGINS *herzlich:* Warum? Weil es mein Beruf ist.

LIZA Haben Sie niemals an die Unannehmlichkeiten für mich gedacht?

HIGGINS Wäre die Welt je erschaffen worden, wenn ihr Schöpfer Angst vor Unannehmlichkeiten gehabt hätte? Leben schaffen heißt Unannehmlichkeiten schaffen. Es gibt nur einen Weg, ihnen zu entkommen: zu töten. Feiglinge, wie man beobachten kann, schreien immer danach, unangenehme Leute zu töten.

LIZA Ich bin kein Prediger. Ich bemerke solche Sachen nicht. Ich bemerke nur, daß Sie mich nicht bemerken.

HIGGINS *springt auf und läuft ungeduldig hin und her:* Sie sind ein Dummkopf, Eliza. Ich verschwende die Schätze meines Miltonschen Geistes, wenn ich Sie vor Ihnen ausbreite. Merken Sie sich ein für allemal, daß ich meinen Weg gehe und mein Werk tue, ohne mich einen Pfifferling darum zu kümmern, was einem von uns dabei passiert. Ich bin nicht so feige wie Ihr Vater oder Ihre Stiefmutter. Sie können also zurückkommen oder zum Teufel gehen. Ganz wie Sie wollen.

LIZA Warum sollte ich zurückkommen?

HIGGINS *springt mit den Knien auf die Ottomane und beugt sich zu ihr hinüber:* Spaßeshalber. Deshalb habe ich Sie ja aufgenommen.

LIZA *mit abgewandtem Gesicht:* Und Sie dürfen mich morgen rauswerfen, wenn ich nicht alles tue, was Sie wollen?

HIGGINS Ja. Und Sie dürfen morgen gehen, wenn ich nicht alles tue, was Sie wollen.

LIZA Und bei meiner Stiefmutter leben?

HIGGINS Ja. Oder Blumen verkaufen.

LIZA Oh, könnte ich nur zu meinem Blumenkorb zurück! Ich wäre unabhängig von Ihnen beiden, von Vater und von der ganzen Welt. Warum haben Sie mir meine Unabhängigkeit genommen? Warum gab ich sie auf? Jetzt bin ich eine Sklavin, trotz all meiner schönen Kleider.

HIGGINS Nicht im geringsten. Wenn Sie wollen, adoptiere ich Sie als Tochter und versorge Sie mit Geld. Oder möchten Sie lieber

Pickering heiraten?

LIZA *blickt ihn zornig an:* Nicht mal Sie würde ich heiraten, wenn Sie es genau wissen wollen. Und Sie sind eher meine Altersklasse als wie er.

HIGGINS *freundlich:* Als er, nicht: als wie er.

LIZA *verliert die Geduld und steht auf:* Ich rede, wie es mir paßt. Sie sind jetzt nicht mein Lehrer.

HIGGINS Allerdings wird Pickering nicht wollen, glaube ich. Er ist genauso ein überzeugter alter Junggeselle wie ich.

LIZA Glauben Sie ja nicht, daß ich es will. Ich hatte immer Männer genug, die das von mir wollten. Freddy Hill schreibt mir zwei- bis dreimal täglich ganze Seiten voll.

HIGGINS Eine verdammte Unverschämtheit! *Stellt sich auf seine Absätze.*

LIZA Sein gutes Recht, wenn es ihm Spaß macht, dem armen Jungen. Er liebt mich wirklich.

HIGGINS Sie haben kein Recht, ihn zu ermutigen.

LIZA Jedes Mädchen hat das Recht, geliebt zu werden.

HIGGINS Was? Von so einem Schwachkopf?

LIZA Freddy ist kein Schwachkopf. Und selbst wenn er schwach und arm ist und mich braucht, macht er mich vielleicht glücklicher als Stärkere, die mich schikanieren und nicht nötig haben.

HIGGINS Kann er was aus Ihnen machen? Das ist der springende Punkt.

LIZA Vielleicht kann ich was aus ihm machen. Aber ich habe niemals daran gedacht, daß man etwas auseinander machen sollte. Und Sie denken an gar nichts anderes mehr. Ich möchte nur natürlich bleiben.

HIGGINS Kurz gesagt, Sie wollen, ich wäre genauso vernarrt in Sie wie Freddy. Stimmt's?

LIZA Nein, das nicht. Solche Gefühle erwarte ich von Ihnen nicht. Aber seien Sie sich Ihrer und meiner nicht so sicher. Hätte ich gewollt, wäre ich ein ganz schlechtes Mädchen geworden. Von einigen Dingen habe ich mehr gesehen als Sie, trotz all Ihrer Gelehrsamkeit. Mädchen wie ich können euch bessere Herren leicht genug runterkriegen, mit ihnen zu schlafen. Und dann wünscht man einander in der nächsten Minute den Tod.

HIGGINS Natürlich wünscht man sich das. Über was sonst streiten wir uns, zum Donnerwetter?

LIZA *sehr beunruhigt:* Ich brauche ein bißchen Freundlichkeit.

Ich weiß, ich bin nur ein gewöhnliches dummes Mädchen, und Sie sind ein gelehrter Gentleman. Aber ich bin kein Dreck unter Ihren Füßen. Das, wo ich tat – *korrigiert sich* –, was ich getan habe, tat ich nicht für Kleider und Taxis. Ich tat es, weil wir uns verstanden, und ich komme – war gekommen –, um für Sie dazusein. Nicht, um mit Ihnen ins Bett zu gehen, und auch nicht, um den Unterschied zwischen uns zu vergessen, nein, mehr um Ihr Freund zu sein.

HIGGINS Aber sicher. Genauso denk ich auch. Und auch Pickering. Eliza, du Dummkopf.

LIZA Das ist keine richtige Antwort. *Setzt sich auf den Schreibtischstuhl und weint.*

HIGGINS Mehr bekommen Sie nicht zu hören, bis Sie sich nicht mehr einfach wie ein Dummkopf benehmen. Wenn Sie eine Dame sein wollen, dürfen Sie sich nicht länger vernachlässigt fühlen, wenn die Männer Ihrer Bekanntschaft nicht die eine Hälfte ihres Lebens damit verbringen, Ihretwegen Tränen zu vergießen, und die andere Hälfte, Ihnen verliebte Augen zu machen. Wenn Sie die Kälte und die Strapazen meiner Lebensweise nicht ertragen können, gehen Sie in die Gosse zurück. Schinden Sie sich, bis Sie mehr Tier als Mensch sind. Und dann knutschen und kabbeln und saufen Sie, bis zum Einschlafen. Ein tolles Leben, das in der Gosse! So echt, so warm, so stark! Man spürt es durch die dickste Haut. Man kann es schmecken und riechen, mühelos und unvorbereitet. Nicht wie Wissenschaft, Literatur, klassische Musik, Philosophie oder Kunst. Sie halten mich für kalt, gefühllos und selbstsüchtig, nicht wahr? Nun, dann gehen Sie zu denen, wohin es Sie zieht. Heiraten Sie doch irgendeinen sentimentalen Bock mit einem Haufen Geld, einem Paar dicker Lippen, Sie zu küssen, und einem Paar dicker Stiefel, mit denen er Sie in den Hintern tritt. Können Sie nicht schätzen, was Sie haben, nehmen Sie, was Sie schätzen können.

LIZA *verzweifelt:* Oh, Sie sind ein grausamer Tyrann! Ich kann nicht mehr mit Ihnen sprechen. Sie drehen mir das Wort im Mund um. Ich habe immer unrecht. Dabei wissen Sie die ganze Zeit, sehr genau, daß Sie nichts als ein Maulheld sind. Sie wissen, ich kann nicht in die Gosse zurück, wie Sie es nennen, und habe auf der ganzen Welt keinen echten Freund außer Ihnen und dem Oberst. Nach euch beiden könnte ich es mit einem ganz gewöhnlichen Mann niemals aushalten, das wissen Sie, und es ist boshaft und grausam, und beleidigt mich, so zu tun, als ob ich es könnte. Sie glauben, ich müßte in die Wimpole Street zurück, weil ich sonst nirgendwo hin kann als zu meinem Vater. Aber verlassen Sie sich nicht zu sehr darauf, mich unterzukriegen, mich zu zertrampeln und mundtot zu machen. Ich werde Freddy heiraten, jawohl! Sobald er mich ernähren kann.

HIGGINS *setzt sich neben sie:* Quatsch! Sie werden einen Botschafter heiraten. Sie werden den Generalgouverneur von Indien oder den Statthalter von Irland oder irgend jemanden, der eine Vizekönigin braucht, heiraten. Ich werde mein Meisterstück nicht Freddy hinwerfen.

LIZA Sie denken, daß ich so was gerne höre. Aber ich habe nicht vergessen, was Sie vor einer Minute noch sagten. Ich lasse mich nicht umschmeicheln wie ein Baby oder eine Puppe. Kommt man mir nicht freundlich entgegen, will ich meine Unabhängigkeit.

HIGGINS Unabhängigkeit? Das ist Mittelstandsblasphemie. Wir sind alle abhängig voneinander. Jede Menschenseele auf Erden.

LIZA *steht entschlossen auf:* Wir wollen gleich mal sehen, ob ich von Ihnen abhängig bin. Können Sie predigen, so kann ich Stunden geben. Ich werde gehen und Lehrerin werden.

HIGGINS Was wollen Sie unterrichten, um Gottes willen?

LIZA Was Sie mir beigebracht haben. Ich werde Phonetikunterricht geben.

HIGGINS Hahaha!

LIZA Ich werde mich Professor Nepean als Assistentin anbieten.

HIGGINS *sehr wütend:* Was? Diesem Hochstapler? Diesem Schwindler? Diesem speichelleckenden Ignoranten? Ihm meine Methoden beibringen? Meine Entdeckungen? Nur ein Schritt in seine Richtung und ich drehe Ihnen den Hals um! *Er faßt sie.* Haben Sie mich verstanden?

LIZA *keck und widerstandslos:* Drehen Sie nur. Mir macht es nichts aus. Ich wußte, daß Sie mich eines Tages schlagen würden. *Er läßt sie los und schreckt so heftig zurück, daß er auf die Ottomane fällt.* Aha! Nun weiß ich, wie man Sie behandeln muß. Wie dumm, nicht früher dran zu denken. Was Sie mir an Kenntnissen beigebracht haben, können Sie mir nicht mehr nehmen. Sie sagten, ich hätte ein besseres Gehör als Sie. Und ich kann mit Leuten höflich und freundlich sein. Das ist mehr, als Sie können. Aha! Das macht dich fertig, Henry Higgins, jawohl! Jetzt kümmere ich mich nicht so viel – *schnalzt mit den Fingern* – um Ihre Schikanen und Ihre große Schnauze. Ich werde in den Zeitungen verbreiten, daß Ihre Herzogin nur ein von Ihnen dressiertes Blumenmädchen ist, und daß ich jedes Mädchen für tausend Guineen in sechs Monaten ebensogut zu einer Herzogin abrichten kann. Oh, wenn ich denke, daß ich vor Ihnen gekrochen, daß ich zertreten und beschimpft worden bin, wo ich nur einen Finger zu rühren brauchte, um so groß wie Sie zu sein, könnte ich mich ohrfeigen.

HIGGINS *erstaunt über sie:* Sie verfluchtes freches Luder, Sie! Aber besser als herumzuheulen, Pantoffelnholen und Brillefinden, stimmt's? *Steht auf.* Weiß Gott, Eliza, ich versprach, ein Weib aus Ihnen zu machen, und habe es geschafft. So liebe ich Sie.

LIZA Ja, jetzt machen Sie eine Kehrtwendung und nähern sich mir wieder, weil ich keine Angst mehr vor Ihnen habe und ohne Sie auskommen kann.

HIGGINS Selbstverständlich, kleiner Dummkopf. Vor fünf Minuten waren Sie ein Mühlstein an meinem Hals. Nun sind Sie ein Turm an Kraft, ein kämpfendes Geleitschiff. Sie, ich und Pickering zusammen werden drei alte Junggesellen sein statt zwei Männer nur und ein dummes Mädchen. *Mrs. Higgins kommt zurück, angezogen für die Trauung. Eliza wird sofort kühl und elegant.*

MRS. HIGGINS Der Wagen wartet, Eliza. Sind Sie fertig?

LIZA Ganz und gar. Kommen Herr Professor auch mit?

MRS. HIGGINS Aber ganz sicher nicht. Er kann sich in der Kirche nicht benehmen. Redet immer laut über die Aussprache des Pastors.

LIZA Dann werde ich Sie also nicht wiedersehen, Professor. Leben Sie wohl! *Geht zur Tür.*

MRS. HIGGINS Auf Wiedersehen, mein Lieber!

HIGGINS Auf Wiedersehen, Mutter! *Will sie küssen, als ihm etwas einfällt.* Ach so, Eliza, bestellen Sie doch bitte einen Schinken und einen Stilton-Käse, ja? Und kaufen Sie mir ein Paar Rentierlederhandschuhe Nummer acht. Und eine Krawatte, die zu meinem neuen Anzug paßt. Bei E & B. Sie können die Farbe selber bestimmen. *An seiner fröhlichen, lebhaften und energischen Art merkt man, daß er unverbesserlich ist.*

LIZA *verachtungsvoll:* Kaufen Sie sich Ihr Zeug doch selbst! *Rauscht ab.*

MRS. HIGGINS Ich fürchte, Henry, du hast dieses Mädchen verzogen. Aber mach dir nichts draus, mein Lieber: Ich werde dir

Krawatte und Handschuhe besorgen.

HIGGINS *mit sonnigem Lächeln:* Keine Angst, sie wird's schon noch machen. Auf Wiedersehen!

Sie küssen sich. Mrs. Higgins ab. Higgins, jetzt allein, klimpert mit dem Kleingeld in der Tasche, kichert und ist sehr zufrieden mit sich selbst.

Die heilige Johanna

Dramatische Chronik
in sechs Szenen und einem Epilog
Deutsch von
Wolfgang Hildesheimer

Personen
in der Reihenfolge ihrer ersten Auftritte:

ROBERT DE BAUDRICOURT
SEIN VERWALTER
JOHANNA
BERTRAND DE POULENGEY
LA TREMOUILLE, Marschall von Frankreich
DER ERZBISCHOF VON REIMS
BLAUBART
HAUPTMANN LA HIRE
KARL, Dauphin, später Karl der Siebente von Frankreich
DIE HERZOGIN VON LA TREMOUILLE
DUNOIS, der Bastard von Orléans
SEIN PAGE
GRAF WARWICK
KAPLAN DE STOGUMBER
PETER CAUCHON, Bischof von Beauvais
DER INQUISITOR
D'ESTIVET
DE COURCELLES
BRUDER MARTIN LADVENU
DER SCHARFRICHTER
EIN ENGLISCHER SOLDAT
EIN HERR AUS DEM JAHRE 1920
PAGEN, HÖFLINGE, BEISITZER, SOLDATEN, HENKERSKNECHTE

Ort: Frankreich
Zeit: 1429, 1431, 1456

Erste Szene

Das Jahr 1429.
Ein schöner Frühlingsmorgen an der Maas zwischen Lothringen und der Champagne im Schloß von Vaucouleurs.
Hauptmann Robert de Baudricourt, ein militärischer Gentleman, stattlich, anscheinend energisch, aber willenlos, verbirgt – wie immer – diese Schwäche damit, daß er seinen Verwalter entsetzlich tyrannisiert. Dieser ist ein getretener Wurm, spärlich an Umfang und spärlich an Haarwuchs. Er könnte ebensogut achtzehn wie fünfundfünfzig Jahre alt sein, denn er gehört zu jenen Menschen, die nicht welken, weil sie niemals geblüht haben. Die beiden befinden sich in einem sonnigen, steinernen Raum im ersten Stock des Schlosses. Der Hauptmann sitzt an einem schmucklosen soliden Eichentisch, auf einem dazu passenden Stuhl. Er zeigt sein linkes Profil. Der Verwalter steht auf der anderen Seite des Tisches ihm gegenüber –, soweit man seine jämmerliche Haltung überhaupt mit ›stehen‹ bezeichnen kann. Das Säulenfenster hinter ihm – dreizehntes Jahrhundert – ist offen. Daneben, in der Ecke, führt ein schmaler Türbogen zu einem Erkerturm mit einer Wendeltreppe, die unten in den Hof mündet. Unter dem Tisch steht ein klobiger vierfüßiger Schemel, unter dem Fenster eine hölzerne Truhe.

ROBERT Keine Eier! Keine Eier!! Donnerwetter, Mensch, was soll denn das heißen: keine Eier?!
VERWALTER Es ist nicht meine Schuld. Es ist Gottes Wille.
ROBERT Blasphemie! Du sagst mir, es gäbe keine Eier, und gibst deinem Schöpfer die Schuld!
VERWALTER Was soll ich denn tun? Ich kann keine Eier legen!
ROBERT *sarkastisch:* Ah! Das findest du also auch noch komisch!?
VERWALTER Nein, weiß Gott nicht. Wir alle müssen auf Eier verzichten. Genau wie Sie, Herr von Baudricourt. Die Hennen legen einfach nicht.
ROBERT So! *Steht auf.* Jetzt hör mir mal gut zu!
VERWALTER *unterwürfig:* Ja, Herr von Baudricourt.
ROBERT Wer bin ich?
VERWALTER Wer Sie sind?
ROBERT *geht auf ihn zu:* Ja. Wer ich bin. Bin ich Robert, Ritter

von Baudricourt und Herr dieses Schlosses von Vaucouleurs, oder bin ich ein Kuhtreiber?

VERWALTER Aber Herr von Baudricourt, Sie wissen doch, daß Sie hier ein größerer Mann sind als der König selbst.

ROBERT Genau. Und weißt du auch, was du bist?

VERWALTER Ich bin niemand, außer daß ich die Ehre habe, Ihr Verwalter zu sein.

ROBERT *drängt ihn mit jedem Adjektiv näher an die Wand:* Du hast nicht nur die Ehre, mein Verwalter, sondern auch das Privileg, das schwachsinnigste, dämlichste, dußligste Rindvieh von einem Verwalter in ganz Frankreich zu sein.

VERWALTER *drückt sich an die Truhe:* Ja, einem bedeutenden Mann wie Ihnen muß es wohl so vorkommen.

ROBERT *wendet sich ab:* Das ist wohl auch noch meine Schuld, was?

VERWALTER *geht ihm nach und bittet ab:* Aber Herr von Baudricourt, Sie müssen mir immer meine harmlosen Worte umdrehen.

ROBERT Ich werde dir den Hals umdrehen, wenn du dich unterstehst, mir auf die Frage nach Eiern zu antworten, daß du keine legen kannst.

VERWALTER *flehentlich:* Aber Herr von...

ROBERT Herr von... Herr von... – Her damit! Meine drei Berberhennen und das Schwarzhuhn sind die besten Leghennen in der ganzen Champagne. Und da kommst du und erzählst mir, es gäbe keine Eier! Wer hat sie gestohlen? Heraus damit, oder du segelst mit einem Fußtritt durch das Schloßtor, weil du lügst und mein Eigentum an Diebe verkaufst. Gestern war auch zu wenig Milch da, vergiß das nicht!

VERWALTER *untröstlich:* Ich weiß, ich weiß es nur zu gut. Es gibt keine Milch, es gibt keine Eier. Morgen wird es gar nichts mehr geben.

ROBERT Gar nichts mehr?! Du stiehlst wohl gleich alles, wie?

VERWALTER Nein. Niemand stiehlt etwas. Aber es liegt ein Fluch auf uns. Wir sind verhext.

ROBERT Diese Geschichte überzeugt mich nicht. Robert von Baudricourt ist einer, der Hexen verbrennt und Diebe hängt. Los! Bis zum Mittag bringst du mir vier Dutzend Eier und zwei Gallonen Milch, und zwar hierher, in dieses Zimmer, sonst erbarme sich Gott deiner Knochen. Ich werde dir beibringen, mich zum Narren zu halten. *Er setzt sich und macht eine Miene, als sei die Sache erledigt.*

VERWALTER Herr von Baudricourt, ich sage Ihnen, es sind keine Eier da, und wenn Sie mich totschlagen. Es gibt keine, solange das Mädchen vor der Tür steht.

ROBERT Das Mädchen? Welches Mädchen? Von was redest du?

VERWALTER Das junge Ding aus Lothringen. Aus Domrémy.

ROBERT *erhebt sich in furchtbarem Zorn:* Dreißigtausend Donnerwetter, fünfzigtausend Teufel noch einmal! Willst du mir erzählen, daß diese Göre, die vor zwei Tagen die Unverschämtheit hatte, mich sprechen zu wollen, immer noch da ist? Ich habe dir doch gesagt, du sollst sie heimschicken mit dem Befehl an ihren Vater, sie tüchtig durchzuprügeln.

VERWALTER Ich habe ihr gesagt, sie soll gehen. Sie will nicht.

ROBERT Ich habe dir nicht befohlen, ihr zu sagen, sie soll gehen. Ich habe dir befohlen, sie hinauszuwerfen. Du hast fünfzig Bewaffnete und ein rundes Dutzend handfester Diener, um meine Befehle auszuführen. Haben die Angst vor ihr?

VERWALTER Sie ist so unbeirrbar.

ROBERT *packt ihn am Kragen:* Unbeirrbar! Weißt du, was ich jetzt tue? Ich werfe dich die Treppe hinab.

VERWALTER Nein, bitte nicht!

ROBERT Gut, dann wehre dich mal! Du brauchst bloß unbeirrbar zu sein. Es ist ganz leicht. Jedes rotznäsige kleine Mädchen kann es.

VERWALTER *hängt schlaff an seiner Hand:* Herr von Baudricourt, Sie werden das Mädchen nicht los, wenn Sie mich hinauswerfen. *Robert muß ihn fallen lassen. Der Verwalter kauert kniend auf dem Boden und betrachtet schicksalsergeben seinen Herrn.* Sehen Sie, Herr von Baudricourt? Sie sind viel unbeirrbarer als ich es bin. Aber die ist es eben auch.

ROBERT Ich bin stärker als du, du Rindvieh.

VERWALTER Nein, Herr von Baudricourt, daran liegt es eben nicht. Sie haben einen starken Willen. Die Kleine ist schwächer als wir sind. Sie ist nur ein Strich. Aber wir bringen sie nicht dazu, fortzugehen.

ROBERT Feige Bande! Ihr habt Angst vor ihr.

VERWALTER *steht vorsichtig auf:* Nein, Angst haben wir vor Ihnen. Aber sie macht uns Mut. Sie scheint wahrhaftig vor nichts Angst zu haben. Vielleicht könnten Sie ihr bange machen.

ROBERT *grimmig:* Vielleicht. Wo ist sie jetzt?

VERWALTER Unten im Hof. Sie unterhält sich mit den Soldaten, wie gewöhnlich. Sie unterhält sich immer mit den Soldaten, wenn sie nicht gerade betet.

ROBERT Betet! Ach! Du denkst, sie betet, du Dummkopf! Ich kenne die Sorte Mädchen, die sich immer mit Soldaten unterhält. Sie soll sich gleich einmal mit mir unterhalten. *Er geht ans Fenster und brüllt grimmig hinab:* Du da!

DIE STIMME EINES MÄDCHENS *hell, stark und rauh:* Meint Ihr mich, Herr?

ROBERT Ja, dich.

MÄDCHEN Seid Ihr der Hauptmann?

ROBERT Ja, du unverschämtes Luder! Ich bin der Hauptmann. Komm herauf! *Zu den Soldaten im Hof:* Zeigt ihr den Weg! Schafft sie herauf! Los! *Er verläßt das Fenster und kehrt an seinen Platz am Tisch zurück, hinter dem er sich in Positur setzt.*

VERWALTER *flüstert:* Sie will selbst Soldat werden. Von Ihnen will sie Soldatenkleidung haben. Eine Rüstung. Und ein Schwert. Wirklich! *Er schleicht sich hinter Robert.*

Johanna erscheint unter dem Türbogen. Sie ist ein kräftiges Bauernmädchen, siebzehn oder achtzehn Jahre alt, in einem anständigen roten Kleid. Sie hat ein ungewöhnliches Gesicht: weit auseinanderliegende, ein wenig hervorstehende Augen, wie es bei sehr phantasievollen Menschen oft vorkommt, eine lange, schöngeschwungene Nase mit weiten Nasenflügeln, eine kurze Oberlippe, einen energischen Mund trotz voller Lippen und ein hübsches streitsüchtiges Kinn. Sie geht zielsicher auf den Tisch zu, höchst befriedigt, endlich bis zu Herrn von Baudricourt vorgedrungen zu sein, und voll Hoffnung auf das Ergebnis. Seine finstere Miene hält sie nicht zurück, schüchtert sie auch nicht ein. Ihre Stimme hat meist einen herzhaften, angenehmen Ton, sehr zuversichtlich, sehr einschmeichelnd. Man kann ihr schwerlich widerstehen.

JOHANNA *versucht einen Knicks:* Guten Morgen, lieber Herr Hauptmann. Hauptmann: Ihr sollt mir ein Pferd geben, und eine Rüstung und ein paar Soldaten, und mich zum Dauphin schicken. Das sind die Befehle meines Herrn an Euch.

ROBERT *empört:* Befehle deines Herrn, so?! Und wer zum Teufel soll dieser Herr sein? Geh zu ihm und sag ihm, daß ich nicht in seinen Diensten stehe und keine Befehle von ihm entgegennehme. Ich bin der Herr von Baudricourt und lasse mir nichts sagen, außer von meinem König.

JOHANNA *beruhigt ihn:* Ja, Herr Ritter, das ist völlig in Ordnung. Mein Herr ist der König des Himmels.

ROBERT Bei Gott, sie ist verrückt. *Zum Verwalter:* Warum hast du mir das nicht gesagt, du Hornochse?

VERWALTER Herr von Baudricourt, ärgern Sie die Kleine nicht! Geben Sie ihr, was sie verlangt.

JOHANNA *ungehalten aber freundlich:* Alle sagen, ich sei verrückt, Herr Hauptmann, bis ich mit ihnen spreche. Ihr müßt verstehen: es ist Gottes Wille, daß Ihr das tut, was Er mir eingegeben hat.

ROBERT Es ist Gottes Wille, daß ich dich heimschicke, zu deinem Vater, mit dem Auftrag, dich hinter Schloß und Riegel zu stekken und dir diesen Unsinn auszuprügeln. Was hast du darauf zu sagen?

JOHANNA Ihr meint, daß Ihr das tun werdet, Herr Ritter, aber Ihr werdet feststellen, daß alles ganz anders kommt. Ihr habt auch gesagt, daß Ihr mich nicht empfangen würdet. Aber hier bin ich.

VERWALTER *hoffnungsvoll:* Sehen Sie?

ROBERT Halt's Maul!

VERWALTER *besiegt:* Sehr wohl.

ROBERT *zu Johanna, sauer über den Verlust an Sicherheit:* Ich habe dich also empfangen, und damit hast du gesiegt, wie?

JOHANNA *lieb:* Ja, Herr Ritter.

ROBERT *spürt, daß er an Boden verloren hat, stemmt seine beiden Fäuste auf den Tisch und kehrt seine Brust heraus, um durch eindruckheischende Haltung eine unwillkommene und nur allzu vertraute Empfindung zu unterdrücken:* Jetzt paß mal auf. Ich werde mit dir ein paar klare Worte reden!

JOHANNA *eifrig:* Bitte ja, Herr Hauptmann. Also das Pferd kostet sechzehn Franken. Das ist eine Menge Geld. Aber ich kann es an der Rüstung sparen. Gewiß finde ich eine, die mir einigermaßen paßt. Ich bin sehr kräftig und brauche keine schöne Rüstung nach Maß, wie die Eure. Ich brauche auch nicht viele Soldaten. Der Dauphin wird mir alles geben, was ich brauche, damit ich die Belagerung von Orléans aufheben kann.

ROBERT *traut seinen Ohren nicht:* Die Belagerung von Orléans aufheben?!

JOHANNA Ja, Herr Hauptmann. Dazu hat Gott mich nämlich hergeschickt. Ihr braucht mir nur drei Mann mitzugeben, wenn sie anständig und gut zu mir sind. Sie haben mir auch schon versprochen mitzukommen. Polly und Jean und...

ROBERT Polly?! Du unverschämtes Ding wagst es, hier vor mir den Ritter Bertrand von Poulengey Polly zu nennen?

JOHANNA Seine Freunde nennen ihn so, Herr Ritter. Ich wußte nicht, daß er einen anderen Namen hat. Jean...

ROBERT Es handelt sich wohl um Herrn Johann von Metz?

JOHANNA Ja. Jean möchte auch mitkommen. Er ist ein sehr netter Mann und gibt mir Geld für die Armen. Ich glaube, Johann Fürchtegott kommt auch mit, und Richard der Schütze, und ihre Knappen, Jean von Honecourt und Julian. Ihr werdet keinerlei Scherereien haben, Herr Hauptmann. Ich habe alles vorbereitet. Ihr müßt nur den Befehl geben.

ROBERT *betrachtet sie, starr vor Staunen:* Gott verdamm' mich!

JOHANNA *unbeirrt und sanft:* Im Gegenteil, Herr Hauptmann. Gott ist sehr barmherzig. Und die heilige Katharina und die heilige Margareta, die sprechen jeden Tag mit mir – *er gafft sie an* – und die werden für Euch beten. Ihr werdet ins Paradies kommen als mein erster Helfer, und Euren Namen wird man nennen bis in alle Ewigkeit.

ROBERT *zum Verwalter, immer noch völlig unschlüssig, aber er schlägt einen anderen Ton an, denn er verfolgt einen neuen Gedanken:* Ist das wahr, was sie da von Herrn von Poulengey erzählt?

VERWALTER *eifrig:* Ja. Und auch das von Herrn von Metz. Sie wollen beide mit ihr gehen.

ROBERT *nachdenklich:* Hm! *Er geht ans Fenster und ruft in den Hof:* He! Ihr da! Schickt mir mal Herrn von Poulengey herauf! *Zu Johanna:* Hinaus mit dir. Und warte im Hof!

JOHANNA *strahlt ihn an:* Gern, Herr Ritter. *Sie geht hinaus.*

ROBERT *zum Verwalter:* Geh mit ihr, du Hornochse! Bleib in Rufweite, und behalte sie im Auge. Ich lasse sie später wieder heraufholen.

VERWALTER Tun Sie das, in Gottes Namen, Herr von Baudricourt! Denken Sie an die Hennen, die besten Leghennen der Champagne, und an...

ROBERT Denk an meinen Stiefel und hüte dein Hinterteil!

Der Verwalter zieht sich hastig zurück und steht plötzlich im Türbogen Bertrand de Poulengey gegenüber, einem bleichen französischen Edelmann der bewaffneten Gattung. Er ist etwa sechsunddreißig Jahre alt und der Militärpolizei zugeteilt; verträumt, geistesabwesend, spricht er nur selten, wenn er nicht angesprochen wird, und auch dann langsam, mit einem gewissen Widerwillen. Er ist demnach das Gegenteil des selbstbewußten, großmäuligen, anscheinend energischen, im Grunde aber willensschwachen Robert. Der Verwalter macht ihm Platz und verschwindet. Poulengey grüßt und bleibt stehen, in Erwartung eines Befehls.

ROBERT *jovial:* Nichts Dienstliches, Polly. Ein Gespräch unter Freunden. Setz dich! *Er holt mit dem Fuß den Schemel unter dem Tisch hervor.*
Poulengey tritt gelockert in den Raum, stellt den Schemel zwischen Tisch und Fenster, setzt sich darauf und grübelt. Robert sitzt halb auf dem Tischrand und beginnt ein freundliches Gespräch. Jetzt hör mal zu, Polly. Ich muß mit dir reden wie ein Vater. *Poulengey sieht ihn einen Augenblick lang ernst an, sagt aber nichts.* Es ist wegen dieser Kleinen, für die du dich interessierst. Ich habe sie eben hier gehabt. Ich habe mit ihr gesprochen. Erstens: sie ist verrückt. Aber gut, das macht nichts. Zweitens: sie ist kein Bauernmädchen. Sie ist ein Bürgermädchen. Das ist sehr wichtig. Ich kenne diese Schicht genau. Ihr Vater war im vorigen Jahr hier, um sein Dorf in einem Streitfall zu vertreten. Er gilt dort etwas. Er ist Landwirt. Keiner von diesen Amateur-Gutsbesitzern. Er verdient Geld und lebt davon. Immerhin: kein Arbeiter und kein Handwerker. Er könnte einen Vetter haben, der Advokat ist oder Pfarrer. Solche Leute zählen vielleicht gesellschaftlich nicht, aber sie können der Obrigkeit ziemlich zusetzen. Der Obrigkeit! Das bedeutet: mir! Dir scheint es natürlich ganz einfach, die Kleine zu entführen und ihr einzureden, daß du sie dem Dauphin vorstellst. Aber wenn du sie verführst, kannst du mich in schreckliche Verlegenheit bringen, denn ich bin nun einmal der Lehnsherr ihres Vaters und daher für ihr Wohl verantwortlich. Deshalb: Freundschaft hin oder her, Polly: Hände weg von ihr!

POULENGEY *mit gezielter Betonung:* Ich könnte ebensogut an die Heilige Jungfrau selbst in dieser Weise denken wie an dieses Mädchen.

ROBERT *rutscht vom Tisch herab:* Aber sie sagt, daß ihr, du und Jean und Richard, angeboten habt, mir ihr zu gehen. Wozu? Du willst mir doch nicht etwa einreden, daß du ihren verrückten Einfall, zum Dauphin zu gehen, ernst nimmst!

POULENGEY *langsam:* Sie hat ein Geheimnis. Unten in der Wachstube sind ein paar Kerle mit einer ziemlich schmutzigen Phantasie und dem entsprechenden Wortschatz. Aber es ist noch kein Wort gefallen, das sich auf sie als Frau bezieht. In ihrer Gegenwart vergeht ihnen das Fluchen. Sie hat ein Geheimnis. Irgend etwas. Einen Versuch ist es wert.

ROBERT Aber hör mal zu, Polly! Nimm dich zusammen! Gesunder Menschenverstand war ja nie deine Stärke, aber das geht denn doch zu weit. *Er zieht sich angewidert zurück.*

POULENGEY *ungerührt:* Wozu taugt gesunder Menschenverstand? Wenn wir nur etwas davon hätten, würden wir uns dem Herzog von Burgund und dem englischen König anschließen. Sie haben das halbe Land besetzt, bis hinunter zur Loire. Paris gehört ihnen schon. Sogar dieses Schloß gehört ihnen. Du weißt genau, daß wir es dem Herzog von Bedford übergeben mußten, und daß du es nur gegen Ehrenwort behalten darfst. Der Dauphin ist in Chinon, wie eine Ratte im Loch, nur kämpfen will er nicht. Wir wissen noch nicht einmal, ob er überhaupt der Dauphin ist. Seine Mutter behauptet, er sei es nicht. Und sie müßte es ja schließlich wissen. Stell dir das vor! Die Königin leugnet die Legitimität ihres eigenen Sohnes.

ROBERT Na ja, sie hat ihre Tochter mit dem englischen König verheiratet. Da scheint es mir verzeihlich.

POULENGEY Ich verzeihe gern. Aber der Dauphin ist erledigt, und es ist ihre Schuld. Und wir müssen damit fertig werden. Die Engländer werden Orléans nehmen. Der Bastard wird sie nicht aufhalten können.

ROBERT Er hat die Engländer im vorletzten Jahr bei Montargis geschlagen. Ich war mit ihm.

POULENGEY Dennoch: seine Leute haben den Mut verloren, und er kann keine Wunder vollbringen. Ich sage dir: nichts kann unsere Sache jetzt retten als ein Wunder.

ROBERT Wunder sind ganz in Ordnung, Polly. Der einzige Haken ist nur, daß sie heutzutage nicht mehr geschehen.

POULENGEY Das habe ich auch gedacht. Jetzt bin ich nicht mehr so sicher. *Er steht auf und geht nachdenklich ans Fenster.* Jedenfalls: in einer solchen Zeit darf man nichts unversucht lassen. Das Mädchen hat ein Geheimnis.

ROBERT Ach! Du denkst doch nicht etwa, das Mädchen könne Wunder tun!?

POULENGEY Ich glaube, die Kleine ist selbst so etwas wie ein Wunder. Jedenfalls ist sie die letzte Karte in unserer Hand. Besser ausspielen als aufstecken. *Er geht ziellos auf den Türbogen zu.*

ROBERT *schwankend:* Glaubst du das wirklich?

POULENGEY *wendet sich um:* Was sollten wir denn sonst noch glauben?

ROBERT *geht auf ihn zu:* Hör mal, Polly: wenn du an meiner Stelle wärst, würdest du dich von so einem Kind um das Geld für ein Pferd bringen lassen? Sechzehn Franken?

POULENGEY Ich bezahle das Pferd.
ROBERT Wirklich?
POULENGEY Ja. Ich werde für meine Überzeugung einstehen.
ROBERT Ist dir der letzte Wurf wirklich sechzehn Franken wert?
POULENGEY Es ist kein Spiel.
ROBERT Was denn sonst?
POULENGEY Eine Gewißheit. Ihre Worte haben mich mitgerissen. Und ihr glühendes Gottvertrauen.
ROBERT *gibt ihn auf:* Ach – du bist schon genau so verrückt wie sie.
POULENGEY Wir brauchen jetzt ein paar Verrückte. Du siehst, wohin uns die Normalen gebracht haben.
ROBERT *dessen Unentschlossenheit offensichtlich von einer etwas gewaltsamen Entschlossenheit besiegt wird:* Ich werde ja wie ein heilloser Narr dastehn. Aber gut, wenn du so sicher bist...
POULENGEY Ich bin sicher genug, um sie nach Chinon zu führen. Falls du mich nicht daran hinderst.
ROBERT Das ist nicht fair. Du lädst mir die Verantwortung auf.
POULENGEY Die trägst du, wie immer du entscheidest.
ROBERT Das ist es eben. Wie soll ich entscheiden? Du weißt ja gar nicht, in welcher Verlegenheit ich bin. *Er sucht nach einem Aufschub, in der unbewußten Hoffnung, daß Johanna die Entscheidung für ihn treffen werde.* Meinst du, ich soll noch mal mit ihr reden?
POULENGEY *steht auf:* Ja. *Er geht ans Fenster und ruft:* Johanna!
STIMME JOHANNAS Läßt er uns ziehen, Polly?
POULENGEY Komm herauf! Komm herein! *Er wendet sich zu Robert:* Soll ich dich mit ihr allein lassen?
ROBERT Nein. Bleib hier und hilf mir. *Poulengey setzt sich auf die Kiste. Robert geht zurück zu seinem Richterstuhl, bleibt aber stehen, um sich zu einer größeren Figur aufzublasen.*
JOHANNA *tritt ein, voller guter Nachrichten:* Jean bezahlt die Hälfte für das Pferd.
ROBERT Was?! *Er setzt sich, geschlagen.*
POULENGEY *ernst:* Setz dich, Johanna.
JOHANNA *ein wenig stutzig, sieht zu Robert hin:* Darf ich?
ROBERT Tu, was man dir sagt! *Johanna versucht ihren Knicks und setzt sich auf den Schemel zwischen beide. Robert überspielt seine Unruhe mit einer höchst gebieterischen Miene.* Wie heißt du?
JOHANNA *geschwätzig:* Also, in Lothringen nennen sie mich

immer Jenny. Hier in Frankreich bin ich Johanna. Die Soldaten nennen mich: das Mädchen.

ROBERT Dein Familienname?

JOHANNA Familienname? Was ist das? Mein Vater nennt sich manchmal d'Arc, aber ich weiß eigentlich nicht warum. Ihr kennt doch meinen Vater. Er war…

ROBERT Ja, ja, ich erinnere mich. Du kommst aus Domrémy in Lothringen, wenn ich nicht irre.

JOHANNA Ja. Aber ist denn das wichtig? Wir sprechen doch alle Französisch.

ROBERT Frage nicht, sondern antworte! Wie alt bist du?

JOHANNA Siebzehn. So sagt man. Vielleicht auch neunzehn. Ich erinnere mich nicht.

ROBERT Was hast du gemeint, als du sagtest, daß die heilige Katharina und die heilige Margareta täglich mit dir sprechen?

JOHANNA Das tun sie auch.

ROBERT Wie sehen die beiden aus?

JOHANNA *plötzlich hartnäckig:* Darüber sage ich Euch nichts. Sie haben es mir nicht erlaubt.

ROBERT Aber du siehst sie wirklich, und sie sprechen zu dir, so wie ich jetzt zu dir spreche?

JOHANNA Nein, ganz anders. Das kann ich nicht erklären. Über meine Stimmen dürft Ihr mit mir nicht sprechen.

ROBERT Wie meinst du das: Stimmen?

JOHANNA Ich höre Stimmen. Sie sagen mir, was ich zu tun habe. Sie kommen von Gott.

ROBERT Sie kommen aus deiner Phantasie.

JOHANNA Natürlich. So kommen die Botschaften Gottes zu uns.

POULENGEY Schachmatt.

ROBERT Noch längst nicht! *Zu Johanna:* Gott sagt dir also, du sollst die Belagerung von Orléans aufheben?

JOHANNA Und den Dauphin in der Kathedrale von Reims krönen.

ROBERT *schnappt nach Luft:* Den Dauphin krö… Donnerwetter!

JOHANNA Und die Engländer aus Frankreich vertreiben.

ROBERT *sarkastisch:* Sonst noch etwas?

JOHANNA *bezaubernd:* Vorläufig nicht, danke schön, Herr Ritter.

ROBERT Meinst du wirklich, eine Belagerung aufzuheben sei so etwas wie eine Kuh aus einer Wiese vertreiben? Du stellst dir das sehr einfach vor, Soldat zu sein, nicht wahr?

JOHANNA Es kann eigentlich nicht sehr schwer sein. Man muß Gott auf seiner Seite haben und bereit sein, das Leben in Seine Hand zu legen. Aber viele Soldaten sind eben sehr dumm.

ROBERT *grimmig:* Dumm! Hast du jemals englische Soldaten kämpfen sehen?

JOHANNA Die sind auch nur Menschen. Gott hat sie genau so gemacht wie uns. Aber er hat ihnen ihr eigenes Land und ihre eigene Sprache gegeben. Und es ist nicht Sein Wille, daß sie in unser Land kommen und versuchen, unsere Sprache zu sprechen.

ROBERT Wer hat dir diesen Unsinn in den Kopf gesetzt? Weißt du denn nicht, daß Soldaten ihrem Herrn untertan sind? Und es geht weder sie noch dich etwas an, ob dieser Herr nun Herzog von Burgund ist oder König von England oder von Frankreich. Was hat die Sprache damit zu tun?

JOHANNA Das verstehe ich aber ganz und gar nicht. Wir sind doch alle dem König des Himmels untertan. Er hat uns unsere Länder und unsere Sprache gegeben, und daran sollten wir uns halten. Wäre es nicht so, dann wäre es ja Mord, einen Engländer in der Schlacht zu töten. Und Ihr, Herr Ritter, kämet wahrscheinlich in die Hölle. Ihr sollt nicht an Eure Pflicht gegenüber Eurem irdischen König denken, sondern an Eure Pflicht gegenüber Gott.

POULENGEY Es hat keinen Zweck, Robert. Was du auch sagst, sie widerlegt dich.

ROBERT Meinst du! Beim heiligen Denis, das werden wir doch sehen! *Zu Johanna:* Reden wir nicht von Gott. Reden wir von praktischen Dingen: hast du jemals gesehen, wie englische Soldaten kämpfen? Hast du gesehen, wie sie plündern, brennen und das Land verwüsten? Hast du niemals Geschichten gehört von ihrem schwarzen Prinz, der schwärzer war als der Teufel selbst? Oder vom Vater des englischen Königs?

JOHANNA Hab doch keine Angst, Robert!

ROBERT Verdammt nochmal, ich habe keine Angst! Und wer hat dir eigentlich erlaubt, mich Robert zu nennen?!

JOHANNA So wurdest du doch in der Kirche getauft, im Namen unseres Herrn. All deine anderen Namen hast du von deinem Vater oder von deinem Bruder oder von sonst wem.

ROBERT Also...!!

JOHANNA Hör mal zu, Ritter: Wir zu Hause mußten aus Domrémy in ein Nachbardorf fliehen, vor den englischen Soldaten. Drei von ihnen hatte man verwundet zurückgelassen. Ich habe diese drei armen Gottverdammiche ganz gut kennengelernt. Sie waren nicht halb so stark wie ich.

ROBERT Weißt du auch, warum man sie Gottverdammiche nennt?

JOHANNA Nein. Jeder nennt sie so.

ROBERT Weil sie dauernd ihren Gott anrufen und um ewige Verdammnis bitten. Was sagst du dazu?

JOHANNA Gott wird ihnen gnädig sein. Und sie werden sich wie seine guten Kinder verhalten, wenn sie in ihr eigenes Land zurückkehren. Er hat es für sie geschaffen, und Er hat sie für das Land geschaffen. Die Geschichte von dem schwarzen Prinzen habe ich gehört. In dem Augenblick, als er den Boden unseres Landes berührt hat, ist der Teufel in ihn gefahren und hat einen schwarzen Satan aus ihm gemacht. Aber zu Hause, an dem Platz, den Gott für ihn bestimmt hat, war er gut. So ist es immer. Wenn ich gegen den Willen Gottes nach England ginge, um England zu erobern und dort zu leben und englisch zu sprechen, würde der Teufel auch in mich fahren. Und wenn ich einmal alt würde, dann würde ich schaudern bei der Erinnerung an das Böse, das ich getan habe.

ROBERT Möglich. Aber je mehr man vom Teufel in sich hat, desto besser kämpft man. Das ist der Grund, warum die Gottverdammiche Orléans nehmen werden. Weder du noch zehntausend wie du können sie daran hindern.

JOHANNA Tausend wie ich können sie hindern. Zehn wie ich können sie hindern, wenn Gott auf unserer Seite ist. *Sie erhebt sich lebhaft und geht auf ihn zu, weil sie nicht mehr ruhig sitzen bleiben kann.* Das verstehst du eben nicht, Ritter: Unsere Soldaten werden immer besiegt, weil sie um ihre Haut kämpfen. Und die einfachste Art, die eigene Haut zu retten, ist: davonzulaufen. Unsere Hauptleute denken nur an die Summen, die sie durch Lösegelder verdienen können. Bei ihnen heißt es nicht: töten oder getötet werden, sondern zahlen oder bezahlt werden. Aber ich werde ihnen allen beibringen, wie man kämpft, und dann wird in Frankreich Gottes Wille geschehen. Sie werden die armen Gottverdammiche vor sich hertreiben wie Schafe. Du und Polly, ihr werdet den Tag erleben, an dem es keinen englischen Soldaten mehr auf französischem Boden gibt, und nur einen König. Keinen englischen Feudalkönig, sondern einen französischen Gotteskönig.

ROBERT *zu Poulengey:* Vielleicht ist das alles Unsinn, Polly. Aber die Truppen werden es vielleicht schlucken. Schließlich haben wir selbst es nicht fertig gebracht, sie für den Krieg zu begeistern. Vielleicht schluckt es sogar der Dauphin. Und wenn sie dem Mut machen kann, sollte sie es auch bei anderen schaffen.

POULENGEY Man sollte es auf jeden Fall versuchen, findest du nicht? Das Mädchen hat eben doch irgendein Geheimnis.

ROBERT *wendet sich an Johanna:* Jetzt hör mal zu, und – *eindringlich* – unterbrich mich nicht, bevor ich die Sache durchdacht habe!

JOHANNA *plumpst wieder auf den Schemel wie ein gehorsames Schulmädchen:* Ja, Ritter!

ROBERT Dein Befehl lautet, daß du in Begleitung dieses Herrn und drei seiner Freunde nach Chinon gehst...

JOHANNA *strahlt, klatscht in die Hände:* Oh Ritter, du hast einen Lichtschein um den Kopf, wie ein Heiliger!

POULENGEY Aber was tut sie, damit man sie vorläßt?

ROBERT *der sich wegen des Heiligenscheins ein wenig ängstlich an den Kopf gegriffen hat:* Ich weiß nicht! Was hat sie bei mir getan, damit ich sie vorlasse? Wenn der Dauphin sie draußen halten kann, hat er jedenfalls mehr Energie als ich ihm zutraue. *Er steht auf.* Ich schicke sie nach Chinon. Soll sie ruhig sagen, ich habe sie geschickt. Was dann geschieht, ist mir gleich. Mehr kann ich nicht tun.

JOHANNA Und was ziehe ich an? Ich bekomme doch Soldatenkleider, oder nicht, Robert?

ROBERT Nimm dir, was du willst! Ich will mit der Sache nichts mehr zu tun haben.

JOHANNA *sehr angeregt von ihrem Erfolg:* Komm, Polly! *Sie rennt hinaus.*

ROBERT *schüttelt Poulengey die Hand:* Auf Wiedersehen, mein Lieber. Ich nehme eine große Verantwortung auf mich. Nicht viele hätten das getan. Aber, wie du sagst: sie hat ein Geheimnis.

POULENGEY Ja. Irgend etwas hat sie. Leb wohl. *Er geht ab. Robert, noch immer nicht sicher, ob er nicht von einem verrückten, dazu noch gesellschaftlich tief unter ihm stehenden Weibsbild zum besten gehalten wird, kratzt sich den Kopf und kommt langsam von der Tür zurück. Der Verwalter stürzt herein, mit einem Korb.*

VERWALTER Herr von Baudricourt! Herr von...

ROBERT Was ist denn schon wieder los?

VERWALTER Die Hennen legen wie verrückt. Fünf Dutzend Eier!

ROBERT *strafft sich wie in einem Krampf, bekreuzigt sich, und seine bleichen Lippen stammeln die Worte:* Herr Jesus, der Du im Himmel bist – *laut, aber atemlos:* Sie kommt doch von Gott.

Vorhang.

Zweite Szene

Chinon in der Touraine. Ein Teil des Thronsaals im Schloß ist durch Vorhänge abgetrennt und ergibt ein Vorzimmer. Der Erzbischof von Reims, wohl an die Fünfzig, ein gut genährter Prälat, der mit Ausnahme seiner gewichtigen Pose nichts Kirchliches an sich hat, und der Oberhofmeister, Monseigneur de la Trémouille, ein Mann wie ein Weinfaß, selbstherrlich und von ungeheurer Körperfülle, warten auf den Dauphin. Rechts der beiden eine Tür in der Wand. Es ist der späte Nachmittag des 8. März 1429. Der Erzbischof wahrt Würde, der Oberhofmeister zu seiner Linken läßt seine üble Laune aus.

LA TREMOUILLE Was zum Teufel fällt diesem Dauphin eigentlich ein, uns hier so lange warten zu lassen! Ich verstehe nicht, woher Sie die Geduld nehmen, dazustehen wie ein Standbild.

ERZBISCHOF Ich bin schließlich Erzbischof. Ein Erzbischof ist eine Art Standbild. Jedenfalls muß er Ruhe wahren und mit Narren Geduld haben. Außerdem, mein lieber Oberhofmeister, ist es das königliche Vorrecht des Dauphins, uns warten zu lassen, oder nicht?

LA TREMOUILLE Der Teufel soll den Dauphin holen! – Verzeihung, Eminenz! Wissen Sie, wieviel Geld er mir schuldet?

ERZBISCHOF Ohne Zweifel viel mehr als mir. Sie sind reicher als ich. Aber wahrscheinlich schuldet er Ihnen so viel wie Sie ihm leihen konnten. So viel schuldet er mir auch.

LA TREMOUILLE Siebenundzwanzigtausend hat er aus mir herausgeholt. Glatte siebenundzwanzigtausend!

ERZBISCHOF Was er wohl damit tut? Er trägt Anzügé, die ich keinem Landpfarrer zumuten würde.

LA TREMOUILLE Und seine Mahlzeiten bestehen aus einem Huhn oder einem Stück Hammelfleisch. Er läßt sich meinen letzten Pfennig geben, und niemand sieht, wohin das Geld geht. *Ein Page erscheint am Türeingang.*

PAGE Nein, Exzellenz, es ist nicht Seine Majestät. Es ist Herr de Retz.

LA TREMOUILLE Dieser junge Blaubart? Wozu die Anmeldung?

PAGE Hauptmann La Hire kommt mit ihm. Ich glaube, es ist irgend etwas geschehen.

Gilles de Retz, ein junger Mann von fünfundzwanzig Jahren, sehr elegant und eingebildet, der sich an einem glattrasierten

Hof die Extravaganz eines kleinen blaugefärbten gekräuselten Bartes leistet, tritt ein. Er ist darauf bedacht, angenehm zu erscheinen, läßt jedoch natürliche Fröhlichkeit vermissen: er ist nicht sehr sympathisch. In der Tat: elf Jahre später, wenn er sich gegen die Kirche auflehnt, wird man ihn anklagen, sich durch Akte furchtbarer Grausamkeit Lustgefühle verschafft zu haben, und wird ihn aufhängen. Aber jetzt fällt noch kein Schatten des Galgens auf ihn. Er geht vergnügt auf den Erzbischof zu. Der Page zieht sich zurück.

BLAUBART Ihr demütiges Lamm, Eminenz. Guten Tag, Exzellenz. Wissen Sie, was mit La Hire geschehen ist?

LA TREMOUILLE Wahrscheinlich hat er sich zu Tode geflucht.

BLAUBART Nein, ganz im Gegenteil. Louis das Lästermaul, der einzige Mann in der Touraine, der ihn im Fluchen geschlagen hat, wurde von einem Soldaten ermahnt, angesichts des Todes nicht zu lästern.

ERZBISCHOF Und wahrhaftig: nicht nur dann! Aber war denn das Lästermaul in Todesgefahr?

BLAUBART Ja. Er ist soeben in einen Brunnen gefallen und ertrunken. La Hire hat darüber vor Schreck fast den Verstand verloren.

Hauptmann La Hire tritt ein. Ein Kampfroß, dessen Manieren mehr dem Soldatenlager als dem Königshof entsprechen. Ich habe soeben dem Oberhofmeister und dem Erzbischof alles erzählt. Der Erzbischof meint, du seiest ein verlorener Mann.

LA HIRE *schreitet an Blaubart vorbei und pflanzt sich zwischen dem Erzbischof und La Trémouille auf:* Das ist nicht zum Spaßen. Es ist schlimmer als wir dachten. Das war nämlich gar kein Soldat. Es war ein Engel im Soldatenkleid.

ERZBISCHOF, LA TREMOUILLE, BLAUBART *rufen gleichzeitig:* Ein Engel!

LA HIRE Ja. Ein weiblicher Engel. Mit einem halben Dutzend Mann hat sie sich von der Champagne bis hierher durchgeschlagen, zwischen Burgundern, Gottverdammichen, Deserteuren, Räubern und weiß Gott wem. Und keiner Seele ist sie begegnet außer Bauern. Einen von den Begleitern kenne ich. Einen Herrn von Poulengey. Er sagt, sie sei ein Engel. Wenn ich jemals wieder einen Fluch über die Lippen bringe, dann soll meine Seele in die Hölle fahren.

ERZBISCHOF Das war schon ein frommer Anfang, Hauptmann. *Blaubart und La Trémouille lachen ihn aus. Der Page kehrt zurück.*

PAGE Seine Majestät. *Sie begrüßen den König mit lässigem Zeremoniell. Der Dauphin, sechsundzwanzig Jahre alt, eigentlich, seit dem Tode seines Vaters, König Karl der Siebente, aber noch nicht gekrönt, tritt durch die Vorhänge, ein Stück Papier in der Hand. Körperlich ist er eine jämmerliche Figur, und die zur Zeit herrschende – männliche sowie weibliche – Mode, sich auszurasieren und jedes Härchen unter Kopfbedeckung oder Hut zu verbergen, läßt ihn noch unvorteilhafter erscheinen. Er hat kleine, schmale, nahe beieinanderliegende Augen, eine lange Nase, die bis zu seiner dicken, kurzen Oberlippe herabhängt, und den Ausdruck eines jungen Hundes, der, an Fußtritte gewöhnt, dennoch unverbesserlich und unzähmbar ist. Aber er ist weder vulgär noch dumm und hat einen schlagfertigen Humor, der ihn befähigt, sich im Gespräch zu behaupten. Im Augenblick ist er aufgeregt wie ein Kind, das ein neues Spielzeug bekommen hat. Er tritt an die Linke des Erzbischofs. Blaubart und La Hire ziehen sich vor den Vorhang zurück.*

KARL Erzbischof, wissen Sie, was mir Robert von Baudricourt aus Vaucouleurs schickt?

ERZBISCHOF *mit Verachtung:* Ich interessiere mich nicht für neues Spielzeug.

KARL *entrüstet:* Es ist gar kein Spielzeug. *Beleidigt:* Aber gut. Ich kann auf Ihr Interesse verzichten.

ERZBISCHOF Hoheit, Sie haben keinerlei Grund, sich beleidigt zu fühlen.

KARL Danke. Sie sind doch wirklich immer mit einer Predigt bei der Hand.

LA TREMOUILLE *roh:* Nur nicht immer gleich beleidigt sein! Was haben Sie da?

KARL Was geht Sie das an!

LA TREMOUILLE Was zwischen Ihnen und der Garnison von Vaucouleurs vorgeht, geht mich viel an. *Er reißt dem Dauphin das Papier aus der Hand und beginnt, es mit einiger Schwierigkeit zu lesen. Er folgt den Worten mit dem Finger, um Silbe für Silbe zu buchstabieren.*

KARL *gekränkt:* Ihr alle meint, ihr dürft mich behandeln, wie ihr Lust habt, bloß weil ich euch Geld schulde und für den Krieg untauglich bin. Aber ich habe königliches Blut in den Adern.

ERZBISCHOF Und selbst das wurde schon angezweifelt, Hoheit. Der Enkel Karls des Weisen ist schwerlich in Ihnen zu erkennen.

KARL Ich will von meinem Großvater nichts mehr hören! Er war so weise, daß er den gesamten Familienvorrat an Weisheit für fünf Generationen aufgebraucht hat. Und aus mir hat er den armen Idioten gemacht, der ich bin, herumgestoßen und zurechtgewiesen von euch allen.

ERZBISCHOF Beherrschen Sie sich, Hoheit! Man soll seine schlechte Laune niemals zur Schau stellen.

KARL Schon wieder eine Predigt. Danke schön. Wie schade, daß die Heiligen und die Engel sich nicht zu Ihnen herablassen, wo Sie doch ein Erzbischof sind.

ERZBISCHOF Was wollen Sie damit sagen?

KARL Aha! Fragen Sie doch mal diesen Koloß! *Er deutet auf La Trémouille.*

LA TREMOUILLE *wütend:* Halten Sie den Mund! Verstanden?

KARL O ja, ich habe verstanden. Sie brauchen gar nicht so zu brüllen. Das ganze Schloß kann Sie hören. Warum brüllen Sie nicht einmal die Engländer an und schlagen sie für mich?

LA TREMOUILLE *hebt die Faust:* Du elender kleiner...!

KARL *versteckt sich hinter dem Erzbischof:* Erheben Sie nicht die Hand gegen mich! Das ist Hochverrat.

LA HIRE Fassung, Herzog! Fassung!

ERZBISCHOF *energisch:* Aber..., aber... – Ruhe wahren! Bitte, Herr Oberhofmeister! Wir sollten hier doch auf irgendeine Weise Ordnung halten können. *Zum Dauphin:* Und Sie, Hoheit, wenn Sie schon Ihr Königreich nicht beherrschen können, versuchen Sie wenigstens, sich selbst zu beherrschen.

KARL Schon wieder eine Predigt. Danke schön.

LA TREMOUILLE *reicht dem Erzbischof das Papier:* Da! Lesen Sie das verdammte Zeug für mich. Er hat mir das Blut in den Kopf getrieben. Die Buchstaben verschwimmen vor meinen Augen.

KARL *kommt zurück und sieht La Trémouille über die linke Schulter:* Ich lese es für Sie, wenn Sie wollen. Ich kann nämlich lesen.

LA TREMOUILLE *mit höchster Verachtung, von dieser Spitze nicht im geringsten verletzt:* Ja. Lesen ist so ziemlich alles, was Sie können. – Werden Sie daraus klug, Erzbischof?

ERZBISCHOF Ich hätte mir von Baudricourt mehr Verstand erwartet. Er schickt uns eine übergeschnappte Bauerndirne, die...

KARL *unterbricht:* Nein, er schickt uns eine Heilige, einen Engel. Und sie kommt zu mir, zu mir, dem König, und nicht zu Ihnen, Erzbischof, obwohl Sie doch so heilig sind. Die weiß, was königliches Blut bedeutet, und Sie wissen es nicht. *Er stol-*

ziert hinüber zu Blaubart und La Hire.

ERZBISCHOF Sie dürfen diese verrückte Göre nicht empfangen.

KARL *über die Schulter:* Ich bin der König. Und ich werde sie empfangen.

LA TREMOUILLE *brutal:* Dann wird man sie eben nicht zu Ihnen vorlassen. Und damit basta.

KARL Ich sage Ihnen, daß ich das Mädchen empfangen werde. Jetzt werde ich mich einmal durchsetzen.

BLAUBART *lacht ihn aus:* Unartiger Junge! Was soll denn der weise Herr Großvater sagen?

KARL Da sieht man, daß du keine Ahnung hast, Blaubart. Mein Großvater hatte seine Heilige, sie schwebte durch die Luft, wenn er betete, und sagte ihm alles, was er wissen wollte. Mein armer Vater hatte sogar zwei Heilige, Maria von Maillé und die Heilige von Avignon. Das liegt eben bei uns in der Familie. Und wenn ihr euch noch so anstellt: ich will auch meine Heilige haben.

ERZBISCHOF Diese Person ist ja gar keine Heilige. Sie ist nicht einmal ein anständiges Mädchen. Sie trägt keine Frauenkleider. Sie zieht sich an wie ein Soldat und reitet mit den Soldaten im Land herum. Sie meinen doch nicht etwa, daß man so eine Person an Ihren Hof lassen darf?

LA HIRE Halt! *Geht auf den Erzbischof zu.* Haben Sie gesagt, ein Mädchen in Rüstung? Wie ein Soldat?

ERZBISCHOF Baudricourt beschreibt sie so.

LA HIRE Aber bei allen höllischen Teufeln – – was sage ich da! Ich meine, bei unserer holden Frau und den lieben Heiligen: das muß der Engel sein, der Louis das Lästermaul niedergestreckt hat, weil er fluchte.

KARL *mit Triumph:* Da habt ihrs! Ein Wunder.

LA HIRE Dieses Wesen bringt es fertig und streckt uns alle nieder, wenn wir ihr in den Weg treten. Um Gottes willen, Erzbischof, seien Sie bloß vorsichtig.

ERZBISCHOF *streng:* Unsinn! Niemand ist niedergestreckt worden. Ein betrunkener Lump, wegen Fluchens hundertmal verwarnt, ist in einen Brunnen gefallen und ertrunken. Ein Zufall, sonst nichts.

LA HIRE Ich weiß nicht, was ein Zufall ist. Ich weiß nur, daß der Mann tot ist, und daß die ihm gesagt hat, er müsse sterben.

ERZBISCHOF Wir müssen alle sterben, Hauptmann.

LA HIRE *bekreuzigt sich:* Das will ich doch nicht hoffen! *Er zieht sich aus dem Kreis zurück.*

BLAUBART Wir können leicht feststellen, ob sie ein Engel ist oder nicht. Wenn sie kommt, tun wir so, als sei ich der Dauphin. Dann werden wir ja sehen, ob sie den Schwindel entdeckt.

KARL Gut. Einverstanden. Wenn sie königliches Blut nicht erkennt, will ich nichts mit ihr zu tun haben.

ERZBISCHOF Es ist Sache der Kirche, Heilige zu ernennen. Baudricourt soll sich gefälligst um seine eigenen Dinge kümmern und sich nicht das Amt eines Priesters anmaßen. Ich sage: das Mädchen wird nicht vorgelassen.

BLAUBART Aber Erzbischof...

ERZBISCHOF *streng:* Ich spreche im Namen der Kirche. *Zum Dauphin:* Sie wagen doch nicht etwa, zu widersprechen!

KARL *eingeschüchtert, aber ungehalten:* Wenn Sie natürlich gleich mit Exkommunikation kommen, kann ich nichts dagegen sagen. Aber Sie haben den Brief nicht zu Ende gelesen. Baudricourt sagt, sie werde die Belagerung von Orléans aufheben und die Engländer für uns besiegen.

LA TREMOUILLE Quatsch!

KARL Also gut! Dann retten Sie Orléans für mich, Marschall, mit Ihren großen Worten.

LA TREMOUILLE *wütend:* Wenn Sie mir das noch einmal an den Kopf werfen, dann... Ich habe härter gekämpft als Sie es je getan haben oder tun werden! Aber ich kann nicht überall sein!

KARL Na ja, das ist ja schon etwas.

BLAUBART *tritt zwischen den Erzbischof und Karl:* Sie haben da doch diesen Hans Dunois an der Spitze Ihrer Truppen in Orléans. Den hübschen, wunderbaren, unbesiegbaren Dunois, den Liebling der Damen, den schönen Bastard. Meinen Sie wirklich, daß ein Bauernmädchen fertigbringt, was der nicht fertigbringt?

KARL Warum hebt er die Belagerung nicht auf?

LA HIRE Der Wind ist gegen ihn.

BLAUBART Was hat der Wind damit zu tun? Orléans liegt doch nicht am Kanal.

LA HIRE Aber an der Loire. Und die Engländer haben den Brükkenkopf in der Hand. Er muß seine Leute über den Fluß setzen und stromaufwärts fahren, wenn er den Engländern in den Rücken fallen will. Und das kann er nicht. Es bläst dort ein infernalischer Wind aus der falschen Richtung. Er hat es satt, die Priester zu bezahlen, damit sie um Westwind beten. Was er braucht, ist ein Wunder. Sie sagen, es sei kein Wunder, was das Mädchen da mit Louis dem Lästermaul angestellt hat. Na gut,

Wunder oder nicht: sie hat ihn aus der Welt geschafft. Wenn das Mädchen für Dunois den Wind ändert, dann ist vielleicht auch das kein Wunder, aber es könnte die Engländer aus der Welt schaffen. Man sollte es auf jeden Fall versuchen.

ERZBISCHOF *hat den Brief zu Ende gelesen und ist ein wenig nachdenklich geworden:* Baudricourt scheint in der Tat sehr beeindruckt zu sein.

LA HIRE Baudricourt ist ein Rindvieh. Aber er ist ein Soldat, und wenn er glaubt, daß dieses Mädchen die Engländer schlagen kann, dann glaubt es die ganze Armee.

LA TREMOUILLE *zum Erzbischof, der noch zögert:* Geben Sie Ihre Zustimmung, Eminenz. Die Leute werden Dunois im Stich lassen und die Stadt aufgeben, wenn ihnen nicht irgend jemand einheizt.

ERZBISCHOF Die Kirche muß das Mädchen verhören, bevor ein endgültiger Entschluß gefaßt wird. Da Seine Hoheit es aber wünscht, soll sie meinetwegen bei Hof erscheinen.

LA HIRE Ich suche sie und sage es ihr. *Er geht hinaus.*

KARL Komm, Blaubart! Sorgen wir dafür, daß sie mich nicht erkennt. Du trittst als Dauphin auf. *Er geht zwischen den Vorhängen ab.*

BLAUBART Ich soll als diese Jammerfigur auftreten! Heiliger Michael! *Er folgt dem Dauphin.*

LA TREMOUILLE Ob sie ihn wohl erkennt?

ERZBISCHOF Da bin ich sicher.

LA TREMOUILLE Wieso? Woher soll sie es wissen?

ERZBISCHOF Sie dürfte wissen, was jedermann in Chinon weiß, daß der Dauphin bei Hof die jämmerlichste Figur abgibt und sich am schlechtesten anzieht. Und daß der Mann mit dem blauen Bart Gilles de Retz ist.

LA TREMOUILLE Daran hatte ich nicht gedacht.

ERZBISCHOF Sie sind eben an Wunder nicht so gewöhnt wie ich. Wunder gehören zu meinem Beruf.

LA TREMOUILLE *erstaunt und ein wenig schockiert:* Aber das wäre ja gar kein Wunder.

ERZBISCHOF *ruhig:* Warum nicht?

LA TREMOUILLE Aber hören Sie mal! Was ist denn eigentlich ein Wunder?

ERZBISCHOF Ein Wunder, mein Freund, ist ein Ereignis, das Glauben schafft. Das ist der Zweck und die Natur des Wunders. Wunder erscheinen vielleicht dem Augenzeugen sehr wunderbar und den Vollbringern vielleicht sehr einfach, das tut nichts zur Sache: wenn sie den Glauben festigen oder ihn schaffen, dann sind es echte Wunder.

LA TREMOUILLE Sie meinen: auch dann, wenn sie Betrug sind?

ERZBISCHOF Betrug, das bedeutet Täuschung. Ein Ereignis, das Glauben schafft, ist keine Täuschung. Daher ist es kein Betrug, sondern ein Wunder.

LA TREMOUILLE *kratzt sich den Nacken in Unverständnis:* Na ja, Sie werden schon recht haben. Schließlich sind Sie Erzbischof. Mir erscheint die Sache ein wenig anrüchig. Aber ich bin kein Mann der Kirche und verstehe von diesen Dingen nichts.

ERZBISCHOF Sie sind kein Mann der Kirche. Dafür sind Sie Politiker und Soldat. Könnten Sie unsere Bürger dazu bewegen, Kriegssteuern zu zahlen, oder unsere Soldaten, ihr Leben aufs Spiel zu setzen, wenn die wüßten, wie die Dinge wirklich stehen, anstatt wie sie aussehen?

LA TREMOUILLE Beim heiligen Denis, das nicht. Die Welt würde einstürzen.

ERZBISCHOF Sollte man nicht ganz einfach den Leuten die Wahrheit sagen?

LA TREMOUILLE Aber mein Teuerster, die würden sie ja gar nicht glauben.

ERZBISCHOF Na also. Und die Kirche herrscht über die Menschen zum Besten ihrer Seelen. Genau wie ihr Politiker über die Menschen zum Besten ihrer Körper herrscht. Und die Kirche muß das tun, was ihr tut: den Glauben des Menschen durch Poesie nähren.

LA TREMOUILLE Poesie? Ich würde es Schwindel nennen.

ERZBISCHOF Da hätten Sie aber unrecht, mein Freund. Parabeln sind nicht deshalb Lügen, weil sie Ereignisse schildern, die niemals stattgefunden haben. Wunder sind nicht deshalb Betrug, weil sie oft – ich sage oft, nicht immer – sehr einfache und unschuldige Erfindungen sind, mit denen der Pfarrer den Glauben seiner Gemeinde festigt. Wenn diese Kleine den Dauphin unter seinen Hofleuten erkennt, so ist das für mich kein Wunder, denn ich weiß, wie sie es macht. Und mein Glaube wird dadurch nicht fester. Aber die anderen –: wenn die den Schauer des Übernatürlichen erfahren und sich über die Masse ihrer Sünde erheben, wenn die Erkenntnis göttlicher Gegenwart plötzlich über sie hereinbricht, dann wird es für sie ein Wunder sein, und zwar ein sehr segensreiches. Und Sie werden feststellen, daß es die Kleine selbst noch mehr erstaunen wird als die anderen. Sie wird nämlich vergessen, wie sie es fertig gebracht hat, den Dauphin zu erkennen. Und Sie, mein Lieber, vielleicht auch.

LA TREMOUILLE Ich wollte, ich wäre ein Menschenkenner und wüßte, welcher Teil von Ihnen Gottes Erzbischof und welcher Teil der schlaueste Fuchs der ganzen Touraine ist. – Kommen Sie, sonst versäumen wir den Spaß. Und Wunder oder nicht, dabei sein möchte ich doch.

ERZBISCHOF *hält ihn einen Augenblick zurück:* Glauben Sie nicht, ich sei ein Freund von krummen Touren. Ein neuer Geist greift um sich unter den Menschen. Wir stehen an der Schwelle einer größeren Epoche. Wäre ich ein einfacher Mann und hätte nicht über Menschen zu regieren, so würde ich meinen Seelenfrieden lieber bei Aristoteles und Pythagoras suchen als bei den Heiligen und ihren Wundern.

LA TREMOUILLE Und wer, wenn ich fragen darf, war dieser Pythagoras?

ERZBISCHOF Ein kluger Mann, der meinte, die Erde sei rund und drehe sich um die Sonne.

LA TREMOUILLE Ein Schwachsinniger! Hatte er keine Augen im Kopf?

Sie gehen zwischen den Vorhängen hinaus, die sofort darauf zurückgezogen werden und die volle Tiefe des Thronsaals mit dem versammelten Hof enthüllen. Zur Rechten stehen auf einer Estrade zwei Thronsessel. Blaubart steht theatralisch auf der Estrade und spielt den König. Wie auch die anderen Hofleute genießt er den Scherz ziemlich offenkundig. An der Wand hinter der Estrade ein Bogen mit einem Vorhang. Aber der Haupteingang, von Bewaffneten bewacht, ist auf der anderen Seite des Saales. Eine Gasse quer durch den Raum wird von den Hofleuten eingehalten und gesäumt. Karl steht in dieser Gasse in der Mitte des Saales. La Hire rechts von ihm. Der Erzbischof zu seiner Linken hat seinen Platz neben der Estrade eingenommen. La Trémouille steht auf der anderen Seite des Thrones. Die Herzogin von Trémouille spielt Königin und sitzt auf dem Stuhl der Gemahlin, eine Gruppe von Hofdamen um sich. Der Hof schwatzt so laut, daß niemand das Erscheinen des Pagen zur Kenntnis nimmt.

PAGE Der Herzog von – – *Niemand hört zu.* Der Herzog von – – *Das Geplauder geht weiter. Entrüstet über seinen Mißerfolg reißt er, um sich Gehör zu verschaffen, dem nächsten Bewaffneten die Hellebarde aus der Hand und stößt damit auf den Boden. Das Geschwätz hört auf, und alle sehen schweigend auf ihn.* Achtung! *Er gibt die Hellebarde dem Bewaffneten zurück.* Der Herzog von Vendôme erlaubt sich, Seiner Majestät das Mädchen Johanna zu präsentieren.

KARL *legt den Finger an den Mund:* Ssst! *Er versteckt sich hinter dem nächsten Höfling und lugt hervor, um das Geschehen zu beobachten.*

BLAUBART *majestätisch:* Sie trete vor den Thron!

Johanna, als Soldat gekleidet, tritt ein. Das Haar ist kurz geschoren, dicke Locken rahmen ihr Gesicht. Sie wird von einem schüchternen und sprachlosen Edelmann hereingeführt, reißt sich aber von ihm los, bleibt stehen und sieht sich angestrengt nach dem Dauphin um.

HERZOGIN *zur nächsten Hofdame:* Mein Gott! Die Frisur! *Die Damen brechen in unbeherrschtes Gelächter aus.*

BLAUBART *versucht sich das Lachen zu verbeißen, macht eine Geste mit der Hand, um die allgemeine Heiterkeit zu dämpfen:* Bitte, meine Damen! Meine Damen!

JOHANNA *nicht im geringsten verlegen:* Ich trage mein Haar so, weil ich nämlich Soldat bin. Wo ist der Dauphin? *Ein Gekicher läuft durch den Hof, als sie auf die Estrade losgeht.*

BLAUBART *herablassend:* Du stehst vor dem Dauphin.

Johanna sieht ihn einen Augenblick lang skeptisch an und prüft ihn von oben bis unten, um sich zu vergewissern. Alle beobachten sie unter Totenstille. Ihr Gesicht zeigt, daß sie den Scherz verstanden hat.

JOHANNA Komm, komm, Blaubart: das kannst du mir nicht weismachen. Wo ist der Dauphin?

Brüllendes Gelächter erschallt, als Gilles de Retz mit einer Geste des Geschlagenen in das Lachen einstimmt und neben La Trémouille von der Estrade herabspringt. Johanna, immer noch lachend, wendet sich um, sucht die Reihe der Höflinge ab, tritt plötzlich auf Karl zu und zieht ihn mit einem raschen Griff am Arm heraus. Dann läßt sie ihn los und macht vor ihm einen kleinen Knicks.

Lieber kleiner Dauphin. Ich bin geschickt worden, um die Engländer aus Orléans und aus Frankreich zu vertreiben und Euch zum König zu krönen in der Kathedrale zu Reims, wo alle wahren Könige von Frankreich gekrönt werden.

KARL *triumphierend zum Hof:* Da seht ihr es alle. Sie hat das königliche Blut erkannt. Wer wagt es, jetzt noch zu sagen, ich sei nicht meines Vaters Sohn? *Zu Johanna:* Aber wenn du willst, daß ich in Reims gekrönt werde, mußt du mit dem Erzbischof sprechen, nicht mit mir. Da ist er. *Der Erzbischof steht hinter Johanna.*

JOHANNA *wendet sich schnell um, von Erregung übermannt:* Eminenz! – *Sie fällt vor ihm in die Knie, neigt ihren Kopf und wagt nicht aufzublicken.* Hoher Herr! Ich bin nur ein armes Mädchen vom Land, und Ihr seid erfüllt vom Segen und von der Glorie Gottes! Aber Ihr werdet mich gewiß mit Euren Händen berühren und mir Euren Segen erteilen.

BLAUBART *flüstert La Trémouille zu:* Sieh an, der alte Fuchs wird ganz rot.

LA TREMOUILLE Wunder über Wunder!

ERZBISCHOF *gerührt, legt ihr die Hand auf den Kopf:* Mein Kind, du bist in die Religion verliebt.

JOHANNA *erschrocken, sieht zu ihm auf:* Ich? Daran habe ich nie gedacht. Ist das etwas Schlechtes?

ERZBISCHOF Es ist nichts Schlechtes, mein Kind. Aber es ist eine Gefahr.

JOHANNA *erhebt sich, ein Strahl ausgelassener Glückseligkeit erhellt ihr Gesicht:* Gefahr ist überall, außer im Himmel. Hoher Herr, Ihr habt mir so viel Kraft gegeben, und so viel Mut. Es muß herrlich sein, wenn man Erzbischof ist. *Der Hof lächelt, kichert sogar ein wenig.*

ERZBISCHOF *richtet sich auf, ungehalten:* Meine Herren: Ihre Albernheit wird durch den Glauben dieses Mädchens beschämt. Ich bin, weiß Gott, sehr unwürdig. Aber diese Heiterkeit, meine Herren, ist Todsünde. *Ihre Gesichter werden lang. Totenstille.*

BLAUBART Eminenz! Wir haben über das Mädchen gelacht. Nicht über Sie.

ERZBISCHOF Wie? Noch nicht einmal über meine Unzulänglichkeit, sondern über ihren Glauben. Gilles de Retz: dieses Mädchen hat prophezeit, daß der Lästerer in seiner Sünde ertrinken wird.

JOHANNA *erschrocken abwehrend:* Nein!

ERZBISCHOF *fordert sie mit einer Geste zum Schweigen auf:* Und ich prophezeie jetzt, daß Sie wegen Ihrer Sünden gehenkt werden, wenn Sie nicht lernen, wann Sie zu lachen und wann Sie zu beten haben.

BLAUBART Eminenz, ich verdiene die Zurechtweisung. Und ich bitte um Entschuldigung. Mehr kann ich nicht sagen. Aber wenn Sie mir schon prophezeien, daß ich gehenkt werde, dann will ich von nun an keiner Versuchung mehr widerstehen. Ich werde mir immer sagen: besser ein gehenkter Sünder als ein gehenktes Tugendschaf. *Der Hof, wieder ermutigt, beginnt erneut zu kichern.*

JOHANNA *empört:* Du bist ein frecher Kerl, Blaubart. Es ist unverschämt, dem Erzbischof so zu antworten.

LA HIRE *lacht laut:* Gut gesagt, Kleine, gut gesagt!

JOHANNA *ungeduldig zum Erzbischof:* Hoher Herr, wollt Ihr nicht alle diese dummen Leute wegschicken, damit ich mit dem Dauphin allein sprechen kann?

LA HIRE *gutmütig:* Das ist ein Wink, den selbst ich verstehe. *Er grüßt militärisch, wendet sich auf seinem Absatz um und geht hinaus.*

ERZBISCHOF Kommen Sie, meine Herren: auf diesem Mädchen ruht Gottes Segen. Man muß ihm seinen Willen lassen. *Der Hof zieht sich zurück, einige durch den Bogen, andere auf der gegenüberliegenden Seite. Der Erzbischof geht auf die Tür zu. Die Herzogin und La Trémouille folgen ihm. Als der Erzbischof an Johanna vorbeigeht, fällt sie in die Knie und küßt mit Inbrunst den Saum seines Gewandes. In instinktiver Abwehr schüttelt er den Kopf, entzieht sich ihr und geht ab. Johanna bleibt kniend zurück, der Herzogin im Weg.*

HERZOGIN *kalt:* Willst du mich nicht gefälligst vorbeigehn lassen?

JOHANNA *erhebt sich rasch und tritt zurück:* Oh, ich bitte vielmals um Verzeihung, gnädige Frau. *Die Herzogin geht vorbei, Johanna starrt ihr nach und flüstert dann dem Dauphin zu.*

JOHANNA Ist das die Königin?

KARL Nein. Aber sie wäre es gern.

JOHANNA *starrt der Herzogin nach:* Oooh! *Ihr starres Erstaunen über die Erscheinung einer so herrlich gekleideten Dame ist nicht sehr schmeichelhaft.*

LA TREMOUILLE *sehr sauer:* Ich ersuche Sie, Hoheit, sich nicht über meine Frau lustig zu machen. *Er geht ab, die anderen sind schon draußen.*

JOHANNA Und wer ist der alte Drachen?

KARL Der Herzog von La Trémouille.

JOHANNA Was tut er?

KARL Er tut so, als befehlige er die Armee. Und wenn ich mal einen Freund finde, der mir lieb ist, bringt er ihn um.

JOHANNA Warum läßt du das zu?

KARL *geht verdrossen an die Thronseite des Saales, um sich ihrem magischen Einfluß zu entziehen:* Wie kann ich ihn daran hindern? Er tyrannisiert mich. Alle tyrannisieren sie mich.

JOHANNA Hast du Angst?

KARL Ja, ich habe Angst. Aber es wäre sinnlos, mir deswegen Vorwürfe zu machen. Es ist alles gut und schön für diese kräftigen Brocken mit ihrer Rüstung, die zu schwer für mich ist, und ihren Schwertern, die ich kaum heben kann, und ihren Muskeln und ihrem Gebrüll und ihrer schlechten Laune. Die kämpfen gern. Meistens machen sie sich sogar lächerlich, wenn sie mal in Zivil sind. Aber ich bin ruhig und vernünftig. Und ich will keine Leute umbringen. Ich will nur, daß man mich in Ruhe läßt, damit ich mich auf meine Art amüsieren kann. Ich habe nicht darum gebeten, König zu sein. Es ist mir auferlegt worden. Wenn du mir also kommst und sagst: Du, Sohn Ludwigs des Heiligen, ergreife das Schwert deiner Ahnen und führe uns zum Sieg! – dann spare dir lieber den Atem, um deinen Brei damit zu kühlen, denn das kann ich nicht. Zu so etwas bin ich nicht gemacht. Und damit basta.

JOHANNA *schneidend und herrisch:* Unsinn! Anfangs sind wir alle so. Ich werde dir schon Mut machen.

KARL Aber ich will ja gar keinen Mut haben. Ich will in einem bequemen Bett schlafen und nicht in dauernder Angst leben, daß man mich verwundet oder totschlägt. Mach doch den anderen Mut! Die sollen kämpfen, bis sie nicht mehr können. Aber mich laß in Ruhe!

JOHANNA Es hilft nichts, Charlie. Du mußt tragen, was Gott dir auferlegt hat. Wenn es dir nicht gelingt, ein König zu werden, dann bist du ein Bettler. Zu was anderem taugst du doch nicht. Komm zeig mir mal, wie du auf dem Thron aussiehst! Darauf habe ich mich schon gefreut.

KARL Wozu auf dem Thron sitzen, wenn andere die Befehle geben? – Aber gut – *er setzt sich auf den Thron, eine jämmerliche Figur* – da hast du deinen König. Sieh dich satt an der Jammerfigur!

JOHANNA Du bist ja auch noch nicht König, Junge! Du bist nur der Dauphin. Laß dich von diesen Leuten hier nicht irre machen. Die Krone sitzt nicht, wenn der Kopf nicht groß genug ist. Ich kenne das Volk –, ich meine das wirkliche Volk, das dein Brot für dich bäckt. Und ich sage dir: es will keinen Mann zu seinem König haben, bevor man ihm nicht das heilige Öl über das Haar gegossen hat, und bevor er nicht in der Kathedrale von Reims geweiht und gekrönt ist. Übrigens brauchst du auch neue Kleider, Charlie. Warum kümmert sich die Königin nicht richtig um dich?

KARL Wir sind zu arm. Alles Geld, das wir übrig haben, braucht sie für ihre Garderobe. Ich muß allerdings sagen, ich sehe sie gern schön angezogen. Was ich selbst trage, ist mir gleich. Ich bin und bleibe häßlich.

JOHANNA Du hast auch deine guten Seiten, Charlie. Aber es sind noch nicht die guten Seiten eines Königs.

KARL Wir werden sehen. Ich bin nicht so dumm wie ich aussehe. Ich halte meine Augen offen. Und ich sage dir: ein guter Vertrag ist zehn gute Schlachten wert. Diese Draufgänger verlieren in den Verträgen alles, was sie in den Schlachten gewinnen. Wenn wir einen Vertrag zustande bringen, dann ziehen die Engländer ganz gewiß den kürzeren. Sie können besser kämpfen als denken.

JOHANNA Wenn die Engländer siegen, dann sind sie es, die den Vertrag machen. Und dann helfe Gott dem armen Frankreich. Du mußt kämpfen, Charlie, ob du willst oder nicht. Ich gehe voran, ich mache dir Mut. Wir müssen unseren Mut in beide Hände nehmen – ja, und auch mit beiden Händen darum beten.

KARL *kommt vom Thron herab und durchquert wieder den Saal, um ihrer überwältigenden Intensität zu entgehen:* Ach, hör doch endlich auf mit Gott und mit Beten! Ich kann Leute nicht ausstehen, die dauernd beten. Ist es nicht schon schlimm genug, daß man es zu bestimmten Zeiten tun muß?

JOHANNA *bemitleidet ihn:* Du armer Junge! Du hast in deinem ganzen Leben noch nie gebetet. Ich muß es dir beibringen, und zwar von Grund auf.

KARL Ich bin kein Junge. Ich bin ein erwachsener Mann und Vater und habe keine Lust, mich immer belehren zu lassen.

JOHANNA Ach ja, du hast einen kleinen Sohn. Er wird Ludwig der Elfte, wenn du einmal stirbst. Willst du nicht für ihn kämpfen?

KARL Nein! Für diesen schrecklichen Balg? Er haßt mich. Er haßt alle, dieses egoistische kleine Ungeheuer. Ich kann mit Kindern nichts anfangen. Ich will kein Vater sein. Ich will auch kein Sohn sein. Und schon gar nicht Sohn Ludwigs des Heiligen. Ich will keine von diesen Heldenfiguren sein, die euch allen im Kopf herumspuken. Ich will genau das sein, was ich bin. Warum kümmerst du dich nicht um deine eigenen Dinge und läßt mich tun, was ich will?

JOHANNA *wieder mit Verachtung:* Sich um die eigenen Dinge

kümmern – das ist so, wie wenn man sich um seinen Körper kümmert: die sicherste Art, sich krank zu machen. Was sind denn meine Dinge? Zu Hause meiner Mutter helfen? Und was sind deine? Schoßhündchen streicheln und Bonbons lutschen? Das ist doch Blödsinn. Ich sage dir: was wir auf der Erde zu tun haben, ist Gottes Sache, nicht unsere eigene. Ich habe eine Botschaft an dich von Gott. Du mußt sie anhören, und wenn dein Herz vor Schreck stehen bleibt.

KARL Ich brauche keine Botschaft. Aber du kannst mir vielleicht ein paar Geheimnisse verraten. Kannst du Krankheiten heilen? Kannst du nicht vielleicht Blei zu Gold machen oder so etwas?

JOHANNA Ich kann dich in der Kathedrale von Reims zu einem König machen. Das ist ein Wunder. Aber es scheint, als koste es einige Anstrengung.

KARL Wenn wir nach Reims fahren und eine Krönung feiern, wird Anna neue Kleider haben wollen. Das können wir uns nicht leisten. Ich bin mit dem zufrieden, was ich habe.

JOHANNA Was du hast? Was hast du denn? Weniger als der ärmste Schafhirt meines Vaters. Bevor du nicht geweiht bist, bist du nicht der rechtmäßige Besitzer deines Landes.

KARL Ich werde ohnehin niemals der rechtmäßige Besitzer meines Landes sein. Zahlt die Weihe etwa meine Hypotheken ab? Ich habe dem Erzbischof und diesem fetten Bullen Trémouille mein letztes Stück Land verpfändet. Sogar Blaubart schulde ich Geld.

JOHANNA *ernst:* Lieber Charlie: ich komme vom Land. Und meine Kraft kommt von der Arbeit auf dem Land. Und ich sage dir: das Land gehört dir. Du sollst gerecht darüber herrschen und Gottes Frieden darin wahren. Du sollst es aber nicht verpfänden, wie ein betrunknes Weibsbild die Kleider seiner Kinder verpfändet. Ich komme von Gott. Und ich soll dir sagen, daß du in der Kathedrale von Reims niederknien und dein Königreich feierlich Gott darbieten sollst, für immer und ewig. Und daß du der größte König der Welt werden sollst, als Sein Verwalter und Sein Stellvertreter und Sein Soldat und Sein Diener. Der Erdboden Frankreichs wird geheiligt sein, seine Soldaten werden Soldaten Gottes sein, die Rebellen unter den Herzögen werden Rebellen gegen Gott sein. Die Engländer werden auf die Knie fallen und dich anflehen, sie in Frieden in ihr rechtmäßiges Vaterland heimziehen zu lassen. Willst du ein jämmerlicher kleiner Judas sein und mich verraten und Ihn, der mich gesandt hat?

KARL *endlich schwankend:* Wenn ich es nur wagen könnte.

JOHANNA Ich will es wagen, will es immer und immer wieder wagen, in Gottes Namen. Bist du für mich oder gegen mich?

KARL *angesteckt:* Ich will es wagen. Aber ich warne dich: ich weiß noch nicht, ob ich es durchhalten kann. Aber ich will es wagen, du sollst sehen. *Er läuft zur Haupttür und ruft:* He ihr! Kommt wieder zurück! Alle! *Zu Johanna, während er zur anderen Tür läuft:* Aber daß du auch bei mir bleibst! Und erlaube nicht, daß sie mich tyrannisieren! *Er ruft durch die Bogentür:* Ihr alle da, herein mit euch! Der ganze Hof! *Er setzt sich auf den Thronsessel, während alle schwatzend und neugierig auf ihre früheren Plätze zurückkehren.* Jetzt kann ich nicht mehr zurück. Aber warum auch nicht? Jetzt kommt es drauf an. *Zum Pagen:* Schaff Ruhe, du kleine Bestie! Hörst du?

PAGE *greift nach einer Hellebarde wie zuvor und stößt sie mehrmals auf den Boden:* Ruhe für Seine Majestät, den König! Der König spricht. *Gebieterisch:* Wollt ihr endlich ruhig sein? Ihr dort! *Schweigen*

KARL *steht auf:* Ich habe den Oberbefehl über das Heer dem Mädchen übertragen. Sie kann damit tun, was sie will. *Er steigt von der Estrade herab. Allgemeines Erstaunen. La Hire schlägt in Begeisterung mit seinem Panzerhandschuh gegen seine Schenkelschiene.*

LA TREMOUILLE *wendet sich drohend gegen Karl:* Was soll das heißen? Das Heer befehlige ich!

Johanna legt Karl, der instinktiv zurückschreckt, rasch ihre Hand auf die Schulter. Karl übertreibt seine Demonstration mit einer grotesken Geste: er schnalzt dem Marschall mit den Fingern vors Gesicht.

JOHANNA Da hast du deine Antwort, alter Drachen! *Plötzlich reißt sie das Schwert aus der Scheide; sie erkennt, daß jetzt ihr Augenblick gekommen ist:* Wer ist für Gott und Sein Mädchen? Wer kommt mit mir nach Orléans?

LA HIRE *hingerissen, zieht ebenfalls sein Schwert:* Für Gott und Sein Mädchen! Nach Orléans!

ALLE RITTER *folgen seinem Beispiel mit Begeisterung:* Nach Orléans!

Johanna strahlt. Sie fällt in die Knie und dankt Gott. Sie knien alle, mit Ausnahme des Erzbischofs, der mit einem Zeichen den Segen erteilt, und La Trémouille, der fluchend zusammensinkt.

Vorhang

Dritte Szene

Orléans, den 29. April 1429. Am Südufer der silbernen Loire. Dunois, sechsundzwanzig Jahre alt, läuft auf und ab, an einer Stelle, von der man in beiden Richtungen weit über den Fluß sieht. Er hat seine Lanze mit einem Fähnchen in den Boden rammen lassen. Das Fähnchen flattert in einem heftigen Ostwind. Sein Schild mit dem Linksbalken (Zeichen des Bastards) liegt daneben. Er hat seinen Feldherrnstab in der Hand. Er ist gut gewachsen und trägt seine Rüstung leicht. Seine breite Stirn und sein spitzes Kinn geben seinem Gesicht die Form eines gleichseitigen Dreiecks. Langjähriger Dienst und Verantwortung haben sich bereits darauf abgezeichnet. Es vermittelt den Ausdruck eines gutmütigen und fähigen Mannes, der weder Eitelkeit noch törichte Illusion kennt. Sein Page sitzt neben ihm auf der Erde, die Ellbogen auf den Knien, die Wangen auf den Fäusten, und sieht träge auf das Wasser. Es ist Abend. Beide, Mann und Junge, sind von der Schönheit der Loirelandschaft berührt.

DUNOIS *bleibt einen Augenblick stehen, um auf das wehende Fähnchen zu sehen. Entmutigt schüttelt er den Kopf und nimmt seinen Gang wieder auf:* Westwind, Westwind, Westwind! Hure! Flattert davon, wo sie hängen bleiben sollte, hängt sich an, wo sie davonflattern sollte. Westwind auf dem Silber der Loire. Was reimt sich eigentlich auf Loire? *Er sieht wieder auf das Fähnchen und bedroht es mit der Faust:* Schwing um, du verdammte englische Dirne von einem Wind! Wende dich, komm von Westen! Von Westen, sag ich! *Mit einem Seufzer setzt er seinen Gang schweigend fort, beginnt aber bald wieder:* Westwind, Flatterwind, Lotterwind, Weiberwind, falscher Wind, du, dort hinter dem Wasser, willst du denn niemals wieder wehen?

PAGE *springt auf die Füße:* Sehen Sie! Dort! Was da läuft!

DUNOIS *fährt aus seinen Gedanken auf, gespannt:* Wo? Wer? Das Mädchen?

PAGE Nein, der Eisvogel! Wie ein blauer Blitz! Jetzt ist er in den Büschen.

DUNOIS *wütend enttäuscht:* Ist das alles? Du verfluchter Balg! Ich hätte Lust, dich in den Fluß zu werfen.

PAGE *ohne Furcht, er kennt seinen Herrn:* Er sah furchtbar lustig aus. Wirklich wie ein blauer Blitz. Sehen Sie! Da kommt der andere.

DUNOIS *läuft aufgeregt zum Ufer:* Wo? Wo?

PAGE *deutet:* Dort im Schilf.

DUNOIS *entzückt:* Jetzt sehe ich. *Sie folgen dem Flug, bis der Vogel verschwindet.*

PAGE Gestern haben Sie geschimpft, weil ich Sie nicht rechtzeitig geholt habe.

DUNOIS Du weißt doch, daß ich das Mädchen erwarte. Und da fängst du mit deinem Gebrüll an. Das nächste Mal gebe ich dir Grund zum Brüllen.

PAGE Sind sie nicht wunderbar? Ich wollte, ich könnte sie fangen.

DUNOIS Wehe dir, wenn ich dich dabei erwische. Ich stecke dich in einen Eisenkäfig, einen ganzen Monat lang. Dann kannst du lernen, wie es in einem Käfig aussieht. Du bist ein gräßlicher Kerl. *Der Page lacht und legt sich wieder hin wie zuvor.*

DUNOIS *geht auf und ab:* Blauer Vogel, blauer Vogel! Guter Freund, ich bitte dich: Wende du den Wind für mich! Nein. Das ist kein guter Reim. Betrachte nicht als Sünder mich! Das ist schon besser. Aber dafür ergibt es keinen Sinn. *Er steht dicht hinter dem Pagen.* Du gräßlicher Kerl! *Er wendet sich von ihm ab.* Maria – du mit dem Band im Haar, blau wie der Eisvogel: Warum gönnst du mir den Westwind nicht?

STIMME DER WACHE *von Westen:* Halt! Wer da?

JOHANNAS STIMME Das Mädchen.

DUNOIS Laßt sie vorbei! Komm her, Mädchen! Zu mir! *Johanna, in glänzender Rüstung, kommt wütend herbeigelaufen. Der Wind hört auf, das Fähnchen hängt schlaff an der Lanze. Aber Dunois ist zu sehr mit Johanna beschäftigt, um es zu merken.*

JOHANNA *lapidar:* Bist du der Bastard von Orléans?

DUNOIS *deutet kühl und sachlich auf seinen Schild:* Du siehst den Linksbalken. Bist du Johanna, das Mädchen?

JOHANNA Wer sonst!

DUNOIS Wo sind deine Truppen?

JOHANNA Meilenweit zurück. Sie haben mich angeschwindelt. Auf die falsche Seite des Flusses haben sie mich geführt.

DUNOIS Das habe ich ihnen befohlen.

JOHANNA Aber warum denn? Die Engländer stehen doch auf der anderen Seite.

DUNOIS Die Engländer stehen auf beiden Seiten.

JOHANNA Aber Orléans liegt auf der anderen Seite. Dort müssen wir auf die Engländer stoßen. Wie kommen wir über den Fluß?

DUNOIS *grimmig:* Es gibt eine Brücke.

JOHANNA In Gottes Namen denn: über die Brücke! Überfallen wir sie!

DUNOIS Das scheint einfach. Aber es geht nicht.

JOHANNA Wer sagt das?

DUNOIS Das sage ich. Und ältere und weisere Köpfe als ich sagen es auch.

JOHANNA *lapidar:* Dann sind deine älteren und weiseren Köpfe eben Dummköpfe. Sie haben dich zum Narren gehalten. Und jetzt halten sie auch mich zum Narren; sie führen mich ans falsche Ufer. Weißt du denn nicht, daß ich dir bessere Hilfe bringe als jemals ein Feldherr oder eine Stadt erhalten hat?

DUNOIS *lächelt geduldig:* Deine eigene?

JOHANNA Nein. Meine Hilfe und mein Rat kommen vom König des Himmels. Wo geht es zur Brücke?

DUNOIS Du bist ungeduldig, Mädchen.

JOHANNA Ist jetzt die Zeit für Geduld? Der Feind steht vor unseren Toren, und hier stehen wir und tun nichts. Warum kämpft ihr denn nicht? – Hört mal zu: ich will dich von der Angst befreien, ich will...

DUNOIS *lacht laut und wehrt ab:* Nein, nein, mein Kind. Wenn du mich von der Angst befreist, dann bin ich zwar ein sehr guter Märchenheld, aber ein sehr schlechter Heerführer. Komm mal her! Fangen wir mal an, aus dir einen Soldaten zu machen. *Er führt sie ans Ufer.* Siehst du die beiden Befestigungen an diesem Ende der Brücke? Die großen?

JOHANNA Ja. Gehören die uns oder den Gottverdammichen?

DUNOIS Rede nicht! Hör mir zu! Wäre ich in einer dieser Befestigungen und hätte auch nur zehn Mann: ich könnte sie gegen eine ganze Armee halten. Die Engländer haben mehr als zehnmal zehn Gottverdammiche in diesen Befestigungen, um sie gegen uns halten zu können.

JOHANNA Sie können sie nicht gegen Gott halten. Gott hat ihnen das Land unter diesen Befestigungen nicht geschenkt. Sie haben es ihm gestohlen. Uns hat er es geschenkt. Ich werde die Befestigungen erobern.

DUNOIS Allein?

JOHANNA Unsere Leute werden sie erobern. Ich führe sie.

DUNOIS Kein einziger Mann wird dir folgen.

JOHANNA Ich werde mich nicht umsehen, ob mir einer folgt.

DUNOIS *erkennt ihren Mut und klopft ihr kollegial auf die Schul-*

ter: Brav. Du hast das Zeug zum Soldaten in dir. Du bist in den Krieg verliebt.

JOHANNA *erschrocken:* Ach! Der Erzbischof hat gesagt, ich sei in die Religion verliebt.

DUNOIS Gott verzeih mir, aber ich bin selbst ein wenig in den Krieg verliebt, in dieses häßliche Ungeheuer. Ich bin ein Mann mit zwei Frauen. Und du willst also eine Frau mit zwei Männern sein?

JOHANNA *prosaisch:* Ich werde niemals einen Mann nehmen. In Toul hat mich ein Mann verklagt. Ich hätte das Eheversprechen gebrochen, hieß es. Aber ich hatte es ihm nie gegeben. Ich bin Soldat. Man soll mich nicht als Frau betrachten. Ich will mich auch nicht als Frau anziehen. Ich kümmere mich nicht um Dinge, um die sich Frauen kümmern. Sie träumen von Liebhabern und von Geld. Ich träume davon, einen Angriff zu führen und Kanonen aufzustellen. Ihr Soldaten wißt ja gar nicht, wie man mit großen Kanonen umgeht. Ihr meint, man kann eine Schlacht mit viel Lärm und Rauch gewinnen.

DUNOIS *achselzuckend:* Das ist wahr. Oft macht einem die Artillerie mehr Mühe als sie wert ist.

JOHANNA Ja ja, mein Junge, man kann gegen Mauern aus Stein nicht mit Pferden kämpfen. Man braucht Kanonen, und zwar noch viel größere Kanonen.

DUNOIS *grinst über ihre familiäre Anrede und erwidert sie:* Ganz recht, Schwester. Aber ein rechtes Herz und eine gute Leiter führen über jede Mauer, wenn sie auch noch so fest ist.

JOHANNA Ich will die erste auf der Leiter sein, wenn wir dort sind, Bastard. Und dann kommst du, wenn du es wagst.

DUNOIS Du darfst keinen Stabsoffizier herausfordern, Johanna. Nur Kompanieführer können sich den Luxus persönlicher Tapferkeit leisten. Übrigens möchte ich dir sagen, daß du mir zwar als Heilige willkommen bist, aber nicht als Soldat. Draufgänger habe ich genug. Ich brauche sie nur zu rufen, wenn ich sie will.

JOHANNA Ich bin kein Draufgänger. Ich bin Gottes Dienerin. Mein Schwert ist geweiht: Ich habe es hinter dem Altar der Katharinenkirche gefunden, dort hatte Gott es für mich versteckt. Es kann sein, daß ich keinen einzigen Streich damit führe. In meinem Herz ist viel Mut, aber kein Zorn. Ich gehe voran. Und deine Leute folgen. Das ist alles, was ich tun kann. Aber ich muß es tun. Du wirst mich nicht aufhalten.

DUNOIS Alles zu seiner Zeit. Unsere Leute können die Befestigungen nicht von der Brücke aus nehmen. Sie müssen zu Wasser kommen und den Engländern auf dieser Seite in den Rükken stoßen.

JOHANNA *ihr militärischer Sinn bewährt sich:* Dann bau Flöße und stelle große Kanonen darauf. Und deine Leute sollen zu uns herüberkommen.

DUNOIS Die Flöße sind fertig. Und die Männer sitzen schon darauf. Sie warten nur noch auf Gott.

JOHANNA Was soll das heißen? Gott wartet auf sie.

DUNOIS Dann soll Er uns den rechten Wind schicken. Meine Schiffe liegen dort unten, stromabwärts. Sie müßten also nicht nur gegen den Strom, sondern auch gegen den Wind angehen. Das können sie nicht. Wir müssen warten, bis Gott den Wind wendet. Komm! Ich führe dich in die Kirche.

JOHANNA Nein. Ich gehe sehr gern in die Kirche. Aber die Engländer lassen sich nicht durch Gebete besiegen. Die verstehen nichts als Hauen und Schlagen. Ich gehe nicht in die Kirche, bevor wir sie nicht besiegt haben.

DUNOIS Doch. Du mußt. Du mußt dort etwas für mich erledigen.

JOHANNA Und was wäre das?

DUNOIS Du mußt um Westwind beten. Ich habe gebetet. Ich habe sogar zwei silberne Kerzenhalter gespendet. Aber meine Gebete werden nicht erhört. Vielleicht werden deine erhört. Du bist jung und unschuldig.

JOHANNA Ja. Du hast recht. Ich will beten. Ich will es der heiligen Katharina sagen. Sie wird Gott bitten, mir Westwind zu schicken. Schnell! Zeig mir den Weg zur Kirche.

PAGE *niest herzhaft:* Hatschi!

JOHANNA Gesundheit, Kleiner! Komm, Bastard! *Sie gehen ab. Der Page steht auf und will folgen. Er nimmt den Schild auf und ist dabei, die Lanze auszuziehen, als er merkt, daß das Fähnchen ostwärts weht.*

PAGE *läßt den Schild fallen und ruft ihnen aufgeregt nach:* Herr von Dunois! Herr von Dunois! Mademoiselle!

DUNOIS *läuft zurück:* Was ist los? Der Eisvogel? *Er blickt gespannt über den Fluß nach ihm aus.*

JOHANNA *kommt zurück:* Oh, ein Eisvogel? Wo?

PAGE Nein. Der Wind! Der Wind! Der Wind! *Deutet auf das Fähnchen:* Deshalb mußte ich niesen.

DUNOIS *sieht auf das Fähnchen:* Der Wind hat sich gewendet. *Er bekreuzigt sich:* Gott hat gesprochen. *Er kniet nieder und reicht Johanna seinen Feldherrnstab.* Du führst die Armee des Königs. Ich bin dein Soldat.

PAGE *blickt den Fluß hinab:* Die Boote haben abgestoßen. Sie fliegen stromaufwärts. Wie von selbst.

DUNOIS *steht auf:* Jetzt los auf die Festungen! Du hast mich herausgefordert, dir zu folgen. Ich fordere dich heraus, mich zu führen.

JOHANNA *bricht in Tränen aus, wirft ihre Arme um Dunois und küßt ihn auf beide Wangen:* Dunois, mein Waffenbruder! Hilf mir! Meine Augen sind ganz blind von Tränen. Setz dann meinen Fuß auf die Leiter und sag: Hinauf mit dir, Johanna!

DUNOIS *zieht sie hinaus:* Weg mit den Tränen! Zu den Kanonen!

JOHANNA *in einem Anfall von Mut:* Los!

DUNOIS *zieht sie mit sich fort:* Für Gott und Sankt Denis!

PAGE *gellend:* Das Mädchen! Das Mädchen! Gott und sein Mädchen! Hurraaa!! *Er reißt Schild und Lanze an sich und folgt ihnen, hüpfend vor Erregung.*

Vorhang

Vierte Szene

Ein Zelt im englischen Lager. Ein stiernackiger englischer Kaplan von fünfzig Jahren sitzt auf einem Schemel an einem Tisch, in Schreibarbeit vertieft. An der anderen Seite des Tisches sitzt auf einem bequemen Stuhl ein imposanter Adliger von sechsundvierzig Jahren und wendet die Blätter eines illuminierten Stundenbuches, offensichtlich mit Genuß. Der Kaplan kämpft mit unterdrückter Wut. Zur Linken des Adligen steht ein leerer Lederschemel. Der Tisch ist zu seiner Rechten.

DER ADLIGE Das nenne ich mir echtes gutes Handwerk. Es gibt doch keinen größeren Genuß auf der Welt als ein hübsches Buch mit gerade gesetzten Spalten in reichem schwarzem Schriftzug mit schönen Initialen und richtig sitzenden Bildern in leuchtenden Farben. Aber heutzutage lesen die Leute ja die Bücher lieber, anstatt sie zu betrachten. Als wäre ein Buch nichts anderes als eine Bestellung von Schweinefleisch oder Mehl, wie Sie da eine kritzeln.

KAPLAN Ich muß sagen, Mylord, Sie nehmen unsere Lage sehr leicht. Zu leicht, wie mir scheint.

DER ADLIGE *obenhin:* Was ist denn geschehen?

KAPLAN Was geschehen ist, Mylord? Nichts als daß wir Engländer besiegt worden sind.

DER ADLIGE Das kommt öfters vor, wie Ihnen gewiß nicht entgangen sein dürfte. Nur in Geschichtsbüchern und Balladen ist es immer der Feind, der besiegt wird.

KAPLAN Aber sollen wir uns denn immer wieder besiegen lassen? Erst Orléans, dann...

DER ADLIGE *geringschätzig:* Ach, Orléans!

KAPLAN Ich weiß, was Sie sagen wollen, Mylord. Das sei ein klarer Fall von Zauberei und Hexenkunst. Aber wir werden ja immer weiter besiegt. Jargeau, Meung, Beaugency, alles wie bei Orléans. Und jetzt hat man uns bei Patay geradezu niedergemetzelt. Sir John Talbot ist gefangen. *Er wirft seine Feder hin, beinahe in Tränen:* Das setzt mir zu, Mylord. Es greift mir ans Herz. Ich kann nicht mitansehen, wie meine Landsleute von einem Pack von Ausländern geschlagen werden.

DER ADLIGE Ach so! Sie nennen sich Engländer?!

KAPLAN Nein, das nicht, Mylord. Ich bin ein Gentleman. Aber wie Sie, Mylord, bin ich in England geboren. Und das haftet einem an.

DER ADLIGE Sie hängen sozusagen an der Scholle, wie?

KAPLAN Es beliebt Ihrer Exzellenz, sich über mich lustig zu machen. Ihr hoher Rang sichert Ihnen das Recht dazu. Aber Sie wissen sehr wohl, daß ich nicht im vulgären Sinne am Boden hänge. Nicht wie ein Leibeigener. Ich habe eben ein starkes Gefühl für das Land. *Mit wachsender Erregung:* Und ich schäme mich deswegen nicht. *Er steht wütend auf:* Und, bei Gott, wenn das so weitergeht, dann schmeiße ich meine Soutane dem Teufel hin und greife selbst zur Waffe. Und diese verfluchte Hexe, die werde ich eigenhändig erwürgen.

DER ADLIGE *lacht ihn gutmütig aus:* Tun Sie das, Kaplan, tun Sie das, wenn uns nichts Besseres einfällt. Aber noch nicht, noch nicht sofort. *Der Kaplan geht verdrossen auf seinen Platz zurück.*

DER ADLIGE *obenhin:* Ich würde mir um die Hexe keine allzu großen Sorgen machen. Ich habe meine Pilgerfahrt ins Heilige Land hinter mir, und ich weiß, daß die himmlischen Mächte sich selbst viel zu hoch einschätzen, um zu gestatten, daß eine Dorfhexe mich besiegt. Aber der Bastard von Orléans, das ist schon eine härtere Nuß. Der war auch im Heiligen Land. In dieser Beziehung sind wir einander ebenbürtig.

KAPLAN Er ist nur ein Franzose, Mylord.

DER ADLIGE Ein Franzose! Wo haben Sie denn diesen Ausdruck her? Fangen diese Burgunder und Bretonen und Picarden und Gascogner auch schon an, sich Franzosen zu nennen, so wie unsere Kerle sich auf einmal Engländer nennen? Sie sprechen sogar von Frankreich und England als von ›ihren‹ Ländern. ›Ihren‹, wenn ich bitten darf. Was soll aus uns beiden werden, wenn diese Denkart in Mode kommt?

KAPLAN Warum, Mylord? Kann uns das schaden?

DER ADLIGE Der Mensch kann doch nicht zwei Herren dienen. Wenn dieser Blödsinn vom ›Dienst am eigenen Lande‹ einmal Fuß faßt, dann ist es vorbei mit der Autorität der Lehnsherren. Und vorbei mit der Autorität der Kirche. Und das bedeutet: vorbei mit Ihnen und mir.

KAPLAN Ich darf wohl sagen, daß ich ein treuer Diener der Kirche bin. Außerdem bin ich ein Stogumber, und unsere Baronie wurde von Wilhelm dem Eroberer geschaffen. Zwischen mir und dem Titel stehen nur sechs Vettern. Soll das ein Grund sein, ruhig zuzusehen, wie ein französischer Bastard und eine Hexe aus der lausigen Champagne die Engländer schlagen?!

DER ADLIGE Ruhig Blut, Bester, ruhig Blut! Wir werden die Hexe verbrennen und den Bastard besiegen. Alles zu seiner Zeit. Ich erwarte soeben den Bischof von Beauvais, um ihre Verbrennung mit ihm vorzubereiten. Ihre Anhänger haben ihn aus seiner Diözese hinausgeworfen.

KAPLAN Erst werden Sie die Hexe fangen müssen, Mylord.

DER ADLIGE Oder kaufen. Ich werde ein königliches Lösegeld für sie aussetzen.

KAPLAN Königliches Lösegeld für diese Hure?

DER ADLIGE Man muß die Provisionen berücksichtigen. Karls Leute werden sie den Burgundern verkaufen. Die Burgunder werden sie uns verkaufen. Und wahrscheinlich gibt es dabei drei, vier Mittelsmänner, die mit ihrem kleinen Aufschlag rechnen.

KAPLAN Unerhört! Daran sind schon wieder die Judenkerle schuld! Sobald irgendwo Geld die Hand wechselt, sind die Juden dabei. In der ganzen Christenwelt wäre kein Jude mehr am Leben, wenn es nach mir ginge.

DER ADLIGE Warum nicht? Die Juden bieten etwas fürs Geld. Sie lassen sich bezahlen, aber sie liefern die Ware. Ich habe die Erfahrung gemacht, daß die Leute, die etwas umsonst haben wollen, immer Christen sind. *Ein Page tritt auf.*

PAGE Seine Eminenz, der Bischof von Beauvais, Monsignore Cauchon. *Cauchon tritt ein. Er ist etwa sechzig Jahre alt. Der Edelknabe ab. Die beiden Engländer erheben sich.*

DER ADLIGE *mit beflissener Höflichkeit:* Mein lieber Bischof, wie gütig von Ihnen, sich hierher zu bemühen. Darf ich mich vorstellen: Richard von Beauchamp, Graf von Warwick, Ihnen zu Diensten.

CAUCHON Ihr Ruhm, Exzellenz, ist mir wohlbekannt.

WARWICK Dieser würdige Geistliche ist Herr Johann von Stogumber.

KAPLAN *beredt:* John Bowyer Spencer Neville von Stogumber, zu Diensten Eurer Eminenz. Baccalaureus der Theologie und Geheimsiegelbewahrer Seiner Eminenz, des Kardinals von Winchester.

WARWICK Ich glaube, hier nennt man ihn Kardinal von England. Der Onkel unseres Königs.

CAUCHON Herr Johann von Stogumber, Seine Eminenz ist stets mein guter Freund gewesen. *Er streckt dem Kaplan die Hand hin, der Kaplan küßt den Ring.*

WARWICK Erweisen Sie mir die Ehre, Platz zu nehmen. *Er über-*

läßt Cauchon seinen Sessel und stellt ihn an den Kopf des Tisches. Cauchon nimmt mit einer ernsten Verneigung den Ehrenplatz ein. Warwick holt lässig den Lederschemel und setzt sich an seinen vorherigen Platz. Der Kaplan geht zurück zu seinem Stuhl. Obgleich Warwick in wohlberechneter Ehrerbietung dem Bischof gegenüber die zweite Stelle eingenommen hat, nimmt er wie selbstverständlich die Eröffnung der Verhandlung in die Hand. Er ist immer noch herzlich und expansiv, aber in seiner Stimme ist ein neuer Ton, der bedeutet, daß er zur Sache kommen will.

WARWICK Ja, Eminenz, Sie finden uns da im Augenblick in einer etwas unglückseligen Situation. Karl soll in Reims gekrönt werden, und dazu noch von diesem jungen Ding aus Lothringen, und – um Ihnen die Wahrheit zu sagen und Ihrer Hoffnung nicht zu schmeicheln: – wir können es nicht verhindern. Ich fürchte, Karls Stellung wird dadurch sehr gefestigt.

CAUCHON Ohne Zweifel. Es ist ein Meisterstreich des Mädchens.

KAPLAN *erregt sich wieder:* Der Sieg über uns war nicht fair! Kein Engländer wird jemals auf faire Weise besiegt! *Cauchon hebt die Augenbrauen ein wenig, aber sein Gesicht glättet sich sogleich wieder.*

WARWICK Unser Freund hier hält das junge Ding für eine Zauberin. Wenn ich nicht irre, wäre es Ihre Pflicht, Eminenz, sie der Inquisition zu überantworten und sie für ihre Verbrechen auf den Scheiterhaufen zu bringen?

CAUCHON Wenn man sie in unserer Diözese erwischt, ja.

WARWICK *spürt, daß er prachtvoll vorwärtskommt:* Ganz recht. Es kann doch wohl kein wirklicher Zweifel bestehen, daß sie eine Hexe ist.

KAPLAN Nicht der geringste Zweifel. Eine abgefeimte Hexe!

WARWICK *Mit sanftem Vorwurf wegen der Unterbrechung:* Wir bitten Seine Eminenz um ihre Meinung, Kaplan.

CAUCHON Wir werden hier nicht nur unsere eigene Meinung, sondern auch die Meinung – wenn Sie so wollen, die Vorurteile – eines französischen Gerichtshofes berücksichtigen müssen.

WARWICK *korrigiert ihn:* Eines katholischen Gerichtshofes, Eminenz.

CAUCHON Katholische Gerichtshöfe sind, wie andere Gerichtshöfe, aus sterblichen Menschen zusammengesetzt, mögen ihr Amt und ihre göttliche Eingebung auch noch so heilig sein. Und sind die Menschen Franzosen – wie die Mode sie jetzt nennt – so sieht die Sache nicht gut aus: der bloße Umstand, daß eine englische Armee von einer französischen geschlagen worden ist, wird sie nicht davon überzeugen, daß Hexerei im Spiel gewesen ist.

KAPLAN Was?! Nicht einmal dann, wenn der große Sir John Talbot von einer Hure aus der Gosse Lothringens geschlagen und gefangen genommen wird?

CAUCHON Sir John Talbot ist, wie wir alle wissen, ein bedeutender und gewaltiger Soldat, Herr von Stogumber. Aber daß er auch ein fähiger General sei, ist mir noch nicht zu Ohren gekommen. Ihnen mag vielleicht die Version zugute kommen, daß er von diesem Mädchen geschlagen worden sei. Dennoch würden einige unter uns seine Niederlage zumindest teilweise Herrn von Dunois zuschreiben.

KAPLAN *mit Verachtung:* Dem Bastard von Orléans!

CAUCHON Darf ich Sie daran erinnern...?

WARWICK *unterbricht:* Ich weiß, was Sie sagen wollen, Eminenz: Dunois hat mich bei Montargis geschlagen.

CAUCHON *verneigt sich:* Ich betrachte das als Beweis, daß Herr von Dunois ein hervorragender Feldherr sein muß.

WARWICK Eminenz sind die Höflichkeit in Person. Ich gebe unsererseits zu, daß Talbot nichts als ein Kampfbulle ist, und wahrscheinlich geschah ihm recht, als er bei Patay in Gefangenschaft geriet.

KAPLAN *vorwurfsvoll:* Aber Mylord! Bei Orléans hat diese Person einen englischen Pfeil durch den Hals bekommen. Vor Schmerzen soll sie geheult haben wie ein Kind. Es war eine Todeswunde. Dennoch hat sie den ganzen Tag gekämpft. Und als unsere Leute die Angriffe des Gegners zurückgeschlagen hatten, so wie echte Engländer es eben tun, da lief sie allein, ein weißes Banner in der Hand, auf die Mauern unserer Festung los. Der Anblick hat unsere Leute gelähmt, sie konnten nicht schießen und nicht fechten. Da fielen dann die Franzosen über sie her und haben sie über die Brücke gejagt. Die Brücke ging in Flammen auf, so daß unsere Leute haufenweise im Fluß ertranken. War das die Feldherrnkunst Ihres Bastards? Oder waren diese Flammen nicht vielmehr Flammen der Hölle, beschworen durch Hexerei?

WARWICK Eminenz, verzeihen Sie bitte den Eifer des Herrn Kaplan. Aber er hat den Fall richtig dargestellt. Dunois ist ein großer Feldherr, das sei zugegeben. Aber warum hat er nichts erreicht, bevor die Hexe da war?

CAUCHON Ich behaupte nicht, daß sie keine übernatürlichen Kräfte auf ihrer Seite hat. Aber die Namen auf jenem weißen Banner waren nicht die von Satan und Beelzebub, sondern die gesegneten Namen unseres Herrn und seiner heiligen Mutter. Und Ihr Feldherr, der ertrunken ist – Glasstel nennt ihr ihn, wenn ich nicht irre...?

WARWICK Glasdale. Sir William Glasdale.

CAUCHON Glasdell – danke. Er war gewiß kein Heiliger, und viele unserer Leute glauben, er sei ertrunken, weil er gegen das Mädchen lästerte.

WARWICK *dessen Blick Zweifel zu zeigen beginnt:* Und was sollen wir aus alledem schließen, Mylord? Hat dieses Mädchen Sie bekehrt?

CAUCHON Wäre es so, Mylord, so hätte ich Besseres zu tun, als mich hier in Ihre Gewalt zu begeben.

WARWICK *mit sanfter Mißbilligung:* Aber Eminenz!

CAUCHON Wenn der Teufel sich dieses Mädchens bedient – und ich glaube, daß er das tut –

WARWICK *wieder beruhigt:* Ah! Hören Sie, Herr Kaplan? – Ich wußte, daß wir uns auf Ihre Eminenz verlassen können. Entschuldigen Sie bitte die Unterbrechung. Fahren Sie fort!

CAUCHON Wenn dem so ist, dann ist der Teufel weitsichtiger als Sie denken.

WARWICK Wirklich? Inwiefern? Hören Sie gut zu, Herr Kaplan!

CAUCHON Nehmen Sie an, der Teufel wolle ein Bauernmädchen verderben: diese Aufgabe wäre zu leicht, als daß er ihretwegen erst ein halb Dutzend Schlachten gewinnen müßte, meinen Sie nicht? Nein, Mylord, wenn das Mädchen überhaupt verdammt werden soll, dann wäre das höchstens die Aufgabe eines kleinen Höllenkobolds. Der Fürst der Finsternis läßt sich nicht zu einer solch subalternen Aufgabe herab. Wenn er zuschlägt, so will er die katholische Kirche treffen, und ihr Reich, nämlich die gesamte geistige Welt. Wenn er verdammt, verdammt er die Seelen der gesamten Menschheit. Das ist der furchtbare Anschlag; gegen ihn muß die Kirche immer auf der Hut sein. Und sehen Sie: ich betrachte die Kleine als ein Werkzeug dieses Plans. Sie ist erleuchtet. Aber erleuchtet vom Teufel.

KAPLAN Ich sagte Ihnen ja: sie ist eine Hexe.

CAUCHON *heftig:* Sie ist keine Hexe. Sie ist eine Ketzerin.

KAPLAN Was soll da für ein Unterschied sein?

CAUCHON Das fragen Sie mich? Sie, ein Priester? Ihr Engländer seid merkwürdig stumpf in eurem Denken. All diese Dinge, die ihr Zauberei nennt, kann man auf natürliche Weise erklären. Die Wunder dieser Kleinen locken keinen hinterm Ofen hervor. Sie selbst stellt sie ja gar nicht als Wunder dar. Was beweisen ihre Siege? Daß sie einen besseren Kopf auf ihren Schultern hat als eure fluchenden Glasdells und eure starrköpfigen Bullen wie diese Talbots. Und daß der Mut des Glaubens, selbst wenn der Glaube falsch ist, den Mut des Zornes überwindet.

KAPLAN *traut seinen Ohren kaum:* Wollen Sie, Eminenz, Sir John Talbot, einen Mann, der immerhin drei Amtsperioden lang Gouverneur von Irland war, mit einem starrköpfigen Bullen vergleichen?!

WARWICK Sie, Herr Kaplan, könnten sich das allerdings nicht erlauben, Sie sind um sechs Vettern von der Baronie entfernt. Aber da ich ein Graf bin und Talbot nur ein Ritter ist, darf ich mir die Kühnheit gestatten und den Vergleich annehmen. *Zu Cauchon:* Eminenz, ich beuge mich Ihrer Meinung, was die Hexerei betrifft. Dennoch: wir müssen das Weibsbild verbrennen.

CAUCHON Ich kann es nicht verbrennen. Die Kirche darf kein Leben vernichten. Und meine erste Pflicht besteht darin, das Heil des Mädchens zu suchen.

WARWICK Ohne Zweifel. Aber gelegentlich verbrennt ihr doch Menschen.

CAUCHON Nein. Die Kirche schneidet einen hartnäckigen Ketzer wie einen toten Zweig vom Baum des Lebens und übergibt ihn dem weltlichen Arm. Und die Kirche hat dann nichts mehr mit dem zu tun, was der weltliche Arm entscheidet.

WARWICK Genau. Und in diesem Falle werde ich der weltliche Arm sein. Daher, Eminenz, reichen Sie mir Ihren toten Zweig, und ich will dafür sorgen, daß das Feuer für ihn bereit sei. Sie übernehmen die Verantwortung der Kirche und ich die der Welt.

CAUCHON *mit verhaltenem Ärger:* Ich kann keine Verantwortung übernehmen. Euch großen Lords behagt es sehr, in der Kirche nichts als eine politische Annehmlichkeit zu sehen.

WARWICK *lächelnd und versöhnlich:* Nicht in England, da dürfen Sie sicher sein.

CAUCHON In England mehr als anderswo. Nein, Mylord, die Seele dieses Dorfmädchens ist vor Gottes Thron ebenso wertvoll wie die Ihre oder die Ihres Königs. Und meine erste Pflicht besteht darin, diese Seele zu retten. Ich dulde nicht, daß Sie, Exzellenz, mir zulächeln, als wiederhole ich nur sinnlose Redensarten. Als wäre es zwischen uns verabredet, daß ich das Mädchen an euch verriete. Ich bin keiner von diesen politischen Bischöfen. Mein Glaube ist für mich das, was für Sie Ihre Ehre ist. Und wenn es ein Loch gibt, durch das dieses getaufte Kind Gottes zu seinem Heil schlüpfen kann, so werde ich ihr dieses Loch zeigen.

KAPLAN *erhebt sich wütend:* Sie sind ein Verräter!

CAUCHON *springt auf:* Du lügst, Pfaffe! *Zitternd vor Wut:* Wenn Sie zu tun wagen, was dieses Weib getan hat – Ihr Land höher stellen als die heilige katholische Kirche – dann sollen Sie mit ihr verbrennen.

KAPLAN Eminenz, – ich – ich bin zu weit gegangen. Ich –– *Er setzt sich wieder, mit einer Geste der Unterwürfigkeit.*

WARWICK *ist aufgestanden, peinlich berührt:* Eminenz, ich bitte um Verzeihung wegen des Wortes, das Herr von Stogumber gebraucht hat. In England bedeutet es nicht dasselbe wie in Frankreich. In Ihrer Sprache ist ein Verräter ein Betrüger, einer, der falsch, perfide, treulos und unloyal ist. In unserem Lande bezeichnen wir damit einen, der sich unseren englischen Interessen nicht völlig unterwirft.

CAUCHON Es tut mir leid. Das hatte ich wohl nicht verstanden. *Er sinkt mit Würde in seinen Sessel zurück.*

WARWICK *setzt sich wieder, sehr erleichtert:* Ich muß auch für mich selber um Entschuldigung bitten. Scheinbar habe ich die Verbrennung dieses armen Mädchens zu leicht genommen. Wenn man immer wieder feststellen muß, daß die Verbrennung ganzer Landstriche zum Programm militärischer Routine gehört, dann muß man sich eine sehr dicke Haut wachsen lassen, sonst wird man darüber wahnsinnig. Ich jedenfalls würde es. Und ich darf wohl annehmen, daß auch Sie, Eminenz, der Sie immerhin von Zeit zu Zeit so manchen Ketzer brennen sehen müssen, gezwungen sind, bei einer Betrachtung, die sonst ein entsetzliches Ereignis wäre, einen – wie soll ich sagen? – beruflichen Standpunkt zu beziehen.

CAUCHON Ja, es ist eine schmerzliche Pflicht. Sie ist sogar, wie Sie sagen, entsetzlich. Aber im Vergleich mit dem Grauen der Ketzerei ist es weniger als nichts. Ich denke nicht an den Körper dieses Mädchens. Er wird nur wenige Augenblicke leiden und muß auf jeden Fall sterben, auf mehr oder weniger schmerzvolle Weise. Ich denke an die Seele, die vielleicht bis in alle Ewigkeit leidet.

WARWICK Ganz recht. Und gebe Gott, daß ihre Seele gerettet werde. Aber das praktische Problem wäre doch wohl: wie rettet man ihre Seele, ohne ihren Körper zu retten? Denn wir müssen uns darüber im klaren sein, Eminenz: wenn dieser Kult mit dem Mädchen weitergeht, ist unsere Sache verloren.

KAPLAN *mit der gebrochenen Stimme eines Mannes, der geweint hat:* Darf ich sprechen, Mylord?

WARWICK Ich denke, Herr von Stogumber, vielleicht lieber nicht, es sei denn, Sie können sich beherrschen.

KAPLAN Nur kurz meine Meinung. Sie ist nicht maßgeblich: Das Mädchen ist voller Falschheit. Sie tut, als sei sie fromm, und beichtet ohne Ende. Wie kann man sie der Ketzerei beschuldigen, wenn sie keine einzige Pflicht einer gläubigen Tochter der Kirche vernachlässigt?

CAUCHON *aufbrausend:* Einer gläubigen Tochter der Kirche? Der Papst selbst, in seiner stolzesten Stunde, maßt sich nicht an, was diese Person sich anmaßt. Sie tut, als sei sie die Kirche selbst. Sie bringt Karl die Botschaft Gottes, und die Kirche muß dabei zusehen. Sie wird ihn in der Kathedrale von Reims krönen. S i e, nicht die Kirche. Sie schickt dem König von England Briefe, in denen sie Gottes Befehle in eigener Form weitergibt: er solle heimkehren auf seine Insel, sonst werde sie selbst Gottes Rache vollstrecken. Es ist Ihnen gewiß nicht unbekannt, daß schon der verfluchte Mohammed, der Antichrist, die Gewohnheit hatte, solche Briefe zu schreiben. Hat sie jemals, in all ihren Äußerungen, ein Wort über die Kirche gesprochen? Niemals. Immer handelt es von Gott und ihr selbst.

WARWICK Was können Sie anderes erwarten? Ihre Schuhe sind ihr zu groß geworden. Der Kopf ist ihr verdreht.

CAUCHON Und wer hat ihn ihr verdreht? Der Teufel. Und zwar zu einem großen Zweck. Überall streut er Ketzerei aus. Dieser Hus, der erst vor dreizehn Jahren in Konstanz verbrannt wurde, hat ganz Böhmen damit angesteckt. Ein Mann namens Wiclif, ein gesalbter Priester, hat die Pest in England verbreitet, und zu eurer Schande habt ihr ihn in seinem Bett sterben lassen. Wir haben solche Leute auch hier in Frankreich. Ich kenne die Brut. Ein Krebsgeschwür. Wenn man es nicht ausschneidet, zerstampft, ausbrennt, ruht es nicht, bevor es den Körper der gesamten Menschheit zu Sünde, Verderbtheit, Laster und Untergang geführt hat. Mit seiner Hilfe hat so ein arabischer Kameltreiber Christus und seine Kirche aus Jerusalem vertrieben, hat sich westwärts geschlagen, hat unterwegs alles zerstampft wie ein wildes Tier, bis schließlich nur noch die Pyrenäen und Gottes Erbarmen zwischen Frankreich und der Verdammnis standen. Und was hat dieser Kameltreiber anderes getan als das, was dieses Hirtenmädchen jetzt tut? Er hatte seine Stimmen vom Erzengel Gabriel, sie hat ihre Stimmen von der heiligen Katharina und der heiligen Margareta und dem heiligen Michael. Er gab sich als Bote Gottes aus und schrieb im Namen Gottes an die Könige der Erde. Ihre Briefe an die Könige gehen täglich ab. Es ist nicht mehr die Mutter Gottes, zu der wir jetzt um Fürbitte aufsehen müssen, es ist Johanna, das Mädchen. Wie wird die Welt wohl aussehen, wenn die Kirche und ihr Schatz an Weisheit, an Erkenntnis und Erfahrung, ihre Weisen und Gelehrten und ihre frommen Verfechter in den Dreck gezogen werden? Und zwar von wem? Von jedem unwissenden Tagelöhner, von jedem Milchmädchen, vom Teufel aufgebläht mit dem ungeheuerlichen Wahn, es sei direkt vom Himmel erleuchtet. Es wird eine Welt des Blutes sein, der Wut und der Zerstörung, in der jedermann um sein eigenes Wohl kämpfen wird, und zum Schluß wird sie in die Barbarei zurückfallen. Denn jetzt haben wir nur Mohammed und seine Anhänger. Aber was geschieht erst, wenn jedes Mädchen sich für eine Johanna und jeder Mann sich für einen Mohammed hält? Ich schaudere bis ins Mark meiner Knochen, wenn ich daran denke. Ich habe mein ganzes Leben lang gegen eine solche Welt gekämpft und will bis ans Ende dagegen kämpfen. Mögen dieser Frau all ihre Sünden vergeben sein mit Ausnahme dieser einen, denn es ist die Sünde wider den heiligen Geist. Und wenn diese Frau nicht vor der ganzen Welt im Staube widerruft und sich bis zum letzten Zoll ihrer Seele der Kirche unterwirft, dann auf den Scheiterhaufen mit ihr, sobald sie mir in die Hände fällt.

WARWICK *nicht sehr beeindruckt:* Die Sache berührt Sie natürlich sehr stark.

CAUCHON Sie etwa nicht?

WARWICK Ich bin Soldat, kein Geistlicher. Als Pilger habe ich die Mohammedaner ein wenig kennengelernt. Sie waren nicht so unmanierlich, wie man sie mir geschildert hatte. In mancher Hinsicht stach ihr Benehmen von dem unseren sogar günstig ab.

CAUCHON *abschätzig:* Das habe ich schon öfters festgestellt: die Menschen fahren nach Osten, um die Ungläubigen zu konvertieren, und werden von den Ungläubigen pervertiert. Der Kreuzritter kommt als halber Sarazene zurück. Ganz abgesehen davon sind ja alle Engländer geborene Ketzer.

KAPLAN Die Engländer Ketzer?! *Zu Warwick, beschwörend:* Mylord, sollen wir uns das gefallen lassen? Seine Eminenz ist von Sinnen. Wie kann das, was ein Engländer glaubt, Ketzerei sein! Das widerspricht sich doch geradezu.

CAUCHON Herr von Stogumber, ich spreche Sie frei, denn Ihre Unwissenheit ist entwaffnend. Die dicke Luft Ihres Landes läßt keine Theologen wachsen.

WARWICK Sie würden nicht so sprechen, Eminenz, wenn Sie hörten, wie man sich bei uns über Religion streitet. Es tut mir leid, daß Sie denken, ich müsse entweder ein Ketzer oder ein Dummkopf sein. Als ein Mann, der viel gereist ist, weiß ich, daß die Anhänger Mohammeds vor unserem Herrn große Achtung haben und viel eher bereit sind, dem heiligen Petrus zu verzeihen, daß er ein Fischer war, als Sie, Eminenz, es Mohammed verzeihen können, daß er ein Kameltreiber war. Aber zumindest in dieser Sache könnten wir ohne Frömmelei vorgehen.

CAUCHON Wenn jemand die Hingabe der christlichen Kirche Frömmelei nennt, so weiß ich, was ich mir zu denken habe.

WARWICK Es sind doch nur entgegengesetzte Ansichten über ein und dieselbe Sache.

CAUCHON *bitter ironisch:* Nur entgegengesetzt --! Nur!!

WARWICK Eminenz, ich widerspreche Ihnen ja gar nicht. Ihr Geistliche werdet Eure Kirche gut im Griff behalten. Aber ihr müßt auch den Adel mitnehmen. Meiner Meinung nach liegt gegen das Mädchen Schwerwiegenderes vor als was Sie so überzeugend vorgebracht haben. Ehrlich gesagt: ich hege keinerlei Befürchtung, daß aus diesem Kind ein zweiter Mohammed wird, der die Kirche durch einen neuen Ketzerglauben verdrängt. Ich meine, Sie übertreiben diese Gefahr. Aber Sie haben bemerkt, daß dieses Mädchen in seinen Briefen allen Königen Europas seinen Handel aufzuzwingen sucht – und in der Tat, sie hat ihn Karl schon aufgezwungen – einen Handel, der die gesamte gesellschaftliche Struktur der Christenheit ruinieren würde.

CAUCHON Die Kirche ruinieren, das sage ich doch.

WARWICK *dessen Geduld allmählich strapaziert erscheint:* Eminenz, ich bitte Sie, lassen Sie die Kirche einen Augenblick aus dem Spiel, und bedenken Sie, daß es auch außergeistliche Einrichtungen auf der Welt gibt, so gut wie geistliche. Ich und unsere Fürsten, wir vertreten die feudale Aristokratie, so wie Sie die Kirche vertreten. Wir sind die weltliche Macht. Sehen Sie denn wirklich nicht, wie die Ideen dieses Mädchens sich gegen uns richten?

CAUCHON Wie können sie sich mehr gegen euch richten als gegen uns alle, eben über die Kirche hinweg?

WARWICK Ihr Gedanke ist, daß die Könige ihre Reiche Gott schenken und dann als Gottesverwalter regieren sollen.

CAUCHON *nicht interessiert:* Theologisch gesehen ist das völlig richtig, Mylord. Aber ein rechter König wird darauf kaum achten. Hauptsache: er regiert. Es ist eine abstrakte Idee, nicht mehr als eine Redensart.

WARWICK Keineswegs. Es ist ein tückischer Anschlag, um die Aristokratie zu unterdrücken und den König zum alleinigen und absoluten Herrscher zu machen. Der König soll nicht mehr der erste unter seinen Fürsten sein, sondern ihr Herr. Das können wir nicht dulden. Wir erkennen keinen Herrn an. Gewiß, nominell erhalten wir unsere Länder und Würden vom König, die Pyramide der menschlichen Gesellschaft muß einen Schlußstein haben. Aber wir halten unsere Ländereien in eigenen Händen und verteidigen sie mit unseren eigenen Schwertern und den Schwertern unserer eigenen Leute. Und da kommt dieses Mädchen mit seiner Lehre, die dem König erlauben soll, unsere Länder – u n s e r e Länder! – einzustecken und sie Gott zum Geschenk zu machen, und dann soll Gott sie dem König allein anvertrauen.

CAUCHON Müssen Sie denn davor Angst haben? Ihr stellt doch den König. York und Lancaster in England, Lancaster und Valois in Frankreich. Die regieren doch so, wie Ihr es haben wollt.

WARWICK Ja. Aber nur solange die Leute ihrem Fürsten gehorchen und den König als eine Art Wanderzirkus betrachten. Als einen Mann, dem nichts gehört als die Landstraße, die jedermann gehört. Wenn sich Herzen und Gedanken der Menschen dem König zuwenden, wenn sie in ihren Fürsten nichts mehr sehen als bloße Diener des Königs, dann kann der König uns alle, einen nach dem anderen in die Tasche stecken. Und was wären wir dann anderes als schön angezogene Marionetten in seinem Theater?

CAUCHON Dennoch haben Sie nichts zu befürchten, Mylord. Manche sind geborene Könige, andere sind geborene Staatsmänner. Beides in einer Person vereint – das ist selten. Wo sollte denn der König Berater und Handlanger einer solchen Politik hernehmen?

WARWICK *mit einem nicht sehr freundlichen Lächeln:* Vielleicht aus der Kirche, Eminenz. *Cauchon lächelt ebenso sauer, zuckt die Achseln und antwortet nicht.* Fort mit den Baronen, und die Kardinäle werden das tun, was sie für richtig halten.

CAUCHON *versöhnlich, läßt den polemischen Ton fallen:* Mylord, wir kommen diesem Mädchen nicht bei, wenn wir gegeneinander sind. Ich weiß sehr wohl, daß in der Welt ein Wille zur Macht herrscht. Ich weiß, daß es, solange dieser Wille besteht, Streit geben wird, zwischen Kaiser und Papst, zwischen den Herzögen und den politischen Kardinälen, zwischen Baronen und Königen. Der Teufel trennt uns und regiert. Ich sehe, Sie sind kein Freund der Kirche. Sie sind zuerst und zuletzt ein Graf, so wie ich zuerst und zuletzt ein Bischof bin. Aber können wir die Verschiedenheit unserer Meinungen nicht ausgleichen, angesichts eines gemeinsamen Feindes? Wie ich es jetzt sehe, machen sie diesem Mädchen nicht zum Vorwurf, daß es die Kirche niemals erwähnt hat und nur an Gott und sich selbst denkt, sondern daß es niemals den Adel erwähnt hat und nur an den König und sich selbst denkt.

WARWICK Ganz recht. Diese beiden Ideen sind im Grunde ein und dieselbe Idee. Aber sie greift tief, Eminenz; es handelt sich um den Protest des Individuums gegen die Vermittlung des Priesters oder des Barons zwischen dem eigenen Ich und Gott. Wenn ich einen Namen dafür finden müßte, so würde ich das ›Protestantismus‹ nennen.

CAUCHON *blickt ihn fest an:* Sie verstehen, die Sache darzustellen, Mylord. Kratze an einem Engländer, und du findest einen Protestanten.

WARWICK *spielt äußerste Höflichkeit:* Ich glaube, Sie stehen der weltlichen Ketzerei des Mädchens nicht ganz ohne Sympathie gegenüber, Eminenz. Ich überlasse es Ihnen, einen Namen dafür zu finden.

CAUCHON Sie mißverstehen mich, Mylord. Ich habe keinerlei Sympathien für den politischen Ehrgeiz der Kleinen. Aber als Priester habe ich einen Einblick in das Denken des Volkes gewonnen. Und dort werden Sie noch einen weiteren, höchst gefährlichen Gedanken finden. Ich kann ihn nur in Redensarten ausdrücken wie etwa: Frankreich den Franzosen, England den Engländern, Italien den Italienern, Spanien den Spaniern und so weiter. Das Landvolk denkt manchmal sehr beschränkt und desillusioniert. Daher bin ich erstaunt, daß dieses Bauernmädchen sich über die primitivsten Gedanken erheben kann, wie etwa: Mein Dorf den Dorfbewohnern. Aber sie kann es. Sie tut es. Wenn sie droht, die Engländer vom Boden Frankreichs zu vertreiben, dann meint sie ohne Zweifel alle Länder, in denen französisch gesprochen wird. Für sie sind französisch sprechende Menschen das, was die heilige Schrift als eine Nation bezeichnet. Nennen Sie diesen Teil ihrer Ketzerei Nationalismus, wenn Sie so wollen. Ich kann keinen besseren Namen dafür finden. Ich kann Ihnen nur versichern, daß er durch und durch antikatholisch und antichristlich ist. Denn die katholische Kirche kennt nur ein Reich, und das ist das Reich Christi. Teile dieses Königreich in Nationen auf, und du entthronst Christus. Und ist Christus einmal entthront, wer steht dann zwischen uns und dem Verderben? Die Welt wird in Krieg und Chaos untergehen.

WARWICK Gut also, wenn Sie den Protestanten verbrennen wollen, dann will ich den Nationalisten verbrennen, obgleich da vielleicht Herr Kaplan von Stogumber nicht mitmacht. Der Wahlspruch: »England den Engländern« dürfte ihm zusagen.

KAPLAN »England den Engländern«, das ist selbstverständlich. Das ist einfach ein Naturgesetz. Aber dieses Weibsbild will ja England seine rechtmäßigen Eroberungen streitig machen, zu denen Gott es ermächtigt hat, weil England wie kein anderes Land befähigt ist, weniger zivilisierte Rassen zu beherrschen, und zwar zu deren eigenem Vorteil. Ich verstehe nicht, was Sie, Mylord, und Sie, Eminenz, mit »Protestant« und »Nationalist« meinen. Sie sind zu gelehrt und zu raffiniert für einen armen Geistlichen wie mich. Mir sagt mein gesunder Menschenverstand, daß diese Person ein Rebell ist, und das genügt mir. Sie rebelliert gegen die Natur, denn sie trägt Männerkleider und Waffen. Sie rebelliert gegen die Kirche, denn sie maßt sich die göttliche Autorität des Papstes an. Sie rebelliert gegen Gott durch dieses verfluchte Bündnis mit dem Satan und seinen bösen Geistern gegen unsere Armee. Und alle diese Rebellionen sind nichts als Ausreden für ihre große Rebellion gegen England. Das darf man nicht dulden. Man muß sie vernichten. Sie muß brennen. Sonst verseucht sie noch die ganze Gemeinde. Es ist nicht mehr als zweckmäßig, eine Frau für die Allgemeinheit sterben zu lassen.

WARWICK *erhebt sich:* Eminenz, wie es scheint, sind wir uns einig.

CAUCHON *erhebt sich ebenfalls, aber unter Protest:* Ich werde mein Seelenheil nicht aufs Spiel setzen. Ich werde die Gerechtigkeit der Kirche verteidigen. Ich werde bis zum äußersten für das Heil dieses Mädchens kämpfen.

WARWICK Die arme Kleine tut mir leid. Mir ist diese Strenge selbst zuwider. Ich werde sie schonen, wenn ich kann.

KAPLAN *unversöhnlich:* Und ich könnte die Hexe mit meinen eigenen Händen verbrennen.

CAUCHON *segnet ihn:* Sancta simplicitas!

Vorhang

Fünfte Szene

Wandelgang der Kathedrale von Reims, nahe der Tür zur Sakristei. Ein Pfeiler mit einer der Stationen des Kreuzweges. Orgelspiel begleitet das Volk, wie es nach der Krönung das Kirchenschiff verläßt. Johanna kniet im Gebet vor der Leidensstation. Sie ist schön, aber noch immer männlich gekleidet. Das Orgelspiel setzt ab. Dunois, auch er in großer Aufmachung, tritt aus der Sakristei in den Wandelgang.

DUNOIS Komm, Johanna! Genug gebetet. Und zuviel geweint. Du wirst dich erkälten, wenn du noch länger hierbleibst. Es ist doch alles vorbei. Die Kathedrale ist leer, die Straße voll. Man ruft nach dem Mädchen. Wir haben ihnen gesagt, du seist allein hiergeblieben, um zu beten. Aber sie wollen dich noch einmal sehen.

JOHANNA Nein. Die Feier ist Sache des Königs.

DUNOIS Er verdirbt uns die ganze Schau; er sieht so jämmerlich aus. Nein, Johanna, du hast ihn gekrönt, und du mußt es jetzt durchstehen. *Johanna schüttelt widerstrebend den Kopf. Er hebt sie auf:* Komm! Los! In ein paar Stunden ist alles vorbei. Besser dies als die Brücke von Orléans, oder etwa nicht?

JOHANNA Ach, lieber Dunois, ich wollte, wir wären auf der Brücke von Orléans. Auf dieser Brücke, da haben wir wirklich gelebt.

DUNOIS Allerdings. Und einige von uns sind auch gestorben.

JOHANNA Ist das nicht seltsam, Hans? Ich bin so feige. Vor jeder Schlacht habe ich furchtbare Angst. Aber nachher, wenn die Gefahr vorbei ist, ist es so langweilig, ach so schrecklich langweilig.

DUNOIS Du mußt eben lernen, im Genuß des Krieges so mäßig zu sein, wie du es beim Essen und Trinken bist, meine kleine Heilige.

JOHANNA Lieber Hans, ich glaube, du magst mich wirklich gern; so wie ein Soldat seinen Kameraden mag.

DUNOIS Du hast es auch nötig, du armes unschuldiges Kind Gottes. Du hast nicht viele Freunde bei Hof.

JOHANNA Warum hassen mich eigentlich alle diese Hofleute und die Ritter und die Pfarrer? Was habe ich denen denn getan? Ich habe doch nichts für mich selbst verlangt. Nur daß mein Dorf nicht besteuert werden soll. Wir können keine Kriegssteuern zahlen. Ich habe ihnen doch Glück und Sieg gebracht. Ich habe ihnen den rechten Weg gezeigt. Sie haben so viele Dummheiten gemacht. Ich habe Karl gekrönt und einen richtigen König aus ihm gemacht. Und alle Ämter, die er austeilt, bekommen sie. Warum lieben sie mich denn dann eigentlich nicht?

DUNOIS *mit wohlgemeintem Spott:* Du Dummkopf! Erwartest du von dummen Leuten, daß sie dich lieben, wenn du sie bloßgestellt hast? Liebt etwa ein abgetakelter ausrangierter Kriegshase den erfolgreichen jungen Offizier, der ihn ersetzt? Liebt ein ehrgeiziger Politiker den Emporkömmling, der ihn überflügelt? Macht es Erzbischöfen Spaß, vom Altar verdrängt zu werden, und sei es auch von Heiligen? Ich selbst wäre eifersüchtig auf dich, wenn ich ehrgeiziger wäre.

JOHANNA Du bist der Beste von allen hier, Hans. Der einzige Freund, den ich unter all diesen großen Leuten habe. Ich wette, deine Mutter kam vom Land. Ich will zurück aufs Land, sobald ich Paris genommen habe.

DUNOIS Ich bin nicht so sicher, daß man dich Paris nehmen lassen wird.

JOHANNA *erschrocken:* Was?!

DUNOIS Ich selbst hätte Paris längst erobert, wenn die alle vernünftig gewesen wären. So mancher sähe es lieber, wenn Paris dich eroberte. Deshalb: nimm dich in acht!

JOHANNA Hans, die Welt ist zu schlecht für mich. Wenn mich die Gottverdammiche und die Burgunder nicht zur Strecke bringen, dann tun es die Franzosen. Hätte ich nicht meine Stimmen, so würde ich den Mut völlig verlieren. Deshalb mußte ich mich auch nach der Krönung davonschleichen, um hier allein zu beten. Ich will dir etwas sagen, Hans: ich höre meine Stimmen in den Glocken. Nicht heute, wenn sie alle läuten, das ist ja nichts als Gebimmel. Aber hier in dieser Ecke, wo die Glocken vom Himmel herabklingen und dann ihr Echo in der Luft bleibt oder auf den Feldern, wenn sie so aus der Ferne kommen, durch die Stille des Landes schwingen, da kommen mir meine Stimmen. *Die Uhr der Kathedrale schlägt vier.* Hör zu! *Sie gerät in Verzückung:* Hörst du? »Du Kind Gottes«, genau was du gesagt hast. Wenn die halbe Stunde schlägt, wird es heißen: »Harr aus! Bleib fest!« Und bei dreiviertel wird es heißen: »Ich bin bei dir!« Aber beim Stundenschlag, wenn die große Glocke dazu kommt, wenn sie sagt: »Gott liebt dein Volk!«, dann sprechen die heilige Margareta und die heilige Katharina und manchmal auch der heilige Michael zu mir. Sie sagen mir Dinge, die ich vorher nicht ahnte. Dann, ja, dann…

DUNOIS *unterbricht sie, gütig aber ohne Verständnis:* Dann, Johanna, hören wir alle aus dem Dröhnen der Glocke, was wir gern hören möchten. Du machst mich ganz nervös, wenn du von deinen Stimmen sprichst. Ich würde dich sogar für etwas verrückt halten, hätte ich nicht bemerkt, daß du mir völlig vernünftige Gründe angibst für das, was du tust. Aber ich habe gehört, was du anderen erzählt hast: nämlich, daß du nur der heiligen Madame Katharina gehorchst.

JOHANNA *beleidigt:* Na ja, für dich muß ich doch Gründe erfinden, weil du nicht an meine Stimmen glaubst. Aber die Stimmen kommen zuerst, die Gründe finde ich später, ob du mir glaubst oder nicht.

DUNOIS Bist du mir böse, Johanna?

JOHANNA Ja. *Lächelnd:* Nein, nicht dir. Weißt du, ich wollte, du wärst eines von den kleinen Dorfkindern.

DUNOIS Warum?

JOHANNA Dann könnte ich ein wenig auf dich aufpassen.

DUNOIS Es steckt also doch etwas von einer Frau in dir.

JOHANNA Nein, gar nichts. Ich bin Soldat und sonst nichts. Soldaten hüten gern Kinder, wenn sie Gelegenheit dazu haben.

DUNOIS Das ist wahr. *Er lacht.*

König Karl mit Blaubart zur Linken und La Hire zur Rechten kommt aus der Sakristei, wo er sich die Krönungsgewänder hat ausziehen lassen. Johanna duckt sich hinter einem Pfeiler. Dunois steht zwischen Karl und La Hire.

DUNOIS Endlich sind Sie also ein gesalbter König, Majestät. Na, und wie gefällt es Ihnen?

KARL Ich möchte das kein zweites Mal mitmachen, und wenn ich Kaiser der Sonne und des Mondes würde. Was diese Kleider wiegen! Ich fürchtete schon, ich würde zusammenklappen, als ich die Krone aufgeladen bekam. Und das berühmte heilige Öl, von dem man soviel redet, war ranzig. Pfui! Der Erzbischof muß ja halb tot sein. Seine Kleider haben sicherlich eine Tonne gewogen. In der Sakristei sind sie immer noch dabei, ihn herauszuschälen.

DUNOIS *trocken:* Majestät sollten vielleicht öfters eine Rüstung tragen. Dann würden Sie sich an schwere Kleidung gewöhnen.

KARL Ja, ja, das alte Lied. Aber ich werde keine Rüstung tragen. Krieg ist nicht meine Sache. Wo ist das Mädchen? *Johanna tritt zwischen Karl und Blaubart hervor und fällt in die Knie.*

JOHANNA Sire, ich habe Sie zum König gemacht. Meine Arbeit ist getan. Ich gehe zurück auf den Hof meines Vaters.

KARL *überrascht, aber erlöst:* Ach wirklich? Na, das wird aber sicher sehr nett. *Johanna steht auf, tief entmutigt. Er fährt fort, taktlos:* Es muß ein sehr gesundes Leben sein.

DUNOIS Aber langweilig.

BLAUBART Du wirst über deine Unterröcke stolpern. Du hast sie schon lange nicht mehr getragen.

LA HIRE Du wirst das Kämpfen vermissen. Es ist eine schlechte Angewohnheit. Aber es macht doch Spaß. Und man gewöhnt es sich schwer ab.

KARL *zu eifrig:* Dennoch: wir wollen dich nicht halten, wenn du wirklich lieber nach Hause gehen möchtest.

JOHANNA *bitter:* Ich weiß sehr wohl, daß es keinem von euch leid tut, wenn ich gehe. *Sie wendet Karl den Rücken und geht an ihm vorbei und stellt sich zu ihren Freunden: Dunois und La Hire.*

LA HIRE Na ja, dann kann ich wenigstens wieder fluchen, wann ich will. Aber ab und zu wirst du mir fehlen.

JOHANNA La Hire, trotz all deiner Sünden und deines Fluchens werden wir einander im Himmel begegnen. Ich habe dich nämlich so lieb wie meinen alten Schäferhund Pitou. Pitou konnte einen Wolf reißen. Du wirst die englischen Wölfe reißen, bis sie wieder in ihr Land zurückkehren und gute Hunde Gottes werden, oder nicht?

LA HIRE Du und ich zusammen, ja.

JOHANNA Nein, ich habe nur noch ein Jahr vor mir.

ALLE ANDEREN Was?!

JOHANNA Ich spüre es.

DUNOIS Unsinn!

JOHANNA Hans –, meinst du, daß du sie verjagen kannst?

DUNOIS *einfach, aber überzeugt:* Ja, ich werde sie verjagen. Sie haben uns geschlagen, weil wir immer gemeint haben, eine Schlacht sei ein Turnier oder ein Markt. Wir haben uns wie Idioten benommen, aber die Gottverdammiche haben den Krieg ernst genommen. Jedenfalls habe ich meine Lektion gelernt, ich habe ihnen Maß genommen. Sie haben keine Wurzeln hier. Ich habe sie früher geschlagen, und ich werde sie wieder schlagen.

JOHANNA Aber du wirst nicht grausam gegen sie sein, Hans?

DUNOIS Mit zarter Behandlung richtet man bei den Gottverdammichen nicht viel aus. Schießlich haben wir ja nicht angefangen.

JOHANNA *plötzlich:* Hans, bevor ich heimgehe –, laß uns Paris erobern!

KARL *entsetzt:* Nein, nein! Wir werden alles verlieren, was wir gewonnen haben. Wir wollen keine Schlachten mehr. Wir können mit dem Herzog von Burgund einen sehr guten Vertrag schließen.

JOHANNA Vertrag! *Sie stampft ärgerlich mit dem Fuß.*

KARL Ja warum denn nicht? Jetzt da ich gekrönt und gesalbt bin. – Oh, dieses Öl!

Der Erzbischof kommt aus der Sakristei und schließt sich der Gruppe an. Er steht zwischen Karl und Blaubart.

KARL Eminenz, das Mädchen möchte schon wieder Krieg anfangen.

ERZBISCHOF Hat der Krieg denn aufgehört? Haben wir Frieden?

KARL Nein, das allerdings nicht. Aber wir wollen doch mit dem zufrieden sein, was wir haben. Schließen wir einen Vertrag! Wir haben zu viel Glück gehabt, es kann nicht dauern. Jetzt ist die Gelegenheit aufzuhören. Bevor es sich wendet.

JOHANNA Glück? Gott hat für uns gekämpft – und Sie nennen es Glück! Und jetzt wollen Sie ausruhen, wo noch immer Engländer hier sind, auf dem heiligen Boden, in unserem geliebten Frankreich.

ERZBISCHOF *streng:* Mädchen, der König hat zu mir gesprochen, nicht zu dir. Du vergißt dich. Du vergißt dich sehr oft.

JOHANNA *nicht eingeschüchtert und ziemlich frech:* Dann reden Sie!! Und sagen sie ihm, es sei nicht Gottes Wille, daß er seine Hand vom Pflug zurückziehe.

ERZBISCHOF Ich bin mit dem Namen Gottes nicht so freigiebig wie du es bist. Denn ich deute seinen Willen mit der Autorität der Kirche und meines heiligen Amtes. Als du kamst, hast du das respektiert. Du hättest nicht gewagt, so zu sprechen, wie du jetzt sprichst. Du bist im Gewand der Tugend gekommen, der Bescheidenheit. Aber als Gott deine Taten segnete, wurdest du sündig, du wurdest stolz. Die alte griechische Tragödie waltet unter uns: Züchtigung der Hybris.

KARL Ja, sie glaubt, sie weiß alles besser als andere.

JOHANNA *traurig, aber naiv und daher außerstande, den Eindruck zu erkennen, den sie hervorruft:* Aber ich weiß es doch wirklich besser als irgendeiner von euch es zu wissen scheint. Ich bin nicht stolz. Ich sage nichts, wenn ich nicht weiß, daß ich recht habe.

BLAUBART, KARL *rufen gleichzeitig:* Aha! Na also!

ERZBISCHOF Und woher weißt du, daß du recht hast?

JOHANNA Ich weiß es immer. Meine Stimmen...

KARL Ach, deine Stimmen, deine Stimmen! Warum kommen die Stimmen nicht zu mir? Ich bin der König, nicht du.

JOHANNA Sie kommen zu Ihnen. Aber Sie hören es nicht. Sie haben nicht am Abend in den Feldern gesessen, um sie zu hören. Wenn die Vesperglocke läutet, bekreuzigen Sie sich und damit fertig. Aber wenn Sie aus dem Herzen beten und dem Schwingen der Glocken in der Luft zuhören, wenn ihr Tönen verklingt, dann können auch Sie die Stimmen hören, genau so gut wie ich. *Wendet sich jäh von ihm ab.* Aber brauchen Sie denn Stimmen, um das zu erfahren, was jeder Schmied Ihnen sagen kann? Nämlich daß Sie das Eisen schmieden müssen, solange es heiß ist? Ich sage Ihnen, wir müssen bei Compiègne zuschlagen und es befreien, so wie wir Orléans befreit haben. Dann wird Paris seine Tore öffnen. Und wenn nicht –, dann werden wir sie eben aufbrechen. Was ist Ihre Krone wert ohne Ihre Hauptstadt?

LA HIRE Das sage ich auch. Wir werden durch die Reihen stoßen wie eine glühende Kugel durch ein Pfund Butter. Was meinst du, Bastard?

DUNOIS Wären unsere Kanonenkugeln alle so heiß wie dein Kopf und hätten wir genug davon, dann würden wir ohne Zweifel die Welt erobern. Mut und Verwegenheit sind im Krieg gute Diener, aber schlechte Herren. Wann immer wir uns darauf verlassen haben, sind wir den Engländern in die Hände gefallen. Wir wissen niemals, wann wir besiegt sind. Das ist unser großer Fehler.

JOHANNA Ihr wißt nie, wann ihr gesiegt habt, das ist ein noch viel größerer Fehler. Ich werde euch in der Schlacht Spiegel vors Gesicht binden, damit ihr seht, daß die Engländer euch nicht allen die Nase abgeschnitten haben. Ihr wäret jetzt noch in Orléans eingeschlossen, ihr und euer ganzer Generalstab, wenn ich euch nicht zum Angriff getrieben hätte. Ihr solltet immer angreifen; und wenn ihr nur lange genug aushaltet, dann hört der Feind zuerst auf. Ihr wißt eben nicht, wie man eine Schlacht anfängt und wie ihr eure Kanonen einsetzen müßt. *Sie setzt sich mit gekreuzten Beinen auf die Steinfliesen und ist beleidigt.* Und ich weiß es eben.

DUNOIS Ich weiß, was du von uns hältst, General Johanna.

JOHANNA Ach, lassen wir das, Hans! Erzähl ihnen lieber, was du von mir hältst.

DUNOIS Ich glaube, daß Gott auf deiner Seite war. Ich habe nicht vergessen, wie der Wind sich wandte, als du kamst, und unsere Herzen auch. Und ich schwöre dir: niemals werde ich leugnen, daß wir unter deinem Zeichen gesiegt haben. Aber als Soldat sage ich dir: Gott ist kein Handlanger, weder für einen Mann noch für ein Mädchen. Und wenn du es verdient hast, dann entreißt Er dich manchmal dem Tod und stellt dich wieder auf die Füße. Aber das ist auch alles. Wenn du wieder auf den Füßen stehst, mußt du kämpfen, mit deiner ganzen Kraft und deiner ganzen List. Denn Er muß ja schließlich auch gegen deinen Feind gerecht sein, das darfst du nicht vergessen. Na ja, Er hat uns bei Orléans auf die Füße gestellt, und zwar durch dich. Und dieser Erfolg hat angehalten und uns ein paar gute Schlachten beschert, bis hierher, zur Krönung. Aber wenn wir daraus einen Anspruch herleiten und die Arbeit, die wir selbst tun sollen, Gott überlassen, dann werden wir besiegt, und es geschieht uns recht.

JOHANNA Aber…

DUNOIS Ruhe! Ich bin noch nicht fertig. Niemand hier soll glauben, unsere Siege seien ohne Strategie erkämpft. König Karl: in Ihren Reden haben Sie kein Wort über meinen Anteil an diesem Feldzug gesagt. Und ich beklage mich darüber nicht. Denn die Menschen laufen dem Mädchen und ihren Wundern nach, sie scheren sich nicht um die harte Arbeit des Bastards, der die Truppen für sie auftreiben und ihnen zu essen geben muß. Aber ich weiß ganz genau, wieviel Gott mit Hilfe des Mädchens für uns getan hat, und wieviel er mir zu tun übriggelassen hat. Und ich sage Ihnen: die Stunde der Wunder war kurz und ist vorbei. Von diesem Augenblick an wird der gewinnen, der das Kriegsspiel am besten spielt – wenn er das Glück auf seiner Seite hat.

JOHANNA Ach – wenn – wenn – wenn… wenn das Wörtchen ›wenn‹ nicht wär, ging ein Kamel durchs Nadelöhr. *Sie steht ungehalten auf.* Ich sage dir, Bastard, deine ganze Kriegskunst ist zwecklos, weil deine Ritter eben zu einem wirklichen Kampf nicht taugen. Krieg ist für sie ein Spiel, so wie Tennis und all ihre anderen Spiele. Sie stellen Regeln auf, die sagen, was fair ist und was unfair ist. Sie beladen sich und ihre armen Pferde mit Panzern, um die Pfeile abzuhalten. Und wenn sie mal hinfallen, dann können sie nicht aufstehen und müssen warten, bis ihre Knappen kommen, um sie aufzuheben, damit sie mit dem Mann, der sie vom Pferd gestoßen hat, um das Lösegeld feilschen können. Verstehst du denn nicht, daß diese Dinge vorüber und veraltet sind? Hilft etwa ein Panzer gegen Schießpulver? Und selbst wenn er es täte: glaubst du, daß Männer, die für Gott und Frankreich kämpfen, mal eine Pause machen, um über Lösegeld zu verhandeln? Das tut nämlich die Hälfte deiner Ritter. Die leben davon. Nein. Sie sollen kämpfen, um zu siegen. Sie sollen ihr Leben in Gottes Hand legen, wenn sie in die Schlacht ziehen, so wie ich es tue. Die einfachen Leute verstehen das. Die können sich nämlich keine Panzer leisten, und kein Lösegeld. Aber noch halbnackt sind sie mir gefolgt, runter in den Graben, und rauf auf die Leiter und über die Mauer. Für sie heißt es: mein Leben oder das deine, und Gott schütze das Recht. Ja, schüttle nur den Kopf, Hans, und der Blaubart da soll ruhig seinen Ziegenbart kräuseln und die Nase rümpfen über mich. Aber du, erinnere dich an den Tag, als deine Ritter und Hauptleute sich weigerten, mir zu folgen. Als ich die Engländer bei Orléans angreifen wollte. Du hattest das Tor zugesperrt, um mich in der Stadt festzuhalten. Aber das Stadtvolk und die einfachen Leute sind mir gefolgt. Sie haben das Tor gesprengt und dir gezeigt, wie man richtig kämpft.

BLAUBART *beleidigt:* Nicht zufrieden damit, Papst Johanna zu sein. Du mußt auch noch Cäsar und Alexander der Große sein.

ERZBISCHOF Hochmut kommt vor dem Fall, Johanna.

JOHANNA Hochmut oder nicht: ist es wahr? Habe ich recht?

LA HIRE Es ist wahr. Die Hälfte von uns hat Angst, sich die hübsche Nase zu brechen, die andere Hälfte zieht los, damit sie ihre Schulden bezahlen kann. Laß sie, Dunois. Sie weiß nicht alles, aber sie sieht die Dinge richtig. Krieg ist nicht mehr das, was er einmal war, und gerade die, die am wenigsten davon verstehen, machen es oft am besten.

DUNOIS Das weiß ich alles. Ich kämpfe jetzt besser als früher. Ich habe die Lektionen von Agincourt, von Poitiers und von Crécy gelernt. Ich weiß auch, wie viele Menschenleben jede einzelne Schlacht kosten wird. Und wenn sie den Aufwand lohnt, dann liefere ich sie eben und zahle die Unkosten. Aber Johanna, die denkt nie an die Unkosten. Sie zieht los und vertraut auf Gott. Sie glaubt, sie hat Gott in der Tasche. Bisher hat sie die Mehrheit auf ihrer Seite gehabt, und sie hat gewonnen. Aber ich kenne Johanna, und ich sehe den Tag kommen, da zieht sie los mit zehn Mann, wo sie hundert braucht. Dann wird sie lernen, daß Gott auf seiten der stärkeren Bataillone steht. Sie wird vom Feind gefangen. Und der Glückliche, der den Fang tut, erhält dafür sechzehntausend Pfund vom Grafen Warwick.

JOHANNA *geschmeichelt:* Sechzehntausend Pfund! Donnerwetter, Junge, so viel hat man für mich geboten? So viel Geld gibt es doch auf der ganzen Welt nicht.

DUNOIS Es gibt so viel – in England. Und nun sagt mir mal alle, wie ihr da steht: wer von euch wird einen Finger rühren, um Johanna zu retten, wenn die Engländer sie einmal haben? Ich spreche zuerst, für die Armee. Sobald sie von einem Gottverdammich oder einem Burgunder vom Pferd gezerrt wird und er nicht tot zu Boden sinkt – sobald sie im Verlies sitzt und kein Engel vom heiligen Petrus kommt, um ihr Schloß und Riegel zu öffnen – sobald der Feind herausfindet, daß sie ebenso verwundbar und nicht weniger unbesiegbar ist als ich selbst – wird ihr Leben nicht mehr wert sein als das eines einzigen Soldaten. Und ich werde das Leben dieses Soldaten nicht aufs Spiel setzen, so lieb sie mir als Waffengefährte ist.

JOHANNA Ich bin dir nicht böse, Hans. Du hast recht. Ich bin kein einziges Soldatenleben wert, wenn Gott es zuläßt, daß ich geschlagen werde. Aber Frankreich würde vielleicht finden, daß ich ein Lösegeld wert bin. Nach allem, was Gott durch mich für Frankreich getan hat.

KARL Ich sage dir doch, ich habe kein Geld. Und diese Krönung, an der nur du schuld bist, hat mich den letzten Pfennig gekostet, den ich mir noch leihen konnte.

JOHANNA Die Kirche ist reicher als Sie: Ich vertraue der Kirche.

ERZBISCHOF Weib, man wird dich durch die Straßen schleifen und als Hexe verbrennen.

JOHANNA *läuft zu ihm:* Oh, Eminenz, das dürfen Sie nicht sagen! Das ist doch nicht möglich! Ich eine Hexe!

ERZBISCHOF Peter Cauchon versteht sein Geschäft. Die Universität von Paris hat eine Frau verbrannt, nur weil sie sagte, daß du recht getan und nach Gottes Willen gehandelt hättest.

JOHANNA *bestürzt:* Aber warum denn? Wo liegt da der Sinn? Ich habe doch auch wirklich nach Gottes Willen gehandelt. Man kann doch eine Frau nicht verbrennen, weil sie die Wahrheit gesagt hat!

ERZBISCHOF Man hat es bereits getan.

JOHANNA Aber Sie wissen, daß sie die Wahrheit gesprochen hat, Eminenz. Sie werden doch nicht zulassen, daß man mich verbrennt!

ERZBISCHOF Wie könnte ich es verhindern?

JOHANNA Sie würden im Namen der Kirche sprechen. Sie sind doch ein großer Kirchenfürst. Ihr Segen würde mich beschützen, wo immer ich bin.

ERZBISCHOF Ich habe keinen Segen für dich, solange du stolz und ungehorsam bist.

JOHANNA Aber warum sagen Sie denn nur so etwas? Ich bin nicht stolz und nicht ungehorsam, ich bin ein armes, unwissendes Mädchen, das kein A von einem B unterscheiden kann. Wie könnte ich stolz sein? Und wie können Sie sagen, daß ich ungehorsam bin. Ich gehorche immer meinen Stimmen, weil sie von Gott kommen.

ERZBISCHOF Die Stimme Gottes auf Erden ist die Stimme der streitenden Kirche. Und alle Stimmen, die du hörst, sind nur das Echo deines Trotzes.

JOHANNA Das ist nicht wahr.

ERZBISCHOF *braust wütend auf:* Du sagst dem Erzbischof in seiner Kathedrale, daß er lügt, und behauptest noch, du seist nicht stolz oder ungehorsam?

JOHANNA Ich habe nicht behauptet, daß Sie lügen. Aber Sie, Sie haben doch sagen wollen, daß meine Stimmen lügen. Wann haben die jemals gelogen? Sie wollen nicht daran glauben, gut. Und wären sie nichts anderes als das Echo meines eigenen Verstandes – haben die Stimmen denn nicht immer recht? Und haben denn Ihre irdischen Ratgeber nicht immer unrecht?

ERZBISCHOF Es ist Zeitverschwendung, dich zu ermahnen.

KARL Immer das gleiche: sie hat recht, und alle anderen haben unrecht.

ERZBISCHOF Nimm dies als letzte Warnung: wenn du daran zugrunde gehst, daß du dein eigenes Urteil über die Lehren deiner geistlichen Führer stellst, wird die Kirche dich verleugnen und dich jedem Schicksal überlassen, das deine Überheblichkeit dir bereiten mag. Der Bastard hat es dir gesagt: wenn du darauf bestehst, deinen militärischen Ehrgeiz über den Rat deiner Vorgesetzten zu stellen...

DUNOIS *unterbricht:* Um es ganz genau zu sagen: wenn du versuchst, die Garnison in Compiègne zu entsetzen, ohne die gleiche Anzahl an Soldaten wie bei Orléans...

ERZBISCHOF ...wird die Armee dich verleugnen und dir nicht zu Hilfe kommen. Und Seine Majestät der König hat dir erklärt, daß der Thron nicht über die Mittel für ein Lösegeld verfügt.

KARL Keinen Pfennig.

ERZBISCHOF Du stehst allein, völlig allein. Und du vertraust deiner Eitelkeit, deiner Unwissenheit, deiner Vermessenheit, deiner Gottlosigkeit! Und alle diese Sünden verbirgst du unter dem Mantel des Gottvertrauens. Wenn du durch diese Tore ins Sonnenlicht trittst, wird die Menge dir zujubeln. Sie wird dir die kleinen Kinder bringen, und die Kranken zur Heilung. Sie wird dir Hände und Füße küssen. Diese armen, einfachen Seelen werden alles tun, was sie können, um dir den Kopf zu verdrehen. Sie werden dich verrückt machen vor Überheblichkeit; das wird dein Verderben sein. Und bei alledem bist du doch allein: denn die können dich nicht retten. Wir, nur wir allein können uns zwischen dich und den Scheiterhaufen stellen, auf dem unsere Feinde dieses Unglücksweib in Paris verbrannt haben.

JOHANNA *die Augen nach oben gerichtet:* Ich habe bessere Freunde und bessere Ratgeber als euch.

ERZBISCHOF Ich stelle fest, daß ich vergeblich spreche. Dein Herz ist verhärtet. Du willst nicht, daß wir dich schützen. Du bist entschlossen, uns alle zu deinen Feinden zu machen. In Zukunft kannst du dich selbst verteidigen. Und wenn du fällst, dann erbarme sich Gott deiner Seele.

DUNOIS Das ist die Wahrheit, Johanna. Denk darüber nach!

JOHANNA Wo wärt ihr jetzt alle, wenn ich mich nach dieser Art Wahrheit gerichtet hätte. Keiner von euch hilft mir, keiner gibt mir Rat. Ja, ich bin allein auf der Welt. Ich bin immer allein gewesen. Mein Vater sagte zu meinen Brüdern: werft sie doch ins Wasser, wenn sie nicht dableiben will, um meine Schafe zu hüten –, und währenddessen verblutet Frankreich. Frankreich sollte ruhig untergehen, wenn nur unsere Lämmer gerettet würden. Ich dachte immer, Frankreich hätte Freunde am Hofe seines Königs. Aber ich finde nur Wölfe, die um Stücke von seinem armen zerrissenen Leib kämpfen. Ich dachte, Gott hätte überall Freunde, weil er der Freund aller Menschen ist. Und in meiner Unschuld habe ich sogar geglaubt, ihr würdet jedes Unheil von mir fernhalten, wie feste Türme; aber ihr laßt mich im Stich. – Gut, jetzt weiß ich Bescheid. Es ist immer gut zu wissen, woran man ist. Glaubt nur nicht, daß ihr mich schrecken könnt, wenn ihr mir sagt, ich stehe allein. Frankreich ist allein, Gott ist allein. Und was ist meine Einsamkeit im Vergleich zu der Einsamkeit meines Landes und meines Gottes? Jetzt sehe ich, daß die Einsamkeit Gottes seine Stärke ist. Was wäre Er, wenn Er euren eifersüchtigen, kleinlichen

Ratschlägen folgen wollte? So soll auch meine Einsamkeit meine Stärke sein. Es ist besser, mit Gott allein zu sein. Seine Freundschaft läßt mich nicht im Stich, nicht Sein Rat und nicht Seine Liebe. Im Schutz Seiner Stärke will ich alles wagen, immer wagen, wagen bis in den Tod. Ich gehe jetzt zu den Leuten hinaus. Die Liebe in ihren Augen wird mich über den Haß in euren Augen trösten. Ihr alle werdet froh sein, wenn ihr mich brennen seht. Aber wenn ich ins Feuer gehe, dann gehe ich durch das Feuer in das Herz meines Volkes für immer und ewig. Und so sei Gott mit mir! *Sie entfernt sich.*

Alle starren ihr einen Augenblick lang nach, in düsterem Schweigen. Dann dreht Gilles de Retz an seinem Bart.

BLAUBART Eigentlich ist sie doch unmöglich. An sich ist sie ja ganz nett. Aber was soll man mit so einer Person anfangen?

DUNOIS Gott sei mein Zeuge: wenn sie in die Loire fiele, in voller Rüstung wollte ich ihr nachspringen und sie herausziehen. Aber wenn sie bei Compiègne Dummheiten macht und gefangen wird, muß ich sie ihrem Verderben überlassen.

LA HIRE Dann leg mich in Ketten. Ich könnte ihr in die Hölle folgen, wenn dieser Geist so in ihr aufsteigt.

ERZBISCHOF Auch mich macht sie unsicher. Es liegt da eine gefährliche Leidenschaft in ihren Ausbrüchen. Aber unter ihren Füßen öffnet sich schon der Boden. – Und ob gut oder böse – wir können sie nicht zurückhalten.

KARL Sie soll mal endlich Ruhe geben oder nach Hause gehen!

Sie folgen ihr, niedergeschlagen.

Vorhang

Sechste Szene

Rouen, den 30. Mai 1431. Eine große steinerne Halle im Schloß ist für eine Gerichtsverhandlung hergerichtet. Aber nicht für ein Geschworenengericht: der Gerichtshof ist der des Bischofs und der Inquisition. Daher sind zwei erhöhte Richterstühle aufgestellt: für den Bischof und den Inquisitor. Von hier gehen Sesselreihen aus, im stumpfen Winkel. Sie sind für die Domherren, die Rechtsgelehrten, die Theologen und die Dominikanermönche bestimmt, die als Beisitzer mitwirken. Innerhalb des Winkels steht ein Tisch für die Schreiber, daran stehen Schemel, dazu ein schwerer grober Holzschemel für die Gefangene. All dies befindet sich im Inneren der Halle, deren Ende nur durch einen Bogengang vom Hof getrennt ist. Wandschirme und Vorhänge stellen einen Wetterschutz dar. Von der Mitte des Innenraums aus gesehen, befinden sich die Richterstühle und die Schreibertische rechts. Der Gefangenenschemel steht links. Rechts und links sind Bogentüren. Es ist ein schöner Maimorgen. – Warwick kommt durch eine der Türen herein. Sein Page folgt ihm.

PAGE *frech:* Eure Exzellenz wissen wohl, daß wir hier nichts zu suchen haben. Dies ist ein kirchlicher Gerichtshof. Und wir sind nur der weltliche Arm.

WARWICK Das ist mir bekannt. Darf ich Eure Impertinenz bitten, den Bischof von Beauvais zu suchen und ihm anzudeuten, daß er, wenn er es wünscht, hier mit mir sprechen kann, bevor das Verfahren beginnt?

PAGE *entfernt sich:* Ja, Mylord.

WARWICK Und vergiß nicht, dich anständig zu benehmen! Rede ihn nicht mit ›frommer Peter‹ an!

PAGE Nein, Mylord. Ich werde sehr artig zu ihm sein. Wenn nämlich erst das Mädchen hereingeführt wird, dann geht es dem frommen Peter an seinen frommen Kragen. *Cauchon tritt durch dieselbe Tür ein, mit einem Dominikanermönch und einem Domherrn. Dieser trägt eine Schriftrolle.* Seine Hochwürden, der ehrenwerte Herr Bischof von Beauvais und zwei weitere geistliche Gentlemen.

WARWICK Hinaus mit dir! Und sorge dafür, daß wir nicht gestört werden.

PAGE Zu Befehl, Mylord. *Er zaubert sich hinweg.*

CAUCHON Ich wünsche Mylord einen guten Morgen.

WARWICK Guten Morgen, Eminenz. Hatte ich schon das Vergnügen, Ihre Freunde kennenzulernen? Ich glaube nicht.

CAUCHON *stellt den Mönch zu seiner Rechten vor:* Dies, Mylord, ist Bruder Johann Lemaître vom Dominikanerorden. Er ist hier als Vertreter des Großinquisitors von Frankreich. Bruder Johann – Graf Warwick.

WARWICK Seien Sie willkommen, Hochwürden. Wir haben in England leider keinen Inquisitor; wir könnten aber sehr gut einen brauchen, vor allem bei Gelegenheiten wie dieser hier. *Der Inquisitor lächelt verbindlich und verneigt sich. Er ist ein milder älterer Herr, aber offensichtlich stehen ihm auch Strenge und Autorität zur Verfügung.*

CAUCHON *stellt den Domherrn zu seiner Linken vor:* Dieser Herr ist der Domherr Johann D'Estivet vom Ordenskapitel zu Bayeux. Er versieht das Amt des Anklägers.

WARWICK Des Anklägers?

CAUCHON Im zivilen Recht nennt man es Staatsanwalt.

WARWICK Ach so – Staatsanwalt – ganz recht, ganz recht. Ich bin erfreut, Ihre Bekanntschaft zu machen, Monsignore D'Estivet. *D'Estivet verneigt sich. Er ist ein Mann in den besten Jahren, mit guten Manieren, aber unter seinem Furnier ist er ein Fuchs.*

WARWICK Darf ich fragen, wie die Untersuchung steht? Es sind jetzt immerhin über neun Monate her, seit die Burgunder das Mädchen bei Compiègne erwischt haben. Und volle vier Monate, seit ich sie den Burgundern für eine sehr hübsche Summe abgekauft habe, nur damit man sie der Gerechtigkeit ausliefere. Es sind beinah drei Monate her, daß ich sie Ihnen übergeben habe, Eminenz. Immerhin, eine der Ketzerei verdächtige Person. Ich möchte betonen, daß mir die Zeit ein wenig lang vorkommt, um über einen doch recht eindeutigen Fall zu entscheiden. Soll diese Untersuchung niemals zu Ende gehen?

INQUISITOR *lächelnd:* Sie hat noch nicht begonnen, Mylord.

WARWICK Noch nicht begonnen! Aber Sie haben sich doch schon elf Wochen damit beschäftigt!

CAUCHON Wir sind nicht müßig gewesen, Mylord. Wir haben das Mädchen fünfzehnmal verhört. Sechsmal öffentlich und neunmal geheim.

INQUISITOR *immer geduldig lächelnd:* Sie müssen wissen, Mylord, daß ich nur bei zweien dieser Verhöre zugegen war: Verhandlungen des bischöflichen Gerichtes, aber nicht des heiligen Amtes. Erst jetzt habe ich beschlossen, mich – oder vielmehr die heilige Inquisition – dem Gericht des Bischofs anzuschließen. Zuerst habe ich es nicht für einen Fall von Ketzerei gehalten. Ich sah es mehr als einen politischen Fall, und das Mädchen als eine Kriegsgefangene. Aber inzwischen habe ich zwei Verhören beigewohnt, und ich muß zugeben, daß es sich um einen der schwersten Fälle von Ketzerei meiner ganzen Praxis zu handeln scheint. Daher ist jetzt alles in Ordnung, und wir beginnen heute morgen mit der Verhandlung. *Er geht auf die Richterstühle zu.*

CAUCHON Und zwar, wenn es Ihnen recht ist, Mylord, sogleich.

WARWICK *liebenswürdig:* Na, das sind ja gute Nachrichten, meine Herren. Ich will Ihnen nicht verschweigen, daß unsere Geduld ein wenig strapaziert ist.

CAUCHON Das habe ich den Drohungen Ihrer Soldaten entnommen. Sie wollen alle Anhänger des Mädchens in den Fluß werfen.

WARWICK Um Gottes willen! – Aber Ihnen gegenüber, Eminenz, sind sie doch wohl freundlicher.

CAUCHON *abweisend:* Ich hoffe nicht. Ich bin entschlossen, das Verfahren von Vorurteilen freizuhalten. Die Gerechtigkeit der Kirche ist kein Possenspiel, Mylord.

INQUISITOR *kehrt zu der Gruppe zurück:* Niemals hat es eine gerechtere Untersuchung gegeben, soweit meine Erfahrung reicht, Mylord. Dieses Mädchen braucht keine Anwälte zu seiner Verteidigung. Sie wird von ihren treuesten Freunden verhört. Wir alle haben keinen sehnlicheren Wunsch, als ihre Seele vor der Verdammnis zu retten.

D'ESTIVET Mylord, ich bin der Ankläger. Und es war meine schmerzliche Pflicht, den Fall gegen das Mädchen vorzubereiten. Aber glauben Sie mir, noch heute würde ich mein Amt niederlegen und mich zu ihrem Verteidiger machen, wenn ich nicht so sicher wäre, daß man ihr Männer an die Seite gestellt hat, die mir an Weisheit und Frömmigkeit, an Beredsamkeit und Überzeugungskraft weit überlegen sind. Sie werden ihr den Fall darstellen und ihr klarmachen, in welcher Gefahr sie sich befindet und wie leicht sie ihr entrinnen kann. *Plötzlich bricht er in einen Schwall von Beredsamkeit aus, zum Mißfallen von Cauchon und dem Inquisitor, die ihm bisher mit gönnerhafter Billigung zugehört haben:* Man hat gesagt, wir handelten aus Haß. Aber Gott ist unser Zeuge: wer das sagt, der lügt. Haben wir sie etwa gefoltert? Nein. Haben wir versäumt, sie zu ermahnen, sie anzuflehen, sich ihrer selbst zu erbarmen und in den Schoß der Kirche zurückzukehren als ein irrendes aber geliebtes Kind? Haben wir...?

CAUCHON *unterbricht trocken:* Nehmen Sie sich in acht, Monsignore! Alles, was Sie sagen, ist wahr. Aber wenn Sie Lord Warwick von dieser Wahrheit überzeugen, so hafte ich nicht für Ihr Leben und kaum für mein eigenes.

WARWICK *besänftigend, aber durchaus nicht leugnend:* Aber Eminenz, Sie denken sehr schlecht von uns armen Engländern. Gewiß: Ihren frommen Wunsch, die Kleine zu retten, teilen wir nicht. Ich muß Ihnen sogar offen sagen, daß ihr Tod eine politische Notwendigkeit ist, die ich zwar bedaure, aber nicht ändern kann. Wenn die Kirche sie ziehen läßt...

CAUCHON *mit großem und drohendem Stolz:* Wenn die Kirche sie ziehen läßt, wehe dem Mann, und wäre es der Kaiser selbst, der es wagt, Hand an sie zu legen. Die Kirche beugt sich keiner politischen Notwendigkeit, Mylord.

INQUISITOR *mischt sich besänftigend ein:* Das Ergebnis brauchen Sie nicht zu fürchten, Mylord. Sie haben einen unbesiegbaren Mitstreiter in dieser Sache. Einen, der noch weit entschlossener ist, als Sie es sind, daß sie auf den Scheiterhaufen komme.

WARWICK Und wer wäre dieser höchst willkommene Bundesgenosse, wenn ich fragen darf?

INQUISITOR Die Kleine selbst. Und wenn man ihr einen Knebel in den Mund steckt, man wird sie nicht daran hindern, sich zehnmal zu verurteilen, sooft sie ihn auftut.

D'ESTIVET Das ist nur allzu wahr, Mylord. Die Haare stehen mir zu Berge, wenn ich höre, wie ein so junges Geschöpf solche Blasphemien ausstößt.

WARWICK Dann allerdings tun Sie alles, was Sie nur für sie tun können –, wenn Sie ganz sicher sind, daß es ohne Erfolg ist. *Er sieht Cauchon scharf an.* Es täte mir leid, wenn ich ohne den Segen der Kirche handeln müßte.

CAUCHON *mit einer Mischung von zynischer Bewunderung und Verachtung:* Und da behauptet man noch, die Engländer seien Heuchler. Sie vertreten Ihre Seite gut, Mylord, und setzen dabei willig Ihre Seele aufs Spiel. Ich gestehe, daß ich diese Hingabe bewundere. Aber ich selbst wage mich nicht so weit. Ich fürchte die Verdammnis.

WARWICK Wenn wir uns vor irgend etwas fürchteten, Eminenz, könnten wir England nicht regieren. Soll ich Ihre Leute zu Ihnen hereinschicken?

CAUCHON Ja. Und würden Sie so gütig sein, sich zurückzuziehen, damit der Gerichtshof sich versammeln kann? *Warwick wendet sich auf dem Absatz um und geht durch den Hof hinaus. Cauchon setzt sich auf einen der Richterstühle. D'Estivet setzt sich an den Tisch des Schreibers und versenkt sich in seine Anklageschrift.*

CAUCHON *obenhin, während er es sich bequem macht:* Schufte sind sie, diese englischen Aristokraten.

INQUISITOR *setzt sich auf den anderen Richterstuhl, links von Cauchon:* Weltliche Macht läßt die Menschen zu Schuften werden. Sie haben eben keine Übung. Und nicht die apostolische Tradition. Unsere eigenen Aristokraten sind genau so schlimm.

Die Beisitzer des Bischofs treten eilig in die Halle, geführt von Kaplan de Stogumber und dem Domherrn de Courcelles, einem jungen Priester von dreißig Jahren. Die Schreiber setzen sich an den Tisch, sie lassen einen Stuhl gegenüber D'Estivet frei. Einige Beisitzer setzen sich, andere bleiben schwatzend stehen und warten auf den Beginn der Verhandlung. Stogumber, übelgelaunt und starrköpfig, will sich nicht setzen. Ebenso der Domherr, der zu seiner Rechten steht.

CAUCHON Guten Morgen, Herr von Stogumber. *Zum Inquisitor:* Kaplan des Kardinals von England.

KAPLAN *berichtigt ihn:* Von Winchester, Eminenz. Ich muß einen Protest einlegen.

CAUCHON Sie legen sehr viele Proteste ein.

KAPLAN Ich habe Unterstützung. Hier ist Herr von Courcelles, Domherr zu Paris. Er schließt sich meinem Protest an.

CAUCHON Und um was handelt es sich?

KAPLAN *beleidigt:* Sprechen Sie, Herr von Courcelles. Ich scheine das Vertrauen Seiner Eminenz nicht zu genießen. *Er setzt sich grollend rechts von Cauchon.*

COURCELLES Eminenz, wir haben hart daran gearbeitet, die Anklageschrift gegen das Mädchen auf vierundsechzig Punkte zu bringen. Und jetzt hören wir, daß man sie gekürzt hat, ohne uns zu konsultieren.

INQUISITOR Herr von Courcelles, ich bin der Schuldige. Ich bin geradezu überwältigt von Bewunderung für Ihren Eifer, der in Ihren vierundsechzig Punkten zum Ausdruck kommt. Aber in einer Anklage gegen einen Ketzer – wie übrigens auch in anderen Dingen – hat alles seine Grenzen. Zudem müssen Sie bedenken, daß es nicht allen Mitgliedern des Gerichtshofes gegeben ist, so scharfsinnig und so tief denken zu können, wie Ihnen –: daß diesen Leuten daher ein Teil Ihrer ungeheuren Kenntnisse als ungeheurer Unsinn erscheinen dürfte. Daher habe ich es für angemessen gehalten, Ihre vierundsechzig Punkte auf zwölf zu reduzieren.

COURCELLES *wie vom Donner gerührt:* Zwölf!

INQUISITOR Zwölf sind für Ihren Zweck völlig ausreichend, glauben Sie mir!

KAPLAN Aber ein paar der wichtigsten Punkte sind so gekürzt, daß beinah nichts mehr übrig ist. Zum Beispiel: das Mädchen hat tatsächlich gesagt, die heilige Margareta und die heilige Katharina und der Erzengel Michael hätten mit ihr gesprochen. Auf französisch. Dieser Punkt ist sehr wichtig.

INQUISITOR Sie meinen, Herr Kaplan, die Heiligen hätten lateinisch sprechen sollen.

CAUCHON Nein. Er meint, englisch hätten sie sprechen sollen.

KAPLAN Selbstverständlich, Eminenz.

INQUISITOR Ich denke, wir sind uns hier alle darin einig, daß in den Stimmen des Mädchens böse Geister sprechen, Stimmen der Versuchung, die zur Verdammnis führt. Es wäre nicht höflich Ihnen gegenüber, Herr von Stogumber, oder auch dem König von England gegenüber, den Schluß zu ziehen, daß Englisch die Muttersprache des Teufels ist. Daher: lassen wir den Punkt lieber fallen. Die Sache selbst ist in den zwölf Punkten immer noch enthalten. Bitte, meine Herren, setzen wir uns und kommen wir zur Tagesordnung. *Alle, die noch nicht sitzen, setzen sich.*

KAPLAN Jedenfalls protestiere ich. Und dabei bleibt es.

COURCELLES Es erscheint mir ungerecht, daß all unsere Arbeit umsonst gewesen sein sollte. Es ist nur ein weiteres Beispiel des teuflischen Einflusses, den dieses Weib auf den Gerichtshof ausübt. *Er setzt sich zur Rechten des Kaplans.*

CAUCHON Wollen Sie damit sagen, daß ich unter teuflischem Einfluß stehe?

COURCELLES Ich will gar nichts sagen, Eminenz. Aber es scheint hier eine Verschwörung im Gange zu sein, um die Tatsache zu verschleiern, daß dieses Weib das Pferd des Bischofs von Senlis gestohlen hat.

CAUCHON *beherrscht seinen Unmut mit Mühe:* Wir sind hier kein Amtsgericht. Vergeuden wir unsere Zeit nicht mit derlei Unsinn!

COURCELLES *erhebt sich entsetzt:* Eminenz! Nennen Sie das

Pferd des Bischofs Unsinn?

INQUISITOR *sanft:* Herr von Courcelles, die Kleine behauptet, sie habe für des Bischofs Pferd einen sehr guten Preis gezahlt, und wenn er das Geld nicht erhalten habe, so sei es nicht ihre Schuld. Da ich das für möglich halte, ist dies ein Anklagepunkt, von dem wir sie ruhig freisprechen können.

COURCELLES Wäre es ein gewöhnliches Pferd gewesen, ja. Aber das Pferd des Bischofs. Wie kann man sie da freisprechen! *Er setzt sich wieder, verstört und entmutigt.*

INQUISITOR In aller Hochachtung möchte ich Sie darauf hinweisen, daß wir nicht darauf bestehen sollten, diesem Mädchen mindere Vergehen zur Last zu legen, deren wir sie vielleicht sogar für unschuldig erklären müßten. Denn so könnte sie uns in den Hauptpunkten entkommen. Und die lauten: Ketzerei. In diesen Punkten scheint sie auf ihrer eigenen Schuld zu bestehen. Deshalb bitte ich Sie, wenn die Kleine vorgeführt wird, nicht vom Pferdestehlen zu sprechen und nicht von diesen Tänzen um die verzauberten Bäume mit den Dorfkindern, oder den Gebeten an verwunschenen Quellen und von diesem Dutzend anderer Dinge, die Sie bis zu meiner Ankunft so emsig aufgespürt haben. Es gibt kein Dorfmädchen in Frankreich, gegen das Sie nicht ähnliche Dinge vorbringen könnten. Sie tanzen alle um verzauberte Bäume und beten an verwunschenen Quellen. Manche von ihnen würden sogar das Pferd des Papstes stehlen, wenn sie könnten. Ketzerei, meine Herren, Ketzerei! Das ist die Anklage, die wir gegen sie erheben. Aufdeckung und Unterdrückung von Ketzerei, das ist hier mein Amt. Ich bin hier als Inquisitor, nicht als Amtsrichter. Halten Sie sich an die Ketzerei, meine Herren, und lassen Sie die anderen Dinge aus dem Spiel.

CAUCHON Noch etwas: wir haben im Heimatdorf des Mädchens Erkundigungen über sie eingezogen. Es liegt nichts Ernstes gegen sie vor.

KAPLAN, COURCELLES *erheben sich gleichzeitig:* Nichts Ernstes!! – Eminenz!! Eminenz! Der verzauberte Baum sollte nicht...!!

CAUCHON *am Ende seiner Geduld:* Ruhe, meine Herren. Oder sprechen Sie wenigstens nicht gleichzeitig! *Courcelles sinkt in seinen Stuhl zurück, eingeschüchtert.*

KAPLAN *nimmt beleidigt seinen Platz wieder ein:* Das hat uns das Mädchen auch gesagt, letzten Freitag.

CAUCHON Ich wollte, Sie hätten auf diesen Rat gehört, Herr

Kaplan. Wenn ich sage: nichts Ernstes, so meine ich: nichts, was Männer, deren Horizont immerhin weit genug ist, um eine solche Untersuchung zu führen, als ernsthaft betrachten sollten. Ich stimme mit meinem Kollegen, dem Inquisitor, überein: Ketzerei ist der Punkt, den wir zu verhandeln haben.

LADVENU *ein junger, asketisch-schlanker Dominikaner, der rechts von Courcelles sitzt:* Aber ist die Ketzerei dieser Kleinen nicht eigentlich harmlos? Handelt es sich nicht nur um Einfalt? Viele Heilige haben so gesprochen wie Johanna.

INQUISITOR *läßt seine Milde fallen und spricht sehr ernst:* Bruder Martin, hätten Sie gesehen, was ich an Ketzerei gesehen habe, so würden Sie den Fall nicht so leicht nehmen, selbst wenn der Anfang scheinbar ganz harmlos, ja, sogar liebenswert und fromm aussieht. Ketzerei beginnt schon bei jenen, die, allem Anschein nach, besser sind als ihre Nachbarn. Ein sanftes frommes Mädchen, oder ein junger Mann, der das Gebot des Herrn befolgt und all seinen Reichtum den Armen gibt, das Kleid der Armut anlegt, ein Leben der Entsagung auf sich nimmt, der Demut und christliche Nächstenliebe übt, kann Begründer eines Ketzerglaubens sein, der Kirche und Reich zugrunde richtet, wenn er nicht sofort radikal ausgerottet wird. Die Protokolle der heiligen Inquisition sind voll von Geschichten, die wir der Welt nicht zu unterbreiten wagen, weil sie dem Glauben ehrbarer Männer und unschuldiger Frauen nicht zuträglich sind. Und dennoch beginnen alle diese Geschichten mit heiligen Querköpfen. Das habe ich immer wieder festgestellt. Achten Sie auf meine Worte: die Frau, die sich gegen ihr Kleid auflehnt, die Männerkleidung anlegt, ist nicht besser als der Mann, der seinen Hermelin abwirft und sich kleidet wie Johannes der Täufer. Und so gewiß wie die Nacht dem Tag folgt, folgen ihnen Horden von wilden Weibern und Männern, die sich weigern, überhaupt etwas anzuziehen. Wenn Mädchen nicht entweder heiraten oder die üblichen Gelübde nehmen wollen, wenn Männer die Ehe verschmähen und sich in Gelüsten austoben, die sie göttlicher Eingebung zuschreiben, dann folgt alsbald, so sicher wie der Sommer dem Frühling folgt, Vielweiberei, Mannstollheit und schließlich Blutschande. Ketzerei tritt am Anfang im Gewand der Unschuld auf, wenn nicht gar der Tugend. Aber sie endet in einer solch ungeheuerlichen Ausartung widernatürlicher Verruchtheit, daß auch der Sanftmütigste unter euch, wenn er den Verlauf so überblickt, wie ich es getan habe, sich gegen jedes Erbarmen von seiten der Kirche wehren würde. Seit zweihundert Jahren zieht das heilige Amt gegen diese Äußerungen teuflischen Wahnes zu Felde. Inzwischen haben wir gelernt, daß er immer bei eitlen, unwissenden Menschen beginnt, die ihr eigenes Urteil gegen das der Kirche stellen und sich anmaßen, Gottes Willen zu deuten. Keiner soll dem üblichen Irrtum verfallen, diese Dummköpfe für Lügner oder Heuchler zu halten. Sie glauben ehrlich und aufrichtig, daß ihre teuflische Eingebung von Gott komme. Deshalb müssen wir uns vor den natürlichen Regungen des Mitleids hüten. Ihr alle seid, wie ich hoffe, barmherzige Menschen. Wie hättet ihr sonst euer Leben dem Dienste an unserem barmherzigen Heiland weihen können! Ihr werdet jetzt ein junges Mädchen vor euch sehen, fromm und keusch. Denn ich muß euch sagen: was unsere englischen Freunde gegen das Mädchen vorbringen, ist durch keinerlei Beweis erhärtet worden. Es liegt dagegen hinreichendes Zeugnis vor, daß sich des Mädchens Maßlosigkeit auf Religion und Nächstenliebe beschränkt und sich nicht etwa auf weltliche Dinge oder gar Ausschweifung bezieht. Dies Mädchen gehört nicht zu denen, deren hartes Gesicht ein hartes Herz verrät, oder deren frecher Blick oder liederliches Gebaren sie schon vor der Anklage verurteilen. Der teuflische Hochmut, der sie zu Fall gebracht hat, ist in ihren Zügen nicht sichtbar. Vielleicht erscheint es euch seltsam –: aber er hat auch im Wesen dieses Mädchens kein Zeichen gelassen, außer eben jene Dinge, auf denen ihr Hochmut sich begründet. Ihr werdet daher feststellen, daß teuflischer Hochmut und natürliche Demut in ein und derselben Seele dicht beieinanderwohnen. Daher seid auf der Hut. Gott bewahre, daß meine Ausführungen eure Herzen verhärten. Denn falls wir sie verurteilen, wird ihre Strafe so grausam sein, daß wir unsere eigene Hoffnung auf göttliches Erbarmen verwirken würden, hegten wir auch nur ein Körnchen von bösem Willen gegen sie in unseren Herzen. Aber wenn ihr die Grausamkeit verabscheut – und wenn einer unter uns ist, der sie nicht verabscheut, so gebiete ich ihm bei seinem Seelenheil, diesen heiligen Gerichtshof zu verlassen – ich sage: wenn ihr die Grausamkeit verabscheut, so bedenket, daß nichts solch grausame Folgen nach sich zieht wie Duldsamkeit gegenüber Ketzerei. Bedenket auch, daß kein Gerichtshof so grausam sein kann, wie es die gewöhnlichen Menschen gegenüber jenen sind, die sie der Ketzerei verdächtigen. Der Ketzer ist in den Händen des heiligen Amtes vor Gewalttätigkeit geschützt. Er ist eines gerechten Verhörs sicher, und selbst wenn er schuldig ist, wird er den Tod nicht erleiden, wenn der Sünde die Reue folgt. Unzählige Ketzer sind gerettet worden, weil das heilige Amt sie aus den Händen des Volkes befreit hat, oder weil das Volk sie uns übergeben hat, im Wissen, daß wir uns dieser Fälle annehmen. Bevor die heilige Inquisition bestand – und auch jetzt noch dort, wo ihre Sachwalter nicht erreichbar sind –, wurde der unselige Sünder, der vielleicht nur aus Unwissen gehandelt hat, der vielleicht sogar ungerechterweise der Ketzerei verdächtigt wurde, gesteinigt, in Stücke gerissen, ertränkt, in seinem Haus verbrannt, mitsamt seinen unschuldigen Kindern, ohne Verhör, ohne Beichte, wurde nicht begraben oder wurde verscharrt wie ein Hund: alle diese Taten verabscheut Gott. Sie sind grausam, eines Menschen unwürdig. Meine Herren, ich bin barmherzig, das bedingt meine Natur und mein Amt. Und wenngleich die Arbeit, die mir auferlegt ist, jenen als grausam erscheinen mag, die nicht wissen, um wieviel grausamer es wäre, wenn sie ungetan bliebe, so würde ich lieber selbst den Scheiterhaufen besteigen als dieses Amt ausüben, wäre ich nicht von seiner Gerechtigkeit, seiner Notwendigkeit, seiner tiefen Barmherzigkeit überzeugt. Ich bitte euch: übt euer Amt an unserem Gerichtshof in dieser Überzeugung aus. Zorn ist ein schlechter Ratgeber. Verbannt den Zorn. Mitleid ist manchmal noch schlimmer. Verbannt das Mitleid. Verbannt aber nicht die Barmherzigkeit. Nur vergeßt niemals, daß über allem die Gerechtigkeit steht. Haben Sie noch etwas zu sagen, Eminenz, bevor wir zum Verhör schreiten?

CAUCHON Sie haben für mich gesprochen, und besser als ich es könnte. Ich glaube, kein vernünftiger Mensch würde auch nur einem Wort widersprechen, das Sie gesagt haben. Aber dies will ich noch hinzufügen: die rohe Ketzerei, von der Sie sprachen, ist furchtbar. Aber ihr Schrecken gleicht dem Schrecken der Pest. Sie wütet eine Weile, dann stirbt sie aus. Denn vernünftige und gesunde Menschen sind nicht anfällig gegen den Reiz der Nacktheit, der Blutschande, der Vielweiberei und dergleichen. Aber wir sehen uns heute in Europa einer Ketzerei gegenüber, die sich unter den Menschen verbreitet, und deren Geist weder krank noch schwach ist. Im Gegenteil: je stärker der Geist, desto hartnäckiger der Ketzer. Dieser Art von Ketzerei haftet nichts Widerliches an wie schmutzige Phantasie, nichts Ekelhaftes wie die Gelüste des Fleisches. Und doch verfolgt auch sie den Zweck, das Urteil des einzelnen irrenden Sterblichen gegen die erhabene Weisheit und Erfahrung der Kirche zu stellen. Das mächtige Gerüst der katholischen Christenheit wird sich niemals von nackten Narren oder von den Sünden Moabs oder Ammons erschüttern lassen. Aber sie kann von innen verraten werden, kann barbarischem Untergang und Verwüstung ausgesetzt werden durch jene Erzketzerei, die der englische Befehlshaber Protestantismus nennt.

DIE BEISITZER *flüstern:* Protestantismus? Was soll denn das sein? Was will der Bischof sagen? Eine neue Ketzerei? Der englische Befehlshaber, sagt er? Nie gehört: ›Protestantismus‹?

CAUCHON *fährt fort:* Dabei fällt mir ein: welche Vorkehrung hat eigentlich Graf Warwick für die Verteidigung des weltlichen Armes getroffen, sollte die Angeklagte sich als hartnäckig erweisen, und sollte das Volk sich dazu hinreißen lassen, sie in Schutz zu nehmen?

KAPLAN Machen Sie sich darüber keine Sorge, Eminenz. Der ehrenwerte Graf Warwick hat achthundert Bewaffnete vor den Stadttoren stehen. Sie wird nicht durch unsere englischen Finger schlüpfen, und wäre die ganze Stadt auf ihrer Seite.

CAUCHON *empört:* Wollen Sie nicht hinzufügen: Gott gebe, daß sie bereue und ihre Sünden büße?

KAPLAN Das erscheint mir zwar nicht konsequent –, aber selbstverständlich bin ich Ihrer Ansicht, Eminenz.

CAUCHON *läßt die Sache mit einer Geste der Verachtung fallen:* Die Sitzung ist eröffnet.

INQUISITOR Man führe die Angeklagte vor.

LADVENU *ruft:* Die Angeklagte trete vor.

Johanna wird mit aneinandergeketteten Knöcheln von einer Wache englischer Soldaten durch die Bogentür hinter dem Angeklagtenschemel hereingebracht. Ihr folgen der Scharfrichter und seine Gesellen. Die Soldaten führen sie zum Schemel und stellen sich, nachdem sie ihr die Ketten abgenommen haben, hinter ihr auf. Sie trägt das schwarze Wams eines Pagen. Die lange Gefangenschaft und die Anstrengung der Voruntersuchungen, die dem Verhör vorangegangen sind, haben Spuren an ihr zurückgelassen, aber noch ist sie ungebrochen. Sie tritt vor ihre Richter ohne Angst und ohne irgendein Zeichen der Ehrfurcht vor jener förmlichen Feierlichkeit, die der Gerichtshof braucht, um den gewünschten Erfolg zu erzielen.

INQUISITOR *freundlich:* Setz dich, Johanna. *Sie setzt sich auf den Schemel.* Du bist sehr blaß heute. Geht es dir nicht gut?

JOHANNA Danke vielmals. Es geht mir nicht schlecht. Aber der Bischof hat mir ein Stück Karpfen geschickt. Der ist mir nicht gut bekommen.

CAUCHON Das tut mir leid. Er hätte frisch sein sollen. Ich habe befohlen, darauf zu achten.

JOHANNA Sie haben es gut mit mir gemeint, ich weiß. Aber dieser Fisch bekommt mir nicht. Die Engländer dachten, Eminenz, Sie wollten mich vergiften.

CAUCHON, KAPLAN *gleichzeitig:* Was!? Unerhört!

JOHANNA *fährt fort:* Die Engländer sind entschlossen, mich als Hexe zu verbrennen. Sie haben mir ihren Arzt geschickt, um mich zu heilen. Aber man hat ihm verboten, mich zur Ader zu lassen. Die Leute sind so dumm, sie glauben, daß eine Hexe mit ihrem Blut auch ihre Hexenkunst verliert. Deshalb hatte er nur unflätige Worte für mich. Warum lassen Sie mich in den Händen der Engländer? Ich sollte in den Händen der Kirche sein. Und warum fesselt man mich mit den Füßen an einen Holzpflock? Haben Sie Angst, daß ich davonfliege?

D'ESTIVET *schroff:* Weib, es ist nicht an dir, den Gerichtshof zu verhören. Es ist an uns, dich zu verhören.

COURCELLES Als du noch nicht gefesselt warst –, hast du nicht versucht zu fliehen? Bist du nicht von einem zwanzig Meter hohen Turm herabgesprungen? Wenn du nicht fliegen kannst wie eine Hexe –, wie kommt es, daß du noch lebst?

JOHANNA Wahrscheinlich weil der Turm damals noch nicht so hoch war. Seitdem Sie mich darüber ausfragen, ist der Turm täglich höher geworden.

D'ESTIVET Warum bist du vom Turm gesprungen?

JOHANNA Woher wissen Sie, daß ich vom Turm gesprungen bin?

D'ESTIVET Man hat dich doch gefunden. Du lagst im Graben. Wozu hast du den Turm verlassen?

JOHANNA Wozu verläßt man wohl ein Gefängnis, wenn man kann?

D'ESTIVET Du hast versucht zu fliehen?

JOHANNA Gewiß. Und nicht zum ersten Mal. Wenn man die Käfigtür offen läßt, dann fliegt der Vogel davon.

D'ESTIVET *steht auf:* Das ist ein Geständnis der Ketzerei. Ich möchte die Aufmerksamkeit des Gerichtshofes darauf lenken.

JOHANNA Ketzerei nennt der das. Bin ich eine Ketzerin, weil ich versuche, aus dem Gefängnis zu fliehen?

D'ESTIVET Gewiß. Wenn du dich in den Händen der Kirche befindest und du dich ihr absichtlich entziehst, dann bist du der

Kirche abtrünnig. Und das ist Ketzerei.

JOHANNA Das ist doch Unsinn. Niemand kann so dumm sein, das zu glauben.

D'ESTIVET Sie sind Zeuge, Eminenz, wie ich in der Ausübung meiner Pflicht von diesem Weib beschimpft werde. *Er setzt sich entrüstet.*

CAUCHON Ich habe dich schon früher darauf hingewiesen, Johanna; du schadest dir nur mit diesen vorlauten Antworten.

JOHANNA Aber was die mir sagen, hat doch gar keinen Sinn. Ich bin gern vernünftig, wenn ihr vernünftig seid.

INQUISITOR *unterbricht:* Die Sache ist noch nicht in Ordnung. Sie vergessen, Herr Ankläger, daß die Verhandlung noch nicht formell eröffnet worden ist. Die Befragung kommt erst, wenn die Angeklagte beim Evangelium geschworen hat, uns die volle Wahrheit zu sagen.

JOHANNA Das sagen Sie mir jedesmal. Ich habe immer wieder erklärt, daß ich euch alles sagen will, was dieses Gericht angeht. Aber die volle Wahrheit kann ich euch nicht sagen. Gott erlaubt nicht, daß die volle Wahrheit gesagt werde. Ihr würdet auch gar nicht verstehen, was ich sage. In einem alten Sprichwort heißt es: wer zuviel Wahrheit sagt, der ist des Henkers sicher. Ich habe diesen Streit jetzt satt. Neunmal habt ihr damit angefangen. Ich habe soviel geschworen wie ich kann. Jetzt schwöre ich nicht mehr.

COURCELLES Eminenz, man foltere sie.

INQUISITOR Hörst du, Johanna? Das ist es, was mit verstockten Sündern geschieht. Überlege, bevor du antwortest! Hat man ihr die Werkzeuge gezeigt?

SCHARFRICHTER Sie sind bereit, Hochwürden. Sie hat alles gesehen.

JOHANNA Und wenn ihr mir Glied für Glied abreißt, bis ihr meine Seele vom Körper trennt, ihr werdet nichts aus mir herausbringen als was ich euch schon gesagt habe. Was soll ich denn noch sagen! Was würdet ihr verstehen? Außerdem kann ich Schmerzen nicht vertragen. Und wenn ihr mir wehtut, werde ich alles sagen, was ihr wollt, damit der Schmerz aufhört. Aber nachher werde ich alles widerrufen. Also was soll es?

LADVENU Was sie sagt, ist richtig. Wir sollten barmherzig vorgehen.

COURCELLES Aber in solchen Fällen wird gefoltert.

INQUISITOR Man sollte die Folter nicht leichtfertig anwenden.

Wenn die Angeklagte freiwillig gesteht, ist die Anwendung nicht gerechtfertigt.

COURCELLES Aber das wäre unüblich und gegen die Regel. Sie weigert sich, den Eid zu leisten.

LADVENU *angewidert:* Wollen Sie das Mädchen bloß zum Vergnügen foltern?

COURCELLES *sehr erstaunt:* Aber es ist kein Vergnügen. Es ist Gesetz. Es ist üblich. Es wird immer so gemacht.

INQUISITOR Das ist nicht richtig, Monsignore. Es sei denn, das Verhör wird von Leuten geführt, die ihr Amt und sein Gesetz nicht beherrschen.

COURCELLES Aber das Weib ist eine Ketzerin. Ich versichere Ihnen: es ist die Praxis.

CAUCHON *mit Autorität:* Heute wird sie nicht angewandt, wenn es nicht nötig ist. Schluß damit! Von uns soll man nicht sagen, daß wir einen Prozeß auf erzwungenen Geständnissen aufgebaut haben. Wir haben dieser Frau unsere besten Prediger und Gelehrten geschickt, um sie zu ermahnen und zu beschwören, ihre Seele und ihren Körper vor dem Feuer zu retten. Wir wollen ihr jetzt nicht den Henker schicken, um sie hineinzustoßen.

COURCELLES Eminenz, Sie sind barmherzig, selbstverständlich. Aber es bedeutet eine große Verantwortung, von der üblichen Praxis abzuweichen.

JOHANNA Du bist mir doch ein seltener Trottel, Kanonikus! Man hat's immer getan, und deshalb tut man's wieder, das ist deine Regel, wie?

COURCELLES *aufgebracht:* Du unverschämtes Weibsbild! Du wagst es, mich einen Trottel zu nennen?

INQUISITOR Ruhe, Monsignore, Ruhe! Ich fürchte, die Rache kommt nur allzubald und wird furchtbar sein.

COURCELLES *murmelt:* ›Trottel‹ – das ist denn doch wirklich ... *Er setzt sich, höchst indigniert.*

INQUISITOR Lassen wir uns nicht von der etwas ungehobelten Ausdrucksweise einer Schafhirtin aus dem Konzept bringen!

JOHANNA Aber ich bin ja gar keine Schafhirtin. Gewiß, ich habe im Schafstall geholfen, wie andere auch. Im Haus kann ich aber auch die Arbeit einer Dame tun, Spinnen oder Weben, so gut wie irgendeine Frau von Rouen.

INQUISITOR Für Eitelkeit ist dies nicht der richtige Augenblick, Johanna. Du bist in großer Gefahr.

JOHANNA Ich weiß. Aber eigentlich bin ich für meine Eitelkeit ja schon bestraft worden, oder nicht? Hätte ich Dummkopf in der Schlacht nicht meinen goldbestickten Waffenrock getragen, dann hätte mich dieser burgundische Soldat niemals hinterrücks vom Pferd gerissen, und ich wäre nicht hier.

KAPLAN Wenn du in Weiberarbeit so gewandt bist, warum bleibst du nicht zu Hause und tust sie?

JOHANNA Es gibt eine Menge anderer Frauen, die sie tun. Aber es gibt keine, die meine Arbeit tut.

CAUCHON Genug. Wir verschwenden unsere Zeit mit Nichtigkeiten. Johanna, ich will dir eine sehr ernste Frage stellen. Überlege die Antwort gut, denn dein Leben und dein Heil hängen von ihr ab. Willst du für alles, was du gesagt und getan hast, sei es gut oder böse, das Urteil der Kirche Gottes auf Erden anerkennen? Nehmen wir vor allem die Taten und die Worte, die dir im Laufe dieses Verfahrens von dem Ankläger hier zur Last gelegt werden: willst du deinen Fall der vom göttlichen Geist erfüllten, streitenden Kirche anvertrauen?

JOHANNA Ich bin ein gläubiges Kind der Kirche, ich will der Kirche gehorchen...

CAUCHON *beugt sich hoffnungsvoll vor:* Willst du das wirklich?

JOHANNA ...vorausgesetzt, daß sie mir nichts Unmögliches auferlegt.

Cauchon sinkt mit einem tiefen Seufzer in seinen Stuhl zurück. Der Inquisitor runzelt die Stirn und zieht die Lippen zusammen. Ladvenu schüttelt mitleidig den Kopf.

D'ESTIVET Sie mutet demnach der Kirche den Irrtum und die Torheit zu, Unmögliches aufzuerlegen.

JOHANNA Wenn ihr mir befehlt, ich solle sagen, alles was ich gesagt und getan habe und alle Visionen und Offenbarungen, die ich erfahren habe, kämen nicht von Gott, dann ist das unmöglich. Das werde ich nicht erklären, nicht um alles in der Welt. Was Gott mich hat tun lassen, werde ich nicht als böse erklären. Und was Er befohlen hat und befehlen wird, das werde ich immer tun, und kein Mensch auf der Welt wird mich daran hindern. Das ist es, was ich mit ›unmöglich‹ meine. Und wenn mir die Kirche etwas auferlegt, das den Befehlen Gottes widerspricht, dann werde ich es nicht tun, was immer es auch sei.

DIE BEISITZER *empört und aufs höchste erregt:* Ooh! Die Kirche im Widerspruch zu Gott! Das ist doch unerhört! Glatte Ketzerei! Das ist die Höhe!

D'ESTIVET *wirft seine Anklageschrift auf den Tisch:* Eminenz, brauchen Sie danach noch mehr?

CAUCHON Weib, du hast genug gesagt, um zehn Ketzer dafür zu verbrennen. Willst du dich denn gar nicht warnen lassen? Kannst du nicht begreifen?

INQUISITOR Wenn die streitende Kirche dir sagt, daß deine Offenbarungen und Visionen vom Teufel kommen, um dich in Verdammnis zu stürzen, wirst du dann nicht glauben, daß die Kirche weiser ist als du?

JOHANNA Ich glaube, daß Gott weiser ist als ich. Und seine Befehle will ich ausführen. All das, was ihr mein Verbrechen nennt, kommt zu mir durch Gottes Wort. Ich erkläre, daß ich alles auf Gottes Befehl getan habe. Und wenn irgend ein Kirchenmann das Gegenteil sagt, dann werde ich ihm nicht glauben. Ich glaube Gott allein und werde seine Weisungen stets befolgen.

LADVENU *dringlich auf sie einredend:* Du weißt nicht, was du sagst, Kind. Willst du dich denn selbst vernichten? Jetzt hör mal zu: glaubst du nicht, daß du der Kirche Gottes auf Erden untertan bist?

JOHANNA Doch. Wann hätte ich das je geleugnet?

LADVENU Gut. Aber bedeutet das denn nicht, daß du unserem Gebieter, dem Papst, den Kardinälen, den Erzbischöfen und den Bischöfen untertan bist, die Seine Eminenz hier vertritt?

JOHANNA Man muß vor allem Gott gehorchen.

D'ESTIVET Deine Stimmen befehlen dir also, dich der streitenden Kirche nicht zu unterwerfen?

JOHANNA Meine Stimmen sagen mir nicht, ich solle der Kirche nicht gehorchen; aber ich muß vor allem Gott gehorchen.

CAUCHON Und nicht die Kirche soll der Richter sein, sondern du bist es selbst?

JOHANNA Welchen anderen Richter sollte ich denn beurteilen können als mich selbst?

DIE BEISITZER *empört:* Oooh! *Sie finden keine Worte.*

CAUCHON Mit deinen eigenen Worten hast du dich verdammt. Wir haben um deine Rettung gekämpft, bis wir uns beinah selbst versündigt hätten. Immer wieder haben wir die Tür für dich geöffnet. Du hast sie vor uns und vor Gott zugeschlagen. Nach alledem, was du gesagt hast –, wagst du noch zu behaupten, daß du in Gottes Gnade bist?

JOHANNA Wenn ich es nicht bin, möge Gott sie mir gewähren! Wenn ich es bin, möge Gott sie mir erhalten!

LADVENU Das ist eine sehr gute Antwort, Eminenz.

COURCELLES Warst du in Gottes Gnade, als du des Bischofs Pferd gestohlen hast?

CAUCHON *braust wütend auf:* Der Teufel hole des Bischofs Pferd! Wir sind hier, um Ketzerei zu richten. Und kaum kommen wir der Sache auf den Grund, werden wir von Idioten zurückgeworfen, die von nichts eine Ahnung haben als von Pferden. *Zitternd vor Wut, zwingt er sich in den Stuhl zurück.*

INQUISITOR Meine Herren, meine Herren, Sie sind des Mädchens beste Anwälte, wenn Sie bei den Nichtigkeiten verharren. Es erstaunt mich nicht, daß Seine Eminenz mit Ihnen die Geduld verloren hat. Was sagt der Ankläger? Legt er Wert auf die Behandlung von Lausbubenstreichen?

D'ESTIVET Mich bindet mein Amt, Wert auf alles zu legen. Aber wenn dieses Weib seine Ketzerei gesteht, wenn sie sich der Gefahr des Kirchenbannes aussetzt –, was tut es dann zur Sache, ob sie auch solcher Vergehen schuldig ist, die geringer bestraft werden? Ich teile den Unmut Seiner Eminenz über die Behandlung nichtiger Vergehen. Allerdings muß ich – in aller Hochachtung, Eminenz – die Schwere zweier grauenhafter gotteslästerlicher Verbrechen betonen, die sie nicht leugnet. Erstens: sie trägt Männerkleidung, was unanständig, widernatürlich und verdammenswert ist, und trotz unserer ernsten Ermahnungen, unserer Bitten, will sie diese Kleidung nicht einmal ablegen, um das heilige Abendmahl zu empfangen. Zweitens: sie hat Verkehr mit bösen Geistern und ist deshalb eine Hexe.

JOHANNA Ist die heiige Katharina ein böser Geist? Oder die heilige Margareta oder der Erzengel Michael?

COURCELLES Woher weißt du, daß der Geist, der dir erscheint, ein Erzengel ist? Erscheint er dir als nackter Mann?

JOHANNA Meinen Sie, daß Gott es sich nicht leisten kann, ihm etwas anzuziehen?

Die Beisitzer können sich eines Lächelns nicht erwehren, denn diesmal ist der Scherz gegen Courcelles gerichtet.

LADVENU Eine gute Antwort, Johanna.

INQUISITOR Es ist, in der Tat, eine gute Antwort. Indessen: kein böser Geist wäre so dumm, einem jungen Mädchen in einer Gestalt zu erscheinen, die sie als unanständig empfinden könnte. Vor allem dann nicht, wenn er für einen Boten des Allerhöchsten gehalten werden will. Johanna: die Kirche belehrt dich, daß diese Erscheinungen Dämonen sind, die deine Seele verderben wollen. Nimmst du die Belehrung der Kirche an?

JOHANNA Ich nehme den Boten Gottes an. Wie könnte irgend ein Gläubiger der Kirche ihn ablehnen?

CAUCHON Du unglückselige Person! Ich frage dich noch einmal: weißt du denn überhaupt, was du sprichst?

INQUISITOR Eminenz, Ihr Ringen mit dem Teufel um die Seele dieses Weibes ist vergebens. Sie will nicht gerettet sein. Und was die Männerkleidung betrifft: zum letztenmal: willst du diesen unerhörten Aufzug ablegen und dich kleiden, wie es sich für dein Geschlecht gehört?

JOHANNA Nein.

D'ESTIVET *reagiert sofort:* Die Sünde des Ungehorsams, Eminenz!

JOHANNA *in Not:* Aber meine Stimmen sagen mir doch, daß ich mich wie ein Soldat kleiden soll.

LADVENU Johanna: beweist dir denn das nicht, daß deine Stimmen bösen Geistern gehören? Kannst du uns einen guten Grund dafür sagen, warum dir ein Engel Gottes einen so schamlosen Rat geben sollte?

JOHANNA Aber ja. Nichts ist vernünftiger. Ich war Soldat und lebte unter Soldaten. Ich bin gefangen und werde von Soldaten bewacht. Wollte ich mich als Frau kleiden, so würden sie an mich als Frau denken. Und was würde dann aus mir? Wenn ich mich als Soldat kleide, denken sie an mich als Soldaten. Und ich kann mit ihnen leben, wie ich zu Hause mit meinen Brüdern lebe. Das ist der Grund, weshalb die heilige Katharina mir befohlen hat, mich nicht als Frau zu kleiden, bis sie mir die Erlaubnis dazu gibt.

COURCELLES Wann wird sie dir die Erlaubnis geben?

JOHANNA Sobald ihr mich aus den Händen der englischen Soldaten befreit. Ich habe es euch gesagt: ich sollte in den Händen der Kirche sein und nicht Tag und Nacht in den Händen von vier Soldaten des Grafen Warwick. Verlangt ihr von mir, daß ich Unterröcke für sie trage?

LADVENU Eminenz, was sie sagt, ist, weiß Gott, verwerflich und anstößig. Aber es enthält doch ein Körnchen Vernunft, wie sie selbst einem einfachen Dorfmädchen erscheinen mag.

JOHANNA Wären wir auf dem Dorf so einfältig wie ihr in euren Höfen und Palästen, so würde es bald keinen Weizen mehr geben für euer Brot.

CAUCHON Das ist der Dank für Ihren Rettungsversuch, Bruder Martin.

LADVENU Johanna, wir alle versuchen, dich zu retten. Seine

Eminenz versucht, dich zu retten. Der Inquisitor könnte nicht gerechter gegen dich sein, wenn du seine eigene Tochter wärest. Aber du bist verblendet von furchtbarem Stolz und Überheblichkeit.

JOHANNA Wozu sagen Sie so etwas? Ich habe doch nichts Böses gesagt. Das verstehe ich nicht.

INQUISITOR Der heilige Athanasius hat in seinem Glaubensbekenntnis niedergelegt, daß alle, die nicht begreifen können, verdammt sind. Es genügt nicht, einfältig zu sein. Es genügt noch nicht einmal, das zu sein, was einfältige Menschen ›gut‹ nennen. Die Einfalt eines verdunkelten Geistes ist nicht besser als die Einfalt eines Tieres.

JOHANNA In der Einfalt eines Tieres liegt große Weisheit, das kann ich Ihnen sagen. Und manchmal liegt große Torheit in der Weisheit der Gelehrten.

LADVENU Das wissen wir, Johanna. Wir sind nicht so töricht, wie du glaubst. Versuch einmal, dem Verlangen zu widerstehen, uns vorlaute Antworten zu geben. Siehst du diesen Mann, der hinter dir steht? *Er deutet auf den Scharfrichter.*

JOHANNA *wendet sich um und sieht den Mann an:* Euer Folterknecht? Aber der Bischof hat doch gesagt, daß ich nicht gefoltert werde.

LADVENU Du wirst nicht gefoltert; du hast ja alles gestanden, was zu deiner Verurteilung nötig ist. Dieser Mann ist nicht nur der Folterknecht. Scharfrichter: das Mädchen soll hören, was du auf meine Fragen antwortest. Bist du heute zur Verbrennung einer Ketzerin bereit?

SCHARFRICHTER Ja, Herr!

LADVENU Ist der Scheiterhaufen aufgerichtet?

SCHARFRICHTER Ja. Auf dem Marktplatz. Die Engländer haben ihn sehr hoch gebaut. Ich kann nicht in ihre Nähe gelangen, um ihr den Tod zu erleichtern. Es wird ein grausamer Tod sein.

JOHANNA *entsetzt:* Aber ihr werdet mich doch jetzt nicht verbrennen!

INQUISITOR Wird es dir also endlich klar?

LADVENU Achthundert englische Soldaten warten auf dich. Im Augenblick, da das Urteil der Exkommunikation über die Lippen deiner Richter kommt, werden sie dich auf den Marktplatz führen. Nur ein kurzer Augenblick trennt dich von deinem Verderben.

JOHANNA *sieht sich verzweifelt nach Hilfe um:* Oh mein Gott!

LADVENU Verzweifle nicht, Johanna! Die Kirche ist barmherzig.

Du kannst dich retten.

JOHANNA *hoffnungsvoll:* Ja. Meine Stimmen haben mir versprochen, daß ich nicht verbrannt werde. Die heilige Katharina hat mir gesagt, ich soll tapfer sein.

CAUCHON Weib, bist du denn ganz von Sinnen? Siehst du noch immer nicht, daß deine Stimmen dich betrogen haben?

JOHANNA Oh nein, das ist unmöglich.

CAUCHON Unmöglich? Sie haben dich geradewegs zur Exkommunikation geführt und auf den Scheiterhaufen, der dich erwartet.

LADVENU *mit eindringlicher Betonung:* Haben die Stimmen ein einziges Versprechen gehalten, seit man dich in Compiègne gefangen genommen hat? Der Teufel hat dich verraten. Die Kirche streckt ihre Arme nach dir aus.

JOHANNA *verzweifelt:* Das ist wahr, das ist wahr! Meine Stimmen haben mich betrogen. Ich bin von Teufeln verführt worden. Mein Glaube ist zerbrochen. Ich habe alles gewagt, alles – aber nur ein Wahnsinniger würde ins Feuer laufen. Gott hat mir einen Verstand gegeben, und das kann Er doch nicht von mir verlangen!

LADVENU Gott sei gelobt, daß Er dich in der elften Stunde errettet hat! *Er läuft zu dem leeren Sitz am Tisch der Schreiber, reißt einen Bogen Papier an sich und beginnt eilig darauf zu schreiben.*

CAUCHON Amen.

JOHANNA Was muß ich tun?

CAUCHON Du mußt einen feierlichen Widerruf deiner Ketzerei unterschreiben.

JOHANNA Unterschreiben? Heißt das, meinen Namen schreiben? Ich kann nicht schreiben.

CAUCHON Du hast doch früher viele Briefe unterschrieben.

JOHANNA Ja, aber da hat mir jemand die Hand gehalten und die Feder geführt. Ich kann mein Zeichen machen.

KAPLAN *der in steigender Unruhe und Entrüstung zugehört hat:* Eminenz, soll das etwa heißen, daß Sie uns dieses Weib entwischen lassen?

INQUISITOR Das Gesetz muß seinen Lauf nehmen, Herr von Stogumber. Sie kennen ja wohl das Gesetz.

KAPLAN *steht auf, bebend vor Wut:* Ich kenne die Franzosen und weiß, daß man ihnen nicht trauen kann. *Lärm, den er niederschreit:* Ich weiß, was mein Herr, der Kardinal von Winchester, sagen wird, wenn er das erfährt. Ich weiß auch, was Graf

Warwick tun wird, wenn er erfährt, daß Sie ihn verraten wollen. Vor dem Tor stehen achthundert Mann, die dafür sorgen werden, daß diese abscheuliche Hexe verbrannt wird, euch allen zum Trotz.

DIE BEISITZER *dazwischen:* Was soll das heißen! Was sagt er da! Hat er ›Verrat‹ gesagt? Das ist doch unerhört. Den Franzosen nicht trauen? Unglaublich! Wer ist denn dieser Kerl? Sieht so ein englischer Geistlicher aus? Er ist verrückt! Wahrscheinlich betrunken.

INQUISITOR *erhebt sich:* Ruhe bitte, meine Herren! Ich bitte um Ruhe! Herr Kaplan, erinnern Sie sich einen Augenblick Ihres heiligen Amtes. Bedenken Sie, was Sie sind und wo Sie sind! Ich fordere Sie auf, sich zu setzen!

KAPLAN *kreuzt verbissen die Arme, sein Gesicht arbeitet krampfhaft:* Ich werde mich nicht setzen.

CAUCHON Herr Inquisitor: dieser Mann hat mich schon früher ins Gesicht einen Verräter genannt.

KAPLAN Das sind Sie auch! Ihr alle seid Verräter. Während des ganzen Verhörs habt ihr nichts anderes getan als die Hexe auf den Knien um Widerruf gebeten.

INQUISITOR *ungerührt, setzt sich wieder:* Wenn Sie sich nicht setzen wollen, dann bleiben Sie stehen.

KAPLAN Ich bleibe nicht stehen. *Er wirft sich in den Stuhl zurück.*

LADVENU *erhebt sich, mit dem Bogen in der Hand:* Eminenz, hier ist der Widerruf. Das Mädchen kann unterschreiben.

CAUCHON Lesen Sie ihr vor!

JOHANNA Macht euch keine Mühe. Ich unterschreibe.

INQUISITOR Mädchen, du mußt doch wissen, unter was du dein Zeichen setzt. Lesen Sie ihr vor, Bruder Martin. Und ich bitte alle anderen um Schweigen.

LADVENU *liest ruhig:* Ich, Johanna, allgemein ›das Mädchen‹ genannt, eine erbärmliche Sünderin, gestehe, daß ich mich in den folgenden Punkten schwer versündigt habe: ich habe behauptet, Gott, seine Engel und seine Heiligen hätten sich mir mitgeteilt. Die Warnungen der Kirche, daß es sich um Versuchungen böser Geister handle, habe ich hartnäckig zurückgewiesen. Ich habe auf abscheuliche Weise gelästert, indem ich unkeusche Kleidung getragen habe, entgegen den Weisungen der heiligen Schrift und den Gesetzen der Kirche. Auch habe ich mein Haar nach Männerart geschnitten. Entgegen allen Pflichten, die mein Geschlecht dem Himmel gefällig erscheinen lassen, habe ich das Schwert ergriffen, habe sogar Menschenblut vergossen. Ich habe Männer dazu angestachelt, einander zu erschlagen, habe böse Geister erweckt, um sie irrezuführen, habe wiederholt und schwer gelästert, indem ich diese Sünden dem allmächtigen Gott zuschrieb. Ich beichte die Sünde der Auflehnung, die Sünde des Götzendienstes, die Sünde des Ungehorsams, die Sünde des Stolzes und die Sünde der Ketzerei. Ich sage mich hiermit los von allen diesen Sünden, schwöre sie ab, ich wende mich von ihnen ab, und danke euch Geistlichen und Gelehrten demütig dafür, daß ihr mich auf den Weg der Wahrheit zurückgeführt habt, und damit in die Gnade unseres Herrn. Und ich werde meine Irrtümer niemals wiederholen, sondern in der Gemeinschaft unserer heiligen Kirche verbleiben, und im Gehorsam gegen unseren heiligen Vater, den Papst zu Rom. All dies schwöre ich bei Gott dem Allmächtigen und den heiligen Evangelien. Um dies zu bezeugen, setze ich meinen Namen unter diesen Widerruf.

INQUISITOR Verstehst du das, Johanna?

JOHANNA *teilnahmslos:* Es ist völlig klar.

INQUISITOR Und ist es wahr?

JOHANNA Es wird schon wahr sein. Wäre es nicht wahr, so wäre auf dem Marktplatz jetzt nicht das Feuer für mich bereit.

LADVENU *nimmt seine Feder und ein Buch und eilt hinüber zu Johanna, bevor sie rückfällig werde:* Komm, Kind, ich will dir die Hand führen. Nimm die Feder! *Sie gehorcht und beginnt zu schreiben, das Buch benutzt sie als Pult.* J. E. H. A. N. E. So. Jetzt mach dein Zeichen allein!

JOHANNA *macht ihr Zeichen und gibt ihm die Feder zurück, gemartert von der Empörung ihrer Seele gegen ihren Geist und ihren Körper:* Da!

LADVENU *legt die Feder wieder auf den Tisch und übergibt den Widerruf Cauchon mit einer Verneigung:* Gott sei gelobt, meine Brüder. Das Lamm ist zu seiner Herde zurückgekehrt. Und der Hirte freut sich seiner mehr als neunundneunzig gerechter Menschen. *Er geht auf seinen Platz zurück.*

INQUISITOR *nimmt das Papier von Cauchon:* Durch diesen Akt erklären wir dich als befreit von der Gefahr der Exkommunikation, in der du standest. *Er wirft das Papier auf den Tisch.*

JOHANNA Ich danke euch.

INQUISITOR Aber da du dich auf höchst vermessene Art gegen Gott und die heilige Kirche versündigt hast, und damit du deine Irrungen in einsamer Betrachtung bereuen und vor jeglicher Versuchung eines Rückfalles bewahrt bleiben mögest, verurteilen wir dich, zu deinem Seelenheil und zur Buße, die deine Sünden vertilgen und dich schießlich ohne Makel vor den Thron der Gnade führen möge, das Brot des Kummers zu essen und das Wasser der Trauer zu trinken in immerwährender Gefangenschaft bis ans Ende deiner Erdentage.

JOHANNA *erhebt sich entsetzt und außer sich vor Wut:* Immerwährende Gefangenschaft? Ihr laßt mich also nicht frei?!

LADVENU *in milder Empörung:* Frei, mein Kind? Nach all diesen Sünden? Träumst du?

JOHANNA Gebt mir den Wisch! *Sie stürzt zum Tisch, ergreift das Papier und reißt es in Stücke.* Zündet euer Feuer an! Denkt ihr, ich fürchte es mehr als das Leben einer Ratte im Loch? Meine Stimmen hatten recht!

LADVENU Johanna! Johanna!

JOHANNA Ja. Sie haben mir gesagt, ihr seid Dummköpfe! *Das Wort erregt großen Anstoß.* Und ich solle nicht auf eure schönen Reden hören und nicht eurer Barmherzigkeit trauen. Ihr habt mir mein Leben versprochen. Aber ihr habt gelogen. *Entrüstete Ausrufe.* Ihr glaubt, Leben bedeute nichts anderes als nicht mausetot zu sein. Brot und Wasser fürchte ich nicht. Ich kann von Brot leben. Wann hätte ich je mehr verlangt? Ich bin auch bereit, Wasser zu trinken, wenn es rein ist. Brot birgt für mich keinen Kummer, und Wasser keine Trauer. Aber ausgeschlossen zu sein vom Licht des Himmels, vom Anblick der Felder und der Blumen, meine Füße in Fesseln zu halten, so daß ich nie wieder mit den Soldaten reiten oder auf die Hügel steigen kann; faule feuchte Dunkelheit zu atmen und allem fern zu sein, was mich zur Liebe Gottes zurückführen könnte, jetzt, da eure Schlechtigkeit und eure Dummheit mich dazu verleiten wollen, Ihn zu hassen –– all das ist schlimmer als der Ofen in der Bibel, der siebenmal geheizt wurde. Ich käme ohne mein Pferd aus. Ich würde mich auch in Röcken herumschleppen. Ich könnte es sogar ertragen, Banner und Trompeten, Ritter und Soldaten an mir vorüberziehen zu sehen und selbst zurückzubleiben, wie es andere Frauen tun –, wenn ich nur noch den Wind in den Bäumen höre, die Lerchen im Sonnenlicht, die kleinen Lämmer im knisternden Frost – und die wunderbaren Kirchenglocken, wie sie die Engelsstimmen zu mir herabschweben lassen durch die Luft. Ohne das kann ich nicht leben. All dies wollt ihr mir wegnehmen; und nicht nur mir: allen Menschen. Jetzt weiß ich, daß euer Ratgeber der

Teufel, und meiner Gott ist.

DIE BEISITZER *in großer Erregung:* Gotteslästerung! Gotteslästerung! Sie ist besessen! Sie sagt, wir sind vom Teufel beraten! Sie von Gott beraten! Ungeheuerlich! Der Teufel in unserer Mitte!

D'ESTIVET *überschreit den Lärm:* Sie ist eine rückfällige Ketzerin! Hartnäckig, unverbesserlich, ganz und gar unwürdig unserer Barmherzigkeit. Ich beantrage ihre Exkommunikation.

KAPLAN *zum Scharfrichter:* Zünde dein Feuer an, Mensch! Auf den Scheiterhaufen mit ihr! *Der Scharfrichter und seine Gehilfen eilen durch den Hof hinaus.*

LADVENU Du bist ein schlechter Mensch, Johanna. Wenn dein Wort Gottes Wort wäre, würde er dich nicht retten?

JOHANNA Seine Wege sind nicht eure Wege. Er will, daß ich durch das Feuer hindurch zu Ihm komme, an Seine Seite. Denn ich bin Sein Kind, und ihr verdient nicht, daß ich unter euch lebe. Das ist mein letztes Wort an euch. *Die Soldaten ergreifen sie.*

CAUCHON *steht auf:* Noch nicht!

Sie warten. Es herrscht tödliches Schweigen. Cauchon wendet sich mit einem fragenden Blick an den Inquisitor. Dieser nickt zustimmend und erhebt sich. Beide stimmen das Urteil an, wie einen Wechselchor.

CAUCHON Wir erklären dich zu einer rückfälligen Ketzerin...

INQUISITOR ...ausgestoßen aus der Gemeinschaft der Kirche...

CAUCHON ...losgetrennt von ihrem Leib...

INQUISITOR ...behaftet mit dem Aussatz der Ketzerei...

CAUCHON ...Brut des Teufels...

INQUISITOR ...Wir erklären dich daher als exkommuniziert.

CAUCHON ...Und hiermit ziehen wir uns von dir zurück, trennen dich ab und überlassen dich der weltlichen Gewalt.

INQUISITOR Wir ermahnen die weltliche Gewalt, in ihrem Urteil über dich maßvoll zu sein, barmherzig in der Vollstreckung ihres Urteils, und deine Glieder nicht zu verstümmeln. *Setzt sich.*

CAUCHON Und solltest du irgendein echtes Zeichen von Reue zeigen, so sei es Bruder Martin erlaubt, dir das Sakrament der Buße zu geben.

KAPLAN Ins Feuer mit der Hexe! *Er stürzt auf Johanna zu und hilft den Soldaten, sie hinauszustoßen. Johanna wird durch den Hof hinausgeführt. Die Beisitzer erheben sich in Unordnung und folgen den Soldaten, außer Ladvenu. Er hat das Gesicht in den Händen vergraben.*

CAUCHON *war dabei, sich zu setzen, steht wieder auf:* Nein! Das ist nicht in Ordnung. Der Vertreter des weltlichen Armes sollte hier sein, um sie von uns zu empfangen.

INQUISITOR *ist ebenfalls aufgestanden:* Dieser Mensch ist ein unverbesserlicher Schwachkopf.

CAUCHON Bruder Martin, sehen Sie zu, daß alles der Ordnung gemäß verläuft.

LADVENU Mein Platz ist an der Seite des Mädchens, Eminenz. Für Ordnung müssen Sie selbst sorgen. *Er geht schnell hinaus.*

CAUCHON Diese Engländer sind doch unmöglich. Sie werden sie einfach ins Feuer schmeißen. Sehen Sie! Dort! *Er deutet auf den Hof, Schein und Geflacker des Feuers werden sichtbar. Es rötet das Licht des Maientages. Nur der Bischof und der Inquisitor sind im Gerichtssaal zurückgeblieben.*

CAUCHON *will gehen:* Wir müssen sie aufhalten!

INQUISITOR *mit Ruhe:* Ja. Aber nicht zu schnell, Eminenz.

CAUCHON *bleibt stehen:* Aber es ist kein Augenblick zu verlieren.

INQUISITOR Wir sind völlig der Ordnung gemäß vorgegangen. Wenn es den Engländern beliebt, sich ins Unrecht zu setzen, so ist es nicht unsere Sache, sie ins Recht zu setzen. Ein Fehler im Verfahren könnte uns später von Nutzen sein. Man kann nie wissen! Und je schneller es vorbei ist, desto besser für dieses arme Mädchen.

CAUCHON *setzt sich wieder:* Das ist wahr. Wir müssen diese schreckliche Sache wohl bis zum Ende durchstehen.

INQUISITOR Man gewöhnt sich daran. Gewohnheit ist alles. Ich bin das Feuer gewohnt. Es ist bald vorbei. Aber es ist furchtbar mitanzusehen, wie so ein junges unschuldiges Geschöpf zwischen den beiden Großmächten zermalmt wird: der Kirche und dem Gesetz.

CAUCHON Sie nennen die Kleine unschuldig?

INQUISITOR Völlig unschuldig. Was weiß sie von Kirche und Gesetz! Von unserem Gerede hat sie keinen Ton verstanden. Es sind immer die Unschuldigen, die zu leiden haben. Gehen wir! Sonst kommen wir noch zu spät, um das Ende zu sehen.

CAUCHON *geht mit ihm:* Mir ist ohnehin nicht danach zumut. Ich bin nicht so daran gewöhnt wie Sie. *Sie wollen gehen und stoßen auf Warwick, der soeben den Raum betritt.*

WARWICK Oh, ich störe. Ich dachte, es sei alles vorbei. *Er tut so, als wolle er sich zurückziehen.*

CAUCHON Bleiben Sie ruhig, Mylord. Es ist alles vorbei.

INQUISITOR Die Vollstreckung, Mylord, liegt zwar nicht in unseren Händen, aber es wird von uns verlangt, daß wir beim Ende zugegen sind. Daher, wenn Sie gestatten... *Er verneigt sich und geht durch den Hof hinaus.*

CAUCHON Es bestehen gewisse Zweifel darüber, Mylord, ob Ihre Handlanger die gesetzlichen Vorschriften eingehalten haben.

WARWICK Es bestehen gewisse Zweifel, so sagt man mir, ob Ihre gesetzlichen Vorschriften in dieser Stadt noch gültig sind. Sie gehört nicht zu Ihrer Diözese, Eminenz. Immerhin – wenn Sie dafür die Verantwortung tragen möchten, dann trage ich sie für alles übrige.

CAUCHON Wir beide tragen Verantwortung nur vor Gott. Guten Morgen, Mylord.

WARWICK Guten Morgen, Eminenz! *Sie blicken einander einen Augenblick in unverhüllter Feindseligkeit an, dann folgt Cauchon dem Inquisitor. Warwick sieht sich um und stellt fest, daß er allein ist. Er ruft nach Bedienung:* He! Diener! *Schweigen.* He, dort hinten! *Schweigen.* Hallo, Brian, kleiner Schlawiner! Wo bist du! *Schweigen.* Wache! *Schweigen.* Alle beim Scheiterhaufen! Auch dieser Junge! *Das Schweigen wird durch herzzerreißendes Schluchzen und Heulen unterbrochen.* Was zum Teufel...?

Der Kaplan taumelt aus dem Hof herein. Er wirkt, als habe er den Verstand verloren. Sein Gesicht ist tränenüberströmt. Er taumelt, jammervolle Laute ausstoßend – das ist es, was Warwick gehört hat – zum Schemel der Angeklagten und wirft sich unter herzzerreißendem Schluchzen darauf.

WARWICK *geht zu ihm und klopft ihm auf die Schulter:* Was ist denn los, Kaplan? Was ist geschehen?

KAPLAN *ergreift seine Hände:* Mylord, Mylord, um Christi willen! Beten Sie für meine elende schuldige Seele!

WARWICK *beruhigt ihn:* Ja, selbstverständlich. Sehr gern. Aber jetzt mal erst Ruhe –

KAPLAN *unter jämmerlichem Heulen:* Ich bin kein schlechter Mensch, Mylord.

WARWICK Nein, nein, durchaus nicht.

KAPLAN Ich habe mir nichts Böses dabei gedacht. Ich wußte ja nicht, wie es ist.

WARWICK *härter:* Ach so! Sie haben es sich angesehen!

KAPLAN Ich wußte nicht, was ich tat. Ich bin ein Schwachsinniger, ein Idiot! Ich werde dafür in alle Ewigkeit verdammt sein.

WARWICK Unsinn! Eine sehr peinliche Sache, gewiß. Aber es war ja schließlich nicht Ihre Schuld.

KAPLAN *wehklagend:* Ich habe es zugelassen. Hätte ich alles gewußt, ich hätte sie den Leuten aus den Händen gerissen. Sie wissen es nicht, Mylord! Sie haben es nicht gesehen. Man hat leicht reden, wenn man nicht mitgemacht hat. Da berauscht man sich an Worten, man verwirkt sein Seelenheil, weil es so großartig erscheint, Öl in die flammende Hölle des eigenen Zornes zu gießen. Aber wenn man es dann vor Augen hat, wenn man sieht, was man angerichtet hat, wenn es einen blendet, wenn es in Mund und Nase dringt und das Herz zerreißt, dann – dann –– *er fällt in die Knie.* Oh mein Gott, nimm diesen Anblick von mir! Oh Christus, befreie mich von diesem Feuer, das mich verzehrt, in dessen Mitte sie nach Dir schrie. Jesus! Jesus! Jesus! Sie ruht in Deinem Schoß, und ich bin für ewig verdammt.

WARWICK *zieht ihn hoch und stellt ihn auf die Beine:* Fassung! Fassung, Mensch! Beherrschen Sie sich! Das gibt ja Stadtgespräch! *Er wirft ihn, nicht sehr sanft, auf einen Stuhl, der am Tisch steht.* Wenn Sie den Anblick dieser Dinge nicht vertragen, warum machen Sie es dann nicht wie ich und bleiben weg?

KAPLAN *verstört und unterwürfig:* Sie rief nach einem Kreuz. Ein Soldat gab ihr zwei zusammengebundene Holzstecken. Gott sei Dank war er ein Engländer. Ich hätte es tun können, aber ich habe es nicht getan. Ich bin ein Feigling, ein Wahnwitziger, ein Schwachkopf! Aber der Soldat war wenigstens ein Engländer.

WARWICK Der Dummkopf! Wenn sie den erwischen, dann verbrennen sie ihn noch dazu.

KAPLAN *schüttelt sich wie im Krampf:* Ein paar Leute haben über das Mädchen gelacht. Sie hätten auch über Christus gelacht. Das waren aber Franzosen, Mylord. Ich weiß, daß es Franzosen waren.

WARWICK Still! Es kommt jemand. Beherrschen Sie sich!

Ladvenu kommt durch den Hof zurück, rechts von Warwick. Er trägt ein Bischofskreuz, das er aus einer Kirche genommen hat. Er ist sehr ernst und ruhig.

WARWICK Man sagt mir, es sei alles vorbei, Bruder Martin.

LADVENU *rätselhaft:* Man weiß es nicht, Mylord. Vielleicht hat alles erst angefangen.

WARWICK Wie soll ich das verstehen?

LADVENU Ich habe dieses Kreuz aus der Kirche geholt. Sie sollte es bis zum Ende sehen. Sie hatte nur zwei Stecken, die sie an ihre Brust drückte. Das Feuer kam uns nahe, da sah sie, daß ich selbst verbrennen würde, wenn ich mit dem Kreuz vor ihr stehenbliebe. Sie sagte, ich solle hinabsteigen und mich retten. Mylord: ein Mensch, der in einem solchen Augenblick an die Gefahr eines anderen denken kann, ist nicht vom Teufel besessen. Ich mußte das Kreuz wegziehen, und als sie es nicht mehr sah, hob sie den Blick zum Himmel, und ich glaube nicht, daß der Himmel leer war. Ich glaube fest, daß ihr in diesem Augenblick der Heiland in seiner herrlichsten Gestalt erschienen ist. Sie rief ihn an und starb. Das ist nicht ihr Ende. Es ist ihr Anfang.

WARWICK Ich fürchte, das wird auf die Leute schlecht gewirkt haben.

LADVENU Das hat es auch, Mylord, auf manche. Ich habe Lachen gehört. Verzeihen Sie mir, wenn ich gestehe, daß ich hoffe und glaube, es sei englisches Lachen gewesen.

KAPLAN *völlig außer sich:* Nein, das war es nicht. Es war nur ein einziger Engländer dabei, der seinem Land Schande gemacht hat – und das war der verrückte Kaplan von Stogumber! *Er rast hinaus wie ein Wilder und brüllt:* Foltert ihn! Verbrennt ihn! Ich will in ihrer Asche beten! Ich bin nicht besser als Judas! Ich hänge mich auf!

WARWICK Schnell, Bruder Martin, laufen Sie ihm nach! Er wird sich etwas antun. Los! Ihm nach!

Warwick drängt ihn hinaus, Ladvenu geht eilig ab. Durch die Tür hinter den Richterstühlen kommt der Scharfrichter herein. Der zurückkehrende Warwick findet sich mit ihm konfrontiert.

WARWICK Na, Bursche? Wer bist du?

SCHARFRICHTER *würdevoll:* Ich werde nicht mit ›Bursche‹ angesprochen, Mylord. Ich bin der Meister Scharfrichter von Rouen. Ich bin ein Künstler auf meinem Gebiet. Ich komme, um Euer Gnaden zu melden, daß Ihre Befehle ausgeführt sind.

WARWICK Ich bitte um Verzeihung, Meister Scharfrichter. Ich will dafür sorgen, daß Sie nicht zu kurz kommen. Diesmal gibt es keine Andenken. Ich habe doch Ihr Wort, nicht wahr, daß nichts mehr da ist? Kein Knochen, kein Nagel, kein Haar?

SCHARFRICHTER Ihr Herz wollte nicht brennen, Euer Gnaden. Aber alles was von ihr geblieben ist, liegt auf dem Grunde der

Seine. Sie werden nie wieder von ihr hören.

WARWICK *denkt mit säuerlichem Lächeln an die Worte Ladvenus:* Nie wieder? – Hm – – wer weiß!!

Vorhang

Epilog

Eine Juninacht des Jahres 1456, unruhig, von heftigen Windstößen und von Wetterleuchten aufgerührt. König Karl der Siebente von Frankreich, früher Johannas Dauphin, inzwischen Karl der Siegreiche, einundfünfzig Jahre alt, liegt im Bett eines seiner Königsschlösser. Das Bett steht erhöht auf einer zweistufigen Estrade. Es ragt quer in den Raum, so daß man zu dem hohen Spitzbogenfenster an der Seite gelangen kann. Sein Thronhimmel ist mit dem königlichen Wappen bestickt. Hätte es nicht den Baldachin und riesenhafte Daunendecken, so sähe es aus wie ein breites Sofa mit Bettwäsche und Volants. Der darin Liegende ist von Kopf bis Fuß sichtbar. Karl schläft nicht. Er liest im Bett, oder vielmehr: er besieht sich die Boccaccio-Ausgabe mit Fouquets Illustrationen. Die angewinkelten Knie ergeben ein Lesepult. Links neben dem Bett steht ein Tisch mit dem Bild der heiligen Jungfrau, beleuchtet von bemalten Wachskerzen. Die Wände sind von oben bis unten mit bemalten Behängen verdeckt, die sich von Zeit zu Zeit im Wind bewegen. Die Farben Gelb und Rot herrschen vor, und wenn ein Luftzug die Falten bauscht, entsteht auf den ersten Blick der Eindruck von Flammen.

Die Tür ist links von Karl, aber ihm gegenüber, dicht neben der von ihm entferntesten Ecke. Eine hübsch geschnitzte, bunt bemalte Rassel liegt auf dem Bett, ihm zur Hand.

Karl wendet ein Blatt. Eine entfernte Uhr schlägt leise die halbe Stunde. Karl klappt das Buch zu, wirft es beiseite, greift nach der Rassel, rührt sie energisch und verursacht einen ohrenbetäubenden Lärm. Ladvenu tritt ein, fünfundzwanzig Jahre älter, ungebeugt, eigenartig. Er trägt noch immer das Kreuz von Rouen. Offensichtlich hat Karl ihn nicht erwartet, denn er springt aus dem Bett und läuft zur anderen Seite.

KARL Wer sind Sie? Wo ist mein Kammerherr? Was wollen Sie?

LADVENU *feierlich:* Ich bringe Ihnen wunderbare freudige Botschaft. Erheben Sie Ihr Haupt, mein König: der Makel Ihres Blutes ist getilgt, der Schandfleck auf Ihrer Krone ist abgewaschen. Gerechtigkeit hat lang auf sich warten lassen. Endlich triumphiert sie.

KARL Wovon reden Sie denn? Wer sind Sie überhaupt?

LADVENU Ich bin Bruder Martin.

KARL Und wer – wenn ich Sie fragen darf, Hochwürden –, soll Bruder Martin sein?

LADVENU Ich hielt dieses Kreuz, als das Mädchen in den Flammen starb. Fünfundzwanzig Jahre sind seitdem vergangen, nahezu zehntausend Tage. Und an jedem dieser Tage habe ich zu Gott gebetet, seiner Tochter auf Erden die Gerechtigkeit widerfahren zu lassen, die ihr im Himmel zuteil geworden ist.

KARL *setzt sich beruhigt auf das Fußende des Bettes:* Ach ja, jetzt erinnere ich mich. Ich habe von Ihnen gehört. Sie haben eine fixe Idee mit diesem Mädchen. Waren Sie bei der Untersuchung dabei?

LADVENU Ich habe als Zeuge ausgesagt.

KARL Ist die Untersuchung beendet?

LADVENU Sie ist beendet.

KARL Ergebnis zufriedenstellend?

LADVENU Die Wege Gottes sind seltsam.

KARL Wieso?

LADVENU Damals, beim Prozeß, der eine Heilige als Ketzerin und Hexe auf den Scheiterhaufen gebracht hat, wurde die Wahrheit gesprochen. Die Gesetze wurden eingehalten, außerordentliche Barmherzigkeit wurde geübt. Kein Unrecht geschah, bis auf das letzte furchtbare Unrecht: die Lüge des Urteils und das Grauen des Feuers. Bei der Untersuchung, von der ich soeben komme, gab es schamlosen Meineid, durchtriebene Bestechung, Verleumdung der Toten, die nach bestem Wissen ihre Pflicht getan haben. Der Kern der Sache wurde feige umgangen. Man erzählte Geschichten, die kein Bauernknecht geglaubt hätte. Das Recht wurde beleidigt, die Kirche verleumdet, Lüge und Torheit haben Orgien gefeiert. Und doch: über alledem erschien die Wahrheit, wie die Mittagssonne über den Gipfeln. Das weiße Gewand der Unschuld ist von den Flecken brennender Scheite gereinigt. Das Leben einer Heiligen hat sich enthüllt, das große Herz, das über der Flamme lebte, hat sich offenbart. Eine ungeheuerliche Lüge ist für immer zum Schweigen gebracht, und ein großes Unrecht vor allen Menschen wieder gutgemacht.

KARL Mein Freund, wenn man von nun an nicht mehr sagt, ich sei von einer Hexe und einer Ketzerin gekrönt worden, will ich kein Wort darüber verlieren, wie man das Ding gedreht hat. Auch Johanna hätte darüber kein Wort verloren, wenn es nur zum guten Ende geführt hätte. Sie war nämlich gar nicht so, ich habe sie ja gekannt. Ist sie wirklich völlig rehabilitiert? Ich habe ja ziemlich deutlich gesagt, daß ich in dieser Sache keinen Spaß verstehe.

LADVENU Es wurde feierlich erklärt, daß ihre Richter korrupt, heimtückisch, betrügerisch und bösartig waren. Vier Unwahrheiten.

KARL Lassen wir die Unwahrheiten ruhen. Ihre Richter sind tot.

LADVENU Das Todesurteil ist ungültig, verworfen, für null und nichtig erklärt, es wurde als nicht-existent bezeichnet, ohne Wirkung oder Wert.

KARL Um so besser. Niemand kann meine Krönung jetzt noch anfechten, oder doch?

LADVENU Weder Karl der Große noch König David sind in höherer Heiligkeit gekrönt worden.

KARL *steht auf:* Ausgezeichnet! Bedenken Sie nur, was das für mich bedeutet.

LADVENU Ich bedenke, was es für Johanna bedeutet.

KARL Das können Sie nicht. Keiner von uns hat jemals gewußt, was ihr irgend etwas bedeutet. Sie war wie sonst niemand. Und nun muß sie für sich sorgen, wo immer sie sei, denn ich kann es nicht. Und Sie, Hochwürden, auch nicht, wie immer Sie die Sache auch betrachten. Sie sind nicht groß genug. Aber das eine will ich Ihnen sagen: wenn man sie zum Leben zurückbringen könnte, so würde man sie innerhalb von sechs Monaten wieder verbrennen, und wenn man sie im Augenblick auch noch so sehr verehrt. Und Sie – Sie würden ihr wieder das Kreuz entgegenhalten. Daher – *er bekreuzigt sich* – lassen wir sie ruhen. Und wir beide, Sie und ich, wir wollen uns um unsere eigenen Angelegenheiten kümmern und uns nicht in die ihren einmischen.

LADVENU Gott verhüte, daß ich nicht teil an ihr habe, so wie sie an mir. *Er wendet sich um, schreitet hinaus und sagt im Abgehen:* Von Stund an wird mein Weg nicht mehr durch Paläste führen. Und meine Gespräche werden nicht mehr mit Königen stattfinden.

KARL *folgt ihm zur Tür und ruft:* Alles Gute, heiliger Mann! *Er kehrt in die Mitte des Zimmers zurück, bleibt stehen und sagt kopfschüttelnd zu sich:* Ein seltsamer Heiliger! – Wie ist er eigentlich hereingekommen? *Er geht ungehalten zum Bett zurück und schwingt die Rassel. Ein Windstoß weht durch die offene Tür und läßt den Wandbehang schwingen. Die Kerzen verlöschen. Er ruft in die Dunkelheit:* He, es soll einer kommen und die Fenster schließen! Es wird ja alles weggeweht.

Ein Wetterleuchten erhellt das Spitzbogenfenster. Die Umrisse einer Gestalt erscheinen vor dem Fenster.

KARL Wer ist da? Wer ist das! Hilfe! Mörder!! *Donner. Er springt ins Bett und versteckt sich unter der Decke.*

JOHANNAS STIMME Ruhig, Charlie, nur ruhig! Was soll denn der Lärm? Niemand hört dich. Du schläfst. *Sie erscheint, noch nicht deutlich erkennbar, an der Seite des Bettes, in einem fahlen grünen Licht.*

KARL *späht unter der Decke hervor:* Johanna! Bist du ein Geist, Johanna?

JOHANNA Noch nicht einmal das, mein Junge. Kann ein armes verbranntes Mädchen ein Geist sein? Ich bin nur ein Traum, den du träumst. *Das Licht wird heller, sie wird deutlich sichtbar. Er richtet sich auf.* Du siehst älter aus, mein Junge.

KARL Ich bin auch älter. Schlafe ich wirklich?

JOHANNA Eingeschlafen über deinem lächerlichen Buch.

KARL Wie seltsam!

JOHANNA Nicht so seltsam wie eine wandelnde Tote. Findest du nicht?

KARL Bist du wirklich tot?

JOHANNA So tot wie nur irgendeiner tot sein kann. Ich bin körperlos.

KARL Kaum zu glauben. Hat es sehr weh getan?

JOHANNA Was?

KARL Das Brennen.

JOHANNA Ach so – ich erinnere mich nicht mehr so recht. Ich glaube, zuerst ja, aber dann geriet mir alles durcheinander, und ich war wohl nicht ganz bei mir, bis ich von meinem Körper befreit war. Aber du, spiele du ja nicht mit dem Feuer und denke, daß es dir nicht weh tun würde. Wie ist es dir seitdem ergangen?

KARL Oh, nicht übel. Weißt du, daß ich meine Armee tatsächlich führe und sogar Schlachten gewinne? Runter in den Graben, bis zum Nabel in Schmutz und Blut – und rauf die Leiter, unter einem Regen von heißem Pech und Steinen – genau wie du!

JOHANNA Nein, wirklich? Habe ich also schließlich doch noch einen Mann aus dir gemacht, Charlie!

KARL Ich bin jetzt Karl der Siegreiche. Ich mußte ja tapfer sein, weil du es warst. Allerdings hat mir auch Agnes ein wenig Mut gemacht.

JOHANNA Agnes? – Wer ist Agnes?

KARL Agnes Sorel. Eine Frau, in die ich mich verliebt hatte. Ich träume noch oft von ihr. Von dir habe ich bisher noch nie geträumt.

JOHANNA Ist sie tot wie ich?

KARL Ja. Aber sie war nicht wie du. Sie war sehr schön.

JOHANNA *lacht herzhaft:* Haha! Ich war keine Schönheit. Ich bin immer ein Trampel gewesen. Ein richtiger Soldat. Ich hätte beinah ebensogut ein Mann sein können. Schade, daß ich keiner war. Ich hätte euch manches erspart. Aber mein Kopf war in der Luft, und Gottes Segen ruhte auf mir. Und Mann oder Frau, ich hätte euch immer zu schaffen gemacht, denn eure Nasen steckten im Dreck. Aber erzähl mir, was geschehen ist, seit ihr Neunmalklugen nichts Besseres zu tun wußtet, als ein Häufchen Asche aus mir zu machen.

KARL Deine Mutter und deine Brüder haben die Gerichte verklagt, um deinen Fall wieder aufnehmen zu lassen. Und die Gerichtshöfe haben erklärt, daß deine Richter korrupt, heimtückisch, betrügerisch und bösartig waren.

JOHANNA Das waren sie nicht. Sie waren ein paar ehrliche arme Idioten, um nichts schlechter als viele andere, die gern hin und wieder einen guten Menschen verbrennen.

KARL Das Urteil über dich ist ungültig, verworfen, für null und nichtig erklärt, als nicht-existent bezeichnet, ohne Wirkung oder Wert.

JOHANNA Aber verbrannt haben sie mich erst einmal. Können sie mich wieder zusammenstückeln?

KARL Wenn sie es könnten, die würden es sich zweimal überlegen, bevor sie es täten. Aber sie haben angeordnet, daß, wo der Scheiterhaufen stand, ein schönes Kreuz errichtet werden soll, zu deinem ewigen Gedenken und deiner Erlösung.

JOHANNA Gedenken und Erlösung heiligen das Kreuz, aber das Kreuz heiligt weder Gedenken noch Erlösung. *Sie wendet sich ab und vergißt seine Anwesenheit.* Ich werde das Kreuz überdauern. Meiner wird man sich noch erinnern, wenn die Menschen vergessen haben, wo Rouen einmal stand.

KARL Schon geht es wieder los mit deinem Größenwahn. Genau wie damals. Ich finde wirklich, du könntest ein Wort des Dankes dafür sagen, daß ich endlich für Gerechtigkeit gesorgt habe.

CAUCHON *erscheint zwischen ihnen am Fenster:* Lügner!

KARL Danke.

JOHANNA Wenn das nicht Peter Cauchon ist –! Was machst du, Peter? Und wie ist es dir ergangen, seit du mich verbrannt hast?

CAUCHON Schlecht. Ich klage die menschliche Gerechtigkeit an. Es ist nicht die göttliche Gerechtigkeit.

JOHANNA Du träumst also noch immer von Gerechtigkeit, Peter? Sieh dir an, was die Gerechtigkeit aus mir gemacht hat! Aber was ist mit dir geschehen? Bist du tot oder lebendig?

CAUCHON Tot. Entehrt. Sie haben mich über das Grab hinaus verfolgt. Sie haben meinen Leichnam exkommuniziert. Sie haben ihn ausgegraben und in die Kloake geworfen.

JOHANNA Dein toter Körper hat Spaten und Kloake nicht mehr gespürt. Aber mein lebender Körper hat das Feuer gespürt.

CAUCHON Was man mir angetan hat, schändet die Gerechtigkeit. Es zerstört den Glauben. Es untergräbt die Grundlagen der Kirche. Die Erde schwankt unter den Füßen der Menschen und der Geister, sie wird tückisch wie das Meer, wenn Unschuldige im Namen des Gesetzes erschlagen werden; wenn man ihre Fehler gutzumachen sucht, indem man die Reinheit ihrer Herzen verleumdet.

JOHANNA Na ja, Peter, ich hoffe, die Menschen werden besser, wenn sie sich an mich erinnern. Und sie würden sich nicht so gut an mich erinnern, wenn du mich nicht verbrannt hättest.

CAUCHON Sie werden schlechter, wenn sie sich an mich erinnern. Sie werden in mir das Böse über das Gute triumphieren sehen, die Lüge über die Wahrheit, die Grausamkeit über die Barmherzigkeit, die Hölle über den Himmel. Ihr Mut wird wachsen, wenn sie an dich denken, und er wird schwinden, wenn sie an mich denken. Und doch ist Gott mein Zeuge, daß ich gerecht war. Ich war barmherzig. Ich war meinem Glauben treu. Ich konnte nicht anders handeln, als ich gehandelt habe.

KARL *windet sich aus seinen Bettüchern und setzt sich auf das Bett wie auf einen Thron:* Ja, immer seid ihr es, ihr guten Menschen, die das größte Unheil anrichten. Schaut mich an. Ich bin weder Karl der Gute noch Karl der Weise noch Karl der Kühne. Johannas Anbeter mögen mich vielleicht sogar Karl den Feigling nennen, weil ich sie nicht aus dem Feuer gezogen habe. Aber ich habe weniger Schaden angerichtet als irgendeiner von euch. Ihr alle habt die Nase in den Wolken. Ihr versucht immer wieder, die Welt auf den Kopf zu stellen. Aber ich, ich nehme die Welt, wie sie ist, und sage: oben bleibt oben. Und ich bleibe mit meiner Nase immer hübsch dicht an der Erde. Und jetzt frage ich euch: welcher König von Frankreich hat es besser gemacht als ich? Wer war – natürlich in seinen Grenzen – ein anständigerer Kerl?

JOHANNA Bist du wirklich König von Frankreich, Charlie? Sind die Engländer fort?

DUNOIS *tritt durch den Wandbehang ein, zu Johannas Linken. Die Kerzen flammen in diesem Augenblick wieder auf und werfen ein helles, freundliches Licht auf seine Rüstung und seinen Mantel:* Ich habe mein Wort gehalten. Die Engländer sind fort.

JOHANNA Gott sei Dank. Jetzt ist das herrliche Frankreich eine Provinz des Himmels. Erzähl mir alles vom Krieg, Hans. Hast du sie angeführt? Bist du Gottes Feldherr gewesen, bis in den Tod?

DUNOIS Ich bin nicht tot. Mein Körper schläft sehr bequem in meinem Bett in Chateaudun. Aber mein Geist ist von deinem herbeigerufen worden.

JOHANNA Und hast du nach meinem System gekämpft, Hans? Nicht nach der alten Masche? Nicht um Lösegelder gefeilscht? Sondern nach dem Vorbild des Mädchens, Leben gegen Tod, das Herz bei der Sache, Gott ergeben und ohne Bosheit? Und mit keinem Ziel unter Gottes Sonne als dem eines freien und französischen Frankreich. War es mein System, Hans?

DUNOIS Na ja, es war eben das System, das gewinnt. Aber die siegreiche Art war ja immer die deine. Du hast gute Noten von mir bekommen, Mädchen. Ich habe einen schönen Brief geschrieben, um dich bei der neuen Untersuchung ins rechte Licht zu setzen. Vielleicht hätte ich den Priestern nicht erlauben sollen, dich zu verbrennen. Aber schließlich war ich sehr mit dem Krieg beschäftigt, und es war ja auch die Angelegenheit der Kirche und nicht die meine. Es hätte wenig Sinn gehabt, wenn wir beide verbrannt wären, oder nicht?

CAUCHON So ist es recht: gib nur immer den Priestern die Schuld. Aber ich, der ich jetzt jenseits von Lob oder Tadel stehe, ich sage euch: die Welt wird weder durch ihre Priester noch durch ihre Soldaten erlöst, sondern durch Gott und seine Heiligen. Die streitende Kirche hat zwar die Frau ins Feuer geworfen. Aber schon während sie brannte, erstrahlten die Flammen zum Glanz der triumphierenden Kirche.

Die Glocke schlägt das dritte Viertel. Eine rauhe männliche Stimme wird hörbar, sie grölt eine improvisierte Melodie.

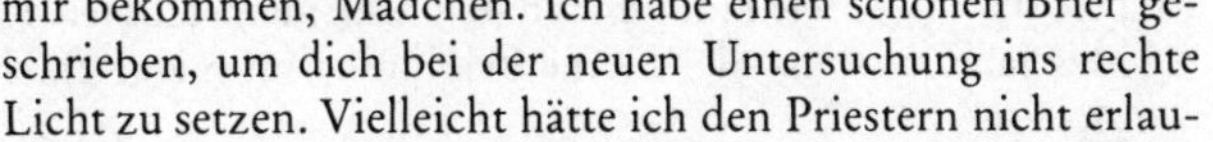

alla marcia *molto cantabile*

STIMME DES SOLDATEN

Rumm Bumm Rumpeldibumm
Schinkenspeck und Schumpelbumm
Oh du heil'ger Humpeldumm
Zieht ihn am Schwanz und hintenrumm
und rinn in die Anne Marie...

Ein verkommener englischer Soldat tritt durch den Vorhang und marschiert zwischen Dunois und Johanna herein.

DUNOIS Welcher verruchte Minnesänger hat dir denn diese Verse beigebracht?

SOLDAT Nix Minnesänger. Wir haben sie selbst erfunden, beim Marschieren. Wir waren keine feinen Leute und keine Minnesänger. Musik aus dem Herzen des Volkes, wie man so sagt. Rumm Bumm Rumpeldibumm – Schinkenspeck und Schumpelbumm – Oh du heil'ger Humpeldumm – Zieht ihn am Schwanz und hintenrumm – das bedeutet überhaupt nichts, verstehn Sie, aber es hält Sie auf dem Marsch. Meine Damen und Herren, ergebenster Diener. Hat hier jemand einen Heiligen bestellt?

JOHANNA Bist du ein Heiliger?

SOLDAT Jawohl, Fräulein, und zwar geradewegs aus der Hölle.

DUNOIS Ein Heiliger aus der Hölle?

SOLDAT Ja, edler Herr Hauptmann. Ich habe meinen freien Tag. Jedes Jahr, verstehn Sie? Meine Belohnung für meine einzige gute Tat.

CAUCHON Du elender Sünder! In deinem ganzen Leben nur eine einzige gute Tat?

SOLDAT Nie darüber nachgedacht. Kam mir ganz natürlich, sozusagen. Aber man hat sie mir gutgeschrieben.

KARL Was war es?

SOLDAT Das Verrückteste, was Sie je gehört haben. Ich habe...

JOHANNA *unterbricht ihn, während sie langsam hinüber zum Bett geht, wo sie sich neben Karl setzt:* Er hat zwei Stöcke zusammengebunden und sie einem armen Mädchen gereicht, das verbrannt wurde.

SOLDAT Genau. Wer hat Ihnen das erzählt?

JOHANNA Das ist doch egal. Würdest du das Mädchen erkennen, wenn du es wiedersähest?

SOLDAT Ich? Nie! Es gibt so viele Mädchen. Und alle wollen, daß man sich an sie erinnert, als wenn es nur ein einziges auf der Welt gäbe. Aber die muß was Besseres gewesen sein. Wegen der habe ich einen Tag Urlaub im Jahr. Und da bin ich eben bis punkt zwölf ein Heiliger, Ihnen zu Diensten, edle Herren und schöne Damen.

KARL Und nach zwölf?

SOLDAT Nach zwölf? Wieder dorthin, an den einzigen Ort für Leute wie mich.

JOHANNA *steht auf:* Wieder dorthin! Einer, der dem Mädchen das Kreuz gereicht hat!

SOLDAT *entschuldigt sein unmilitärisches Verhalten:* Aber sie hat es doch gewollt. Und die haben sie doch gerade verbrannt. Sie hatte genauso ein Recht auf ein Kreuz wie alle die anderen. Und die hatten Dutzende von dem Zeug. Es war doch ihr Begräbnis, nicht das von denen. Was war da Böses dabei?

JOHANNA Mann, ich mache dir doch keinen Vorwurf. Ich kann es nicht ertragen, daß du leidest.

SOLDAT *fröhlich:* Nicht der Rede wert, Fräulein. Ich war an Schlimmeres gewöhnt.

KARL Was? Schlimmeres als die Hölle?

SOLDAT Fünfzehn Jahre Dienst im französischen Krieg! Danach war die Hölle ein Fest. *Johanna wirft die Arme hoch, und in ihrer Verzweiflung an der Menschheit flüchtet sie sich zum Bild der heiligen Jungfrau.*

SOLDAT *fährt fort:* Ist eigentlich ganz nett, da unten. Der freie Tag war zuerst langweilig. Wie ein verregneter Sonntag. Aber jetzt habe ich mich daran gewöhnt. Man sagt mir, ich kann Urlaub haben, wann ich will.

KARL Wie ist es denn so in der Hölle?

SOLDAT Sie werden sehen, es ist gar nicht so übel, Sir. Ganz lustig. Wie wenn man immer betrunken wäre, nur strengt es nicht an und kostet nichts. Und erstklassige Gesellschaft. Kaiser und Päpste und Könige und was es sonst noch so gibt. Die machen sich über mich lustig, weil ich dem kleinen Fratz das Kreuz gegeben habe, aber das macht mir nichts aus. Ich geb es ihnen zurück, ich sage ihnen: der kleine Fratz wäre dort, wo ihr seid, wenn er nicht ein größeres Anrecht darauf gehabt hätte als ihr. Dann halten sie das Maul. Dann knirschen sie nur noch so mit den Zähnen, wie man es eben in der Hölle tut. Und ich lache mir eins und hau ab und sing mir mein olles Lied: Rumm Bumm Rumpeldibumm – He – da klopft einer an die Tür. *Alle horchen. Man hört ein langes, zaghaftes Klopfen.*

KARL Herein! *Die Tür öffnet sich. Ein alter, weißhaariger, gebeugter Priester mit einem dümmlichen, aber wohlwollenden Lächeln tritt ein und tappt hinüber zu Johanna.*

PRIESTER Verzeiht mir, meine lieben Lords und Ladies! Laßt euch bitte nicht stören. Ich bin nur ein armer alter harmloser englischer Geistlicher, weiland Kaplan Seiner Eminenz des Kardinals von Winchester. Johann von Stogumber, euch zu Diensten. *Er blickt fragend um sich:* Hat einer etwas gesagt? Ich bin leider ein wenig schwerhörig. Und auch ein wenig -- na ja, vielleicht nicht immer ganz recht beisammen. Aber es ist nur ein kleines Dorf mit ein paar einfachen Menschen. Das schaffe ich schon, ja ja, das schaffe ich. Man liebt mich dort, und ich kann noch ein wenig Gutes tun. Ich habe nämlich gute Beziehungen, wissen Sie, und man duldet mich, ja.

JOHANNA Armer alter Johann! Du bist aber ziemlich heruntergekommen, wie?

STOGUMBER Ich sage meinen Leuten immer, sie sollen nur recht vorsichtig sein. Ich sage immer: Wenn ihr auch immer wirklich das vor euch sehen würdet, was ihr glaubt, dann würdet ihr ganz anders glauben. Ihr wäret entsetzt, o ja, entsetzt. Und dann sagen sie immer: Ja, Hochwürden, wir wissen alle, daß Sie ein guter Mann sind und keiner Fliege etwas zuleide tun könnten. Das ist mir ein großer Trost. Ja. Ich bin nämlich von Natur aus nicht grausam.

SOLDAT Wer hat denn gesagt, daß Sie es sind?

STOGUMBER Ja. Ich habe nämlich einmal etwas sehr Grausames getan, weil ich nicht wußte, was Grausamkeit ist. Ich hatte so etwas vorher nie gesehen. Darauf kommt es nämlich an. Man muß es mitansehen. Dann ist man erlöst und gerettet.

CAUCHON Haben Ihnen die Leiden unseres Herrn Jesus Christus nicht genügt?

STOGUMBER Nein, oh nein. Keineswegs. Ich hatte sie auf Bildern gesehen und davon in Büchern gelesen. Und ich hatte geglaubt, sie hätten mich sehr bewegt. Aber es hat seinen Zweck verfehlt. Nicht unser Herr hat mich erlöst, sondern eine junge Frau. Ich habe sie brennen sehen, bis sie tot war. Es war entsetzlich, oh, ganz entsetzlich, ja. Aber es hat mich erlöst. Ich bin ein anderer Mensch seitdem, wenn auch mein Geist zuweilen ein wenig zu schweifen beginnt. Ja.

CAUCHON Muß denn in jeder Generation ein neuer Christus am Kreuz sterben, um die zu erlösen, die keine Phantasie haben?

JOHANNA Na ja, vielleicht habe ich alle die gerettet, gegen die er grausam gewesen wäre, wenn er seine Grausamkeit nicht an mir ausgelassen hätte. Dann hätte meine Verbrennung jedenfalls einen Sinn gehabt, oder nicht?

STOGUMBER O nein, Sie waren es nicht. Meine Augen sind zwar schlecht, ich kann Ihr Gesicht nicht erkennen, aber Sie sind das Mädchen nicht. Sie ist nichts als Asche. Schon lange tot, ja, lange tot.

Der Scharfrichter tritt hinter den Bettvorhängen hervor, zu Karls Rechten. Das Bett steht zwischen ihnen.

SCHARFRICHTER Sie ist lebendiger als du, alter Mann. Das Herz wollte nämlich nicht brennen. Es wollte auch nicht versinken. Und ich war ein Meister auf meinem Gebiet. Besser als der Meister von Paris. Auch besser als der von Toulouse. Aber dieses Mädchen war ja nicht totzukriegen. Es lebt und ist überall.

Der Graf von Warwick tritt an der anderen Seite zwischen den Bettvorhängen hervor und stellt sich zu Johannas Linken.

WARWICK Verehrtes Fräulein, ich beglückwünsche Sie zu Ihrer Ehrenrettung. Ich fürchte, ich muß mich bei Ihnen entschuldigen.

JOHANNA Bitte – nicht der Rede wert.

WARWICK *liebenswürdig:* Die Verbrennung war nichts als ein Akt der Politik. Es war keine persönliche Animosität im Spiel, das versichere ich Ihnen.

JOHANNA Ich nehme es Ihnen auch nicht übel, Mylord.

WARWICK Sehr liebenswürdig. Ich begrüße Ihr Entgegenkommen. Zeugt übrigens von guter Erziehung. Dennoch: ich muß meinerseits auf einer angemessenen Entschuldigung bestehen. Leider stellt sich nämlich politische Notwendigkeit manchmal als politischer Irrtum heraus. Und in diesem Fall war es ja geradezu eine furchtbare Blamage. Ihr Geist hat uns besiegt, mein Fräulein, über den Scheiterhaufen hinweg. Und nun wird die Geschichte sich meiner nur um Ihretwillen erinnern. Allerdings sind die Umstände unserer Beziehung vielleicht ein wenig unglückselig.

JOHANNA Ja, vielleicht ein ganz klein wenig, Sie Witzbold.

WARWICK Immerhin: wenn man Sie zu einer Heiligen macht, so werden Sie Ihren Heiligenschein mir zu verdanken haben. Wie ja auch dieser glückliche Monarch seine Krone Ihnen verdankt.

JOHANNA *wendet sich von ihm ab:* Ich habe keinem Menschen etwas zu verdanken. Ich verdanke alles dem Geist Gottes, der in mir war. Aber ich als Heilige – das ist unvorstellbar! Was würden die heilige Katharina und die heilige Margareta sagen, wenn plötzlich ein Bauernmädchen neben ihnen auftaucht!

Plötzlich erscheint vor ihnen, rechts in der Ecke, ein klerikal aussehender Herr in schwarzem Gehrock und Hose, mit einem Zylinder, nach der Mode des Jahres 1920. Alle starren ihn an, dann brechen sie in unbeherrschtes Gelächter aus.

DER HERR Was soll diese Heiterkeit, meine Herren?

WARWICK Meinen Glückwunsch zur Creation einer ganz außerordentlich komischen Mode.

DER HERR Ich verstehe Sie nicht. Sie alle sind für einen Maskenball gekleidet. Ich bin korrekt angezogen.

DUNOIS Schließlich ist jedes Kleid eine Maske, mit Ausnahme unserer eigenen Haut, meinen Sie nicht?

DER HERR Verzeihen Sie, ich komme in einer ernsten Angelegenheit und kann mich hier nicht auf frivoles Geplauder einlassen. *Er zieht ein Dokument aus der Tasche und setzt eine trockene Amtsmiene auf.* Ich bin hierher gesandt, um Ihnen zu melden, daß Johanna von Arc, einst bekannt als ›das Mädchen‹, zum Gegenstand einer vom Bischof von Orléans angeordneten Untersuchung gemacht wurde...

JOHANNA *unterbricht:* Ah! In Orléans erinnern sie sich noch an mich!

DER HERR *laut, um seiner Entrüstung über die Unterbrechung Nachdruck zu verleihen:* ...Untersuchung gemacht wurde, deren Ziel es war, den Anspruch auf Heiligsprechung der genannten Johanna von Arc zu prüfen...

JOHANNA *unterbricht nochmals:* Aber ich habe doch diesen Anspruch nie erhoben.

DER HERR *wie zuvor:* ...zu prüfen; daß fernerhin die Kirche diesen Anspruch auf die übliche Art geprüft und die genannte Johanna in der üblichen Reihenfolge als ehrwürdig erklärt, sodann seliggesprochen hat, und somit...

JOHANNA *prustet:* Ich ehrwürdig!

DER HERR ...und somit zu dem Schluß kommt, daß Johanna mit der Tugend des Heldenmuts ausgestattet und mit göttlichen Offenbarungen gesegnet war und damit die genannte als ehrwürdig erklärte und seliggesprochene Johanna in die Gemeinschaft der triumphierenden Kirche beruft, als die ›heilige Johanna‹.

JOHANNA *verzückt:* Die heilige Johanna!

DER HERR An jedem Dreißigsten des Monats Mai, dem Jahrestage des Todes der genannten, überaus gesegneten Tochter Gottes, soll zu ihrem Gedenken in jeder katholischen Kirche eine besondere Messe gelesen werden, bis ans Ende aller Tage.

Weiterhin sei es gesetzlich gestattet, ihr eigene Kapellen zu weihen und auf den Altären solcher Kapellen ihr Bildnis zu errichten. Den Gläubigen sei es demnach erlaubt und sogar empfohlen, niederzuknien und ihre Gebete durch die Heilige zum Sitz des Allbarmherzigen emporsteigen zu lassen.

JOHANNA Oh nein. Die Heilige selbst will niederknien. *Sie fällt, noch immer verzückt, in die Knie.*

DER HERR *steckt sein Dokument ein und zieht sich hinter den Scharfrichter zurück:* So niedergelegt in der Basilica Vaticana, am sechzehnten Mai des Jahres neunzehnhundertundzwanzig.

DUNOIS *zieht Johanna hoch:* Eine halbe Stunde, um dich zu verbrennen, meine liebe Heilige. Und vier Jahrhunderte, um die Wahrheit über dich zu erkennen.

STOGUMBER Herr, ich war einmal Kaplan des Kardinals von Winchester. Man nannte ihn immer den Kardinal von England. Für mich und meinen Herrn wäre es eine große Genugtuung, ein schönes Standbild des Mädchens in der Kathedrale von Winchester zu sehen. Meinen Sie, daß man dort eines errichten wird?

DER HERR Da dieses Gebäude sich vorübergehend in den Händen der protestantischen Ketzer befindet, kann ich darauf nicht antworten.

Eine Vision der Statue in der Kathedrale von Winchester wird durch das Fenster sichtbar.

STOGUMBER Ah! Sehen Sie, dort! Das ist Winchester.

JOHANNA Das soll ich sein? Ich habe aber besser auf meinen Füßen gestanden. *Die Vision erlischt.*

DER HERR Die weltlichen Behörden Frankreichs haben mich ersucht, zu erwähnen, daß die Häufung öffentlicher Standbilder des Mädchens sich zu einem Verkehrshindernis auszuwirken droht. Ich komme dem Ersuchen aus Höflichkeit gegen die genannten Behörden nach, muß aber vom Standpunkt der Kirche aus betonen, daß das Pferd des Mädchens kein größeres Verkehrshindernis darstellt als jedes andere Pferd.

JOHANNA Na, ich bin aber froh, daß sie mein Pferd nicht vergessen haben.

Eine Vision der Statue vor der Kathedrale zu Reims wird sichtbar.

JOHANNA Soll ich das auch sein? Dieses komische kleine Ding?

KARL Das ist die Kathedrale von Reims, wo du mich gekrönt hast. Du mußt es sein.

JOHANNA Wer hat mein Schwert zerbrochen? Mein Schwert

wurde niemals zerbrochen. Es ist das Schwert Frankreichs.

DUNOIS Mach dir nichts daraus. Schwerter kann man ersetzen. Deine Seele ist nicht zerbrochen. Und du bist die Seele Frankreichs.

Die Vision entschwindet. Der Erzbischof und der Inquisitor sind jetzt rechts und links von Cauchon sichtbar.

JOHANNA Mein Schwert soll weiter siegen. Das Schwert, das niemals zugeschlagen hat. Die Menschen haben meinen Körper zerstört. Aber in meiner Seele habe ich Gott gesehen.

CAUCHON *kniet vor ihr:* Die Mägde auf dem Feld preisen dich, denn du hast ihre Augen erhoben, und sie sehen, daß nichts zwischen ihnen und dem Himmel steht.

DUNOIS *kniet vor ihr:* Die sterbenden Soldaten preisen dich, denn du stehst als ein Schild des Ruhmes zwischen ihnen und dem Jüngsten Gericht.

ERZBISCHOF *kniet vor ihr:* Die Fürsten der Kirche preisen dich, denn du hast den Glauben wieder aufgerichtet, den ihre Weltlichkeit durch den Schmutz gezogen hat.

WARWICK *kniet vor ihr:* Die gerissenen Diplomaten preisen dich, denn du hast die Knoten zerhauen, in die sie ihre eigenen Seelen verwickelt haben.

STOGUMBER *kniet vor ihr:* Die törichten alten Männer preisen dich auf ihrem Totenbett, denn du hast ihre Sünden gegen dich in Segnungen verwandelt.

INQUISITOR *kniet vor ihr:* Die Richter in Blindheit und unter Zwang des Gesetzes preisen dich, denn du hast den Anspruch und die Freiheit der lebenden Seele verteidigt.

SOLDAT *kniet vor ihr:* Die Verdammten in der Hölle preisen dich, denn du hast ihnen gezeigt, daß die Flamme, die nicht gelöscht wird, eine heilige Flamme ist.

SCHARFRICHTER *kniet vor ihr:* Die Folterknechte und die Henker preisen dich, denn du hast ihnen gezeigt, daß ihre Hände am Tode der Seele unschuldig sind.

KARL *kniet vor ihr:* Die Unscheinbaren preisen dich, denn du hast die Heldentaten, die sie nicht vollbringen können, auf dich genommen.

JOHANNA Weh mir, wenn alle Menschen mich preisen. Ich gebe euch zu bedenken, daß ich eine Heilige bin. Heilige können Wunder vollbringen. Und jetzt sagt mir: soll ich von den Toten auferstehen und als lebendiger Mensch zu euch zurückkehren? *Eine plötzliche Finsternis verhüllt die Wände des Raumes, und alle springen entsetzt auf. Nur die Gestalten und das*

Bett bleiben sichtbar. Was? Soll ich wieder brennen? Will keiner von euch mich aufnehmen?

CAUCHON Der Ketzer soll lieber tot bleiben. Und sterbliche Augen können den Ketzer vom Heiligen nicht unterscheiden. Verschone sie! *Er geht hinaus, wie er hereingekommen ist.*

DUNOIS Verzeih uns, Johanna. Wir sind noch nicht gut genug für dich. Ich gehe wieder in mein Bett. *Er geht.*

WARWICK Wir bedauern unseren kleinen Fehler aufrichtig. Aber politische Manöver bleiben notwendig, auch wenn sie sich manchmal als Irrtum herausstellen. Wenn ich Sie daher bitten darf, mich zu entschuldigen... *Er stiehlt sich diskret hinaus.*

ERZBISCHOF Deine Wiederkehr würde aus mir nicht den Menschen machen, für den du mich einmal gehalten hast. Das einzige, was ich sagen kann, ist: ich wage zwar nicht, dich zu segnen, hoffe jedoch, daß du mich dereinst segnen wirst. Inzwischen jedoch... *Er geht.*

INQUISITOR Ich bin zwar lange tot, aber damals habe ich deine Unschuld bezeugt. Jedoch sehe ich nicht, wie wir unter den bestehenden Umständen auf die Inquisition verzichten können. Daher... *Er geht.*

STOGUMBER Kehren Sie bitte nicht zurück! Sie dürfen nicht wiederkommen. Ich muß in Frieden sterben. Lieber Gott: gib uns Frieden für unser Leben! *Er geht.*

DER HERR Die Möglichkeit Ihrer Wiederauferstehung wurde bei den Verhandlungen über Ihre Heiligsprechung kürzlich nicht einkalkuliert. Ich muß zurück nach Rom, um neue Weisungen einzuholen. *Er verneigt sich förmlich und geht.*

SCHARFRICHTER Als ein Meister meiner Zunft habe ich deren Interessen zu wahren. Und schließlich muß ich in erster Linie für meine Frau und meine Kinder sorgen. Ich will mir alles noch einmal in Ruhe überlegen. *Er geht.*

KARL Johanna, du armes Ding! Alle sind sie dir davongelaufen, bis auf diesen Lump, und der muß um zwölf Uhr in die Hölle zurück. Und ich – mir bleibt nichts anderes, als Hans Dunois zu folgen: ich gehe wieder ins Bett. *Er tut es.*

JOHANNA *traurig:* Gute Nacht, Charlie!

KARL *murmelt in die Kissen:* Gu – Na – *Er schläft ein, Dunkelheit umhüllt das Bett.*

JOHANNA *zum Soldaten:* Und du, mein einziger Getreuer? Welchen Trost hast du für die heilige Johanna?

SOLDAT Na, da sehen Sie! Was sind die alle miteinander wert, diese Könige und Generäle und Bischöfe und Juristen und die ganze Gesellschaft? Die lassen dich ganz einfach im Dreck verrecken. Und wo trifft man sie dann wieder, diese Aufschneider? Da unten! Ich sage immer, unsereins hat genau das gleiche Recht auf seine Ansichten wie die auf ihre. Vielleicht sogar noch mehr. *Er bereitet sich auf einen Vortrag über dieses Thema vor:* Sehen Sie, die Sache ist nämlich die: Wenn... *Eine entfernte Glocke beginnt, die Mitternachtsstunde zu schlagen.* Entschuldigen Sie mich! Eine dringende Verabredung! *Er geht auf Zehenspitzen hinaus. Die letzten Lichtstrahlen sammeln sich zu einem weißen Schein, der sich auf Johanna senkt. Die Uhr schlägt immer noch.*

JOHANNA O Gott, der du diese wundervolle Erde geschaffen hast –: wie lange soll es denn noch dauern, bis sie bereit ist, deine Heiligen zu empfangen? Wie lange, o Gott, wie lange?

Vorhang